Kritische Studien zur Geschichtswissenschaft 28

KRITISCHE STUDIEN ZUR GESCHICHTSWISSENSCHAFT

Herausgegeben von
Helmut Berding, Jürgen Kocka,
Hans-Ulrich Wehler

Band 28

Rudolf Vetterli
Industriearbeit, Arbeiterbewußtsein
und gewerkschaftliche Organisation

GÖTTINGEN · VANDENHOECK & RUPRECHT · 1978

Industriearbeit, Arbeiterbewußtsein und gewerkschaftliche Organisation

Dargestellt am Beispiel der Georg Fischer AG (1890 - 1930)

VON

RUDOLF VETTERLI

GÖTTINGEN · VANDENHOECK & RUPRECHT · 1978

CIP-Kurztitelaufnahme der Deutschen Bibliothek

Vetterli, Rudolf
Industriearbeit, Arbeiterbewußtsein und
gewerkschaftliche Organisation: dargestellt am Beispiel
der Georg Fischer AG (1890–1930)
– Göttingen: Vandenhoeck und Ruprecht, 1978.
(Kritische Studien zur Geschichtswissenschaft; Bd. 28)
ISBN 3-525-35981-0

 – Satz und Druck: Gulde-Druck, Tübingen. –

Vorwort

Diese Arbeit basiert zur Erfassung der innerbetrieblichen Situation der Arbeiter ganz wesentlich auf der Möglichkeit, firmeninternes Quellenmaterial zu verwenden, wofür ich der Georg Fischer AG, aber auch dem Archivar, Herrn Ing. O. Merz, danken möchte. Nicht weniger wichtig war die Möglichkeit, über das Archiv des SMUV Zugang zu Verhalten und Bewußtsein der organisierten Arbeiter zu erhalten, wofür ich auch dieser Organisation und dem Leiter ihres Archivs, Herrn R. Wüthrich, zu Dank verpflichtet bin. Ohne den Zugang zu diesen beiden reichhaltigen Quellenbereichen wäre diese Arbeit nicht möglich gewesen. Für Unterstützung habe ich zahlreichen weiteren Personen und Institutionen zu danken, vor allem aber Herrn Prof. Dr. Rudolf Braun für seine Anregungen und seine Geduld, Herrn Prof. Dr. Jürgen Kocka für seine wohlwollende und kritische Förderung und meinen Freunden Adrian Knoepfli und Hannes Siegrist für intensive Kritik und vielfache Anregungen, aber auch für eine lange, angenehme Zusammenarbeit. Der Georg Fischer AG sei überdies für einen Druckkostenzuschuß gedankt.

Inhalt

Teil II: Betriebliche Konflikte und die Entwicklung von Bewußtsein und Organisation der Arbeiter

Verzeichnis der Tabellen und Graphiken im Text

Tabellen:

Graphiken:

Einleitung

1. Methodische Vorbemerkungen

Gegenstand und Fragestellung

Diese Arbeit entstand im Rahmen einer Arbeitsgruppe, welche sich die historische Analyse eines Industrieunternehmens nach verschiedenen Gesichtspunkten zum Ziele gesetzt hatte. Werden in den beiden anderen Teilen dieses Gesamtprojekts Konzernbildung und Kartellpolitik, Unternehmensverwaltung und Angestelltenschaft untersucht[1], so unternimmt es die vorliegende Arbeit, die betriebliche und soziale Lage der Arbeiterschaft, ihr individuelles und kollektives Verhalten im Arbeitsbereich und die Gestaltung der Beziehungen zwischen Unternehmensleitung und Arbeiterschaft darzustellen. Anders als es im Rahmen konventioneller Firmengeschichtsschreibung üblich ist, haben wir eine Einordnung in die allgemeine Sozial- und Wirtschaftsgeschichte angestrebt[2], wodurch nicht zuletzt dem Aspekt der industriellen Arbeit erhöhtes Gewicht zukam.

Die vorliegende Untersuchung ist aber nicht nur Teil einer sozialgeschichtlich orientierten Unternehmensgeschichte, sondern sie soll auch einen Beitrag zur Geschichte der Schweizerischen Arbeiterbewegung leisten. Wenn man versucht, die betrieblichen Ereignisse und Wandlungen in einen größeren Zusammenhang einzuordnen, muß man sie zwangsläufig als Teil der Emanzipations- und Organisationsbewegung der Arbeiterschaft betrachten. Auch hier fällt diese Studie allerdings aus dem üblichen Rahmen. Im Gegensatz zu ideen- und ideologieorientierten Arbeiten und zu einer Institutionengeschichte, welche sich auf programmatische und personelle Aspekte konzentriert, wird hier an der sozialen Basis angesetzt. Ausgangspunkt sind die Arbeiter in ihrer Arbeitssituation, ihrem individuellen und kollektiven Verhalten am Arbeitsplatz, gegenüber dem Unternehmer und in den Arbeiterorganisationen[3].

Die Hauptfragestellung lautet: In welchem Zusammenhang standen Elemente der Arbeitssituation und Merkmale der Zusammensetzung der Arbeiterschaft (die ihrerseits bedingt sind durch die Unternehmensentwicklung, durch Veränderungen von Technik und Arbeitsorganisation) mit Bewußtsein und Organisierung der Arbeiter? Wie veränderten sich in diesem Organisierungsprozeß, der ja nicht auf die Arbeiterseite beschränkt war, die Beziehungen zwischen Unternehmen und Arbeiterschaft, die Konfliktformen, und wie entwickelte sich das Machtverhältnis zwischen den Kontrahenten? Welche Folgen hatte dies wiederum für Bewußtsein und Verhalten der Arbeiterschaft? Wie (und aus welchen Gründen) war sie differenziert, wo war sie gespalten, wo als Einheit handlungsfähig?

Zwischen der Art der Fragestellung und dem Zugang zum Material in Form einer Fallstudie besteht ein direkter Zusammenhang. Die Frage nach den Elementen der Lebens- und Arbeitssituation und ihren vielfältigen Verknüpfungen erfordert die konkrete Untersuchung zahlreicher Bereiche, für die die Quellenlage schwierig und der Aufwand für die Erschließung relativ groß ist. Für eine konsistente Behandlung ergibt sich daraus die Notwendigkeit zur Einschränkung der Untersuchung auf ein eng begrenztes Gebiet, in diesem Fall auf einen einzelnen Großbetrieb und auf die Arbeiterschaft einer einzelnen Branche in einer eng umgrenzten Region.

Der generelle Vorteil dieses Vorgehens liegt meines Erachtens darin, daß die komplexen Beziehungen der verschiedenen wirksamen Faktoren zueinander im konkreten Zusammenhang untersucht werden können. In übergreifenden Darstellungen müssen die gleichen Phänomene notgedrungen abstrakter gefaßt werden, wodurch der Zusammenhang zwischen strukturellen Entwicklungsprozessen einerseits, Bewußtsein und Verhalten der betroffenen und handelnden Menschen anderseits, häufig nur noch auf der Ebene von Organisationen und Parteien dargestellt werden kann. Wichtigster Vorteil der Fallstudie im speziellen ist für mich die Möglichkeit, die Beziehungen zwischen Unternehmen und Arbeiterschaft in ihrem ganzen Spektrum zu fassen. Nicht nur dort also, wo spektakuläre Konflikte aufbrechen, wie dies etwa in Streikuntersuchungen geschieht, sondern auch in der „gewöhnlichen" Arbeitssituation, in alltäglicher Kooperation und Anpassung an die bestehenden Verhältnisse.

Streikuntersuchungen, welche soziale Bewegungen an Brennpunkten erfassen, können zwar ebenfalls über längerfristige Entwicklungstendenzen Aufschluß geben, in ihrer Aussage also weit über das konkrete Ereignis hinausreichen. Doch aus diesem Ansatz erfolgt auch eine gewisse Verzerrung der Sicht auf die Gesamtheit der diesen Bewegungen zugrundeliegenden sozialen Erscheinungen. Streiks finden sich konzentriert in gewissen Branchen, Betriebsgrößen und meist in städtischen Gebieten und sie sind auch über die Zeit ungleich verteilt. Eine Beschränkung auf Streikanalysen schließt so weite Bereiche der sozialen Wirklichkeit von Anfang an von der Untersuchung aus. Im Rahmen einer Fallstudie ist es nun möglich, das Haupthindernis für eine kontinuierliche Analyse, die sich nicht auf die großen Ereignisse beschränkt, nämlich den Mangel an aussagekräftigen Quellen, in gewissen Grenzen zu überwinden[4]. Gerade für die Untersuchung der schweizerischen Arbeiterbewegung, die sich nach allgemeiner Auffassung im internationalen Rahmen gesehen durch eine geringe Kampftätigkeit auszeichnet[5], scheint dies von besonderer Bedeutung zu sein. Fallstudien dieser Art sind aber auch für die Großindustrie nötig, wo Streiks wenigstens bis 1914 selten waren und durch Streikuntersuchungen diese wichtige Gruppe der Arbeiterschaft nur ungenügend erfaßt werden kann.

Die Untersuchung eines einzelnen Großbetriebes erlaubt es, auch Konflikten auf einem niedrigeren Grad von Intensität, Umfang und Organisiertheit, Aufmerksamkeit zu schenken. Dabei zeigt sich, daß auch dort, wo größere, offene Konflikte fehlen, die innerbetrieblichen Spannungen stark sein können. Eine interessante Frage ist in diesem Falle gerade, warum *keine* offenen Konflikte entstehen. Die Antwort darauf findet sich vielleicht in allgemeinen strukturellen Bedingungen, beispielsweise im speziellen Charakter der Qualifikationsstruktur oder in den Auswirkungen der ländlichen Herkunft eines großen Teils der Arbeiter etc. In einer Fallstudie läßt sich zeigen, wie solche Faktoren zur Wirkung kamen, welche für Streikuntersuchungen „unsichtbaren" Konflikte sich abspielten und wie dabei Grundlagen für spätere sprunghafte Entwicklungen der Organisation, für große offene Konflikte und neue Formen der Beziehungen der Konfliktparteien gelegt wurden. Umgekehrt wird auch deutlich, wie Erfahrungen in kleinen und alltäglichen Auseinandersetzungen einen hemmenden Einfluß auf die weitere Organisationsentwicklung ausüben konnten. Wie sehr die Konzentration der Untersuchungen auf Streiks die Sicht auf weite Bereiche konfliktiver Beziehungen in der Industrie verdecken kann, erweist sich gerade am Beispiel von GF, die bis 1924 – mit Ausnahme des Landesgeneralstreiks von 1918 – keinen Streik erlebte, jedoch zeitweise eine Häufung von Konflikten geringeren Umfangs und geringerer Intensität, deren Kenntnis zum Verständnis der gesamten Entwicklung von größter Bedeutung sind.

Lassen sich also gute Gründe angeben, eine Fallstudie zu versuchen, so darf anderseits die Problematik dieses Vorgehens nicht außer acht gelassen werden. So ist es zunächst nicht möglich anzugeben, in welchem Bereich die Resultate des Einzelfalls repräsentativ sind. Die Gültigkeit der Ergebnisse kann nur durch Paralleluntersuchungen wirklich gesichert werden, Verallgemeinerungen können daher nur den Charakter von Hypothesen haben. Einer solchen Studie kann aber nur ein Wert zukommen, wenn eine solche Verallgemeinerung sich in gewissen Grenzen als möglich erweist, im Einzelfall also allgemeinere Prozesse und Entwicklungen exemplarisch erfaßt sind[6]. Soweit es möglich war, habe ich versucht, andere Untersuchungen vergleichend in die Diskussion einzubeziehen.

Weiter ist zu sagen, daß zahlreiche Bedingungen der Entwicklung der Beziehungen zwischen Arbeiterschaft und Unternehmen nicht im Bereich des Einzelbetriebs adäquat behandelt werden können, so beispielsweise konjunkturelle Entwicklungen, Veränderungen von Markt- und Konkurrenzverhältnissen, die Entwicklung der Organisation der Arbeiter und Unternehmer, politische und ökonomische Klassenkonflikte etc., von denen das Einzelunternehmen zwar Teil war, die aber auch als äußere Faktoren auf die einzelne Firma einwirkten. Eine isolierte Betrachtung des Einzelfalls kann so nicht zu sinnvollen Ergebnissen führen[7].

Der Einbezug gesamtgesellschaftlicher Entwicklungen wird allerdings erschwert durch den unbefriedigenden Stand der empirischen Forschung im Bereich schweizerischer Sozial- und Wirtschaftsgeschichte. Der Rückgriff auf allgemeine gesellschaftliche Entwicklungen und Bedingungen ist im übrigen auch aus theoretischen Gründen mit Schwierigkeiten verbunden. Es bleibt nämlich zunächst methodisch ungeklärt, in welcher Weise exogene Faktoren zur Erklärung innerbetrieblicher Entwicklungen beigezogen werden können, ohne dabei in willkürlicher Weise die Erklärungen innerbetrieblicher Erscheinungen einmal auf endogenen, das andere Mal auf exogenen Faktoren aufzubauen. Dieses Problem kann, da eine theoretische Bewältigung höchstens ansatzweise möglich ist, nur im empirischen Teil selbst durch eine möglichst konsistente Verwendung der Erklärungselemente angegangen werden.

Zur Anlage der Arbeit

Ausgangspunkt und Basis der folgenden Darstellung ist die konkrete Lage der Arbeiter im Produktionsprozeß. Dies heißt zunächst, daß die unmittelbare Arbeitssituation der wichtigsten Berufs- und Tätigkeitsgruppen in ihrer Entwicklung untersucht werden muß. Derartige Einzelstudien sind unumgänglich für den Versuch, Bewußtsein und Verhalten in Abhängigkeit von Qualifikation und Arbeitsanforderungen zu erfassen. Sie mögen dem mit der Gießereitechnik unvertrauten Leser vielleicht schwer verständlich scheinen. Es ist aber wichtig, daß Industriearbeit nicht nur abstrakt begrifflich erfaßt, sondern auch so gut wie möglich in ihrer konkreten Erscheinung dargestellt wird. Folgende Hauptfragen sind zu beantworten: Wie veränderten sich im Laufe der Entwicklung, die allgemein durch zunehmende Rationalisierung und Maschinisierung gekennzeichnet war, Qualifikationsniveau, physische und psychische Arbeitsbelastungen, Dispositionsmöglichkeiten der Arbeiter, Kooperationszusammenhänge sowie die Chancen informeller Beziehungen im Arbeitsprozeß?

Damit ist nun allerdings erst ein – allerdings außerordentlich wichtiger – Aspekt der Industriearbeit bezeichnet. Über die technisch und organisatorisch bedingte Situation am einzelnen Arbeitsplatz hinaus (allerdings wesentlich in ihr bedingt) sind allgemeinere Aspekte der Arbeitssituation zu erfassen, wie sie gleichermaßen aus technischen Bedingungen und aus dem Herrschaftscharakter des Arbeitsverhältnisses erwuchsen. Das dritte Kapitel des ersten Teils untersucht dazu die hierarchischen Beziehungen zu Vorgesetzten, die Dauer und Strukturierung der Arbeitszeit sowie die Arbeit als Gesundheitsgefährdung. Wie gestaltete sich aus diesen Zwängen die alltägliche Situation der Arbeiter? Wo entstand am ehesten Widerstand gegenüber den Ansprüchen des Unternehmens und in welchen Formen spielten sich diese Auseinandersetzungen auf unterster Ebene ab?

Die Löhne bilden schließlich das Thema des vierten Kapitels. In der Entwicklung von Lohnhöhe, Lohnstruktur und Lohnsystem drücken sich allgemeine wirtschaftliche, unternehmensorganisatorische und technische Faktoren aus. In ihnen spiegelt sich aber auch der Stand der Klassenauseinandersetzungen, Stärke oder Schwäche der Organisationen der Arbeiter. Welchen Einfluß hatten Lohnentwicklung, Lohnstruktur und Lohnsystem auf Verhalten und Bewußtsein der Arbeiter, welche Konfliktfronten ergaben sich gegenüber dem Unternehmen aber auch zwischen den Arbeitern?

Das fünfte Kapitel, das letzte des ersten Teils, leitet bereits über zur Darstellung der Auseinandersetzung zwischen Unternehmensleitung und Arbeiterschaft. Die hier behandelte Zusammensetzung der Arbeiterschaft nach Beschäftigungsdauer, Fluktuationsneigung, Herkunft usw. ist Resultat einer Beschäftigungs- und Sozialpolitik des Unternehmens, die nicht nur von ökonomischen Entwicklungen auf dem Arbeitsmarkt bestimmt wurde, sondern ganz wesentlich Teil und Ausdruck der permanenten Auseinandersetzung des Unternehmens mit der organisierten Arbeiterbewegung war. Wie groß war hier der Spielraum des Unternehmens und welchen Effekt hatte seine Arbeitsmarktpolitik auf die Organisations- und Konfliktfähigkeit der Arbeiter? Wie und wie stark wirkten sich die einzelnen Differenzierungsmerkmale auf das Verhalten der Arbeiter aus? Welcher Einfluß kam in diesem Zusammenhang insbesondere der Frage der Qualifikation zu?

Mit den auf betrieblicher Ebene erfaßbaren Faktoren lassen sich zahlreiche Möglichkeiten und Beschränkungen der Lebensgestaltung der Arbeiter überhaupt erfassen, doch ist nicht zu bestreiten, daß im Ansatz bereits wesentliche Einschränkungen liegen. Eine der wichtigsten besteht darin, daß durch die Konzentration auf den Einzelbetrieb die Sicht auf die Biographie der einzelnen Arbeiter verdeckt wird. Die Arbeiter sind nur solange in unserem Gesichtskreis, als sie bei GF beschäftigt sind. Dadurch fallen wesentliche Merkmale der Arbeiterexistenz, zum Beispiel die Erfahrung der Arbeitslosigkeit, die geographische, berufliche und soziale Mobilität der Arbeiter aus der direkten Betrachtung[8]. Wenn man sich dieser Einschränkungen bewußt bleibt, können jedoch zweifellos im betrieblichen Bereich die zentralen, das individuelle und kollektive Verhalten der Arbeiterschaft bestimmenden Faktoren am besten erfaßt werden.

Eine Untersuchung der einzelnen Elemente der Arbeitssituation ist nun aber zur Erklärung von Verhalten und Bewußtsein der Arbeiter nicht ausreichend. Die allgemeinen Entwicklungstendenzen und -bedingungen lassen sich nicht unvermittelt zur Erklärung von Organisationsentwicklung und Klassenauseinandersetzungen verwenden. Als wesentliche Zwischenglieder müssen die bestehenden Organisationen und Institutionen sowie auch die Bewußtseinsstrukturen der Akteure berücksichtigt werden. Nur so ist es beispielsweise möglich, die für die Entwicklung von Organisation, Bewußtsein und Aktion der Arbeiter typische *Diskontinuität* der Abläufe zu erfassen; Phasen plötzlicher Ausdehnung von Umfang, Stärke und Aktivität der Bewegung wechseln mit langen Phasen der Stagnation. Wachstumsschübe und Stagnationsphasen lassen sich mit der technischen und ökonomischen Entwicklung, mit konjunkturellen Faktoren etc. in Verbindung bringen, doch keineswegs in eindeutiger, zu einer Erklärung hinreichenden Weise, solange es nicht gelingt, institutionelle Vermittlungsglieder und Bewußtseinsstrukturen in die Analyse einzubeziehen. Eric Hobsbawm hat in diesem Zusammenhang Organisationen von Arbeitern und Unternehmern mit Dämmen verglichen, welche dem steigenden Druck bis zu einem bestimmten Punkt weitgehend unelastisch widerstehen, schließlich brechen, sich aber nach jeder Welle von Veränderung wieder verfestigen[9].

Dasselbe gilt in gewisser Weise auch für das Bewußtsein der handelnden oder betroffenen Menschen. Im Bewußtsein der Arbeiter, in Form und Verhalten ihrer Organisationen ebenso wie in der Beziehung zu den Unternehmern, manifestieren sich Resultate vorangegangener Konflikte und Bewegungen. Diese teilweise institutionell verfestigten Erfahrungen gehen in die aktuellen Auseinandersetzungen ein, beeinflussen ihr Resultat und damit (in gewissen, vor allem ökonomisch gesetzten Grenzen) auch die Lebensbedingungen der Arbeiter. Neue Erfahrungen und veränderte Kräftekonstellationen wirken ihrerseits auf Bewußtsein und organisatorische Struktur zurück, welche in der Folge wieder Ausgangspunkt und Basis neuer Bewegungen sind[10]. Zwischen individuellem Bewußtsein und Organisation besteht dabei eine wichtige Beziehung: Individuelle und kollektive Erfahrungen beeinflussen die Struktur der Organisation, doch umgekehrt kann diese auch die Rezeption von Erfahrungen durch die soziale Basis verändern, z. B. durch Aufbau einer Meinungspresse (und durch andere institutionelle Formen, z. B. Vereine, Bibliotheken); dadurch wird versucht, ein eigenes, gegen den politischen Gegner gerichtetes Normensystem zu errichten und andere ideologische Einflüsse abzuschirmen. Es entstehen Verhaltensmuster, Traditionen und Loyalitäten gegenüber Personen und Organisationen, welche wesentlich erst die Stärke der Arbeiterbewegung ausmachen, aber auch die Anpassung an gewandelte Verhältnisse erschweren können.

Diese Zusammenhänge werden im zweiten Teil der Arbeit untersucht. Folgende Hauptfragen stellen sich dabei: Wann fanden ‚Dammbrüche' im Sinne von Hobsbawm statt, welcher Art war das damit verbundene Spannungspotential und welche Gruppen der Arbeiterschaft waren jeweils besonders aktiv und besonders betroffen? Wandlungsprozesse der Arbeiterorganisationen standen stets im Rahmen von Auseinandersetzungen mit den Unternehmern. Diesen kommt daher für unsere Fragen größte Bedeutung zu: Welche Rolle spielten die betrieblichen Konflikte und ihr Ausgang für die Arbeiterorganisationen, wo bezogen die gegnerischen Parteien ihre Stärke, welches waren ihre kurz- und längerfristigen Ziele, welche strukturellen Faktoren (Zusammensetzung der Arbeiterschaft, Gestaltung der Arbeitsbedingungen) übten auf die Konflikte und auf ihren Ausgang Einfluß aus? Welches waren die außerbetrieblichen Faktoren (z. B. Arbeitsmarkt, politische Verhältnisse, bestehende Organisationen), die den Verlauf dieser Konfliktphasen und ihr Resultat beeinflussen? Und, als dritter Fragenkomplex: Was für Lehren wurden individuell und kollektiv aus den Konfliktverläufen gezogen? Welches waren die prägenden Erfahrungen einer Bewegung, die das künftige Verhalten beeinflußten? Welche institutionellen Veränderungen wurden vollzogen? Wie erfolgte die Meinungsbildung innerhalb der Arbeiterbewegung, wer vermochte den eigenen Standpunkt durchzusetzen und welche Methoden gelangten dabei zur Anwendung?

Zum Konzept des industriellen Konflikts

Für die Vermittlung zwischen strukturellen Prozessen einerseits, Bewußtsein und Organisation der Arbeiter anderseits kommt innerbetrieblichen Auseinandersetzungen große Bedeutung zu. Die Beziehungen zwischen Unternehmen und Arbeiterschaft sind – wie die folgende Darstellung ausführlich zeigen wird – gekennzeichnet durch eine Vielzahl von Konflikten, die allerdings sehr unterschiedliche Formen annehmen und in bezug auf Umfang, Intensität, Dauer und Art der Regelung außerordentlich stark variieren können. Für eine angemessene Erklärung von Ursachen, Erscheinungsformen und Resultaten dieser Konflikte ist daher ein theoretischer Begriff (bzw. ein Konzept oder ein Modell) nötig, in den allgemeine Entwicklungsprozesse ebenso eingehen wie die Interessenlage der Beteiligten, ihre strukturellen Möglichkeiten zur Durchsetzung dieser Interessen und die korrespondierenden Bewußtseins- und Organisationsformen.

Ein solches Konzept industrieller Beziehungen, welches geeignet ist, Konflikte in ihren Ursachen und Auswirkungen angemessen zu erklären, ist nicht so leicht zu finden. Die neuere industrie- und betriebssoziologische Forschung weiß mit dem Konfliktbegriff im allgemeinen wenig anzufangen. Konflikte werden meist nur in den individuellen Beziehungen zu den Kollegen und den Vorgesetzten erfaßt. In der ‚human relations'-Schule[11] werden grundlegende Gegensätze sogar weitgehend bestritten und Konflikte als Abweichung vom Normalzustand infolge individuellen Fehlverhaltens oder als Folge von Organisationsmängeln betrachtet[12]. Konflikte erscheinen so nur als Funktionsdefizite des Industriebetriebs, welche auf möglichst rationelle Weise zu beheben oder zu vermeiden sind. Aber auch dort, wo Konflikte als Ausdruck unterschiedlicher Interessen angesehen werden (und ihre Legitimität grundsätzlich anerkannt wird), liegt das Interesse der Untersuchung meist sehr stark auf den Bedingungen der erfolgreichen Konfliktregelung[13]. Die Funktion der Konflikte für die weitere Entwicklung der Beziehungen zwischen Unternehmen und Arbeiterschaft (oder allgemeiner zwischen Kapital und Arbeit), für die Entwicklung von Bewußtsein und Organisation der Arbeiter und für die Veränderung der materiellen Lebensbedingungen wird in weit geringerem Maße thematisiert.

Am stärksten ausgearbeitet ist der Konfliktbegriff wohl bei Ralf Dahrendorf. Auch bei ihm steht allerdings die Regelung von Konflikten, ihre Abschwächung und Zähmung im Vordergrund. Er strebt allerdings keine generelle Vermeidung von Konflikten an, sondern sieht in ihnen den notwendigen Ausdruck der Herrschaftsverhältnisse im Industriebetrieb[14]: Die Träger der ‚positiven und negativen Herrschaftsrollen' bilden ‚Quasigruppen', welche durch gemeinsame ‚latente' Interessen verbunden sind. Im Verhältnis zwischen diesen ‚Quasigruppen' oder Klassen liegt ein genereller Interessenkonflikt angelegt, der grundsätzlich unaufhebbar ist. „Konflikte beruhen in letzter Instanz allein auf Herrschaftsverhältnissen, auf dem Anteil an oder dem Ausschluß von Herrschaft.«[15] Da Herrschaft in seiner Sicht im Industriebetrieb unvermeidbar ist, können auch industrielle Konflikte auf die Dauer nicht vermieden werden. Dahrendorf vertritt die Auffassung, daß mit einem Konfliktmodell, in welchem die Richtung ihres Handelns durch strukturelle Bedingungen vorgeschrieben ist, auch gesellschaftlicher Wandel erklärt werden kann[16]. Wie weit dies Dahrendorf gelingt, ist allerdings zweifelhaft. Da die Konflikte ihre grundlegende Ursache im Herrschaftscharakter des Industriebetriebes haben, sind einzelne Konflikte spezifisch mit dieser Theorie nicht zu erklären. Häufige und heftige Konflikte lassen einzig auf ein ungenügend entwickeltes Konfliktregelungsinstrumentarium schließen. Generell ist weder eine Verschärfung noch eine Milderung industrieller Konflikte erklärbar. Die materiellen Bedingungen und ihre Veränderung gehen in seine Konflikttheorie nicht ein, womit ein zentraler Erklärungsbereich gesellschaftlichen Wandels außerhalb seiner Konfliktkonzeption bleibt[17]. Das hier wesentliche Element seiner Konzeption der Untersuchung gesellschaftlicher Konflikte ist jedoch das Bestehen auf einem ‚nichtpsychologischen' Interesse- und Klassenbegriff. Die Klassenzugehörigkeit (bzw. die Zugehörigkeit zur ‚Quasigruppe') ist unabhängig vom Bewußtsein des einzelnen. Die Klassenangehörigen haben gewisse ‚latente' Interessen gemeinsam, auch wenn sie sich dessen nicht notwendig bewußt sind. Eine solche Unterscheidung zwischen objektiver Lage und subjektivem Bewußtsein ist – wie ich meine – eine notwendige Voraussetzung für die Untersuchung von Klassenkonflikten und Organisationsentwicklung der Arbeiterschaft[18].

Jürgen Kocka hat in seiner Untersuchung der deutschen Gesellschaft im Ersten Weltkrieg ein ähnliches Klassenmodell verwendet, das von Dahrendorf beeinflußt ist, aber auch auf Marx selbst zurückgreift. Ihm möchte ich mich für die Zwecke dieser Untersuchung zunächst in der Definition einiger wichtiger Begriffe anschließen. Sein Klassenmodell unterscheidet drei Ebenen: Auf einer ersten, sozialstrukturellen Ebene bestimmt sich die *Klassenlage* durch den Anteil oder Nichtanteil an Privatbesitz und Verfügung über die Produktionsmittel. Dadurch konstituiert sich die objektive oder latente gegensätzliche *Interessenlage* und damit der *Klassengegensatz* zwischen Produktionsmittelbesitzern und Lohnabhängigen, der den Klassenangehörigen nicht unbedingt bewußt ist. Insofern die Klassenlage die Lebenschancen in fast allen gesellschaftlichen Bereichen wesentlich bestimmt, prägt der Klassengegensatz nicht nur die Arbeitsverhältnisse, sondern die gesamte Gesellschaft. – Auf einer zweiten Ebene bestimmen Klassenlage und Klassengegensatz zunehmend die subjektiven (oder manifesten) Interessen, Haltungen und Einstellungen. Die Angehörigen einer Klasse entwickeln ein Bewußtsein der Zusammengehörigkeit. Der Klassengegensatz drückt sich in einer *Klassenspannung* aus, welche sich im *Bewußtsein* und den Äußerungen der Klassenangehörigen feststellen läßt[19]. Die bestehenden gesellschaftlichen Verhältnisse werden nicht nur erkannt, sondern zunehmend als ungerecht und als veränderbar begriffen. – Auf einer dritten Ebene liegen in diesem Modell die *Organisation* der Klasseninteressen »und verschiedenartige Maßnahmen, Aktionen zu ihrer Durchsetzung bzw. Verteidigung«. Aus der Klassenspannung entstehen *Klassenkonflikte*, welche sich in dem Maße ausdehnen, wie sich der Klassengegensatz ausprägt und im Bewußtsein der Klassenangehörigen in Erscheinung tritt. Die Bedingungen dieser keineswegs automatisch verlaufenden Prozesse bedürfen der empirischen Untersuchung[20]. Unter welchen Bedingungen entstehen Klassenbewußtsein und Organisation der Klasseninteressen. Wodurch wird ihre äußere Form bestimmt?

Bei einer Untersuchung auf betrieblicher Ebene wird vor allem deutlich, daß das Bewußtsein, welches zu Klassenkonflikten führt, von sehr unterschiedlicher Art sein kann. Ein relativ pragmatisches Arbeiterbewußtsein kann in beschränkten Konfliktbereichen, beispielsweise in Lohnkämpfen, Träger sehr heftiger Klassenkämpfe werden, ohne daß daraus weitergehende gesamtgesellschaftliche Konsequenzen gezogen werden. Umgekehrt löst die Einsicht in den Klassengegensatz und das Vorliegen starker Spannungen nicht unbedingt Klassenkonflikte aus. So etwa, wenn nach schweren Niederlagen für längere Zeit Resignation, Einsicht in die eigene Schwäche, den Kampfwillen überwiegt. Auch der Organisation der Arbeiter können sehr unterschiedlich weitgehende Vorstellungen zugrundeliegen, von der Vertretung der Arbeiterinteressen im Rahmen des bestehenden Systems bis zum prinzipiellen und kämpferischen Antikapitalismus. Im konkreten Zusammenhang sind Differenzierungen dieser Art notwendig. Das relativ einfache Klassenmodell von Kocka[21] kann jedoch im Rahmen der vorliegenden Arbeit zwei Funktionen übernehmen: Es schafft erstens die notwendige Verbindung zwischen der Ebene des Einzelbetriebes und der Gesamtgesellschaft, dem Gegensatz zwischen Arbeitern und Unternehmern und gesamtgesellschaftlichen Widersprüchen und Auseinandersetzungen. Dies ist zur Erfassung außerbetrieblicher Einflüsse auf den Einzelfall notwendig. Es ist aber auch Voraussetzung zur angestrebten Verallgemeinerung der Resultate der Fallstudie in weiteren gesellschaftlichen Zusammenhängen. Als begriffliches Instrument können zweitens der Klassen-, Interesse- und Konfliktbegriff des Modells auch auf die innerbetrieblichen Verhältnisse angewendet werden. Der Klassengegensatz der Gesamtgesellschaft geht in diese Arbeit als Annahme ein, die nur unzureichend im Verlaufe der Untersuchung selbst überprüft werden kann. Auf der Ebene des Einzelbetriebes kann dagegen die Entwicklung und Ausgestaltung von Klassengegensatz, Klassenspannungen und Klassenkonflikten dargestellt und es kann gleichzeitig überprüft werden, in welcher Weise diese Dimension durch andere Differenzierungen überlagert, modifiziert und in ihrer Entwicklung gehindert bzw. gefördert wurde. Die Möglichkeit zu Rückschlüssen auf gesamtgesellschaftliche Entwicklungen bleibt dabei durchaus offen.

Bedingungen und Probleme gewerkschaftlicher Organisation

Der strukturelle Interessengegensatz zwischen Arbeitern und Unternehmern wird erst im kollektiven Vorgehen der Arbeiter manifest. Erst durch die Organisation entwickeln sich aus Klassenspannungen Klassenkonflikte[22]. In dieser zentralen Bedeutung der Organisation für die Arbeiterschaft und ihre Fähigkeit zur Austragung von Klassenkonflikten liegt begründet, daß diese selbst zum Gegenstand von Konflikten, d.h. von Angriffen der Unternehmer wird. Die gewerkschaftliche Organisation konstituiert erst die Verhandlungs- und Kampfkraft der Arbeiter, in ihrer Schwächung lag somit eine wirkungsvolle Unternehmerstrategie. Auf einer frühen Stufe der Organisation zielte diese Strategie im allgemeinen auf die Zerstörung der Arbeiterorganisation ab, mit Mitteln der innerbetrieblichen Repression, aber auch durch den Einsatz des Staatsapparates im Dienste der Unternehmer[23]. Auf einem höheren Organisationsstand, d.h. wenn die Organisationsbewegung bereits größere Teile der Arbeiterschaft erfaßt hatte, wurde die prinzipielle Bekämpfung der Gewerkschaften durch Kampf- und Verhandlungsformen ersetzt, welche die Existenz und die Existenzberechtigung der Arbeiterorganisation zumindest implizit anerkannten und nicht mehr unbedingt auf ihre Zerstörung abzielten[24]. Auch auf dieser Ebene wurden allerdings von Unternehmerseite zahlreiche Kampfmittel eingesetzt, welche die Gewerkschaften und damit ihre Verhandlungsposition schwächen sollten – etwa: Aussperrungen, Entlassung von Gewerkschaftsaktivisten[25], Durchsetzung repressiver Gesetzesbestimmungen gegen die organisierten Arbeiter, Militär- und Polizeieinsätze im Dienste der Unternehmer, Aufbau von Streikbrecherorganisationen oder von „gelben" Gewerkschaften. Auf einer höheren Stufe der Institutionalisierung der Klassengegensätze[26] können diese aggressiven Kampfmittel auch durch vertragliche Regelungen – zumindest zeitweise – ersetzt werden, durch welche die Gewerkschaften gegen materielle Konzessionen ihre Handlungsfreiheit teilweise aufgeben. Die hier geschilderte Abfolge entspricht in groben Zügen der historischen Entwicklung. Diese verläuft jedoch nicht eindeutig und kontinuierlich, sondern in Abhängigkeit von ökonomischen, politischen und sozialen Prozessen, die Macht und Geschlossenheit der Arbeiterbewegung beeinflussen.

Die Konsequenz für diese Untersuchung liegt vor allem darin, daß einzelne Konflikte nicht einfach von ihren unmittelbaren Gegenständen, von Erfolg oder Mißerfolg bezüglich der erhobenen Forderungen her, beurteilt werden können. Sie stellen immer auch ein Glied in einer langfristigen Auseinandersetzung dar, für welche weniger das materielle Resultat der Einzelbewegung wesentlich ist als deren Einfluß auf Größe, Geschlossenheit, Taktik und Bewußtsein der Arbeiterbewegung und ihrer Institutionen. Es läßt sich unschwer zeigen, daß dieser langfristige Aspekt den Unternehmensleitungen immer schon bewußt war. Auf der Seite der Arbeiter hingegen ist diese Erkenntnis in viel stärkerem Maß erst das Produkt eines komplexen Prozesses der Bewußtseinsbildung. Die Erfahrungen in der täglichen Arbeits- und Lebenssituation trugen dazu ebenso bei wie Erfahrungen in Einzelkonflikten mit dem Unternehmen. Dazu kamen Propaganda und Agitation, d. h. die Versuche beider Konfliktparteien, auf Bewußtsein, Einstellungen und Haltungen der Arbeiterschaft Einfluß zu gewinnen. So ist im einzelnen Konflikt immer auch diese langfristige Auseinandersetzung um das Bewußtsein der Arbeiter enthalten. Die Unternehmer stehen unter dem Zwang, ihr Verhalten u. a. gegenüber den Arbeitern zu legitimieren, wenn sie nicht der Propaganda der Arbeiterbewegung zusätzliches Gewicht verleihen wollen. So können beispielsweise freiwillige materielle Konzessionen dazu verwendet werden, die Überzeugungskraft der Gewerkschaft zu mindern und ‚gelbe', unternehmerfreundliche Organisationen zu fördern in der Erwartung, damit auf lange Sicht das Konfliktpotential der Arbeiter zu schwächen und dadurch die Lohnkosten zu verringern[27].

Welches Gewicht dieser Legitimierung des eigenen Verhaltens beigemessen wurde bzw. wie weit sie durch offene oder verdeckte Gewalt ersetzt wurde, läßt sich wohl nicht aus einer simplen Kosten-/Nutzenrechnung ableiten. Es ist wahrscheinlich, daß bedeutsame Verhaltensunterschiede zwischen einzelnen Unternehmern, zwischen Branchen und Ländern bestanden, welche sich nicht vollständig aus ökonomischen, betrieblichen und politischen Unterschieden heraus erklären. Je nach ideologischer Position waren unterschiedliche Einschätzungen der optimalen Politik gegenüber den Arbeitern möglich. Solche Unterschiede konnten sich im Laufe der Entwicklung noch verfestigen: Je weniger das Unternehmerverhalten als im Interesse auch der Betroffenen liegend legitimiert wurde, desto eher mußte offene Gewalt zu seiner Durchsetzung angewendet werden, wodurch wiederum bei den Arbeitern das Bewußtsein eines nicht überwindbaren Klassengegensatzes gefördert wurde.

Außer diesen Wechselwirkungen in der Beziehung zwischen Arbeiterorganisationen und Unternehmensleitungen sind auf der Seite der Arbeiterbewegung vor allem die innerorganisatorischen Probleme zu beachten, die als Widerspruch zwischen der demokratischen Organisationsstruktur und der Notwendigkeit des einheitlichen Vorgehens in Erscheinung treten können. Ebenso können Gegensätze zwischen Führung und Basis entstehen, wenn zum Beispiel die Basismitglieder ihre Interessen stärker auf die Tagesforderungen und die aktuellen Kämpfe ausrichten, während die Führung vor allem die längerfristigen organisatorischen Auswirkungen im Auge hat. Politische Auseinandersetzungen können aufbrechen über die Reichweite der zu erhebenden Forderungen und die längerfristige Strategie, über das Ausmaß der Risiken, denen die bestehende Organisation ausgesetzt werden darf usw. In der hierarchisch aufgebauten Organisation können Machtkämpfe um zentrale Positionen, um politische Gegensätze und individuelle Macht- und Versorgungsinteressen der Funktionsträger entstehen. Die Art der Ausprägung und Lösung dieser internen Probleme bestimmte in wesentlichem Maß Handlungsfähigkeit und Entwicklungsrichtung gewerkschaftlicher Organisationen.

Zur Präzisierung der allgemeinen Funktionsbedingungen von Gewerkschaften über diese allgemeinen Punkte hinaus wird im folgenden versucht, einige zentrale Aspekte gewerkschaftlicher Tätigkeit zu unterscheiden. Die Gliederung dient als analytisches Hilfsmittel und beinhaltet weder eine eindeutige Hierarchie noch eine kausale Abfolge. Die angeführten Beziehungen und Zusammenhänge sind nicht vollständig, sondern versuchen nur die Richtung der Untersuchung anzugeben. Folgende Punkte sind – in den einzelnen Konflikten und zur Bewertung der Gesamtpolitik – von besonderer Bedeutung:

a) Erfolge bei der Verfolgung der expliziten Ziele

Ziel gewerkschaftlicher Politik ist die Verbesserung der Arbeits- und Lebensbedingungen der Arbeiter. Die Organisation legitimiert sich gegenüber ihren Mitgliedern und auch gegenüber den unorganisierten Arbeitern letztlich nur, wenn es gelingt, gewisse materielle Erfolge zu erringen. – Diese Erfolge müssen nicht unbedingt vom Ausmaß her groß sein. Auch geringfügige Erfolge oder die Abwehr von Verschlechterungen können unter gewissen Umständen genügen, um den Nutzen der Gewerkschaft nachzuweisen. Gewerkschaften entwickeln so leicht eine Tendenz, die Erfolge von Bewegungen übertrieben groß darzustellen, oder sich in ihren Ansprüchen zu bescheiden, um relative Erfolge ausweisen zu können. Unter gewissen Bedingungen können allerdings auch verlorene Bewegungen die Organisation stärken, indem etwa die Notwendigkeit neuer Organisations- und Kampfformen allgemein akzeptiert wird oder indem im Verlauf der Auseinandersetzungen Bewußtseinsveränderungen erfolgen, der Klassengegensatz zum Bürgertum deutlicher zum Ausdruck kommt u.a. Längerfristig sind jedoch gewisse Erfolge zur Legitimierung der Organisation unabdingbar.

b) Mobilisierung, Organisierung

Je vollständiger die Arbeiter eines Bereiches in einer Bewegung mobilisiert werden können, desto größer sind die Erfolgschancen. Je größer der Anteil der gewerkschaftlich Organisierten, desto besser ist die finanzielle Ausgangssituation, damit die Fähigkeit zu langdauernden Konflikten und damit wiederum die Erfolgsaussicht. Erfolge können ihrerseits mobilisierende Wirkung haben, sei es, daß bisher unorganisierte, durch eine Bewegung aktivierte Arbeiter der Gewerkschaft beitreten, oder daß Arbeiter in anderen Bereichen – z. B. am gleichen Ort oder in der gleichen Branche – durch das Beispiel mobilisiert werden.

c) Organisationsstruktur

Die Organisation soll nicht nur möglichst viele Arbeiter umfassen, sondern auch so aufgebaut sein, daß einheitliches Handeln möglich ist. Im Verlauf der historischen Entwicklung weitet sich dieser Anspruch ständig aus: Vom einzelnen Berufszweig im lokalen Bereich zur Organisierung der ganzen Industrie. Dazu ist eine Vereinheitlichung und Zentralisierung notwendig, anderseits zur Information und Konsensusbildung eine möglichst verzweigte und vollständige Basisorganisation. Hier zeigt sich – verschärft mit zunehmender Zentralisation – ein Gegensatz zwischen Basis und Spitze, zwischen Basisdemokratie und bürokratisierter Entscheidungsstruktur. Die Zentralisation wird legitimiert durch darauf zurückzuführende materielle Erfolge, aber auch durch das Wachstum der Organisation, welches organisationsintern als Voraussetzung künftiger und größerer Erfolge angesehen wird.

d) Bewußtsein

Innerhalb der Arbeiterschaft muß ein Bewußtsein der gemeinsamen Lage und der Möglichkeit zur Verbesserung dieser Situation durch gemeinsamen Kampf bestehen, wenn die Gewerkschaft erfolgreich sein soll. Es müssen gemeinsame Vorstellungen über politische Ziele und Taktik bestehen, welche die Notwendigkeit und die Chancen gewerkschaftlichen Kampfes einsichtig machen. Erst auf dieser Basis kann eine zentralisierte Organisation – soweit sie auf Freiwilligkeit beruht – überhaupt entstehen. Dieses Kollektivbewußtsein beruht – abgesehen von seiner Verankerung in den tatsächlichen Lebens- und Arbeitsumständen – auf der Agitation und Propaganda der Organisationen der Arbeiterbewegung. Gegenüber der Propaganda des Bürgertums, welche die Solidarisierung mit den Klassenorganisationen der Arbeiter zu verhindern sucht, gilt es, Normen und Einstellungen der Arbeiterbewegung durchzusetzen. Dies ist notwendig als Basis zur Mobilisierung der Arbeiter in solidarischer Aktion und zur Vereinheitlichung der Organisationen selbst. Äußere Erfolge, bereits erfolgte Mobilisierung in Bewegungen, eine große, breit ausgefächerte und in der Arbeiterschaft gut verankerte Organisation, eine einheitliche und starke normative Basis der bestehenden Organisationen usw. steigern die Erfolgsmöglichkeiten der Agitation. Die stärkste Förderung erfährt dieses proletarische Kollektivbewußtsein jedoch im Kampf mit dem Bürgertum selbst. Hier, in der direkten Erfahrung des Klassengegensatzes, radikalisiert es sich auch am ehesten zu einem prinzipiellen und kämpferischen Klassenbewußtsein, welches über den Tageskampf und die Tagesforderungen hinausreicht[28].

e) Finanzen

Die finanzielle Kraft einer Gewerkschaft ist wesentlich für ihre Erfolgsaussichten. Dies gilt für die Durchführung von Streiks, aber auch für alle anderen Tätigkeitsbereiche. Sie ermöglicht Verbesserungen der Organisationsstruktur (u. a. den Ausbau des bürokratischen Apparats), intensive Agitation und Schulung usw. Sie verbessert die Möglichkeit für große Mobilisierungskampagnen wie für Kampfaktionen. Das Problem liegt darin, daß jeder größere Konflikt, der die finanziellen Reserven beansprucht, die Organisation vorübergehend schwächt. Da die potentiellen Reserven des Gegners ungleich größer, seine Bereitschaft diese einzusetzen schwer einschätzbar sind, können die eigenen Mittel nie mit Sicherheit als groß genug erachtet werden. Die Hemmung, diese einzusetzen, ist deshalb beträchtlich, wenn nicht eine starke Mobilisierungswirkung erwartet wird, welche wiederum die finanzielle Basis verbreitern würde.

f) Politische Absicherung

Im Rahmen des liberal-bürgerlichen Staates müssen die Arbeiterorganisationen Positionen zu gewinnen suchen, über welche gesetzliche Regelungen der Arbeitsbedingungen – z. B. Arbeitszeit, Versicherungen usw. – erlangt werden können, und durch welche der Einsatz staatlicher Machtmittel gegen die Arbeiter erschwert wird. Agitation und Mobilisierung können verhältnismäßig leicht in diesem Sinne verbreitert werden. Dadurch werden breitere normative Bezüge geschaffen, welche das Bewußtsein der Arbeiter vereinheitlichen. Die breitere Fundierung macht die Organisation zumindest kurzfristig auch weniger abhängig von Erfolgen in der direkten Auseinandersetzung mit den Unternehmen. Aktionen im politischen Sektor können etwa in wirtschaftlichen Krisenzeiten alternativ zu betrieblichen Kämpfen eingesetzt werden. Angelegt ist hier auch die Möglichkeit des Übergangs von systemimmanenten Forderungen zur Bekämpfung der strukturellen Machtsituation, d. h. des kapitalistischen Wirtschafts- und Herrschaftssystems. Unter gewissen Bedingungen kann diese Möglichkeit direkt oder indirekt als Druckmittel in den Verhandlungen über systemimmanente Forderungen dienen.

Damit sind einige der Bezüge bezeichnet, die im folgenden untersucht werden sollen[29]. In dieser allgemeinen Aufzählung sind gewisse strukturelle Bedingungen erwähnt, nur wenig wurde dagegen über die Wechselbeziehungen und die konkreten Alternativen gewerkschaftlicher Politik ausgesagt. In welcher Weise diese Möglichkeiten realisiert wurden, und welche Veränderungen sich im Lauf der Entwicklung ergaben, muß konkret untersucht werden.

2. Zur Situierung des Untersuchungsgegenstandes

Bei der Wahl des Untersuchungsgegenstandes haben wir uns bemüht, einen Betrieb zu finden, der in einer politisch und geographisch klar begrenzten Region liegt und in dieser Region ein dominantes Gewicht hat. Dadurch läßt sich der Zusammenhang zwischen der betrieblichen Situation und der Entwicklung der Arbeiterbewegung im lokalen Rahmen leichter herstellen. Die Wahl mußte so auf einen Betrieb in einem kleineren Industriegebiet fallen, das im übrigen für die schweizerische Industrialisierung charakteristischer ist als großstädtische Verhältnisse[30]. Die für die Entwicklung der schweizerischen Arbeiterbewegung insgesamt wichtigen Faktoren werden so besser erfaßt als in einer Untersuchung der wenigen städtischen Ballungsgebiete. Die Wahl eines Unternehmens der Metall- und Maschinenindustrie liegt darin begründet, daß diese Branche ökonomisch (wie politisch) eine führende Position einnahm, am meisten Arbeiter beschäftigte und im Untersuchungszeitraum noch laufend an Bedeutung gewann. Die quantitative Bedeutung der Metall- und Maschinenindustrie in der Schweiz dokumentieren die Tabellen 1 und 2.

Tab. 1: Ausfuhrwerte der schweizerischen Metall- und Maschinenindustrie[31]

	Ausfuhr in Mio. Fr.	Anteil an der Gesamtausfuhr in Prozent
1892	48,0	7,3
1900	86,7	10,4
1910	157,5	13,2
1920	517,1	15,8
1930	485,0	27,5

Tab. 2: Zahl der Arbeiter in der Metall- und Maschinenindustrie[32]

	Arbeiter	Anteil an der Gesamtzahl der in Fabriken beschäftigten Arbeiter (in Prozent)
1882	16430	12,2
1888	20647	12,9
1895	33857	16,9
1901	45378	18,7
1911	69760	21,2
1923	83231	24,7
1929	114976	28,1

Zur Einordnung der Fallstudie in den *lokalen Rahmen* sollen die folgenden Strukturdaten zur Entwicklung von Bevölkerungszahl, Berufstätigkeit und geographischer Herkunft der Bevölkerung in der Region Schaffhausen dienen und ebenso die anschließende Schilderung der Entwicklung der Schaffhauser Arbeiterbewegung im 19. und frühen 20. Jahrhundert. In einem weiteren Abschnitt wird – basierend auf den Arbeiten von Knoepfli und Siegrist – in kurzen Zügen die allgemeine Unternehmensentwicklung dargestellt.

Einige Merkmale der Industrieregion Schaffhausen

Stadt und Kanton Schaffhausen liegen im Norden der Schweiz, angrenzend an die Kantone Zürich und Thurgau sowie an deutsches Gebiet. Die Industrialisierung setzte in größerem Ausmaß erst nach der Mitte des 19. Jahrhunderts mit dem Anschluß an das deutsche und schweizerische Eisenbahnnetz (ab 1857) und der Erschließung der Wasserkraft des Rheins ein[33]. Sie konzentrierte sich weitgehend auf die Stadt Schaffhausen selbst und die benachbarte Gemeinde Neuhausen. Das übrige Kantonsgebiet blieb überwiegend agrarisch. Dies kommt in der Bevölkerungsentwicklung deutlich zum Ausdruck: Die Bevölkerung der beiden Industriezentren stieg kontinuierlich an, jene der Landschaft stagnierte oder war gar rückläufig.

Tab. 3: Wohnort und Erwerbstätigkeit[34]

	1860	1870	1880	1888	1900	1910	1920	1930
Schaffhausen u. Neuhausen	9923	11971	13610	14338	19180	23625	26512	27473
übriger Kanton	25577	25671	24631	23445	23334	22472	23916	23714
total	35500	37642	38241	37783	41514	46097	50428	51187
Erwerbs-tätige[35]		16164	17567	14449	17543	20939	23387	24882
davon in Industrie und Handwerk[36]		5819	6096	5577	8105	10176	11810	10978
		36,0%	34,7%	38,6%	46,2%	48,6%	50,5%	44,1%
davon in der Metall- und Maschinen-branche[37]				1495	3031	4233	5988	4756
				26,8%	37,4%	41,6%	50,7%	43,3%
davon wohnhaft im Bezirk Schaffhausen[38]				81,9%	88,5%	87,0%		

Wie Tabelle 3 zeigt, stieg der Anteil der Beschäftigten in Industrie und Handwerk nach 1888 laufend an, darunter vor allem der Anteil der Metall- und Maschinenbranche. Diese Arbeitsplätze konzentrierten sich sehr stark in der Agglomeration Schaffhausen-Neuhausen. Den Ursachen der industriellen Entwicklung von Schaffhausen in einem weitgehend agrarischen Gebiet kann hier nicht weiter nachgegangen werden[39]. Eine der wesentlichen Auswirkungen dieser Industriestruktur bestand darin, daß eine relativ starke soziale Durchmischung der verschiedenen Bevölkerungsgruppen im Wohnbereich erfolgte. Ein beträchtlicher und eher zunehmender Teil der Arbeiterschaft wohnte nicht in den Industrieorten selbst, sondern in umliegenden ländlichen Gebieten[40]. Dies hatte Auswirkungen auf Bewußtsein und Verhalten der Arbeiter und auf die Chancen der organisierten Arbeiterbewegung zur Gewinnung politischer Macht. In einem Milieu, in dem die Arbeiter eine Minderheit bildeten, waren nicht nur ihre Chancen zur politischen Partizipation stark verringert[41], sie waren auch in ihrem sonstigen Verhalten einem starken sozialen Druck ausgesetzt. Die Kommunikationsmöglichkeiten der Arbeiter untereinander – ohne Zweifel eine Grundvoraussetzung für das Entstehen eines gemeinsamen Bewußtseins – waren eingeschränkt. Wenn sich auch die meisten Pendlergemeinden nur wenige Kilometer von Schaffhausen entfernt befanden, so konnte diese Distanz doch leicht zum wirksamen Hemmnis etwa für den Besuch von politischen und gewerkschaftlichen Versammlungen werden[42]. Auch zahlreiche informelle Kontaktmöglichkeiten mit Kollegen, welche sich aus einer gemeinsamen Wohnsituation ergeben konnten, fielen bei diesen Pendlern weg.

Neben diesen Fragen der Industrie- und Wohnstruktur interessieren hier auch Fragen der geographischen und sozialen Mobilität. Wo rekrutierte die Schaffhauser Industrie im Verlaufe ihrer Expansion die Arbeitskräfte? Wie weit fand eine Abwanderung von den landwirtschaftlich orientierten Gebieten in die städtische Industrie statt? Wie stark war demnach die Verankerung der Industriearbeiterschaft durch Herkunft und familiäre Beziehungen in der ländlichen Umgebung? Eine konkrete Antwort auf diese Fragen ist hier nicht möglich, doch aus den Volkszählungsresultaten lassen sich immerhin einige Schlüsse ziehen (vgl. Tab. 4).

Tab. 4: Die Zusammensetzung der Wohnbevölkerung nach den Heimatorten (in % der Wohnbevölkerung)[43]

	1860	1870	1880	1888	1900	1910	1920	1930
Kanton SH								
Bürger Kanton SH	86,4	81,7	76,8	74,0	64,8	57,3	54,8	51,6
übrige Schweizer	7,9	9,9	11,8	12,8	16,8	19,4	29,2	35,3
Ausländer	5,7	8,4	11,4	13,2	18,4	23,3	16,0	13,1
fremdsprachig			0,6	0,7	2,9	4,9	4,3	3,7
Stadt Schaffhausen u. Neuhausen								
Bürger Kt. SH				48,7	41,4	37,3		36,2
übrige Schweizer				24,8	26,8	27,5		46,3
Ausländer				26,5	31,8	35,2		17,4
fremdsprachig				1,3	5,3	7,0		5,6

Die starke Zunahme der Bevölkerungsteile, die nicht aus dem Kanton Schaffhausen stammten, deutet darauf hin, daß die Industrie ihre Arbeitskräfte nicht in erster Linie im Umkreis von Schaffhausen rekrutierte, sondern aus zugewanderten Arbeitern, wobei den Ausländern außerordentlich großes Gewicht zukam. Dies wird nicht nur von den Daten bei GF bestätigt, sondern auch durch die Fabrikstatistik: Der Ausländeranteil war bei den Fabrikarbeitern weit höher als bei der Gesamtbevölkerung (vgl. Tab. 5).

Tab. 5: Zahl und Nationalität der Fabrikarbeiter[44]

	1882	1888	1895	1901	1911	1923	1929
Fabrikarbeiter	2305	2630	4243	5245	7375	7500	9472
davon Ausländer (in %)			39,3	41,2	48,0	21,7	
Metall- u. Masch.-Branche	1334	1435	2376	3126	4517	4442	6330
davon Ausländer (in %)			33,0			17,2	

Zu den Wanderbewegungen, wie sie in Tab. 4 und 5 erscheinen, ist schließlich zu bemerken, daß sie die Realität in einem wichtigen Aspekt nur sehr unvollkommen wiedergeben: Was als relativ langsame Zunahme des Anteils der Ausländer und der Schweizer aus anderen Kantonen erscheint, war in Wirklichkeit eine ständige Zu- und Abwanderung, von deren Ausmaß man sich meist eine ungenügende Vorstellung macht. Als Hinweis mag dienen, daß beispielsweise im Laufe des Jahres 1895 ca. 25% der Wohnungen in der Stadt Schaffhausen den Mieter wechselten[45]. Einer relativ stabilen einheimischen Arbeiterschaft stand also eine sehr stark fluktuierende Gruppe von Zugezogenen gegenüber, ähnlich wie dies für GF selbst zu zeigen sein wird.

Die politische und organisatorische Formierung der Arbeiterbewegung in Schaffhausen

Nach diesen sehr vorläufigen Ausführungen zum Umfang und zu einigen Charakteristika der Schaffhauser Industrieregion soll die politische und organisatorische Entwicklung der lokalen Arbeiterbewegung im 19. Jahrhundert kurz skizziert werden[46]. Wie an zahlreichen anderen Orten in der Schweiz standen am Anfang der organisatorischen Formierung der Arbeiterbewegung in Schaffhausen der Grütliverein sowie ein deutscher Arbeiterverein, die um 1848 gegründet wurden[47]. Beide Vereine gingen in ihrer Frühzeit stärker von patriotischen als proletarischen Grundlagen aus. 1858 wurde auch ein Schmiedefachverein in der Waggonfabrik Neuhausen (SIG) gegründet, über dessen Tätigkeit nichts Näheres bekannt ist[48]. Von Ende der sechziger Jahre datieren die ersten Arbeitskämpfe. Der Lokalhistoriker der Schaffhauser Arbeiterbewegung, Maag, nennt eine Lohnbewegung der Buchdrucker 1869, einen Lohnkonflikt in der Waffenfabrik Neuhausen[49], Streiks der Buchdrucker[50], Schneider und Schuhmacher. 1869 erfolgte ein Versuch zur Gründung einer Metallarbeitergewerkschaft, der jedoch scheiterte. Auch eine erste Arbeiterunion wurde gegründet[51]. In der vor allem ab 1877 einsetzenden Wirtschaftskrise zerfiel diese gewerkschaftliche Organisierung aber wieder.

Organisation und Kämpfe erfolgten vorwiegend im traditionellen Handwerk. Die Versuche zur Organisierung der Fabrikarbeiter blieben erfolglos, auch dort, wo es sich um Berufsarbeiter handelte. Obwohl die Technik in der Industrie sich vom handwerklichen Niveau noch nicht stark gelöst hatte, und die Qualifikationsanforderungen sich nur wenig von jenen im Handwerk unterschieden, so befanden sich diese Arbeiter doch in einer grundlegend neuen Arbeitssituation. Arbeiter verschiedener Berufe und Qualifikationen waren im gleichen Arbeitszusammenhang und unter den gleichen Formen betrieblicher Herrschaft zusammengeschlossen. Zu einer diesen Bedingungen entsprechenden gemeinsamen Organisation fehlten die bewußtseinsmäßigen Voraussetzungen noch weitgehend. Einzig die Organisation gewisser Berufsgruppen lag im Bereich der Möglichkeiten. Bei GF finden sich in dieser Zeit keine Hinweise auf eine organisierte Bewegung der Arbeiterschaft.

Die wirtschaftliche Stagnationsphase ab Mitte der siebziger bis Ende der achtziger Jahre fand in Schaffhausen ihren Ausdruck in stagnierenden Bevölkerungszahlen und in einer deutlich sinkenden Beschäftigung auch im industriellen Sektor, wobei dies allerdings für die industriellen Zentren Schaffhausen und Neuhausen in geringerem Maße zutraf. Die Zahl der Fabrikarbeiter (vgl. Tab. 5) stieg auch in den achtziger Jahren an[52]. In dieser Depressionsphase verschwanden in Schaffhausen die offenen Arbeitskämpfe weitgehend. Die organisatorische Kontinuität wurde hauptsächlich vom Grütliverein aufrechterhalten. 1880 vermochte dieser eine Sektion in Neuhausen zu gründen, welche bereits vier Jahre später eine Vertretung im Gemeinderat erlangte. Auch in Feuerthalen wurde damals eine Sektion gegründet. In der ersten Hälfte der achtziger Jahre dominierte in der Arbeiterbewegung der politische Bereich weitgehend, doch mit den Anzeichen des wirtschaftlichen Aufschwungs nach 1885 gingen gerade vom Grütliverein starke Impulse zur gewerkschaftlichen Organisation aus. 1887 entstand z. B. ein Gießerfachverein und zwei Jahre darauf wurde eine Metallarbeiter-Gewerkschaft gegründet[53]. Der Umfang gewerkschaftlicher Aktivität und die Zahl der Mitglieder vergrößerten sich in diesen Jahren beträchtlich, doch bis zur Jahrhundertwende blieben die Arbeiterorganisationen (vor allem in der Fabrikindustrie) in der Arbeiterschaft nur relativ schwach vertreten. Sie begannen aber in steigendem Maß Einfluß auf die Arbeiter auszuüben. Dies zeigte sich etwa bei den Maifeiern, die auch in Schaffhausen ab 1890 durchgeführt wurden. 1892 beteiligten sich bereits 2000 Personen an der Kundgebung[54].

Die Klassenspannungen waren allerdings in dieser Zeit noch relativ wenig ausgeprägt. Der Grütliverein, Initiant und Träger gewerkschaftlicher, politischer und kultureller Aktivität der organisierten Arbeiterschaft, blieb noch stark in der bürgerlich-liberalen Öffentlichkeit integriert[55]. Als 1884 das Grütli-Zentralfest in Schaffhausen stattfand, übernahm beispielsweise der bürgerliche Stadtpräsident das Präsidium des Organisationskomitees[56]. Diese Verbindung zum liberalen Bürgertum blieb wie in anderen schweizerischen Kantonen verhältnismäßig lange intakt[57]. Erst in den neunziger Jahren begann sich der Gegensatz zwischen Arbeiterorganisationen und Bürgertum deutlicher abzuzeichnen. In dem Maße, wie die gewerkschaftliche Aktivität an Wirksamkeit gewann, trat sie zu den Interessen des Bürgertums in Widerspruch. Bestand gegenüber den Bildungsbestrebungen des Grütlivereins und auch den Bestrebungen für einen gesetzlichen Arbeiterschutz in weiten Kreisen des Bürgertums noch Sympathie, so verlor sich diese rasch, als in den gewerkschaftlichen Kämpfen weitergehende Machtbeteiligungsansprüche zutage traten. Die Arbeiterbewegung umgekehrt begann sich zunehmend auch ideologisch vom Bürgertum zu lösen[58] und in weiteren gesellschaftlichen Bereichen eigene Formen und organisatorische Strukturen zu entwickeln.

Die Ursachen für diese Entwicklung liegen zweifellos im ökonomischen Bereich. Momentan erfolglose Arbeitskämpfe der Jahre 1887 und 1890 trugen in Schaffhausen wesentlich zu diesem Polarisierungsprozeß bei, und dies gilt in noch stärkerem Maß für die Auseinandersetzungen bei GF und in anderen Bereichen in den Jahren 1898 und 1899[59]. Der politische Polarisierungsprozeß drückte sich nach der Jahrhundertwende auch im Wahlverhalten aus. 1902 erhielten die bürgerlichen Kandidaten bei den Wahlen in den Nationalrat offenbar noch die Stimmen der Arbeiterschaft. Ab 1905 war dies nicht mehr eindeutig der Fall, und zwar gleichgültig, ob die Linke ihrerseits Kandidaten aufstellte oder nicht (vgl. Tab. 6).

Tab. 6: Die politischen Kräfteverhältnisse in Schaffhausen vor 1914: Stimmen der Kandidaten in Prozent der Wahlberechtigten[60] (Kanton Schaffhausen)

	1902	1905	1908	1911	1914
Grieshaber (rad.)	65,1	53,2	53,4	51,4	49,0
Spahn (rad.)	64,3	52,7	53,7	53,9	50,9
Schlatter (soz.)		16,0		16,1	
Wahlbeteiligung	67,9	68,1	58,1	67,7	53,0

Ein gewisser Teil der Stimmbürger gab von diesem Jahr an entweder dem sozialdemokratischen Kandidaten die Stimme oder blieb der Wahl fern. Die bürgerlichen Kandidaten erhielten kaum mehr Stimmen von Leuten, die sozialdemokratisch wählten, wie umgekehrt der sozialdemokratische Kandidat nur wenige Stimmen aus dem Bürgertum erhielt. Die sozialdemokratischen Wähler rekrutierten sich überwiegend aus der Arbeiterschaft. Der relativ geringe Anteil der Linken erklärt sich aus der großen Zahl nicht wahlberechtigter ausländischer Arbeiter. Die bürgerlichen Kandidaten erhielten – wie eine Schätzung ergibt[61] – nur noch wenige Stimmen aus Arbeiterkreisen.

Trotz der relativ geringen Schärfe der politischen Auseinandersetzungen und Arbeitskämpfe in Schaffhausen vollzog die Arbeiterschaft um die Jahrhundertwende die politische Scheidung vom Bürgertum. Die meisten Arbeiter sahen ihre Interessen durch die Sozialdemokratie vertreten, auch jene, die weder politisch noch gewerkschaftlich organisiert waren. Dies gilt es im folgenden im Auge zu behalten: Die lange Zeit geringe Bereitschaft zur Organisierung in den Gewerkschaften kann nicht als Ausdruck einer Ablehnung von Ziel und Mitteln dieser Organisationen interpretiert werden. Ein großer Teil der Arbeiter unterstützte die Linke als Wähler, auch wenn er nicht bereit war, ein relativ anspruchsvolles und kostspieliges gewerkschaftliches Engagement auf sich zu nehmen.

Zur Unternehmensgeschichte von GF

Nach der Darlegung der allgemeinen ökonomischen und politischen Rahmenbedingungen ist hier – für die Leser, die die Arbeiten von Siegrist und Knoepfli nicht kennen – noch kurz auf den speziellen Kontext von GF einzugehen. Die Unternehmensgeschichte der heutigen Georg Fischer AG in Schaffhausen reicht an den Anfang des 19. Jahrhunderts zurück. 1802 begann Johann Conrad Fischer, der 1797 die Kupfer- und Glockengießerei seines Vaters übernommen hatte, mit der Herstellung von Gußstahl. Der Umfang seiner qualitativ hochwertigen Produktion in Schaffhausen blieb aber in den folgenden fünfzig Jahren recht bescheiden. Er beschäftigte auch in guten Jahren nicht mehr als 15 bis 20 Arbeiter, zu denen er noch ein handwerklich-patriarchalisches Verhältnis bewahrte. Außerhalb seiner wirtschaftlich stagnierenden Vaterstadt Schaffhausen gründete er dagegen mehrere eigentliche Fabriken, so zweimal in Österreich: 1827 eine Fabrik für Gußstahlprodukte in Hainfeld und 1838 in Traisen eine Spindelfabrik. Die Leitung dieser Unternehmen übertrug er seinen Söhnen.

Nach seinem Tod im Jahr 1854 übernahm sein Sohn Georg Fischer (Georg I) aus dem Werk Hainfeld die Leitung in Schaffhausen, die 1862 auf dessen Sohn Georg II überwechselte. Nun wurden die Anlagen in Schaffhausen stärker ausgebaut. Wesentliche Voraussetzung dafür war der Anschluß Schaffhausens an das nationale und internationale Eisenbahnnetz, welcher die Marktchancen entscheidend verbesserte. Um 1860 wurde die Produktion von Weichguß (Temperguß) aufgenommen und Mitte der sechziger Jahre begann Fischer aus diesem Werkstoff Röhrenverbindungsstücke (Fittings) zu gießen, welche mit den bisher üblichen geschmiedeten Fittings in erfolgreiche Konkurrenz traten. Die Zahl der Beschäftigten stieg von 30 im Jahr 1865 auf 210 im Hochkonjunkturjahr 1873. Die Quellenlage erlaubt für diese Zeit kaum Aussagen über den inneren Zustand des Betriebs. Immerhin ist deutlich, daß sich mit dem Wachstum neuartige Qualifizierungs- und Disziplinierungsprobleme gegenüber der Arbeiterschaft stellten. Die innerbetriebliche Hierarchie differenzierte sich, zwischen Unternehmer und Arbeiter traten die Meister, ein Prozeß, der nicht ohne Widerstand der (qualifizierten) Arbeiter verlief[62].

Von der nach 1873 einsetzenden Depression wurde auch GF stark betroffen. Bis 1877 sank die Belegschaft auf die Hälfte und erst 1889 wurde der bisherige Höchststand wieder erreicht. Unter Georg Fischer III, der 1887 nach dem Tode seines Vaters die Leitung des Unternehmens übernommen hatte, nahm die Firma bis zur Jahrhundertwende einen stetigen Aufschwung. 1890 wurde der Stahlformguß, der bisher in kleinem Maßstab mit Tiegelöfen betrieben worden war, durch die Einrichtung eines Siemens-Martin-Ofens auf eine größere Grundlage gestellt, die es erlaubte, in zunehmendem Maße den Stahlgußbedarf der schweizerischen Maschinenindustrie zu decken. Auch die Fittingsproduktion expandierte stark. 1894/95 gründete Fischer im benachbarten, aber auf deutschem Gebiet gelegenen Singen eine Filiale, um die deutschen Zollmauern für Fittings zu umgehen. Die Expansion machte schließlich 1896 zur Deckung des steigenden Kapitalbedarfs die Umwandlung der Firma in eine Aktiengesellschaft notwendig.

Tab. 7: Beschäftigtenzahl, Umsatz und Aktienkapital von GF 1890 bis 1930[63]

	Beschäftigte	Umsatz (Mio. Fr.)	Aktienkapital (Mio. Fr.)
1890	240		
1895	700	2,0 (1896)	3,0 (1896)
1900	1600	4,5	3,0
1905	2100	7,1	3,0
1910	3400	13,3	4,0
1915	4600	21,4	6,5
1920	5300	42,5	17,5
1925	4500	37,0	20,0
1930	6600		25,35

In der konjunkturellen Krise von 1901/02, von der GF stark betroffen wurde, zeigte es sich, daß die Expansion zu stark vorangetrieben worden war. Das Unternehmen war hoch verschuldet und mußte schwere Verluste hinnehmen. Es wurde deutlich, daß die Unternehmensleitung unter Georg Fischer III ihrer Aufgabe nicht mehr gewachsen war. Der Druck der Großbanken zwang Fischer 1902, seinen Platz zu räumen. Unter seinem Nachfolger Ernst Homberger – der bestimmenden Figur im Unternehmen für fünfzig Jahre – wurden Unternehmensorganisation und Produktion rationalisiert und verwissenschaftlicht. Die Expansion des Unternehmens schritt weiter fort. Zur Absicherung seiner Marktstellung trat GF deutschen Kartellen im Fittings- wie im Stahlformgußbereich bei. An der Gründung des Fittingskartells war GF sogar maßgeblich beteiligt und wahrte sich dauernd eine führende Stellung im Verband. Die ökonomische Lage des Unternehmens entwickelte sich bis 1914 glänzend. Obwohl sich die Lohnsteigerungen demgegenüber in geringem Rahmen bewegten, konnten größere Konflikte mit der Arbeiterschaft vermieden werden.

Die Kriegsjahre 1914 bis 1918 brachten durch direkte und indirekte Rüstungsproduktion eine weitere starke Ausdehnung der Werke. Das Unternehmen realisierte steigende Gewinne, sah sich allerdings nach 1918 – wie die gesamte schweizerische Industrie – einer durch starke Reallohnsenkungen erbitterten Arbeiterschaft gegenüber, die bis 1920 wesentliche Reallohnerhöhungen und Arbeitszeitverkürzungen durchsetzte. In den zwanziger Jahren, die für die schweizerische Exportindustrie vor allem durch einen wesentlich erhöhten Kurs des Schweizer Frankens und daraus erwachsende Nachteile in der internationalen Konkurrenz gekennzeichnet waren, verlief bei GF das Unternehmenswachstum langsamer. Auf einen schweren Rückschlag in den Jahren 1921/22 folgte ein Aufschwung in den Jahren ab 1924, vor allem 1927 bis 1929, also entsprechend der allgemeinen Konjunkturentwicklung in der Schweiz. Das Unternehmen bemühte sich – ebenfalls einem allgemeinen Trend folgend – vor allem um die Rationalisierung der Produktion und um die Einsparung von teurer gewordener menschlicher Arbeit. Auf den internationalen Märkten vermochte GF – von den kriegs- und nachkriegsbedingten Schwierigkeiten seiner wichtigsten Konkurrenten profitierend – seine Stellung weiter auszubauen. 1921 übernahm GF die Maschinenfabrik Rauschenbach in Schaffhausen, die in wirtschaftliche Schwierigkeiten geraten war, und tat damit einen langfristig wichtigen Schritt zur Diversifizierung. 1928 wurde eine Fittingsfabrik in Mettmann übernommen, allerdings weniger in der Absicht, die Produktion auszudehnen, als um einen lästigen Konkurrenten auszuschalten. Den Schwerpunkt des Unternehmens bildeten weiterhin die Gießereien in Schaffhausen, deren Arbeiterschaft die folgende Untersuchung gilt.

Teil I
Arbeitsbedingungen und Struktur der Arbeiterschaft

I. Produktions- und Tätigkeitsstruktur bei GF

1. Produkte und Produktionstechnik

Während des ganzen untersuchten Zeitraums war die Produktion bei GF in zwei – auch organisatorisch getrennte – Bereiche aufgeteilt: die Herstellung von *Stahlformguß* und von *Temperguß* (Weichguß), zwei Eisenwerkstoffe also, die sich jedoch in ihren Eigenschaften wie ihren Produktionsbedingungen wesentlich unterschieden. Festzuhalten ist zunächst, daß es sich bei beiden Materialien um Spezialitäten handelt. Gewöhnlicher, relativ problemloser Eisenguß (Grauguß) wurde zu dieser Zeit von zahlreichen kleinen Gießereien hergestellt, und auch die meisten Maschinenbaufirmen verfügten über eigene Graugießereien. Stahlformguß und Temperguß wurden dagegen in größerem Ausmaß in der Schweiz nur von GF produziert[1].

Produktionstechnisch gesehen handelt es sich beim *Temperguß* zunächst um einen gewöhnlichen Eisenguß, der wegen seines relativ hohen Kohlenstoffgehalts bereits bei 1300° C. dünnflüssig und leicht vergießbar ist. In einem anschließenden Temperprozeß werden jedoch die Gußstücke (teilweise unter Zugabe von oxydierendem Material) in speziellen Öfen geglüht. Dadurch ist es möglich, bei dünnwandigen Gußstücken den Kohlenstoffgehalt wesentlich zu senken. Der getemperte Guß gewinnt dadurch stahlähnliche Eigenschaften, er wird zäher und widerstandsfähiger als Gußeisen, bleibt aber dennoch gut mechanisch bearbeitbar. Damit eignet sich Temperguß vor allem für relativ hoch beanspruchte, kompliziert geformte Serienprodukte[2]. Das mit Abstand wichtigste Tempergußprodukt bei GF waren (und sind) die *Fittings*, d. h. Rohrverbindungsstücke aller Arten und Größen, denen diese Materialeigenschaften in jeder Hinsicht entsprechen. Obwohl eine sehr große Zahl verschiedener Sorten hergestellt werden mußte[3], handelte es sich hier doch um ein normiertes, in größeren Serien hergestelltes Produkt, das gute Möglichkeiten für eine Rationalisierung der Produktion bot.

Der *Stahlformguß*, der bei GF seit 1877 produziert wurde, stellte in verschiedener Hinsicht höhere produktionstechnische Anforderungen. Dies vor allem wegen der höheren Schmelztemperaturen von 1600–1700° C. Dies hat etwa zur Folge, daß beim Vergießen der Formsand aufgeschmolzen wird. Dadurch versintert die Oberfläche der Stahlgußstücke und erfordert einen großen Aufwand zur Reinigung (Gußputzen)[4]. Stahlformguß zeichnet sich durch hohe Festigkeit und hohe Zähigkeit aus und wird vor allem dort verwendet, wo hohe, vor allem auch dynamische Belastungen auftreten und das Gewicht zudem gering gehalten werden soll. GF belieferte vor allem die schweizerische Maschinenindustrie, stellte Eisenbahn- und später Lastwagenräder her[5].

Im Zentrum des Produktionsprozesses stand in beiden Bereichen der Gießerei die Herstellung der Gußformen. Dazu wurden zunächst Modelle der Gußstücke benötigt, welche in der *Modellschreinerei* und der *Modellschlosserei* aus Holz, bei häufig verwendeten Formen auch aus Metall hergestellt wurden. Die Modelle wurden in feuchtem, mit Ton versetztem Sand eingeformt. Sehr große Stücke wurden am Boden geformt, der größte Teil der Formen jedoch in Gußkästen, die jeweils eine Halbform enthalten. Das Formen erfolgte teilweise als Handarbeit, in steigendem Maße jedoch mit Hilfe von Formmaschinen (*Handformer, Maschinenformer*). In die entstandene Negativform wurden die von *Kernmachern* hergestellten ‚Kerne' eingelegt, d. h. Aussparungen für die Hohlräume im künftigen Gußstück. Danach wurden die entsprechenden Halbformen zusammengefügt, fixiert und schließlich vergossen. Nach dem Abkalten der Stücke mußten die Kästen ausgepackt und die Eingüsse sowie die Aufgüsse, welche eine vollständige Füllung der Form bewirken, abgeschlagen werden. Bei dem spröden Gußeisen, das erst durch das Glühen zum zähen Temperguß wird, war das relativ einfach, beim zähen Stahlguß dagegen mußten die Aufgüsse meist mühsam abgesägt werden. Die Bruch- oder Schneidestellen mußten geschmirgelt, die Stücke von Sandresten gereinigt werden (*Schmirgler, Appreturarbeiter, Gußputzer*). Außerhalb der eigentlichen Gießerei erfolgte schließlich bei den Fittings das Schneiden der Gewinde, das von einer Gruppe angelernter Arbeiter, den *Gewindeschneidern*, besorgt wurde, sowie diverse Qualitätskontrollen.

Es versteht sich, daß in diesem Arbeitsprozeß umfangreiche Transportfunktionen anfielen. Koks, Eisen, Sand, Zwischen- und Fertigprodukte mußten ständig bewegt werden. Dazu kam – vor allem bei den Fittings – eine umfangreiche Lagerhaltung. Diese Arbeiten wurden von ungelernten Arbeitern geleistet, die allerdings in vielen Bereichen zunehmend von mechanischen Transportanlagen abgelöst wurden (Krane, Hängebahnen, Elektrokarren, Förderbänder usw.). Zahlreiche schwere Tragarbeiten blieben jedoch noch lange bestehen. Auch für das Beschicken der Öfen blieb Handarbeit wesentlich. Für die Bedienung der Öfen wurden im allgemeinen Anlernarbeiter niedriger Qualifikation benötigt (*Ofenarbeiter*) sowie in größerer Zahl *Ofenmaurer*, die mit der Reparatur oder dem Neubau der Öfen beschäftigt waren[6]. Als wichtige Berufsgruppen sind schließlich noch die *Dreher* und *Schlosser* zu nennen. Diese waren bei GF nur teilweise direkt in der Produktion, mit der Weiterbearbeitung von Gußstücken beschäftigt. Wesentliche Arbeitsfunktionen bestanden für sie in der Reparatur und Instandhaltung der Anlagen des Unternehmens.

Damit ist die Zusammensetzung der Arbeiterschaft, wie sie sich aus den technischen Bedingungen einer Gießerei ergibt, und ebenso der Arbeitsablauf in knappsten Zügen umrissen. Die Arbeitssituation dieser Gruppen wird im folgenden genauer dargestellt, doch muß vorgängig die Veränderung der quantitativen Zusammensetzung der Arbeiterschaft nach Funktionen und nach Qualifikation abgeklärt werden.

2. *Produktions- und Tätigkeitsstruktur*

Im Jahr 1911, das sich für die Darstellung der Verhältnisse in der Vorkriegszeit von der Quellenlage her anbietet, gliederten sich die Werke von GF in Schaffhausen in zwei Stahlgußabteilungen (Werk I vorwiegend für Großguß und Werk IV, Birch, für Kleinguß), in die Fittingsfabrik (Werk III) und in die Nebenbetriebe. Diese Grobstruktur veränderte sich nach der 1907 erfolgten Gründung des Werks IV bis in die zwanziger Jahre nicht mehr[7]. Die folgende detaillierte Aufgliederung gilt daher in ihren Hauptzügen für den ganzen Untersuchungszeitraum.

Die Stahlgießereien

Tab. 8: Berufsstruktur der Stahlwerke 1911[8]

	Beschäftigte		in % der Belegschaft		W I & W IV	
	W I	W IV	W I	W IV	Besch.	in %
Former	97	62	18,8	23,9	159	20,5
Kernmacher	41	19	7,9	7,3	60	7,7
Hilfsarbeiter, Ofenarbeiter, Sandmacher	170	47	38,9	18,1	217	28,0
Appretur, Glüherei, Richterei	76	26	14,7	10,0	102	13,2
Gußputzer	132	105	25,6	40,5	237	30,6
Total	516	259	99,9	100,0	775	100,0

In den Stahlgießereien lag der Anteil der gelernten Arbeiter, zu denen man einzig die Former und Kernmacher rechnen kann, bei ca. 28%[9]. Die Statistik von 1911 erlaubt es leider nicht, die Handformer von den Maschinenformern zu unterscheiden. Die Formmaschinen spielten jedoch im Werk I, in welchem vorwiegend größere Stücke gegossen wurden, noch keine große Rolle[10]. Im Werk Birch hingegen waren bereits bei der Eröffnung 1907 ca. 20% der Former an Maschinen beschäftigt. 1909 ging man dazu über, auch Autogußteile auf den Maschinen zu formen, und 1910 wurde die Maschinenformerei stark ausgebaut[11], so daß man annehmen kann, daß 1911 gegen die Hälfte der Former im Werk Birch an Maschinen arbeiteten.

Fittings- und Tempergießerei[12]

In der Fittings- und Tempergießerei, in welcher ein anderes Gußverfahren zur Anwendung gelangte und wo im Unterschied zu den Stahlgießereien Fertigprodukte in Großserien hergestellt wurden, stellt sich die Arbeitsplatz- und Funktionsgliederung etwas komplizierter dar[13].

Tab. 9: Berufsstruktur der Fittings- und Tempergießerei 1911[14]

	Arbeiterzahl	in % der Arbeiter WIII	in % der Arbeiter im Gießereibereich
Maschinenformer	134	23,4	32,4
Kernmacher	91	15,9	22,0
Gießereihilfsarbeiter, Ofenarbeiter	112	19,6	27,1
Gußputzer, Schmirgler	76	13,3	18,4
Glüherei	28	4,9	
Rohmagazin, Verzinkerei	27	4,7	
Gewindeschneider	74	12,9	
Kontrolle, Druckprobe	30	5,2	
Total	572	99,9	99,9

Bei den Gießereiarbeitern im engeren Sinne im Werk III, die wir zum Vergleich mit den Stahlgießereien heranziehen können, fällt vor allem der wesentlich niedrigere Anteil der Gußputzer auf. Der Eisenguß in der Fittingsgießerei bringt, wie schon erwähnt, im Vergleich zum Stahlguß wesentlich sauberere Oberflächen der Gußstücke hervor. Bei den höheren Temperaturen des Stahlgusses versintert der Sand der Formen an der Oberfläche der Gußstücke. Diese wird dadurch rauh und ungleichmäßig und nur schwer zu reinigen. Speziell der Automobilguß mußte jedoch sorgfältig geputzt werden, um die Weiterbearbeitung zu ermöglichen. Dies erklärt auch den größeren Anteil an Gußputzern und Appreturarbeitern im Werk IV (50,5%) gegenüber dem Werk I (40,3%). Umgekehrt ist das Verhältnis bei den Formern und Kernmachern, deren Anteil in den Stahlgießereien (WI und WIV) 28,2%, in der Fittings- und Tempergießerei jedoch 54,5% betrug. Der Mehraufwand beim Formen, der sich bei den kleinen Gußstücken ergab, wurde auch durch den Einsatz der Formmaschinen nicht kompensiert. Dies gilt in geringerem Ausmaß auch für die Differenz zwischen den beiden Stahlwerken.

Schwieriger zu interpretieren sind die unterschiedlichen Anteile der Gießereihilfsarbeiter[15]:

WI: 24,0%   WIV: 13,3%   WIII: 23,4%

Die Arbeitsteilung war nicht völlig fest, es bestand ein breiter Spielraum, in welchem Gießer- und Hilfsarbeiterarbeit austauschbar war. Die Tendenz des Unternehmens ging dahin, die Zahl der Hilfsarbeiter zu beschränken. So wurde 1902 der Grundsatz aufgestellt, „es sollten, wie dies anderwärts der Fall ist, mehr Gießer als Hilfsarbeiter beschäftigt sein“[16]. Die Aufgabe der Hilfsarbeiter bestand hauptsächlich in der Unterstützung der Gießer und Kernmacher, indem sie diesen Nebenarbeiten abnahmen, welche die Gießer von ihrer eigentlichen Arbeit, dem Formen, abhielten. Das Unternehmen versuchte, einen möglichst großen Teil der Zurüstarbeiten den

Formern, die im Akkord arbeiteten, aufzuladen, um so bei den Hilfsarbeitern an Lohnkosten zu sparen. In Konjunkturphasen, wenn es darum ging, die Produktion innerhalb der bestehenden Anlagen möglichst stark zu steigern, wurde aber die Zahl der Hilfsarbeiter wieder stärker erhöht. So übertraf auch im Jahr 1911 die Zahl der Hilfsarbeiter in der Stahlgießerei jene der Gießer wesentlich. Der beträchtliche Unterschied zwischen den beiden Stahlgießereien dürfte seinen Grund neben der unterschiedlichen Größe der Gußstücke vor allem in der moderneren Ausstattung des Werkes IV gehabt haben, das z.B. mit moderneren Transportanlagen ausgerüstet war.

Nebenbetrieb

Dem Nebenbetrieb waren, allgemein gesagt, jene Tätigkeiten zugeordnet, deren Leistungen den produktiven Betrieben gleichermaßen zugute kamen. Es handelte sich weitgehend um eine organisatorische Einteilung; zwischen den einzelnen Abteilungen der Nebenbetriebe bestand kaum oder höchstens zufällig ein Zusammenhang. Die Zuordnung von Tätigkeiten zum Nebenbetrieb war verhältnismäßig willkürlich. Unterhalt, Reparaturen, Transport konnten in stärkerem oder schwächerem Maße zentralisiert werden, und der Anteil der Nebenbetriebe an der Gesamtbelegschaft schwankte daher relativ stark[17].

Tab. 10: Die Struktur des Nebenbetriebes 1911[18]

	Anzahl	in % der Gesamtbelegschaft
Mechanische Werkstätte (Dreher, Schlosser u. ä.)	79	4,2
Achsbüchswerkstatt	14	0,7
Schweißerei	19	1,0
Modellschlosser	45	2,4
Modellschreiner	33	1,8
Maurer (Ofenmaurer)	52	2,8
Elektriker, Leitungsmonteure	60	3,2
Bauleute	20	1,1
Platzarbeiter	65	3,5
Diverse (Betriebsbureau, Magazine)	107	5,7
Total	494	26,2

In der Aufgliederung des Nebenbetriebes zeigen sich vor allem folgende Tätigkeitsbereiche:

1. Instandhaltung (Bauarbeiter, Ofenmaurer, Elektriker, Monteure, mechanische Werkstätte),

2. Bearbeitung (mechanische Werkstätte, Achsbüchswerkstatt, Schweißerei),
3. Modellfabrikation,
4. Transport und Lagerhaltung.

Allerdings bleibt hier eine beträchtliche Unschärfe bestehen. Die Bereiche 1 und 2 können nicht säuberlich unterschieden werden. Zudem erfolgten im ersten Bereich zweifellos auch Arbeiten, die über Instandhaltung hinausgingen: eigene Bauarbeiten, Elektrifizierung, Konstruktion von Maschinen (Gewindeschneidmaschinen, Druckprüfungsapparate u. a.)[19]. Die Bearbeitung der Gußstücke konnte in stärkerem oder schwächerem Maße bereits in den einzelnen Gießereien erfolgen, ebenso konnten Transport-, Bureau- und Lagerhaltung mehr oder weniger zentralisiert werden[20].

Die Entwicklung der Berufsstruktur

Eine detaillierte Berufsstruktur steht nur noch für das Jahr 1918 zur Verfügung. Diese ist zudem nach anderen Kriterien aufgebaut als jene von 1911, so daß ein vollständiger Vergleich nicht möglich ist[21]. Immerhin lassen sich einige wichtige Entwicklungstendenzen aufzeigen.

Tab. 11: Anteil der wichtigsten Tätigkeiten in der Gießerei an der Gesamtbelegschaft 1911 und 1918[22] (in Prozent)

	1911	1918	Veränderung in % gegenüber 1911
Handformer[23]	5,4	1,9	–65
Maschinenformer[23]	10,3	7,8	–24
Kernmacher und Kernmachergehilfen	8,4	2,1	–75
Gießereihilfsarbeiter, Ofenarbeiter, Sandmischer	15,8	11,4	–28
Gußputzer	15,9	12,6	–21

Während der Rückgang bei den Hilfsarbeitertätigkeiten und vor allem bei den Kernmachern z. T. ein Resultat der veränderten Arbeitskräftestruktur während des Krieges darstellt[24], ist der Trend bei den Formern eindeutig und nicht allein durch die Kriegsumstände bestimmt[25]. Hier waren die Produktivitätsfortschritte am stärksten, der Anteil dieser Berufe und Anlernberufe nahm mehr oder weniger kontinuierlich ab. Dieser Abnahme der qualifizierten Arbeit in der Gießerei stand jedoch eine Zunahme von Berufsarbeitern in den Nebenbetrieben, vor allem im Bereich der Bearbeitung des Gusses, gegenüber. Der Anteil der typischen Berufsarbeiter der Maschinenindustrie (Maschinenschlosser, Dreher, Fräser, Hobler, Bohrer, Revolverdreher, Stanzer, Werkzeugschlosser, Schleifer/Polierer) betrug 1918 6,0% der Gesamtbelegschaft und machte damit 25% der Berufsarbeiter insgesamt aus. Die entsprechenden

Zahlen lauteten für 1911 4,2% und 13%[26]. Die mit Abstand wichtigsten Berufe waren Maschinenschlosser (3,1% der Gesamtbelegschaft) und Dreher (1,8%), welche im folgenden stellvertretend für diese ganze Berufsgruppe behandelt werden. Der relative Anteil dieser Arbeitergruppe vergrößerte sich seit 1911 um ca. 43%, ihr Anteil bei den Berufsarbeitern sogar um 138%, und dieser Trend hielt auch in den zwanziger Jahren an[27].

Der Anteil der Berufsarbeiter an der Arbeiterschaft

Für die zwanziger Jahre stehen keine detaillierten Angaben über die Berufsstruktur mehr zur Verfügung. Dagegen bestehen Unterlagen über die Zahl der Berufsarbeiter, der erwachsenen und der jugendlichen Arbeiter sowie der Frauen. Damit ist es – allerdings in sehr grober Weise – möglich, die Veränderungen der Qualifikationsstruktur auch für diese Zeit zu erfassen. Zur *Definition des Berufsarbeiters* ist zu sagen, daß diese nicht ausschließlich auf der Berufslehre beruht. Gewisse Berufsbezeichnungen konnten durch Arbeit als Hilfsarbeiter erlangt werden. Dies trifft hier vor allem auf die Kernmacher und die Maschinenformer zu, welche nach der Definition des ASM nach vierjähriger Arbeit auf dem Berufe auch ohne Berufslehre die Berufsbezeichnung führen durften. Vor dem Ersten Weltkrieg wurden bei GF an den Formmaschinen vor allem in der Fittingsabteilung fast ausschließlich Angelernte beschäftigt. In der Folge setzte sich der Trend zur obligatorischen Berufslehre für die meisten dieser Anlernberufe stärker durch, doch noch in den dreißiger Jahren basierten die Statistiken des ASM nicht ausschließlich auf der Berufs*lehre*, sondern auch auf der ausgeübten Berufs*funktion*. Dabei ist zu beachten, daß diese Definition dort keine nützlichen Dienste mehr leistet, wo es in erster Linie um das besondere Bewußtsein des Berufsarbeiters geht, basierend auf Ausbildung und Tradition. Vor dem Ersten Weltkrieg könnte man dann etwa die Gießer, Schlosser, Dreher und Modellschreiner als Berufsarbeiter rechnen, nur mit Einschränkungen dagegen die Kernmacher und gar nicht die Maschinenformer. Eine Quantifizierung unter diesem Aspekt ist aber wenig sinnvoll, da dieses ‚Berufsbewußtsein' selbst in starkem Wandel begriffen war.

Tab. 12: Anteil der gelernten Arbeiter an der Belegschaft[28]
(in Prozent)

1911[29]	1919	1920	1921	1922	1923	1924	1925	1926	1927	1928	1929	1939[30]
33,0	24,1	28,1	29,5	31,1	32,1	33,0	33,1	33,4	34,1	33,3	31,3	37,3

Während der Konjunkturjahre des Ersten Weltkriegs sank der Anteil der Berufsarbeiter an der Belegschaft. Die Arbeiterzahl wuchs stark an und in vielen Bereichen traten angelernte Arbeiter an die Stelle von gelernten Arbeitern. Doch diese Veränderung der Berufsstruktur, verbunden mit einem Absinken der durchschnittlichen Qualifikation, blieb nach dem Weltkrieg nicht bestehen. Bei niedrigerem allgemeinen Beschäftigungsgrad wurden Berufsarbeiter wieder leichter und – durch die Veränderung der Lohnstruktur auch relativ billiger – erhältlich. Damit stieg der Anteil der Berufsarbeiter bis 1924 wieder auf den Stand, den wir für 1911 aus unserer Schätzung gewonnen haben. Erst in den Konjunkturjahren 1928/29 ging der Anteil der Berufsarbeiter wieder leicht zurück – auch hier als Folge einer konjunkturellen Knappheit an Berufsarbeitern[31].

Das wesentliche Ergebnis sind jedoch nicht diese geringfügigen Schwankungen, sondern die auffallende langfristige Konstanz des Anteils der Berufsarbeiter an der Belegschaft. Die Zahlen zeigen, daß auch die Rationalisierungsmaßnahmen der zwanziger Jahre nicht dazu führten, daß Berufsarbeiter in größerem Ausmaß durch Nichtberufsarbeiter ersetzt wurden, auch wenn sich die konkreten Anforderungen für die einzelnen Tätigkeiten veränderten und möglicherweise die Anforderungen an die beruflichen Fähigkeiten sanken[32]. Es fällt schwer, einigermaßen brauchbare Vergleichszahlen für die schweizerische Metall- und Maschinenindustrie im Ganzen zu erhalten. Die wenigen Daten deuten aber darauf hin, daß GF in dieser Hinsicht eine Ausnahme darstellte (vgl. Tab. 13).

Tab. 13: Qualifikationsstruktur der schweizerischen Metall- und Maschinenindustrie 1903 und 1939[33]
(in Prozent der Gesamtbeschäftigtenzahl)

	Winterthur 1903 (4728 Arbeiter)	ASM-Statistik 1939 (58 115)
gelernte Arbeiter	59,2	32,5
Lehrlinge	9,6	7,8
ungelernte und angelernte Arbeiter	31,3	59,7
	100,1	100,0

Als Erklärungen für diese Entwicklung kann man anführen, daß bei GF mit der Fittingsproduktion schon sehr früh zu einer für schweizerische Verhältnisse untypischen Großserienproduktion übergegangen werden konnte, in der angelernte Arbeiter die gelernten ersetzen konnten. Die weiteren Rationalisierungsfortschritte, die auch bei GF erfolgten, betrafen dann sehr stark auch den Arbeitsbereich der ungelernten Arbeiter, innerbetriebliche Transportfunktionen usw., wo physische Kraft zunehmend durch mechanische Anlagen ersetzt wurde. Dagegen entstanden bei der Weiterverarbeitung von Gußstücken wieder vermehrt Arbeitsplätze für gelernte Arbeiter.

Wie weit ist es nun aber überhaupt sinnvoll, über so lange Zeiträume hinweg mit Begriffen wie gelernte und ungelernte Arbeiter zu argumentieren? Liegen nicht möglicherweise viel wesentlichere Umwälzungen in den Anforderungen an die einzelnen

Tätigkeiten? Diese zentrale Frage soll in den folgenden Kapiteln angegangen werden. Das nächste Kapitel befaßt sich mit der *speziellen Arbeitssituation*, worunter hier diejenigen Auswirkungen der Arbeit verstanden werden, die sich aus den unterschiedlichen technischen und organisatorischen Bedingungen der einzelnen Arbeitsplätze ergeben. In den weiteren Kapiteln dieses ersten Teils werden dann allgemeine Bedingungen der Industriearbeit diskutiert, deren Bindung an die konkrete Arbeitssituation weniger stark ist[34].

II. Die spezielle Arbeitssituation

1. *Arbeitssituation und Arbeiterbewußtsein*

Die frühe Organisation der Arbeiterschaft und vorangehend Ansätze zu einem Arbeiterbewußtsein entstanden auf der Basis von Berufsvereinen. Dies gilt auch für wichtige Berufe, welche in der Maschinenindustrie eine Rolle spielen, jedoch eine handwerkliche und gewerbliche Tradition besitzen. Also z. B. Schlosser, Schmiede, Gießer u. a.[1]. Im Bereich der Großindustrie trat jedoch ein neues Moment hinzu: der räumliche und organisatorische Zusammenhang zwischen den Arbeitern verschiedener Berufe erleichterte es den Arbeitern, ihre gemeinsame Interessensituation zu erkennen. Dennoch blieben die einzelnen Abteilungen, welche wenigstens teilweise auch Berufsgruppen bildeten, vorerst der Rahmen, in welchem sich die konkreten Konflikte am Arbeitsplatz vor allem entwickelten und abspielten. Hier wurden in erster Linie gemeinsame Forderungen erhoben, und hier war ein gemeinsames Interesse der Arbeiter gegenüber dem Unternehmen am direktesten sichtbar. Auch im Rahmen der Fabrik, welche in vieler Hinsicht eine gemeinsame Situation erzeugt, können – dies die These – Interessen, Bewußtsein und Aktivität der Arbeiter je nach Tätigkeit und Qualifikation in starkem Maß variieren. Die Entwicklung der Arbeiterbewegung, der Organisationen und der Beziehungen zum Gegner sowie das Konfliktverhalten der Arbeiter können von diesem Standpunkt aus in ihrer historischen Entwicklung nur verstanden werden, wenn diese innere Differenzierung und deren Bedingungen im Rahmen der kapitalistischen Entwicklung erfaßt werden. Die Untersuchung muß daher direkt bei den einzelnen Arbeitsplätzen und den sie betreffenden betrieblichen Entwicklungen ansetzen.

Der postulierte Zusammenhang zwischen konkreter Arbeitssituation und Bewußtsein der Arbeiter (hier bezogen auf das Verhalten in Arbeitskonflikten) wird auch in der neueren industriesoziologischen Forschung diskutiert[2]. Diese Diskussion geht in der Regel von aktuellen Untersuchungen und Verhältnissen aus und ist also nicht ohne weiteres auf frühere Entwicklungsstadien übertragbar. Zur zeitlichen Strukturierung wird in der Industriesoziologie häufig ein Dreiphasenschema verwendet[3], das einer ersten Stufe eine noch stark handwerklich geprägte Industrie zuordnet, „in der sich die technische Ausrüstung auf Werkzeuge und universelle Einzelmaschinen beschränkt“[4]. In einer zweiten Phase dominiert die Verwendung spezialisierter Einzelmaschinen und die Fließbandtechnik (Massenproduktion). „Ihr wird der jedes Dispositionsspielraums beraubte, fremdbestimmte Arbeiter zugeordnet, der unter starker physischer und psychischer Beanspruchung eine aufs Detail beschränkte, unqualifizierte Teilarbeit erledigt"[5]. Im Gegensatz dazu werden dem Arbeiter der ersten Industrialisierungsperiode noch Geschicklichkeit, Kenntnisse und Selbständigkeit zugeschrieben und die Bedeutung der Berufserfahrung betont. In einer aktuellen dritten Phase (Automatisierung) erfolge schließlich eine Requalifizierung des Arbeiters, wobei jedoch nicht die Anforderungen der ersten Phase erneuert würden, sondern „soziale Qualitäten wie Verantwortung als die entscheidenden Qualifikationskomponenten erscheinen"[6]. Autoren, welche einen Zusammenhang zwischen konkreter, besonderer Arbeitssituation und Bewußtsein bestreiten, beziehen sich dabei vor allem auf die Arbeiter des zweiten und dritten Typus, welche der soziologischen Untersuchung direkt zugänglich sind. J. H. Goldthorpe u. a. schließen etwa aus der Untersuchung angelernter Arbeiter, daß die Arbeitsunzufriedenheit vor allem durch die ‚Arbeitsorientierung' bestimmt werde, die ihrerseits nicht durch die konkreten Arbeitserfahrungen gebildet werde, sondern durch die gesamtgesellschaftliche Stellung der Arbeiter[7]. Zu ähnlichen Resultaten kommen A. Andrieux und J. Lignon, welche vor allem den Herrschaftscharakter industrieller Arbeit betonen und in der Klassenlage der Arbeiter bzw. deren Rezeption den Hauptbestimmungsgrund der Arbeitseinstellung sehen[8].

Dagegen steht beispielsweise die Auffassung von Kern/Schumann, welche auf der Bedeutung der spezifischen Bedingungen der Arbeitssituation gerade auch für das soziale Verhalten und Bewußtsein des Arbeiters bestehen. Eine globale Herleitung dieses Bewußtseins aus einer als einheitlich postulierten Klassenlage sei nicht in der Lage, Veränderungen des Arbeiterbewußtseins angemessen zu interpretieren[9].

In ihrer Untersuchung versuchen Kern/Schumann aufgrund ihrer Arbeitsplatzstudien eine Klassifikation industrieller Arbeit nach dem Grad der Mechanisierung aufzustellen. Hauptkriterium ist dabei die Entwicklung der ‚Eigenfähigkeiten' der technischen Apparatur, welche die menschlichen Eingriffe in den Produktionsprozeß qualitativ und quantitativ zunehmend einschränkt[10]. Dazu wird versucht, den Charakter dieser menschlichen Eingriffe in die Produktion systematisch zu erfassen und daraus die Veränderung der Situation des Arbeiters zu bestimmen. Die wesentlichen Kriterien ergeben sich aus der aktuellen Diskussion über die Entwicklungstendenzen der industriellen Arbeit. Wie weit reduziert sich moderne industrielle Arbeit auf repetitive Teilarbeit, welche den Arbeiter durch die Maschine einem fremden Willen unterwirft, „ihn an der Ausbildung und Entfaltung von Kenntnissen und manuellen Fertigkeiten" hindert, „ihn an einen Arbeitsprozeß (bindet), der seine physischen und psychischen Reserven auszehrt; ... lebendige Kooperation durch soziale Isolierung" ersetzt[11], bzw. wie weit sind gegenläufige Tendenzen in der technischen Entwicklung angelegt. Diese Fragestellungen lassen sich ebensogut zur Erfassung früherer Phasen industrieller Arbeit im Übergang zur normierten Serien- und Massenproduktion verwenden. Kern/Schumann nennen dazu vier Hauptgesichtspunkte[12]:

1. Wie verändern sich die *Dispositionschancen*, d. h. die Möglichkeit, die Arbeit „eigenständig zu planen und durchzuführen"?

2. Wie verändern sich Art und Ausmaß der *Arbeitsqualifikationen*, d. h. der menschlichen Fähigkeiten, „die der Arbeitsprozeß verlangt, um erfolgreich abgewickelt zu werden"?
3. Wie verändern sich die *Arbeitsbelastungen*, d. h. die Beanspruchung des „muskulären und nervlichen Leistungsvermögens der Arbeiter"?
4. Wie verändern sich die *sozialen Beziehungen* zwischen den Arbeitern, welche sich aus dem Arbeitsprozeß ergeben?[13]

Unter diesen Aspekten wird im folgenden versucht, die Arbeitssituation der einzelnen Berufsgruppen zu erfassen. Es ist jedoch offensichtlich, daß der Historiker mit seinem stark beschränkten Quellenmaterial gegenüber dem Soziologen, der sich sein Material in gewissen Grenzen seinen Interessen gemäß beschaffen kann, im Nachteil ist. Das Quellenmaterial läßt häufig keine durchgehende und eindeutige Beantwortung der aufgeworfenen Fragen zu. Manches bleibt im Bereich der Vermutung, manche Fragen müssen offen gelassen werden. Das Material, aber auch der Umfang der Arbeit, zwingt zudem zur Beschränkung auf wenige repräsentative Gruppen. Kriterien bei der Auswahl sind die Bedeutung und das quantitative Gewicht dieser Arbeitergruppen im Produktionsprozeß. In der Gießerei im engeren Sinne ergeben sich dabei zwei Hauptgruppen: die Gießer, Former und Kernmacher einerseits – also die gelernten Arbeiter –, wobei die Maschinenformer als Maschinenarbeiter gesondert behandelt werden, und die Handlanger und Hilfskräfte in der Gießerei anderseits. Zu den ungelernten Arbeitskräften in der Gießerei gehörten noch die Gußputzer und Appreturarbeiter, die im allgemeinen die schlechtesten Arbeitsbedingungen hatten. Diese bildeten eigene Abteilungen und unterschieden sich zudem von den Gießereihandlangern durch die Lohnform (Akkordlohn). Eine weitere wichtige Gruppe waren die angelernten Maschinenarbeiter, welche die Gußstücke weiterbearbeiteten. Am besten erfaßbar sind hier die (Fittings-) Gewindeschneider, die in einer Abteilung zusammengefaßt waren. Schließlich müssen noch die qualifizierten Berufsarbeiter der für die Maschinenindustrie typischen Berufe (vor allem Schlosser und Dreher) erfaßt werden. Diese Einteilung erfaßt die Arbeiterschaft nicht vollständig; es fehlen z. B. im Bereich der Gießerei die Ofenarbeiter, die Arbeiter in der Glüherei, die Kontrolleure, die Kranführer usw., ebenso zahlreiche Gruppen der Nebenbetriebe, vor allem die Modellschlosser und Modellschreiner, die Schweißer und die Bauarbeiter. Es würde aber zu weit führen (und wäre auch nicht überall möglich), alle diese Abteilungen und Arbeiterkategorien separat zu untersuchen. Auf diese Gruppen kann nur im Einzelfall näher eingegangen werden, wobei versucht werden soll, sie in ihrem Verhalten den anderen Arbeitergruppen zuzuordnen.

2. *Handformer und Gießer*[14]

Die Gießer als Arbeiteraristokratie

Die Gießer, vor allem die Stahlgießer, bildeten in der Zeit vor 1900 die Arbeiteraristokratie bei GF[15]. Sie hatten stark überdurchschnittliche Löhne und eine starke Stellung auch gegenüber dem Unternehmer. Alfred Schneckenburger, der 1892 als Betriebsleiter bei GF eintrat, schreibt dazu in seinen Erinnerungen:

> Ich hatte einmal 6 Dänen, die nach dem Zahltag, der am Samstag ausbezahlt wurde, immer bis Mitte der Woche „Blauen" machten, regelmäßig vor Donnerstag wurde mit der Arbeit nicht begonnen. ... Dannzumal war das Blauenmachen überall Trumpf. Da ist es mir vorgekommen, daß im Werk III am Montag Morgen überhaupt kein Gießer erschien. Es waren dort alles Merishauser und Hemmentaler. Wenn am Montag Morgen einer nicht schaffen wollte, so ist er vor dem Felsental den anderen in den Weg gestanden und hat sie abgefangen. Dann kehrten sie im „Felsental" ein und becherten und trieben Allotria. Mittags 1 Uhr hatten wir den Kuppelofen im Werk III zum Anzünden bereit. Es ist vorgekommen, daß ich bei Rossi im Felsental telefonisch anfragen mußte, ob die Gießer kommen würden oder nicht – vielfach sind sie nicht gekommen[16].

Auch wenn man in Betracht zieht, daß Schneckenburger im Rückblick über 50 Jahre manches stilisiert und übertreibt, so besteht doch kein Grund, den Kern seiner Darstellung anzuzweifeln. Die Gießer zeigten zu dieser Zeit ein exklusives Gruppenverhalten, das von starkem Selbstbewußtsein auch gegenüber dem Unternehmer geprägt war.

Es liegt nahe, die Gründe in der konkreten Arbeitssituation zu suchen: „Es wurde (um 1890 in der Stahlgießerei) nur alle drei Tage gegossen; am ersten geformt, am zweiten die Kerne gemacht und am dritten die Kasten gerichtet und gegossen."[17] Die Gießer waren also am ganzen Arbeitsprozeß bis zum Rohguß beteiligt. Ihre Arbeit erscheint noch als etwas Ganzes, sie selbst konnten sich mit Recht als den zentralen Punkt in der Produktion betrachten, um welchen herum noch andere von ihnen abhängige und untergeordnete Arbeitsgänge angelagert waren. Ihre Arbeit verlangte verhältnismäßig umfangreiche Kenntnisse, Erfahrung, Geschicklichkeit und Kraft. Sie mußte zudem unter schlechten, gesundheitsschädlichen Bedingungen durchgeführt werden; sie erforderte also auch besondere physische Widerstandskraft. Der betriebliche Organisationszusammenhang ließ dem Gießer noch relativ viel Spielraum. Er war für seine Arbeit in wesentlichem Maße selbst verantwortlich, arbeitete individuell und wurde nach der Menge gelungenen Gusses, also nach Leistung bezahlt.

Diese exklusive Stellung in der Produktion, die sich stark abhebt von der Stellung des Gießereihandlangers, aber auch von den Arbeitern in den zugelagerten Abteilungen, macht auch die exklusive Gruppenbildung verständlich. Die Gießer organisierten sich bei GF als erste (1887). Schneckenburger spricht von strenger Organisation: „... wehe dem Gießer, der nicht beitrat. Dem konnte es passieren, daß ihm das Werkzeug weggenommen und versteckt und er so lange geplagt wurde, bis er Mitglied des Fachvereins wurde."[18] Die Stellung der Gießer gegenüber dem Unternehmer läßt sich allerdings nicht allein aus der Stellung im Arbeitsprozeß ableiten. Aus dem relativ hohen Stand der notwendigen Qualifikation und den auch sonst hohen Arbeitsanforderungen ergab sich bei gleichzeitiger starker Ausdehnung der Produktion und der Beschäftigtenzahl in den achtziger Jahren eine Knappheit an Gießern, die auch durch die Beschäftigung von Ausländern[19] nicht aufgehoben wurde. ,,Auf die Gießer mußten wir regelrecht Rücksicht nehmen", schreibt Schneckenburger[20]. Bei anhaltend guter Wirtschaftslage in den neunziger Jahren und der daraus entstehenden Möglichkeit zur Ausdehnung der Produktion mußte der Unternehmer nach Wegen suchen, um diesen Engpaß in seiner Produktion zu überwinden. In diesem Streben nach Produktions- und unter dem Druck der Konkurrenz vor allem auch nach Produktivitätssteigerung nahmen technische Innovationen, verbunden mit Veränderungen auch der Arbeitsorganisation und verstärkter Arbeitsteilung, die entscheidende Rolle ein. Im Verlaufe dieses Prozesses ging die privilegierte Rolle der Gießer als Berufsgruppe in den entscheidenden Punkten verloren.

Die Veränderung der Stellung der Gießer

Die wichtigsten technischen Veränderungen in diesem Prozeß stellten die Einführung neuer Gießverfahren (Siemens-Martin-Ofen, Bessemer Konverter) und vor allem die Einführung und Verbesserung der Formmaschine dar. 1890 richtete Fischer III einen Dreitonnen-Siemens-Martin-Ofen ein, der die Tiegelöfen ersetzte, in denen vorher Stahl in kleinen Mengen erschmolzen worden war. Damit wurde es möglich, auch größere Stücke – bis zu zwei Tonnen – zu gießen und so die Kapazität im Stahlguß sprunghaft zu steigern. Eine Charge[21] dauerte 5–8 Stunden, der Ofen arbeitete anfangs mit Kaminzug, war also vom Wetter abhängig[22]. Der Arbeitsprozeß blieb vorerst in starkem Maße Zufälligkeiten ausgesetzt, die eine genaue zeitliche Regulierung der Arbeit nicht zuließen. Zwangsläufig entstanden für die Gießer Wartezeiten, die einen Teil ihrer Arbeitssituation ausmachten. Dasselbe gilt auch für die Fittingsgießerei (1888 neu erbaut), die von zwei Kupolöfen mit flüssigem Roheisen versorgt wurde: ,,... war das Eisen noch nicht zum Gießen bereit, so verzogen sich die Gießer in die Wirtschaft ,Rossi zum Felsental', wo sie sich dann holen ließen, sobald gegossen wurde"[23]. Wie stark der Betrieb noch auf Improvisationen beruhte, zeigt folgendes Beispiel: ,,Die größte Gießpfanne [in der Stahlgießerei] faßte 2 Tonnen und die restliche Tonne mußte mit Handpfannen à je 100 kg Flüssigstahl zugetragen werden, wofür pro Pfanne 4 Mann nötig waren"[24]. Leicht vorstellbar, wie hart diese Arbeit für die Gießer war, vor allem, da das Vergießen rasch gehen mußte, damit der Stahl nicht zu sehr abkühlte. Bezeichnend für diese Phase in der Entwicklung der Stahlgießerei, in welcher noch jede gelungene Charge ein Ereignis darstellte (und auch für das noch patriarchalische Züge aufweisende Verhältnis zwischen Unternehmer und Arbeiter), ist auch folgendes:

> Unter Herrn Fischer – bis zur Gründung der Aktiengesellschaft – ging nach jeder [?] Charge des Martinofens ein Arbeiter mit einem Korb ins Herrenhaus und holte für jeden Ofenmann ein Krüglein Wein zur Stärkung. ... Diese gutgemeinte Sitte wurde dadurch gefährlich, daß der eine Arbeiter seinen Wein nicht trank und einem anderen abgab, der dann zuviel bekam, was die Arbeit nicht erleichterte. ... Überhaupt am Morgen, wenn ich durch die Gießerei ging, duftete jeder Gießer nach Schnaps[25].

Auch diese Tolerierung oder gar Förderung des Alkoholismus in der ohnehin gefährlichen Stahlgießerei steht in starkem Gegensatz zu der Zeit nach 1900.

Die nächste wesentliche Veränderung der technischen Grundlage der Stahlgießerei erfolgte 1899 mit der Einführung des ‚Tropénas'-Konverters (‚Bessemer-Birne'). Dieser lieferte heißeren und damit dünnflüssigeren Stahl, mit dem dünnwandige Stücke gegossen werden konnten, was mit dem Stahl aus dem Martinofen nicht möglich war. Dies war wesentlich für den Lokomotiv- und vor allem für den nach 1900 stark aufkommenden Automobilguß. Das neue Gießverfahren, das parallel zum Siemens-Martin-Ofen eingeführt wurde, veränderte die Arbeitssituation für die Gießer tiefgreifend. An die Stelle der zwei bis drei Chargen an einem Gießtag aus dem Martinofen traten bei anfänglich 3 Konvertern bis zu 20 Chargen an einem Gießtag: „... und zwar mußte wegen dem Abstich am Kupolofenvorherd[26] das Tempo von 35–40 Minuten genau eingehalten werden, das Abgießen mußte daher schnell geschehen und wurde mit zwei Gießpfannen bewältigt"[27]. Die Gießer kamen damit unter einen bisher nicht gekannten Zeitdruck. Anstelle von 2 oder 3 Gießterminen an einem Tag, die zeitlich zudem nicht genau fixiert werden konnten, trat ein stark verkürzter, zeitlich präzise einzuhaltender Arbeitsrhythmus[28].

Einschneidender noch als die Veränderung der Gußverfahren wurde der traditionelle Gießerberuf durch die Einführung und Vervollkommnung der Formmaschinen getroffen. Damit wurde der zentrale Bereich des Gießerberufes, das Herstellen der Gußformen, der qualifizierten Berufsarbeit in wachsendem Maße entzogen. Es wurde zur Maschinenarbeit, die zu tieferen Löhnen von Angelernten besorgt werden konnte: „... Arbeiter, welche bis jetzt 35–38 (Rp. pro Stunde) gehabt und bei der Arbeit in der Fittinggießerei 55–58 verdienen könnten, [sollten] ganz zufrieden sein, denn eine ausnahmsweise Geschicklichkeit brauche es bei der Maschinenformerei nicht, wenn das Geschäft Leute nötig hätte, brauche es nur einer auswärtigen Bekanntmachung"[29]. Hilfsarbeiter vermochten durch die Formmaschine teilweise ihre Situation zu verbessern, doch für die gelernten Gießer verlief der Weg umgekehrt. Sinkende Anforderungen an die Qualifikationen der Arbeiter vergrößerten das Angebot auf dem Arbeitsmarkt und drückten schließlich den Preis auch der qualifizierten Arbeitskräfte[30].

Die Formmaschine setzte sich zwar nicht von einem Tag auf den anderen durch, aber doch bemerkenswert rasch.

> In der Fittingsgießerei gab es zu der Zeit, als ich eintrat [1892], ganz einfache Wendeformmaschinen. Die Fittingsplatten, die in die Maschine eingespannt wurden, waren schon normalisiert. Ebenso waren die Formkasten nach einer Lehre gebohrt. Der Formkasten wurde aufgesetzt, dann der Sand von Hand eingestampft, die Platte gewendet und mittelst Abhebetisch der Kasten auf den Tisch abgelassen. Wenn die Maschine nicht ganz einwandfrei war, also etwas ausgebraucht, so gab es viel Flickarbeit an den Formen. ... Nach und nach kam die hydraulische Formmaschine, zu welchem Zweck dann die Akkumulatoren und die Pumpe für Preßwasser (30 Atm. Wasserdruck) aufgestellt werden mußten. Es kamen alle möglichen Systeme von Pressen zum Versuch und zur Anwendung, so daß die alten Wendemaschinen, wo von Hand aufgestampft werden mußte, sukzessive ausgeschaltet werden konnten[31].

1895 bei der Eröffnung der Fittingsfabrikation in Singen arbeitete man bereits mit

16 hydraulischen Formmaschinen[32]. In Schaffhausen hieß es im selben Jahr in den ‚Instructionen für den Betriebsleiter Werk III': „Eine Hauptaufgabe des Betriebsleiters ist die Vervollkommnung der Maschinenformerei, damit in kürzerer Zeit mehr, exaktere und billigere Arbeit geliefert werden kann, als bisanhin"[33]. In der Fittingsgießerei ersetzte so der meist ungelernte Maschinenformer noch im 19. Jahrhundert den gelernten Gießer. In der Stahlgießerei, welche weniger Massenartikel herstellte, erfolgte die Einführung der Formmaschine langsamer und vorläufig nur für kleine Gußstücke (vor allem Achsbüchsen, Zahnräder). Im 1907 in Betrieb genommenen Werk ‚Birch', das speziell für Kleinstahlguß konzipiert war[34], bestand die ganze Maschineneinrichtung, darunter auch einige einfache Formmaschinen, „... aus Ladenhütern von Singen und Schaffhausen und sah recht armselig aus"[35]. Die Formmaschinen waren teilweise veraltete Stücke aus der Fittingsgießerei. Das Werk arbeitet anfänglich mit 30 Hand- und 8 Maschinenformern, doch setzte sich in den folgenden Jahren die Formmaschine in starkem Maße durch[36]. Schwierigkeiten, vor allem erhöhter Ausschuß, konnten in kurzer Zeit beseitigt werden[37]. Größere Gußstücke, etwa Lastwagen- oder Lokomotivräder, und alle Großgußstücke, die ohnehin meist Einzelanfertigungen waren, wurden vorläufig weiterhin von Hand geformt. Für die Handformer blieb somit ein allerdings ständig kleiner werdender Raum erhalten.

Diese fortschreitende Schwächung ihrer Berufsposition und damit verbunden eine Tendenz zur Dequalifizierung ihrer Arbeit durch größere Produktionsserien, Normierung der Produktionsverfahren usw. und als Folge von beidem eine Tendenz zu sinkenden Löhnen (zumindest relativ zur übrigen Arbeiterschaft) wurde den Gießern schon früh bewußt. Solange jedoch umgekehrt eine Knappheit an Gießern bestand, welche diesen ihre Sonderstellung noch ein Stück weit sicherte, finden sich dazu in den Quellen nur wenig Hinweise[38]. Die Klagen bezogen sich weniger auf die spezielle Berufssituation der Gießer als – wie bei anderen Berufsgruppen auch – auf Akkorddrückerei, schlechte Behandlung durch die Vorgesetzten usw. Bei den Gießern waren diese Konflikte vor allem in den Jahren von 1905 bis 1914 jedoch besonders ausgeprägt. Sie waren zweifellos Ausdruck ihres Kampfes um die Verteidigung ihrer privilegierten Stellung, deren Basis im Bereich der Produktion zunehmend schmaler wurde[39].

Die Einschränkung ihrer betrieblichen Position fand ihren Ausdruck auch etwa in der Frage des ‚Blaumachens', wo zunehmend ein Bereich relativer Freiheit des qualifizierten Berufsarbeiters verlorenging. 1906 wurde in der Arbeiterkommission erklärt, daß Schock und Bolli, zwei Stahlgießer, entlassen würden, „wenn [sie] das Blaumachen nicht unterlassen und sich ruhig verhalten würden"[40]. Die Verschärfung zeigt sich auch in der Fabrikordnung von 1906. Hier wurde der verstärkte Druck zur Disziplinierung der Stahlgießer sichtbar, der wohl in starkem Maße auf veränderte betriebsorganisatorische Anforderungen zurückging. Zu diesem Zeitpunkt bestand aber noch eine starke Knappheit an Stahlgießern, was das Gewicht dieser Drohungen beeinträchtigte. In der Rezession von 1908/09 verschärfte sich aber dieser Druck, und in der folgenden Konjunkturperiode vermehrte sich auch die Zahl der offenen Konflikte der Gießer mit dem Unternehmen. Erst jetzt findet sich eine allgemeinere Betrachtung der Berufssituation der Gießer und ihrer Zukunftsaussichten:

Aber diese armen Lehrbuben, die da gesucht werden. Für was sollen denn die noch Gießer lernen? ... der arme Junge [hat] nur Aussicht, in Staub und Sand begraben einige Jahre zu vertrauern, um nachher doch nichts mehr als ein anderer Arbeiter zu sein. Denn haben wir eigentlich noch einen Gießerberuf? Mit dem Verdienst läßt sich dies bei den Arbeitern nicht mehr feststellen, weil die Gießer immer ‚besser' bezahlt werden. Mit der Arbeit kann die Unterscheidung der Berufe noch weniger gemacht werden. Da sehen wir die Maschinenformer, die recht ergiebig ausgenützt werden an den Formmaschinen (ob der Lohn auch so ausfällt, weiß ich nicht), auf der andern Seite sehen wir Handlanger, die so zwei oder drei Tage neben einen Gießer gestellt werden und nachher auch – Gießer sind. Für was soll man denn seinen Sohn noch in die Lehre geben? Um nachher als Handlanger mit den andern Handlangern ausgenützt zu werden, oder um später an einer Formmaschine mit den andern Maschinenformern sich über des Lebens Schicksal zu ärgern, das uns keine ‚besseren' Eltern als nur Arbeiter bestimmt hat[41].

Dieser Artikel beklagt also vor allem den Verlust der Exklusivität des Gießerberufes: für die auszuführende Arbeit braucht es nicht mehr viel Kenntnisse, Anlernen ist durchaus möglich, erst recht natürlich an den Formmaschinen. Die Darstellung vereinfacht zwar in polemischer Weise, doch in der Beschreibung des Trends ist sie durchaus realistisch.

Daß diese Auffassung des Gießerberufes sich in dieser Zeit durchsetzte, zeigen die zunehmenden Schwierigkeiten der Firma bei der Rekrutierung der Lehrlinge. Die Frage, warum man überhaupt noch Gießer werden solle, war nicht nur rhetorisch gemeint, sondern sie wurde so oder ähnlich in immer mehr Arbeiterfamilien gestellt. Wer überhaupt eine Berufslehre machen konnte, fand im Gießerberuf immer weniger Attraktivität. Im Bericht über die ‚Gewerbliche Fortbildungsschule der Aktiengesellschaft der Eisen- & Stahlwerke', der eigenen Lehrlingsschule, wurde für die Jahre 1911/12 festgestellt, daß von den Schülern, welche nur Primarschulausbildung hatten, die meisten Gießerlehrlinge waren. Für den Gießerberuf fand bereits eine Negativauslese statt[42]. Daneben kam es auch zu einer geographischen Selektion. Im Bericht über die ‚Wohlfahrtseinrichtungen' für das Jahr 1911 wurde konstatiert: „Erfreulich ist, daß die jungen Leute im Rafzerfeld Interesse an der Erlernung des Gießerberufes haben. Während wir 1909 einen Lehrling aus dieser Gegend einstellen konnten, waren es für 1910 2 und für 1911 5."[43] Im traditionellen Rekrutierungsgebiet um Schaffhausen war es bereits schwierig, Gießerlehrlinge zu finden und das Unternehmen bemühte sich, Lehrlinge dort zu gewinnen, wo man vom Beruf des Gießers nicht so genaue Vorstellungen hatte. Dabei war das Unternehmen auch bereit, bei bedürftigen Lehrlingen die Fahrtkosten zu übernehmen.

Dieses Rekrutierungspotential erschöpfte sich jedoch in den folgenden Jahren ebenfalls. In einem Bericht zur Ausbildung der Gießerlehrlinge aus dem Jahr 1919[44] wurden die Gründe referiert, die seit einer Reihe von Jahren die Rekrutierung von Gießerlehrlingen erschwerten:

- Alle Eltern, welche mehrere Söhne hätten, von denen einer den Gießerberuf ergriffen habe, ließen unter keinen Umständen einen zweiten Sohn diesen Beruf erlernen. Die Gründe dafür seien „Unzufriedenheit und Mißstimmung" der Lehrlinge mit der Ausbildung im allgemeinen und mit den Arbeitsraumverhältnissen und den Akkordlöhnen.

– Die Gewerkschaften versuchten zur Verringerung der Berufskonkurrenz die Jugend von der Erlernung des Gießerberufs abzuhalten.
– Die Ausbildung sei zu wenig gründlich; die Akkordarbeit setze zu früh ein, die gründliche Erlernung des Berufes werde dadurch vernachlässigt. Das Akkordsystem führe zudem zu Ungerechtigkeiten durch die Meister.

Zusammenfassend läßt sich also sagen, daß der Gießereiberuf zu dieser Zeit einen sehr schlechten Ruf hatte und daß dieser schlechte Ruf weitgehend berechtigt war. Der Berichterstatter sah denn auch den Ausweg aus der bestehenden Mangelsituation vor allem darin, durch finanzielle Anreize Jugendliche aus schlechten materiellen Verhältnissen zum Antritt einer Gießerlehre zu bewegen. Er verwies dabei auf die Verhältnisse bei Sulzer, wo die Gießerlehrlinge in jeder Hinsicht bevorzugt würden. Neben einer Erhöhung der Löhne der Gießerlehrlinge schlug er die Einrichtung eines Lehrlingswohnheims vor, wo vor allem die Gießerlehrlinge untergebracht werden sollten. Indirekt weist er damit darauf hin, daß es in der näheren Umgebung von Schaffhausen kaum mehr möglich war, Gießerlehrlinge zu rekrutieren.

Im ‚Jahresbericht der Abteilung Lehrwesen für das Jahr 1920' heißt es dazu[45], daß „während des ganzen Jahres ein einziger Vater aus Schaffhausen und Umgebung seinen Sohn als Gießer angemeldet" habe. „Bei der verlangten Vorstellung erwies sich der letztere als teilweise beschränkt und konnte deshalb nicht aufgenommen werden." Man habe versucht, „die Lehrstellen in außerkantonalen Blättern, welche in nicht industriellen Gegenden erscheinen, auszuschreiben". So habe man schließlich 51 Anmeldungen erhalten, von denen aber nur sechs die Lehre antraten und nur vier nach der Probezeit blieben. Eine Stelle als Hilfsarbeiter wurde der Gießerlehre in den meisten Fällen vorgezogen.

Der Gießerberuf hatte also in verhältnismäßig kurzer Zeit, trotz vergleichsweise guter Bezahlung, jegliches Prestige eingebüßt. Überall dort, wo man eine konkrete Vorstellung von diesem Beruf hatte, wurde es praktisch unmöglich, Nachwuchs zu finden. An die Stelle des – mehr oder minder – berufsstolzen Gießers traten Angehörige einer häufig ländlichen Unterschicht, die – sozial und bildungsmäßig benachteiligt – keine Gelegenheit zur Ergreifung eines besseren Berufes erhielten. Damit begann sich auch die dominierende Rolle der Gießer innerhalb der Arbeiterbewegung bei GF mehr und mehr zu verlieren, wozu allerdings auch der laufende Rückgang des Anteils der Gießer an der Belegschaft beitrug.

Die Qualifikationsanforderungen bei den Stahlgießern

Diese Darstellung wird nun dem Beruf der Stahlgießer und ihrer Berufssituation noch nicht gerecht. Gezeigt wurde der allgemeine Trend, der sich im Qualifikationsverlust bei den jungen Gießern oder eben bei den Lehrlingen am deutlichsten ausdrückte. Auf der anderen Seite blieben indessen die beruflichen Anforderungen hoch – für einen immer kleiner werdenden Teil der Gießer. Die Unterschiede im Qualifikationsniveau der Gießer, die schon vor 1900 beträchtlich waren[46], verstärkten sich zunehmend. Eine kleine Zahl von erfahrenen, meist älteren Arbeitern bekam die schwierige und gut bezahlte Arbeit, die übrigen, tendenziell jüngeren Arbeiter wurden in immer stärkerem Maße mit einfacherer und schlechter bezahlter Serienarbeit beschäftigt. Im folgenden soll die Arbeit der qualifiziertesten Gießer (und Kernmacher) und damit zugleich ein wichtiger Bereich der Arbeit in einer Stahlgießerei überhaupt genauer dargestellt werden.

Kern/Schumann versuchen im Rahmen ihrer Arbeit aufgrund ihrer Untersuchungen von Arbeitsplätzen eine Typisierung der vorkommenden Arbeiten nach dem Stand der Mechanisierung[47]. Ihre Aussagen bezüglich der Handarbeit können hier verglichen werden mit dem, was wir über die Handformer wissen. Kern und Schumann verstehen unter Handarbeit direkt produktbezogene Arbeit[48], wozu, wenn überhaupt, technische Instrumente verwendet werden, nur Werkzeuge oder ‚Quasiwerkzeuge' benötigt werden[49]. Sie unterscheiden im weiteren einfache und handwerkliche Handarbeit. Die Komplexität der konkreten Arbeitsinhalte und damit die erforderlichen Qualifikationen können in einem sehr weiten Bereich variieren. „Das von den Handarbeitern verlangte Können beschränkt sich zwar immer auf den Bereich der handwerklichen Fertigkeiten. Die Bandbreite reicht jedoch von den umfassenden Fertigkeiten eines Modelltischlers bis zu den geringen Qualifikationen eines Platzarbeiters." Während bei den wenig qualifizierten Handarbeitern die manuelle Geschicklichkeit vor allem dazu eingesetzt werden muß, „um den physischen Druck der manuellen Arbeit in erträglichen Grenzen zu halten und um die Schnelligkeit, die die Arbeitsorganisation bei der Ausführung der Arbeit verlangt, erbringen zu können", hat beim qualifizierten Handarbeiter die manuelle Geschicklichkeit „primär die Funktion der Entlastung von dem physischen Teil seiner Arbeit zugunsten des intellektuellen Teils". Die Grenzen sind jedoch fließend und auch beim qualifizierten Handarbeiter kann der Geschicklichkeit die Funktion der Herausschiebung der physischen Erschöpfung und der Erhöhung der Arbeitsgeschwindigkeit zukommen. Wesentlich ist jedoch der Stellenwert der manuellen Geschicklichkeit im Rahmen der Gesamtqualifikation: Während beim einfachen Handarbeiter das geschickte Arbeitsverhalten seine Qualifikation weitgehend ausmacht, ist es beim qualifizierten Handwerker nur die Voraussetzung zur Realisierung der wesentlichen Teile seiner Qualifikation, nämlich von Ausbildung, Erfahrung und intellektuellen Fähigkeiten[50].

Wie können nun die Stahlgießer und auch die Kernmacher in der Stahlgießerei in dieses Schema eingeordnet werden? In Fällen, in denen derselbe Former oder Kernmacher serienweise über längere Zeit hinweg die gleichen Stücke produziert und diese Stücke zudem relativ einfach sind, kann man am ehesten von einfacher Handarbeit sprechen, wo „jede Bewegung ... in der richtigen Form zur richtigen Zeit und mit dem richtigen Kraftaufwand ausgeführt [wird]", die Bewegungen des Körpers habitualisiert sind[51]. Doch diese Arbeiten werden mit der Einführung und Entwicklung der Formmaschinen schon früh und in immer stärkerem Maße als Maschinenarbeit unter anderen Voraussetzungen verrichtet. Die Charakterisierung der einfachen Handarbeit von Kern/Schumann entspricht denn auch weitgehend dem Fall, in welchem der Arbeiter sich selbst weitgehend als Maschine einsetzt, eine stark normierte Arbeit (z. T. Fließbandanfertigung) verrichtet, die sich grundsätzlich gut zur Mechanisierung eignet. Im übrigen lassen sich jedoch die Funktionen des Handformers und auch des Kernmachers in mehr oder weniger starkem Maß als qualifizierte Handarbeit einstufen. Um das zu belegen, soll hier die technische Seite der Formarbeit beim Stahlguß etwas genauer dargestellt werden[52].

Der Former hatte bereits bei der Gestaltung der Gußform mitzureden:

Vorerst muß jedes neu bestellte Gußstück vom Konstrukteur mit dem Gießer durchberaten, geprüft und Abänderungen akzeptiert werden; dann hat der Gießereichef die Eingußstellen, Anzahl und Größe der Aufgüsse zu bestimmen sowie die Lage und Teilung im Formkasten, ebenso Anzahl und Teilung der Kernpartien und ihrer Kernbüchsen[53].

Diese Mitarbeit der Former ist im übrigen nur schlecht belegt. Sie gehörte zum informellen Bereich der Betriebsorganisation, der in den Quellen nur dort erscheint, wo offene Konflikte entstanden. Aus einzelnen Hinweisen läßt sich immerhin ersehen, daß nur einzelne, besonders erfahrene und dadurch qualifizierte Gießer, denen vorzugsweise die schwierigen Arbeiten zugeteilt wurden, daran beteiligt waren. Zu den Anforderungen an die fertige Form schreibt Betriebsleiter Wäffler, von dem diese Ausführungen stammen:

Eine fertige Form muß nicht nur den ferrostatischen Drücken nach allen Seiten und in allen Verästelungen widerstehen, sie darf weder vom Aufschlagen noch vom wirbelnden Fluß des hocherhitzten Stahls zerbröckeln oder aufgefressen werden, sie darf aber auch gegensätzlich weder so hart und unnachgiebig sein, daß das Zusammenziehen des erstarrenden Gußstückes, d. h. das Schwinden um 2% verunmöglicht wird und dadurch Risse entstehen. Innert diesen Grenzen müssen Kerne und Formballen für den Transport im nassen und trockenen Zustand, wie für die Wärmedeformation beim Trocknen verfestigt werden durch Armierung mit Drahteinlagen, wobei oft komplizierte, aus vielen Drähten zusammengebundene Drahtpuppen entstehen, die so einzuformen sind, daß sie zuverlässig vom fließenden Stahl nicht berührt und eingeschmolzen werden[54].

Teilweise betreffen diese Anforderungen die Arbeit des Gießers, die Qualität seiner Arbeit, andererseits wesentlich auch Voraussetzungen seiner Arbeit wie Qualität des Sandes und der Gestaltung der Form:

Eines der schwierigsten Probleme eines komplizierten dünnwandigen Stahlgußstückes ist seine zuverlässige Entlüftung aller Teile, insbesondere dünner, langgestreckter Kerne und Formballen. Sowohl Kern- wie Formsande sind nie absolut rein; sie enthalten immer geringe Beimengungen organischer Stoffe und insbesondere die Kerne erhebliche Zusätze an Bindemitteln, die beim Gießen unter dem Einfluß der ungeheuren Hitze rasch verbrennen oder vergasen. Während die in den Hohlräumen der Form vorhandene Luft in der Regel leicht durch die Öffnungen der Aufgüsse entweichen kann, wenn der Stahl die Formen füllt, müssen den innerhalb der Kerne und Formballen entstehenden Gasen künstliche Abzugkanäle geschaffen werden, da sie sonst rasch unter hohen Druck geraten, irgendwo durchbrechen, den flüssigen Stahl explosionsartig auswerfen oder sonstwie die Form und den Abguß zerstören.

Diese Abgaskanäle müssen vor allem die Formspitzen und Kernteile erfassen, welche vom flüssigen Stahl weitgehend umschlossen werden. Hier müssen die innert wenigen Sekunden entstehenden Gasmassen durch die Poren der Kerne in die Gaskanäle durchsickern und genügenden Abflußquerschnitt vorfinden, damit sie nicht aufgestaut werden. Überall, wo die Kerne nicht an die Außenwand der Formkasten stoßen, sondern in der Form selbst eingelagert und eingeschlossen sind, müssen diese Abgaskanäle unter sorgfältiger Abdichtung der Übergangsstellen zwischen Kern und Form in die letztere überführt und an den Kastenrand oder an die Oberfläche geleitet werden. Wenn man bedenkt, wie in dünnwandige, kompliziert ineinandergeschachtelte Kerne neben den Armierungsdrähten noch diese Gaskanäle so verlegt werden müssen, daß sie die Gase von allen Spitzen und Enden ohne Hemmungen durch Verstopfung oder Unterbrüche zuverlässig ableiten können, so wird einigermaßen ersichtlich, daß solche Formarbeit nicht nur feine, fast kunstfertige Hände, sondern auch kluge Dispositionen und sorgfältige Kontrollarbeit voraussetzt. Das Versagen dieser Entlüftungen bringt jedes wichtige Gußstück zum Ausschuß[55].

Wie weit gingen nun die Qualifikationen des Gießers über die ‚fast kunstfertigen Hände' hinaus, wie weit wurden auch intellektuelle Ansprüche an den Gießer gestellt? Und in welchem Moment und in welchem Maße gingen die ‚klugen Dispositionen' auf Meister und technische Angestellte über? Auch hier ist es schwierig, mit den vorhandenen Quellen eine eindeutige Antwort zu geben. Das folgende Beispiel kann jedoch zeigen, daß in der Zeit nach dem Ersten Weltkrieg und wohl darüber hinaus qualifizierte Former noch eine wesentliche Möglichkeit hatten, auch intellektuell auf ihre Arbeit Einfluß zu nehmen. Dies gilt allerdings nur dort, wo es sich nicht um Serienproduktion handelte, die in größerem oder geringerem Ausmaß normiert war, sondern bei Einzelanfertigungen oder Kleinserien, für welche die beste Fertigungsmethode im Einzelfall erst gefunden werden mußte. Hier war die Mitarbeit des Formers noch wichtig, seine Erfahrung noch nicht durch eine wissenschaftliche Systematik ersetzbar, mit welcher dem Former die optimale Methode von Anfang an vorgeschrieben werden konnte.

Der Betriebsleiter des Stahlwerks I, A. Schneckenburger, schrieb 1920 in einem Rapport, Gießer Dicke habe ihm erklärt, er verdiene zu wenig bei den Doppelgehäusen, an denen er jetzt arbeite.

Bis jetzt hätte er gute Zahltage gehabt, aber der Preis für das Doppelgehäuse sei zu nieder, er habe voraussichtlich ein halbes Jahr daran zu arbeiten und möchte da nicht weniger verdienen als vorher. Ich habe ihm das zugesagt, daß wir das auch nicht wünschen, und auf mein Befragen, was er eigentlich für das Stück wolle, nennt er den Preis von Fr 240. Ich erklärte ihm, es sei unmöglich, soviel zu bezahlen; ob er während dem Formen des ersten Stückes die Beobachtung gemacht habe, daß seine Arbeit vereinfacht werden könnte durch verbesserte Einrichtung? Er erklärte mir ja, und zwar führt er folgende Punkte an:

1. Sollte er zwischendrin ein hohes Formkastenteil haben, dann würde die Scheidung vereinfacht.
2. habe er Falschteile machen müssen, die durch Kerne ersetzt werden könnten.
3. wünscht er für das Abdecken der Aufgüsse im Oberteil einen ganzen Kern anstatt Teilkerne.
4. Er könne das Unterteil nicht auf dem Formboden aufstampfen. Wenn das Modell so eingerichtet würde, daß er das Unterteil auf dem Boden aufstampfen könnte, so käme er rascher vorwärts.

Ich habe ihm zugesagt, alle diese Punkte für die nächstfolgenden Stücke zu berücksichtigen, die Änderungen nach seinem Wunsche zu machen, damit er rascher vorwärts komme[56].

Der Former beweist hier, daß er die technischen und arbeitsökonomischen Aspekte seines Berufes soweit beherrschte, daß er aufgrund seiner praktischen Erfahrung den ihm durch die technischen Instanzen vorgegebenen Arbeitsablauf in wesentlichen Punkten verbessern konnte. Seine Erfahrung hatte in gewissen Bereichen des Stahlgusses ihren Wert und ihr Gewicht noch nicht verloren. Seine Arbeit entzog sich vorläufig noch einer systematischen Erfassung und Normierung, entsprechend der Verschiedenheit der Produkte, welche er herstellte.

An diesem Beispiel zeigt sich zudem ein weiterer wesentlicher Aspekt in der Arbeit des qualifizierten Stahlgießers: Wenn Dicke für das Stück einen Preis von 240 Fr verlangte, so bedeutet das, daß er den notwendigen Arbeitsaufwand auf mindestens 120 Stunden einschätzte. Das heißt, daß er die Arbeit von zweieinhalb Wochen völlig selbständig einteilen mußte und daß er dadurch, wenn er Fehler machte, einem erheblichen Lohnrisiko ausgesetzt war. Nicht alle Gießer waren zu dieser eigenen Organisation der Arbeit fähig:

Graf, Gießer, macht viele Einzelstücke. Er ist sich diese große Arbeit noch nicht gewöhnt, was er zugab, da er immer auf kleine Arbeit gearbeitet habe. Er hat z. B. seine Modelle erst immer dann geholt, wenn seine Arbeit fertig war. Bei Übernahme der neuen Arbeit mußte er viel Zeit verlieren wegen Warten auf seine bestellten Formkasten. Anstatt, daß er einen halben Tag zum voraus die Kasten bestellt, hat er gewartet bis zum Zeitpunkt, wo er sie haben mußte[57].

Als Kennzeichen der reinen Handarbeit betrachten Kern/Schumann, „daß diese Produktionsform den Arbeitern noch die Chance zur selbständigen Gestaltung der Arbeit läßt". Diese Möglichkeit ist vor allem dort gegeben, wo ein „nicht oder nur schwach standardisiertes Produkt" hergestellt wird:

Die Individualität der Produkte seiner Arbeit verleiht dem Handwerker ein hohes Maß an Arbeitsautonomie, nicht nur hinsichtlich der Arbeitsgeschwindigkeit, sondern auch hinsichtlich der Arbeitstechniken und der Produktqualität. In der optimalen Ausnutzung dieser Handlungschancen liegt eine wesentliche Voraussetzung für den Erfolg der Arbeit.

Bei weitergehender Standardisierung und Arbeitsteilung verringert sich auch bei der Handarbeit der Gestaltungsspielraum der Arbeiter. Er bleibt jedoch noch teilweise erhalten, da bei der Handarbeit „die Produktionstechnik ihre determinierende Wirkung noch nicht entfalten kann"[58]. Diese allgemeine Bestimmung der Handarbeit von Kern/Schumann läßt sich, wie man sieht, für die Gießer bei GF gut anwenden. Die Gegenüberstellung von einfacher und qualifizierter Handarbeit bezeichnet dabei allerdings nur Idealtypen. In der Realität finden sich fließende Übergänge zwischen hochqualifizierter, in starkem Maße autonom gestalteter Arbeit und verhältnismäßig einfacher Serienarbeit, welche durch den Einsatz der Formmaschine mehr und mehr in Maschinenarbeit übergeht. Diese Übergänge waren auch personell nicht völlig fest: Arbeiter, welche lange Zeit nur einfache Stücke gemacht hatten, wurden plötzlich zu großen Stücken versetzt, wobei es sich erweisen konnte, daß sie dazu erst gewisse Qualifikationen neu erwerben mußten. Ebenso kam es vor, daß gelernte Handformer an Formmaschinen versetzt wurden, was von den Gießern als Dequalifizierung betrachtet wurde – oder auch umgekehrt, daß angelernte Maschinenformer mit einfacher Handformarbeit beschäftigt wurden[59]. Die Arbeit der Handformer grenzte also im unteren Bereich des Qualifikationsspektrums an die einfache Handarbeit, die keine längere Ausbildung erforderte. Dennoch blieb auch hier ein beträchtlicher Dispositionsspielraum des einzelnen Arbeiters erhalten. Der Arbeiter konnte hier zwar – bei einfacheren und/oder in größerer Zahl seit längerer Zeit hergestellten Stücken – nur noch geringen Einfluß auf das Vorgehen in der Produktion nehmen, Verbesserungen waren nicht mehr so leicht möglich, doch er bewahrte sich in seinem Arbeiten eine gewisse Individualität und konnte – im Rahmen des Leistungslohnsystems – sein Arbeitstempo in bestimmten Grenzen selbst bestimmen, da er nicht an eine Maschine gebunden war.

Kernmacher

Die Kernmacher lösten sich in der Stahlgießerei erst gegen Ende des 19. Jahrhunderts als separater Beruf von den Gießern ab[60]. Für sie gilt bezüglich der Arbeit in mancher Hinsicht ähnliches wie für die Gießer. Allerdings lag in ihrer Spezialisierung von Anfang an eine Einschränkung der notwendigen Qualifikationen, welche sich etwa darin zeigt, daß die Löhne der Kernmacher im Durchschnitt unter jenen der Stahlgießer lagen. Wie die Maschinenformer zählten sie vor dem Ersten Weltkrieg zu den Anlernberufen, d. h. man konnte die Berufsbezeichnung nicht nur durch die Berufslehre, sondern auch durch Beschäftigung als Hilfsarbeiter nach einigen Jahren erwerben[61]. 1920 schließlich hatten die Kernmacher als einziger Beruf bei GF nur eine dreijährige Lehrzeit, auch dies ein Anzeichen für einen niedrigen Stand der notwendigen Berufsqualifikation[62]. Die Arbeit der Kernmacher kann somit zumindest überwiegend zur einfachen Handarbeit gerechnet werden. In stärkerem Maße als bei den Gießern, welche neben der Formarbeit auch das Abgießen besorgten, also noch recht verschiedenartige Arbeiten ausführten, die sich nur über längere Zeiträume wiederholten, handelte es sich bei den Kernmachern um repetitive Teilarbeit. Eine große Anzahl von gleichartigen Kernen mußte geformt werden, die Arbeit war im allgemeinen monoton und verlangte doch Genauigkeit. Eine Ausnahme stellten einige Kernmacherarbeiten in der Stahlgießerei dar[63], doch für die überwiegende Mehrzahl der Fälle, vor allem in der Fittingsgießerei mit ihren großen Serien und entsprechend großen Zahlen teilweise sehr einfacher Kernformen, dürfte diese Charakterisierung schon früh zugetroffen haben[64].

Die Unterscheidung der Arbeit der Gießer und Kernmacher gewinnt für diese Arbeit allerdings wenig praktische Bedeutung, da sich Gießer und Kernmacher in innerbetrieblichen Konflikten wie in der gewerkschaftlichen Organisation nur selten auseinanderhalten lassen. Auch in der *Arbeiterkommission*, der gewählten Vertretung der Arbeiter im Betrieb[65], waren Gießer und Kernmacher der verschiedenen Gießereien jeweils gemeinsam vertreten, wobei die gewählten Vertreter fast durchwegs Gießer waren.

3. Andere wichtige Berufs- und Tätigkeitsbereiche

Maschinenformer

Die Entstehung des Berufes der Maschinenformer und seine steigende relative Bedeutung im Produktionsprozeß ist bereits in den vorangegangenen Abschnitten im Zusammenhang mit den Gießern dargestellt worden. Hier soll nun die Arbeitssituation der Maschinenformer noch genauer umrissen werden. Die Maschinenformer können in die Typologie von Kern/Schumann als *Maschinenbediener*[66] eingereiht werden. Zu ihrer Arbeitssituation gehören (häufig) Transportfunktionen, Bedienungsfunktionen (Beschickung und Entleerung der Maschine), Schaltfunktionen und

Kontrollfunktionen. Die Haupttätigkeiten fallen an der laufenden Maschine an, die Arbeit ist auf einfache und manuelle Verrichtungen konzentriert. Soweit ließe sich – allerdings bereits unter beträchtlichen Vorbehalten – diese sehr allgemeine Beschreibung für die Maschinenformer akzeptieren. Ein entscheidender Unterschied ergibt sich jedoch in der Frage des Maschinentakts, d. h. der Zeit, die die Maschine für einen Durchlauf benötigt[67]. Kern/Schumann haben bei der Untersuchung eines Automobilwerks Mitte der sechziger Jahre Taktzeiten zwischen 0,580 und 2,353 Minuten gefunden, was vor allem für ihre Diskussion des Dispositionsspielraums und den Qualifikationsstand der Maschinenbediener entscheidendes Gewicht erhält. Die Taktzeiten der Maschinenformer lagen dagegen in der untersuchten Zeit in einem völlig anderen Bereich: 1908 betrug die durchschnittliche Leistung ca. 5 Kasten pro Stunde (12,0 Min. pro Kasten)[68], 1926 7,5 Kasten pro Stunde (9,6 Min. pro Kasten)[69]. Erst nach Einführung der kontinuierlichen Gießerei 1927, welche eine massive Produktivitätserhöhung brachte, gelangten die Leistungen mit 19–25 Kasten pro Stunde in den Bereich der Taktzeiten, wie sie Kern/Schumann anführen.

An den Maschinenformern wie im folgenden bei den Gewindeschneidern lassen sich im Vergleich mit den für einen höheren technischen Entwicklungsstand geltenden Beschreibungen von Kern/Schumann Einflüsse der technischen Entwicklung auf die Arbeitssituation aufzeigen, hier nicht als Übergang von Handarbeit zu Maschinenarbeit oder als Prozeß fortschreitender Arbeitsteilung, sondern als Funktion des steigenden technischen Niveaus der einzelnen Maschinen[70]. Die Arbeit der Maschinenformer läßt sich nun abheben gegen die vorangegangene Stufe der einfachen Handarbeit[71] und gegen die nachfolgende Stufe höherentwickelter Maschinenarbeit, die ich aus der Typologie von Kern/Schumann beziehe. Zusätzlich müssen Entwicklungstendenzen im behandelten Zeitraum aufgezeigt werden, auch wenn sich die Arbeitssituation, das technologische Niveau und die Organisation der Arbeit nicht grundlegend veränderten.

Als erster Aspekt wird hier das Problem der Qualifikationsentwicklung betrachtet: Als Maschinenformer wurden anfänglich, vor allem in der Fittingsgießerei, keine gelernten Gießer beschäftigt, sondern angelernte Hilfsarbeiter. Direktor Ernst Homberger meinte 1904 gegenüber Lohnansprüchen der Maschinenformer, diese brauchten ja keine besonderen Fähigkeiten zu haben[72]. Dies stimmte jedoch nur bedingt: 1906 wurde im Zusammenhang mit technischen Verbesserungsvorschlägen darauf hingewiesen, daß durch diese die Arbeit zu kompliziert werde, ,,und gehören dazu zuverlässige Former, über welche wir leider in nur geringem Maße verfügen"[73]. Hinter diesem Mangel an qualifizierten Formern stand jedoch eine Strategie, welche nicht in erster Linie versuchte, solche Qualifikationen herzustellen bzw. auf dem Arbeitsmarkt zu verlangen, sondern danach tendierte, die Qualifikationsanforderungen für die Maschinenformer möglichst zu reduzieren. Dabei nahm man vorübergehend sogar Qualitätseinbußen bzw. höhere Ausschußraten in Kauf. Der technische Experte E. Messner schrieb in einem Bericht zur Fittingsfabrikation, er begreife ja wohl, ,,daß es einfacher ist, Leute als Maschinenformer herzuziehen und im Einlegen der Kerne flink zu machen, wenn diese Kerne zufolge ihrer Stärke eine weniger sorgfältige Handhabung gestatten"[74]. Die geringere Porosität dieser Kerne erhöhe jedoch den

Ausschuß. Solche Schwierigkeiten konnten indessen jeweils rasch überwunden werden. Der Trend zu immer geringeren spezifischen Berufsqualifikationen der Maschinenformer hielt an.

Kern/Schumann stellen die Qualifikationsanforderungen an Maschinenbediener allgemein als niedrig dar. Sie reduzieren sich „auf eine gewisse manuelle Geschicklichkeit, die zur schnellen und sicheren Durchführung der manuellen Operationen erforderlich ist", und auf minimale Kenntnisse der Bedienungs- und Wirkungsweise der Maschine[75]. Diese Kenntnisse lassen sich einfach und rasch erwerben, da dem einzelnen Arbeiter nur wenige Fertigungsschritte übertragen sind, die ständig wiederholt werden. Reparaturen, Werkzeugwechsel u. ä. sind weitgehend Spezialisten übertragen, so daß auch hier kaum zusätzliche Qualifikationsanforderungen entstehen. Verglichen mit dieser Darstellung des gegenwärtigen Maschinenbedieners sind die Qualifikationsanforderungen an die damaligen Maschinenformer dennoch beträchtlich. Dies ergibt sich schon aus der langen Dauer des Arbeitstakts, welcher die Arbeit in geringerem Maße repetitiv machte und weniger Möglichkeiten zur Habitualisierung bot. Dazu kam die Unvollkommenheit der Maschinen, welche es beispielsweise noch nötig machte, zur Vermeidung von Sandfehlern den Sand auf den Modellen mit den Händen in die scharfen Kanten der Formen zu drücken und ebenso vor dem Gießen an den Angüssen den Sand mit den Händen anzudrücken[76]. Auch Betriebstechniker Messner, sonst ein ausgesprochener Anhänger tayloristischer Ideen, der die Qualifikationsanforderungen an die Arbeiter möglichst senken wollte, teilte den Arbeitern – offenbar ohne Bedenken – die Aufgabe zu, technische Mängel der Maschinen durch Aufmerksamkeit und Geschicklichkeit auszugleichen: Bei Abnützungserscheinungen der Maschinenlager könne „ja jeder gewöhnliche Arbeiter die untere Mutter etwas lösen und die obere um eine halbe oder $^1/_4$ Umdrehung nachstellen" und damit die Funktionsfähigkeit der Maschine wiederherstellen[77]. Einstellungsarbeiten dieser Art erforderten zwar keine besondere Ausbildung, dafür aber verhältnismäßig umfangreiche Geschicklichkeit und Erfahrung.

Ein weiterer Aspekt der Arbeit der Maschinenformer war die Vielzahl verschiedener Modelle, welche hergestellt werden mußten. Obwohl es sich um Maschinenarbeit handelte, war dies nicht ohne Bedeutung, wie sich daran zeigt, daß die Bezahlung bis nach dem Ersten Weltkrieg nicht einfach nach der Zahl der geformten Kasten erfolgte, sondern daß die Kompliziertheit der Form den Lohnansatz modifizierte. Der Maschinenformer mußte zur Bedienung der Maschine also noch gewisse Kenntnisse und Überlegungen einbringen, um ein einwandfreies Produkt zu erzielen. Die große Zahl verschiedener Modelle brachte zudem neben der eigentlichen Maschinenarbeit verhältnismäßig viel Umrüstungs- und Einstellarbeiten, die nicht von Spezialisten, sondern von den Maschinenformern selbst vorgenommen wurden. Dies erhöhte in der Tendenz die Qualifikationsanforderungen. Doch auch in diesem Punkt beruhte die Qualifikation vor allem auf Erfahrung und nicht auf einer formalen Ausbildung. Allerdings verteilten sich die Anforderungen nicht gleichmäßig auf alle Maschinenformer. Wie bei den Handformern erhielten auch hier die besseren und erfahreneren Arbeiter die schwierigen und besser bezahlten Arbeiten.

Das dritte besondere Qualifikationselement führt nun eindeutig über den Typus des Maschinenbedieners hinaus: Die Maschinenformer leisteten nämlich nicht nur die Formarbeit. Wie die Stahlgießer (Handformer) besorgten sie das Abgießen ihrer Gußkästen selbst. Betriebstechniker Messner bezifferte den Anteil der Gießarbeit auf immerhin zwanzig Prozent der Gesamtarbeitszeit[78]. Die Maschinenformer waren also in ihrer Arbeit nicht völlig an die Maschine gebunden, was ihre Arbeitssituation von der des typischen Maschinenbedieners in bedeutsamer Weise unterscheidet. Obwohl auch dieses Abgießen der Formkasten keine besonderen Qualifikationsanforderungen stellte und ebenfalls verhältnismäßig leicht erlernbar war, so stellte es dennoch *zusätzliche* Anforderungen (auch physischer Art), welche bewirkten, daß die notwendige Gesamtqualifikation recht hoch war. Dies hatte zusammen mit hohen physischen Arbeitsanforderungen auch relativ hohe Löhne zur Folge.

Bereits 1908 kam von Messner, der auf einer USA-Reise die dortigen modernsten Gießereiverfahren studiert hatte, der Vorschlag zur Einrichtung einer kontinuierlichen Gießereianlage, in der die Maschinenformer in einen *Fließbetrieb* eingespannt und das Formen vom Gießen abgetrennt worden wäre[79]. Davon erhoffte er wesentliche Produktivitätssteigerungen in der Fittingsgießerei[80]. Messner fand, es liege auf der Hand,

> daß ein Gießer, der den ganzen Tag nur Kasten vergießt, sich eine größere Fertigkeit darin aneignet und daß wenn derselbe nur gut vergossene Kasten bezahlt bekommt, sich auch dementsprechend Mühe geben wird, daß keine Kasten angegossen, vertrieben oder sonst fehlerhaft vergossen werden. Hiebei bleibt der Former von dieser schweren Arbeit verschont, wird um so leistungsfähiger an seiner Maschine und recht bald einsehen, daß hierin eigentlich ein großer Vorteil besteht.

Er erwartete vom kontinuierlichen Betrieb und der weitergehenden Arbeitsteilung ein Sinken der notwendigen Qualifikationen:

> Die zwangsweise Betriebsart bedarf zu deren Bedienung keines tüchtigeren Personals als für den derzeitigen Fabrikbetrieb erforderlich ist, ja ich behaupte, daß ein auf niedrigerem geistigen Niveau stehender Arbeiter noch eine Birkshire-Formmaschine bedienen kann, wenn derselbe sonst an einer anderen Maschine nicht mehr zu gebrauchen wäre.

Eine Folge der sinkenden Qualifikationsansprüche wäre zudem, daß sich hohe Fluktuationsraten weniger stark auf die Produktion auswirken würden, ,,der Platz und die Arbeit ist jedem einzelnen so genau angewiesen, daß er einfach leisten muß, was der zwangsweise Betrieb in seine Hände gelangen läßt"[81]. Mit anderen Worten: die sinkenden Qualifikationsanforderungen würden Einarbeitungszeit und Einarbeitungskosten senken.

Wie man sieht, zielten die Vorstellungen Messners, der offensichtlich von Taylor stark beeinflußt war[82], auf eine Arbeitssituation hin, die dem Typus des Maschinenbedieners von Kern/Schumann recht ähnlich ist. Er rechnete damit, den Maschinentakt auf 60 Kasten pro Stunde erhöhen zu können, was zusammen mit einer vollständigen Bindung der Arbeiter an die Maschine zu einer Arbeitssituation geführt hätte, welche dem Bild der unqualifizierten, repetitiven Teilarbeit weitgehend entsprochen hätte. Seine Vorstellungen lagen also durchaus im Trend der Entwicklung, eilten aber 1908 den technischen Möglichkeiten noch voraus[83]. Sein Projekt gelangte jedenfalls nicht zur Durchführung. Erst 1926 wurde die Errichtung einer kontinuierlichen Gießerei in Singen beschlossen. Dies bedeutet, daß sich in der Zwischenzeit die Arbeitssituation der Maschinenformer nicht grundlegend änderte. Die Produktivität stieg zwar, auch bezogen auf die Anzahl der produzierten Gußkasten, doch nicht in sprunghafter Weise, und unterbrochen durch eine Periode rückläufiger Produktivität während des Weltkrieges[84]. 1926 vor der Einführung der kontinuierlichen Gießerei betrug die Leistung der Maschinenformer 7,5 Kasten pro Stunde gegen 5 Kasten pro Stunde im Jahr 1908[85].

Ausgehend von dieser Darstellung der Qualifikationsanforderungen und der allgemeinen Struktur des Arbeitsprozesses kann nun versucht werden, die Frage nach dem Dispositionsspielraum der Maschinenformer zu beantworten. Dies kann allerdings nur in sehr allgemeiner Weise geschehen. Es läßt sich etwa feststellen, daß sich aus der Art der Maschinenarbeit, die wenig eigentliche Maschinenzeit enthielt, d. h. Arbeitsprozesse, deren Geschwindigkeit vom Arbeiter nicht beeinflußt werden können[86], mehr Möglichkeiten ergaben, die Arbeitsgeschwindigkeit zu variieren. Die Arbeiter konnten so durch Beschleunigung dieser Verrichtungen gewisse Zeitreserven schaffen und dafür ihre Arbeit, beispielsweise zur Aufnahme von Kontakten mit ihren Nebenarbeitern, auch einmal unterbrechen. In der Beeinflussung des Arbeitsprozesses war der Maschinenformer aber gerade im Vergleich zum Handformer bereits sehr stark eingeschränkt, wobei möglicherweise einige Freiräume in der konkreten Gestaltung des Arbeitsprozesses und lange Zeit in der Ausgestaltung der notwendigen Körperbewegungen bestanden. Gerade in dieser Hinsicht verkleinerte sich jedoch im zur Diskussion stehenden Zeitabschnitt der Spielraum der Arbeiter. Systematische Untersuchungen der einzelnen Arbeitsplätze fanden zwar erst in den zwanziger Jahren statt, doch schon 1908 befand Messner, die Arbeiter seien noch nicht richtig gewöhnt, „Handgriffe zu sparen"[87]. 1919 wurde ein Arbeiter, dem die Betriebsleitung ‚Bremsen' vorwarf, folgendermaßen diszipliniert: „Der Betriebsleiter prüfte seine Arbeiten sorgfältig und machte ihn auf eine Anzahl unnützer Handreichungen aufmerksam, verbot ihm dieselben und ließ ihn während eines ganzen Tages ohne Unterbruch kontrollieren."[88] An diesen Einzelbeispielen zeigt sich – wenn auch nur fragmentarisch – die Tendenz zur Einschränkung des Dispositionsspielraums bei einer für Maschinenbediener im ganzen immer noch relativ offenen und komplexen Arbeitssituation.

Zum dritten Kriterium von Kern/Schumann zur Beurteilung der Arbeitssituation, der physischen und nervlichen Belastung, muß gesagt werden, daß es außerordentlich schwierig ist, ohne konkrete Kenntnis der jeweiligen Arbeitsplätze diese Belastung zu vergleichen. Dabei ist es allerdings offensichtlich, daß diese Belastungen an praktisch allen Arbeitsplätzen in einer Gießerei überdurchschnittlich hoch sind. Bei den Maschinenformern spielt wahrscheinlich die physische Kraft eine besonders große Rolle. Die Formkasten, die ein beträchtliches Gewicht hatten, mußten gehoben und transportiert werden; auch beim Gießen selbst war die Körperkraft eine nicht unbeträchtliche Voraussetzung von seiten des Arbeiters. Dies gilt allerdings auch für die Handformer, Hilfsarbeiter oder Gußputzer (also Handarbeiter).

In diesem Zusammenhang soll noch einmal auf die Frage der Haltung der Arbeiter zur kontinuierlichen Gießerei zurückgekommen werden. Der Managementvertreter und technische Experte Messner fand, der kontinuierliche Betrieb liege auch im Interesse der Arbeiter, unter anderem deshalb, weil die schwere Arbeit des Gießens und des Transports der Gußkasten wegfalle. Wenn man die enorme Beschleunigung des Arbeitsrhythmus berücksichtigt, die mit dieser Umstellung verbunden gewesen wäre, kann dieses Argument allerdings kaum überzeugen. Die Kritik der Betriebsleiter der Fittingsgießereien am Projekt von Messner bezog sich allerdings nicht auf diesen Punkt[89]. Sie erklärten vielmehr, die Maschinenformer würden sich weigern, die Verantwortung für die Qualität ihrer Arbeit zu übernehmen, wenn sie nicht selbst ihre Kästen abgießen könnten[90]. Das heißt also, daß die Maschinenformer, die jedenfalls in der Fittingsgießerei fast durchwegs keine gelernten Arbeiter waren, sich einer Rationalisierung entgegengesetzt hätten, welche ihren Arbeitsbereich eingeschränkt und auf die Maschine konzentriert hätte. Dies kann wohl so interpretiert werden, daß die Maschinenformer, obwohl sie keine gelernten Gießer und nicht im Gießerfachverein organisiert waren, die traditionelle Vorstellung vom Gießerberuf, in welcher Formen und Gießen untrennbar zusammengehörten, in starkem Maße übernommen hatten. Sie entwickelten also – angelehnt an die Gießer – ein eigenes Berufsbild, wozu GF wie andere Gießereiunternehmen zweifellos selbst beigetragen hatten. Diesen war an einem festen Stamm von Maschinenformern gelegen, doch sollten sie schon vom Lohnaspekt her nicht in den Gießern aufgehen. Man würde allerdings zu kurz greifen, wenn man die Reaktion der Maschinenformer nur als dysfunktionalen Aspekt der Arbeiterstammpolitik auffassen und die Einstellung der Arbeiter als Reflex auf ideologische Beeinflussung verstehen wollte. In der Einschränkung der Berufsfunktionen lag eine Tendenz zu einer Verringerung der notwendigen Qualifikationen (damit indirekt auch zu einer Senkung der Löhne) und zu einer Einschränkung der Dispositionsmöglichkeiten, d. h. zu einer eintönigeren, von repetitiver Teilarbeit bestimmten Arbeitssituation. Ebenfalls zu erwarten war eine Intensivierung der Arbeit, welche die Verringerung der physischen Belastung durch Wegfallen der Gießarbeit wieder aufgehoben hätte[91]. Widerstand von Arbeiterseite hätte also eine durchaus reale Grundlage gehabt. Da das Projekt 1908 nicht realisiert wurde, liegen aber keine Quellen vor, die zeigen könnten, von welchen Überlegungen die Maschinenformer in dieser Frage geleitet wurden.

Im Vorgriff auf den zweiten Teil sei hier noch kurz auf die gewerkschaftliche Organisation der Maschinenformer eingegangen: Separat, d. h. getrennt von den Handformern, sind vor 1914 nur die Fittingsgießer faßbar, welche in mehreren Akkordkonflikten kollektiv in Erscheinung traten, jedoch zu einer kontinuierlichen Organisation nicht fähig bzw. nicht bereit waren. Die Gründe für die Konflikte wie für die geringe Organisationsbereitschaft liegen in wesentlicher Hinsicht in der besonderen Arbeits- und Berufssituation der Maschinenformer. Während des Weltkriegs setzte sich die Maschinenformerei auch in den Stahlgießereien in einem Maße durch, das diese Gießergruppe auch dort zum dominierenden Element machte. Das Absinken des durchschnittlichen Qualifikationsniveaus bei den Handformern näherte die beiden Berufe in den zwanziger Jahren zudem (auch in den Löhnen) immer mehr an, so daß sie im gewerkschaftlichen Bereich mehr und mehr ununterscheidbar wurden.

Gießereihandlanger

Die Gießereihandlanger sind mit dem vorliegenden Quellenmaterial in ihrer konkreten Arbeitssituation nur schwer zu fassen. Sie hatten Transportfunktionen, Hilfsfunktionen beim Abgießen der Formen, bei Auspacken der Gußstücke usw. Ihr Arbeitsbereich veränderte sich je nach dem Stand der Mechanisierung, der Art der Betriebsorganisation und der Arbeitsteilung. So fielen 1912 im Werk III mit der Mechanisierung des Sandtransports und der Sandaufbereitung Handlangerarbeiten weg, während zusätzliche entstehen konnten, z. B. aus einer Entlastung der Maschinenformer von Transportaufgaben.

Ihre Arbeit kann als einfache Handarbeit charakterisiert werden mit sehr geringen Anforderungen an manuelle Geschicklichkeit. Die Anforderungen bezogen sich vor allem auf physische Kraft und Ausdauer, und auf die Fähigkeit, sich die Arbeit so einzuteilen und zu gestalten, daß die Arbeitsbelastung möglichst niedrig gehalten werden konnte[92]. Ihre Arbeitssituation war verhältnismäßig schlecht normierbar und entzog sich – im Gegensatz zu den meisten Beispielen von Kern/Schumann für einfache Handarbeit – der Leistungsentlohnung[93]. Darin bestand ein grundlegender Gegensatz zur Behandlung der Former und Kernmacher, denen sie im Arbeitsprozeß z. T. Handlangerdienste leisten mußten. Diese gegensätzliche Entlohnungsart hatte notwendigerweise einen gewissen Interessengegensatz zwischen diesen Arbeitergruppen zur Folge. Die im Akkord bezahlten Gießer und Kernmacher waren an rascher und reibungsloser Arbeit interessiert. Für sie war es wichtig, daß die Unterstützung durch die Hilfsarbeiter in jedem Moment funktionierte. Die Handlanger dagegen suchten sich allen Versuchen zu entziehen, ihre Arbeitsleistung durch erhöhtes Arbeitstempo zu vergrößern. Zu diesem strukturellen Gegensatz kam wenigstens bis zum Ersten Weltkrieg eine große Differenz in der Lohnhöhe. Bis 1910 lagen die Durchschnittslöhne der Stahlgießer ca. 70% über jenen der Gießereihandlanger, 1918 noch ca. 55% und 1929 noch ca. 30%.

Diese in Arbeitssituation und Lohnsystem angelegte Spannung wuchs sich jedoch kaum zu Konflikten aus, die für das Unternehmen (d. h. die Produktion) oder für die Arbeiterorganisationen unmittelbar relevant wurden – jedenfalls tauchen dazu weder in den Quellen des Unternehmens noch der Gewerkschaft Hinweise auf[94]. Dennoch muß diese Spannung in der täglichen Arbeit im Verhalten der beiden Gruppen zum Ausdruck gekommen sein. Im Bereich der Organisation zeigte sie sich indirekt darin, daß die Handlanger praktisch nicht gewerkschaftlich organisiert waren, während die im gleichen Arbeitszusammenhang mit ihnen arbeitenden Gießer den höchsten Organisationsgrad aller Arbeitergruppen bei GF aufwiesen. Zusätzlich zu den angeführten trennenden Faktoren trat hinzu, daß bereits seit Anfang des 20. Jahrhunderts die meisten Gießereihandlanger Italiener waren, daß also auch sprachliche und kulturelle Barrieren bestanden. Dies kann aber nur als zusätzlicher Faktor angesehen werden, da auch schweizerische Handlanger von diesem Gegensatz betroffen waren und in gleicher Weise darauf reagierten. 1905 beklagte z. B. ein Einsender im „Volksrecht" die Lage der Handlanger in der Maschinenindustrie, welche nicht nur von dauernder ökonomischer Not, sondern auch durch die Verachtung der Berufsarbeiter gekennzeichnet sei. Die Handlanger müßten die schwerste und schmutzigste Arbeit zu den schlechtesten Löhnen machen und fänden auch bei Lohnbewegungen keine Unterstützung bei den Berufsarbeitern. Gewerkschaftlich könnten sie sich nicht organisieren, da sie nicht in der Lage seien, die Beiträge zu bezahlen[95].

Die Handlanger und Hilfsarbeiter waren bis zum Ersten Weltkrieg kaum in der Lage, ihre Interessen zu artikulieren und gegenüber den Berufsarbeitern zur Geltung zu bringen. Dies gilt nicht nur für die Gießereihandlanger, sondern für alle Hilfsarbeiter und teilweise auch für die angelernten Maschinenarbeiterfunktionen. Überall dort, wo die Hilfsarbeiter jedoch eigene Abteilungen bildeten, also räumlich zusammengefaßt waren und eine relativ unabhängige Stufe der Produktion ausmachten, wurden sie ab den Jahren des Ersten Weltkriegs auch fähig, sich zu organisieren und ihre spezifischen Interessen zu vertreten[96]. Möglicherweise nicht ohne Bedeutung für die Situation und das Bewußtsein der Gießereihandlanger und damit für die Erklärung ihrer schlechten Organisierbarkeit war die grundsätzlich gegebene Möglichkeit beruflichen Aufstiegs. Von dieser vielleicht zusammen mit den Gußputzern untersten sozialen Position in der Arbeiterschaft bestanden – im Gegensatz zu den qualifizierteren Arbeitern – für die fähigeren und aktiveren Arbeiter relativ gute ‚Aufstiegsmöglichkeiten' zu besser entlöhnten Anlerntätigkeiten. Individuelle Anstrengungen zum Ausbruch aus der schlechten Stellung mochten hier tatsächlich vielversprechender sein als kollektive Versuche zur Verbesserung dieser Situation[97]. Die Unterordnung, nicht nur unter die hierarchische Unternehmensorganisation, sondern auch unter eine hierarchische Rangierung der Berufe, die niedrige Bezahlung mit entsprechender Einschränkung der Möglichkeiten der Lebensgestaltung[98], der große Anteil fremdsprachiger Ausländer[99] und die relativ guten Chancen zur individuellen Verbesserung der Berufs- und Lebenssituation[100] können somit als die wesentlichen Hemmnisse für eine Organisation und selbständige Interessenvertretung der Hilfsarbeiter betrachtet werden. Als äußerliches Moment kam noch dazu, daß die Handlanger keine eigene Vertretung in der Arbeiterkommission hatten. Die Gießereien wurden durch gelernte Gießer repräsentiert, und diese vertraten vor allem die eigenen Interessen.

Appreturarbeiter, Schmirgler, Gußputzer

Ebenfalls dem Typus der einfachen Handarbeit können die Appreturarbeiter, Schmirgler und Gußputzer zugerechnet werden. Im Gegensatz zu den Gießereihandlangern war bei diesen Tätigkeiten aber Akkordarbeit üblich. Diese Arbeitergruppen bildeten eigene Abteilungen, verfügten damit auch über eigene Vertreter in der Arbeiterkommission und hatten auch sonst, da sie nicht unmittelbar mit besser qualifizierten Berufsarbeitern zusammenarbeiteten wie die Gießereihandlanger, bessere strukturelle Möglichkeiten zur Vertretung ihrer Interessen. Wie bei den Gießereihandlangern bestanden keine besonderen Qualifikationsanforderungen. Physische Robustheit war die einzige Voraussetzung für die Gußputzer mit ihrer wohl schwersten und gesundheitsschädlichsten Tätigkeit unter den ohnehin schweren und ungesunden Arbeitssituationen in einer Gießerei. Dies galt vor allem für die Stahlgießerei, wo der Aufwand für das Gußputzen aus technischen Gründen besonders groß war[101].

Zur Illustration dieser Arbeitsbedingungen sollen die folgenden Beispiele dienen, die allerdings wohl nur einen schwachen Eindruck der Realität zu vermitteln vermögen: Der Guß wurde in den neunziger Jahren noch von Hand geputzt, mit Meißel und Handhammer. „Es war eine mühsame Arbeit, die Federn wegzuhauen, bis die Stücke einigermaßen sauber waren, so daß die Aufgüsse abgesägt oder abgebohrt werden konnten." Für das Beseitigen großer Aufgüsse waren die Einrichtungen zum Sägen ungenügend, so daß sie abgebohrt werden mußten.

Zum Beispiel bei Polen oder Polrädern wurde dann ein Loch neben dem andern in den Aufguß gebohrt und derselbe mit konischen Dornen abgesprengt. Die entstandenen zackigen Flächen wurden entweder abgehobelt oder von Hand abgemeißelt. Es waren unter den Gußputzern Gruppen von je 2 Zuschlägern und 1 Meißelhalter, die die Überreste der Aufgüsse wegmeißeln mußten. Es hat damals sehr viele Unfälle gegeben und viele Scheiben gekostet durch die herumfliegenden Stahlgußsplitter[102].

Um die Jahrhundertwende wurden dann die ersten Preßluftwerkzeuge beschafft, und größere Bearbeitungsmaschinen machten das Abmeißeln der Aufgüsse überflüssig. Damit stieg zweifellos die Produktivität, doch die Arbeitsbedingungen dürften sich kaum verbessert haben. Die Arbeit mit den Preßluftwerkzeugen war wohl schneller, aber gewiß nicht leichter als von Hand. Für das Entfernen der Aufgüsse an den kleinen Stahlgußstücken waren Warmsägen in Betrieb, bei denen die Aufgüsse der Stücke in weißglühendem Zustand abgesägt werden mußten. Wäffler, lange Zeit Betriebsleiter des Werks IV, beschreibt das so:

Die Warmsäge war während vieler Jahre das Hauptappreturmittel; sie stand im Freien neben dem gasbeheizten Flammofen, nur durch ein Wellblechdach vor Regen geschützt. Hier wurden die Gußstücke samt den Aufgüssen im Ofen erhitzt bis zur leichten Weißglut, mit Krücken herausgerissen, dann mit Zangen gegen das rasch laufende Sägeblatt gedrückt, daß die Funken weithin stoben und das ganze Tal widerhallte. ... Die Heißsäger vollbrachten mit den Schmelzern wohl die schwerste und heißeste Arbeit jener nicht gerade zimperlichen Zeit. Sie standen nur mit Hose, Lederjacke und Lederschurz bekleidet, ohne Hemd, im Funkenregen und hatten täglich einige Tonnen Guß kalt in den Ofen zu werfen und heiß herauszufischen, mit den Zangen gegen die Säge zu drücken und die schweren Stücke so zu halten und zu drehen, daß der Schnitt möglichst dicht neben und nicht in das Gußstück hinein ging[103].

Diese Arbeit stellte nun wohl ein Extrem dar, doch gerade die nach 1910 vermehrte Sandstrahlerei war nicht nur äußerst schmutzig, sondern auch extrem gesundheitsgefährdend (Gefahr der Silikose bzw. der „Staublunge"). Lange Zeit wurde zudem der kausale Zusammenhang zwischen der Sandstrahlerei und der Staublunge von den Unternehmen und Versicherungen bestritten. Erst nach 1930 akzeptierte die SUVA unter der durch die Röntgenuntersuchungen entstandenen Beweislast die Silikose als Berufskrankheit. Dies hatte denn auch zur Folge, daß die Schutzmaßnahmen verbessert und schließlich das Sandstrahlen sukzessive abgeschafft und durch weniger gefährliche Verfahren abgelöst wurde (Zentrifugen mit Stahlschrott).

Die Gußputzerabteilungen hatten die höchsten Fluktuationsraten und es fiel sogar schwer, Meister für sie zu finden[104]. Vor dem Ersten Weltkrieg wurden wie bei den Gießereihandlangern vorwiegend italienische Arbeiter und auch italienische Meister beschäftigt[105]. In den zwanziger Jahren arbeiteten hier dann vor allem Arbeiter aus der deutschen Nachbarschaft, die nur als Gußputzer in der Schweiz Arbeitsbewilligungen erhielten[106].

Die Arbeit der Schmirgler (speziell in der Fittingsproduktion) war weniger schmutzig und physisch wohl auch weniger anstrengend. Hier handelte es sich jedoch in starkem Maße um repetitive Teilarbeit, bei der einfache Arbeitsschritte an einer großen Zahl von einzelnen Stücken vorgenommen werden mußten. Monotonie und Arbeitshetze machten hier die Hauptbelastung aus. Allerdings handelte es sich auch hier nicht um Fließbandarbeit, den Arbeitern blieben zumindest gewisse Möglichkeiten zur Variation des Arbeitstempos im Verlauf des Tages. Die Arbeitsvorgänge waren aber so einfach, daß für den Arbeiter nur wenig Spielraum in der selbständigen Gestaltung des Arbeitsprozesses bleiben konnte.

Die hier skizzierten Arbeitergruppen gelangten während des Ersten Weltkrieges zu einer organisierten und aktiven Vertretung ihrer Berufsinteressen. 1917 kam es zu Arbeitsunterbrüchen (vor allem zur Unterstützung von Lohnforderungen) der Schmirgler und Glühereiarbeiter, die ähnliche unqualifizierte, körperlich schwere Arbeit zu leisten hatten, und 1918 lösten die Gußputzer den ersten eigentlichen Streik bei GF überhaupt aus. Auch diese schlecht qualifizierten Hilfsarbeiter vermochten unter dem Druck der Reallohnverluste während des Krieges in einer Situation allgemein verschärfter Klassenspannung wenigstens zeitweise zu eigener – von den Berufsarbeitern unabhängiger – Interessenvertretung und zu einem kämpferischen Bewußtsein zu finden.

Gewindeschneider

Wie die Maschinenformer können auch die Fittingsgewindeschneider zu den Maschinenbedienern gerechnet werden. Tatsächlich stehen sie dem Typus von Kern/Schumann sogar wesentlich näher als die Maschinenformer[107]. Die untypischen Elemente bei den Maschinenformern, also vor allem die langen Taktzeiten und der verhältnismäßig hohe Anteil einfacher Handarbeit neben der Maschinenarbeit, gelten für die Gewindeschneider nicht. Sie bearbeiteten große Serien gleicher Stücke und waren in ihrer Tätigkeit vollständig an die Maschine gebunden. Die einzelnen Arbeitsvorgänge waren einfach (vor allem Beschickung und Entleerung), die Maschine übernahm bereits wesentliche Funktionen selbst (Vorlauf, Abstellen), die Arbeit war einfach und repetitiv und der Dispositionsspielraum gering. Doch auch hier würde die unkritische Übernahme heutiger Vorstellungen in die Irre führen. Modifiziert werden sie in der historischen Realität vor allem durch den jeweiligen Stand der Technik, und dieser wird nicht nur bestimmt durch die Funktionsweise der Maschinen, sondern wesentlich durch die Genauigkeit, mit der sie arbeiten, die Qualität der Werkzeuge, das Ausmaß der Abnützung, die Funktionssicherheit, aber auch durch die gleichbleibende Qualität der zu bearbeitenden Stücke. Diese Aufzählung ist nicht vollständig und versucht auch nicht, die Zusammenhänge zwischen den einzelnen Elementen genau zu definieren, da zu einer systematischen Analyse der wirksamen Faktoren unser Material ungenügend ist. Die Bedeutung dieser Faktoren für die Arbeitssituation und deren Veränderung soll im folgenden jedoch so weit wie möglich aufgezeigt werden.

Die ersten mit Wasser- und Dampfenergie betriebenen, noch sehr einfachen Gewindeschneidmaschinen kamen bei GF anfangs der siebziger Jahre des 19. Jahrhunderts zur Verwendung. Vorlauf und Rücklauf der Maschinen mußten „durch Verschieben der [Transmissions-] Riemen mit Riemenrücker von Hand" betätigt werden[108]. Der technische Direktor Bachmann konstruierte in den Jahren nach seinem Eintritt bei GF (1887) die ersten Schneidmaschinen, bei denen Vorlauf und Rücklauf automatisch gesteuert wurden. Der Schneidvorgang mußte also bei der einmal eingestellten Maschine nicht mehr bei jedem einzelnen Stück vom Arbeiter gesteuert werden. Der eigentliche Arbeitsablauf (Bearbeitung der Fittings) verlief automatisch. Dem Arbeiter blieben Zuführung und Abnahme der Werkstücke sowie die Kontrolle des Arbeitsablaufes. Prinzipiell erreichten bereits diese Schneidmaschinen einen höheren Autonomiegrad als die Formmaschinen, bei denen der Arbeiter die einzelnen Arbeitsschritte (Formen, Stampfen des Sandes, Abheben der Form) noch selbst steuern mußte[109]. Dieser höhere Autonomiegrad der Maschine kam indessen nicht sofort zur vollen Wirkung. In Schaffhausen, wo die Gewindeschneiderei in den ersten Jahren des 20. Jahrhunderts auf einem wesentlich schlechteren Stand war als im vergleichsweise neuen Tochterwerk Singen, ergaben sich immer noch große Schwierigkeiten in der Gewindeschneiderei: „In Singen sind die Stücke genauer, weniger verschoben, zerdrückt, vertrieben, besser gerichtet und passen genau in die Einspannvorrichtungen", schrieb Betriebsleiter E. Ganz 1905 in einem Rapport an die Direktion[110]. Das Ausgangsmaterial, die Gußstücke, ließen also seiner Meinung nach in bezug auf Qualität und Gleichmäßigkeit zu wünschen übrig. Er kam zum Schluß: „... die Stücke sollten genauer sein, damit dieselben auch wie Massenartikel bearbeitet werden können"[111].

Diese Ungleichmäßigkeiten, welche den Arbeiter zwangen, jedes Stück sozusagen individuell zu behandeln und bei der Bearbeitung auf diverse Mängel Rücksicht zu nehmen, erhöhten nun aber die Anforderungen an Erfahrung, Aufmerksamkeit und manuelles Können der Arbeiter. In gleicher Richtung wirkten Mängel an den Maschinen:

> In erster Linie sind es die Einspannvorrichtungen für innere Gewinde, deren unzweckmäßige Konstruktion und unexakte Bearbeitung einen hohen Prozentsatz von Ausschuß verursachen. Nur ein intelligenter, langjähriger Arbeiter ist im Stande, mit den vorhandenen Einrichtungen gute Arbeit zu liefern, nachdem er herausgefunden [hat], in welcher Weise die Fehler des Spannbackens durch Einlegen von Blechstücken behoben werden können[112].

Weiter ist zu berücksichtigen, daß die Fittings zwar einen eigentlichen Massenartikel darstellen, daß jedoch eine sehr große Anzahl verschiedener Modelle hergestellt werden mußte (1899 ca. 1700 verschiedene Sorten Fittings)[113]. Durch eine geeignete Lagerpolitik konnten zwar von den einzelnen Sorten jeweils größere Serien hergestellt werden[114], doch bestanden auch in diesem organisatorischen Punkt noch Mängel. So schrieb Ganz 1905, es komme häufig vor, „daß viele Posten mit *kleiner* Stückzahl in Arbeit gegeben werden müssen. Es gibt viele Arbeiter, die an einem Tag ihre Maschinen für 6 bis 10 verschiedene Sorten einrichten müssen"[115]. Einstell- und Einrichtarbeiten beanspruchten also einen nicht unbeträchtlichen Teil der Arbeitszeit, was den Dispositionsspielraum vergrößerte und den Einfluß der fachlichen Qualifikation auf das Resultat der Arbeit steigerte.

Es ist nun kaum zufällig, daß in den Jahren 1898–1905 die Gewindeschneider in der Arbeiterbewegung bei GF eine bedeutsame Rolle spielten. Von ihnen ging in der Hülfsarbeitergewerkschaft Mühlethal 1898 die erste Organisationsbewegung aus, welche über die Berufsarbeiter (d. h. vor allem die Gießer) hinausreichte und zum ersten Mal ungelernte Arbeiter in größerer Zahl organisierte. Auch in den folgenden Jahren fanden in dieser Abteilung mehrere Lohnbewegungen statt. Der trotz Hilfsarbeiterstatus relativ hohe Qualifikationsstand zeigte sich auch in den Löhnen. Georg Fischer III erklärte zwar im Zusammenhang mit einer Lohnbewegung im Jahr 1900, „daß in der Gewindeschneiderei nicht Berufsleute sind, sondern eine Abteilung Hülfsarbeiter und können sich dieselben im Verdienste nicht gelernten Gießern und Schlossern gleichstellen“[116].

Es ist bedeutsam, daß er und seine Nachfolger diese Vorstellungen bezüglich der Differenz der Löhne von Berufs- und Nichtberufsarbeitern bei den Gewindeschneidern nicht mehr durchsetzen konnten. Verschiedene Anzeichen deuten darauf hin, daß gerade die Modernisierung und weitergehende Mechanisierung der Gewindeschneiderei seit den neunziger Jahren die Löhne der Gewindeschneider nicht senkte, sondern anhob. Die Lohnbewegungen der Gewindeschneider 1900, 1902 und 1904 wären dann Ausdruck für die Durchsetzung dieses Trends, der in produktionstechnischen Veränderungen begründet war[117]. Die teureren, gleichzeitig jedoch leistungsfähigeren Maschinen mußten möglichst gut ausgelastet und zugleich so behandelt werden, daß ihre Lebensdauer nicht verkürzt wurde und nicht teure Reparaturen notwendig wurden. Dazu waren relativ qualifizierte Arbeiter notwendig, denen über das Lohnsystem genügende Leistungsanreize gegeben werden mußten, solange die einzelnen Arbeiter nicht in ein Fließsystem eingebunden oder durch die Maschinen selbst zu einem festen Arbeitstempo gezwungen wurden.

Etwa ab 1905 wurden vom Unternehmen große Anstrengungen unternommen, die bestehenden Mängel in der Gewindeschneiderei zu beseitigen. Der Maschinenpark wurde erneuert und es gelang, die Qualität der rohen Gußstücke anzuheben. Tendenziell bedeutete dies für die Arbeiter eine Intensivierung der Arbeit: weniger Unterbrechungen, weniger Einstell- und Korrekturarbeiten, eine stärkere Bindung an die Maschine – kurz eine Annäherung an den Typus des modernen Maschinenbedieners. Die stattfindende Intensivierung der Arbeit, im allgemeinen schwer in unserem Quellenmaterial zu fassen, drückte sich hier offen darin aus, daß Bebriebsleiter Ganz 1905 vorschlug, zwei einspindlige (einfache) Maschinen müßten künftig von einem Arbeiter bedient werden[118]. Dazu kamen wesentliche neue technologische Entwicklungen: 1907 wurden erste Versuche mit einer weitergehenden Mechanisierung der Gewindeschneiderei durch automatische Zuführung und Wegführung der Stücke unternommen. 1910 wurde der erste Gewindeschneidautomat in Betrieb genommen, bis 1913 folgten eine Anzahl weitere[119]. Der Einsatz dieser Automaten war allerdings nicht für alle Modelle möglich und nur dort rentabel, wo größere Serien produziert werden konnten[120]. Nach der Einführung in den Jahren 1910–14 vermehrte sich die Zahl der Automaten bis 1930 nur noch geringfügig[121].

Die technische Entwicklung kam also nach 1914 zu einem vorläufigen Abschluß[122]. Dies heißt nicht, daß die Produktivität nicht weiter gestiegen wäre. Wie oben ausgeführt, bestanden im Rahmen der bestehenden Technologie noch zahlreiche Möglichkeiten, durch Qualitätsverbesserungen in den Details und durch bessere Arbeitsorganisation die Produktivität weiter zu steigern. Dahin zielten in wesentlichem Maße die Rationalisierungsanstrengungen in den zwanziger Jahren, welche den Dispositionsspielraum und die Qualifikationsanforderungen bei den Gewindeschneidern verringerten[123]. Die Lohnentwicklung wird in einem der folgenden Kapitel gesamthaft diskutiert. Es soll hier jedoch festgehalten werden, daß diese Qualifikationseinbußen keinen negativen Einfluß auf die Löhne der Gewindeschneider bzw. Revolverdrehergehilfen hatten, jedenfalls nicht im Vergleich zu den Durchschnittslöhnen. Geschwindigkeit, Genauigkeit und Zuverlässigkeit bei einer weitgehend monotonen, repetitiven Arbeit waren Anforderungen, welche durch das Akkordlohnsystem weiterhin honoriert werden mußten.

Dreher, Schlosser

Die Schlosser, Dreher und übrigen qualifizierten Berufsarbeiter aus dem Bereich der Maschinenindustrie spielten bei GF eine vergleichsweise geringe Rolle, doch müssen sie immerhin noch kurz erwähnt werden. Die Metallbearbeitung wurde bei der vorherrschenden Serienproduktion überwiegend durch Angelernte besorgt, zahlreiche Gußstücke wurden, abgesehen von der Reinigung, unbearbeitet geliefert. Die Berufsarbeiter tauchen deshalb in der eigentlichen Produktion nur am Rande auf (Räderbearbeitung u. ä.). Ihre Hauptaufgaben waren Unterhalt und Reparaturen von Maschinen und Anlagen, Herstellung und Unterhalt von Werkzeug für die Maschinen, teilweise Arbeit an Maschineneigenkonstruktionen[124]. Ihre Arbeitssituation läßt sich bei der großen Verschiedenartigkeit ihrer Tätigkeiten nicht genauer fassen. Die vielfältigen Arbeitsaufgaben deuten immerhin darauf hin, daß ihr Dispositionsspielraum relativ hoch war, wie auch die notwendigen berufsspezifischen Qualifikationen. Um darüber genauere Aussagen machen zu können, müßte jedoch das Ausmaß der internen Spezialisierung genauer bekannt sein. Das vorhandene Material ist auch für Aussagen über die Entwicklung der Arbeitssituation dieser Berufskategorien ungenügend. Auch in der Arbeiterorganisation lassen sie sich bei GF nur kurze Zeit als Gruppe fassen, wenn sie auch als einzelne z. T. eine wesentliche Rolle spielten. Wie bei den Gießern fielen bei ihnen hohe Dispositionschancen und hohe Qualifikationsanforderungen mit relativ großer Organisierungsbereitschaft zusammen. Da sie jedoch innerbetrieblich keine festgeschlossene Gruppe darstellten, traten sie auch in ihrer Organisationstätigkeit weniger als solche auf und vertraten in stärkerem Maße neben ihrem Berufsinteresse auch das Interesse der Gesamtorganisation[125].

4. *Kooperative Beziehungen und Kommunikationschancen im Arbeitsprozeß*

Die Kooperationszusammenhänge im Arbeitsprozeß sind gerade für den Zusammenhang zwischen konkreter Arbeitssituation und Formen kollektiven Verhaltens der Arbeiter von großer Bedeutung. Die folgende Charakterisierung stützt sich, zur systematischen Erfassung der Formen der Zusammenarbeit, auf eine Typologie von Kern/Schumann, die ihrerseits auf Arbeiten von Popitz u. a. und H. Wiedemann aufbauen[126]. Diese Typologie unterscheidet in erster Linie zwischen Einzel- und Gruppenarbeit und in zweiter Linie zwischen verschiedenen Formen von Gruppenarbeit. Die Einzelarbeit, bei der „ein Arbeiter allein für die Erledigung einer in sich geschlossenen Arbeitsaufgabe verantwortlich ist und ohne unmittelbare Bindung an Arbeitskollegen seiner Tätigkeit nachgeht"[127], nahm bei den untersuchten GF-Arbeitergruppen eine beträchtliche Rolle ein[128]. Die Handformer, Kernmacher und die Gewindeschneider sowie ein wesentlicher Teil der Arbeiter in der mechanischen Werkstätte können dieser Kategorie zugerechnet werden.

Die *Handformer* waren als Former weitgehend Einzelarbeiter, die zwar mittelbar von anderen Arbeitern abhängig waren, etwa bei der Beteiligung von Formmaterialien, doch in ihrer Arbeit kaum die Mithilfe anderer in Anspruch nehmen mußten. Bei der Gießertätigkeit bestanden Kooperationsformen, die allerdings nicht frei von hierarchischen Zügen waren. So entstand durch die Mitwirkung der Handlanger beim Gießen *kolonnenartige Kooperation*[129], d. h. die beteiligten Arbeiter leisteten gemeinsam Handarbeit, die von einem einzigen physisch nicht geleistet werden konnte. Der gelernte Gießer hatte jedoch beim Abgießen seiner Formen faktisch eine Vorarbeiterposition, d. h. er leitete den Arbeitsvorgang. Bei der Tätigkeit der Gießer, teilweise auch als Former, konnten auch andere Kooperationszusammenhänge entstehen. So in der Zusammenarbeit mit den Kranführern, die im Sinne von Kern/Schumann als Zwischenform betrachtet werden kann[130]. Hier bestanden zwar Abhängigkeiten zwischen den Einzelarbeiten, die zeitliche Bindung war aber nur schwach. Auch hier haben wir es aber mit einer einseitigen Abhängigkeit zu tun: Der Gießer war in gewissem Maße auf den Kranführer angewiesen; dieser, der Transportaufgaben für zahlreiche verschiedene Arbeitsfunktionen in der Gießerei hatte, umgekehrt aber nicht auf den Gießer[131].

Bestimmend für die Arbeitssituation der Gießer war aber die Form-, d. h. die Einzelarbeit. Die Kooperation der Gießer war im ganzen gesehen relativ geringfügig und zudem mit hierarchischen Elementen belastet. In der Einzelarbeit der Gießer ergaben sich dagegen gute Möglichkeiten zu informellen Beziehungen, da die Handarbeit leicht für die Aufnahme privater Kontakte unterbrochen werden konnte. Dies war bei den Formern in vielen Fällen nicht einmal nötig, da die Formplätze nahe beieinander angeordnet waren. Kontakte persönlicher Art ließen sich daher auch während der Arbeit leicht herstellen, ja sie waren sogar fast unvermeidlich[132].

Für die *Gewindeschneider* und auch die *Schmirgler* in der Fittingsfabrikation, die auch Einzelarbeit verrichteten, dürfte dies in weit geringerem Maße möglich gewesen sein. Sie waren durch die Maschine zeitlich und örtlich in stärkerem Maße gebunden und hatten im Arbeitsprozeß wenig kooperative Beziehungen. Diese beschränkten sich weitgehend auf die Zulieferung und Abnahme der Werkstücke von ihren Arbeitsplätzen, die jedoch diskontinuierlich in größeren Abständen erfolgte. Die Abhängigkeit war gering, da Materialpuffer bestanden, welche die Auswirkungen von Störungen im Transport reduzierten. Auch die Möglichkeiten zu informellen Kontakten waren eher gering, da die Bindung an die Maschine stark war und der Lärmpegel Gespräche von Maschine zu Maschine verhindert haben dürfte. Einschränkend muß man allerdings sagen, daß bei den einfachen (einspindligen) Maschinen zumindest nach 1905 jeweils zwei von einem Arbeiter bedient wurden[133], daß also die Bindung an die Maschine nicht so vollständig gewesen sein kann. Gewisse Kontakte während der Arbeitszeit waren wohl möglich, doch wirkten sie sich wahrscheinlich ziemlich direkt auf die quantitative Leistung und damit auf die Lohnhöhe aus[134]. Bei den Schmirglern, wo die Lärmerzeugung groß war, waren Kontakte nur bei Verlassen des Arbeitsplatzes möglich. Da es sich um Einzelarbeit handelte, war dies ohne Störung des Arbeitsprozesses möglich, schränkte jedoch die Arbeitsleistung ein und minderte damit den Lohn. Wie weit diese Gelegenheiten genützt wurden, läßt sich natürlich damit nicht angeben. Immerhin bestand die *Möglichkeit* – etwa in einem Konflikt mit Vorgesetzten –, in kurzer Zeit Informationen während der Arbeit weiterzugeben, Meinungsbildung bzw. Agitation zu betreiben, wie es bei Fließarbeit nicht ohne Störungen im Produktionsprozeß möglich wäre.

Gruppenarbeit findet sich bei den *Maschinenformern*, wo meist zwei Arbeiter an der gleichen Maschine arbeiteten, der eine als Former, der andere als Kerneinleger[135]. Bei anderen Maschinen formten beide unabhängig voneinander an der gleichen Maschine, waren also gezwungen, ihre Arbeit aufeinander abzustimmen, vor allem in der wechselseitigen Benutzung der Preßeinrichtung der Maschine. Die Zuordnung dieser Kooperationsformen in die Typologie ist recht schwierig. Im ersten Fall – Presser und Einleger – könnte man von *teamartiger Kooperation* sprechen[136], wo klare Arbeitsteilung besteht und die Teilaufgaben sich voneinander unterscheiden. Es besteht ein Wechsel zwischen kollektiven und individuellen Arbeitshandlungen, der eine genaue zeitliche Koordination nötig macht[137]. Es bestanden Dispositionsmöglichkeiten bezüglich des Arbeitstempos und wohl auch wenigstens in beschränktem Maße in bezug auf gegenseitige Unterstützung. Im zweiten Fall, wo zwei Former an der gleichen Maschine arbeiteten, kann nicht eigentlich von Kooperation gesprochen werden. Die Beziehung ist nur negativ definiert durch die zeitliche Koordination, die nötig war, um Störungen im Ablauf der beidseitigen Einzelarbeit zu vermeiden. Bezüglich Arbeitstempo bzw. Rhythmus waren gewisse Regelungen notwendig. Diese Kooperation resp. Abhängigkeit im engsten Arbeitsbereich wurde überlagert von kooperativen Beziehungen beim Gießen, die wie bei den Handformern als kolonnenartige Kooperation betrachtet werden können. Diese machten jedoch nur einen geringen Anteil der Arbeitszeit aus. Soweit und solange Transportfunktionen, d. h. leere und geformte Gießkasten zum Arbeitsplatz oder von diesem wegzubringen, in den Aufgabenbereich der Maschinenformer fiel, entstanden auch hier negative Kooperationsbeziehungen, d. h. Koordination in allerdings recht loser Form war nötig, um gegenseitige Behinderungen der Arbeiter zu vermeiden. Aus dieser Situation ergaben sich gute Voraussetzungen für informelle Beziehungen; anders als beim typischen Maschinenbediener bestanden Ansätze zu kooperativer Tätigkeit, und zudem waren sie im Arbeitsablauf nicht vollständig an die Maschine gebunden. Wenn man weiter die langen Taktzeiten in Betracht zieht, also die wesentlichen Möglichkeiten der Former zur Beeinflussung der Arbeitsgeschwindigkeit berücksichtigt, so wird auch klar, daß gute Möglichkeiten zur zeitweiligen Unterbrechung der Arbeit bestanden.

Bei den *Handlangern* und *Gußputzern*, deren Arbeit sehr verschiedenartig war und als überwiegende Handarbeit hier auch nicht von den Produktionsmitteln her beurteilt werden kann, sind Aussagen noch schwerer zu machen. Neben teamartiger Arbeit in kleinen Gruppen[138] handelte es sich vorwiegend um kolonnenartige Kooperation, wobei vor allem bei Transportfunktionen das kooperative Element in vielen Fällen recht schwach gewesen sein dürfte. Dagegen sind die Chancen für informelle Kontakte grundsätzlich als gut einzustufen, da der Arbeitsablauf nicht so stark determiniert war. Allerdings lagen hier Einschränkungen in den Umweltbelastungen, wobei dem Lärm wahrscheinlich eine entscheidende Rolle zukam. Bei den Handlangern kam weiter einschränkend hinzu, daß zahlreiche ihrer Tätigkeiten sie mit den gelernten Arbeitern zusammenführten, die Kooperation also durch hierarchische Elemente überlagert wurde.

5. *Entwicklungstendenzen im Untersuchungszeitraum*

In der historischen Entwicklung bestand ein Trend zu einer stärkeren Verkettung der einzelnen Arbeitsvorgänge. Eine zunehmende Arbeitsteilung, etwa durch die Trennung von Transport- und Maschinenbedienungsfunktionen, verstärkte die Abhängigkeit der einzelnen Arbeitsplätze voneinander, auch wo noch nicht eigentliche Fließarbeit eingeführt war. Dazu kamen verstärkte Anstrengungen des Unternehmens vor allem ab den zwanziger Jahren zur präzisen Definierung der einzelnen Arbeitsplätze mit genauer und beschränkter Funktionszuteilung. Zeit- und Arbeitsablaufstudien schränkten auch dort, wo dies nicht durch technische Einrichtungen vorgegeben war, den Dispositionsspielraum der Arbeiter in der zeitlichen Strukturierung ihres Arbeitseinsatzes (Variation des Arbeitstempos) ein und erschwerten die kurzzeitige Unterbrechung der Arbeit zur Aufnahme von sozialen Kontakten[139]. An den einzelnen Arbeitsplätzen ergaben sich zunehmend restriktive Arbeitssituationen: Handformerarbeit wurde laufend durch restriktivere Maschinenformerarbeit ersetzt, und diese nahm zudem zunehmend restriktiveren Charakter an. Die Fließarbeit, d. h. Bandarbeit setzte sich nach dem Ersten Weltkrieg in zunehmendem Maße durch.

„Fließarbeit", definierte der technische Direktor Leuenberger, „heißt ‚eine örtlich fortschreitende, zeitlich bestimmte, lückenlose Folge von Arbeitsvorgängen'. Der Fließarbeit muß aber die Zeituntersuchung vorangehen, d. h. die Bestimmung der Zeitdauer der einzelnen Arbeitsvorgänge und damit auch die Untersuchung, ob die Arbeit nicht irgendwie besser oder schneller ausgeführt werden kann."[140] Man wollte dabei „nicht aus dem Arbeiter durch erhöhte Körperanstrengung höhere Leistungen herausbekommen, sondern ihm Arbeiten abnehmen, die bisher seine Kräfte in Anspruch nahmen und für die seine Zeit mit steigendem Lohn immer kostbarer wird".

Doch das Ziel dieser Umstellung war auch die intensivere Ausnützung der Arbeitskräfte. Eine geringere physische Belastung sollte vor allem eine höhere Arbeitsgeschwindigkeit ermöglichen[141]. Hiebei spielte neben der physischen Entlastung auch die Vereinfachung der Arbeit eine wesentliche Rolle:

> Die Arbeit des heutigen Maschinenformers wird also in Einzelfunktionen zerlegt, die durch Spezialgruppen ausgeführt werden. Einmal durch diese Spezialisierung, dann weil das Band das Tempo angibt und weil im weiteren sämtliche Transporte soweit als möglich mechanisiert sind, ist es möglich, für die gleiche Produktion mit weniger Gießereiarbeitern auszukommen und auf der gleichen Gießereifläche bedeutend mehr zu produzieren[142].

Trotz Verringerung der physischen Belastung bedeutete dies eine Intensivierung der Arbeit, was auch Leuenberger zugab:

> Es steht außer jedem Zweifel, daß in einer Fließfertigung, also am Band durch den zwangsläufigen Arbeitsfluß intensiver gearbeitet werden muß und auch wird, als in der gewöhnlichen Serienfertigung[143].

Diese Umstellung auf intensivere Bandarbeit fand nicht nur im eigentlichen Gießereibetrieb statt, sondern auch in den angelagerten Abteilungen, vor allem in der Fittingsproduktion[144]. Die Entwicklung erfolgte schrittweise. Bereits vor der Einführung eigentlicher Fließarbeit wurden Zeitstudien unternommen, die Rationalisierung der Transportfunktionen vorangetrieben usw. Dieser Prozeß ist nicht eindeutig zeitlich fixierbar. Erste wesentliche Schritte (allerdings ohne den Übergang auf kontinuierlichen Betrieb) erfolgten bereits 1911 beim Neubau des Werks III. Ab 1920 beschleunigte sich die Entwicklung, u.a. gefördert durch die starke Erhöhung der Lohnkosten nach 1918. Auch hier wird man sich vor zu einfachen Vorstellungen hüten müssen, die sich an gewissen Stereotypen über Fließbandarbeit orientieren. Einer idealtypischen Durchsetzung dieser Prinzipien standen nach wie vor Einschränkungen entgegen, die aus dem breiten Programm an verschiedenen Sorten erwuchsen, welches z.T. auch die Herstellung kleinerer Serien verlangte. Für die Stahlgießerei konnte von Massenproduktion ohnehin nicht die Rede sein, auch wenn die Räder bereits in Serien produziert wurden. Hier dominierten vor allem im Großguß weiterhin Einzelanfertigungen oder Kleinserien, und die Arbeit war entsprechend weniger normierbar.

Der allgemeine Trend der Entwicklung ging jedoch – bei äußerlich weitgehend unveränderter Qualifikationsstruktur – deutlich in Richtung auf eine restriktivere Arbeitssituation. Die tätigkeitsspezifischen Qualifikationsanforderungen wurden spezieller und im Durchschnitt wohl geringer. Die physischen Entlastungen wurden kompensiert, wahrscheinlich sogar überkompensiert, durch die Intensivierung der Arbeit. Die Kommunikationsmöglichkeiten im Arbeitsprozeß schließlich nahmen ab, wobei wir allerdings nicht vergessen dürfen, daß Ausmaß und Form der Kommunikation nicht allein eine Funktion von Technik und betrieblicher Organisation sind, sondern auch des Bewußtseins der Arbeiter. Restriktivere Arbeitssituation und verringerte Kommunikationschancen finden ihren Ausdruck nicht unmittelbar im Verhalten der Arbeiter, sondern werden möglicherweise erst wirksam, wenn die Arbeiter durch politische und gewerkschaftliche Niederlagen geschwächt und demoralisiert sind.

III. Elemente der allgemeinen Arbeitssituation

1. Das Verhältnis zu den Vorgesetzten

In den vorangegangenen Abschnitten wurde versucht, die Arbeitssituation aus den technischen Bedingungen und der sich daraus ergebenden Arbeitsorganisation zu bestimmen. Damit wurde die innerbetriebliche Situation der Arbeiter nur z. T. erfaßt. Diese besteht ja nicht einfach aus einem materiellen Arbeitsprozeß und einer diesem angemessenen Arbeitsorganisation, sondern sie ist – wenigstens unter kapitalistischen Bedingungen – immer auch Zwangs- und Herrschaftssituation, in welcher wenige bestimmen und viele gehorchen[1]. Träger dieser Autoritäts- und Herrschaftsansprüche des Unternehmens an die Arbeiter sind – neben ihren Funktionen im Arbeitsprozeß und seiner Organisation – die Angestellten, für die Arbeiter also die Vorgesetzten[2]. Weitaus die wichtigste Funktion kam in diesem Verhältnis den Meistern zu, auf welche sich die folgende Darstellung hauptsächlich konzentriert. Höhere Vorgesetzte spielten für die Arbeiter direkt bald nur noch eine sehr geringe Rolle[3], wie dies auch in neueren Untersuchungen in Erscheinung tritt[4].

Bei GF zeigt sich, daß bereits die Betriebsleiter im Bewußtsein der Arbeiter nur eine geringe Rolle spielten. Zum ‚Büro' und zur Geschäftsleitung bestanden normalerweise ohnehin keine direkten Kontakte, abgesehen von der Arbeiterkommission und anderen von der Arbeiterschaft zu Verhandlungen mit der Geschäftsleitung gewählten Kommissionen. Charakteristisch für das Verhältnis der Arbeiter zu höheren Chargen war ein starkes Mißtrauen auch gegenüber den eigenen Funktionären. Arbeiter, welchen man ein zu enges Verhältnis zum ‚Büro' nachsagte, gerieten leicht in den Verdacht, Spitzeldienste für die Geschäftsleitung zu leisten. Dieses Mißtrauen richtete sich auch gegen die Mitglieder der Arbeiterkommission.

Die Meister

Für die weitaus meisten Arbeiter beschränkten sich die Beziehungen zu den Vorgesetzten auf die Beziehung zu ‚ihrem' Meister. In ihm verkörperten sich für den Arbeiter weitgehend die Autoritäts-, Herrschafts- und Leistungsansprüche des Unternehmens. Es finden sich zwar – vor allem in der Arbeiterpresse – auch Klagen über das Verhalten von Geschäftsleitungsmitgliedern[5] oder über das Unternehmen als Ganzes, doch in den Protokollen der Gewerkschaftsversammlungen spielten diese nur eine sehr geringfügige Rolle. Die Klagen und Bemerkungen bezogen sich fast ausschließlich auf einzelne Meister.

Zu dieser Personalisierung der Anforderungen und Belastungen in der Person des Meisters trugen z. T. die Versuche des Unternehmens bei, eine Distanz zwischen Geschäftsleitung und Meisterschaft zu schaffen, welche etwa im Rahmen der Arbeiterkommission den Arbeitern ermöglichte, sich über die Meister zu beklagen[6]. Damit wurde das Verhalten der Meister als deren eigene Sache dargestellt, auch dort, wo es weitestgehend von den Anforderungen des Unternehmens bestimmt wurde. Ebenso wurde diese Distanz dadurch hergestellt, daß in Konfliktfällen zwischen Arbeitern und Meistern die Betriebsleiter eine Mittlerrolle übernahmen. Auch hier wurde den Meistern also eine Autonomie in ihrem Verhalten zugeschrieben, über welche sie in den meisten Fällen gar nicht verfügten. Aus der Sicht der Arbeiter kann man ihre Haltung gegenüber den Meistern jedoch nicht einfach als Täuschung über die wirklichen Macht- und Abhängigkeitsverhältnisse interpretieren. Sie beruht auf der konkreten und alltäglichen Erfahrung, daß der Meister und sein Verhalten für den Arbeiter von entscheidender Bedeutung waren[7]. Der Meister hatte im Einzelfall, vor allem bei Akkordarbeit, einen starken Einfluß auf den Lohn des Arbeiters, seine ‚Schikanen' konnten die tägliche Arbeitssituation entscheidend verschlechtern, sein Urteil zum Verlust des Arbeitsplatzes führen. ‚Gut auskommen' mit dem Meister konnte daher besseres Leben in der ‚Bude', höheren Lohn, größere Arbeitsplatzsicherheit und leichtere Arbeit bedeuten.

Die Bedeutung der Meister bei der Akkordbestimmung wird im folgenden noch dargestellt[8]. Als Hinweis sei jedoch ein typisches Beispiel für den Spielraum der Meister bei der Lohnbestimmung aufgeführt:

> Gen. Siedler legte klar, daß die Akkorddrückerei Trumpf ist, indem er ein Ventilgehäuse in Arbeit bekam, das einen früheren Preis von 18 Fr trug. Kurzerhand wurden ihm $8^1/_2$ Fr eingeschrieben, was zu Reklamationen führte. Meister Schwalbenbach zeigte sich erkenntlich gegenüber Genosse Siedler und stieg bei jeder Reklamation im Preis, so daß er jetzt 13 Fr bezahlt und das Modell eine Preisverminderung von 5 Fr erlitt[9].

Die Willkür der Meister und ihre Tendenz zur Bevorzugung einzelner Arbeiter beruhten nicht auf individuellen Charakterfehlern. Dieses Verhalten ergab sich vielmehr aus ihrer Stellung und ihren Funktionen im Unternehmen. Sie standen von der Geschäftsleitung her selbst unter Druck, z. B. die Löhne für bestimmte Arbeiten möglichst zu senken bzw. die Arbeitsleistung möglichst zu steigern. Dies bedeutete unter anderem, daß sie eine Intensivierung der Arbeit bei gleichem Lohn anstreben und sich damit gegen die Interessen der Arbeiter wenden mußten. Solange Bestimmung und Kontrolle der Akkorde in starkem Maße zu den Aufgaben der Meister gehörten, was, wie wir noch sehen werden, vor allem in der Stahlgießerei bis in die zwanziger Jahre zutraf, trugen die Meister die Hauptlast in der permanenten strukturellen Lohnauseinandersetzung des Unternehmens mit der Arbeiterschaft. Die Arbeiter personalisierten die Akkordkonflikte weitgehend in den Meistern. Die höheren Vorgesetzten oder die Geschäftsleitung spielten im Bewußtsein der Arbeiter nur eine sehr geringe Rolle. Exemplarisch zeigt sich das etwa in folgendem Beispiel. Betriebsleiter Schnekkenburger (Stahlwerk I) schrieb noch 1919 in einem Rapport:

> Am 11. Dezember wurden in der Gießerei die Zahltagsbüchlein ausgeteilt. Walter kam nachher in sehr aufgeregtem Zustande zu Meister Schwalbenbach und beschwerte sich über seinen Verdienst unter der Drohung: Es wird euch beiden noch einmal schlecht ergehen, ich könnte mich auch einmal vergessen. Meister Schwalbenbach hat den Mann an mich gewiesen, damit der seine Beschwerde bei mir anbringen könne. Walter erwiderte, *er habe mit mir nichts zu tun, dafür seien die Meister da*[10].

Meister und Obermeister waren das Objekt von Zorn und Drohung des Gießers. Bereits die nächsthöhere Stufe der Hierarchie, die indirekt sicherlich auf die Lohnbestimmung entscheidenden Einfluß hatte, schien ihm mit seinem persönlichen Lohnproblem nichts zu tun zu haben. Diese Personalisierung des permanenten Konflikts um Lohn und Arbeitsbedingungen in der Person des Meisters löste sich nur langsam auf. Erst die Verbesserung der Kalkulation und die systematische Akkordbestimmung mit Zeitnahmen, welche nicht von den Meistern durchgeführt wurden, und die verstärkte Einführung des Fließbetriebs, in dem Arbeit und Arbeitstempo für den einzelnen Arbeiter in verstärktem Maße vorgegeben waren, brachten in dieser Hinsicht eine Entlastung der Position des Meisters. Die Lohn- und Akkordauseinandersetzung wurde über die Zeitnehmer und das Akkordbüro nun stärker mit dem ‚Büro' ausgefochten, wobei es allerdings immer noch in wesentlichem Maße an den Meistern lag, die Richtigkeit der bestehenden Akkorde aufgrund ihrer Erfahrung und Beobachtung dauernd zu überprüfen.

Der Kampf der Meister gegen die Solidarität der Arbeiter

Lag die Aufgabe der Meister wesentlich darin, eine optimale Leistung ihrer Abteilung zu sichern und dazu vor allem die Leistungsfähigkeit der Arbeiter vollständig auszuschöpfen, so mußte es zur Gegenstrategie der Arbeiter werden, die eigenen Leistungsmöglichkeiten nicht vollständig aufzudecken. Bei den im Stunden- oder im Taglohn Beschäftigten lassen sich solche Versuche eventuell noch individuell vornehmen, doch dies geht nicht mehr unter der Herrschaft eines Akkordlohnsystems, wo die Leistungen des einzelnen an den Leistungen aller anderen gemessen werden können. Nur durch die Zusammenarbeit und Solidarität der Arbeiter einer Abteilung ist es daher möglich, erfolgreich Leistungszurückhaltung zu betreiben[11]. Die strukturellen Verhältnisse am Arbeitsplatz schufen so ein unmittelbares gemeinsames Interesse an der Organisierung der Arbeiter oder zumindest an informellen, aber bindenden Absprachen.

Dieser formellen oder informellen Zusammenarbeit mußten die Meister entgegentreten. Sie mußten versuchen, diese aufzubrechen bzw. sie zu verhindern. Die Konkurrenz der Arbeiter untereinander sollte möglichst vollständig sein, damit sie dem Leistungsdruck des Akkordsystems nicht ausweichen konnten. Dazu diente unter anderem die willkürliche Behandlung der Arbeiter. Die Bevorzugung einzelner sollte die Solidarität der Arbeiter untereinander durchbrechen. Diese Bestrebungen waren häufig erfolgreich. 1906 wurde im ‚Echo' geklagt, ein deutscher Meister bevorzuge seine Landsleute, er nehme den alten Arbeitern die schönen glatten Stücke vor der Nase weg, um sie seinen Günstlingen zuzuschanzen, denen er zudem höhere Akkordlöhne zahle[12]. Hier trat auch der Nationalitätengegensatz als Spaltungsmoment in Erscheinung. Eine Antwort auf diesen Artikel schob die Schuld allerdings den Gießern selbst zu, sie verdienten gar nicht weniger, sondern mehr als vorher, sie hätten allerdings „in letzter Zeit in dieser Beziehung über die Schnur gehauen und geschunden und gehastet, [so] daß sie selbst schuld sind, wenn die Akkordpreise auf solche Stücke sinken und Ausschüsse vorkommen"[13].

Die Meister konnten natürlich immer wieder auf Gegensätzen zwischen den Arbeitern selbst aufbauen, nicht nur auf jenen zwischen Ausländern und Schweizern, sondern auch etwa auf jenen zwischen alten und jungen Gießern. Die Bevorzugung einzelner Arbeiter durch die Meister war dabei immer wieder Anlaß zu Streit und Uneinigkeit unter den Arbeitern, vor allem unter den Gießern. 1911 meldete etwa Sekretär Büchi, die Gießer hätten einen Krach zwischen dem Vorstand und „einer Kolonne, die es besonders gut mit dem Meister kann"[14], und 1914 stellte der Sektionspräsident einigermaßen resigniert fest, „daß es für die Gewerkschaft schwierig sei, im Mühlental Fortschritte zu machen: indem man dort die Arbeiter hintereinander hetzt, was verschiedene Meister gut verstehen"[15].

Allerdings entwickelte die organisierte Arbeiterschaft auch Methoden, Verhaltensweisen und Normen, mit welchen gegen ‚Akkordschinder' und ‚Akkorddrücker' vorgegangen werden konnte und welche die Anbiederung an die Meister verhindern sollten. Es ist offensichtlich, daß sie dabei nur dort erfolgreich sein konnte, wo sie von der großen Mehrheit der Arbeiter unterstützt wurde. Vor dem Weltkrieg war dies im allgemeinen nur bei den Gießern der Fall, und auch dort wurde, wie wir gesehen haben, diese Solidarität immer wieder durchbrochen. Auch die Durchsetzung von Kampfmitteln gegen unsolidarische Arbeiter stieß auf Schwierigkeiten, nicht zuletzt wegen entsprechenden Anstrengungen von Meistern und Geschäftsleitung. Im Juni 1914 wurden z. B. einige Gießer vor den Sektionsvorstand der Gewerkschaft geladen, da ihnen vorgeworfen wurde, sie verkehrten zu stark mit einem ausgeschlossenen Mitglied.

Gen. Wilms erklärt, daß er mit Jeismann nur spricht, was nötig ist wegen der Arbeit. Derselbe fange immer zuerst an. Er habe auch das beste Werkzeug, wenn man vom Meister etwas verlange, so schicke er einen zu Jeismann. Gen. Bolli erklärt, daß er den Kasten neben Jeismann habe und den Verkehr mit ihm aufs äußerste beschränke. Er rede aber immer auf ihn ein und versuche, ihn ins Gespräch zu ziehen. Auf dem Heimweg sei er ihm auch schon nachgekommen und dann mit ihm gegangen. Da habe er ihn auch angeredet. Er könne nichts machen. Den Kasten könne er nicht wechseln, weil kein anderer frei sei. Gen. Sek. Weber erklärt, daß sie den Verkehr mit Jeismann unbedingt mehr beschränken sollten. Die Gießer seien früher mit solchen Subjekten ganz anders verfahren, jetzt sei ein gegenseitiges Mißtrauen unter ihnen, das müsse anders werden[16].

Trotz der Schwierigkeiten bei der Durchführung des Boykotts wird hier deutlich, daß bei den Gießern ein gewisser Gruppenkonsensus über das Verhalten gegenüber unsolidarischen Arbeitern bestand, der auch von jenen anerkannt wurde, denen hier mangelnde Konsequenz vorgeworfen wurde. Vor 1914 läßt sich dies nur bei den Gießern feststellen. Es war offenbar nicht zuletzt eine Frage des Organisationsgrades, wie weit solche Formen entwickelt werden konnten[17]. Dazu kam zweifellos, daß die Gießer als gelernte Arbeiter mit langer Erfahrung mit Akkordlöhnen in diesen Fragen einen höheren Bewußtseinsstand hatten als ungelernte Akkordarbeiter, die häufig aus anderen Berufen zu dieser Arbeit kamen und hauptsächlich von der Möglichkeit des guten Verdienstes angezogen wurden. Sie mußten erst lernen, daß Akkorde ‚kaputt gemacht' werden konnten. So wurde 1917 erklärt, der Tarif bei den Weichgußschmirglern sei besser, „weil die Weichgußschmirgler bei der Arbeit rechnen und nicht einzelne blindlings drauflos schinden bei einem gutbezahlten Posten". Gewerkschaftssekretär Hitz ermahnte die Arbeiter, sie sollten untereinander besser Fühlung halten, „damit nicht einer in einigen Stunden verdirbt, was andere mit vieler Mühe zustande gebracht haben"[18]. Auch die Schmirgler versuchten in den folgenden Jahren mit einigem Erfolg, die gegenseitige Konkurrenz durch eine gerechte Verteilung der besser und der schlechter bezahlten Ware einzuschränken. Diese Abmachung wurde aber immer wieder von einzelnen durchbrochen[19], auch dort, wo dies nicht direkt auf das Verhalten der Meister zurückgeführt werden kann. Das Bestreben der Meister, die Arbeiter zu spalten, war vor allem dort von Bedeutung, wo die Möglichkeiten zu einer systematischen Akkordbestimmung noch nicht gegeben waren. Dies traf bei den Stahlgießern, wo immer wieder neue Stücke geformt wurden und sich der Arbeitsaufwand nur schwer objektiv bestimmen ließ, bis in die zwanziger Jahre zu. Bei den Maschinenarbeitern waren Arbeitsaufwand und Leistung leichter objektivierbar und durch den Lauf der Maschine auch leichter erzwingbar. Es ist daher nicht überraschend, daß dort die Konflikte mit Meistern bereits vor 1914 seltener und im allgemeinen weniger heftig waren.

Offene Konflikte zwischen Meistern und Arbeitern

Neben den indirekten Konflikten mit den Meistern, welche häufig ihren Ausdruck in Streitigkeiten zwischen den Arbeitern fanden, müssen aber auch die direkten Konflikte zwischen Meistern und Arbeitern beachtet werden. Dies geschieht im Abschnitt über das Lohnsystem, das den Meistern lange Zeit wichtige Funktionen zuwies, und im zweiten Teil in den Fällen, wo aus solchen Auseinandersetzungen eigentliche Kollektivkonflikte erwuchsen. Hier nur einige Bemerkungen zu den allgemeinen Bedingungen solcher Konflikte. Die Spaltungs- und Konfrontationstaktik, welche Leistungszurückhaltung verhindern, aber auch die Arbeiter einschüchtern sollte, konnte auch gegenteilige Wirkung erzielen, dann nämlich, wenn sich die Arbeiter gegen die Meister solidarisierten. Auch in diesem Punkt lassen sich die häufigsten und intensivsten Bewegungen bei den Stahlgießern finden, wo in der Akkordfrage große Reibungsflächen bestanden. Ein weiterer Grund findet sich darin, daß die Stahlgießer innerhalb der Arbeiterschaft den höchsten Status innehatten und auch gegenüber den Vorgesetzten ein starkes Selbstbewußtsein besaßen. Vor dem Ersten Weltkrieg ergaben sich permanent Konflikte mit den Gießerobermeistern Reinsch und Schwalbenbach im Werk I und Gießermeister Werner im Werk Birch. 1903 beklagte sich Schwyn, Präsident der Arbeiterkommission und des Gießerfachvereins, über Gießermeister Reinsch, der 1901 von Krupp gekommen war: „es sei nur Hochmuth und ein egoistisches Wesen, das solche Widerwärtigkeiten hervorbringe", über ihn höre man nur Flüche und Verwünschungen. Direktor Homberger erklärte zwar, er höre gern Mitteilungen über dergleichen[20], „betont aber auch, daß es eben überall in Gießereien nicht immer gelinde zugehe, immerhin soll Gießermeister Reinsch zur Rede gestellt werden"[21].

In diesem Fall hatten fortgesetzte Klagen schließlich die Entlassung von Reinsch zur Folge. Sein Nachfolger Schwalbenbach gab aber bei den Gießern nicht weniger zu

Klagen Anlaß. Man werde von ihm angebrüllt wie ein Tier, schrieb das ‚Echo vom Rheinfall‘[22]. 1911 hieß es im Protokoll einer ‚Budenversammlung‘:

Über die Behandlung des Meisters Schwalbenbach wird geklagt, wie er die Alten anbrülle speziell und wenn sich einer erlaubt, gegen ihn etwas zu erwidern, er denselben aus der Bude zu ekeln schaut und bei etwelchen Wortwechseln er mit seiner Hand den Gießern um das Gesicht funkelt, daß man in die Meinung kommt, er wolle sie tätlich angreifen und wurde deshalb beschlossen, ... sobald Schwalbenbach wieder einen Gießer anbrüllt, sollen alle Gießer ihn umringen und sagen, bis hierher und nicht weiter, die Brüllerei gehe nicht mehr[23].

Homberger hatte offenbar nicht unrecht mit seiner Meinung, daß es in Gießereien nicht immer ‚gelinde‘ zugehe. Dafür gibt es für die Zeit vor dem Ersten Weltkrieg noch zahlreiche andere Beispiele. So heißt es von Gießermeister Gallmann (Maschinenformer Werk III), daß er sich für „Schikaniererei vortrefflich auszeichne, ja sogar manchmal handgreiflich werde“. Ein Aufseher und Ingenieur Thein habe einen ihm unterstellten Arbeiter geohrfeigt und man hoffe, das Unternehmen werde sich für den Betroffenen ebenso einsetzen wie für Thein, als dieser vor einigen Jahren von einem Arbeiter verohrfeigt worden sei, schrieb das ‚Echo‘ 1912[24]. Tatsächlich waren die Tätlichkeiten nicht immer einseitig. 1911, in einem Jahr, als sich solche Konflikte häuften, berichtete das ‚Echo‘ über eine Auseinandersetzung zwischen einem Arbeiter und zwei Meistern:

Gestern, da gab es wieder einen kleinen Krach. Nachdem Herr Werner bereits im Modellzimmer mit einem Arbeiter einen kleinen Ringkampf hatte, worauf der Arbeiter es für gut fand, den gastlichen Räumen vom Birch Adieu zu sagen, sprang Herr Bötsch dem Gießer noch nach und lud ihn zu einer Besprechung auf das Portierzimmer ein.

Dort scheint dem Gießer eine Art Falle gestellt gewesen zu sein, denn auf einmal sahen die Arbeiter, wie derselbe einer Übermacht weichen mußte und von Gießermeister Bötsch mit einem Gummischlauch auf die Straße verfolgt wurde.

Die Autorität Werner fand es ebenfalls für nötig, den Gummimeister zu unterstützen, aber o weh, Knall auf Fall flog der eine Meister in diesen, der andere in jenen Straßengraben. Als dann ein Arbeiter den herrenlosen Gummiknüttel sich anzueignen suchte, da fiel den Meisterautoritäten das Herz in die Hosen und sie nahmen Hasenpanier ins Portierhäuschen[25].

Nur eine Woche später warfen die Gießer im Werk I einen neu ernannten Meister, den sie nicht akzeptierten, handgreiflich auf die Straße. „Die Meister ahnten was es geben könnte und bis auf einen alten Kracher haben sich auch wirklich alle gedrückt.“[26] Es bestand in diesem Fall ein stillschweigendes Einverständnis zwischen Meistern und Arbeitern in der Ablehnung des neuen Mannes, der als schlechter Arbeiter galt. Unbedingte Voraussetzung für einen Meister und wichtigste Legitimation für seinen Aufstieg aus den Reihen der Arbeiter war seine fachliche Qualifikation. Daran hielt sich in der Regel auch die Firma.

Das unbeherrschte und gewalttätige Verhalten der Meister, wie es in diesen Konflikten zum Ausdruck kam, läßt sich wohl nur mit dem enormen Druck erklären, unter welchem sie selbst standen. Sie hatten zu dieser Zeit nicht nur Disziplinierungsfunktionen, sondern waren in den Stahlgießereien auch wesentlich und in verantwortlicher Position für den Produktionsablauf, die Bestimmung der Akkorde usw. verantwortlich. Der Druck ihrer Vorgesetzten einerseits und der Arbeiter anderseits setzte sie ständig Konfliktsituationen aus, denen sie offenbar in einzelnen Fällen nicht mehr anders als mit Tätlichkeiten gegenüber den Untergebenen zu begegnen wußten. Wie stark der Rollendruck war, der auf ihnen lastete, zeigt sich etwa an Meister Bötsch, der noch wenige Jahre vorher selbst Präsident der Arbeiterkommission und des Gießerfachvereins gewesen war und dort, in den Augen der Geschäftsleitung, ,,eine etwas unangenehme Rolle gespielt" hatte[27]. Auch er unterschied sich als Meister nicht mehr von den anderen. Er trat in diesem Fall sogar in besonders negativer Weise in Erscheinung.

Obwohl Klagen über Meister auch in anderen Abteilungen auftraten, nahmen die Konflikte nur in der Stahlgießerei eine solche Schärfe an, und sie konzentrierten sich dort weitgehend auf jene Meister, die eine besonders wichtige Stellung einnahmen, also auf die Obermeister in der Stahlgießerei Werk I, auf Meister Werner im Werk Birch (Werk IV), der ,,völlig selbständig die Formarbeiten und deren Preisbildung in der Hand hielt"[28], sowie auf Roser und Gallmann, die Meister der Maschinenformerei im Werk III, wo Akkordkonflikte ebenfalls häufig waren[29].

Die Verringerung des Konfliktpotentials zwischen Meistern und Arbeitern nach 1914

Während und vor allem nach dem Ersten Weltkrieg traten in dieser Hinsicht wesentliche Änderungen ein. Mit der weitergehenden Verbesserung der Kalkulation und der Vergrößerung des technischen Stabes verloren die Meister an Kompetenz im technischen und im Lohnbereich[30]. Damit verringerte sich auch das Konfliktpotential zwischen Meistern und Arbeitern[31]. Während des Weltkriegs wurden die Akkordkonflikte zudem überlagert durch die viel schwerwiegenderen teuerungsbedingten Reallohnverluste, von denen die Meister in ähnlicher Weise wie die Arbeiter betroffen waren[32]. Da die Löhne der Meister in starkem Maße von den Löhnen der bestbezahlten Arbeiter in ihren Abteilungen abhängig waren, ergab sich in gewisser Hinsicht sogar ein gemeinsames Interesse. In den Jahren 1919 und 1920 mehrten sich zwar die Klagen über Meister und Vorarbeiter, doch waren die Fälle relativ geringfügig. Vor allem spielten Lohnkonflikte keine Rolle mehr. Die Geschäftsleitung ermutigte solche Klagen zudem ausdrücklich: ,,Des weitern fordert er [Homberger] auf, ähnliche Unkorrektheiten der Meister und Vorarbeiter sofort bei der Betriebsleitung zu melden, damit der Fall untersucht werden könne, wenn er noch neu sei."[33] Bei der starken Verschärfung der Klassenauseinandersetzung auch bei GF und einer hohen Kampfbereitschaft und großem Selbstbewußtsein der Arbeiterschaft war in diesen Jahren grobes und provokatives Verhalten der Meister besonders dysfunktional geworden. Dies zeigte sich etwa bei einer Lohnbewegung der Schmirgler: Nach ergebnislosen Verhandlungen war die Spezialkommission der Schmirgler von ,Werkführer' Huber[34] zurückgekehrt,

> wo sie die übrige Arbeiterschaft in einem Zustand der gespannten Erwartung antrifft. Durch einige geringschätzige Bemerkungen des Meisters gereizt, sind sofort sämtliche Arbeiter einverstanden, noch am gleichen Vormittag eine Versammlung abzuhalten, was auch, trotz großer Anstrengung der Fabrikleitung, dies zu verhindern, durchgeführt wird[35].

In den folgenden Jahren verlor zwar dieser Aspekt wieder an Bedeutung, doch die Einschränkung der Aufgaben der Meister setzte sich weiter fort und der Spielraum für Konflikte wurde damit enger. Die Auseinandersetzungen, beispielsweise über das Verhalten am Arbeitsplatz, über Urlaubsgesuche usw. erreichten kaum mehr die Ebene der Arbeiterkommission[36]. Die Distanz zwischen Arbeitern und Meistern, welche vor dem Ersten Weltkrieg sehr groß gewesen war, verringerte sich tendenziell. 1906 vermerkte ein Einsender in der Arbeiterzeitung mißbilligend, daß ein Meister am Sonntag mit Arbeitern in der Wirtschaft sitze[37]. Jede Form von Kontakten zu den Meistern wurde als Anbiederung verstanden und abgelehnt. Die Meister wurden durchaus zu ‚den anderen' und nicht zu den Arbeitern gerechnet. Nach dem Weltkrieg galt dies weniger ausschließlich. Zwar wurde noch 1922 in Frage gestellt, ob Vorarbeiter zum Verband gehören sollten, doch wurde dies schließlich bejaht. „Die Frage ist dann nur die, ob er nicht zuviel auf die Seite des Unternehmers neigt."[38] Mindestens einzelne Meister hatten nun auch ein engeres Verhältnis zu den Arbeitern, was umgekehrt von der Geschäftsleitung nicht gern gesehen wurde[39]. So heißt es auf der Personalkarte von Gußputzermeister Edwin Ruegg: „Tritt für die Interessen der Firma nicht ein. In seinen Angaben unzuverlässig. Beschützt und bevorzugt in vorsichtiger Weise die Kommunisten. Stiller Agitator. Als Meister ungeeignet."[40]

Mit den abnehmenden Kompetenzen der Meister wurden Konflikte zwischen Meistern und Arbeitern für die Geschäftsleitung in den meisten Fällen dysfunktional. Solange die Meister in der Bestimmung der Löhne oder für die Einhaltung der Arbeitsgeschwindigkeit eine wesentliche Rolle spielten, war das noch nicht unbedingt der Fall. Konflikte konnten durchaus ein Zeichen dafür sein, daß die Meister ihre Funktion richtig wahrnahmen. Ein schlechtes Betriebsklima infolge solcher Konflikte mußte hingenommen werden, auch dann, wenn das Verhalten des Meisters übermäßig hart und provozierend war, solange dieser auch im technischen Bereich noch wichtig und seine Erfahrung kaum ersetzbar war. Mit der abnehmenden Kompetenz der Meister wurde es jedoch leichter, ein gutes Verhältnis zu den Arbeitern zu finden, und umgekehrt waren Konflikte meist nicht mehr funktional zu rechtfertigen. Ein gutes Verhältnis der Arbeiter zu ihrem Meister mochte, bei der Wichtigkeit der Meister als Vertreter des Unternehmens, auch das Verhältnis der Arbeiter zum Betrieb positiv beeinflussen[41]. Vor allem in Zeiten guter Konjunktur und knapper Arbeitskräfte wurde dieser Gesichtspunkt für das Unternehmen bedeutungsvoll, wenn auch gesichert werden mußte, daß die Meister die Interessen des Unternehmens wahrnahmen und sich nicht mit den Arbeitern solidarisierten. Die Rezeption dieser Entwicklung bei GF zeigt sich etwa darin, daß Meister Schwalbenbach 1931 als Meister abgelöst wurde. In seiner Qualifikation heißt es nun:

> Guter Gießermeister und zuverlässig. Er konnte aber mit seinen Untergebenen nicht umgehen. Wir hatten viel Streiterei- und Zankschlichtung wegen ihm, bis es soweit kam, daß man ihn als Gießermeister absetzen mußte. Er war auch bei der gesamten Arbeiterschaft nicht beliebt[42].

Hier wird der Wandel in den Kriterien der Beurteilung eines Meisters deutlich: Seit seinem Eintritt im Jahre 1908 hatte es dauernd Klagen der Arbeiter über Schwalbenbach gegeben, doch diese Klagen und die dahinterstehenden Störungen des Betriebsklimas wurden für die Geschäftsleitung erst in dem Maße relevant, wie das Gewicht und die Bedeutung der beruflichen Qualifikation des Meisters abnahm und neue, wirksamere Instrumente zur Leistungskontrolle geschaffen wurden. Dies darf allerdings nicht so verstanden werden, daß sich nun ein idyllisches Verhältnis zwischen Arbeitern und Meistern durchsetzte. Die ärgsten Härten und die offene Brutalität der Meister verschwanden zwar, doch weiterhin gehörte es zu den Aufgaben der Meister, die Arbeiter unter Druck zu halten. Klagen der Maschinenformer der Fittingsgießerei über Meister Girard, er schreie die Leute an, wurden z. B. von der Geschäftsleitung zurückgewiesen. Girard solle zwar die unanständigen Ausdrücke vermeiden, hieß es, sonst aber solle er hart bleiben[43], [44].

Zu den Aufstiegschancen von Arbeitern

Von wenigen Ausnahmen abgesehen, wurden die Meister bei GF aus der eigenen Arbeiterschaft rekrutiert. Es soll hier im Zusammenhang mit der Diskussion des Verhältnisses zwischen Meistern und Arbeitern noch kurz die Frage nach den Aufstiegschancen der Arbeiter gestellt werden. Aus der Mobilitätsuntersuchung der Angestellten, die H. Siegrist vorgenommen hat, lassen sich auch einige Schlüsse für unsere Fragestellung ableiten, wenn auch eine genaue quantitative Untersuchung nicht möglich war. Eine grobe Abschätzung, welche die Zahl der Arbeiter pro Meister, die geringe Fluktuation der Meister und die steigenden Belegschaftszahlen berücksichtigt, führt zum Schluß, daß in den 10 Jahren vor dem Ersten Weltkrieg im Mittel jährlich 5–6 Arbeiter zu Meistern aufsteigen konnten. Das heißt also, daß von 250 bis 300 Arbeitern in jedem Jahr einer zum Meister aufstieg – sicherlich eine außerordentlich kleine Zahl, welche eine eigentliche Aufstiegsorientierung der Arbeiter als unwahrscheinlich erscheinen läßt[45]. Doch die Aufstiegschancen waren natürlich nicht gleichmäßig verteilt. So hatten Arbeiter, die seit weniger als fünf Jahren im Betrieb beschäftigt waren, kaum Beförderungsaussichten, wodurch zu dieser Zeit immerhin bereits etwa drei Viertel der Arbeiterschaft ausgeschlossen waren. Ebenfalls fielen die jüngeren und wahrscheinlich auch die Arbeiter über einem gewissen Alter aus dem Rennen, und von den übrigen hatten vor allem bei den qualifizierten Anlern- und Berufstätigkeiten nur die fachlich besten Arbeiter Beförderungschancen, da ihre Autorität als Meister entscheidend davon abhing, ob sie ihren ehemaligen Kollegen in dieser Hinsicht zumindest ebenbürtig waren. Durch die große Bedeutung der fachlichen Fähigkeiten verengte sich der Kreis der Kandidaten wahrscheinlich so stark, daß sich eine relativ kleine Gruppe von Arbeitern durchaus berechtigte Hoffnungen auf Aufstieg machen konnte. Allerdings war die Auswahl für das Unternehmen immer noch beträchtlich und eine Beförderung mußte unter anderem auch mit Wohlverhalten erkauft werden. Es lassen sich einige Beispiele nennen, wo prominente Mitglieder der Gewerkschaft zu Meistern ernannt wurden. Allerdings ist nicht immer klar, ob das als Anerkennung für eine unternehmerfreundliche Haltung oder zur Isolierung potentiell gefährlicher Führer von der Arbeiterschaft geschah[46]. Bis 1914 traf eher das erstere, nach dem Weltkrieg eher das letztere zu.

Daß eine solche Politik betrieben werden konnte, zeigt auf jeden Fall, daß der Aufstieg in eine Meisterstellung für die Arbeiter beträchtliche Attraktivität hatte. Dies ist gar nicht so selbstverständlich. Die neue berufliche Position bedeutete wenigstens bis 1914 die Aufgabe des gesamten bisherigen Kollegenkreises und die Übernahme von Polizei- und Überwachungsfunktionen diesen gegenüber. Die Entlöhnung war nur unwesentlich besser als die eines entsprechend qualifizierten Arbeiters, wenn auch die andere Lohnform, der Monatslohn, größere Sicherheit bedeutete[47]. Der Druck, der von den Betriebsleitern und vom ‚Büro' auf die Meister ausgeübt wurde, war zudem kaum geringer als der Druck, dem die Arbeiter durch Maschine, Lohnsystem und Meister ausgesetzt waren. Es bestehen keine Quellen, die Aussagen darüber erlauben würden, wie groß der Teil der Arbeiterschaft war, der in diesem Sinne aufstiegsorientiert war und im Status des Angestellten – und sei es auf einer der untersten Stufen, praktisch ohne Chancen eines weiteren Aufstiegs – ein erstrebenswertes Ziel sah. Zweifellos waren aber gerade unter den prominenten und aktiven Gewerkschaftsfunktionären diese aufstiegsorientierten Typen relativ stark vertreten. In der Beförderungsmöglichkeit verfügte das Unternehmen über ein recht wirksames Instrument zur Schwächung der Arbeiterorganisation und zur Korrumpierung ihrer Vertreter.

Für den weitaus größten Teil der Arbeiterschaft lag der Aufstieg zum Meister dagegen außer Reichweite. Weit wichtiger als ein formeller Aufstieg waren hier zur individuellen Verbesserung der Situation für ungelernte Arbeiter die Erlangung von Angelerntenqualifikationen, oder für gelernte Arbeiter das Erlangen einer besseren Stelle durch freiwilligen Arbeitsplatzwechsel, was natürlich nur in Konjunkturzeiten eine erfolgversprechende Strategie sein konnte. Da die Quellen nur in Einzelfällen die Entwicklung von einzelnen Arbeiterschicksalen erkennen lassen, können diese Aspekte jedoch nicht näher behandelt werden.

2. *Die Arbeitszeit*

Die Regelung der Normalarbeitszeit

Die Länge und die Organisation der Arbeitszeit sind nicht nur für die innerbetriebliche Arbeitssituation, sondern auch für die allgemeine Lebenssituation der Arbeiter von größter Bedeutung. Die Dauer der Arbeitszeit bestimmt direkt seine Freizeit und damit weitgehend seine Möglichkeiten zur persönlichen Entfaltung, welche in der Arbeit in den meisten Fällen nur in sehr geringem Maße erfolgen kann. Die Freizeit hat jedoch auch die Funktion der Erholung von der Arbeit, und damit stehen wir wieder beim Problem der Intensivierung der Arbeit. Diese läßt sich nur schwer erfassen und kaum quantifizieren, ist aber dennoch eine unbestreitbare Tatsache. Dieser Auffassung ist auch Johannes Müller, langjähriger Personalchef bei GF, der in seiner Schrift über ‚Soziales Wirken' schreibt:

> Einmal wurde der Arbeitsprozeß in den Fabriken mehr und mehr mechanisiert und gleichzeitig einem bisher unbekannten Tempo unterstellt. Infolgedessen steigerten sich trotz der allmäh-

lichen Verkürzung der Arbeitszeit die Anforderungen an die physischen und seelischen Kräfte des Arbeiters, vor allem an seine Nervenkraft[48].

Diese Verkürzung der Arbeitszeit erfolgte bei GF – wie in der ganzen schweizerischen Industrie – nur sehr langsam. Die Arbeitszeit war eines der ersten Gebiete, auf denen sich der Einfluß der Arbeitgeberverbände geltend machte. Bereits 1892 erfolgte eine Empfehlung des Vereins Schweizerischer Maschinenindustrieller (VSM) an seine Mitglieder, in welcher er die Einführung des Zehnstundentags befürwortete, vorläufig noch „ohne Kompetenz für sich in Anspruch zu nehmen, den einzelnen Mitgliedern hierüber Vorschrift zu machen"[49]. Die nächste Arbeitszeitverkürzung im Jahr 1906 wurde dagegen vom Arbeitgeberverband Schweizerischer Maschinenindustrieller (ASM) zentral beschlossen[50]. Der Verband bemühte sich, in dieser Frage, die ungleich leichter zu handhaben war als Lohnfragen, zur Abwehr weitergehender Forderungen der Arbeiter eine einheitliche Front aufzubauen. Als in der Diskussion der Forderungen für die Lohnbewegung bei GF im Jahr 1906 die Forderung auf Einführung der 54-Stunden-Woche laut wurde, traten die Vertreter der Gewerkschaftsführung dagegen auf:

> Genosse Benz begründet diesen Antrag, während Genosse Huggler empfiehlt, denselben abzulehnen mit der Begründung, es sei zur Zeit nicht opportun, die Arbeitszeit unter die vom Schw. Maschinenindustriellen Verband offerirten 57 1/2 Stunden zu reduzieren, da letzterer sehr wahrscheinlich diesen Beschluß faßte, in dem Sinne, daß unter keinen Umständen eine weitere Verkürzung der Arbeitszeit akzeptiert werden soll, deshalb mit Sicherheit anzunehmen ist, daß wir uns den gesamten kompakten Gegnerverband auf den Hals ziehen würden[51].

Der Metallarbeiterverband ließ sich bis zum Ersten Weltkrieg in der Großindustrie in dieser Frage auf keine Kraftprobe ein. Eine bedeutsame Verkürzung der Arbeitszeit erfolgte schließlich gegen und nach Ende des Weltkrieges, als es der Arbeiterschaft international gelang, den Achtstundentag bzw. die 48-Stunden-Woche durchzusetzen.

Kurzarbeit und Überzeit

Die Bestimmung der Normalarbeitszeit entzog sich also schon früh der Ebene des Einzelbetriebes. Dies heißt jedoch nicht, daß Fragen der Arbeitszeit nicht doch eine wichtige Rolle gespielt hätten. Man muß berücksichtigen, daß die tatsächliche Arbeitszeit in starkem Maß von der Normalarbeitszeit abweichen konnte. Überzeit für einzelne Arbeiter oder Arbeitergruppen einerseits, Arbeitszeitverkürzungen wegen Arbeitsmangel mit entsprechenden Lohnausfällen anderseits, waren relativ häufig. Das Unternehmen verfügte in Arbeitszeitfragen in noch stärkerem Maß über die Arbeiter als bei den Löhnen. So wurde 1901/02 die Arbeitszeit in der Krise stark verkürzt[52], 1903 dagegen bereits wieder zeitweise auf 11 Stunden täglich verlängert. Die Arbeiterschaft wurde nicht um ihre Meinung gefragt. Im ‚Echo vom Rheinfall' heißt es dazu lakonisch: „Es wurde ein Anschlag gemacht, daß infolge vermehrter Aufträge die Arbeitszeit täglich um eine Stunde verlängert werden müsse."[53]

1904 allerdings war Direktor Homberger bereit, eine vorübergehende Arbeitszeitverlängerung bei den Gewindeschneidern zu begründen, jedoch erst als diese aus Protest von der Arbeit ‚fortgelaufen' waren[54]. Homberger „hebt hervor, daß bekanntlich in jener flauen Zeit der Rohguß sich angehäuft [habe] und er habe geglaubt, daß es den Arbeitern sogar angenehm wäre, nach der flauen Zeit etwas mehr zu verdienen. Es soll aber dem Wunsche der Arbeiter entsprochen und nur bis 6 Uhr gearbeitet werden"[55].

Während sich hier der Protest eindeutig gegen die Arbeitszeitverlängerung als solche richtete, tauchten die meisten anderen Klagen zusammen mit Lohnforderungen auf. 1908 klagten die Gießer beispielsweise, es „sei Modus geworden, daß die Gießer nachts um 9 und 10 Uhr wieder an die Arbeit mußten zum Gießen" und daß dabei teilweise der Überzeitzuschlag nicht bezahlt werde[56]. Einige Monate später forderten sie, „daß, wenn sie nach Feierabend, der um 6 Uhr ist, noch im Geschäft bleiben müssen, oder wenn sie um 8 Uhr oder noch später wieder zum Gießen kommen müssen, ihnen die Zeit von 6 Uhr an bezahlt wird"[57].

Dies ist eine häufige Klage bei den Akkordarbeitern, da ihnen oft keine Überzeitentschädigung ausbezahlt wurde, wenn sie im Akkord vergebene Stücke noch nach Schluß der regulären Arbeitszeit abgießen mußten.

> ... Da aber nur mit einer 3ten Charge der Ofen [der Siemens-Martin-Ofen] voll beschäftigt werde, erheische es der Umstand, nach Feierabend zu gießen und so werden dieselben Formen zurück gestellt, welche nicht gelöst zu werden brauchen oder die Beschaffenheit des Stückes das Gießen durch Handlanger erlaubt, es sei in den meisten Fällen jedoch notwendig, daß der Former des zu gießenden Stückes selbst beim Gießen sei, denn wie die anwesenden Gießer Präs. Risacher und Mitglied Gasser selbst erklären, sollte immer der Former des Stückes beim Gießen desselben sein[58].

1910 wurde geklagt, daß der in der Fabrikordnung festgesetzte Zuschlag von 50% für Sonntagsarbeit nicht bezahlt werde, „oder man müßte die Zeit von Samstag nachts 12 Uhr bis Sonntag morgens nicht als Sonntagsarbeit rechnen, wenigstens im ‚Mühletal'"[59]. Und 1911 schrieb der Sekretär der Gewerkschaftssektion Schaffhausen-Neuhausen an die Arbeiterkommission von GF:

> Artikel 2 der Fabrik-Ordnung sieht vor, daß die wöchentliche Arbeitszeit 57 Stunden betragen soll. Die Praxis im Werk drei zeigt uns aber, daß Überschreitungen dieser ordentlichen Arbeitszeit an der Tagesordnung sind. Nicht nur handelt es sich dabei etwa um einige Minuten, was ja in Würdigung der Betriebsart von den Arbeitern ohne weiteres in Kauf genommen würde, sondern halbe, ja anderthalb Stunden Mehrarbeit sind zur Regel geworden, wo doch die F.O. die Überzeitarbeit als Ausnahme betrachtet. ... Artikel 6 der Fabrik-Ordnung verpflichtet den Arbeiter zur genauen Angabe der auf einzelne Arbeiten verwendeten Zeit. Im Werk III haben wir nun aber den Zustand, daß es dem Arbeiter direkt verunmöglicht wird, dieser Bestimmung nachzukommen, denn die Zeit, die er über die normale Arbeitszeit hinaus im Betrieb zubringt, darf er nicht als Arbeitszeit angeben. Man verpflichtet die Maschinenformer zur Leerung der Kasten vor Arbeitsschluß. Wenn nun aber mit dem Gießen, sei es aus Absicht oder andern Gründen, zu spät begonnen werden kann, so muß nachher diese Leerung doch noch vorgenommen werden, auch wenn es mittlerweile sieben, ja halb acht Uhr wird. Die Stunden dürfen nun aber nicht gezählt werden und wir haben dadurch den Zustand, daß der Arbeiter wohl pro Zahltag 120 oder noch [mehr] Stunden gearbeitet hat, sein Lohn aber nur für 114 Stunden berechnet wird[60].

Die Überzeitfrage verband sich hier mit der Lohnauseinandersetzung, indem die Arbeiter die Lohnstatistik des Unternehmens aus den oben genannten Gründen als falsch erachteten. Die Geschäftsleitung gab die Schuld allerdings den Arbeitern. Diese könnten und sollten – im Gegensatz zu obiger Behauptung – die geleistete Überzeit angeben. Im übrigen wurde die Überzeit auch hier begründet: Neueinrichtungen und besonders dringliche Aufträge hätten sie nötig gemacht[61]. Der Widerspruch zwischen den Aussagen der Arbeiter und der Geschäftsleitung deutet darauf hin, daß die Meister durch ihr Verhalten nach Möglichkeit zu verhindern suchten, daß die Überzeit notiert wurde, im Bestreben, die Lohnkosten – Überzeitzuschläge – in ihren Abteilungen möglichst niedrig zu halten[62].

Die Möglichkeit der Einführung einer längeren Arbeitszeit für begrenzte Zeit und einzelne Abteilungen erleichterte natürlich die Organisation der Produktion und das rasche Reagieren auf Marktveränderungen. Dies erklärt zur Genüge das Interesse des Unternehmens an Überzeitarbeit. Den Arbeitern fiel es offensichtlich schwer, dagegen ein wirksames Mittel zu finden. Individuelle Verweigerung war kaum möglich, da die Arbeiter zu stark von ihrem Meister abhängig waren, und zu kollektivem Vorgehen waren sie wohl häufig nicht einig genug. Die Arbeiter standen der Überzeit ja recht ambivalent gegenüber, bedeutete sie doch nicht nur eine zusätzliche Belastung, sondern ebenso meist sehr willkommene zusätzliche Bezahlung:

„„... es handele sich nicht nur um eine längere Arbeitszeit, sondern es solle auch jeder darauf trachten, daß er wenigstens für die mehr Stunden auch mehr Geld habe am Zahltag", wurde an einer Sitzung des Gießerfachvereins zur Frage der Überzeit erklärt und der Präsident fand, „die Leute sollen sich darin schicken für die kurze Dauer, die die Überzeit dauern werde und bis 7 Uhr arbeiten, ansonst es gehen könnte wie früher, daß man einen Haufen Leute einstellen würde, so daß man sich kaum mehr regen könne"[63].

Für Handlanger, von denen wir zu dieser wie zu den meisten anderen Fragen keine direkten Aussagen haben, dürfte Überzeit bei guter Konjunkturlage sogar den Normalfall dargestellt haben, der von dieser Tieflohngruppe wahrscheinlich zur Verbesserung der Löhne auch weitgehend akzeptiert wurde[64].

Während des Ersten Weltkrieges unter den Bedingungen der Kriegskonjunktur und sinkenden Reallöhnen der Arbeiter galt dies für die ganze Arbeiterschaft. Heinrich Wäffler, Betriebsleiter des Werks IV, schreibt in seinen Erinnerungen, daß „fast ständig Überzeit gearbeitet wurde, sowohl durch vorzeitigen Arbeitsbeginn am Morgen wie durch Verlängerungen am Abend. Man arbeitete einfach, bis der Gießtag zu Ende war, d. h. bis die Formen alle abgegossen waren". Zur ohnehin langen Arbeitszeit kamen „die vielen Überstunden für manche Spezialarbeiter wie Maschinisten, Gaser, Ofenleute, Gießereihandlanger und Kranführer, Elektriker und Reparaturschlosser sowie Vorbereitung und Spätdienste, welche die normale Arbeitszeit teilweise in die Nacht verschoben, und endlich der große Teil von Nachtschichtarbeitern, die freilich in regelmäßigem Wechsel mit Normalzeit arbeiteten"[65]. Zur Verkürzung der Normalarbeitszeit, die während und nach dem Weltkrieg vorgenommen wurde, meint Wäffler:

Daß diese Errungenschaften ein mächtiges Freiheits- und Freudengefühl auslösten, ist nach dem Vorstehenden einleuchtend, und zwar nicht nur für die Arbeiter, ihre Frauen und Kinder, sondern ebenso für Meister und Angestellte, die nun ein geordnetes Familienleben, Freizeit auch einmal bei Tageslicht und an Samstag und Sonntagen Zeit gewannen zu schönen Wanderungen oder Gartenarbeit[66].

Die Arbeitszeitverkürzung von 57 und 48 Stunden pro Woche stellte eine wichtige Verbesserung der Lebenssituation der Arbeiterschaft dar. Doch am Problem der Überzeit wie der Kurzarbeit, d.h. einer weitgehenden Verfügung über die Zeit der Arbeiter auch über die geregelte Arbeitszeit hinaus, änderte sich auch in den zwanziger Jahren wenig. 1921 in der Wirtschaftskrise arbeiteten z.B. von März bis November alle Abteilungen nur 35 Stunden pro Woche[67], was immerhin teilweise eine Alternative zu weiteren Entlassungen war. Doch anderseits war das Unternehmen weiterhin zu Manipulationen der Arbeitszeit und auch zu Entlassungen bereit, wenn man sich davon eine rentablere Produktion versprach. So wurde Anfang 1923 – also durchaus noch im Zeichen der Krise – die zeitweise Einführung des Schichtbetriebs in der Automatenabteilung der Gewindeschneider diskutiert:

> Einführung des Schichtenbetriebes der ganzen Abteilung oder eines Teiles derselben ist immer möglich, wenn genügend Bestellungen vorliegen. Ist dies der Fall, so wird heute schon von Fall zu Fall darnach gehandelt ... Es ist aber heute schon sicher, daß ein auch nur teilweiser Schichtbetrieb nur vorübergehend durchgeführt werden kann, denn sonst würden die Lagerbestände zu rasch anwachsen. Die vorübergehende Einführung des Schichtenbetriebes wird voraussichtlich etwas Unannehmlichkeiten mit der Arbeiterschaft herbeiführen, da abwechselnd Einstellungen und Entlassungen nicht vermieden werden können[68].

Unter den Bedingungen weitverbreiteter Arbeitslosigkeit konnte diese Politik gegenüber den Arbeitern auch durchgesetzt werden[69].

Nicht auf GF beschränkt waren schließlich die Bestrebungen zur erneuten Verlängerung der Arbeitszeit auf 54 bzw. 52 Stunden durch bundesrätliche Sonderbewilligungen – Überzeit also, welche nicht als solche bezahlt werden sollte. In diesem Zusammenhang traten die Arbeiter von GF in Schaffhausen zum ersten und bis heute einzigen Mal in den Streik, der allerdings erfolglos verlief[70]. In den Jahren ab 1924 wurde zeitweise die Arbeitszeit auf 52 Stunden verlängert, wobei je nach Arbeitsanfall teilweise nur einzelne Werke mit verlängerter Arbeitszeit arbeiteten. Dazu kamen weiterhin zahlreiche Überstunden[71], [72].

3. *Die Arbeit als Gesundheitsrisiko*

Schädliche Umwelteinflüsse

Die Arbeit in einer Gießerei gehört zur körperlich schwersten, schmutzigsten, gesundheitsschädlichsten und gefährlichsten Industriearbeit überhaupt[73]. Diese Belastungen müssen hier so gut als möglich aufgezeigt werden, wenn man zu einem adäquaten Bild der Arbeitssituation der GF-Arbeiter gelangen will. Es ist allerdings außerordentlich schwierig, einen Maßstab zu gewinnen, nach welchem diese Anforderungen eingeschätzt werden können, ja selbst zu beurteilen, ob im Laufe der Zeit in dieser Hinsicht Verbesserungen eingetreten sind. Fortschritten, etwa durch verbesserte Ventilationsanlagen, standen oft auch Verschlechterungen gegenüber, etwa durch steigende Ausnutzung der Anlagen. Solche Veränderungen erfolgten zudem nicht kontinuierlich. Die Einrichtung eines neuen Werkes mochte eine plötzliche Verbesserung für viele Arbeiter bringen, eine Hochkonjunktur eine rasche Verschlechterung. Auch die Einstellung der Arbeiter zu diesen Belastungen ist keine Konstante. Die Vorstellungen und Ansprüche unterlagen Veränderungen, welche nicht genau erfaßt werden können, wenn man auch annehmen darf, daß im Laufe der Zeit größere Ansprüche an die hygienischen Einrichtungen gestellt wurden und stärkerer Widerstand gegen schlechte äußere Arbeitsbedingungen entstand. Die Verhältnisse bzw. ihre Rezeption durch die Arbeiter können daher lediglich an einigen Beispielen veranschaulicht werden.

Johann Wehrli, kurze Zeit Präsident der Arbeiterkommission und wichtigste Figur bei der Gründung der Hülfsarbeitergewerkschaft und des Arbeiterbundes Mühletal 1898, beschrieb nach seiner Entlassung bei GF die Arbeitsverhältnisse in der Gewindeschneiderei, welche im Vergleich zu den übrigen Abteilungen ,,nach Ansicht der Herren ... immer noch gut als ,Erholungsstation für Arbeiter'" war:

> Die Höhe dieses Raumes beträgt nicht viel über 2,5 Meter. Um diesen Umstand recht zu veranschaulichen genügt es, darauf hinzuweisen, daß ein etwas groß gewachsener Mann notgedrungen in gebückter Stellung unter den Transmissionsrollen durchgehen muß. ... Ventilationseinrichtungen sind nicht vorhanden in diesem Raume, außer wenn die Arbeiter durch Öffnen der Fensterflügel die Luft vom Fabrikhofe und den Aborten hereinlassen wollen. In diesem Falle sind sie dann auch noch der schädlichen Zugluft ausgesetzt. Deshalb sind auch die gebräuchlichsten Namen für diese Bude kurzerhand: Bergwerk, Lazarett, St...kloch[74].

E. Boetsch, Gießer, zeitweise Präsident der Arbeiterkommission und des Gießerfachvereins, beschrieb in einer Einsendung für die Metallarbeiterzeitung die Arbeitsverhältnisse folgendermaßen:

> Wenn ein Gießer 6 bis 7 Fr verdienen will pro Tag, muß er die Nase den ganzen Tag im Sandhaufen haben. Und dann kommt das Lösen [des Gusses aus den Kästen], wo man vom Staub manchmal ganz weiß ist und die Hitze und die stinkenden Gase, die man einatmen muß. Das wird jeder Gießer, der hier gearbeitet hat, wissen, wie herrlich das ist, und dazu die Behandlung, da geht es den ganzen Tag Hob, Hüb ... Schafskopf, Esel, das sind so dem Gießermeister seine gewöhnlichen Ausdrücke. Bei ihm kann keiner nichts, da sind alles dumme Leute[75].

Die äußeren Arbeitsbedingungen wie Dreck und stinkende Gase werden hier in einem Atemzug mit der Behandlung durch die Meister genannt. Dies ist kein Einzelfall. Beides waren wichtige Elemente der Arbeitssituation, wobei allerdings dem Verhalten der Meister, das sich unmittelbar auf den Arbeitslohn auswirken konnte, noch größere Bedeutung zugemessen wurde. Dreck und Staub wurden im allgemeinen als Bestandteil der Arbeit akzeptiert; Klagen tauchten vor allem dann auf, wenn sie das übliche Maß überschritten. Dies geschah jeweils in Zeiten der Hochkonjunktur, wenn die Anlagen bis zum äußersten ausgelastet und die Arbeitsräume mit Anlagen und Arbeitern überfüllt waren. Typisch sind etwa folgende Klagen: ,,In sanitärer Beziehung wird geklagt, daß während der Arbeitszeit Kästen geleert werden, wodurch ein atembeklemmender Staub entsteht. Auch müßten die Gießer neben aufeinandergestapelten frischen [frisch vergossenen] Kästen ihre Arbeit verrichten, so daß sie förmlich gebraten werden."[76] ,,... ebenso verlangen sie auch kalte Kasten zum Formen, nicht heiße, an denen ein Gießer seine Hände braten könne."[77] Die Gießer klagten zudem, sie müßten den ganzen Tag den Staub von den Gußputzern einatmen, da die Gußputzerei nicht abgetrennt sei. Bescheidener noch als die Stahlgießer des Werks I waren die Maschinenformer im Werk III, die nur klagten, „daß auf das Verlangen nach Handschuhen zum Angreifen der heißen Formkasten der Meister zur Antwort gab, man möge sich solche in der Stadt selbst kaufen"[78].

Über das ‚normale' Maß hinaus gingen dann auch die Belastungen während des Krieges. Davon zeichnete der Betriebsleiter Wäffler vom Werk IV in seinen Erinnerungen ein farbiges Bild:

> Jeden Tag von morgens 4 h früh bis in die Nacht schossen die Feuer- und Rauchsäulen zum Himmel und erleuchteten im Winter weithin die verschneiten Waldränder und Felswände. ... in der Schmelzerei mußte das äußerste herausgeholt werden; im Laufe des Nachmittags begannen die Ausstampfungen an Kupolöfen und Converter mehr und mehr zu schwinden, die Blechmäntel wurden heiß und stellenweise rotwarm. Mit an Schläuchen befestigten Wasserstreudüsen wurden solche Stellen gekühlt, zwei bis drei, sogar bis sechs Düsen mußten dauernd in Tätigkeit sein, zuletzt wurde oft in fast leeren Blechwänden fertig geschmolzen. Auch in den Convertoren mußte das abgeschmolzene Aufstampfmaterial nach jeder Charge, zu Klumpen geballt, samt der Schlacke herausgerissen werden, so daß gegen Abend tiefe Löcher in den Wandungen entstanden und ebenfalls rotwarme Stellen mit Schlauchleitungen und starken Wasserstrahlen gekühlt werden mußten; eine Feuerwehr mitten im Funkenwurf von Kupol- und Converterofen. Trotz aller Mühe kam es ab und zu zu Durchbrüchen an beiden Aggregaten, die während kurzem Unterbruch des Schmelzprozesses mit sog. ‚Schopperlehm' verstopft und ausgepflastert wurden, worauf der Wind wieder angelassen und die Charge fertig geblasen und womöglich noch 1–2 weitere durchgehalten wurden. Ein paar Leute der Schmelzerei erreichten hierin eine eigentliche Routine; mit seltener Kaltblütigkeit gingen sie gegen solche Durchbrüche vor und wußten die Löcher mit Lehmpfropfen zu stopfen und provisorisch zu flicken. ... Aber auch die Former und Gießereihandlanger hatten von morgen früh bis spät abends harte Arbeit; jede halbe Stunde klärte sich die Flamme des Converters zu Sonnenhelle, ein Pfiff des Bläsers zeigte das Ende der Charge an und gleich darauf rief der Gongschlag das Gießervolk zum Abgießen. Je 1 Former und 1–2 Handlanger ergriffen die Gabel einer Handpfanne, fingen den fertigen sprühenden Stahl an der Birne ab und trugen die schwere Last im Eilschritt durch die engen Formgassen zum Abgießen der Formkasten. Drei- bis viermal hintereinander ging das, bis die Charge vergossen war, und schweißtriefend begaben sich für die Zwischenzeit bis zur nächsten Charge die Leute ‚zur Erholung' wieder an die übliche Arbeit des Formens resp. an das Auspacken und den Abtransport von Guß, Sand und Formkasten.

Zur Beurteilung der physischen Leistungen „und des guten Willens, mit dem sie verbunden waren", sei auch die lange Arbeitszeit (zehnstündige Normalarbeitszeit und zahlreiche Überstunden) zu berücksichtigen. Die Belastung sei viel größer gewesen als während des Zweiten Weltkrieges[79]. Begreiflich, daß daneben den Klagen wegen mangelnder Ventilation, schlechter Waschgelegenheiten, schmutziger Aborte, fehlender Kleiderkasten und ähnlichem, die meist über die Arbeiterkommission liefen, geringeres Gewicht zukam. Die Vertreter der Geschäftsleitung versprachen dabei im allgemeinen Verbesserungen, soweit dies technisch überhaupt möglich sei. Das Resultat ihrer Bemühungen war aber lange Zeit mager:

> Bis zum Jahre 1917 sah man nicht viel von hygienischen Anlagen. Als Waschgelegenheit dienten einige kleine Tröge, alte Kessel oder Gießpfannen. ... So kam es oft vor, daß die Arbeiter ungewaschen nach Hause gingen und vom Publikum in nicht ungerechtfertigter Weise Neger genannt wurden. Die Abortanlagen bestanden z. T. in Feldaborten, die mit Holzkasten, Kessel und Torfmull ausgestattet waren und von den Arbeitern als Klubsessel bezeichnet wurden[80].

Erst in den zwanziger Jahren ergaben sich wesentliche Verbesserungen. Die Forderung nach Warmwasser in den Waschanlagen, welche in der Arbeiterkommission erstmals 1925 erhoben wurde[81], tauchte in den folgenden Jahren mehrmals wieder auf. Sie wurde also ebenfalls nur langsam verwirklicht. Bezüglich Staub und Rauch nahmen die Klagen nicht ab, sondern zu. Vor 1914 wurden in der Arbeiterkommission nur viermal Klagen über die Luftverhältnisse geäußert, von 1914–1920 achtmal, von 1921–1928 zwölfmal. So erklärte z. B. Arbeiterkommissionspräsident Walter 1928 bezüglich der Ventilation des Werks Birch, „auf 10 m Distanz sehe man sich manchmal kaum mehr"[82], was von den Vertretern der Geschäftsleitung auch zugegeben wurde. Daraus kann man allerdings nicht ohne weiteres schließen, daß sich die Verhältnisse objektiv verschlechtert hatten, wenn man auch fragen kann, wie groß denn die Sichtweite in den Gießereien vor und während des Krieges gewesen sein mag.

Berufskrankheiten

Aus den Arbeitsbedingungen erwuchsen besondere Gefahren für die Gesundheit der Arbeiter, die jedoch nicht besonders problematisiert wurden. Diese Gefahren gehörten zur Arbeit, es war sinnlos, sich darüber besonders zu ereifern. Die Hauptgefahr lag – besonders in der Gußputzerei – in der Silikose, der Staublunge (häufig verbunden mit Lungentuberkulose), von der auch viele Gießer betroffen wurden. Der Zusammenhang zwischen der Arbeit in der Gießerei und der Silikose wurde von den Unternehmern solange bestritten, bis mit der röntgenologischen Untersuchung ein eindeutiges Beweismittel entstand. Den Arbeitern allerdings war dieser Zusammenhang schon lange vorher klar. Der ‚Grütlianer' fand schon 1899, in der Stahlfabrik Mühletal sei „durchaus nichts zu holen – höchstens die Schwindsucht"[83]. Wehrli beschrieb in einem seiner agitatorischen Artikel gegen die Stahlwerke, wie ein Arbeiter im Werk einen Blutsturz erlitt[84], und das ‚Echo vom Rheinfall' schrieb schon 1906 vom lungenmörderischen Staub in der Gießerei[85]. In den folgenden Jahren verschlimmerte sich die Situation durch die Einführung des Sandstrahlens in der Gußputzerei noch wesentlich. Wäffler schreibt zwar, das Heimtückische an der Silikosekrankheit sei, daß sie sich in der Regel erst dann bemerkbar mache, wenn sie ein fortgeschrittenes, kaum mehr heilbares Stadium erreicht habe. Er behauptet auch, daß es viele Jahre ging, „bis die ersten Silikosefälle auftraten und noch länger, bis sie als solche erkannt wurden"[86]. Dies ist jedoch unrichtig. Schon nach kurzer Arbeitsdauer in der Gußputzerei konnten schwere Schädigungen auftreten, welche die Arbeiter zwangen, die Arbeit in der Gußputzerei aufzugeben. Dadurch blieben möglicherweise die Folgen der Gußputzerei für Wäffler längere Zeit verborgen. Dazu ein Beispiel: Der Schlosser Albert Keller schrieb an den Vorstand der SMUV-Sektion Schaffhausen-Neuhausen, wie er im Winter 1914 zu einem Lungenleiden gekommen sei:

Durch den Kriegsausbruch habe ich meine Stelle als Schlosser bei Rauschenbach verloren. Ich bekam dann im Jammertal Arbeit als Gußputzer mit einem Stundenlohn von 44 Cts. Bald bemerkte ich, daß diese Arbeit meiner Gesundheit schädlich war. Ich verlangte andere Arbeit, sie wurde mir aber verweigert. Im Frühjahr 1915 mußte ich zweimal kurze Zeit wegen Krankheit aussetzen.

Auf den ersten März bekam er Arbeit in der Waffenfabrik Neuhausen als Schlosser. Obwohl er also nur wenige Monate als Gußputzer arbeitete, hatte er sich ernstliche Lungenschäden geholt, die im folgenden offenbar zu einer Tuberkuloseerkrankung führten[87]. Wäffler selbst schreibt, daß Meister H. Pfeiffer, der viel mit den Anfängen und der Entwicklung der Sandstrahlerei zu tun hatte und auch deren Reparaturen besorgte, eines der ersten Opfer der Silikose im Betrieb wurde[88].

Einen Hinweis auf die Entwicklung der Krankheitsrate gibt Tabelle 14.

Tab. 14: Krankheitstage pro Beschäftigten und Jahr[89]
(Arbeitsunfähigkeit, arithmetische Mittel)

1874–79	7,1	1917–21	13,5
1880–84	10,1	1922–26	12,9
1912–16	9,7	1927–31	14,7

Die Krankheitshäufigkeit und -dauer wies deutlich steigende Tendenz auf, wobei es hier allerdings nicht möglich ist, die wesentlichen Einflußfaktoren genau zu erfassen. Es scheint aber kaum zweifelhaft, daß die Silikose wesentlich zum Anstieg in den zwanziger Jahren beitrug[90]. Erst als anfangs der dreißiger Jahre die Silikose als Berufskrankheit anerkannt wurde und die Betroffenen Anspruch auf Rente der SUVA bekamen, wurden die Bemühungen zum Schutz der Arbeiter verstärkt und der Quarzsand schließlich durch Eisenschrott, die Druckluft durch Zentrifugen ersetzt.

Außerordentlich hoch waren die Krankheitsraten auch während des Krieges, vor allem in den Jahren 1917 und 1918, was vom SMUV folgendermaßen kommentiert wurde:

Seit dem Kriegsausbruch hat auch die Arbeiterschaft der Maschinenindustrie viel durchgemacht. Betriebseinschränkung, Lohnreduktion, Überstunden und Nachtschichten wechselten mit einander ab. Das Resultat aller dieser Ereignisse waren die unheimlich zahlreichen Krankheitsfälle unter der Arbeiterschaft der Großindustrie, was am besten beweist, daß die Körperkraft der Arbeiter bei der heutigen langen Arbeitszeit und raffinierten und anstrengenden Akkordarbeit einfach zusammenbricht[91].

Unfälle

Unmittelbarer als die Krankheiten traten die Arbeitsunfälle ins Bewußtsein der Arbeiter. Diese fanden auch in der Presse stärkere Beachtung. Auch bezüglich der Unfälle wiesen die Gießereien von GF extrem hohe Werte auf. Im Unfalljahr 1910/11 fielen auf 100 Arbeiter 29,4 Unfälle, welche zu Arbeitszeitausfällen führten; 1929 33,2, nebst 179 Bagatellunfällen auf 100 Arbeiter[92]. Die Arbeiter brachten die hohe Zahl der Unfälle mit der Intensivierung der Arbeit in Zusammenhang: ,,Schuld an dem Unfall ist einzig und allein nur das Ausbeutungssystem und die übermenschliche Antreiberei seitens der Meister, die einmal zu einer solchen Arbeit nicht genügend Leute verwenden und ihnen dann nicht einmal Zeit lassen, die Arbeit richtig zu machen", schrieb das ‚Echo' nach einem Kranunfall eines italienischen Arbeiters[93]. Einige Tage später wurde nachgestoßen:

In der Gußputzerei Matter sind zwei Mann beschäftigt, die Gußstücke zu kontrollieren, eine Arbeit, die schlecht bezahlt ist und deshalb eine richtige Schinderei ist, weil eben die Arbeiter ein weniges verdienen wollen, alles muß erhastet werden, und so kam es, daß dem Arbeiter W. beim Transport ein solches Zentnerstück aus den Händen glitt und ihm auf die große Zehe fiel, sie derart zerquetschend, daß der Arbeiter vom Arbeitsplatz weggetragen werden mußte ... Es sei nun noch erwähnt, daß obengenannter Meister das Antreiben aus dem ff versteht und unabstreitbar Platzmangel in dieser Abteilung herrscht, so daß man fortwährend der Gefahr ausgesetzt ist, Krüppel zu werden[94].

Die Vermehrung der Zahl der Unfälle war keine Einbildung seitens der Arbeiterpresse. Auch im Verwaltungsrat wurde die Frage besprochen:

Die Zustände in unseren jetzigen Arbeitsräumen sind ganz unerträglich geworden, indem die bestehenden Einrichtungen überlastet sind und es überall an Platz fehlt, so daß die Arbeiter sich gegenseitig hindern. Daß sich dadurch auch die Gefahr für Verletzungen und Unglücksfälle erheblich gesteigert hat, versteht sich von selbst[95]. Der Protokollführer gibt eine Reihe von statistischen Zahlen bekannt, aus denen hervorgeht, daß die Entschädigungen aus Haftpflicht an unsere Schaffhauser Arbeiterschaft in den letzten Jahren ständig gestiegen seien, so daß die Entschädigung für das abgelaufene Jahr gegenüber einem 11jährigen Mittel von Fr 40.75 auf Fr 80.25 gestiegen sei[96].

Direktor Homberger (der Protokollführer) schlug vor, die Arbeiter an der Vermeidung von Unfällen zu interessieren, indem bei Reduktion der Haftpflichtkosten der Krankenkasse besondere Zuwendungen gemacht würden. Für das Unternehmen traten die Unfälle durch die Haftpflicht vor allem als Kostenfaktor in Erscheinung. Die Zuweisungen an die Krankenkasse sollten die Arbeiter dazu bringen, sich gegenseitig zur Einhaltung der Sicherheitsmaßnahmen zu bewegen und damit diese Kosten zu senken. Hauptgrund für die steigende Zahl von Unfällen war jedoch die Intensivierung der Arbeit, welche vor allem über den Anreiz des Akkordlohns erfolgte. Dadurch wurden die hinderlichen, d. h. zeitraubenden Sicherheitsmaßnahmen vernachlässigt:

Am 22. Aug. erlitt ein Arbeiter in der Appretur einen Unfall. Er hatte die Drehbank während des Laufens geputzt, es erwischte ihm die Putzfäden und einen Finger. An Samstagen ist die Putzzeit nur eine Viertelstunde, was entschieden zu wenig ist. Wird nicht sauber geputzt, so werden die Betreffenden gebüßt mit 50 Cts, was schon vorgekommen ist vor drei Wochen[97].

Der Erfolg der Bemühungen des Unternehmens blieb deshalb beschränkt. Während des Krieges unter erschwerten betrieblichen Bedingungen wie Überzeit und z. T. ungeübtem Personal stiegen die Unfallzahlen stark an, und sie konnten auch unter den ‚normalen' Bedingungen der zwanziger Jahre nicht reduziert werden.

Vor allem die Konjunkturjahre 1927 bis 1929 brachten eine wesentliche Vermehrung der Unfälle. Es liegt nahe, diese Steigerung neben der vollen Ausnutzung der Produktionsanlagen auf die weitere Intensivierung der Arbeit zurückzuführen. Dies

Tab. 15: Arbeiter, welche Betriebsunfälle erlitten[98]
(in Prozent der mittleren Belegschaft)

1911	1926	1927	1928	1929	1930
29,4	27,2	30,9	32,8	33,2	29,2

bestätigt der Bericht der Abteilung Lohnwesen und Allgemeine Verwaltung, wo 1929 unter anderem stand: „Außerdem hat die gesteigerte Arbeitsintensität auch vermehrte Unfälle zur Folge."[99]

Im Zeichen der Wirtschaftskrise wurde dann unter dem Motto „Die Unfallverhütung fördern, heißt ... Geld sparen"[100] auch der Verhütung von Unfällen vermehrte Beachtung geschenkt. Der kritische Bericht, welcher uns dazu vorliegt, zeigt, daß sich die Ursachen schwerer Unfälle gegenüber der Zeit vor dem Krieg nicht wesentlich verändert hatten:

> Im Jahre 1929 starb unser langjähriger Dreher Geiger an den Folgen eines Unfalles, weil er trotz ausdrücklichem Verbot Drehspäne aus dem Nabenloch eines Radsternes entfernen wollte, ohne die Drehbank zum Stillstand zu bringen ... An der hydraulischen Hebebühne der Simplex-Schlosserei verlor der Hilfsarbeiter Schrämli vor zwei Jahren den rechten Arm, weil das vorhandene Schutzgitter defekt war und längere Zeit nicht repariert wurde[101].

Im einen Fall konstatierte der Berichterstatter grobe Fahrlässigkeit des Arbeiters, im anderen Fehler der verantwortlichen Beamten. Bei den weniger schweren Unfällen werde seit einiger Zeit vor allem den Augenunfällen vermehrt Beachtung geschenkt und die gefährdeten Arbeiter würden zum Tragen der Schutzbrille verpflichtet. Implizit wird damit gesagt, daß dies vorher (vor 1931) nicht der Fall war[102].

> Ein Kapitel für sich bildet noch der Fußschutz der Gießer, um die unzähligen Verbrennungen einzudämmen. Es ist doch sicher unverantwortlich, wenn gelernte Gießer in Halbschuhen, mit dünnen Fantasiesocken angetan, das Abgießen der Formen besorgen und dann zufolge dieser absolut ungeeigneten Bekleidung Fußverbrennungen erleiden, die sie für viele Monate arbeitsunfähig machen[103].

Durch die Haftpflicht des Unternehmens traten die Unfälle für das Unternehmen als Kostenfaktor in Erscheinung. Die Intensivierung der Arbeit und Überlastung der Anlagen erzeugten so auf der anderen Seite neue Kosten, denen man durch Verbesserung der Unfallverhütung beizukommen versuchte. Dies gelang jedoch im Zeitraum der Untersuchung bei GF nicht wirklich.

IV. Die Entwicklung der Löhne

1. Einleitung

Die Löhne stellen im Rahmen der Bedingungen, welche die Lebenssituation des Industriearbeiters bestimmen, das zentrale Element dar. Dies ergibt sich schon aus der Bestimmung des Lohnarbeiters, dessen gesamte materielle Existenz auf dem Arbeitslohn aufbaut. Umfang und Kontinuität des Lohnes sind entscheidend für alle weiteren Lebensbereiche des Arbeiters. Die Bestimmung der Arbeitslöhne und die Erfassung ihrer Entwicklung ist daher auch für die Untersuchung der innerbetrieblichen Auseinandersetzungen von größter Bedeutung. Allerdings kann eine Diskussion der Löhne oder gar ein Erklärungsversuch der Lohnhöhe nicht auf Betriebsebene ansetzen. Die Löhne bilden sich, bestimmt durch ökonomische Faktoren wie auch durch die Auseinandersetzungen zwischen Kapital und Arbeit, in einem größeren gesellschaftlichen Raum, der sich nicht auf den Einzelbetrieb reduzieren läßt. Auch auf der Ebene des Einzelbetriebs spiegelt sich jedoch die allgemeine Lohnentwicklung, und vor allem für die Zeit vor 1914 sind die zur Verfügung stehenden Lohnangaben nicht so zahlreich und konsistent, daß Angaben aus einem einzelnen Unternehmen nicht noch von einem gewissen allgemeinen Nutzen wären. Die Kenntnis der Lohnentwicklung ist zudem Voraussetzung zur Einschätzung der Ursachen und der Resultate von Lohnkämpfen, zur Einschätzung der Auswirkungen von Wirtschaftskrisen, des Verhältnisses von Löhnen und Produktivitätsentwicklung usw. Von der Lohnstruktur, d.h. den Lohnunterschieden zwischen den einzelnen Berufen und Tätigkeiten und innerhalb der einzelnen Berufsgruppen, lassen sich Schlüsse auf die Qualifikationsstruktur ziehen bzw. allgemeiner auf die Unterschiedlichkeit der Anforderungen bei den einzelnen Tätigkeiten. Über die Löhne läßt sich zudem am besten die innere Differenzierung der Arbeiterschaft, ihre statusmäßige Schichtung und deren Veränderung erfassen.

Die Bedeutung dieser Differenzierung betont etwa Wolfram Fischer. Es bestehe zwar eine Tendenz zu einer Vereinheitlichung der Lage der Arbeiter, welche sich in einer allgemeinen Tendenz zu einer Verringerung der Lohndifferenzen ausdrücke, doch anderseits differenziere sich im Laufe der Industrialisierung die betriebliche Funktions- und Tätigkeitsstruktur. Daraus entstünden Unterschiede im Lebensgefühl, in den beruflichen Chancen und im sozialen Status, „die ein Gegengewicht bilden gegen den keineswegs zu unterschätzenden Trend, sich als Industriearbeiterschaft in gemeinsamer Klassenlage zu sehen“[1].

Die Untersuchung dieser innerbetrieblichen Struktur, aber gerade auch ihrer Auswirkungen auf Bewußtsein und Verhalten der Arbeiterschaft am konkreten Beispiel, ist wesentlich Thema dieser Arbeit[2]. Für die Untersuchung ergeben sich zwei wichtige Zugänge. Zum einen besteht die Möglichkeit, aus den Zahlen für die gesamten Lohnzahlungen und die Gesamtheit der beschäftigten Arbeiter (inklusive Frauen und Jugendlichen) durchschnittliche Einkommen zu berechnen und diese über den ganzen Zeitraum hinweg in ihrer Entwicklung zu verfolgen. Dieses Vorgehen ermöglicht etwa

– das Erfassen der allgemeinen Lohnentwicklung von Jahr zu Jahr,
– in Beziehung zu den allerdings ebenfalls sehr abstrakten Daten über die Lebenskosten Aussagen über die Reallohnentwicklung,
– das Erfassen der Bedeutung der konjunkturellen Zyklen auf die Lohnentwicklung.

Bei spezielleren Fragestellungen kann die Arbeiterschaft aber nicht in dieser Weise als Ganzes betrachtet werden. Die Lohnstruktur (nach Tätigkeiten, Qualifikationen, Geschlecht und Alter), die gerade für die Erklärung der gewerkschaftlichen Organisation wie auch zum Verständnis der spezifischen Formen der Klassenauseinandersetzungen und des Klassenbewußtseins wesentlich ist, wird damit nicht erfaßt. Dazu ist es notwendig, die Lohnentwicklung der einzelnen Gruppen der Arbeiterschaft ebenfalls zu berücksichtigen[3].

Bevor auf die konkrete Entwicklung der Löhne eingegangen wird, sollen hier einige allgemeine Gesichtspunkte zu den Möglichkeiten des Unternehmens in seiner Lohnpolitik aufgeführt werden. Während die Arbeiter durch Ausnützung ihrer Mobilitätschancen oder durch kollektive Kampfaktionen versuchen können, ihre Löhne zu verbessern, stehen dem Unternehmer in seinem Bestreben, die Kosten der Produktion möglichst tief zu halten, auch andere Mittel zur Verfügung. Auch er kann zwar durch innerbetriebliche Repression oder durch Erschließung neuer Rekrutierungsfelder auf dem Arbeitsmarkt (z. B. durch Beschäftigung von Frauen oder strukturell benachteiligten Ausländern) versuchen, Lohnerhöhungen zu vermeiden. Daneben stehen ihm jedoch noch weitere Möglichkeiten offen. In einem vom technischen und ökonomischen Entwicklungsstand bestimmten Rahmen sind Arbeit und Kapital prinzipiell austauschbar. Das heißt, daß etwa durch Einsatz neuer Technologie auf Arbeitskraft verzichtet werden kann, respektive daß die Arbeitskraft entsprechend qualifizierter Arbeiter durch neue Technologie entwertet wird. Die Einführung neuer verfügbarer, arbeitskraftsparender Technologie wird davon abhängen, wie weit sie gegenüber der Ausdehnung der konventionellen Produktion Kostenvorteile bringt bzw. wie weit solche vom Unternehmen erwartet werden. Die Innovationsbereitschaft wird also wesentlich mitbestimmt vom Arbeitsmarkt, d. h. der Verfügbarkeit verschiedener Qualifikationsstufen zu Preisen, die im wesentlichen durch eine außerbetriebliche Angebots- und Nachfragestruktur bestimmt werden. Allerdings bestehen, wie schon angedeutet, für den Unternehmer allein oder organisiert Möglichkeiten, auf diesen Markt Einfluß zu nehmen: etwa durch die Ausbildung (Qualifizierung) von Arbeitskräften in eigener Regie oder durch Einflußnahme auf den Staat. Durch Erweiterung der Rekrutierungsgebiete z. B. durch Ausbau der Verkehrsmöglichkeiten, durch Wohnungsbau u. ä., oder im nationalen Rahmen durch den Einbezug ausländischer Arbeitskräfte kann versucht werden, Engpässe auf dem Arbeitsmarkt, welche zu Lohnsteigerungen führen, zu überwinden[4]. Wo sich diese Möglichkeiten erschöpfen, z. B. regionale Unterschiede im Lohnniveau ausgeglichen sind, besteht grundsätzlich die Möglichkeit, durch entsprechende Innovationen qualifizierte Arbeit durch weniger qualifizierte zu ersetzen und so Lohnkosten einzusparen.

Der Gesichtspunkt der Kostenminimierung wird allerdings nicht genügen, um das Verhalten des Unternehmers in Lohnfragen zu bestimmen. Letztlich ist ja nicht diese Ziel und Existenzbedingung des Unternehmens, sondern das Erzielen von Profit. Die

Möglichkeiten des Unternehmens, seine Produkte auf dem Markt zu verkaufen, können deshalb von der Lohndiskussion nicht ausgeklammert werden. Die dort realisierten Preise bestimmen das Interesse an einer Ausdehnung der Produktion und die Fähigkeit bzw. die Bereitschaft des Unternehmens, unter dem Druck der Arbeiterschaft höhere Lohnkosten hinzunehmen, ohne die Produktion und die Zahl der Arbeitsplätze zu verringern. Die Verhandlungsposition der Arbeiter ist dabei um so besser, je höher sich die Verluste bei Produktionsausfällen durch Streiks stellen würden. Diese sind – unter anderem – um so höher, je besser die Konjunkturlage ist, aber auch je höher der Fixkapitalanteil und damit die festen Kosten sind. Umgekehrt stehen dem Unternehmen Mittel zur Verfügung, um die potentiellen Streikkosten zu verringern. Bei GF zeigte sich etwa, daß bei einem Lagerartikel wie den Fittings durch die Haltung großer Lager das Streikpotential der Arbeiter stark eingeschränkt werden konnte[5]. Innerhalb dieses von den ökonomischen Möglichkeiten bestimmten Rahmens können für die Bestimmung der Löhne auch politische Entwicklungen relevant werden. So wirkte die verstärkte Macht der internationalen Arbeiterschaft ab 1918 zurück auch auf die Klassenbeziehungen in der Schweiz und ermöglichte es den schweizerischen Arbeitern innert kurzer Zeit, die Lohnverluste der Kriegszeit auszugleichen und darüber hinaus wesentliche Lohnsteigerungen zu erreichen[6]. Die Lohnentwicklung läßt sich also nicht auf einen technischen und ökonomischen Zusammenhang reduzieren. Sie läßt sich umgekehrt auch nicht von ihm ablösen.

2. *Die Entwicklung der Durchschnittslöhne*

Der Durchschnittslohn einer großen Firma stellt ein Aggregat einer Vielzahl sehr unterschiedlicher Einzeldaten dar, dessen tatsächlicher Gehalt einer kritischen Überprüfung bedarf[7]. So sind Durchschnittslöhne als Maß der allgemeinen Lohnentwicklung nur dann aussagekräftig, wenn sich die Lohnstruktur im Untersuchungszeitraum nicht wesentlich ändert. Würde sich z.B. der Anteil der Frauen, also der schlechtest bezahlten Arbeitskräfte, stark erhöhen, so könnte der Durchschnittslohn sinken, auch wenn die Löhne aller einzelnen Beschäftigten steigen würden. Im ersten Kapitel wurde indessen gezeigt, daß sich die Qualifikationsstruktur der Arbeiterschaft von GF im ganzen Untersuchungszeitraum nur sehr wenig änderte, sodaß dieses Problem weitgehend vernachlässigt werden kann. Selbst in den Kriegsjahren, als das Qualifikationsniveau sank, blieben die Auswirkungen relativ geringfügig. Der Index der Gesamtdurchschnittslöhne liegt für diese Jahre allerdings einige Prozent tiefer als die Löhne etwa der Berufs- und der Nichtberufsarbeiter[8]. Die Durchschnittslöhne ergeben so ein recht genaues Bild der Entwicklung der Arbeiterlöhne bei GF, wobei allerdings bezüglich der Genauigkeit der verwendeten Quellen vor allem für die Zeit vor 1914 einige Einschränkungen notwendig sind[9].

Die Lohnentwicklung ist für den ganzen Zeitraum in der Grafik 1 zusammengefaßt. Auf den ersten Blick fällt hier die starke Diskrepanz zwischen den Nominal- und den Reallöhnen auf. Dies vor allem in den Jahren nach 1914, doch erreichte die Teuerung schon vor dem Weltkrieg ein beträchtliches Ausmaß. Von 1900 bis 1920 stiegen die Lebenshaltungskosten praktisch von Jahr zu Jahr. Wenn sich auch die Nominallöhne ebenfalls fast in jedem Jahr erhöhten, so vermochten doch die Lohnerhöhungen längst nicht immer die Teuerung zu kompensieren oder gar die Reallöhne zu steigern. Bei den Reallöhnen lassen sich grob drei Perioden unterscheiden: In der ersten, von 1896 bis 1910, stiegen die Reallöhne mehr oder weniger regelmäßig an, die Stundenlöhne um 25 Prozent, die Jahreslöhne um 20 Prozent. Zwischen 1910 und 1918 hingegen fielen die Reallöhne: die Stundenlöhne um 25 Prozent, die Jahreslöhne um 33 Prozent. In der dritten Periode von 1918 bis 1929 erhöhten sich die Reallöhne wieder: die Stundenlöhne um 101 Prozent, die Jahreslöhne um 80 Prozent. Die Schwankungen waren also sehr beträchtlich und beeinflußten die Lebenssituation der Arbeiter in starkem Maße. Bei den allgemein niedrigen Löhnen, welche den Arbeiterhaushalten nur einen äußerst geringen Spielraum über die unbedingt notwendigen Ausgaben hinaus ließen, mußten sich schon verhältnismäßig geringe Reallohnsenkungen stark auswirken, größere Lohnsenkungen in zahlreichen Familien zu einer Notlage führen.

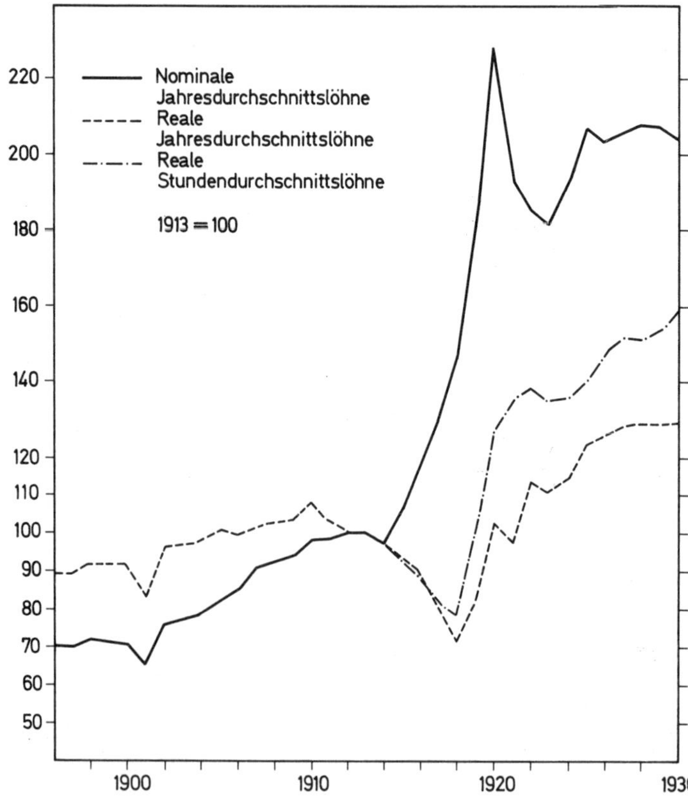

Grafik 1: Die Entwicklung der Durchschnittslöhne 1896–1930[10]

Umgekehrt dürften die Lohnsteigerungen vor allem ab 1925, als die Einbußen durch Krieg und Krise einigermaßen kompensiert waren, eine beträchtliche Erleichterung gebracht haben.

Grafik 1 zeigt auch die Auswirkungen der Arbeitsverkürzungen ab 1917. Der Index der Jahresverdienste stieg in der Folge wesentlich langsamer als jener der Stundenverdienste[11]. Allerdings gingen diese unterschiedlichen Entwicklungen nicht ausschließlich auf die Verkürzung der Normalarbeitszeit zurück. Die unterschiedliche Entwicklung von Jahres- und Stundenverdienst etwa im Jahr 1921 beruhte auf krisenbedingter Kurzarbeit, und umgekehrt wirkten sich ab 1924 die Arbeitszeitverlängerungen auf 52 Stunden – mit bundesrätlicher Sonderbewilligung – aus. Beide Kurven sind für die Lohndiskussion gleich bedeutsam: die Jahresverdienste bestimmen eher die ökonomische Lage der Arbeiter, die Stundenlöhne eher die Löhne als Kostenfaktor des Unternehmens[12].

Aus dem Vergleich der Reallohn-, Nominallohn- und Preisentwicklung geht hervor, daß es den Arbeitern nicht gelang, genügende Nominallohnerhöhungen zu erreichen, um bei steigenden Preisen Reallohneinbußen zu verhindern. Umgekehrt hatten fallende Preise fast durchwegs Reallohnerhöhungen zur Folge. Als Erklärung für diese Erscheinung kann vor allem das Denken in nominalen Preis- und Lohnbegriffen herangezogen werden[13]. Der Begriff des Reallohnes war in den Beziehungen zwischen Arbeiterschaft und Unternehmern nicht wirklich verankert, wenn auch Teuerung von den Arbeitern immer wieder als Rechtfertigung für Lohnforderungen verwendet wurde[14]. Es fehlte jedoch an einem automatischen oder quasiautomatischen Teuerungsausgleich wie auch an Instrumenten zur Messung der Teuerung. Dies wirkte sich naturgemäß am stärksten bei den hohen Teuerungsraten während des Krieges aus, als es den Arbeitern nicht gelang – trotz starker Nominallohnzuwächse –, ihre Reallöhne zu bewahren. Das Basieren auf nominalen Lohnbegriffen war dieser Situation nicht mehr angemessen, der Begriff des Reallohns mußte in die Lohndiskussion einbezogen werden, was jedoch erst durch die Schaffung von systematischen und von beiden Seiten anerkannten Unterlagen über die Preisentwicklung möglich wurde. Diese Basierung der Lohndiskussion auf den Reallöhnen konnte von der Arbeiterbewegung erst gegen und nach Kriegsende durchgesetzt werden. Umgekehrt war sie bei den Preisrückgängen anfangs der zwanziger Jahre nicht bereit, auf die Lohnabbauvorstellungen der Unternehmer einzugehen und diese konnten auch nicht vollständig durchgesetzt werden. Zwar gelang es den Unternehmern, die Nominallöhne wesentlich zu senken. Da die Preise in der Krise 1921–23 aber stärker rückläufig waren, konnten die Arbeiter trotz der schlechten Arbeitsmarktbedingungen ihre Reallöhne behaupten. Dieser relative Erfolg basierte allerdings letztlich weniger auf der Preisentwicklung als auf der Kampfbereitschaft der Arbeiter, durch welche es gelang, weitere Lohnabbauversuche zu vereiteln[15].

3. Veränderungen der Lohnstruktur

Wenigstens für die wichtigsten Gruppen der Arbeiterschaft war es möglich, die Entwicklung der Lohnstruktur im Betrieb zu erfassen. Tabelle 16 zeigt, daß sie keine großen Sprünge und im ganzen eine bemerkenswerte Konstanz aufweist[16]. Vor dem Ersten Weltkrieg verbesserten sich in der Relation zum Durchschnitt aller Arbeiter die Schlosser und Dreher sowie die Gießereihandlanger. Die übrigen Arbeitergruppen veränderten ihre Stellung kaum.

Tab. 16: Durchschnittliche Stundenlöhne bezogen auf den Durchschnittslohn aller Arbeiter (in Prozent)[17]

	1900	1905	1910	1914	1918	1929
Stahlgießer	145	142	146	142	146	120
Maschinenformer	–	115	121	114	118	126
Schlosser/Dreher	110	117	–	130	133	116
Gewindeschneider	115	124	–	–	125	122
Gußputzer	95	95	95	94	104	101
Gießereihandlanger	85	86	85	85	94	95
Frauen/Jugendliche	–	–	–	64	61	62

Während und nach dem Weltkrieg fanden indessen bedeutsame Veränderungen statt, die in ihrer Tendenz auf eine Nivellierung der Löhne gerichtet waren. Die Handformer büßten ihre dominierende Stellung ein und wurden von den Maschinenformern überholt. Ebenso erlitten die Schlosser und Dreher, die hier auch für andere Berufe der Maschinenindustrie stehen, wieder Einbußen, während die andere Gruppe von Maschinenarbeitern, die Gewindeschneider (bzw. Revolverdrehergehilfen)[18], ihre Stellung halten konnten. Die Gußputzer und die Gießereihandlanger, Arbeitergruppen mit niedriger Qualifikation, aber hoher physischer Belastung, konnten sich verbessern. Die Frauen und die jugendlichen Arbeiter, die in der Tabelle unspezifisch für die Tieflohngruppen stehen, machten diese Verbesserung dagegen nicht mit. Am deutlichsten zeigt sich die Nivellierungstendenz beim Vergleich der Handformer und der Gießereihilfsarbeiter[19], doch läßt sie sich auch in der Relation der Berufsarbeiter- und Nichtberufsarbeiterlöhne feststellen (vgl. Tab. 17).

Tab. 17: Verhältnis der Löhne gelernter zu denen un- und angelernter Arbeiter[20]

1914	1918	1923	1929
1,23	1,25	1,18	1,17

Es ist zu beachten, daß wir hier die Durchschnittslöhne von Berufs- bzw. Tätigkeitsgruppen diskutieren, also von den Lohndifferenzen innerhalb dieser Gruppen bisher abstrahiert haben. Diese Unterschiede zwischen ‚guten' und ‚schlechten' Arbeitern sind ebenfalls sehr beträchtlich. So erzielten um die Jahrhundertwende einzelne Stahlgießer Löhne von 80 bis 100 Rappen pro Stunde, bei einem Durchschnitt von 55 Rappen[21]. Eine genauere Aufschlüsselung der Gießerlöhne läßt sich für GF nicht vornehmen, doch dürften die vorliegenden Vergleichszahlen aus einer anderen Gießerei auch für die Verhältnisse bei GF repräsentativ sein (Tab. 18)[22].

Tab. 18: Durchschnittliche Stundenlöhne der Eisengießer der Eisen- und Metallgießerei Seebach 1905/06[23]

	in Rappen	in % des Durchschnittslohnes
Durchschnittslohn	67	
Bestbezahlter Gießer	100	149
Schlechtest bezahlter Gießer	46	69
Oberstes Drittel der Einkommen	84	126
Mittleres Drittel der Einkommen	65	97
Unteres Drittel der Einkommen	52	78

Die Akkordverdienste der Gewindeschneider bewegten sich 1904 zwischen 51 und 67 Rappen pro Stunde, jene der Gußputzer 1909 etwa zwischen 45 und 60 Rappen, also in einem wesentlich engeren Rahmen als jene der Stahl- und Eisengießer[24]. Als Vergleich können hier Daten der Winterthurer Maschinenindustrie herangezogen werden: 1903 erreichten dort 60,1 Prozent der Akkordarbeiter Lohnüberschüsse von 1–25 Prozent zu ihren Stundenlöhnen; 39,9 Prozent der Arbeiter erzielten höhere Überschüsse[25]. Für die zwanziger Jahre fehlen ähnliche Angaben. Man kann vermuten, daß sich mit der stärkeren Normierung der Produktion, mit den Instrumenten der Arbeitsplatzbewertung, Zeitstudien usw. und mit einem verstärkten Einsatz von Maschinen, die möglichst gut ausgenützt werden mußten, die Differenzen eher verringert haben, da weniger leistungsfähige Arbeitskräfte auf andere Arbeitsplätze versetzt wurden[26]. Am größten waren die Differenzen wohl wie vor dem Weltkrieg bei den Handformern, wo wenig Normierung und Rationalisierung möglich war, und das individuelle Können bei besonders schwierigen Stücken weiterhin zur Geltung gebracht werden konnte. Die Lohnunterschiede innerhalb der einzelnen Berufsgruppen führen dazu, daß an sich unterschiedliche Lohnniveaus von verschiedenen Tätigkeiten bzw. Berufsgruppen im Einzelfall verschwinden können, oder noch wesentlich stärker in Erscheinung treten. Ein guter Arbeiter in einer schlechter bezahlten Arbeitergruppe kann durchaus mehr verdienen als ein durchschnittlicher Arbeiter in einer höher klassierten Gruppe. Mit den abnehmenden Unterschieden in der Bezahlung der einzelnen Tätigkeiten verstärkte sich diese Durchdringung der Löhne von Arbeitern aus unterschiedlichen Berufs- und Tätigkeitsgruppen. Diese läßt sich -

allerdings nur nach der an sich unbefriedigenden Zweiteilung in gelernte sowie un- und angelernte Arbeiter – für die zwanziger Jahre darstellen (vgl. Grafik 2)[27]. Es zeigt sich, daß auch Nichtberufsarbeiter in der Spitzengruppe gut vertreten waren und daß die gelernten Arbeiter nur bei den tiefsten Lohngruppen fehlten.

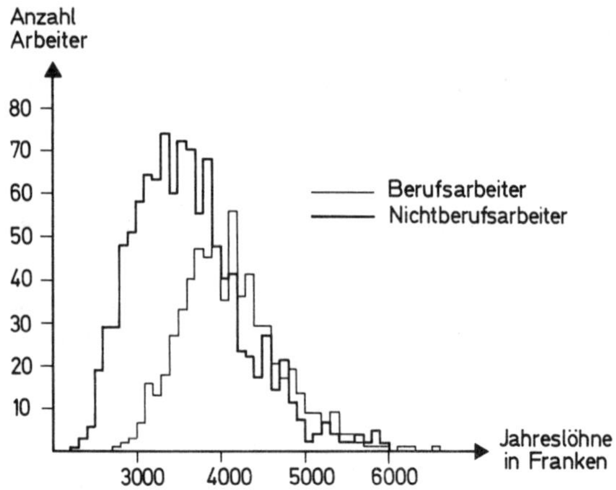

Grafik 2: Statistische Verteilung der Jahreslöhne von Berufs- und Nichtberufsarbeitern 1929[28]

Welche Auswirkung diese Lohnschichtung auf das Verhalten der Arbeiter zueinander hatte, ist nicht leicht zu sagen. In weit stärkerem Maße als etwa bei den Angestellten, wo die Hierarchiestufe wesentlich den Lohn mitbestimmte, drückten sich in den Arbeiterlöhnen auch meßbare Unterschiede in der Leistungsfähigkeit aus. Der gutbezahlte Arbeiter war auch der gute, der leistungsfähige Arbeiter, was etwa beim Akkordlohn unmittelbar einsichtig wurde. Diese Qualitäten als Arbeiter verschafften ein Prestige bei den Kollegen, das sich auch auf andere Bereiche übertrug. So läßt sich bei GF fast durchwegs feststellen, daß die Sprecher der Arbeiter – etwa in Lohnkonflikten einzelner Arbeitsgruppen – jeweils besonders gut verdienende Arbeiter waren, was die Geschäftsleitung häufig dazu benützte, die Löhne der einzelnen gegen die Forderungen der Gruppe auszuspielen[29]. Eine ähnliche Funktion als statusbildendes Merkmal kam dem Arbeitslohn auch im Verhältnis der einzelnen Arbeitsgruppen zu. Dies zeigt sich etwa am Vorrang der Stahlgießer auch in der gewerkschaftlichen Organisation oder in der Arbeiterkommission. Nach 1914 verloren diese Beziehungen allerdings an Gewicht: Innerorganisatorisch nahmen nun auch schlechter bezahlte ungelernte Arbeiter wichtige Funktionen ein, und auch bei den Arbeitern einer Arbeitsgruppe spielten nun andere Faktoren eine größere Rolle, etwa das Verhalten gegenüber den Kollegen und den Vertretern des Unternehmens. Diese Veränderungen müssen im Zusammenhang mit Bewußtseinsveränderungen in der Arbeiterschaft durch die Klassenauseinandersetzungen in den Jahren nach Ausbruch des Ersten Weltkriegs gesehen werden. Aber auch Veränderungen technischer und organisatorischer Art, welche die Dispositionschancen gerade auch der höher bezahlten und qualifizierten Arbeiter einschränkten und die damit Auswirkungen auf das Lohnsystem und auf die Bestimmung der Löhne allgemein hatten, dürfen nicht außer acht gelassen werden.

4. Bemerkungen zum Lohnsystem

Das Lohnsystem, womit hier allgemein die Formen der Lohnfestsetzung gemeint sind, läßt sich nicht mehr, wie die Diskussion der Entwicklung von Lohnstruktur und Lohngröße, völlig abgelöst vom historischen Entstehungszusammenhang behandeln. Dies gilt besonders für die Akkordarbeit, wo das Lohnsystem am direktesten mit den Leistungsanforderungen des Unternehmens an die Arbeiter verbunden ist. Dieser Abschnitt behandelt daher – parallel zum Abschnitt über die Vorgesetzten – das Lohnsystem als Teil des Herrschaftssystems des Unternehmens und damit als wesentlichen Konfliktbereich. Größere kollektive Konflikte, die häufig auch Konflikte über das Lohnsystem waren, werden allerdings erst im zweiten Teil in ihrer historischen Entwicklung dargestellt. Hier geht es um einige allgemeine Aspekte dieser Konflikte sowie um eine Darstellung der sich im Zeitablauf verändernden Funktionen des Lohnsystems für das Unternehmen. Problematisch ist im behandelten Zeitraum vor allem der Akkordlohn als Leistungslohnsystem, während bei den Stundenlöhnen weniger das Lohnsystem als solches, sondern eher die Beziehung der Arbeiter zu den für die Bestimmung ihrer Löhne wesentlichen Vorgesetzten konfliktträchtig war. Die folgende Darstellung kann sich daher auf die beiden folgenden Hauptpunkte konzentrieren: Erstens auf das Verhältnis von Zeitlöhnen und Akkordlöhnen, und zweitens auf die Bestimmung und Gestaltung der Akkorde, als einer der Hauptquellen manifester betrieblicher Konflikte.

Das Ausmaß der Akkordarbeit

Seit wann bei GF Akkordlöhne angewandt wurden, läßt sich aus den Quellen nicht genau bestimmen, doch dürfte dies zumindest bei den Formern und anderen qualifizierten Arbeitern schon sehr früh der Fall gewesen sein. Darauf läßt unter anderem ein Vergleich mit deutschen Verhältnissen schließen. In Deutschland gelangte für die qualifiziertesten Arbeiter (z.B. Former) seit den vierziger Jahren des 19. Jahrhunderts Akkordlohn zur Anwendung. In den sechziger Jahren setzte er sich u. a. als Gegenstrategie der Unternehmer zu Arbeitszeitverkürzungen und Lohnsteigerungen, als Mittel zur Intensivierung der Arbeit, stärker durch[30]. Es ist wahrscheinlich, daß diese Tendenzen auch bei GF zum Ausdruck kamen, da die äußeren Voraussetzungen durchaus ähnlich waren. Dazu kam, daß die Aufnahme der Fittingsproduktion Mitte der sechziger Jahre als Serienproduktion mit verhältnismäßig guten Normierungsmöglichkeiten besonders günstige Voraussetzungen für die Einführung von Akkorden schuf. Gegen Ende des 19. Jahrhunderts war die Akkordarbeit den Arbeitern jedenfalls vollständig vertraut und weitgehend selbstverständlich[31]. Genaue quantitative Aussagen über das Ausmaß der Akkordarbeit lassen sich jedoch erst für das Jahr 1900 machen (vgl. Tab. 19).

Tab. 19: Anteil der Akkordlöhne an der Lohnsumme 1900[32]

Fittingsherstellung	49,3%
Stahlguß	30,4%
Temperguß	42,1%
Prod. Betriebe im Mittel	38,8%
Nebenbetriebe	1,6%
Mittel aller Abteilungen	30,4%

Bezogen auf die geleisteten Arbeitsstunden würde der Anteil allerdings niedriger ausfallen als im Vergleich zur Lohnsumme, da die Löhne im Akkord im allgemeinen wesentlich höher lagen als die Stundenlöhne. Eine grobe Schätzung läßt vermuten, daß der Anteil der Akkordarbeit in den direkt produktiven Abteilungen 25–30 Prozent betrug. Verglichen mit später war der Anteil noch relativ niedrig. Am höchsten war er, wie es den Erwartungen entspricht, in der Fittings- und Tempergußproduktion, während in der Stahlgießerei offenbar nur die Former und Kernmacher im Akkord arbeiteten. In den Nebenbetrieben wurde Akkordarbeit noch kaum geleistet. Vor allem fällt auf, daß die Gußputzer und Appreturarbeiter in der Stahlgießerei noch weitgehend im Stundenlohn arbeiteten. Diese Abteilungen wurden erst in der Krise 1901/02 im Zusammenhang mit den Anstrengungen zur Kostenreduktion in größerem Maß auf Akkord umgestellt. In den Instruktionen für den Betriebsleiter der Stahlgießerei für das Jahr 1902 hieß es dazu: „Um die Arbeitsleistungen zu steigern, sollten zweckentsprechende Akkordtarife aufgestellt werden, dadurch wird den Arbeitern zur Mehrleistung Gelegenheit geboten.“[33] Das Unternehmen folgte damit einer Empfehlung des Gießereifachmanns Ing. A. Tropénas, der in einer Expertise gefordert hatte, man müsse ‚mit allen möglichen Mitteln‘ die Akkordarbeit in allen Bereichen der Gießerei durchsetzen[34]. Ziel der Umstellung war explizit die Intensivierung der Arbeit, wobei allerdings nicht auszuschließen ist, daß auch andere Faktoren, etwa die Möglichkeit zur Einschränkung der direkten Aufsicht über die Arbeiter durch die immanente Leistungskontrolle bei Akkordlohn, eine Rolle gespielt haben.

Diese Anstrengungen zur Vergrößerung des Anteils der Akkordarbeit wurden in den folgenden Jahren fortgesetzt. In der Gewindeschneiderei wurden z. B. 1905 der Transport der Gußstücke, das Stempeln der Zeichen für die Druckprobe und das Schleifen der Gewindebohrer in Akkordarbeit übergeführt[35]. In der Stahlgießerei Birch (Werk IV) erreichte der Anteil der Akkordarbeiter 1909 54%[36]. GF lag damit im Vergleich mit der schweizerischen Maschinenindustrie durchaus nicht besonders hoch. In der Winterthurer Metall- und Maschinenindustrie arbeiteten beispielsweise schon 1903 70,5 Prozent der Arbeiter im Akkord[37].

Einen Höhepunkt erreichte der Anteil der Akkordarbeit bei GF gegen Ende des Ersten Weltkriegs. 1918 wurden noch 11,4% der Arbeitsstunden von Berufsarbeitern und 24,4% der Arbeitszeit der Nichtberufsarbeiter im Stundenlohn bezahlt[38]. Bei den erwachsenen Arbeiterinnen waren es 9,5%, bei jugendlichen Arbeitern und Arbeiterinnen 19,0% und bei den Lehrlingen 59,2%. Sogar die Lehrlinge absolvierten also mehr als 40% ihrer Arbeitszeit im Akkord. Auch Tätigkeiten, die nur schwer normierbar erscheinen, wie die Arbeit der Installateure und Modellschreiner, wurde in beträchtlichem Umfang im Akkord geleistet, ebenso die Arbeit in den Magazinen. Bei den wichtigsten Tätigkeiten in der Gießerei und der Bearbeitung lag – abgesehen von den Hilfsarbeitern – der Anteil der Akkordarbeit durchwegs über 90%.

Tab. 20: Anteil der Akkordarbeit im Jahre 1918[39]

Am niedrigsten war der Anteil der Akkordarbeit bei folgenden Tätigkeiten:	
Berufsarbeiter	
Elektromonteure und Installateure	49,8%
Modellschreiner	75,4%
Maschinenschlosser	81,4%
Nichtberufsarbeiter	
Kranführer, Motorwärter	13,0%
Magaziner	33,9%
Gießereihandlanger, Sandmischer[40]	47,9%
Am höchsten war der Anteil der Akkordarbeit bei folgenden Tätigkeiten:	
Berufsarbeiter	
Gießer, Handformer	99,4%
Maschinenformer	93,7%
Schweißer	97,4%
Dreher	97,9%
Modellschlosser	95,9%
Nichtberufsarbeiter	
Gußputzer	96,7%
Revolverdreher-, Hobler-, Bohrer-, Fräser-, Stanzer-, Schleifergehilfen	96,8%
Ofenarbeiter, Heizer	94,0%
Probierer (Druckprobe Fittings)	89,7%

In den zwanziger Jahren reduzierte sich der Anteil der Akkordarbeit wieder wesentlich. Er sank von 78,2% 1918 auf 62,8% im Jahr 1924 (–20,2%) und auf 52,4% (–16,6% zu 1924) im Jahr 1929.

Die Gründe für diese Tatsache liegen ... ausschließlich darin, daß in den hauptsächlichsten Nebenbetriebsabteilungen die früheren Scheinakkorde abgeschafft und durch Taglohnarbeit mit entsprechenden Stundenlohn Ansätzen ersetzt wurden. So sind zu nennen die Abteilungen: Mechanische Werkstätte, Allgemeiner Betrieb, Elektrische Abteilung, Bauwerkstatt und Fabrikmaurer, Industriebahn und Autobetrieb, Reparaturwerkstätte Werk III, Versuchslokal Werk III, Materialmagazine und endlich die Hartstahl Abteilung[41].

Der Rückgang muß im Zusammenhang mit der ‚Verwissenschaftlichung' der Lohnbestimmung, mit neuen Verfahren der Arbeitsplatzbestimmung gesehen werden. Arbeiten, bei denen mit diesen Mitteln die Leistung nicht normiert und quantifiziert werden konnte, wurden konsequenterweise wieder im Stundenlohn bezahlt, der seinerseits nun nach bestimmten Kriterien systematischer festgesetzt wurde.

Die Funktion der Akkordarbeit für das Unternehmen

Bevor auf die konkrete Gestaltung der Akkorde, die Situation der Arbeiter und die in diesem Zusammenhang entstehenden Konflikte eingegangen wird, soll hier noch etwas genauer die Frage untersucht werden, welche Interessen das Unternehmen mit der Akkordarbeit verband. An der Basis des Akkordsystems steht historisch das Interesse nach Beschleunigung und damit Intensivierung der Arbeit. Diese ist eng verbunden mit der allmählichen Verkürzung der Arbeitszeit und der Entwicklung der Mechanisierung. Der Leistungsanreiz des Akkordsystems sollte dabei nicht nur die Bereitschaft der Arbeiter erhöhen, sich physisch und nervlich vollständig auszugeben. In einem frühen Stadium der Industrialisierung gingen auch die Rationalisierungsfortschritte noch in starkem Maße von den Arbeitern selbst aus, da die Unvollkommenheiten der Maschinen und Einrichtungen und der betrieblichen Organisationen[42] einen Spielraum schafften, in welchem die Arbeiter durch kleine Verbesserungen an Maschinen und Werkzeugen und durch zweckmäßigeres Arbeiten ihre Arbeitsleistung wesentlich steigern konnten. Das Akkordsystem bot zu dieser Entfaltung des physischen, technischen und menschlichen Potentials der Arbeiter einen Lohnanreiz[43]. Die üblichen Folgen solcher Verbesserungen waren allerdings nicht steigende Löhne. Die Verbesserungen einzelner Arbeiter wurden vom Unternehmen möglichst im ganzen Betrieb verallgemeinert, und das Resultat waren Senkungen der Akkordsätze mit der Begründung, die Mehrleistung beruhe nicht auf vermehrter Anstrengung der Arbeiter, sondern auf technischen Verbesserungen. Darin liegt eine wichtige Ursache der zahlreichen Akkordkonflikte in dieser Zeit.

Mit der fortschreitenden technischen Entwicklung trat jedoch eine Änderung des Interesses der Unternehmer ein. Die Durchorganisierung der Betriebe mit genauer Produktionsplanung, genau geregeltem Arbeitsablauf und enger Verknüpfung der einzelnen Produktionsstufen verringerte das Interesse der Unternehmer am Akkord als Mittel zur Beschleunigung der Arbeit[44]. Die Arbeitsgeschwindigkeit wurde vielmehr in zunehmendem Maße durch die Maschinen und die Arbeitsorganisation erzwungen. Dagegen erhöhte sich durch den größeren Kapitaleinsatz in den Anlagen und durch die engere Verknüpfung der einzelnen Produktionsstufen das Interesse an der Vermeidung von Störungen, die, wenn es nicht gelang, sie zu vermeiden oder wenigstens rasch zu beheben, leicht größere Teile der Produktion ins Stocken bringen konnten. Auf dieser Stufe erhält der Akkord vor allem die Funktion, die Arbeiter an einem gleichmäßigen Produktionsablauf zu interessieren und sie dazu zu veranlassen, sich im Falle von Störungen zu deren Behebung stärker einzusetzen als dies durch die formale Organisationsstruktur vorgeschrieben werden kann[45]. In der historischen

Entwicklung läßt sich der Übergang von der einen zur anderen Hauptfunktion allerdings nicht so leicht fixieren. Ein entscheidender Schritt erfolgte indessen in der Rationalisierungsphase der zwanziger Jahre[46], und es ist sicherlich nicht zufällig, daß in dieser Zeit die Akkordkonflikte stark an Bedeutung verloren.

Das Lohnsystem als Ausgangspunkt von Konflikten

Nach der Darstellung des Interesses des Unternehmens am Akkordsystem muß nun das Akkordsystem in seinen Auswirkungen auf die Arbeitssituation der Arbeiter betrachtet werden. Die Meinung der Arbeiter selbst zum Akkordsystem ist dabei explizit schwer zu fassen. Ganz offensichtlich wurde das Lohnsystem nur in den wenigsten Fällen als solches angegriffen. Fast durchgängig ging die Auseinandersetzung allein um dessen Auswirkungen. So trat der Metallarbeiterverband in seinen ersten Statuten für Abschaffung der Akkordarbeit ein[47], doch gewannen die entsprechenden Abschnitte kaum praktische Bedeutung und wurden bei der Statutenrevision von 1912 gestrichen[48]. Bei der Diskussion dieser Statutenänderung kam es in der Sektion Schaffhausen über diesen Punkt zu einer Auseinandersetzung. Dreher Ryborz, der wenig später wegen syndikalistischer Oppositionstätigkeit aus dem Verband ausgeschlossen wurde[49], opponierte gegen diesen Punkt. Sekretär Weber stimmte, wie es im Protokoll heißt, ,,den Ausführungen des Genossen Ryborz zu, betont jedoch, daß dieselben nicht in die Praxis übersetzt werden können, weil die meisten Arbeiter ein direktes Verlangen nach Akkord haben"[50]. Die Arbeiter erwarteten vom Akkordlohn höheren Verdienst, was durch ihre tägliche Erfahrung, nämlich daß Akkordlöhne höher waren als Festlöhne, immer wieder bestätigt wurde. Zudem war der Akkordlohn Kennzeichen besonders qualifizierter Arbeiterkategorien, wie der Former, und er war ursprünglich typisch für Arbeiten, in welchen der Dispositionsspielraum der Arbeiter noch relativ groß war.

Aus dem Fehlen einer prinzipiellen Ablehnung des Akkordlohns kann allerdings nicht geschlossen werden, daß die Arbeiter mit dem Lohnsystem zufrieden waren. Diese Lohnform brachte für sie eine große Lohnunsicherheit. Der Arbeiter wußte nie genau, wieviel er mit seiner Arbeit verdienen würde. Sein Lohn war nicht wenigstens für eine gewisse Zeit fixiert, sondern mußte täglich neu erlangt, neu erkämpft werden. Der Unterschied der Akkordarbeit zu Anfang des 20. Jahrhunderts zu einem modernen Akkord besteht, wie wir gesehen haben, z.T. darin, daß bei Maschinenarbeit heute durch den technischen Stand der Maschinen und die Methoden der Zeitbestimmung dieses Wissen um den erreichbaren Lohn weitgehend gegeben ist, während das um die Jahrhundertwende viel weniger zutraf. Maschinen und Werkzeuge waren technisch schlechter, die zu bearbeitenden Stücke ungleichmäßiger. Der damalige Betriebsleiter Ganz schreibt über die Zustände in der Fittingsfabrikation Schaffhausen in den Jahren 1902/03: ,,Die Formeinrichtungen, Modelle und Kernbüchsen waren in Schaffhausen z. T. alt, ungleich und ungenau. Aus diesem Grunde variierten auch die Fittingsabgüsse in den Abmessungen und verursachten Schwierigkeiten bei der Bearbeitung."[51] Diese Unregelmäßigkeiten in der Produktion hatten auf die Löhne der

Arbeiter einen entsprechenden Einfluß. Ganz schreibt dazu, daß die für das Stemmen und die Druckprobe erforderliche Arbeitszeit bei schlecht gearbeiteten Fittings oft das ,,Zwei- bis Fünffache der normalen" betragen habe, so daß solche Arbeiten im Taglohn statt im Akkord bezahlt werden mußten[52]. Da der garantierte Minimallohn wesentlich unter den normalen Akkordverdiensten lag, bedeutete dies zunächst starke Lohneinbußen[53]. Ein weiteres Moment der Unsicherheit bezüglich des Lohnes wurde durch Ungleichmäßigkeiten in den durch die Vielzahl verschiedener Produkte komplizierten Akkordtarifen verursacht. Es gab gute Posten und schlechte Posten, Arbeit, bei der man – aus der Sicht der Arbeiter – ‚recht' und andere, bei der man ‚fast nichts' verdiente. Da die Zuteilung der Arbeit im Ermessen der Meister lag, konnte deren Willkür das Einkommen des einzelnen stark beeinflussen. Ähnliches galt für Lohneinbußen bei Mißlingen der Arbeit oder gar Lohnabzügen, wenn die Schuld dem Arbeiter zugeschrieben wurde. Auch hier lag ein Ansatzpunkt individueller und kollektiver betrieblicher Konflikte.

Hauptkonfliktfront war aber selbstverständlich die Bestimmung der *Höhe* der Akkorde. Wie bereits im Abschnitt über die Vorgesetzten ausgeführt wurde, waren die Konflikte in diesem Bereich um so zahlreicher und heftiger, je weniger der entsprechende Produktionsbereich normiert und nach systematischen Gesichtspunkten rationalisiert war. Am deutlichsten zeigt sich dies bei den Handformern, wo vor dem Ersten Weltkrieg in dieser Frage zahllose größere und kleinere Konflikte ausgetragen wurden. J. Wagner, Sekretär des Metallarbeiterverbandes in Schaffhausen, schrieb dazu: ,,Die Meister lassen beim akkordieren oft stundenlang auf sich warten, um auf diese Art die Gießer indirekt zu zwingen, ohne Kenntnis des Stücklohns die Arbeit anzufangen, damit nachher geschröpft werden kann."[54] Ähnliche Kritik wurde im Sprachrohr der Arbeiter, dem ‚Echo vom Rheinfall', geäußert:

Ein Arbeiter, der schon in anderen Werkstätten gearbeitet hat, der kann sich nie und nimmer damit abfinden, daß mit dem Akkordsystem die reinste Komödie gespielt wird. Wie oft kommt es doch vor, daß der Meister einen hübschen Akkordüberschuß vorspiegelt, um den Arbeiter zur größten Leistungsfähigkeit anzuspornen. Der Arbeiter schindet was das Zeug hält drauf los, um dann zu seiner Empörung am Ende zu vernehmen, daß die Arbeit im Taglohn gemacht worden sei.

Keine Spur von einer Vereinbarung der Akkordpreise, keine Spur von rechtzeitiger Bekanntgabe der Preise, sondern ein Akkordsystem, bei dem der Arbeiter immer im Unklaren ist, ob er etwas verdient oder nur mit dem mageren Taglöhnchen abgespiesen werde[55].

Auch wenn man eine gewisse rhetorische Übertreibung abrechnet, wird hier doch das Problem der Lohnunsicherheit deutlich. Nach Wagner klagten die Gießer zudem über die Preisfestsetzung durch die Meister, die oft willkürlich sei. Für die gleiche Arbeit bestünden zwischen den Gießern Preisunterschiede bis zu 20%.

Seitens der Meister wird auch dadurch Schikane ausgeübt, daß diejenigen Kollegen, die ihnen nicht zu Gesichte stehn, oder sich sonst unliebsam bemerkbar machen, die schlecht bezahlte Arbeit herstellen müssen und dadurch gezwungen werden, selber zu gehen[56].

Dieses schikanöse Verhalten der Meister war eine direkte Auswirkung des Lohnsystems, oder genauer gesagt des niedrigen Entwicklungsstandes der Kalkulation von Kosten und Arbeitsaufwand. Solange nämlich nicht generelle Berechnungsgrundlagen bestanden, um die individuelle Arbeitsleistung zu erfassen, solange lag es an den Vorgesetzten, wenn nötig auch mit List und Tücke die Arbeiter zu einer vollen Leistung zu bringen. Vor allem bei der Kalkulation von Stahlgußstücken, die sehr oft Einzelanfertigungen waren, waren die Schwierigkeiten außerordentlich groß. Zwar bemühte sich das Unternehmen ständig um eine Verbesserung der Kalkulationsgrundlagen, doch bis in die zwanziger Jahre hinein blieb die Abschätzung des Arbeitsaufwandes sehr schwierig[57]. Dies galt – wenn auch in geringerem Maße – auch für die anderen Abteilungen. Wesentlichstes Hilfsmittel zur Abschätzung der Richtigkeit der Akkorde blieb so bis in die zwanziger Jahre die Statistik über die erzielten Löhne für die einzelnen Artikel. Stiegen die Löhne in gewissen Bereichen an, so wurden die Akkorde überprüft und womöglich gesenkt. Aus dieser Politik des Unternehmens ergab sich für die Arbeiter als naheliegende Gegenstrategie eine Arbeitszurückhaltung bei jenen Artikeln, die relativ gut bezahlt waren, um Akkordkürzungen zu verhindern[58]. In dieser mehr oder weniger versteckten Auseinandersetzung kam den Meistern eine wichtige Funktion zu. Basierend auf Beobachtung und Erfahrung mußten sie versuchen, Arbeitszurückhaltung zu erkennen und zu hohe Akkordansätze zu korrigieren. Ein Beispiel dafür findet sich in den Protokollen der Gruppe Schmirgler WIII: Vorarbeiter Wagner erklärte, der Meister glaube, die Schieberventile seien zu hoch bezahlt. Damit hatte der Meister offenbar recht, doch die Schmirgler erklärten Wagner, er solle dem Meister sagen, „daß es noch genügend geringer bezahlte Ware gebe, damit man nicht einen Posten, an dem etwas zu verdienen sei, zu reduzieren brauche"[59]. In die Akkordfestsetzung ging hier deutlich ein Verhandlungselement ein. Begünstigt durch die Arbeitsmarktlage und verhältnismäßig gut organisiert nahmen die Arbeiter zu dieser Zeit Akkordsenkungen nicht ohne weiteres hin. Dieses Element des Verhandelns um den Akkord schon auf Abteilungsebene kommt noch deutlicher im folgenden zum Ausdruck: In der Gruppensitzung der Schmirgler vom 30.7.1920 wurde berichtet, der Meister wolle den Akkord für einen bestimmten Artikel nur erhöhen, wenn dafür zwei andere gesenkt würden[60]. Der Meister versuchte also einerseits den Akkordtarif auszugleichen und andererseits die Lohnkosten dabei niedrig zu halten, ohne die Arbeiter zu sehr zu verärgern.

Direkter ging die Geschäftsleitung das Problem der Arbeitszurückhaltung in einem anderen Fall an. In einem Flugblatt an die ganze Arbeiterschaft versuchte sie 1919 im Zusammenhang mit Lohnforderungen der Arbeiter die Schädlichkeit und Unzulässigkeit der Arbeitszurückhaltung darzustellen: Der Gießer S. W. erzielte an seinem früheren Arbeitsplatz einen Durchschnittsverdienst von Fr 1.75 für die Stunde. Jetzt, an eine Formmaschine versetzt, hätte er gemäß den Leistungen seiner Nebenarbeiter auf Fr 1.79 kommen sollen.

> Im weiteren konnte mit Recht erwartet werden, daß ein gelernter Gießer, wie S. W., mit dieser Arbeit den von angelernten Arbeitern bisher erzielten Verdienst erhöhen würde. S. W. hielt aber absichtlich mit seinen Leistungen zurück, so daß er im ersten Zahltag mit diesem Modell nur einen Stundenverdienst von Fr 1.17 erzielte. Der Betriebsleiter prüfte seine Arbeiten sorgfältig und machte ihn auf eine Anzahl unnützer Handreichungen aufmerksam, verbot ihm dieselben und ließ ihn während eines ganzen Tages ohne Unterbruch kontrollieren. Der Betriebsleiter hatte sodann die Genugtuung, dem Arbeiter S. W. an Hand der unter dieser Kontrolle ausge-

führten Arbeitsleistung, welche auch während dieses Tages mit allen inneren Widerständen vor sich ging, einen Stundenverdienst von Fr 1.86 nachweisen zu können[61].

Hier zeigen sich neue Elemente in der Beurteilung der Arbeitsleistung – Belehrung des Arbeiters über unnötige Handgriffe – und neue Formen der Überwachung und Kontrolle, mit welchen das Unternehmen auf das durch die verstärkte Organisation und Solidarisierung der Arbeiterschaft ungleich wirksamer gewordenen Kampfmittel reagierte. Erst in der verschärften Klassenkampfsituation gegen Ende des Krieges griff das Unternehmen also in größerem Maße zu neuen Mitteln der Arbeitsbewertung, obwohl diese bereits wesentlich früher verfügbar und auch bekannt waren[62].

Die Überarbeitung des gesamten Akkordsystems und der Tarife in den zwanziger Jahren[63] dürfte u. a. von den Erfahrungen während des Krieges beeinflußt gewesen sein, als es den Arbeitern gelang, auf die Akkordtarife wesentlichen Einfluß zu nehmen. Die Schmirgler setzten z. B. 1920 eine eigene Kommission ein, welche für die Revision des Akkordtarifs für alle in Frage kommenden Posten (ca. 140 für Ausschleifer, ca. 100 für Vorschleifer) eigene Vorschläge ausarbeitete und Forderungen aufstellte. Aufgrund dieser Liste wurde dann mit der Geschäftsleitung verhandelt[64]. Den Arbeitern fehlte dabei allerdings selbst die Übersicht über die Auswirkungen der eigenen Forderungen. Sie waren letztlich nicht in der Lage, die Auswirkungen der Veränderung der einzelnen Posten auf ihre Lohnsituation genauer zu bestimmen: „Auf Befragen hätten die Herren erklärt, das mache pro Stunde ungefähr 8 Rp. Nun werde man wohl oder übel damit zufrieden sein müssen."[65] Dies stellten die Arbeiter einigermaßen resigniert fest. Ob wirklich 8 Rappen Lohnerhöhung aus den Akkordveränderungen resultieren würden, vermochten sie selbst nicht zu ermitteln.

Über die Entwicklung des Akkordwesens in den zwanziger Jahren geben die Quellen im einzelnen nur wenig Auskunft. Über die Durchführung von Zeitstudien ist z. B. für Schaffhausen nichts Genaueres zu erfahren. Allerdings wissen wir, daß solche in Singen im Zusammenhang mit der Einführung der kontinuierlichen Gießerei durchgeführt wurden, wo sukzessive alle Abteilungen bearbeitet und teilweise umgestellt wurden, so daß sich in Glüherei, Schmirglerei, Gewindeschneiderei, Presserei und Kontrolle „die Leistung gegenüber vor dem Krieg per Arbeiter und Stunde von 3,74 auf 6,22 kg, d. h. um 66% gesteigert hat"[66]. Da die Produktivitätsentwicklung in Schaffhausen ein ähnliches Ausmaß hatte, kann man annehmen, daß auch dieselben Methoden zur Anwendung gelangten. Daraus entstanden jedoch keine größeren Konflikte, die über das Vorgehen des Unternehmens genaueren Aufschluß geben könnten. Im Gegenteil, die Konflikte im Zusammenhang mit dem Lohnsystem verschwanden weitgehend. Worin können die Gründe für diese Entwicklung gesucht werden?

Wandlungen des Lohnsystems in den zwanziger Jahren

Das Grundproblem, welches die Bemessung der Akkordlöhne zum dauernden Problem machte, war die ständige Veränderung der technischen und organisatorischen Grundlagen des Betriebes. Die Bemessung der Akkorde nach den erzielten

Löhnen würde an sich rasch zu – für das Unternehmen – günstigen Resultaten führen, wenn nicht die steigende Produktivität der Arbeit, basierend auf technischen Fortschritten, verbesserter Organisation der Arbeit und Intensivierung der Arbeit die Lohngrundlagen ständig verändern würde[67]. Diese steigende Produktivität mußte zu Akkordsenkungen führen, die um so eher Anlaß zu Konflikten wurden, als die Arbeiter selbst zu den Produktivitätssteigerungen beigetragen hatten.

Allgemein läßt sich sagen, daß dort, wo der Produktivitätszuwachs offensichtlich auf neue technische Anlagen zurückzuführen ist, Akkordsenkungen auch gegenüber der Arbeiterschaft leicht zu legitimieren und zu realisieren sind. Konflikte entstehen allerdings häufig daraus, daß während einer Einführungszeit die Leistungsfähigkeit der Arbeiter an den neuen Anlagen noch wesentlich steigt und die Akkorde dann noch weiter gekürzt werden. Ebenso entstehen häufig Konflikte dann, wenn die Arbeiter mit den neuen leistungsfähigeren Maschinen nicht mehr verdienen als mit den alten, wenn also der gesamte Produktivitätszuwachs dem Unternehmen zugute kommen soll, obwohl die neue Produktionsweise sehr häufig mit einer steigenden Intensität der Arbeit verbunden ist[68]. Wo jedoch die Produktivitätssteigerungen in größerem oder geringerem Maße auf die Arbeiter selbst zurückgehen, werden Akkordsenkungen viel weniger ohne Widerstand hingenommen. Das Problem stellt sich dabei folgendermaßen:

> Was der Arbeiter als ,Kniffe', als eigene Leistung ansieht, das wird von der Kalkulation als ,Methodenänderung' bezeichnet. Der Zeitnehmer hat bisher die rationellste Methode noch nicht gefunden; sobald sie entdeckt ist, muß sie auch angewandt werden, auch wenn sie erst durch die ,Kniffe' der Arbeiter offenbar geworden ist[69].

Wenn wir also nach den Gründen für die abnehmende Häufigkeit von Akkordkonflikten in den zwanziger Jahren suchen, so ließe sich einmal nennen, daß der Spielraum der Arbeiter für individuelle ,Kniffe' kleiner geworden ist. Diese Aussage muß allerdings gleich dadurch relativiert werden, daß Herbert Wiedemann bei seiner wesentlich später und auf einem höheren technischen Stand erfolgten Untersuchung diesen Faktor noch als wesentliche Konfliktursache benennt. Im Vergleich mit der Zeit vor dem Ersten Weltkrieg fand diese Einschränkung aber durchaus statt. Weiter ist zu beachten, daß die lohnmäßige Beteiligung der Arbeiter an den Produktivitätssteigerungen vor 1914 sehr viel geringer war als in der Periode von 1914 bis 1929[70]. Die Arbeiter waren also nach dem Weltkrieg auch ohne zahlreiche Akkordkonflikte weit besser am Produktivitätswachstum beteiligt[71], der ökonomische Spielraum für weitere Forderungen war gering, und auch der Arbeitsmarkt im ganzen weniger günstig.

Zu berücksichtigen ist weiter – dieser Punkt ist allerdings mit den beiden anderen in verschiedener Hinsicht verknüpft –, daß die Praxis der Geschäftsleitung bei Akkordkürzungen wesentlich subtiler wurde. Vor dem Weltkrieg waren massive Kürzungen häufig. So wurden von Arbeiterseite in einem Konflikt der Gewindeschneider 1899/1900 Akkordkürzungen bis zu 60 Prozent angegeben, was nur ein Beispiel für die starken Akkordkürzungen vor dem Ersten Weltkrieg darstellt[72]. In den zwanziger Jahren achtete die Unternehmensleitung viel mehr darauf, daß Akkordveränderungen die Löhne nicht wesentlich beschnitten. Dies war natürlich nur möglich, wenn Veränderungen des Arbeitsprozesses, welche zu höherer Produktivität und damit zu höheren Löhnen führten, rascher erkannt wurden und die Akkordveränderungen damit weniger massiv, dafür aber in rascherer Folge durchgeführt werden konnten. Dazu trugen das verbesserte Kalkulations- und Rechnungswesen ebenso bei wie neue Methoden der Akkordfestsetzung durch Zeitstudien und durch die Analyse der Arbeitsabläufe. Vor allem erleichterten auch technische und organisatorische Veränderungen die Lohnfestsetzung. Die bessere Qualität der Maschinen und Anlagen erlaubte es, die Qualität der Produktion und der Zwischenprodukte konstant zu halten und damit auch die Bedingungen der Produktion zu stabilisieren. Neue Maschinen mit höherem Autonomiegrad und die Einrichtung von Fließarbeit verringerten die Einflußmöglichkeiten der Arbeiter auf das Arbeitstempo und senkten damit unter anderem die Unsicherheit über die Lohnhöhe[73]. Dazu kommen allerdings noch weitere Erklärungsmomente für die abnehmende Konflikthäufigkeit, welche nicht aus dem Lohnsystem selbst hervorgehen, sondern aus der Entwicklung der Arbeiterorganisationen und der Beziehungen zu den Unternehmern auf betrieblicher wie auf gesamtgesellschaftlicher Ebene.

5. *Drei Exkurse zu den Löhnen*

Die Löhne bei GF im Vergleich zur übrigen Industrie

Zunächst sollen die GF-Löhne in ihrem Verhältnis zur Lohnentwicklung in der Branche und der gesamten schweizerischen Industrie situiert werden. Dazu benütze ich für die Zeit bis 1914 die Angaben von Jürg Siegenthaler[74] und die Durchschnittslöhne, welche der Arbeitgeberverband Schweizerischer Maschinenindustrieller (ASM) bei seinen Mitgliedern ermittelte.

Tab. 21: Lohnentwicklung 1895 bis 1914[75]

		1895	1900	1905	1910	1913/14
1. Taglöhne im Metallgewerbe nach Siegenthaler	Rp.	475	520	540	540	580 (1914)[76]
2. Taglöhne GF	Rp.	375	390	435	530	550 (1913)
3. Jahreslöhne ASM	Fr.			1333	1503	1603 (1913)
4. Jahreslöhne GF	Fr.			1279	1541	1572 (1913)
1:2		1,27	1,33	1,24	1,02	1,05
3:4				1,04	0,98	1,02

Bei der Betrachtung der Tabelle 21 fällt auf, daß die Löhne bei GF bis 1910 deutlich unter denjenigen liegen, welche Siegenthaler für das Metallgewerbe angibt. Die Differenz verkleinerte sich allerdings bis 1914 beträchtlich. Die Entwicklung der Reallöhne erfolgt entsprechend verschieden. Nach Siegenthaler erlitt das Metallgewerbe zwischen 1905 und 1910 starke Reallohneinbußen, während die GF-Arbeiter in diesem Zeitraum Lohnfortschritte erreichten. Dagegen ist die Übereinstimmung mit den Zahlen des ASM sehr gut, auch für das Jahr 1905, in dem die Abweichung zu Siegenthaler noch groß ist. Wenn auch die Taglohnberechnung bei Siegenthaler zweifellos von jener bei GF abweicht – bei GF sind Frauen, Jugendliche und Lehrlinge mitgerechnet, wie auch bei den Zahlen des ASM –, so würde das bei der weitgehend konstanten Zusammensetzung der Arbeiterschaft bei GF nur einen mehr oder weniger konstanten Fehler erklären.

Für die Zeit von 1913–1929 werden ebenfalls Lohnangaben des ASM verwendet. Die Stundenlöhne verunfallter Arbeiter, die an sich ebenfalls in Frage kommen, sind anders strukturiert und ermöglichen keine direkten Vergleiche. Immerhin ergibt sich aus diesen Daten, daß die Löhne der Metall- und Maschinenindustrie in diesem Zeitraum dem schweizerischen Durchschnitt sehr nahe kamen[77].

Tab. 22: Lohnentwicklung 1914–1929[78]
Verhältnis der ASM-Löhne zu den GF-Löhnen
(Stundenlöhne erwachsener männlicher Arbeiter)

	1914[79]	1918[80]	1922[81]	1929[82]
Gelernte Arbeiter	1,03	1,06	0,97	0,94
Ungelernte Arbeiter	1,03	1,06	0,92	0,87

Während GF vor 1914 nahe, aber eher unter dem Durchschnitt des ASM lag und diese Tendenz während des Krieges eher noch deutlicher wurde, so ergibt sich in den zwanziger Jahren eine Veränderung. Die Löhne liegen jetzt – vor allem bei den ungelernten Arbeitern – deutlich über jenen des ASM. Die GF-Arbeiter erlangten also bedeutend größere Lohnerhöhungen als der Durchschnitt der Arbeiter im Verband[83]. Diese Divergenz läßt sich nicht ohne weiteres erklären, man kann jedoch vermuten, daß zu dieser Entwicklung die starke Verbreitung repetitiver Teilarbeit in der Serien- und Massenproduktion bei GF beitrug, welche im Akkord verhältnismäßig gut bezahlt wurde. Der hohe Lohnanreiz sollte dabei die möglichst vollständige Nutzung der Maschinerie bewirken[84]. Im weiteren ist es wahrscheinlich, daß für die schlechten und ungesunden Arbeitsbedingungen in einer Gießerei in stärkerem Maße als vor 1914 eine Kompensation durch höhere Bezahlung erfolgen mußte. Darauf deuten etwa die gestiegenen Schwierigkeiten bei der Beschaffung von Arbeitskräften in der Gußputzerei und als Gießereihandlanger hin. Diese konnten innerhalb des Betriebes ihre Lohnsituation verbessern[85]. Die Abweichungen müssen in jedem Fall eine unmittelbare materielle Grundlage haben. Sie können keinesfalls auf Inkompetenz des GF-Managements zurückgeführt werden, das höhere Löhne bezahlt hätte als die Arbeitsmarktsituation es erforderte. Die Lohnentwicklung in den Betrieben wie auch im Verband wurde von der Abteilung Lohnwesen sorgfältig registriert und in den Jahresberichten kommentiert[86]. Leider wurden dabei nie Erklärungen für die relativ höheren Löhne bei GF gegeben.

Die Beziehung zwischen Löhnen und Wirtschaftskonjunktur

Es liegt nahe, zwischen der wirtschaftlichen Lage eines Unternehmens bzw. einer Branche und den bezahlten Löhnen einen Zusammenhang zu vermuten. Dieser Zusammenhang wird von Unternehmer und Arbeiterschaft immer wieder hergestellt: gute resp. schlechte Wirtschaftslage werden von der interessierten Seite immer wieder als Argument für oder gegen Lohnerhöhungen benützt. Wir haben jedoch schon vorher feststellen können, daß die aus der Klassenauseinandersetzung resultierenden Löhne keineswegs immer direkt mit der wirtschaftlichen Lage des Unternehmens korrespondierten. Nach der Vorstellung eines reinen Arbeitsmarktes, auf welchem der Preis für die Arbeitskraft zwar nicht längerfristig unter das Existenzminimum fallen kann, im übrigen jedoch von Angebot und Nachfrage bestimmt wird, müßte eine wirtschaftliche Rezession über wachsende Arbeitslosenzahlen zu einem Fallen der Löhne führen, und umgekehrt müßten in der Zeit eines wirtschaftlichen Aufschwungs Verknappungen auf dem Arbeitsmarkt entstehen, welche die Löhne ansteigen ließen. Dieses ‚reine' Modell ist in dieser einfachen Form allerdings kaum realistisch. Zusätzliche Faktoren, etwa die Elastizität des Arbeitsangebotes, mögliche Unterschiede zwischen angebotener und nachgefragter Arbeitskraft, die Preisentwicklung, die Aktivität der Verbände und Parteien, aber auch die Auswirkungen staatlicher Eingriffe müßten in die Diskussion einbezogen werden. Dies kann hier nicht geleistet werden, und der Versuch wäre in einer Fallstudie auch wenig sinnvoll.

Auch ohne einen ausgeführten theoretischen Zusammenhang ist das Resultat für GF immerhin nicht uninteressant: Es zeigt sich[87], daß ein Zusammenhang zwischen den kurzfristigen Konjunkturzyklen und der Lohnentwicklung kaum festgestellt werden kann. Es kommt sogar vor, daß die Reallöhne in Zeiten guter Konjunktur fallen (z.B. 1911–13), in schweren Wirtschaftskrisen hingegen steigen (1921–22), sich also den Erwartungen vollständig zuwider verhalten. Dies gilt für die Löhne bei GF, ließe sich aber auch für die Lohnentwicklung der Branche und der ganzen Industrie zeigen, deren Lohnentwicklung von jener bei GF im ganzen nicht stark divergierte. Ähnliches gilt auch, wenn nur die langfristigen Entwicklungen betrachtet werden: In der Aufschwungsphase von 1896–1913 wuchsen die Reallöhne bedeutend weniger stark als in der zweiten Periode, obwohl sich in dieser das wirtschaftliche Wachstum verlangsamte[88] (vgl. Tab. 23).

Tab. 23: Lohnentwicklung bei GF 1896 bis 1929[89]
(Veränderungen in Prozenten)

	Exporte Masch.-industrie (wertmäßig)	Warenausgang GF (wertmäßig)	reale Std.-Löhne	reale Jahres-löhne
1896–1913	+ 274	+ 709	+ 19	+ 12
1913–1929	+ 154	+ 231	+ 54	+ 29

Der sehr schwache Zusammenhang zwischen Löhnen und Wirtschaftsentwicklung weist darauf hin, welche Bedeutung dem Stand der Klassenauseinandersetzungen und der Organisation der gegensätzlichen Interessen auch in der Lohnfrage zukommt. In der Phase bis 1914 gelang es der Arbeiterschaft nicht, sich einen wesentlichen Anteil an den Produktivitätserhöhungen zu sichern, in der zweiten Phase – vor allem aber in den Jahren 1918–1922 – war sie dagegen in dieser Hinsicht sehr erfolgreich.

Die Entwicklung der Arbeitsproduktivität

Im Rahmen dieses Exkurses soll die Beziehung zwischen der Arbeitsproduktivität und den Löhnen untersucht werden. Steigende Produktivität ist langfristig gesehen eine Voraussetzung für steigende Reallöhne, doch dies ist, wie schon angedeutet, nur ein sehr langfristiger Zusammenhang. Lohnerhöhungen bestimmen sich erst auf dem Arbeitsmarkt, der wiederum nicht abgelöst von der Auseinandersetzung zwischen Arbeit und Kapital betrachtet werden kann. Damit ist auch klar, daß nicht in erster Linie die Produktivitätsentwicklung im einzelnen Betrieb Einfluß auf die Bildung der Löhne haben kann, sondern daß diese in ungleich stärkerem Maße von der gesamtwirtschaftlichen Entwicklung der Produktivität abhängen.

Trotzdem ist die Untersuchung der Produktivitätsentwicklung auf der Ebene des Einzelbetriebes nicht sinnlos, denn im Einzelfall kann diese durchaus auch einen Einfluß auf die Lohnentwicklung ausüben. Allerdings erfolgt dieser Einfluß nicht quasi automatisch durch das Wirken allgemeiner ökonomischer Gesetze, sondern dadurch, daß je nach der ökonomischen Entwicklung des Unternehmens der Spielraum der Akteure in der Lohnauseinandersetzung verändert wird. Dies kann an einem Beispiel erläutert werden: Jürgen Kocka beschreibt in seiner Siemens-Studie[90], wie es dem Unternehmen gelang, durch teilweise Lohnzugeständnisse, Ausbau der Sozialeinrichtungen und durch die Finanzierung eines ‚gelben' Hausverbandes die Gewerkschaften aus dem Unternehmen weitgehend zu verdrängen. Die Grundlage zu dieser Unternehmenspolitik stellte offenbar eine starke Stellung auf den Absatzmärkten und eine hohe Arbeitsproduktivität dar[91]. Dies bedeutete, daß Konzessionen bei den Löhnen und bei indirekten Lohnbestandteilen dem Unternehmen verhältnismäßig leicht fielen, da sie einen relativ kleinen Teil der gesamten Kosten ausmachten[92]. Das Unternehmen nützte diesen Spielraum zu einer Strategie der Streikvermeidung, welche im Konkurrenzkampf Vorteile versprach[93]. Gelingt es nicht, die Gewerkschaften in dieser oder einer anderen Weise auszuschalten, so wird der Produktivitätsvorsprung ebenfalls zu überdurchschnittlichen Löhnen führen, da dem Unternehmen daran gelegen sein muß, seine profitable Produktion möglichst ohne Unterbrechungen durchzuführen, um so mehr als hohe Produktivität im allgemeinen hohen Kapitaleinsatz bedeutet, bei Produktionsunterbrüchen also hohe fixe Kosten anfallen. Die Streikdrohung der Arbeiter ist in diesem Falle wirksam. Umgekehrt können die Löhne bei Unternehmen mit unterdurchschnittlichem Produktivitätszuwachs unter das Branchenmittel gesenkt werden, vor allem bei stark abgeschriebenen Anlagen und wenn die Mobilitätschancen der Arbeiter aus irgendwelchen Gründen gering sind.

Eine empirische Überprüfung dieser These ist hier leider nicht möglich, da vergleichbare Daten über die Produktivität anderer Betriebe fehlen. Immerhin ist es auch sonst von Interesse, die Entwicklung von Produktivität und Löhnen zu verfolgen. Hier ergibt sich ein Maß für den relativen Erfolg beider Seiten in der permanenten Lohnauseinandersetzung bzw. wie weit die Arbeiter an steigender Produktivität partizipieren konnten. Allerdings läßt sich die Produktivitätsentwicklung selbst nur sehr bedingt messen, da über die Preisentwicklung bei den Produkten nur für die Fittings einigermaßen genaue Aussagen möglich sind. Dagegen läßt sich die Lohnquote darstellen, die in gewissen Grenzen auch als Maß der Beteiligung der Arbeiterschaft an den Erträgen des Unternehmens betrachtet werden kann. Dabei besagt ein Sinken der Lohnquote allerdings nicht, daß sich die Lage der Arbeiterschaft absolut verschlechtert, da ein Steigen der Produktivität der Arbeit oder eine Steigerung der durchschnittlichen Marktpreise den gleichen Effekt haben. Umgekehrt kann sich die Lage der Arbeiterschaft auch bei konstanter Lohnquote verschlechtern, nämlich bei abnehmender Produktivität oder sinkenden Marktpreisen. Eine Interpretation der Lohnquote

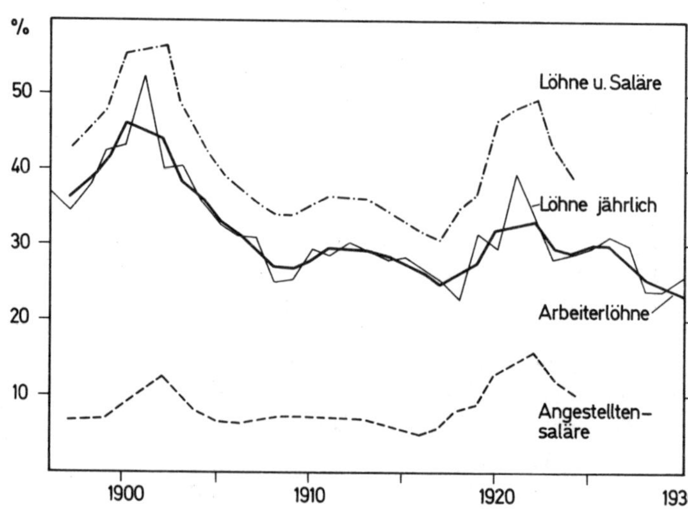

Grafik 3: Die Entwicklung der Lohnquote bei GF[95]
(gleitende 3-Jahres-Mittel)

kann daher keine eindeutigen Resultate ergeben. Da bei GF die Reallöhne über den ganzen Zeitraum betrachtet stiegen und die Steigerung der Produktionspreise eher hinter der Steigerung der Lebenskosten zurückblieb, muß jedoch der sinkende Trend der Lohnquote darauf zurückgeführt werden, daß die Produktivität im ganzen stärker anstieg als die Löhne, daß sich also die relativen Löhne der Arbeiter verschlechterten (vgl. Grafik 3). Dieser Trend ist allerdings nach 1905 nur noch schwach erkennbar. Klare Aussagen werden erschwert durch die starken konjunkturell bedingten kurzfristigen Schwankungen der Lohnquote, in denen sich auch die Lagerpolitik bei den Fittings niederschlug[94].

Direkt und relativ genau läßt sich die Produktivitätsentwicklung für die Fittings- und Tempergußproduktion zeigen, da wir hier von einem verhältnismäßig stabilen Produktionsprogramm ausgehen und so die gewichtsmäßige Produktion als Maß für die Produktivität unabhängig von Schwankungen der Verkaufspreise annehmen können. Dabei zeigt sich, daß die Produktivität vor dem Ersten Weltkrieg rascher anstieg als nachher, und zwar auch dann, wenn man die Verkürzung der Arbeitszeit berücksichtigt (vgl. Tab. 24).

Tab. 24: Produktivitätsentwicklung bei Fittings und übrigem Temperguß (Mittel von 5 Jahren)[96]

	Absatz pro Arbeiter in kg	1910–1914 = 100	Absatz pro Arb.-Std. in kg[98]	1910–1914 = 100
1896–1899[97]	2150	44	0,74	42
1900–1904	2009	41	0,72	40
1905–1907[99]	3585	73	1,27	71
1910–1914	4885	100	1,78	100
1915–1919	3105	64	1,20	67
1920–1924	3672	75	1,76	99
1925–1929	6510[100]	133	2,96	166

Zwischen 1896 bis 1900 und 1910 bis 1914 stieg der Absatz pro Arbeiter in Kilogramm – also nach dem hier verwendeten Maß für die Produktivitätsentwicklung – um 127 Prozent, zwischen 1910 bis 1914 und 1925 bis 1929 um vergleichsweise bescheidene 33 Prozent. Pro Arbeitsstunde ist der Unterschied weniger groß, die entsprechenden Werte sind 141 Prozent für die erste und 66 Prozent für die zweite Periode. Die Produktivitätsentwicklung erfolgte allerdings nicht gleichmäßig. Es lassen sich vielmehr Sprünge und Einbrüche konstatieren, welche auch durch die Verwendung von Fünfjahresperioden nicht abgeschwächt werden[101].

Die Periode, in welcher die Produktivität am stärksten zunahm, liegt zwischen 1900 bis 1904 und 1910 bis 1914. Hier wuchs die Produktivität um ca. 150 Prozent (pro Arbeitsstunde). Entscheidend war die verstärkte Maschinisierung, die Durchsetzung der hydraulischen Formmaschine, die Preßluftwerkzeuge und Sandstrahleinrichtungen der Gußputzerei, neue Gießtechniken (Konverter) und Rationalisierungen des Produktionsablaufs, verbunden mit einer Intensivierung der Arbeit. Zwischen 1925 und 1929 fand erneut ein massiver Produktivitätszuwachs statt, der im Zusammenhang mit der ‚Verwissenschaftlichung' der Produktion, mit besserer Arbeitsorganisation, Übergang zu Fließbetrieb, aber auch mit technischen Verbesserungen (z. B. elektrischer Einzelantrieb der Maschinen) gesehen werden muß[102]. Zwischen diesen Phasen lagen massive Produktivitätseinbußen während des Krieges. Diese können einerseits auf ein sinkendes Qualifikationsniveau der Arbeiterschaft zurückgeführt werden[103]. Zweifellos noch bedeutsamer war jedoch die Übernutzung der Anlagen zur Ausnützung der Kriegskonjunktur. Bei vergleichsweise geringen Investitionen[104] wurde die Belegschaft stark vergrößert[105], d. h. bei hervorragenden Absatzmöglichkeiten zu steigenden Preisen wurden zusätzliche Arbeitskräfte auch dann eingestellt, wenn die dadurch erzielten Produktionssteigerungen nur noch gering und teuer waren wie etwa bei Nachtschichten, die bei höheren Lohnkosten eine stark unterdurchschnittliche Produktion erbrachten. Die Produktion erfolgte nicht unter optimalen Bedingungen, jedoch so, daß sie ein Höchstmaß an Profit erbrachte. Daß sich das Problem tatsächlich dem Unternehmen in dieser Weise stellte, geht – zwar zurückhaltend formuliert – aus einem Votum von Generaldirektor Homberger im Verwaltungsrat hervor:

> Schließlich schildert der Protokollführer auch die Schwierigkeiten, die sich aus dem kontinuierlichen Tag- und Nachtbetrieb in der Gießerei des Werkes III ergeben und die hauptsächlich in unverantwortlich gesteigerten Löhnen und in einem großen Arbeiterwechsel Ausdruck finden. Wenn aber die Nachtschicht entweder infolge dieser Schwierigkeiten oder zufolge eines bundesrätlichen Entscheides preisgegeben werden müßte, so würde das eine starke Einschränkung der Produktion zur Folge haben, was wir im gegenwärtigen Moment aus naheliegenden Gründen absolut vermeiden müssen[106].

Umgekehrt konnte auch eine ungenügende Auslastung in Krisenzeiten die Produktivität absinken lassen, allerdings in wesentlich geringerem Ausmaß, vor allem wenn man bedenkt, daß in der Krise die Arbeiter mit niedriger Leistungsfähigkeit als erste entlassen wurden, daß also die durchschnittliche Qualität der Arbeiterschaft anstieg. Die beiden Phasen steigender Produktivität fallen – wie zu erwarten ist – mit intensiven Investitionen und Rationalisierungsbestrebungen zusammen, welche z. T. bereits in der Diskussion der Arbeitssituation für die verschiedenen Tätigkeitsbereiche zum Ausdruck gekommen sind[107].

Für die Stahlgießerei läßt sich nicht in gleicher Weise von der gewichtsmäßigen Produktion auf die Produktivität schließen, da das Produktionsprogramm zu stark variierte, und zudem häufig steigende Qualität sich in geringeren Gewichten für ähnliche Stücke ausdrückte. Ein grober Vergleich kann jedoch über die Nominalwerte des Umsatzes in Franken erfolgen. Unter der Annahme einer ähnlichen Preisentwicklung für Stahlguß und Tempergußprodukte zwischen 1896 bis 1900 und 1910 bis 1914 ergibt sich im Bereich des Stahlgusses eine deutlich geringere Produktivitätszunahme als bei der Fittings- und übrigen Tempergußproduktion[108]. Zwischen 1910 bis 1914 und 1925 bis 1929 bewegte sich die Produktivitätszunahme dagegen in ähnlichem Rahmen. Wenn man die Fittingspreise als Maßstab für die ganze Produktion verwendet, ergibt sich in der ersten Periode ein Produktivitätszuwachs von 92 Prozent, in der zweiten ein Zuwachs von 30 Prozent. Der Vergleich mit der Reallohnentwicklung (vgl. Tab. 25) zeigt die Unterschiedlichkeit der beiden Perioden noch deutlicher[109].

Tab. 25: Vergleich von Produktivitäts- und Reallohnentwicklung[110]

	Realer Absatz[111] pro Arbeiter	pro Arb.-Std.	Durchschnittliche reale Jahreslöhne
Zuwachs von 1896/99 zu 1910/14	92%	102%	12%
Zuwachs von 1910/14 zu 1925/29	30%	54%	24%

Vor dem Krieg vermochte die Arbeiterschaft nur in sehr geringem Maße an der Produktivitätserhöhung zu partizipieren, in den zwanziger Jahren stiegen die Löhne dagegen annähernd gleich stark wie die Produktivität, von 1920 bis 1925 eilten sie ihr sogar voraus. Bemerkenswert ist ohne Zweifel auch, daß – trotz den großen Rationalisierungsanstrengungen in den zwanziger Jahren – die Produktivitätsfortschritte in der Vorkriegszeit ganz wesentlich größer waren. Die verstärkte Mechanisierung und der Einsatz neuer Technologie wie neuer Techniken der Produktionsorganisation wirkte sich also stärker aus als die entsprechenden Maßnahmen nach 1920. Die Frage, wie weit diese Entwicklung als typisch für die schweizerische Maschinen- und Metallindustrie betrachtet werden kann, muß hier offenbleiben[112].

V. Beschäftigungspolitik und Arbeiterstruktur

1. Der Arbeiterstamm

Bei GF wie bei anderen großen Firmen zeigte sich schon früh ein Interesse an der Erhaltung eines festen Arbeiterstammes. Dies drückte sich unter anderem im Wohnungsbau des Unternehmens aus:

> Nur dadurch, daß das Geschäft neben der Annehmlichkeit neuerer, den jetzigen Ansprüchen angepaßter Wohnungsgelegenheiten auch abordable Mietzinse bietet, ist es möglich, einen größeren Stock von soliden, besseren Arbeitern mit Familien zu gewinnen und sich auf die Dauer zu sichern[1].

Ein Jahr später wurde im Verwaltungsrat erklärt, die Wohnbauten der firmeneigenen Baugesellschaft ‚Breite' hätten bereits spürbare Verbesserungen gebracht. „Aber die genannte Gesellschaft wird noch wesentlich weiter gehen müssen, wenn wir das erstrebte Ziel, das Ansässigmachen tüchtiger Stahlgießer, endgültig erreichen wollen."[2] Doch auch Hifsarbeiter wünschte man – wenigstens z. T. – über längere Zeit zu behalten. 1913 wurde im Bericht über die Wohlfahrtseinrichtungen geklagt, daß es schwer halte, „hier in der Stadt ansässige, gute Hülfsarbeiter zu erhalten, von denen man annehmen kann, daß sie auch bleiben werden"[3]. Deshalb versuchte man, diese, unter anderem mit Bahnkostenvergütungen, in den Landgemeinden der Umgebung zu rekrutieren.

Dabei spielte die Überlegung mit, daß es vorteilhaft sei, wenn man nicht nur auf die Arbeiterschaft von Stadt und Umgebung allein angewiesen sei, sondern auch auf einen Stamm von Arbeitskräften zählen könne, der von der Arbeiterpresse und der Arbeiterpolitik noch nicht erfaßt war[4].

In diesen Zitaten spiegeln sich die beiden Hauptmotivationen des Unternehmens bei seiner Arbeiterstammpolitik[5]. Einerseits ging es um die Sicherung von Arbeitskraft, deren Qualifikation auf dem Arbeitsmarkt knapp war (hier z. B. Stahlgießer[6]), anderseits wurde eine ‚betriebstreue' Belegschaft angestrebt, deren Loyalität dem Unternehmen galt. Dies war nur zu erreichen, wenn die Arbeiter über lange Zeit im Unternehmen blieben. Damit banden sie zumindest tendenziell ihre Zukunftserwartungen an jene des Unternehmens und waren schwerer von einer gewerkschaftlichen Agitation zu erfassen, die das gemeinsame Interesse aller Arbeiter betonte. Auch wenn der so konditionierte Arbeiterstamm nur einen kleinen Teil der Belegschaft ausmachte, so wurde dadurch die Arbeiterschaft doch tiefgreifend *gespalten*: Die Längerbeschäftigten waren tendenziell auch die Höherqualifizierten; sie verfügten über mehr Berufserfahrung, zogen daraus in der Kooperation am Arbeitsplatz wie außerhalb der Arbeit Autorität und verfügten zudem über intensive informelle Beziehungen. Wenn sie in der Arbeiterbewegung nicht mitmachten, so stellte das entschieden eine Schwächung dar. Auch innerhalb der Gewerkschaften mußten sie ein konservatives Element bilden. Da sie relativ mehr zu verlieren hatten, waren sie in der Regel weniger leicht bereit, im Rahmen von Kollektivkonflikten ihre berufliche Existenz aufs Spiel zu setzen und sich gegenüber dem Unternehmen zu exponieren. Dabei ist zu sagen, daß die Stammbildung nicht nur Resultat einer entsprechenden Unternehmenspolitik war; ihr entsprachen auf der Seite der Arbeiter eine niedrigere Mobilität und ein erhöhtes Sicherheitsbedürfnis etwa von Familienvätern oder generell älteren Arbeitern.

Die Mittel, welche das Unternehmen zur Bildung dieses Arbeiterstamms einsetzte, die dabei maßgeblichen Kriterien und ansatzweise auch die Erfolge dieser Politik kommen im folgenden noch zur Sprache. Als notwendige Grundlage zu dieser Diskussion soll hier vorerst versucht werden, den Umfang dieses Stammes und seine Entwicklung genauer zu erfassen[7].

Der verhältnismäßig grobe Einteilungsraster, der uns durch die Quellen aufgezwungen wird, macht zum Verständnis der Tabelle 26 einige Erläuterungen notwendig. Grundsätzlich ist zu sagen, daß die Veränderungen in der Verteilung hauptsächlich von zwei Faktoren bestimmt werden: einerseits durch das Fluktuationsverhalten der Arbeiter bzw. die Stammpolitik des Unternehmens, anderseits aber in sehr wesentlicher Weise durch die Entwicklung der Arbeiterzahlen. Steigt die Belegschaftszahl, so sinkt – bei unverändertem Fluktuations- resp. Arbeiterstammverhalten – der Anteil der Längerbeschäftigten und umgekehrt. Das Erkennen dieser Entwicklungen wird dadurch erschwert, daß sie nicht nur durch die aktuellen, sondern auch durch die

Tab. 26: Beschäftigungsdauer der Arbeiter[8]
(in Prozent der Belegschaft)

	0–5 Jahre im Betrieb	5–11 Jahre im Betrieb	länger als 11 Jahre im Betrieb
1903	60,3 (379)	27,0 (170)	12,7 (80)
1912	76,5 (1560)	14,0 (286)	9,4 (192)
1914	73,8 (1330)	13,9 (251)	12,3 (221)
1925	49,6 (1221)	31,6 (779)	18,8 (464)
1926	40,7 (769)	28,8 (543)	30,5 (576)
1927	48,4 (1062)	21,2 (466)	30,4 (666)
1928	51,4 (1234)	18,5 (445)	30,0 (721)
1929	50,7 (1315)	21,3 (554)	28,0 (726)

vergangenen Belegschaftsentwicklungen beeinflußt werden. So erklärt sich zum Beispiel der Sprung in der Kategorie der länger als 11 Jahre Beschäftigten von 1925 zu 1926 dadurch, daß in diesem Jahr erstmals die hohen Belegschaftszahlen der Kriegsjahre zur Auswirkung kamen. Die aktuellen Belegschaftszahlen, die der konjunkturellen Entwicklung des Unternehmens im wesentlichen entsprechen, kommen dagegen vor allem in der ersten Kolonne zum Ausdruck: in schlechten Jahren sinkt hier der Anteil, da diese Arbeitergruppe am stärksten von Entlassungen betroffen wird, und entsprechend erhöhen sich die Anteile der beiden anderen Gruppen. Die Interpretation der einzelnen Zahlen muß deshalb mit einiger Vorsicht geschehen, vor allem in der Zeit vor dem Ersten Weltkrieg, wo wir nur für einzelne Jahre Daten besitzen.

Einige klare Aussagen lassen sich jedoch – vor allem im Vergleich von Vor- und Nachkriegszeit – ohne weiteres machen: Vergleicht man die Jahre 1912 und 1914 mit den Jahren 1925 bis 1929, so zeigt sich, daß sich der Anteil der länger als 11 Jahre Beschäftigten um das *2,54fache* erhöhte[9], jener der 5 bis 11 Jahre Beschäftigten um das *1,74fache*. Die Zusammensetzung der Belegschaft veränderte sich also tiefgreifend: Vor dem Weltkrieg war das Verhältnis zwischen den weniger als fünf Jahre Beschäftigten zu den länger Beschäftigten etwa drei zu eins, nach dem Weltkrieg war es fast ausgeglichen. Vor dem Weltkrieg war nur einer von zehn Arbeitern länger als 11 Jahre im Betrieb, in der zweiten Hälfte der zwanziger Jahre waren es drei von zehn. Das Gewicht des Arbeiterstamms, von dem wir unter anderem in verstärktem Maße Betriebsloyalität erwarten, hatte sich also enorm verstärkt[10]. Wenn man die Ursachen dieser Entwicklung genauer untersucht[11], so zeigt sich, daß sich das individuelle Verhalten der Arbeiter nur relativ wenig in Richtung einer größeren Betriebstreue wandelte. Verantwortlich für das starke Anwachsen des Stammes in den zwanziger Jahren war vor allem die Entwicklung der Belegschaftszahlen. War die Belegschaft von 1896 bis 1913 um mehr als 300 Prozent gestiegen, so wuchs sie von 1913 bis 1929 nur noch um 21 Prozent. Der Anteil der Neueinstellungen zur Erhöhung der Arbeiterzahl ging also langfristig gesehen stark zurück, und daraus mußte – unter Annahme einer gleichbleibend niedrigen Fluktuationsrate der Längerbeschäftigten – eine Erhöhung ihres Anteils an der gesamten Belegschaft resultieren. Gegenüber diesen Entwicklungen kam den Veränderungen im Fluktuationsverhalten länger beschäftigter Arbeiter und der Arbeiterstammpolitik des Unternehmens, die in den folgenden Abschnitten untersucht werden, für die Entwicklung der Größe des Arbeiterstamms geringeres Gewicht zu.

2. *Zum Problem der Fluktuation*

Mit Karl Krahn kann man sagen, ,,daß die Bedingungen der Fluktuation höchst komplex sind und daß ihnen eine Konzeption, die auf die Isolierung einzelner Faktoren zielt, nicht beikommen kann"[12]. Die Lage des Arbeitsmarkts, Einschränkungen der Mobilität der Arbeitskräfte, die Arbeitsbedingungen, ein Begriff, der seinerseits wieder zahlreiche wesentliche Elemente enthält, bilden zusammen mit anderen Faktoren einen nur schwer auflösbaren Zusammenhang. Vom Interesse dieser Studie her fragt die folgende Untersuchung vor allem nach den Auswirkungen der Fluktuation auf die Zusammensetzung der Arbeiterschaft, wie dies zum Teil schon im Zusammenhang mit dem Arbeiterstamm erfolgt ist. Im weiteren interessiert die Fluktuation und ihre zeitliche Entwicklung aber auch direkt als Indikator für Spannungen und verdeckte Konflikte im Betrieb.

Die Fluktuation kann ja als – allerdings sehr individualistische – Form von Konfliktverhalten verstanden werden[13]. ,,Der Wechsel des Arbeitsplatzes ist in der Mehrzahl der Fälle eine Konsequenz, die der einzelne aus einer Situation zieht, die nicht etwa nur für ihn unerträglich geworden ist."[14] Doch als individuelle Fluchtreaktion auf eine kollektive Situation ist der Arbeitsplatzwechsel nicht nur in der Regel erfolglos, indem die Arbeitsbedingungen am neuen Arbeitsort selten besser sind als am alten, sondern er schwächt in der Regel auch die kollektiven Bemühungen der Arbeiterbewegung. Umgekehrt konnten erfolglose kollektive Aktionen die Arbeiter auf individuelle Lösungsversuche zurückwerfen: Nach einem mißglückten Streik bei der Brown Boveri & Co. in Baden im Jahr 1899 verließ zum Beispiel ein großer Teil der Arbeiter die Firma. ,,Die Wegreise vorwiegend organisierter Arbeiter nahm ungewöhnliche Formen an. Der Grütliverein beispielsweise verlor allein aus diesem Grunde im Streikjahr laut exakter Kontrolle 45 von 91 Mitgliedern." Die Folge war eine langandauernde Schwächung der gewerkschaftlichen Stellung[15].

Bei GF nahm die Fluktuation nie so spektakuläre Formen an; das Problem hatte – von der Geschäftsleitung aus gesehen – vielmehr chronischen Charakter, wenn sich auch gewisse Spitzen zeigen lassen. Diese Spitzen fallen in Zeiten guter Beschäftigungslage, wenn die Möglichkeiten des austretenden Arbeiters, eine neue Stelle zu finden, gut waren. Ähnliches gilt im übrigen für andere Formen individuellen Ausweichens vor den Belastungen der Arbeitssituation wie ,,blau machen" und z. T. Krankheit. Anderseits hängt die Fluktuation vor allem von der Gestaltung der Arbeitsbedingungen durch den Unternehmer ab: ,,Solange der Arbeitsmarkt es erlaubt, ist es für den Arbeitgeber trotz der durch den ständigen Wechsel der Arbeitskräfte entstehenden hohen Einarbeitungskosten offenbar vorteilhafter, immer wieder neue

Kräfte anzulernen, statt die Ursache der Fluktuation, nämlich die schlechten Arbeitsbedingungen zu verbessern", schreibt Matthöfer[16]. Tatsächlich unternahm GF beträchtliche Anstrengungen, um die Fluktuation einzuschränken[17], dies vor allem dort, wo die Kosten für die Einarbeitung des Ersatzes hoch und dieser auf dem Arbeitsmarkt knapp war. Das heißt vor allem bei den Meistern, bei qualifizierten Facharbeitern, aber nur in geringem Maß bei an- und ungelernten Arbeitern. Für das Unternehmen ergab sich eine Optimierungsrechnung zwischen den Kosten für Ersatz und Einarbeitung von Arbeitern und dem Aufwand für Verbesserungen der Arbeitsbedingungen[18]. Wie weit das Unternehmerverhalten in dieser Frage im einzelnen rational begründbar ist, bleibt dabei allerdings eine offene Frage[19]. Allein schon die langfristige Konstanz in der Sozial- wie in der Lohnpolitik ebenso wie Größe und Entwicklung des Arbeiterstamms deuten jedoch darauf hin, daß das Unternehmen in dieser Frage eine klare und konsequente Politik verfolgte, die auf ein optimales Verhältnis von Aufwand und Nutzen abzielte.

Tab. 27: Die Entwicklung der Fluktuationsrate[20]
(in Prozent)

	total	ohne Austritte in der Probezeit
1905	85	46
1910	–	73
1913	107	–
1915	212	119
1917	186	–
1924	26	20
1927	24	21
1929	27	24

Tabelle 27 zeigt, daß die Fluktuation vor dem Weltkrieg sehr viel höher war als nachher, und ihr höchstes Ausmaß während der Kriegsjahre hatte. Dabei ist zu berücksichtigen, daß während dieser Jahre bei stark angewachsener Belegschaft eine Veränderung der Arbeiterstruktur erfolgte (sinkender Anteil qualifizierter Arbeiter und schon länger in der Metallindustrie beschäftigter Hilfsarbeiter und Angelernter), welche sich unter anderem in der Beschäftigung einer größeren Anzahl jugendlicher und weiblicher Arbeitskräfte ausdrückte. Die meisten dieser Arbeitskräfte waren kurzfristig nach Schaffhausen zugewandert und daher sehr mobil; auch bestand durch die Kriegskonjunktur starke und allgemeine Nachfrage nach Hilfskräften. Die Arbeit in einer Gießerei war für viele dieser Leute physisch und wohl auch psychisch nicht erträglich (vgl. dazu die Schilderung der Arbeitsbedingungen auf S. 87 ff.). Im Bericht über die Wohlfahrtseinrichtungen der Stahlwerke für das Jahr 1917 wurde zum neueröffneten Logierhaus Birch, in welchem ledige, auswärtige Arbeiter einquartiert wurden, die in Schaffhausen keine Wohngelegenheit fanden, geschrieben: „Vom Eröffnungsdatum [Februar 1917] bis zum 31. Dezember 1917 gingen 576 Arbeiter durch das Haus." Da dieses 100 Betten hatte, heißt das, daß die durchschnittliche Aufenthaltsdauer nicht einmal zwei Monate betrug. Dies kam offenbar nicht daher, daß die Arbeiter bessere Wohngelegenheiten gefunden hätten, vielmehr gaben sie die Arbeit bei GF schon wieder auf:

> Viele der zugewanderten Arbeiter kamen aus der Stickerei- und Seiden-Industrie, welche sich für die Arbeiten in der Eisenindustrie absolut nicht eigneten und so trotz dem schönen Heim, das ihnen zugesagt hätte, den Wanderstab weitersetzen mußten[21].

In diesem Jahr sei es oft vorgekommen, ,,daß am Montagmorgen 150 bis 180 Neueintritte zu verzeichnen gewesen seien, daß davon bis am folgenden Samstag wieder 130 ausgetreten sind"[22].

Das Problem der äußerst hohen Fluktuationsrate von neueingetretenen Arbeitern, das sich auch unter ,normalen' Verhältnissen stellte, macht eine genauere Diskussion der Tabelle 27 notwendig. Ludwig von Friedeburg hat in einer Untersuchung von Kohlenzechen die Bedeutung dieses Zusammenhangs festgestellt. Die Fluktuationsunterschiede zwischen verschiedenen Zechen ließen sich kaum (wie es der Vermutung entsprochen hätte) von einem unterschiedlichen Betriebsklima ableiten; sie erklärten sich vielmehr weitgehend aus der Differenz der Fluktuationsraten von Neueingestellten und Arbeitern, die schon länger im Betrieb arbeiteten[23]. Für die zweite Hälfte der zwanziger Jahre läßt sich dieses unterschiedliche Fluktuationsverhalten bei GF genau darstellen[24]. Im Mittel der vier erfaßten Jahre [25] lag die Fluktuationsrate der Neueingetretenen fast dreimal höher (2,88) als diejenige der übrigen Belegschaft. Da nun vor dem Ersten Weltkrieg die Belegschaft im ganzen wesentlich stärker anwuchs als in den zwanziger Jahren, erklären sich die höheren Fluktuationsraten vor dem Weltkrieg teilweise aus dieser Differenz und nicht aus einem unterschiedlichen Fluktuationsverhalten der Arbeiter. Zur Klärung dieser Frage habe ich eine Schätzung der unterschiedlichen Fluktuationsraten der Neueintretenden und der alten Belegschaft versucht, die trotz einigen Unzulänglichkeiten recht aufschlußreiche Resultate ergab (vgl. Tab. 28).

Tab. 28: Fluktuationsraten vor und nach dem Weltkrieg[26]

	Gesamtfluktuationsrate	Fluktuationsrate im Eintrittsjahr	Fluktuationsrate der übrigen Arbeiterschaft
1905/10/13	105	70 (68,5–72,5)	20 (18,5–23)
1925/27–29	27	39,4	13,9

Es wird hier deutlich, daß die Fluktuation in der Nachkriegszeit zwar eindeutig zurückging, jedoch nicht in dem Maß wie es in Tab. 27 erschien[27].

Die Gründe für diese Entwicklung können hier nicht im einzelnen erklärt werden. Ein Faktor sei aber angeführt: Das Unternehmen beschäftigte sich in den zwanziger

Jahren erstmals explizit mit den Kosten der Fluktuation. Im Bericht LAV für das Jahr 1924 hieß es:

Wenn man bedenkt, daß die neueingestellten Arbeiter während der ersten Wochen ihrer Tätigkeit im Werk keine produktive Arbeit leisten und die Lohnbeträge, die sie beziehen, nichts anderes als eine Ausgabe der Firma darstellen, für welche keine Gegenleistung vorhanden ist, so lohnt es sich sicher, hierüber einige Feststellungen zu machen, um dieselben für die Zukunft nutzbringend anwenden zu können. Ich denke hiebei in erster Linie an eine möglichst sorgfältige Auswahl der einzustellenden Leute, unter ganz spezieller weitmöglichster Berücksichtigung ihrer Eignung für einen zu besetzenden Posten, wobei sich über den letzten Punkt nach meiner Auffassung auch der Arzt bei Anlaß seiner Untersuchung des Arbeitssuchenden zu Handen der Krankenkasse aussprechen sollte[28].

Diese Aussage deutet darauf hin, daß vor allem die physischen Belastungen der Arbeiter in der Gießerei, welche in jeder Hinsicht über dem Durchschnitt lagen, Grund für die Austritte waren[29]. Der hohen Fluktuation sollte durch eine ärztliche Untersuchung abgeholfen werden, welche besonders auch die Belastungsfähigkeit des Arbeiters berücksichtigte. Die Bestrebungen gingen vorläufig weniger in Richtung auf eine Verbesserung der Arbeitsbedingungen durch Erleichterung der Arbeit und Verringerung der Immissionen als auf die Beschaffung leistungsfähiger Arbeiter. In dieser Haltung spiegelt sich die Arbeitsmarktsituation dieser Zeit. Während der ganzen zwanziger Jahre bestand eine teilweise strukturell bedingte Arbeitslosigkeit, die vor allem die Beschaffung von ungelernten Arbeitern erleichterte. Man hatte die Auswahl unter einem vergleichsweise großen Angebot. Dennoch gelang es in der Folge nicht, die Fluktuationsrate wesentlich zu reduzieren, wobei es jedoch schon als Erfolg gewertet werden kann, daß sie in den Konjunkturjahren 1928 und 1929 nicht stärker anstieg.

Es stellt sich hier noch einmal die Frage nach dem Zusammenhang zwischen Fluktuationsverhalten einerseits und Bewußtsein, Organisationsfähigkeit und Konfliktverhalten der Arbeiter anderseits. Die Jahresberichte des SMV vor 1914 beklagten immer wieder die negativen Auswirkungen der Fluktuation für die Organisationsentwicklung. Diese hatte um so stärkere Auswirkungen, als die jüngeren, mobileren und nicht an eine Familie gebundenen Arbeiter, die in stärkerem Maß fluktuierten, auch am ehesten bereit und fähig waren, für die Vertretung der Arbeiterinteressen und den Aufbau der gewerkschaftlichen Organisation den Verlust des Arbeitsplatzes zu riskieren. Durch den raschen Stellenwechsel, der häufig auch mit einem Ortswechsel verbunden war, wurde ihre Integration in die lokale Arbeiterschaft (aber auch in die Arbeiterorganisation) erschwert und ihre Einflußmöglichkeiten, aber vielleicht auch die Motivation zur Aktivität eingeschränkt. David Crew stellte allerdings bei der Untersuchung der Mobilität der Arbeiterschaft in Bochum fest, daß eine zu starke Verallgemeinerung dieser Frage zu inadäquaten Resultaten führen muß. Während sich bei den Bergarbeitern von der relativ wenig differenzierten Arbeits- und Wohnsituation her Solidarität leicht einstellte[30] und diese auch von starker Fluktuation kaum behindert wurde, wirkte sich bei den gelernten, vor allem aber bei den ungelernten Arbeitern in der Maschinenindustrie die Fluktuation sehr negativ aus. Die starke Differenzierung der Arbeitsplätze erschwerte Solidarisierung schon im einzelnen Betrieb, um so mehr beim Arbeitsplatzwechsel, der für den Arbeiter eine wesentlich neue Arbeitssituation bringen konnte[31]. Bezogen auf GF müßte man danach zum Schluß kommen, daß sich auch hier bei den ungelernten Arbeitern die Fluktuation negativ auswirken mußte. Die Arbeitssituation gerade der ungelernten Arbeiter war stark differenziert – auch hinsichtlich der Löhne –, zum Teil bestanden ausgesprochen betriebsspezifische Arbeiten, und die Solidarisierung innerhalb der Tätigkeitsgruppe war schwierig. Tatsache ist, daß in Schaffhausen wie andernorts die Organisierung der Hilfsarbeiter auf große Schwierigkeiten stieß, und daß allgemein die gewerkschaftliche Organisation auf den Arbeits- und Berufsgruppen aufbaute. Erst während des Ersten Weltkrieges gelang es, erfolgreich Bewegungen der Gesamtarbeiterschaft zu führen und auch die ungelernten Arbeiter in stärkerem Maße zu integrieren, obwohl die Fluktuation ja gerade in diesen Jahren Spitzenwerte erreichte. Die gemeinsam erfahrene Not und der gemeinsame Kampf stellten aber jetzt das einigende Band her, das die zahlreichen Differenzierungen im Arbeits- und Wohnbereich in ihrer Wirkung weitgehend aufhob und eine gemeinsame bestimmende Erfahrung bedeutete.

3. Nationalität und Gegensatz Stadt-Land: Zwei Faktoren der Spaltung

Unterschiedliche soziale, geographische und kulturelle Herkunft der Arbeiter erschwerte die Solidarisierung der Arbeiter zur Vertretung gemeinsamer Interessen. Es traten Verständigungsschwierigkeiten auf, und dies nicht nur dort, wo unterschiedliche Sprachen gesprochen wurden. Ebenso machte es einen Unterschied aus, ob ein Arbeiter in der Stadt wohnte, also in der Regel in engem Zusammenhang mit anderen Arbeitern, oder mehr oder weniger isoliert in einem ländlichen Rahmen. Diese Faktoren bestimmten bis zu einem gewissen Grad auch das Verhalten der Arbeiter am Arbeitsplatz und in der Frage der gewerkschaftlichen Organisation. Sie müssen deshalb hier wenigstens in groben Zügen geklärt werden. In die folgende Darstellung geht dabei auch die Rekrutierungspolitik des Unternehmens ein, das sich dieser Zusammenhänge durchaus bewußt war und das versuchte, diese für seine Zwecke zu nützen – im Rahmen der Bedingungen, welche der Arbeitsmarkt und die eigene Nachfrage nach Arbeit setzten. Für das rasch wachsende Unternehmen stellte sich schon vor der Jahrhundertwende das Problem der Rekrutierung einer genügenden Zahl von Arbeitskräften mit den notwendigen Qualifikationen, die zudem den Arbeitsbelastungen einer Gießerei gewachsen waren. Es war nur zu lösen durch eine Erweiterung des Rekrutierungsfeldes und durch die Beschaffung von Wohnraum. Wie wir bereits festgestellt haben[32], verfolgte das Unternehmen dabei eine Strategie der Aufspaltung der Arbeiterschaft. Man bemühte sich, eine vollständige Konzentration der Arbeiterschaft in der Stadt Schaffhausen und den nächstliegenden Gemeinden möglichst zu verhindern, um damit die Möglichkeiten sozialistischer und gewerkschaftlicher Agitation einzuschränken. Dies war vor allem bei jenen Arbeitern möglich, die im ländlichen Umfeld von Schaffhausen rekrutiert werden konnten. Zahlreiche Arbeiter wanderten jedoch aus einem weiteren Umkreis zu – für sie mußte in Schaffhausen, teilweise durch das Unternehmen, Wohnraum beschafft werden[33].

Über das Ausmaß der Zuwanderung nach Schaffhausen bei den GF-Arbeitern läßt sich nur bei den Ausländern Genaueres aussagen. Unter dem Aspekt der Spaltung der Arbeiterschaft und deren Auswirkungen auf das Konflikt- und Organisationsverhalten der Arbeiter haben diese jedoch auch die größte Bedeutung. In der Zeit von 1890 bis zum Ersten Weltkrieg – für die frühere Zeit fehlen genauere Informationen – machten die Deutschen ständig einen großen Teil der Arbeiterschaft aus (vgl. Tab. 29). Unter ihnen befanden sich zahlreiche gelernte Arbeiter (Stahlgießer, Schlosser, Dreher). Nach 1900 wurden zudem in steigendem Ausmaß italienische Arbeiter beschäftigt, diese fast ausschließlich als Hilfsarbeiter, vor allem als Gußputzer und Gießereihandlanger[34]. Für diese schwersten und schlecht bezahlten Arbeitsplätze konnten offensichtlich Schweizer nur noch schwer rekrutiert werden, und ebenso wurden nur wenige deutsche Arbeiter in solchen Stellen beschäftigt. Nicht nur bezüglich der Sprache, sondern auch in der durchschnittlichen Qualifikation ist es offensichtlich notwendig, bei der Diskussion der ‚Ausländerfrage'[35] deutsche und italienische Arbeiter zu unterscheiden. Bei den Deutschen lag der Qualifikationsstand nicht unter jenem der schweizerischen Arbeiter (eher im Gegenteil), während die Italiener, die aus einem weitgehend ländlichen Milieu stammten, fast durchwegs unqualifiziert waren[36].

Tab. 29: Die Arbeiter nach Nationalität[37]
(in Prozent der beschäftigten Arbeiter)

	Schweiz	Deutschland	Italien	Andere	Ausländer total
1895	69,2	27,1	2,7	1,0	30,8
1901	64,5	24,6	7,8	3,1	35,5
1911	45,4	25,8	25,1	3,7	54,6
1925	77,5	16,5	6,0	–	22,5
1926	78,1	16,6	5,3	–	21,9
1927	75,5	19,3	5,2	–	24,5
1928	74,2	20,4	5,4	0,1	25,8
1929	72,7	22,0	5,2	0,0	27,3

Der Anteil der ausländischen Arbeiter lag in Schaffhausen wie in den anderen Grenzgebieten (Basel, Genf, Tessin) wesentlich über dem schweizerischen Durchschnitt. 1911 waren 49 Prozent der Schaffhauser Fabrikarbeiter Ausländer (bei GF 55 Prozent), bei einem schweizerischen Mittel von immerhin 22,3 Prozent. Im deutlichen Gegensatz zu GF beschäftigte die übrige Maschinen- und Metallindustrie eher unterdurchschnittlich viele Ausländer (1911: 20,2 Prozent). Besonders auffallend ist der Unterschied bei den Italienern, wo sich der hohe Anteil bei GF ja nicht wie bei den deutschen Arbeitern aus der grenznahen Lage erklären läßt. Machten 1911 die italienischen Arbeiter bei GF ein Viertel der Arbeiterschaft aus, so waren es in der ganzen Branche nur 6,9 Prozent. Die Erklärung dafür liegt vor allem in der relativ niedrigen durchschnittlichen Qualifikation der GF-Arbeiter[38].

Während des Krieges fielen die Ausländer als Arbeitskräfte weitgehend aus[39]. Um den riesigen Bedarf an Arbeitskräften dennoch zu decken, mußte das Unternehmen besondere Anstrengungen unternehmen. So wurden Anwerbeaktionen in den Berggebieten durchgeführt, zum Beispiel – in der Terminologie der Firma – eine ‚Tessineraktion' und ‚Walliseraktionen'. Zudem „wurden 1917 Leute aus unserer Firma in alle Landesgegenden der deutschsprachigen Schweiz ausgeschickt zur Leute-Werbung". Ebenso wurden in dieser Zeit arbeitslose Sticker aus dem St. Galler Rheintal vor allem als Maschinenarbeiter eingestellt[40].

In den zwanziger Jahren beschäftigte GF wieder zahlreiche ausländische Arbeiter, doch blieb ihr Anteil an der Belegschaft wesentlich niedriger als vor dem Krieg. Wenn man allerdings in Betracht zieht, daß in dieser Zeit in der Schweiz dauernd Arbeitslosigkeit herrschte, erscheint ihr Anteil dennoch als beträchtlich. Ausländer wurden vor allem dort beschäftigt, wo man – zu gegebenen Bedingungen – keine Schweizer mehr fand. So wurden in Italien (aber auch im Tessin) Anwerbeaktionen zur Gewinnung von Gußputzern und Gießereihandlangern durchgeführt, für welche in der deutschen Schweiz große Rekrutierungsschwierigkeiten bestanden[41]. Bei den Berufsarbeitern, die in den Konjunkturjahren 1924 bis 1925 und 1928 bis 1929 knapp waren, griff GF auf den deutschen Arbeitsmarkt zurück: 1924 beschaffte man sich Dreher in Gaggenau bei Daimler und Stahlgießer im Rheinland: „Die ehemaligen Gießermeister Köhler und Schwalbenbach wurden in ihre Heimat nach Annen und Dortmund/Westfalen geschickt mit dem Auftrag, Handformer aus den dortigen großen Stahlgießereien anzuwerben."[42] 1926 bis 1929 warb man Gießer in Österreich, Maschinenformer in Bochum und Modellschreiner aus Deutschland. „Der Betriebsleiter, Herr Thein, fuhr selbst nach München, Ravensburg und Leipzig und suchte sich seine Leute an Ort und Stelle selbst aus."[43] Diese Arbeiterbeschaffungsaktionen profitierten vom hohen Kurs des Schweizer Franken, welcher den vorübergehenden Arbeitsaufenthalt in der Schweiz für Ausländer interessant machte. Die deutschen Arbeiter waren zu einem großen Teil Grenzgänger. Darunter waren auch Arbeiter aus anderen Teilen Deutschlands, die gezwungen waren, in der deutschen Nachbarschaft von Schaffhausen zu wohnen, da sie keine Aufenthaltsbewilligung in der Schweiz erhielten. Dies erschwerte die gewerkschaftliche Organisierung dieser Arbeiter, vor allem weil sie am Abend früh auf den Zug mußten und man sie deshalb kaum an Gewerkschaftsversammlungen brachte[44]. Zwei Spaltungsmomente überlagerten sich hier also: Zum potentiellen Gegensatz zwischen Schweizern und Ausländern, welche in dieser Situation zum Teil eine lohndrückende Funktion hatten, kam die räumliche Trennung, welche Solidarisierung und gemeinsame Aktivität erschwerte.

Zum Problem des Einflusses der Ausländer auf Bewußtsein, Organisations- und Konfliktverhalten der Arbeiter sind hier wohl noch einige Bemerkungen notwendig: Von verschiedenen Autoren ist die These aufgestellt worden, es seien vor allem oder wesentlich die ausländischen Arbeiter gewesen, die zur Entwicklung und zur Radikalisierung der Arbeiterbewegung in der Schweiz entscheidend beitrugen[45]. So schreibt etwa Erich Gruner zum ‚Ablösungsprozeß' der Arbeiterschaft von der bürgerlichen Gesellschaft nach der Jahrhundertwende:

An erster Stelle nennen wir das Problem der ausländischen Arbeiter. Die Virulenz, mit welcher der Klassenkampf nach 1900 entfacht werden konnte, hing wesentlich davon ab, wie groß der Ausländeranteil an der Arbeiterschaft war, wie stark unter ihrem Einfluß anarchosyndikalistische Methoden Eingang fanden und damit die entschlossene Gegenwehr von Arbeitgebern und Staat förderten. ... Während das Klassenverhalten der englischen Arbeiter mit wachsendem Irländer-Anteil abnahm, begünstigte die geschilderte Konfliktlage in der Schweiz die Solidarisierung der Schweizer mit den politisch rechtlosen und darum auf die gewerkschaftliche Organisation besonders angewiesenen Ausländern[46].

Diese Auffassung erscheint – zumindest am Beispiel Schaffhausen betrachtet – kaum haltbar. Sie vernachlässigt die Differenz zwischen den deutschen Arbeitern, die den Schweizern hinsichtlich beruflicher Qualifikation nicht nachstanden und in sprachlicher wie kultureller Hinsicht relativ geringe Anpassungsschwierigkeiten hatten, und den weitgehend unqualifizierten italienischen Arbeitern. Die ersteren lassen sich vor 1914 in ihrem Organisations- und Konfliktverhalten kaum von den Schweizern unterscheiden. Soweit sie gelernte Arbeiter waren, hatten sie wesentlichen Anteil am Aufbau der gewerkschaftlichen Organisation, doch waren sie in dieser keineswegs so bestimmend, wie oft angenommen wird[47]. Die italienischen Arbeiter dagegen ließen sich kaum gewerkschaftlich organisieren und neigten zu individualistischen und spontaneistischen Protest- und Konfliktformen. Sie verhielten sich in bezug auf die organisierte Arbeiterbewegung kaum anders als unqualifizierte schweizerische Arbeiter. Zumindest für die Metall- und Maschinenindustrie gilt auch der von Gruner konstatierte Gegensatz zum Problem der ebenfalls unqualifizierten Iren in England nicht, und es kann auch nicht festgestellt werden, daß der hohe Ausländeranteil in Schaffhausen und bei GF ‚anarchosyndikalistischen' Ideen Eingang verschafft hätte. Der Platz Schaffhausen blieb dagegen vielmehr bemerkenswert resistent[48]. Fehlen also positive Beziehungen zwischen Ausländeranteil und Arbeiterbewegung weitgehend, so fiel umgekehrt ins Gewicht, daß die ausländischen Arbeiter als Konkurrenten der Schweizer auf dem Arbeitsmarkt auftraten und so tendenziell Lohndrücker darstellten. Je schlechter die Arbeitsmarktlage war und je stärker sich die Ausländer in ihrem Verhalten von den Schweizern unterschieden, desto eher konnte aus der strukturellen Konkurrenzsituation eine offene Rivalität werden, welche die Solidarisierung gegen den Klassengegner erschwerte. Die ausländischen Arbeiter erscheinen deshalb – in ihrer Gesamtheit, nicht als einzelne – nicht als förderndes, sondern als die Entwicklung der Arbeiterbewegung eher hemmendes Element.

Die Arbeiter nach Wohnort

GF rekrutierte schon früh einen großen Teil seiner Arbeiter aus den ländlichen Gemeinden um Schaffhausen[49]. 1913 wurde im Bericht über die Wohlfahrtseinrichtungen festgestellt, zur „Ergänzung der Bestände an deutschsprechenden Leuten" sei man fast ausschließlich auf die Landgemeinden angewiesen[50]. 1913 kamen zum Beispiel ca. ein Fünftel der Arbeiter mit der Bahn[51], mindestens ebenso viele, wahrscheinlich aber wesentlich mehr, dürften aus der näheren Umgebung der Stadt zu Fuß oder mit dem Fahrrad gekommen sein. Genauere Angaben lassen sich erst für die zwanziger Jahre machen, als ca. 55 Prozent der Arbeiter außerhalb der Stadt Schaffhausen wohnten[52]. Nach einer Angabe in der Arbeiterkommission kamen 1925 ca. 1300 Arbeiter, d. h. mehr als die Hälfte mit der Bahn zur Arbeit[53].

Worin lagen die Auswirkungen dieser Wohnortverteilung für die Arbeiterbewegung? Wie schon gesagt, war das Unternehmen selbst der Ansicht, daß die ländliche Arbeiterschaft in geringerem Maß für die Arbeiterbewegung gewonnen werden konnte. Dafür lassen sich auch einige Gründe nennen, die allerdings im Rahmen dieser Arbeit nicht genauer überprüft und gewichtet werden können[54]: – Die vom Lande stammenden Arbeiter waren in geringerem Maße mobil als die städtischen, da sie oft noch in eigenen Häusern wohnten, etwas Land besaßen und bis zu einem gewissen Grad noch landwirtschaftliche Selbstversorgung betrieben[55]. Da zudem die berufliche Qualifikation im allgemeinen niedrig war, waren die Möglichkeiten dieser Leute, Arbeit zu finden, sehr beschränkt. Daraus mußte in der Regel eine vorsichtige Haltung gegenüber dem Arbeitgeber resultieren. – Die ländlichen Arbeiter waren von der Kommunikation teilweise abgeschnitten, die sich in städtischen Arbeiterquartieren entwickelte, und sie hatten auch schlechteren Zugang zur Subkultur der Arbeiterbewegung – angefangen bei den Schieß-, Gesangs- und Turnvereinen – und waren dafür noch stärker in einem überwiegend ländlichen Milieu eingebunden. – Dazu kam, daß sie gerade in der Wohnsituation wahrscheinlich gegenüber einem großen Teil der in der Stadt wohnenden Arbeiter privilegiert waren. Zumindest vor 1914 waren die Wohnverhältnisse in Schaffhausen für einen Großteil der Arbeiter außerordentlich schlecht. Sie seien möglicherweise schlimmer als in Großstädten, stellte 1910 selbst der Stadtrat fest[56]. Die Wohnhäuser vor allem in der Altstadt waren eng und überfüllt. Eine Kanalisation fehlte, die Wasserversorgung war von zweifelhafter Qualität[57]. Zahlreiche ledige Arbeiter mußten sich Schlafplätze als Untermieter suchen, und viele Familien mußten „jeden nur einigermaßen zum Wohnen benutzbaren Raum mit Betten versehen und solchen als Schlafraum benützen". Die gemeinsame Benützung von Betten komme noch häufig vor, schrieb der Schaffhauser Sozialpolitiker Heinrich Siegrist-Scheitlin[58]. Bis zum Ersten Weltkrieg entstanden zwar auch neue Arbeiterwohnungen außerhalb der Altstadt, wo die Wohnverhältnisse besser waren und meist auch Gärten zu den Wohnungen gehörten. Doch genügte dies nicht, um die allgemeinen Verhältnisse wesentlich zu verbessern. Die Wohnsituation verschärfte sich durch das Wachstum der Industrie eher noch, die Mietzinse stiegen[59]. Am stärksten betroffen von den schlechten Verhältnissen waren die überdurchschnittlich fluktuierenden Teile der Arbeiterschaft, d. h. vor allem ungelernte Arbeiter und in erster Linie die Ausländer, deren Lebenssituation auch in dieser Hinsicht von jener der ländlichen Hilfsarbeiter abwich.

4. *Die Beschäftigungspolitik in Krisen*

Die ständige Gefahr des Arbeitsplatzverlustes durch Entlassung stellt ein wichtiges Element der Arbeitsbedingungen des Lohnarbeiters dar. Am aufschlußreichsten wäre hier, wenn die Berufsschicksale einzelner Arbeiter, die Zahl der freiwilligen und unfreiwilligen Stellenwechsel und die jeweiligen Löhne untersucht, und die Dauer von Arbeitslosigkeit gemessen werden könnten. Im Rahmen der Untersuchung eines Einzelbetriebes ist dies nicht zu leisten. Es läßt sich aber untersuchen, wie sich die Zusammensetzung der Arbeiterschaft unter verschiedenen Gesichtspunkten durch die Beschäftigungspolitik des Unternehmens veränderte.

Die Entwicklung der Arbeiterzahlen zeigt eine andauernde Gefährdung der Arbeitsplätze. Im Zeitraum der Untersuchung weisen von vierzig Jahren zehn einen sinkenden Stand der Beschäftigung im Jahresdurchschnitt auf. In acht Jahren betrug der Rückgang mehr als 10, in vier Jahren mehr als 20 Prozent[60]. Beschäftigungsrückgänge dieses Ausmaßes mußten – vielleicht mit Ausnahme der Jahre 1918 und 1919, in welchen eine Umstellung auf Friedensproduktion erfolgte – zu Entlassungen führen, da die Fluktuation in Krisenjahren jeweils stark zurückging. Zu den Kriterien bei diesen Entlassungen lassen sich erst für die zwanziger Jahre genauere Angaben machen, doch die Entwicklung des Arbeiterstamms zeigt, daß bereits vor 1914 die bisherige Dauer der Beschäftigung das größte Gewicht hatte. Für die zwanziger Jahre gilt dies auf jeden Fall in ausgeprägtem Maß. Von den 1921 offiziell wegen Mangel an Arbeit Entlassenen[61] waren ca. 95 Prozent weniger als sieben Jahre im Unternehmen beschäftigt. 1926 wurden ebenfalls die Neueingetretenen viel rascher entlassen (vgl. dazu Tabelle 30). Umgekehrt zeigen jedoch diese Angaben auch, daß lange Beschäftigung keine absolute Garantie gegen Entlassung darstellte. Unter den Entlassenen von 1921 befanden sich zum Beispiel Arbeiter, die schon 1906 oder früher bei GF eingetreten waren[62].

Tab. 30: Austritte bzw. Entlassungen nach Dienstalter[63]
(in Prozent der Beschäftigten der Dienstaltersgruppe)[64]

Dienstjahr[65]	1926	1928	1929	1926 zu 1928/29[66]
2. & 3.	47,8	30,8	28,0	1,63
4. & 5.	20,3	13,8	9,5	1,74
6. bis 10.	14,5	5,6	5,0	2,74
über 10	8,0	7,6	5,3	1,24

Tabelle 30 zeigt indessen deutlich, daß die Politik des Unternehmens im ganzen danach ging, die länger Beschäftigten auf Kosten der Neuen zu behalten. Die Abgänge bei den länger als neun Jahre Beschäftigten dürften 1926 kaum mehr auf Entlassungen, sondern weitestgehend auf Krankheit, Tod, Arbeitsunfähigkeit usw. zurückzuführen sein. Wie es den Erwartungen entspricht, hatten die am wenigsten lange beschäftigten

Arbeiter die höchste Ausfallrate. Doch – und das scheint bemerkenswert – im Vergleich mit Konjunkturjahren waren es vor allem die zwischen sechs und zehn Jahren im Unternehmen beschäftigten Arbeiter, die zu Opfern der Krise wurden. Hier ist der Anteil der ausscheidenden Arbeiter gegenüber Konjunkturjahren mit Abstand am stärksten erhöht. Dies zeigt, daß hier vom Unternehmen noch in starkem Maß selektioniert wurde. Weniger leistungsfähige oder aus anderen Gründen mißliebige Arbeiter wurden ausgeschieden.

Die Entlassungen lassen sich auch nach einigen anderen Kriterien wie Zivilstand, Alter und Qualifikation aufschlüsseln. Dabei zeigt sich[67], daß jüngere und ledige Arbeiter häufiger entlassen wurden. Der Zusammenhang ist beim Lebensalter jedoch wesentlich schwächer als beim Kriterium Dienstalter[68], wohingegen dem Zivilstand zumindest in den zwanziger Jahren großes Gewicht zugemessen wurde. In stärkerem Maße entlassen wurden eindeutig die Frauen, vor allem in der Krise 1921/1922, wobei sich die Geschäftsleitung auch auf entsprechende Wünsche in der Arbeiterkommission stützen konnte[69]. Gelernte Arbeiter wurden in etwas geringerem Maß entlassen als ungelernte. Daß die Differenz nicht größer ausfällt, zeigt, daß auch un- und angelernte Arbeiter in die Stammbildung einbezogen wurden. Zuverlässige Arbeiter in unattraktiven Bereichen wie etwa der Gußputzerei oder leistungsfähige spezialisierte Maschinenarbeiter waren offenbar für das Unternehmen kaum weniger wertvoll als qualifizierte Berufsarbeiter.

Der Vergleich der Entlassungen nach Nationalität ergibt, daß 1926 kein Unterschied zwischen Schweizern und Deutschen bestand, wogegen die italienischen Arbeiter in stärkerem Maß entlassen wurden[70]. Keine Unterlagen liegen zu einem weiteren wichtigen Selektionskriterium vor: der gewerkschaftlichen und politischen Aktivität. Politisch motivierte Entlassungen in Krisen fanden zweifellos statt, doch lassen sie sich von Entlassungen aus anderen Gründen nur schwer unterscheiden. Ein Beispiel für solche Entlassungen läßt sich indessen für die Filiale Singen anführen:

> Vom 20. September bis 22. Oktober wurde die Arbeitszeit in Singen auf 24 Wochenstunden eingeschränkt. Die gesetzlichen Bestimmungen über die Festsetzung der Löhne und Arbeiterentlassungen erforderten diese weitgehende Einschränkung, damit die Betriebsleitung im Stande war, nach Verlauf von ca. 4 Wochen überzählige Arbeitskräfte nach und nach zu entlassen und gleichzeitig Elemente, welche gewalttätige politische Auseinandersetzungen fördern, aus den Betrieben zu entfernen. Nachdem diese Aufgabe erfüllt war, konnte ab 22. Oktober die Arbeitszeit auf 32 Wochenstunden erhöht werden[71].

Es wird hier deutlich, daß zwischen Wirtschaftslage, Kurzarbeit und Entlassungen kein eindeutig ökonomisch bestimmter, unveränderbarer Zusammenhang besteht. Der Spielraum für eine gezielte Beschäftigungspolitik des Unternehmens ist beträchtlich. Dies zeigt sich auch beim Vergleich von Absatz und Beschäftigtenzahlen in den Schaffhauser Werken (vgl. Tab. 31). Bei der Fittingsproduktion ergab sich der Entscheidungsspielraum vor allem aus der Möglichkeit, auf Lager zu arbeiten. Beim Stahlguß, der weitgehend auf Bestellung hergestellt wurde, war das nur in geringem Maß möglich. Eine Alternative zu Entlassungen lag jedoch auch in der Einführung von Kurzarbeit. Als drittes Moment bestand wenigstens kurzfristig die Möglichkeit zur Durchführung von ‚Notstandsarbeiten‘, d. h. von außerordentlichen Instandhaltungs- und Ausbauarbeiten mit eigenem Personal. Beispiele für eine solche Politik lassen sich leicht nennen: 1901 sank der Absatz an Fittings und Temperguß um 36 Prozent (wertmäßig), die Zahl der Arbeiter in dieser Abteilung jedoch nur um ca. fünf Prozent. 1902 stieg der Absatz dagegen bereits wieder um 15 Prozent, während die Zahl der Beschäftigten um weitere 25 Prozent absank. In diesem Fall versuchte das Unternehmen vorerst mit Arbeit auf Lager und teilweise mit Kurzarbeit Entlassungen zu vermeiden. Im folgenden Jahr kam es dagegen zu umfangreichen Entlassungen, obwohl sich der Absatz bereits wieder leicht erholte. Ebenso wurden im ersten Krisenjahr in verstärktem Maß Ausbau- und Instandhaltungsarbeiten durchgeführt, worauf der relativ gestiegene Anteil der Beschäftigten im Nebenbetrieb hindeutet[72]. Im zweiten Krisenjahr erfolgte auch hier ein starker Personalabbau. Ähnlich war das Verhalten in der Krise von 1920 bis 1922 und in geringem Maß auch 1926/1927.

Tab. 31: Rückgang der Beschäftigtenzahlen und des Absatzes in Wirtschaftskrisen[73] (in Prozent)

	Arbeiter	Absatz
1900–1902	−41	−30
1907–1908	−21	− 1
1913–1914	−17	−13
1917–1919	−24	−15
1920–1922	−42	−58
1925–1927	−17	−15
1930–1933	−44	

Wesentlich anders stellte sich die ‚Krise' von 1908 dar. Diese war für GF eigentlich gar keine Krise, sondern höchstens eine Phase der Stagnation. Dennoch kam es bereits 1908 zu massiven Entlassungen. Die Geschäftsleitung war offenbar der Auffassung, daß bei den bestehenden Konjunkturaussichten eine Erhöhung der Lagerbestände nicht ratsam sei. Ähnlich war die Reaktion 1913 und 1919, ebenso 1926 im Stahlguß, wo ein Absatzrückgang von 39,3 Prozent einen Personalrückgang von 36,2 Prozent auslöste[74].

Auch in den Krisenjahren, in denen die Belegschaft nicht im selben Maß abgebaut wurde wie der Absatz zurückging, waren Kurzarbeit und sonstige Krisenmaßnahmen sofort begleitet von Entlassungen in beträchtlichem Ausmaß. Der Entscheid über die jeweilige Beschäftigungspolitik wurde natürlich von zahlreichen Faktoren beeinflußt, so von den mittelfristigen Absatz- und Arbeitsmarkterwartungen. Ein bedeutsamer Faktor war aber zweifellos auch die Politik des Unternehmens gegenüber der Arbeiterschaft. In gewissen ökonomisch gesetzten Grenzen bestand eine Wahlmöglichkeit zwischen einer ‚harten' Politik, welche versuchte, das Unternehmen zu ‚säubern', dabei allerdings das Risiko einging, daß sich auch die Haltung der Arbeiterschaft verhärtete und sich die Klassenauseinandersetzungen verschärften, und einer ‚arbeiterfreundlichen' Politik, die versuchte, Entlassungen auf das aus wirtschaftlichen Gründen unvermeidbare Maß zu beschränken, in der Erwartung, damit das innerbetriebliche Klima zu verbessern und radikaler Agitation den Boden zu entziehen. Eine klare Tendenz läßt sich im Verlauf der Zeit nicht feststellen. Mit einigem Vorbehalt kann man sagen, daß sich von 1908 bis 1914 die harte Politik durchsetzte, während vorher und nachher versucht wurde, Entlassungen möglichst zu vermeiden oder hinauszuschieben.

5. *Sozialeinrichtungen*

Als letzter Abschnitt in der Entwicklung der Bedingungen der individuellen und kollektiven Arbeitssituation und der weiteren betrieblichen Arbeitsbedingungen folgt hier eine Darstellung der Sozialeinrichtungen. Die Sozialeinrichtungen des Unternehmens von der Krankenkasse bis zu den Fahrgeldbeiträgen für auswärts wohnende Arbeiter gehören zu den Arbeitsbedingungen im weiteren Sinn. Sie beeinflussen die Einstellung der Arbeiter zur Firma.

> Obwohl von den Arbeiterführern ins Lächerliche gezogen, werden eben die Wohlfahrtseinrichtungen, Weihnachtsgeschenke etc. im Allgemeinen von der Arbeiterschaft sehr gewürdigt und werden Geschäfte, die diese Einrichtungen besitzen, unbedingt vorgezogen[75].

Zumindest teilweise stellen diese Einrichtungen echte Leistungen für die Arbeiter dar und sind somit eigentlich Lohnbestandteile. Charakteristisch für sie ist jedoch, daß die Verteilung nicht nach Leistungskriterien erfolgt und daß die Kriterien der Verteilung vom Unternehmen und nicht von den Arbeitern bestimmt werden[76]. Die Sozialeinrichtungen haben damit eine Funktion in der Klassenauseinandersetzung als Kampfmittel des Unternehmens gegen die Arbeiterorganisationen. Der Unternehmer versucht sich so ein soziales ,Image' zu verschaffen, davon ausgehend, daß die so eingesetzten Gelder in höherem Maß zu einer Verbesserung der Arbeitszufriedenheit beitragen, als wenn sie direkt als Lohn ausbezahlt würden. Zudem konnten so innerhalb der Arbeiterschaft Gegensätze zwischen privilegierteren und weniger privilegierten Arbeitern erzeugt werden, die eine Solidarisierung der Arbeiterschaft erschweren. Jürgen Kocka beschreibt, wie Siemens in Berlin anfangs des 20. Jahrhunderts diese Politik vorübergehend aufgab:

> Hatte man in den 1890er Jahren noch Jubiläumsfeiern für alte Arbeiter veranstaltet, bei denen der ganze Saal profitierte, hatte man manchen Arbeitern noch eine Weihnachtsgratifikation gegeben, so hörte das nun auf. Man änderte diese Zuwendungen in das um, was sie zum Teil schon waren: in Lohnbestandteile, damit sie in den nun ausgearbeiteten Lohnstatistiken erschienen. Die kleinen individualisierenden Differenzen, die so nützlich gewesen waren, um die Entstehung einer homogenen Arbeiterschaft zu verhindern und die Loyalität der einzelnen zu sichern, mußten der Uniformität weichen...[77].

In der Folge verschärften sich die Kämpfe bei Siemens drastisch, die Gewerkschaften vermochten sich in stärkerem Maße in der Firma durchzusetzen. ,,Eine Änderung dieser Lage trat erst dann ein, als die Firma die Tradition ihrer früheren Arbeiterpolitik aufgriff und an die neue Situation anpaßte." Jubiläumsgeschenke und Gratifikationen wurden wieder eingeführt und der Unternehmensleitung gelang es schließlich sogar, mit einem subventionierten ‚gelben' Hausverband die Gewerkschaften für ein Jahrzehnt fast vollständig aus dem Unternehmen zu verdrängen[78].

Die Herausbildung der Sozialeinrichtungen im 19. Jahrhundert

Das Beispiel Siemens ist hier vor allem deshalb interessant, weil das Unternehmen in direkter Folge zwei verschiedene Strategien gegenüber der Arbeiterschaft ausprobierte und so die Bedeutung dieser ‚Sozialeinrichtungen' exemplarisch aufzeigte. Bei GF lassen sich in der Sozialpolitik keine ähnlichen Sprünge feststellen. Die Sozialeinrichtungen wurden – mit wenigen Ausnahmen – im Laufe der Zeit stets weiter ausgebaut. Doch der Zusammenhang mit der Entwicklung der Arbeiterorganisationen läßt sich zumindest in der früheren Zeit ebenfalls deutlich zeigen. Vor 1896 – dem Gründungsjahr der Aktiengesellschaft – bestanden kaum formelle Sozial- oder Wohlfahrtseinrichtungen. Wichtigste Ausnahme war die Krankenkasse, die 1867 gegründet wurde. Die Gründung fiel in eine Zeit, in der auch in Schaffhausen eine gewerkschaftliche Agitation im Gange war[79]. Ein Zusammenhang ist also nicht auszuschließen, wenn auch positive Anhaltspunkte für eine Bewegung in der noch sehr kleinen Arbeiterschaft von Georg Fischer fehlen. 1876 schloß Fischer zudem eine Unfallversicherung für seine Arbeiter ab, womit er dem im Fabrikgesetz von 1877 enthaltenen Obligatorium (d. h. der Haftung des Unternehmers bei Betriebsunfällen) knapp zuvorkam[80]. Nach der Darstellung von Johannes Müller entstand das erste Arbeiterwohnhaus von Fischer bereits 1868. Maßgebend dafür war wohl „der Wunsch des Unternehmers, eine Anzahl seiner Werksangehörigen, die für die Aufrechterhaltung des Betriebes besonders wichtig waren, in der Nähe der Fabrik anzusiedeln, um sie jederzeit und rasch zur Hand zu haben"[81]. Ab den achtziger Jahren wurden in größerem Umfang, vor allem im Mühletal, Wohnhäuser gekauft, teilweise zur Sicherung des Raumes für spätere Expansion der Betriebe. In dieser Zeit wurde ebenfalls die erste Kantine eingerichtet, unter anderem Zeugnis dafür, daß bereits damals die Arbeiterschaft in einem größeren Umkreis rekrutiert wurde[82]. Bis gegen Ende des 19. Jahrhunderts gingen die organisierten Aktivitäten des Unternehmens im Sozialbereich nicht darüber hinaus. Sozialhilfe in Notfällen wurde vom Unternehmer in patriarchalischer Weise geleistet[83]. Da keine Altersversicherung bestand, wurden alte Arbeiter solange beschäftigt, wie sie mehr oder weniger arbeitsfähig waren. Dies war auch im 20. Jahrhundert teilweise noch der Fall[84].

In den neunziger Jahren bei steigenden Beschäftigtenzahlen und einer sich komplizierenden Leitungsstruktur schwand der Kontakt des Unternehmers zu den Arbeitern mehr und mehr. 1887 stieg die Belegschaft in Schaffhausen von 111 auf 162 und sank nach 1890 nicht mehr unter 300. Dazu kam ab 1895 die Filiale in Singen. Zur Erzielung einer Bindung der Arbeiter an den Unternehmer bzw. an das Unternehmen mußten neue Wege gesucht werden. Georg Fischer III war dieses Problem offenbar bewußt. Jedenfalls unternahm er Versuche, diese Beziehung, die im Betrieb nicht mehr gegeben war, auf andere Weise herzustellen. So führte er bereits in den neunziger Jahren Betriebsweihnachtsfeiern durch, welche „die gegenseitige Achtung und das daraus erwachsende Zutrauen" fördern sollten[85]. Anlaß zu einem weiteren Ausbau der Sozialeinrichtungen wurde bei GF die gewerkschaftliche Organisationstätigkeit, welche 1898 in der ‚Hülfsarbeitergewerkschaft Mühlenthal' zum ersten Mal größere Arbeiterschichten erreichte. Georg Fischer reagierte einerseits mit der Gründung der Arbeiterkommission, welche den Einfluß der Gewerkschaft im Betrieb zurückdrängen sollte. Dies konnte jedoch nur dann gelingen, wenn loyal zum Unternehmen stehende Arbeiter gefunden wurden, die diese Organisation tragen und damit ein Gegengewicht zu der Gewerkschaft bilden konnten. Der zeitliche Zusammenhang spricht dafür, daß Fischer die Einführung der Alterssparversicherung dazu als geeignetes Mittel ansah. Diese kam nur Arbeitern zugute, die länger als fünf Jahre im Unternehmen tätig waren. Sie spaltete also den Arbeiterstamm, der möglicherweise ohnehin noch eine engere Beziehung zum Unternehmer hatte von den neuen Arbeitern, unter denen wir die Aktivisten der neuen Gewerkschaftsbewegung annehmen können. Der Erfolg dieser Taktik ist natürlich vor allem kurzfristig schwer zu beurteilen, doch ist immerhin bemerkenswert, daß in einem schweren Arbeitskonflikt 1899 der Streikbeschluß nicht zustande kam, da nur etwa die Hälfte der Arbeiterschaft für ihn eintrat[86]. Dies im Gegensatz zu einem inhaltlich äußerst ähnlichen Konflikt bei der erst 1891 gegründeten Firma Brown Boveri im selben Jahr, wo noch kaum ein Arbeiterstamm bestand[87].

Nach 1900 lassen sich nicht mehr so direkte Bezüge zwischen den Sozialeinrichtungen und betrieblichen Konflikten aufzeigen. Je stärker die Sozialeinrichtungen institutionalisiert wurden, und je komplexer das System der Zuwendungen sich gestaltete, desto weniger sind Auswirkungen und Erfolge direkt sichtbar. In der folgenden Darstellung der beiden wichtigsten Bereiche der Sozialaufwendungen, den Alterszulagen und dem Bau von Firmenwohnungen, wird immerhin deutlich, daß die Geschäftsleitung diesen Einrichtungen ständig große Bedeutung zumaß und ihre Wirkung positiv einschätzte.

Altersversicherung

In der Wirtschaftskrise nach der Jahrhundertwende wurden zwar die Beiträge an die eben erst gegründete Sparversicherung vorübergehend eingestellt, doch bedeutete dies keine grundsätzliche Änderung der Geschäftspolitik. Die sozialpolitische Nützlichkeit der Einrichtung wurde nicht in Frage gestellt, diese erschien jedoch als zu teuer. Die Diskussion, die darüber im Verwaltungsrat geführt wurde, erhellt die Funktion, welche dieser Einrichtung zukam. Der Ausschuß hatte vorgeschlagen, die Beiträge für das Jahr 1902 aus finanziellen Gründen auf ein Drittel zu reduzieren. Die Verwaltungsräte gelangten jedoch zu einem anderen Schluß:

In Bezug auf die Beurteilung, welche irgendwelche Reduction der Alterszulagen insbesondere in der Arbeiterpresse erfahren würde, sind die Mitglieder des Verwaltungsrates überdies der Ansicht, daß ein gänzlicher Wegfall und eine Reduction um zwei Drittel in durchaus gleicher Weise behandelt werden dürfte[88].

Entscheidend war also die Beurteilung des propagandistischen Effekts. Die Sozialeinrichtungen hatten für das Unternehmen vorwiegend eine Legitimationsfunktion. Sie sollten demonstrieren, daß die Unternehmer von sich aus, freiwillig, bereit waren, den Arbeitern zu anständigen Lebensbedingungen zu verhelfen, ohne daß es dazu der Gewerkschaften bedurfte. In diesem Sinne fiel der Entscheid, der vor allem mit Rücksicht auf die ebenfalls leer ausgehenden Aktionäre begründet wurde, keineswegs leicht. Die Reaktion der Arbeiterbewegung wurde genau registriert: „Ferner soll der Arbeiterkommission von der Auffassung Kenntnis gegeben werden, welcher die jüngsten Hetzartikel des ‚Metallarbeiter' beim Verwaltungsrath begegnen." Zudem wurde der Arbeiterkommission versprochen, „daß der Verwaltungsrath bemüht sein werde, anstelle der Alterszulagen einen andern Modus der Arbeiterunterstützungen ausfindig zu machen"[89]. Tatsächlich erstattete im folgenden Jahr Verwaltungsrat Schäfer einen Bericht an den Verwaltungsrat über die Wohlfahrtseinrichtungen, in welchem er für die Wiedereinführung der Sparversicherung zu reduzierten Ansätzen plädierte.

So sehr nun auch die Überzeugung feststeht, daß das bisherige System resp. die Höhe der Alterszulagen mit Rücksicht auf die daraus für das Geschäft resultirenden übermäßigen Lasten nicht aufrecht erhalten werden kann, so scheinen doch die Mitglieder des Ausschusses und wohl auch der Direktion der übereinstimmenden Ansicht zu sein, daß eine einfache Beseitigung der Alterszulagen ohne irgend eine Gegenleistung nicht angehe und daß eine solche von Seiten der Arbeiter als eine Ungerechtigkeit und rigorose Verletzung ihrer Interessen empfunden werden müßte, die für die Gesellschaft unter Umständen von schweren, nachteiligen Folgen begleitet sein könnte[90].

Nach einer Diskussion der Leistungen vergleichbarer Firmen stellte er fest:

Immerhin geht aus der Zusammenstellung deutlich hervor, daß unsere Gesellschaft in Bezug auf ihre Aufwendungen zu Wohlfahrtszwecken nahezu mit in erster Linie rangirt, wenn die Alterszulage in ungefähr bisheriger Höhe fernerhin ausgerichtet wird, daß wir aber ohne diese so ziemlich ins hinterste Treffen der zum Vergleich herangezogenen Etablissements versetzt würden... Einmal unter Berücksichtigung dieses Umstandes, sodann aber namentlich im Hinblick darauf, daß die Institution der Alterszulage nicht nur für den Arbeiter von großem Segen, sondern auch ohne allem Zweifel für das Geschäft von beträchtlichem indirektem Nutzen ist, indem sicherlich das successive Anwachsen eines großen Stocks ständiger, guter Arbeiter zu einem schönen Teil auf ihr Conto zu setzen sein dürfte, komme ich zu dem Schlusse, daß die Alterszulagen nach bisherigem Regulativ auch für die Folge auszurichten seien[91].

Die Zahlungen für die Altersversicherung wurden im folgenden Jahr wieder aufgenommen, allerdings zu reduzierten Ansätzen. Da diese indessen in der Folgezeit weder der Inflation noch den steigenden Reallöhnen angepaßt wurden, sank ihr relatives Gewicht ständig[92]. Auch nach langjähriger Betriebszugehörigkeit ergaben sie nicht annähernd eine Alterssicherung. Offenbar zur Kompensation dieses Substanzverlustes der Alterszusagen gewährte das Unternehmen ab 1916 einzelnen ehemaligen Arbeitern Pensionen. Modus und Höhe dieser Zahlungen wurden nicht durch ein Reglement festgelegt. Das Unternehmen hielt sich Höhe und Dauer der Zahlungen völlig frei[93]. Von 1921 bis 1929 wurden durchschnittlich 57 Arbeiter mit im Mittel 906

Franken jährlich unterstützt[94]. Dies entsprach immerhin 28,4 Prozent des Durchschnittslohnes dieser Jahre. Die Zahl der unterstützten Arbeiter war dagegen im Vergleich zur Zahl der Beschäftigten relativ gering. Nur langjährige GF-Arbeiter, und auch diese nur zum Teil, kamen in den Genuß dieser Pensionen.

In einer ,Vorlage über die Einführung der Alters- und Hinterbliebenen-Versicherung für die Werksangehörigen der Stahlwerke' wurde 1929 an den Alterszulagen vor allem kritisiert, daß durch die bloße Sparversicherung im Falle eines frühen Todes den Angehörigen nur eine ganz geringe Summe ausbezahlt werden könne. Alte Arbeiter zögen zudem eine jährliche Rente dem Sparguthaben vor, da nur diese ihnen die Sicherheit gebe, ,,nicht im hohen Alter mittellos und auf fremde Hilfe angewiesen zu sein". Dieselbe Kritik übte der Verfasser an den Pensionen der Firma, die, da kein Rechtsanspruch auf sie bestehe, ebenfalls dem Arbeiter keine Garantie auf ein finanziell einigermaßen gesichertes Alter geben könnten. Der Wert, den die Arbeiter den Alterszulagen und den freiwilligen Pensionen des Unternehmens zumaßen (und damit der Wert, den diese Einrichtungen unter dem Aspekt der Sicherung eines unternehmensloyalen Arbeiterstamms für das Unternehmen hatte), wurde also von zwei Seiten her beschränkt. Bei den Zulagen durch das vorher gezeigte Absinken der relativen finanziellen Leistung, bei den Pensionen durch das Fehlen eines rechtlichen Anspruchs und der damit verbundenen Sicherheit sowie dadurch, daß nicht alle Arbeiter, die zur Stammarbeiterschaft gehörten, auf diese Leistungen rechnen konnten. Es wurde konstatiert, daß die Arbeiter in erster Linie eine Ausdehnung der Angestellten-Pensionskasse auch auf die Arbeiter wünschten.

> In der am 31. Dezember 1928 abgehaltenen Sitzung der Arbeiterkommission der Schaffhauser-Werke hat ein Mitglied der Belegschaften des Werkes III diesem Wunsch in der Form Ausdruck gegeben, daß es die Aufstellung eines Reglementes für die Pensionierung der Arbeiter beantragte, und zwar insbesonders für solche Arbeiter, die nach ca. 25jähriger Dienstzeit sich in den Ruhestand begeben möchten[95].

Der Berichterstatter plädierte schließlich ebenfalls für die Einrichtung einer solchen Arbeiterpensionskasse und in seinen Argumenten finden sich noch einmal zusammengefaßt die Funktionen, welche die Altersversicherung für das Unternehmen haben konnte. Die wichtigsten Punkte dabei waren: Die Sicherung eines Arbeiterstamms, die Verringerung der Fluktuation, das Zurückdrängen der Gewerkschaften, unter anderem auch durch Förderung betriebsegoistischen Verhaltens der Arbeiter, sowie eine weitergehende Unabhängigkeit vom Kapitalmarkt[96]. Tatsächlich wurde diese Versicherung jedoch nicht eingeführt. In der einsetzenden Wirtschaftskrise konnten die meisten dieser Ziele durch den veränderten Arbeitsmarkt billiger realisiert werden.

Werkwohnungen

In Schaffhausen baute GF erstmals 1907 eigene Wohnungen, nachdem bereits im 19. Jahrhundert verschiedentlich Wohnhäuser gekauft worden waren. Hauptbegründung für diesen Schritt war die Notwendigkeit der Erhaltung oder Schaffung eines

Stammes guter Facharbeiter, vor allem von Stahlgießern[97]. In einer ersten Phase baute die neugegründete firmeneigene Wohnbaugesellschaft ‚Breite' 46 Wohnungen, und 36 weitere wurden 1911 erstellt. Während des Weltkrieges wurden trotz hohen Baupreisen erneut Wohnungen gebaut, vor allem um der gravierenden Wohnungsnot in Schaffhausen in gewissem Maß zu steuern. Das Interesse am Bau von Werkwohnungen war jedoch beschränkt. Erst als der Wohnungsbestand gemessen an der Zahl der Arbeiter unter fünf Prozent fiel, wurden 1907, 1911 und 1916 Wohnungen erstellt[98]. Dies genügte offenbar, um besonders qualifizierten Arbeitern, Meistern und Angestellten, welche keine passende Wohnung finden konnten, eine solche zu beschaffen[99]. Auch zur Erreichung des zweiten Zieles, der Bekämpfung der privaten Wohnungsspekulation, wollte man offenbar nicht weiter gehen. Diese Nebenabsicht beim Wohnungsbau spielte bereits 1906 in den Erwägungen von Geschäftsleitung und Verwaltungsrat eine wesentliche Rolle. Im Bericht des Ausschusses des Verwaltungsrates für die Verwaltungsratssitzung vom 6. 10. 1906 wurde darauf hingewiesen, daß die steigenden Belegschaften für die kleinen Städte Schaffhausen und Singen auf dem Wohnungsmarkt eine große Belastung bedeuteten. „Die Wohnungen sind fast nicht mehr aufzutreiben, die Wohnverhältnisse für die Arbeiter so schlecht wie möglich, wobei sie erst noch übermäßig von der Bevölkerung exploitiert werden."[100] Der Wohnungsmangel führte zu einem starken Anwachsen der Mietzinse, was nicht im Interesse des Unternehmens sein konnte: „Dieser Zustand aber führt zu höheren Lohnforderungen", wie 1911 im Verwaltungsrat festgehalten wurde[101]. Das Interesse der Großunternehmen stand hier dem Interesse der lokalen Häuserbesitzer entgegen. Der Industrie konnte nicht daran gelegen sein, daß ihre Arbeiter als Konsumenten vom lokalen Gewerbe übermäßig ausgebeutet wurden. Es bemühte sich daher, die Konkurrenz auf diesen Gebieten zu verschärfen. So förderte GF auch die Gründung einer Konsumgenossenschaft der GF-Arbeiter in Singen[102] und auch die Gründung einer Genossenschaftsapotheke in Schaffhausen[103].

Stärker als alle anderen Formen betrieblicher Sozialleistungen stieß jedoch der Wohnungsbau der Industrie auf die Opposition der organisierten Arbeiterschaft. Diese sah vor allem das Instrument zur Disziplinierung und Spaltung der Arbeiterschaft:

> Es ist eine Erfahrungstatsache, nicht bloß etwa eine unbeweisbare sozialdemokratische Behauptung, daß durch solche Arbeiterwohnungen, die vom Unternehmertum gestellt werden, die Arbeiter häufig der Unfreiheit verfallen, daß ihre Abhängigkeit vom Betriebsinhaber noch größer wird, und sie selbst in ihrer freien Zeit noch einer gewissen Botmäßigkeit unterliegen. Es ist selbstverständlich, daß ein Arbeiter, der bei seinem Unternehmer wohnt und der vielleicht mit der Lösung des Dienstvertrages auch aus der Wohnung geworfen werden kann, sich nur schwer entschließen wird, an einem Kampf um bessere Arbeitsbedingungen teilzunehmen[104].

Dies konnte auch von Direktor Homberger nicht widerlegt werden, obwohl er erklärte:

> Wir wünschten somit, mit unserem Wohnungsbau für die Arbeiter deren Freiheit und Unabhängigkeit zu fördern. Ich darf dies deutlich sagen als Gegenerklärung zu der Behauptung, daß damit eine Bindung an das Unternehmen beabsichtigt sei[105].

Die Unterlagen zeigen jedoch, daß Arbeiter, die das Unternehmen verließen, in jedem Fall auch die Werkwohnung verloren[106]. Die Repressionsmöglichkeiten des Unternehmens mußten auch gar nicht tatsächlich benützt werden, um eine Wirkung auf die Bewohner der Werkwohnungen auszuüben. Allein das Potential des Unternehmens hatte einen gewissen Anpassungseffekt zur Folge. Damit hatten die Werkwohnungen eine wesentliche spalterische Wirkung auf die Arbeiterschaft. Dies auch dann, wenn nur ein kleiner Teil der Arbeiterschaft in solchen Wohnungen wohnte, da es sich bei ihnen um besonders erfahrene und qualifizierte Arbeiter handelte, die unter der Arbeiterschaft beträchtlichen Einfluß hatten.

Neben dem eigentlichen Wohnungsbau und der Beteiligung an Wohnbaugenossenschaften (welche die Kontrolle über eine entsprechende Zahl von Wohnungen brachte) betrieb das Unternehmen noch Wohnungspolitik in anderer Form. Direktor Homberger erklärte zwar 1923[107], das Unternehmen sei gegen die Unterstützung genossenschaftlichen Wohnungsbaus, Unfrieden sei dabei doch „der Schlußstrich unter die Baurechnungen"; auch wolle man nicht bauen, um zu verkaufen, sondern lieber eigene Werkwohnungen bauen. Das Unternehmen förderte jedoch in anderer Weise den privaten Wohnungsbesitz, vorwiegend aus politischen Gründen. Die Arbeiter sollten dadurch in eine möglichst verstreute Wohnsituation in traditioneller Umgebung gebracht werden, um die Solidarisierung der Arbeiterschaft zu erschweren. Zusätzlich erhoffte man sich für diese Arbeiter auf dem Land niedrigere Lebenskosten, oder aber eine teilweise Eigenversorgung mit Lebensmitteln durch einen von den Familienmitgliedern betriebenen Kleinstlandwirtschaftsbetrieb[108]. Dazu dienten die Fahrgeldentschädigungen, die ab 1907 nachweisbar sind und die Abstimmung der Fahrpläne auf die Arbeitszeiten der Großindustrie. Ab 1916 wurden diese Bemühungen verstärkt:

> Das konnte geschehen dadurch, daß man dem Wunsche des meistens sehr tüchtigen Arbeiters entsprach und ihm zur Erwerbung eines eigenen Heimwesens, mit dem eine bescheidene landwirtschaftliche Wirtschaftseinheit verbunden war, half. Die Ersparnisse aus seinem Arbeitslohn dienten als Anzahlung für das Heimwesen, unsere Firma übernahm eine II. oder III. Hypothek, die successive aus dem Arbeitslohn abbezahlt wird. Eventuelle spekulative Geschäfte mit solchen Erwerbungen wurden durch entsprechende Hypothekarbedingungen eliminiert[109].

Die Bindung des Arbeiters war dabei noch wesentlich stärker als bei den Werkwohnungen. Der Verlust des Arbeitsplatzes konnte so auch den Verlust des oft mit jahrzehntelanger Einschränkung errungenen Eigentums bedeuten. Anderseits bot diese Leistung des Unternehmens den relativ gut verdienenden Facharbeitern, Meistern und Angestellten tatsächlich die Möglichkeit zum eigenen Haus und den damit verbundenen Vorstellungen von individuellem sozialem Aufstieg[110]. Von 1916 bis 1926 wurden in dieser Weise 800000 Franken an Darlehen ausgerichtet[111]. In den zwanziger Jahren trat diese Form der Wohnungspolitik an die Stelle des Baus von eigenen Wohnungen in Schaffhausen, da bei stagnierenden Beschäftigtenzahlen die Firmenwohnungen den Bedürfnissen des Unternehmens genügten.

Die Verteilung der Sozialleistungen auf die Belegschaft

Die Schwierigkeiten bei der Bemessung der finanziellen Leistungen des Unternehmens ergeben sich einerseits aus dem teilweise unvollständigen Zahlenmaterial, anderseits aus der Definition der Sozialleistungen. Als Kriterium wurde hier die Freiwilligkeit der Leistungen gewählt, d. h., es wurden jene Leistungen gerechnet, die nicht durch staatliche Bestimmungen vorgeschrieben waren (vor allem die Unfallversicherung). Die Quellenlage erlaubte eine einigermaßen zuverlässige Bestimmung der Aufwendungen nur für einige Stichdaten (vgl. Tabelle 32).

Tab. 32: Aufwendungen für die Sozialleistungen[112]
(in Prozenten der Lohnsumme)

1896–1903	1912/13	1922
1,9	2,5	4,2

Diese Zahlen sagen allein noch nicht viel aus, außer daß sie eine steigende Tendenz erkennen lassen. Viel wichtiger ist die Frage, welchen Teilen der Belegschaft diese Leistungen vor allem zugute kamen. Es zeigte sich[113], daß der Anteil sehr stark von der Dauer der Beschäftigung abhing, daß die Sozialleistungen also weitgehend dem Arbeiterstamm zukamen. Zwischen 1896 und 1903 gingen praktisch die gesamten Aufwendungen an die Stammarbeiter, 1912/1913 bezogen Arbeiter, die länger als fünf Jahre beschäftigt waren, im Mittel elfmal mehr Zuwendungen, und 1922 war das Verhältnis unter Berücksichtigung der Zahlungen für die Pensionen ähnlich.

Die Sozialleistungen erweisen sich also im wesentlichen als Teil der Arbeiterstammpolitik. Auch der Wohnungsbau und die Fahrgeldentschädigungen sind gekennzeichnet durch eine starke Selektivität der Leistungen, welche nicht nur der Sicherung qualifizierter Arbeitskräfte diente, sondern wesentlich auch politische Ziele im Rahmen der Auseinandersetzung mit der organisierten Arbeiterschaft verfolgte[114].

Teil II
Betriebliche Konflikte und die Entwicklung von Bewußtsein und Organisation der Arbeiter

I. Betriebliche Auseinandersetzungen und Organisationsentwicklung 1890 bis 1914

1. Anfänge gewerkschaftlicher Organisation in der Großindustrie

Im Wirtschaftsaufschwung von 1887 bis 1890 verstärkte sich die Gewerkschaftsbewegung in der ganzen Schweiz beträchtlich – allerdings auf niedrigem Niveau. In Schaffhausen gelang es ihr in dieser Zeit erstmals, in der Industrie Fuß zu fassen[1]. Gewerkschaftliche Gründungen in der Textilindustrie vermochten zwar die ersten Zusammenstöße mit den Unternehmern nicht zu überstehen, doch in der Metall- und Maschinenbranche bildeten sich Organisationen, die Bestand hatten[2]. Wer waren die Leute, die den noch schwachen gewerkschaftlichen Organisationen beitraten? Wie waren diese aufgebaut, und welcher Art war ihre Aktivität?

Metallarbeiter-Gewerkschaft Schaffhausen

Die Metallarbeiter-Gewerkschaft wurde 1889 fast gleichzeitig mit der Arbeiterunion Schaffhausen gegründet[3]. Wie die Arbeiterunion selbst entstand sie wesentlich auf Initiative des Grütlivereins, ,,dem eigentlichen Gründer d. Metallarbeiter-Gewerkschaft"[4]. Auch hier bestätigt sich also die These von der bedeutsamen Rolle der politischen Vereine bei den Gewerkschaftsgründungen dieser Zeit. Die Bindung an die politischen Verbände blieb noch über Jahre hinaus eng. Diese dominierten die Gewerkschaften auch zahlenmäßig. Die Mitglieder der MAG gehörten ,,sämtliche noch anderen Verbänden, namentlich dem Grütliverein" an[5], und die politische Arbeit ging der gewerkschaftlichen meist vor. 1892 wurde beispielsweise das Verschieben von Agitationsversammlungen damit entschuldigt, daß die kommenden Wahlen ,,uns noch jeden Sonntag in Anspruch nehmen"[6].

Die Mitgliederzahl in Schaffhausen schwankte bis zur Jahrhundertwende zwischen 18 und 72, wobei 1892 einen Tiefpunkt darstellte[7]. Im Vergleich mit der Zahl der in der Metall- und Maschinenindustrie beschäftigten Arbeiter[8] wird deutlich, daß der Verband in den neunziger Jahren nur wenige Prozent der Arbeiter organisieren konnte (1–2 Prozent). Zeitweise stand die Weiterexistenz sogar in Frage[9]. Bereits zu dieser Zeit rekrutierte sich die Mitgliedschaft in starkem Maße aus der Fabrikindustrie[10]. Die berufliche Zusammensetzung läßt sich nur fragmentarisch aus einzelnen Angaben erschließen. Von 16 Berufsangaben aus den Jahren 1892 bis 1895 treffen 11 auf Schlosser, dazu kommen ein Schmied, ein Mechaniker, ein ‚Techniker' (Georg Bienz), ein Spengler und ein Hilfsarbeiter. Die Zahl der Angaben ist zwar zu klein für sichere Aussagen, doch waren offensichtlich fast nur gelernte Arbeiter organisiert und die Schlosser dominierten klar (auffallend das Fehlen von Drehern)[11]. Der Anteil der Ausländer an der Mitgliedschaft war verhältnismäßig hoch. Er betrug 1895 etwa 35, 1896 sogar über 40 Prozent[12]. Dennoch deutet nichts darauf hin, daß sie im Verband eine dominierende Rolle gespielt hätten. Dies widerspricht der These, daß sozialistische und gewerkschaftliche Agitation in der Schweiz vor allem von deutschen Arbeitern getragen worden sei. Ihr überproportionaler Anteil an den Aufnahmen und Abreisen zeigt, daß sie eine relativ fluktuierende Mitgliedschaft darstellten, die schon von daher nur schwer in eine führende Position gelangen konnte[13].

Gewerkschaftliche Aktivität, die über die Durchführung von Mitgliederversammlungen hinausging, war spärlich. Die Agitation für den Verband stieß auf große Schwierigkeiten: „Wir könnten trotz der Krise einige hundert Mitglieder in Hier und Neuhausen zählen, allein trotz vieler Versuche unsererseits war die Gleichgültigkeit und Denkfaulheit nicht zu überwinden."[14] Die Metallarbeiter-Gewerkschaft erhob den Anspruch, alle Arbeiter – auch die Ungelernten – zu vertreten, doch es gelang ihr nicht, die Arbeiter in größerer Zahl für die Gewerkschaft zu gewinnen. Die Folge war, daß man zur Führung aktiver Bewegungen und Arbeitskämpfe zu schwach blieb, was wiederum dazu beitrug, daß die Gewerkschaft bei den Arbeitern vorläufig nur wenig Resonanz fand. Um so intensiver war dafür die interne Aktivität: Sitzungen fanden zeitweise monatlich, häufig auch alle vierzehn Tage statt[15].

Die Mitglieder der Metallarbeiter-Gewerkschaft, die unter diesen schwierigen Bedingungen die Organisation aufrecht erhielten, stellen einen bestimmten Typus dar: sie zeichneten sich insbesondere durch ihre Bereitschaft zu langfristiger Arbeit ohne sichtbare äußere Erfolge aus. Aktivität und Engagement waren allgemein groß. Es handelte sich bei ihnen fast durchweg um qualifizierte Arbeiter, die sich auch politisch und allgemein zu bilden versuchten[16]. In der Organisationsarbeit – d. h. gerade im alltäglichen Vereinsleben – lag für sie eine Möglichkeit zur Entfaltung von Fähigkeiten, die in ihrer Berufsarbeit nur ungenügend zur Geltung kommen konnten. Planung, Organisation, das Verfassen von Protokollen, das Ausüben von Ämtern und anderen Funktionen stellten für sie ebensosehr individuelle Ausdrucksmöglichkeiten dar wie Mittel zur kollektiven Organisation und zur Verbesserung der Lage der Arbeiter. Kehrseite dieser Haltung war eine gewisse Unbeweglichkeit und eine eingeschränkte Bereitschaft zu riskanten Kämpfen. Die große Vereinsaktivität mußte daher in gewisser Weise eine im Grunde passive Einstellung verdecken. Solange der Organisationsstand aber so schwach war, war es tatsächlich kaum möglich, eine erfolgversprechende Aktivität in den Betrieben zu entwickeln[17].

Gießerfachverein

Der Gießerfachverein unterschied sich von der Metallarbeiter-Gewerkschaft vor allem dadurch, daß er Berufsverband im engeren Sinne war und zudem eine der bestbezahlten Arbeitergruppen repräsentierte. Der Organisationsgrad lag ungleich höher als in der Metallarbeiter-Gewerkschaft[18]. Der Gießerfachverein vertrat zwar nur eine kleine Minderheit der Gesamtarbeiterschaft, doch er war in dieser dafür weit besser verankert. Gegen außen war die Vereinsaktivität ebenfalls bescheiden[19], und das Vereinsleben war weniger intensiv als jenes der Metallarbeiter-Gewerkschaft. Die fragmentarischen Daten beweisen jedoch eine beträchtliche Konstanz und auch einen disziplinierten Versammlungsbesuch[20].

Obwohl die Gießer von Einkommen und Qualifikation her eine Arbeiteraristokratie bildeten und lange Zeit sehr bewußt ihre Gruppeninteressen verfochten, hatten sie ein kollektives Arbeiterbewußtsein, das alle Arbeiter – auch die ungelernten – einschloß. Dies zeigt schon die Aufnahme von Hilfsarbeitern in den Verband, aber auch die Solidarität mit anderen Arbeitern, die in zahlreichen Sammlungen und Spenden für auswärtige Streiks zum Ausdruck kam. 1895 wurden zum Beispiel für zwei Streiks außerhalb der Region Schaffhausen insgesamt 140 Franken gesammelt, dies entsprach etwa einem Taglohn pro Mitglied[21]. Auch Kämpfe, die sie nicht direkt betrafen – es handelte sich bei diesen Beispielen um einen Gießer-, aber auch um einen Glaserstreik[22] –, betrachteten sie als ihre Sache. Auch in weiteren Organisationsfragen, etwa in der Pressefrage, setzten sie sich für eine Verstärkung der Organisation ein[23].

Als sich 1898 die Hilfsarbeiter und Angelernten bei GF zu organisieren begannen, fanden sie bei den Gießern Unterstützung. Eine Fusion allerdings wurde abgelehnt. „Der Gießerfachverein sei aber gerne bereit, Hand in Hand mit dem Arbeiterbund zu gehen."[24] Hier zeigten sich nun deutlich die Grenzen des Engagements der Gießer: sie beschränkten sich letztlich doch auf die Organisierung ihrer Berufsgruppe und auf die Verteidigung ihrer privilegierten Stellung. Unter den Bedingungen der Hochkonjunktur ab 1895 bei stark steigenden Belegschaftszahlen konnten sie ihre Arbeitskraft verhältnismäßig leicht zu günstigen Preisen verkaufen. Sie wurden kaum zu kollektiver Aktion genötigt und waren auch nicht auf Verbündete angewiesen. Aus ihrer verhältnismäßig saturierten Position heraus, die sie generell – und im Verlauf der technischen Entwicklung verstärkt – in eine defensive Rolle drängte, vermochten sie nicht, eine führende Rolle in der Organisierung der gesamten Arbeiterschaft zu übernehmen, obwohl sie durch Organisationserfahrung, Prestige bei den Arbeitern[25] und durch das große Gewicht, das sie als Gruppe auch gegenüber dem Unternehmer hatten, in mancher Hinsicht dazu prädestiniert schienen. Im Vergleich von Metallarbeiter-Gewerkschaft und Gießerfachverein ist vor allem der unterschiedliche Organisationsgrad in Betracht zu ziehen. Die organisierten Metallarbeiter bildeten eine kleine Elite, deren Engagement weit über jenes ihrer meisten Kollegen hinausging. Die Gießer waren dagegen mehrheitlich organisiert, und es bestand ein gewisser Gruppenzwang zur Organisation. Es darf daher nicht erstaunen, wenn das politische und gewerkschaftliche Bewußtsein dieser Arbeiter im Durchschnitt geringer war und sich vor allem viel stärker auf ihre berufsspezifischen Interessen konzentrierte als bei den organisierten Metallarbeitern.

2. *Organisationsbewegung und Unternehmerreaktion bei GF 1898 bis 1903*

Die Organisierung der ungelernten Arbeiter

Im Frühjahr 1898 bildete sich bei GF spontan, allerdings dem Beispiel der Arbeiter anderer Firmen folgend, die ‚Hülfsarbeiter-Gewerkschaft der Eisen- und Stahlwerke'. Sie hatte ihre Basis – wie der Name sagt – weniger bei den gelernten als bei den un- und vor allem den angelernten Arbeitern. Es gelang ihr im Rahmen einer Lohnbewegung, diese Arbeitergruppen rasch an sich zu interessieren und teilweise zu organisieren. Wie erklärt sich dieser plötzliche Einbezug un- und angelernter Arbeiter in die Gewerkschaftsbewegung, der zunächst ohne die Unterstützung durch die bestehenden Organisationen erfolgte?

In der lokalen Arbeiterbewegung zeigte sich nach einigen Jahren der (vor allem konjunkturbedingten) Stagnation wieder einige Bewegung. So erhitzte im Frühjahr 1898 ein mehrwöchiger Spenglerstreik die Gemüter[26]. Davon dürften indessen kaum direkte Anstöße für die Organisationsbewegung bei GF ausgegangen sein. Die wesentlichen Ursachen müssen viel eher in innerbetrieblichen Entwicklungen gesucht werden. Dafür spricht u. a., daß fast zur selben Zeit auch in anderen Großbetrieben der schweizerischen Metall- und Maschinenindustrie ähnliche Organisationen entstanden[27]. Allerdings vermag die Untersuchung der strukturellen Wandlungen im Betrieb im einzelnen weder Zeitpunkt noch Form dieser Organisationsbewegung zu erklären, doch gerade am Beispiel von GF läßt sich darlegen, wie solche Veränderungen bestehende Disziplinierungs- und Integrationssysteme teilweise unbrauchbar machten und die Voraussetzungen zur kollektiven Aktivität der Arbeiterschaft veränderten.

Die auffallendste innerbetriebliche Veränderung war das starke Wachstum des Unternehmens. Die Arbeiterzahl stieg von 212 im Jahr 1890 gegen 1000 im Jahr 1900. Die starken Wachstumsraten führten zu einer Verkleinerung des Arbeiterstammes und zu hohen Fluktuationsraten[28]. Diese Expansionstendenz galt für die ganze Branche. Überall mußten daher zahlreiche branchenfremde, häufig die Arbeitssituation im Großbetrieb ungewohnte Arbeitskräfte eingestellt werden. Dies bedeutete zwar einerseits, daß die Arbeiterschaft uneinheitlicher und damit möglicherweise weniger handlungsfähig wurde. Auf der anderen Seite förderte dies jedoch die Auflösung traditioneller Verhaltensweisen und Bewußtseinsformen. Die Bindung zwischen Unternehmer und Arbeiterschaft wurde gelockert[29], der persönliche Kontakt im Betrieb reduzierte sich bei GF auf väterlich-gutmütige Gesten des Unternehmers[30].

Die rasche wirtschaftliche Expansion wirkte sich auch außerbetrieblich aus. Im Industriegebiet Schaffhausen-Neuhausen verstärkte sich die Konzentration einer fabrikindustriellen Arbeiterschaft, die zunehmend im politischen und gesellschaftlichen Bereich eigene Ausdrucksmöglichkeiten fand. Zur Konzentration am Arbeitsplatz kam wenigstens für einen Teil der Arbeiterschaft auch die Zusammenballung im Wohnbereich. Hier fanden sich die Arbeiter isoliert von der bürgerlichen Gesellschaft und in stärkerem Maß gezwungen, sich miteinander, d. h. auch als Arbeiter miteinander zu beschäftigen. Wie stark diese gesellschaftliche Isolation in einer Kleinstadt wie

Schaffhausen tatsächlich war, ist nicht leicht zu sagen. Am stärksten war sie auf jeden Fall für Zugewanderte und vor allem für Ausländer, die aus dieser Sicht das größte Interesse an gemeinschaftlichen Organisationen der Arbeiter haben mußten.

Große Bedeutung für die Wandlung der betrieblichen Verhältnisse kam technischen Veränderungen zu: Bei GF machte die Maschinisierung in diesen Jahren große Fortschritte. Der verstärkte Einsatz teurer Produktionsanlagen erhöhte aber die fixen Kosten des Betriebs und verstärkte das Interesse an einer Steigerung der Arbeitsintensität. Daraus erwuchsen wesentliche Spannungsmomente, vor allem weil die Intensivierung nicht durch steigende Löhne kompensiert wurde[31]. Die neuen Maschinen erforderten auch neuartig qualifizierte Arbeitskräfte: Zwischen die qualifizierten Berufsarbeiter und die Hilfsarbeiter schob sich eine Gruppe von angelernten Arbeitern (Maschinenformer, Gewindeschneider). Diese anforderungsreichen Tätigkeiten mußten relativ gut bezahlt werden; die bestverdienenden Maschinenformer und Gewindeschneider erreichten im Akkord ohne weiteres die Lohnhöhe durchschnittlicher gelernter Arbeiter. Wenn die Lohnskala auch sehr lang blieb, so waren damit doch die Löhne kein eindeutiges Trennungsmerkmal mehr zwischen gelernten und ungelernten Arbeitern. Im ganzen läßt sich also feststellen, daß die Entwicklung auf eine Vereinheitlichung der Qualifikation und Entlöhnung der Arbeiterschaft tendierte. Die Gegensätze zwischen den privilegierteren und weniger privilegierten Arbeitern wurden zwar nicht aufgehoben, doch es bestanden in verstärktem Maß die Voraussetzungen für eine gemeinsame Aktivität.

Gründung der Arbeiterkommission

Die Hülfsarbeiter-Gewerkschaft baute ihre erfolgreiche Agitation in erster Linie auf Lohnforderungen auf. Darauf mußte der Unternehmer möglichst rasch mit einer eigenen Initiative reagieren. Eine Anerkennung der Gewerkschaft und direkte Verhandlungen kamen für Georg Fischer III, der hier einer allgemeinen Linie der schweizerischen Maschinenindustriellen folgte, nicht in Frage. Offene Repression war indessen gleichfalls nicht angezeigt. Die Konjunkturlage war günstig, die noch junge Aktiengesellschaft sollte wenn möglich nicht durch einen Streik geschädigt werden. Diese Möglichkeit bestand durchaus, hatten doch die Gießer, obwohl selbst nicht an der Bewegung beteiligt, beschlossen, die Hilfsarbeiter zu unterstützen[32], was am deutlichsten die breite Basis der Bewegung zeigt. In dieser kritischen Situation entschloß sich Fischer, in seinem Unternehmen eine Arbeiterkommission einzusetzen. Er wählte selbst aus allen Abteilungen Arbeiter für die erste Kommission aus und übertrug ihr die Diskussion von Statuten und die Vorbereitung eines Wahlreglementes. Die gewerkschaftsfeindliche Tendenz kommt in diesen vom Unternehmer vorgelegten Statuten deutlich zum Ausdruck[33]. Die Aufgaben der Kommission waren folgendermaßen umschrieben (Artikel 1)[34]:

a) Sie beräth und bespricht Angelegenheiten, welche die Interessen der Arbeiter berühren und die ihr seitens der Arbeiterschaft oder der Geschäftsleitung zur Vernehmlassung unterbreitet werden.

b) Sie kann von sich aus Anregungen im Interesse der Arbeiterschaft bringen.
c) Sie hat allfällige Klagen, Wünsche und Anträge aus der Arbeiterschaft entgegen zu nehmen, zu untersuchen und bringt dieselben zur Kenntnis der Geschäftsleitung. Dies hat aber erst dann zu geschehen, wenn die betreffenden Gegenstände von der Arbeiter-Kommission auf deren Berechtigung und Nützlichkeit geprüft und vorberathen und als in den Rahmen ihrer Funktionen gehörend befunden worden sind...
d) Die Arbeiter-Kommission bringt der Arbeiterschaft im speziellen Auftrage der Geschäftsleitung Mittheilungen von Seite der letzteren zur Kenntnis.
e) Die Arbeiter-Kommission als Ganzes oder einzelne Mitglieder haben auf Wunsch der Geschäftsleitung Obliegenheiten zu übernehmen, welche mit der Fabrikordnung oder den Wohlfahrtseinrichtungen des Geschäftes zusammenhängen.

Zu den Aufgaben gehörte die Vertretung der Interessen der Arbeiterschaft (Art. 1a–1c) – jene Funktion also, hinsichtlich deren sie nach dem Willen der Unternehmer mit den Gewerkschaften in Konkurrenz treten sollte. Zweitens sollte sie die Kommunikation zwischen Unternehmer und Arbeiterschaft herstellen (Art. 1c und 1d) und zum dritten Steuerungs- und Disziplinierungsfunktionen gegenüber der Arbeiterschaft übernehmen (Art. 1e)[35]. Es ist offensichtlich, daß zumindest die erste und dritte Aufgabe zueinander in Widerspruch geraten mußten. Gegen solche Interessenkonflikte im Rahmen der Kommission versuchte sich das Unternehmen durch einschränkende Bestimmungen in der Geschäftsordnung abzuschirmen: Die AK-Sitzungen wurden nicht vom Kommissionspräsidenten, sondern von einem Mitglied der Geschäftsleitung geleitet und die Mitglieder wurden zur Verschwiegenheit nach außen verpflichtet. Auch gegenüber der Arbeiterschaft solle „in besonderen Fällen die notwendige Diskretion geübt werden“[36].

Bereits im folgenden Jahr wurden die Statuten in einigen dieser Punkte abgeändert. Die Schweigepflicht der Mitglieder wurde aufgehoben und auch die Verpflichtung zur Mitarbeit bei der Durchsetzung der Fabrikordnung und der Handhabung der Wohlfahrtseinrichtungen fiel weg[37]. Die Kommission wurde also von Polizeifunktionen entlastet und der interne Informationsfluß zwischen Kommission und Arbeiterschaft wurde erleichtert. Auf der anderen Seite schränkten die neuen Statuten die Möglichkeiten der Kommission zu einer echten Interessenvertretung der Arbeiter noch stärker ein:

> Die Arbeiterkommission soll der Arbeiterschaft durch ruhige und würdige Haltung mit gutem Beispiel vorangehen, Differenzen unter den Mitarbeitern zu vermeiden oder zu schlichten suchen und aufwieglerischen Bestrebungen entgegentreten. Die Mitglieder der Arbeiterkommission sollen ihre Stellung nicht benützen, um unter ihren Mitarbeitern agitatorisch aufzutreten, sondern sie sollen bestrebt sein, den friedlichen Gesinnungen unter der Arbeiterschaft mehr und mehr Geltung zu verschaffen. Unter allen Umständen soll die Arbeiterkommission in ernsten Zeiten ihre Aufgabe nach beiden Seiten hin richtig erfüllen[38].

Auch die gewerkschaftsfeindliche Tendenz kam noch deutlicher zum Ausdruck:

> Zugleich erklärt die Geschäftsleitung, daß sie Angelegenheiten, welche die Arbeiter der eigenen Fabrik betreffen, nur mit der Arbeiterkommission behandeln wird, nicht aber mit Korporationen oder außerhalb der Fabrik stehenden Persönlichkeiten[39].

Das Wahlreglement der AK gewährte allen Arbeitern das Wahlrecht, die länger als sechs Monate im Unternehmen beschäftigt und älter als 18 Jahre waren. Ausdrücklich ausgeschlossen waren Vorarbeiter, Kontrolleure, Meister und Angestellte. Zwei von 16 Mitgliedern wurden durch die Geschäftsleitung ernannt. Die Wahlen erfolgten nach einem Mehrheitsverfahren, wobei die einzelnen Abteilungen die Wahlkreise bildeten. Die Amtsdauer betrug zwei Jahre; die Annahme der Wahl war freiwillig, doch waren Rücktritte während der Amtszeit nicht gestattet[40].

Fischers Politik gegenüber den Arbeitern war in der Frage der Arbeiterkommission keineswegs besonders originell. Er konnte vielmehr direkt auf das Beispiel von Eduard Sulzer-Ziegler, der bei der Gebrüder Sulzer AG die juristische und die sozialpolitische Leitung innehatte, zurückgreifen[41]. Dieser hatte bereits 1890 eine Arbeiterkommission eingesetzt, nachdem es bei Sulzer „zu Auseinandersetzungen zwischen Geschäftsleitung und Arbeiterschaft gekommen war"[42]. 1897 beschloss der Verein Schweizerischer Maschinenindustrieller (VSM), offenbar basierend auf den positiven Erfahrungen bei Sulzer und einigen anderen Unternehmen[43], seinen Mitgliedern die Einrichtung von Arbeiterkommissionen zu empfehlen[44]. Sulzer seinerseits basierte auf deutschen Beispielen, den Arbeiterausschüssen, die ebenfalls meist erst dann eingerichtet wurden, wenn Konflikte entstanden. Auch dort sollten durch die Ausschüsse die Gewerkschaften aus den Betrieben herausgehalten und zum zweiten ein bei steigenden Betriebsgrößen notwendiges Kommunikationsinstrument geschaffen werden, das den Unternehmern Gelegenheit bot, ihre Entschlüsse, ihr Verhalten und ihre Ideologie gegenüber der Arbeiterschaft zu vertreten[45]. Fischer konnte so der ihm neuen Situation mit einem bereits erprobten Mittel begegnen. Allerdings zeigte sich bei GF, daß sowohl auf der Seite des Unternehmers wie auf Seite der Arbeiter Lern- und Anpassungsprozesse notwendig waren, bis die Arbeiterkommission die ihr vom Unternehmer zugedachte Funktion erfüllen konnte.

Man hat nachträglich versucht, die Einrichtung von Arbeiterkommissionen als „umstürzenden Einbruch in das patriarchalische Ordnungsdenken der Wirtschaft"[46] oder als einen Übergang von der „absoluten zur konstitutionellen" Herrschaft im Betrieb[47] zu interpretieren. Beides geht an der wirklichen Entwicklung vorbei. In der Anerkennung nicht nur der individuellen, sondern auch der kollektiven Verhandlungsfähigkeit der Arbeiterschaft steckte zwar ein emanzipatorisches Element. Diese Anerkennung war aber nur die Folge des neuen Selbstbewußtseins und der neuen Stärke der Arbeiterschaft, die begonnen hatte, sich selbständig zu organisieren. Darin lag der wirkliche Wandel und nicht in den rein taktischen Reaktionen der Unternehmer, die darauf abzielten, diese autonome Organisation wieder zu zerstören.

In der AK wurde eine neue Form der Beziehung zwischen Unternehmen und Arbeitern gefunden, die in gewissem Grade die fehlende persönliche Beziehung ersetzen konnte. Ganz ähnlich wurde auch im Bereich der unternehmerischen Sozialfürsorge als Reaktion auf die Organisationsbewegung die Beziehung von Unternehmer und Arbeiterschaft institutionalisiert und formalisiert: Auf derselben Sitzung, welche die Lohnbewegung behandelte, kündigte Fischer die Einrichtung der Alterssparversicherung an, durch welche der Arbeiterstamm wieder stärker an das Unternehmen gebunden werden sollte[48]. Erst im Konflikt wurden also die Konsequenzen aus dem rapiden Wachstum der Belegschaftszahlen gezogen, und die betrieblichen Strukturen den veränderten Bedingungen angepaßt. Kurzfristig, im aktuellen Konflikt, mochten diese

Maßnahmen noch wenig wirksam sein, doch sie verbesserten längerfristig die Stellung des Unternehmens in der Auseinandersetzung mit den Arbeitern. Der aktuelle Konflikt übte so – weit über seine äußeren Resultate hinaus – Wirkungen auf die künftigen Kräfteverhältnisse und Konfliktformen aus.

Die Arbeiterkommission als Gegenstand des Konflikts

Die Erwartung des Unternehmers, durch die AK die Gewerkschaften schwächen zu können, oder sie gar aus dem Betrieb zu vertreiben, erfüllte sich zunächst nicht. Fischer gelang es zwar im Frühjahr 1898, die Lohnbewegung durch freiwillige Lohnkonzessionen abzufangen und direkte Verhandlungen mit der Gewerkschaft zu vermeiden, indem er die Diskussion über die Lohnfrage in die Arbeiterkommission verlegte. Er mußte in keinem wesentlichen Punkt nachgeben; so lehnte er die Einführung von Minimallöhnen strikte ab[49]. Die Lohnerhöhungen erfolgten individuell und waren im ganzen geringfügig[50]. Das bescheidene Resultat der Bewegung schwächte jedoch die junge Gewerkschaftsorganisation nicht. Offenbar wurden bereits die bescheidenen und indirekt zustande gekommenen Lohnverbesserungen von den Arbeitern dem Wirken der Gewerkschaft zugeschrieben[51].

Im Verlauf des Winters 1898/1899 entwickelte sich jedenfalls die Organisationsbewegung weiter. An die Stelle der ‚Hülfsarbeiter-Gewerkschaft' trat im Januar 1899 der ‚Arbeiterbund Mühlenthal'[52], der den Anspruch erhob, die ganze Arbeiterschaft von GF zu vertreten. Der Gießerfachverein beharrte zwar auf seiner Selbständigkeit, erklärte jedoch, „er sei gerne bereit, Hand in Hand mit dem Arbeiterbund zu gehen"[53]. Obwohl die Vereinheitlichung der Organisation nicht gelang, wurde doch eine gemeinsame Basis zwischen den hochqualifizierten und hochbezahlten Gießern und den ungelernten Arbeitern hergestellt, wodurch eine wichtige Voraussetzung für weitergehende Aktionen erfüllt war. Die organisierten Arbeiter beteiligten sich Anfang 1899 erfolgreich an den Wahlen für die Arbeiterkommission. Verschiedene Exponenten der Organisationsbewegung wurden gewählt, darunter der Präsident des Gießerfachvereins, Georg Bryner, und der Präsident des Arbeiterbundes Mühlental, Rudolf Wehrli. Es zeigte sich rasch, daß ihre Vorstellung von den Aufgaben der Arbeiterkommission mit jener des Unternehmers unvereinbar war. Sah jener in der Kommission ein Instrument „zur Förderung des gegenseitigen Vertrauens"[54], wobei die Mitglieder nicht nur der Arbeiterschaft, sondern gleichermaßen dem Geschäft verpflichtet sein sollten, so stand für die gewählten Kommissionsmitglieder die Vertretung der Interessen der Arbeiterschaft (auch gegen den Unternehmer) im Vordergrund.

Erster Anlaß zur Austragung dieses Gegensatzes wurde eine Auseinandersetzung über einen Lohnabzug. Einem Arbeiter wurde für „ein gebrochenes Stück" ein Lohnabzug von zwölf Franken gemacht, was ungefähr 3 Taglöhnen entsprach[55]. Obwohl der entstehende Konflikt in erster Linie Kompetenzen und Funktion der Arbeiterkommission und die Stellung der Gewerkschaften betraf, kam dem an sich geringfügigen Anlaß eine gewisse Bedeutung zu. In diesem Lohnabzug konkretisierten sich wesentliche Aspekte der Arbeitssituation der GF-Arbeiter. So zeigte sich hier einmal mehr die große Lohnunsicherheit: bei einem Zahltag von 40 bis 45 Franken in vierzehn Tagen mußte ein Abzug von zwölf Franken sehr schwer wiegen. Was die Arbeiter aber ebenso erbitterte, war der willkürliche Charakter der Abzüge: „Dieser Abzug sei von [Betriebsdirektor] Bachmann diktiert worden, ohne daß er die Sache nur im geringsten untersucht habe" und obwohl der Arbeiter erklärte, das Stück sei nicht von ihm gebrochen worden[56]. Dazu kam schließlich, daß es sich bei diesem Abzug nicht um einen Einzelfall handelte[57]. Die Abzüge standen im Zusammenhang mit gesteigerten Qualitätsansprüchen und höherer Arbeitsintensität. Sie betrafen allgemein das Verhältnis von Lohn und Leistung, das hier möglicherweise verdeckt zugunsten des Unternehmens verändert werden sollte. Im Einzelfall erkannten die Arbeiter mehrheitlich ihre allgemeine Situation, ihr gemeinsames Interesse. Diese Solidarisierung entstand aber nicht im leeren Raum, sondern in einer Situation, die bereits durch die gewerkschaftliche Organisation bestimmt wurde. Ihre Exponenten besaßen in starkem Maß das Vertrauen der Arbeiterschaft und dieses Vertrauensverhältnis, verbunden mit einer allgemeinen Bereitschaft zur Auseinandersetzung, beruhend auf dem Glauben an die eigene kollektive Stärke und an die Berechtigung der eigenen Forderungen, machte in erster Linie ihre Aktionsfähigkeit aus.

Charakteristisch für diesen Typ gewerkschaftlicher Organisation war das große Tempo der Ereignisse[58]:

> Der Arbeiter[59] brachte seine Reklamation beim Präsidenten der Arbeiterkommission vor, welcher bei Herrn Betriebschef Bachmann vorstellig wurde und denselben ersuchte, eine Untersuchung zu veranstalten, weil der Arbeiter erklärt hatte, das Stück sei nicht von ihm gebrochen worden. Man könnte glauben, daß Herr Bachmann sich mit einer Untersuchung einverstanden erklären konnte, was aber nicht der Fall war; seine Antwort lautete (man höre!): ‚Das sind Geschäftsangelegenheiten, da hat sich die Arbeiterkommission nicht einzumischen. Sie dürfen nicht glauben, daß sie im Geschäft Polizei spielen dürfen. Die Kommission ist dafür da, die Interessen des Geschäftes zu wahren ec.'[60]

Die Kommission berief sich dagegen auf jene Stellen der Statuten, welche ihr die Aufgabe stellten, die Interessen der Arbeiter zu vertreten und ihre Klagen zu untersuchen. Als sich die Geschäftsleitung weigerte, auf die Angelegenheit zurückzukommen, trat die gesamte Arbeiterkommission zurück,

> ... nachdem sie die 12 Franken zu Handen des Herrn Fischer zur Zurückerstattung an den gestraften Arbeiter gesammelt hatte. Herr Fischer nahm aber die Zurücktretung der Arbeiterkommission und den Zuschuß von 12 Franken als Beleidigung an und erklärte den Kommissionsmitgliedern, wenn sie zurücktreten, können sie auch zugleich das Geschäft verlassen, das ist keine Arbeiterkommission, das sind Wühler, Agitatoren ec. Man kennt ja das alte Lied[61].

Daß der im Grunde noch patriarchalisch eingestellte Unternehmer das Verhalten der Kommission, die sehr betont von gleich zu gleich mit Fischer verkehren wollte, als Provokation auffaßte, braucht weiter nicht zu verwundern. Erstaunlich ist viel eher die Entschlossenheit und Konsequenz, mit welcher die Kommission versuchte, ihre Vorstellung von der Aufgabe der AK durchzusetzen und die Bereitschaft eines großen Teils der Arbeiter, sie darin zu unterstützen. Der Grund für diese Geschlossenheit lag einesteils darin, daß zwischen der gewerkschaftlichen Organisation im Betrieb und der Arbeiterkommission keinerlei Distanz bestand. Sie waren zu diesem Zeitpunkt auch personell nahezu identisch. Zum anderen bemühten sich Kommission und Gewerkschaft sehr darum, den Arbeitern ihr Vorgehen zu erklären und ihre Unterstützung zu gewinnen. In verschiedenen Gewerkschaftsversammlungen wurde das weitere Vorgehen diskutiert, wobei sich die härtere Linie, welche das Bundeskomitee des Gewerkschaftsbundes einschalten und dadurch faktisch einen Streik androhen wollte, durchsetzte[62]. Die Erbitterung der Arbeiter konzentrierte sich vor allem auf den technischen Leiter Bachmann, den ‚Schreier' Bachmann, von dem aller Druck im Betrieb auszugehen schien. „Wenn es zu einem Streik kommen sollte", erklärte ein Gießer, solle man sich auf Herrn Bachmann konzentrieren: „Bevor Herr Bachmann im Geschäft entlassen ist, nimmt kein Arbeiter die Arbeit wieder auf."[63]

Der Konflikt konnte jedoch schließlich ohne Kampfmaßnahmen beigelegt werden, weil Fischer sich zum Nachgeben entschloß. Er weigerte sich zwar, mit den Vertretern des Bundeskomitees des Gewerkschaftsbundes direkt zu verhandeln, erklärte sich aber bereit, den Lohnabzug rückgängig zu machen[64]. Die Versammlung, an welcher die Vertreter der Arbeiterschaft den Erfolg melden konnten, wurde nach dem Bericht der ‚Arbeiterstimme' von ca. 300 Arbeitern, d.h. gut der Hälfte der erwachsenen Arbeiter besucht. Die Gewerkschaft konnte 90 neue Mitglieder aufnehmen. Die Mobilisierung war also sehr gut, wenn man die kurze vorangegangene Bewegung betrachtet. Ob sie allerdings zur Durchführung eines Streiks ausgereicht hätte, ist, auch im Licht der folgenden Ereignisse betrachtet, ungewiß. Doch zu diesem Zeitpunkt konnte das Unternehmen das Risiko eines Ausstandes offenbar noch weniger eingehen. Die Konjunkturlage war ausgezeichnet, die Zahl der beschäftigten Arbeiter stieg von Jahresbeginn bis Jahresende um 37 Prozent. Ein Streik hätte ohne Zweifel große Verluste gebracht.

Der Erfolg der Arbeiter erwies sich indessen rasch als äußerlich. Die Gewerkschaftsvertreter mußten einsehen, daß sie ihre Konzeption der Arbeiterkommission als echter Interessenvertretung der Arbeiterschaft mit Kontrollfunktionen gegenüber dem Management auf die Dauer nicht durchsetzen konnten. Obwohl die Kommission ihre Kollektivdemission zurückgenommen hatte, kehrten Wehrli und wahrscheinlich auch Bryner nicht mehr in die Kommission zurück. Fischer war nicht bereit, jene Leute weiterhin zu akzeptieren, die ihm eine zweifellos auch persönlich empfundene Niederlage bereitet hatten. Er konnte sich damit durchsetzen, weil die Macht der Arbeiterorganisation nur eine momentane war, die auf der Mobilisierung der Arbeiter in einer bestimmten Sache im Rahmen einer Bewegung aufbaute, und weil so kurz nach der einen Aktion in dieser Frage keine neue Mobilisierung möglich war. Die Arbeiter waren durch ihren Erfolg eher besänftigt und vermochten offenbar nicht zu sehen, daß sich aus dem Nachgeben in dieser Personenfrage weitere Niederlagen entwickeln konnten.

An der neunten Sitzung der Arbeiterkommission wurde als Ersatz für den Gewindeschneider Rudolf Wehrli der Gießer Konrad Schwyn als Präsident gewählt[65]. An die Stelle des kämpferischen Aktivisten und Organisators, der im Grunde die Stellung des Unternehmers selbst angriff und seine Legitimation grundsätzlich in Frage stellte, trat damit ein unternehmensloyaler Anpasser, der darauf achtete, mit seinem Verhalten vor allem beim Unternehmer möglichst wenig anzustoßen. Schwyn verkörpert einen wichtigen Typus des Gewerkschafters und Funktionärs und soll daher etwas genauer charakterisiert werden. Konrad Schwyn[66] wurde 1867 in Beringen, d.h. in der ländlichen Umgebung von Schaffhausen geboren. Er absolvierte seine Gießerlehre vermutlich bei GF (oder bei Rauschenbach) und trat 1890 endgültig bei GF ein. Er wurde Mitglied des Gießerfachvereins, war 1893 Revisor, 1895 bereits Vizepräsident und 1902 bis 1905 Präsident. Daneben präsidierte er ebenfalls bis 1905 die Arbeiterkommission. 1906 trat er aus dem Gießerfachverein aus[67] und 1907 wurde er Kernmachermeister, was er bis zu seiner Pensionierung 1926 blieb. Im Rahmen der Möglichkeiten eines Arbeiters machte er also Karriere. Seine Haltung wurde vom Unternehmen sehr positiv eingeschätzt. Seine Personalkarte trägt den Vermerk: „Früher Präsident des Gießerfachvereins, hat uns s. Z. gute Dienste geleistet bei Streikgefahr."

Schwyn vertrat innerhalb des Gießerfachvereins und der Gewerkschaftsbewegung jene Tendenz, welche sich mit dem Unternehmer zu arrangieren suchte. Auch für ihn bedeutete die Arbeit in der Gewerkschaftsbewegung eine Möglichkeit zur Selbstentfaltung und eine Quelle von Selbstbewußtsein. Anders als etwa Wehrli entwickelte Schwyn dabei jedoch kein egalitäres Gesellschaftsverständnis und sah den Weg zu einer Korrektur des individuellen Schicksals auch nicht in erster Linie in einer Veränderung der ungerechten Gesellschaftsordnung. Er lehnte die hierarchische, herrschaftsbestimmte Gesellschaftsstruktur nicht ab, sondern versuchte, seine eigene Position in dieser Hierarchie zu verbessern. Materiell befand er sich als qualifizierter Arbeiter in einer recht guten Position, die allerdings kaum mehr Verbesserungen zuließ. Seine gesellschaftliche Stellung beruhte, solange er aus seiner Arbeiterposition nicht ausbrechen konnte, weitgehend auf der Anerkennung seiner Arbeiterkollegen. Vermittelt wurde diese Anerkennung in beträchtlichem Maß über die gewerkschaftlichen Berufsorganisationen. Gewerkschaftliche Funktionen waren – wenigstens bei den gut organisierten Gießern – auch Statusfaktoren. Um diese zu erlangen, mußte man aber in gewissem Maß die Normen der Arbeiterbewegung übernehmen und die Arbeiterinteressen vertreten. Der innerbetriebliche Aufstieg (und dieser stand für Schwyn eindeutig über dem internen Statussystem der Arbeiter und der Arbeiterbewegung) verlangte dagegen ein Verhalten, das mit den Unternehmerinteressen nicht kollidierte. Die doppelte Interessenvertretung, wie sie der Unternehmer in der Arbeiterkommission wünschte und eine entsprechende, nicht antagonistische Vorstellung von den Beziehungen zwischen Arbeiterschaft und Unternehmer mußte den eigenen Vorstellungen dieses Typs genau entsprechen. Der tatsächliche Widerspruch zwischen den Interessen wurde dadurch gelöst, daß im entscheidenden Moment das innerbetriebliche Statussystem eindeutig höher bewertet wurde. Schwyn gab – wie auch andere – seine Stellung innerhalb der Arbeiterbewegung ohne weiteres auf, als sich die Gelegenheit zum innerbetrieblichen Aufstieg bot[68]. Seine hierarchisch-autoritären Vorstellungen brachte er zweifellos in die Arbeiterorganisation ein, in das Verhältnis zwischen den Berufen, zwischen Berufs- und Nichtberufsarbeitern, jüngeren und älteren Arbeitern usw. Disziplin und Unterordnung mußten ihm auch hier als geeignete Ordnungsprinzipien erscheinen.

In Schwyn hatte Fischer einen Mann gefunden, der in seinem Sinn zu konstruktiver

Zusammenarbeit bereit war und der auch bei der Arbeiterschaft, vor allem aber bei den einflußreichen Gießern, eine Vertrauensstellung einnahm. Die Arbeit in der Arbeiterkommission begann sich nun besser einzuspielen, vor allem weil man sich auf die Behandlung von Detailproblemen konzentrierte[69]. Die Kommission erzielte für die Arbeiter kaum konkrete Erfolge, doch sie funktionierte im Sinne des Unternehmens als Informationssystem, durch welches die Unternehmensleitung unter Umgehung des ‚Dienstwegs' direkt Kenntnis von Forderungen, Anliegen und Stimmung der Arbeiterschaft erhielt. Umgekehrt diente sie auch zur Vermittlung der Erklärungen und Argumentationen des Unternehmers[70]. Aus seiner Sicht konnte die Kommission eindeutig als Erfolg gewertet werden. Der nächste schwere Konflikt, der noch ins Jahr 1899 fiel, zeigte, daß der Unternehmer die Arbeiterkommission jetzt besser unter Kontrolle hatte. In der neuen Zusammensetzung und unter der neuen Leitung bestand nicht mehr die Gefahr, daß sich die Arbeiterschaft mit der Kommission solidarisierte, und daß diese zu einem Mittel der Agitation der Gewerkschaften wurde.

Die Gegenoffensive des Unternehmens

Anfangs September 1899 wurde Rudolf Wehrli, der Präsident des Arbeiterbundes, die zentrale Gestalt der Organisationsbewegung seit 1898, entlassen. Diese offensichtlich politisch motivierte Entlassung[71] führte zu einem neuen Konflikt zwischen Unternehmen und Arbeiterschaft, doch schreckten die Arbeiter schließlich vor dem Streikbeschluß zurück. Obwohl die Arbeiterschaft zunächst in ihrer großen Mehrheit Stellung für den Gemaßregelten bezogen hatte, war letztlich nur noch etwa die Hälfte streikwillig[72]. Ohne Kampf gaben so die Arbeiter ihren wichtigsten Mann preis und unterwarfen sich dem Diktat des Unternehmens. Wo liegen die Gründe für dieses Verhalten und welches waren die Folgen?

Deutlicher als im Frühjahr zeigte sich innerhalb der Arbeiterschaft eine gewisse Spaltung zwischen jüngeren, unverheirateten, mobileren Arbeitern und den älteren, schon länger im Betrieb beschäftigten, aus der Umgebung stammenden Arbeitern. Dieser Gegensatz drückte sich auch personell in den wichtigsten Gremien der Arbeiterbewegung aus. Die Arbeiterkommission, der große Bedeutung zukam, weil sich der Unternehmer weigerte, direkt mit der Gewerkschaft zu verhandeln, stand klar auf der Seite der gesetzteren Arbeiter und bemühte sich kaum, die Kündigung rückgängig zu machen[73]. Dem Unternehmen gelang es also erstmals erfolgreich, die Kommission zur Spaltung der Arbeiter zu verwenden[74]. Zum Teil wurde dies durch entsprechende Bestimmungen des Wahlreglements der Arbeiterkommission erreicht, welche die aktiven und passiven Wahlmöglichkeiten der jungen und betriebsneuen Arbeiter einschränkten[75]. Der äußere Konflikt wurde innerhalb der Arbeiterbewegung auch zum Anlaß für interne Machtkämpfe genommen[76], was natürlich die Verhandlungsposition der Gewerkschaft schwächte.

Neben diesen innerbetrieblichen Momenten ist aber auch die allgemeine organisatorische Schwäche der schweizerischen Gewerkschaftsbewegung zu dieser Zeit zu berücksichtigen. Noch verfügten die Einzelverbände des Gewerkschaftsbundes nicht über eigene Streikkassen und waren weitgehend auf Sammelaktionen und die allgemeine Reservekasse des Gewerkschaftsbundes angewiesen[77]. Diese war der Ausdehnung der Bewegung in den neunziger Jahren mit einer vermehrten Zahl von Konflikten (beides in mancher Hinsicht erst durch sie ermöglicht) immer weniger gewachsen. Mehrere große Streiks hatten sie erschöpft. Die Einnahmen waren ungenügend, da gerade bei den Streiks in der Großindustrie jeweils auch zahlreiche Nichtorganisierte unterstützt werden mußten, die nichts zur Kasse beigetragen hatten und die häufig – vor allem nach verlorenen Kämpfen – der Gewerkschaft auch nicht treu blieben. Die objektiven Möglichkeiten zur Durchführung eines größeren und längerdauernden Streiks waren daher – auch von außen erkennbar – schlecht.

Ein Streik, der aus einem sehr ähnlich gelagerten Konflikt im Februar 1899 bei der Firma Brown Boveri in Baden ausgebrochen war[78], hatte mit einer kostspieligen Niederlage geendet[79] und bereits im Mai hatte die Gewerkschaft nicht mehr gewagt, den Kampf aufzunehmen, als die Lokomotivfabrik Winterthur 24 Mitglieder des Arbeiterbundes ‚Lokomotiv' entließ[80]. Die Entlassung Wehrlis bei GF konnte danach in den Augen der Gewerkschaftsleitung keinen genügenden Grund mehr für eine große Kampfaktion abgeben[81], und Fischer konnte damit rechnen, daß die GF-Arbeiter auch durch das Bundeskomitee des Gewerkschaftsbundes von einem Streik abgehalten würden. Die organisatorische und finanzielle Schwäche der Gewerkschaften ermöglichte ihm so den erfolgreichen Angriff auf die Organisation der Arbeiter, obwohl er bei weiterhin guten Konjunkturaussichten von einem Streik ebenfalls stark betroffen gewesen wäre.

Die Folgen dieser Niederlagen bei GF wie in anderen Großunternehmen der Maschinen- und Metallindustrie waren schwerwiegend. Eingeschüchtert und demoralisiert verließen in Baden nach dem verlorenen Streik zahlreiche organisierte Arbeiter auch freiwillig die Firma. Der Arbeiterbund ‚Dynamo' brach zusammen. Ähnlich negativ war der Effekt der kampflosen Niederlagen in Winterthur und Schaffhausen. Allerdings war die Unternehmerrepression gegenüber der Gewerkschaft bei GF nicht so stark wie in Baden, was sicher darauf zurückzuführen ist, daß die Auseinandersetzung ohne Streik beigelegt wurde. Die innerbetriebliche Gewerkschaftsorganisation blieb – allerdings stark geschwächt – bestehen. Die desintegrativen Effekte des verlorenen Streiks waren also stärker als jene der kampflos aufgegebenen Bewegung. Auch bei GF sank jedoch die Mitgliederzahl des Arbeiterbundes von ca. 300 im Jahr 1899 auf 198 im Dezember 1899 und auf 117 Ende 1900[82].

Die rückläufige Entwicklung der Mitgliederzahlen war indessen nur Symptom der Krise, die entstand, als die Gewerkschaft die Initiative an die Unternehmer verlor und kein taktisches Rezept gegen die verschärfte Repression fand. Die kampflose Preisgabe ihres Exponenten und Führers Wehrli schwächte auch ihr kollektives Selbstvertrauen empfindlich. Sehr schnell wurde deutlich, daß der Elan der Bewegung gebrochen war. Der entlassene Wehrli versuchte zwar auch außerhalb des Betriebes, durch eine Pressekampagne im Zürcher ‚Volksrecht', seine Agitationstätigkeit fortzusetzen[83]. Das Echo war aber gering. Die Maßregelung eines weiteren Vorstandsmitglieds des Arbeiterbundes vermochte die Arbeiterschaft nicht mehr zu mobilisieren. Nur ca. 70 Arbeiter kamen an die entsprechende Versammlung im März 1900. Jetzt brachen auch die Gegensätze zwischen den Interessen der verschiedenen Berufsgruppen vermehrt wieder auf[84]. Statt eine gemeinsame Lohnbewegung durchzuführen, die bei der guten Konjunktur nicht ohne Chancen gewesen wäre[85], verzettelten sich die verschiedenen Berufsgruppen. Kennzeichnend für die Entwicklung ist die Aufspaltung des Arbeiterbundes Mühletal im Jahr 1900. Die Berufsarbeiter, d.h. vor allem die Dreher und Schlosser, gründeten eine eigene Sektion, den Dreher- und Schlosserfachverein Mühletal. An die Stelle der Kämpfe für die Anerkennung der Gewerkschaft durch den Unternehmer und für die gerechte Behandlung aller Arbeiter trat die erneute Isolierung und die Konzentration auf die berufsspezifischen Sonderinteressen. Die gelernten Arbeiter konzentrierten sich auf die Verteidigung ihrer privilegierten Stellung. Die Gewindeschneider als führende Gruppe der angelernten Arbeiter beschäftigten sich mit ihren eigenen Akkordproblemen. Die Kampfbereitschaft und das Kollektivbewußtsein verschwanden fast so rasch wie sie entstanden waren, und die Organisation wurde dort am stärksten geschwächt, wo sie ihre größten Fortschritte gemacht hatte: in der Organisierung der ungelernten Arbeiter.

Die Niederlage als Lernprozeß

Die Organisationsbewegung der Jahre 1898 und 1899 stellte für zahlreiche GF-Arbeiter eine prägende Erfahrung dar, die ihr späteres Organisationsverhalten wesentlich beeinflußte. In der Art, wie die Niederlage verarbeitet wurde, zeigen sich aber weitgehende Unterschiede vor allem zwischen gelernten und ungelernten Arbeitern. Deutlich wird dies an der unterschiedlichen Entwicklung des Organisationsgrades (vgl. Tab. 33).

Tab. 33: Entwicklung des Organisationsgrades bei GF 1897–1903[86] (in Prozent)

	Gießer Kernm.	Schlosser Dreher	übrige Arbeiter	ganzer Betrieb	Anzahl Organisierte
Dez. 1897	76	?	—	8 (?)	42 (?)
Dez. 1898	81	?	20–25 (?)	29 (?)	190 (?)
Sept. 1899	80	75 (?)	35–40	48	360
Dez. 1899	78	75 (?)	21	29	262
Dez. 1900	75	74	12	21	179
Dez. 1901	68	71	8	17	95
Dez. 1902	25	54	9	12	60
Dez. 1903	29	82	8	14	108

Im Bereich der traditionellen Berufsarbeitergruppen hatte die Organisationsbewegung von 1898 bis 1899 im Grunde wenig Neues bewirkt. Die Gießer waren schon vorher gut organisiert, ebenso die Dreher und Schlosser. Eine entscheidende Wende hatte die Bewegung dagegen bei den ungelernten Arbeitern gebracht, die erstmals in größerer Zahl für die Gewerkschaftsbewegung gewonnen worden waren. Diese Gruppen litten nun am stärksten unter dem Rückschlag. Vor allem die Organisation der Handlanger in der Gießerei, der Gußputzer und Schmirgler, sank fast wieder auf null.

Wo liegen die Gründe für dieses unterschiedliche Organisationsverhalten? Verschiedene Punkte lassen sich hier nennen: Gegen Ende 1900 verschlechterte sich die wirtschaftliche Lage, und damit wurden die Möglichkeiten zur Erlangung materieller Verbesserungen ungünstiger. Das niedrigere Qualifikationsniveau, d. h. die fehlende Abschirmung durch die Berufslehre, setzten die Nichtberufsarbeiter einer stärkeren und direkteren Konkurrenz durch andere Arbeiter aus, als dies bereits bei den Berufsarbeitern der Fall war. Auch das Fehlen einer längeren Organisationserfahrung wirkte sich bei den ungelernten Arbeitern negativ aus[87]. Der eigentliche Grund ist jedoch im besonderen Charakter ihrer Organisation und in der besonderen Lage der Hilfsarbeiter zu suchen. Die Hilfsarbeiter hatten sich im Rahmen einer Lohnbewegung organisiert. Obwohl aber diese Bewegung nur geringe materielle Fortschritte erzielte, ging die Organisation gestärkt aus ihr hervor. Materielle Erfolge waren somit nicht entscheidende Voraussetzung für den Erfolg der Organisation. Dies zeigt sich auch daran, daß in den Auseinandersetzungen des Jahres 1899 keine Lohnforderungen gestellt wurden[88]. Warum war die Lohnhöhe kein wesentlicher Konfliktpunkt? Bei GF (ähnlich auch bei BBC) ist dies wohl mit den verhältnismäßig guten Löhnen zu erklären, die für wenig qualifizierte, aber anforderungsreiche Serientätigkeiten bezahlt wurden. Die zahlreichen Arbeiter, die in dieser Expansionsphase neu in Großbetriebe kamen, empfanden in der Regel die Löhne – verglichen mit Lohnsätzen unqualifizierter Arbeit außerhalb der Industrie – als recht gut, die Behandlung dagegen als äußerst schlecht. Die Gewöhnung an die Arbeitsbedingungen, vor allem aber an die strenge Arbeitsdisziplin mit Bußen, Abzügen usw. und an die hohe Arbeitsintensität fiel schwer.

Der Widerstand entwickelte sich vor allem gegen die schlechte Behandlung durch die Vorgesetzten. Darin lag auch ein Protest gegen die industriellen Arbeitsbedingungen überhaupt, welche gerade den unqualifizierten Arbeiter in eine vollständig abhängige Lage versetzten und ihn dem Druck eines unpersönlichen Systems unterwarfen. Dementsprechend lag die Attraktivität der Gewerkschaften nicht in erster Linie darin, daß sie materielle Vorteile brachten, sondern daß sie sich selbst und den einzelnen Arbeitern gegenüber dem Unternehmer Respekt verschafften. Als sich zeigte, wie eng begrenzt die gewerkschaftlichen Möglichkeiten in dieser Hinsicht waren, konnten sich die ungelernten Arbeiter nicht wie die Berufsarbeiter auf die Vertretung ihrer Sonderinteressen zurückziehen. Ihr Hauptproblem waren in dieser Phase gar nicht besondere ökonomische Interessen, sondern allgemeine, im Grunde politische Forderungen, die nur kollektiv, durch und für die gesamte Arbeiterschaft, realisiert werden konnten. Unter den gegebenen Bedingungen war so der Rückzug aus den Gewerkschaften eine logische Konsequenz. Die wenig qualifizierten Arbeiter organisierten sich in der Erwartung kurzfristig erreichbarer Ziele – als diese Erwartung trog, verließen sie die Organisation enttäuscht. Ihre wesentliche Erfahrung in der Organisationsbewegung war negativ: Sie kamen zum Schluß, daß die Gewerkschaften ihre Interessen nicht wirkungsvoll zu vertreten vermochten. Typisch für das Bewußtsein der un- und angelernten Arbeiter war in dieser Hinsicht der enge Zeithorizont. Die Notwendigkeit langandauernder, permanenter Tätigkeit und Auseinandersetzung vermochten sie in der Regel nicht einzusehen.

Ganz anders verlief die Entwicklung bei den gelernten Arbeitern. Die erste Reaktion auf die gescheiterte Bewegung bestand zwar auch bei den gelernten Arbeitern in der Abwendung von der allgemeinen Gewerkschaft und der Verstärkung berufsständischer Tendenzen. Bei den Gießern fiel zeitweise auch der Organisationsgrad stark ab[89], und der Besuch der Gewerkschaftsversammlungen war allgemein schwach[90]. Im ganzen setzten sich aber schon nach kurzer Zeit jene Tendenzen durch, welche die Ursachen der Niederlage in der ungenügenden Organisation der Arbeiter lokalisierten. Die kleinen Arbeitervereine, die sich eben erst noch separat formiert hatten, erkannten rasch, daß sie isoliert nicht bestehen konnten. Bereits 1902 bestellten die vier Sektionen des SMV in Schaffhausen einen gemeinsamen Zentralvorstand, der auch gemeinsame Mitgliederversammlungen durchführte. Die Arbeiterunion Schaffhausen wagte es, trotz der Schwächung durch die Krise 1902 eine Zeitung, das ‚Echo vom Rheinfall', als Arbeiterzeitung zu übernehmen. Auch der Gießerfachverein unterstützte den betreffenden Antrag einstimmig[91]. Im gleichen Jahr übernahm die Arbeiterunion ein Restaurant mit einem Saal für 600 Personen in eigener Regie und verband seine Leitung mit der Führung eines Arbeitersekretariats[92]. Die äußere Krise wurde so zum Anlaß für die Stärkung der organisatorischen Struktur der Bewegung, die bereits seit langen Jahren vergeblich angestrebt worden war[93]. Die gleiche Tendenz drückte sich auch auf der Ebene der Zentralverbände aus. Der SMV entschloß sich 1902 zur Übernahme der Streikunterstützung für seine Mitglieder und zum Aufbau einer Arbeitslosenversicherung, was eine Verstärkung der Verwaltung und eine wesentliche Beitragserhöhung zur Folge hatte[94]. Die Berufsarbeiter der verschiedenen Branchen verhielten sich also völlig anders als die Hilfsarbeiter: Fanden wir bei jenen Resignation, Passivität und Rückzug aus der Organisation, so sehen wir hier im innerorganisatorischen Bereich gesteigerte Aktivität und Risikobereitschaft, ein starkes Vertrauen in die Wirkung organisatorischer Maßnahmen und eine langfristige Planung. Diese Einstellung galt nicht etwa nur für die Funktionäre, sondern auch für die Basis der Organisation. Für eine Basis allerdings, die im Jahr 1902 auf jene Leute reduziert war, die sich auch durch die schwere Krise in ihrem Glauben an einen durch kontinuierliche Arbeit erreichbaren Fortschritt nicht beirren ließ. Daß sich diese Haltung in vermehrtem Maß bei den gelernten Arbeitern findet, läßt sich aus mehreren Gesichtspunkten erklären. Durch ihre Ausbildung und durch ihre Stellung im Betrieb besaßen sie ein Bewußtsein für die Bedeutung organisatorischer Fragen, das sie möglicherweise auch auf außerbetriebliche Tätigkeiten übertragen konnten. Auch eine lange organisatorische Erfahrung in der Arbeiterorganisation (man denke etwa an den Grütliverein) hatte einen Teil der Berufsarbeiter in dieser Hinsicht qualifiziert, und zwar wiederum doppelt: zur Führung von Fach- oder Berufsvereinen einerseits, und zur Einsicht in das Ungenügen derselben anderseits. Wichtiger noch erscheint aber die besondere soziale Stellung des gelernten Arbeiters, der sich zwar durch die Berufsausbildung qualifiziert hatte, aber um so eher die prinzipiellen Grenzen des individuellen sozialen Aufstiegs erfahren mußte[95]. Diese Grenzen konnten nur durch die kollektive Aktion der Arbeiter hinausgeschoben oder in Krisenzeiten verteidigt werden. Die Berufsarbeiter tendierten daher zunächst zur Organisation der einzelnen Berufe und zu einer materiellen Orientierung, die eine stufenweise Verbesserung der Arbeitsbedingungen anstrebte. Sobald es sich aber erwies, daß diese Organisationsformen versagten, waren diese Arbeiter bereit und auch fähig, die Organisationen zu verbreitern und die Forderungen und Ziele weiterzustecken. Das unterschiedliche Bewußtsein von gelernten und ungelernten Arbeitern in dieser bestimmten historischen Situation tendierte nun aber zur institutionellen Verfestigung: Da es die gelernten Arbeiter waren, welche die Gewerkschaften ausbauten und ihre Politik bestimmten, war es unvermeidlich, daß diese vor allem von ihren Interessen geprägt waren. Dies wiederum erschwerte den Zugang für die un- und angelernten Arbeiter, auch dort, wo sich die Gewerkschafter subjektiv ernsthaft um sie bemühten.

3. *Der SMV als Organisation der Berufsarbeiter, 1903 bis 1909*

Seit 1903 besserte sich die Wirtschaftslage in Schaffhausen und im besonderen bei GF wieder. Die Arbeiterzahl stieg bei GF von 550 im Jahr 1902 auf 1000 im Jahr 1905 und 1400 1907[96]. Die rasche Ausdehnung der Produktion und die entsprechende Belegschaftszunahme führte vor allem in den Jahren 1905 bis 1906 zu einer starken Übernutzung der Anlagen, durch welche die Arbeitsbedingungen verschlechtert und die Unfallgefahren stark erhöht wurden. Diese Expansionsjahre waren auch gekennzeichnet durch intensive Rationalisierungsanstrengungen, die sich für die Arbeiter vor allem in der Vermehrung der Akkordlöhne, als Druck auf die Akkordansätze, als Beschleunigung der Arbeit usw. ausdrückte. Die Produktionstechnik und die Arbeitsorganisation erfuhren zwar keine grundlegenden Umgestaltungen, doch wurden in verstärktem Maß Maschinen eingesetzt und die betriebliche Organisation verbessert[97]. Die Arbeitsproduktivität stieg stark an[98].

Die Vermehrung der Belegschaft (von 1902 bis 1907 um ca. 150 Prozent) war nur durch die Erschließung neuer Rekrutierungsfelder möglich. Vor allem der Bedarf an Hilfsarbeitern und Gußputzern konnte nun nicht mehr aus den umliegenden ländlichen Gemeinden gedeckt werden. In zunehmendem Maß wurden diese unangenehmsten und gesundheitsschädlichsten Tätigkeiten von ausländischen Arbeitern, vor allem von Italienern übernommen[99]. Ihr Anteil an der Arbeiterschaft stieg von 8 Prozent 1901 auf ca. 20 Prozent 1907. Zu den bisherigen Gegensätzen innerhalb der Arbeiterschaft trat, den Gegensatz zwischen qualifizierteren und unqualifizierten Arbeitern verstärkend, der sprachliche und kulturelle Gegensatz zwischen Italienern und Schweizern. Allgemein wuchs auch der Anteil der jüngeren, ledigen und zugereisten Arbeiter. Gerade für diese Arbeiterkategorie verschlechterte sich neben den Arbeitsbedingungen auch die außerberufliche Situation (v.a. die Wohnsituation)[100]. Sowohl von der Struktur der Arbeiterschaft wie von ihrer sozialen Lage her vergrößerte der wirtschaftliche Aufschwung also das Konfliktpotential beträchtlich. Dieses Potential setzte sich aber nur sehr langsam in offene Konflikte um. Die Metallarbeiter-Gewerkschaft vermochte zwar bei GF wie bei anderen Firmen die Zahl der Organisierten ab 1903 laufend zu steigern[101], doch wurden keine größeren Aktionen durchgeführt. Die Agitation baute vor allem auf den neugeschaffenen Zeitungen (‚Echo vom Rheinfall', Metallarbeiterzeitung) auf. Kleine Auseinandersetzungen, die vorher selbst den meisten Arbeitern weitgehend unbekannt geblieben waren, erhielten dadurch ungleich größeres Gewicht, doch die Intensität solcher Konflikte blieb zunächst niedrig[102]. Es gelang der Gewerkschaft auch nur langsam, die Arbeiter für ihre Anliegen zu mobilisieren[103]. Immerhin vermochte sie, solche Einzelfälle nun zu verallgemeinern und ihrer Agitation nutzbar zu machen.

‚Bremsen' als Kampfform der Maschinenformer

Steigende Unzufriedenheit über Abzüge, Bußen und die Gestaltung der Akkordtarife führten im Herbst 1904 bei GF erstmals wieder zu einer größeren Auseinandersetzung[104]. Die durch Akkordreduktionen aufgebrachten Maschinenformer schlossen sich gemeinsam fast vollzählig der Metallarbeiter-Gewerkschaft an[105] und reichten Lohnforderungen ein. „Als Antwort auf dieses Vorgehen (es ist eher als eine Verhöhnung der Arbeiter aufzufassen) ließ der bekannte Betriebsingenieur Bachmann ein paar Tage darauf einen Akkordtarif anschlagen, welcher bedeutende Reduktionen des bisherigen Akkordpreises aufwies, die man nicht anders als eine Kriegserklärung an die Arbeiter auffassen kann." Daraufhin stellten die Maschinenformer die Arbeit ein. Sie verließen demonstrativ „Mann für Mann die Fabrikräume, um in gemeinsamer Beratung das nächste Vorgehen zu besprechen"[106]. Zu einem Streik kam es indessen nicht. Die Behandlung des Konflikts wurde schließlich der Arbeiterkommission und einer Spezialkommission der Maschinenformer übertragen, welche die Geschäftsleitung aber zu keinen Konzessionen bewegen konnten. Die Gewerkschaft verhängte zwar eine Sperre für Maschinenformer über das Unternehmen, doch es gelang nicht, eine Revision der Löhne zu erreichen[107].

In diesem Fall ist jedoch der äußere Anschein einer Niederlage der Arbeiter unrichtig. Der Konflikt wurde auf einer informellen Ebene fortgesetzt und hier gelang es den Maschinenformern, wie aus einem Bericht im Verwaltungsrat hervorgeht, einen wesentlichen Erfolg zu erzielen:

> In Folge Aufstellung neuer leistungsfähiger Formmaschinen und behufs Ausgleichung bestehender Mißverhältnisse wurde im Januar ein neuer Accordtarif eingeführt, welcher den Arbeitern erlaubt hätte, bei gleichzeitig höherer Leistung soviel zu verdienen wie vorher. Das paßte aber den Herren nicht oder wenigstens einzelnen unter ihnen und die übrigen wurden förmlich aufgehetzt, der Fabrikleitung passiven Widerstand zu leisten und mit der Arbeit möglichst zurückzuhalten. Alle Ermahnungen halfen nichts, es trat ein großer Wechsel im Personal ein, viele geübte Arbeiter verließen die Fabrik und mußten durch neue, ungeübte ersetzt werden. Schließlich blieb der Direction nichts anderes übrig als nachzugeben und annähernd den früheren Accordtarif wieder einzuführen. Sofort machte sich eine Änderung zum besseren bemerkbar und erhöhte sich die Produktion der Gießerei ganz wesentlich[108].

Mit einer informellen Kampfform war somit – begünstigt allerdings durch die Konjunkturlage – gelungen, was die formelle Bewegung nicht erreicht hatte. Dieser Konfliktablauf wurde vom Unternehmen in viel stärkerem Maß rezipiert als von den Arbeitern. Die Geschäftsleitung zog wesentliche Lehren vor allem bezüglich der Akkordgestaltung und der Einschätzung der Arbeitsanforderungen bei angelernten Arbeitern. Insbesondere bemühte man sich um eine genauere und permanente Kontrolle der erzielten Leistungen, um so bei steigender Produktivität frühzeitig, dafür aber weniger einschneidende Akkordsenkungen vornehmen zu können[109].

Auf der Seite der Arbeiter wurden die Erfahrungen dieses Konflikts und auch der relative Erfolg nicht im selben Maß aufgenommen. Dies hing zum Teil damit zusammen, daß man dieser informellen Auseinandersetzung keine Publizität verleihen konnte. Zum anderen zersplitterte die mit dieser Kampfform verbundene hohe Fluktuation die ursprünglich solidarische Arbeitergruppe, was die Systematisierung der gewonnenen Erfahrung erschwerte. Innerhalb der Gewerkschaftsgremien erfolgten ebenfalls keine Versuche zur Institutionalisierung solcher unkonventioneller Kampfformen. Ob das vor allem daran lag, daß den Gewerkschaftsmitgliedern und Funktionären die Bereitschaft zu solchen Kampfmitteln abging, oder ob die Reaktion des Unternehmens die Bedingungen für solche Kampfformen zu stark verschlechterte, läßt sich hier nicht genauer bestimmen.

Die gewerkschaftliche Organisierungskampagne 1905/1906

Die Metallarbeiter-Gewerkschaft bemühte sich in erster Linie darum, die Arbeiter mit Lohnforderungen zu gewinnen[110]. Es gelang GF jedoch Anfang 1905, der Gewerkschaft durch freiwillige Lohnerhöhungen, die individuell nach Leistung vorgenommen wurden, den Wind aus den Segeln zu nehmen und gleichzeitig Uneinigkeit zu stiften[111]. Trotz diesem Rückschlag entwickelte sich die Bewegung im ganzen positiv. Im Verlauf der Jahre 1904 und 1905 gelang es, die organisatorische Vereinheitlichung der Metallarbeiter-Gewerkschaft in Schaffhausen zu bewerkstelligen. Nach dem Schlosser- und Dreherfachverein Mühlenthal und dem Arbeiterbund Mühlenthal schlossen sich im April 1905 auch die Gießer – wenn auch mit einigem Widerstreben – der Einheitssektion an[112]. Auch die Agitation unter den Unorganisierten stieß in der Arbeiterschaft auf zunehmendes Echo, vor allem als Folge des raschen Anstiegs der Beschäftigtenzahlen, einem entsprechend hohen Anteil von im Betrieb wenig integrierten Arbeitern und der sich durch die Übernutzung der Anlagen verschlechternden Arbeitsbedingungen. Die Spannung im Betrieb erhöhte sich laufend und beide Seiten bereiteten sich auf einen größeren Konflikt vor[113].

Zu diesen Vorbereitungen gehörten auf der Seite der Gewerkschaften intensivere Agitation und Mitgliederwerbung im Betrieb, um die Organisation in allen Abteilungen und Arbeitergruppen möglichst gut zu verankern. Einer der Aktivisten der Gewerkschaft, Akeret, hatte bei dieser Tätigkeit die Bestimmung der Fabrikordnung übertreten, welche verbot, sich in fremden Abteilungen aufzuhalten. Daraufhin drohte ihm Meier, der Meister der Gewindeschneiderei, wenn er ihn nochmals sehe, werde er ihn (handgreiflich) hinauswerfen. Akeret habe darauf erwidert, ,,Meier solle nur kommen, er schlage ihn tot". Dies wurde von Direktor Bachmann zum Anlaß genommen, den unbequemen Arbeiter sofort zu entlassen[114]. Die Gewerkschaft berief unverzüglich Protestversammlungen ein, ,,an denen die Stimmung sehr lebhaft war und an denen sich von seiten der Arbeiter eine ziemliche Neigung zu scharfem Proteste, eventuell zu Gegenmaßregeln bemerkbar machte". Schließlich beschloß man jedoch, ,,von der Verfolgung der Angelegenheit des entlassenen Arbeiters abzusehen, da er auch im Fehler war und sich zu Äußerungen hinreißen ließ, die man eben unterlassen soll"[115]. Das harte und provozierende Vorgehen der Geschäftsleitung hätte der Gewerkschaft eigentlich die Möglichkeit geboten, die ohnehin geplante Lohnbewegung zu forcieren und die Mobilisierung der Arbeiterschaft voranzutreiben[116]. Doch offenbar blieb die Argumentation der Geschäftsleitung nicht völlig ohne Wirkung auf die Arbeiter und man kann sich vorstellen, daß auch der Zeitpunkt – unmittelbar vor Weihnachten – für die Einleitung größerer Kampfaktionen nicht günstig war. Die Bewegung mußte so gleich zu Anfang eine Niederlage hinnehmen[117].

Die Affäre um Akeret schien sich für die Gewerkschaft dennoch eher vorteilhaft auszuwirken. An einer Arbeiterversammlung am 6. Januar 1906 nahmen bereits ca. 500 Mann teil, d. h. 45 Prozent der Arbeiterschaft, die ,,einstimmig und mit Begeisterung beschlossen, mit allen Mitteln auf eine Besserung der Arbeitsbedingungen hinzuarbeiten"[118]. Die Generalversammlung der Sektion vom 13. Januar konnte 260 neue Mitglieder aufnehmen, ,,zum großen Teil aus der Stahlfabrik Mühlental"[119]. Der Organisationsgrad stieg wie 1899 explosionsartig an und erreichte für kurze Zeit etwa 70 Prozent[120]. Die Bewegung wurde ganz von den materiellen Forderungen bestimmt. Die Anerkennung der Gewerkschaften durch den Unternehmer wurde nicht direkt gefordert, man versuchte vielmehr, die Arbeiterschaft so vollständig für die materiellen Forderungen zu mobilisieren, daß das Unternehmen nicht mehr umhin konnte, mit der Gewerkschaft zu verhandeln. Die wichtigsten Forderungen lauteten auf eine zwanzigprozentige Lohnerhöhung und auf Verkürzung der Arbeitszeit von 59 auf 54 Stunden pro Woche[121]. Diese Vorschläge wurden einer Versammlung der Arbeiter von GF vorgelegt, an der 650 Arbeiter teilnahmen[122], d. h. ca. 60–65 Prozent der Belegschaft. Die Diskussion drehte sich vor allem um die Arbeitszeitfrage, wo ein Gegensatz zwischen der Gewerkschaftsgruppe und dem Zentralsekretariat bestand. Die Arbeiter verlangten die 54-Stunden-Woche, während Huggler für den Zentralvorstand beantragte, man solle sich mit den 57 Stunden begnügen, welche von der Geschäftsleitung angeboten wurden, da man sich sonst ,,den gesamten kompakten Gegenverband auf den Hals ziehen würde". Die Versammlung stimmte schließlich einem Kompromißvorschlag zu, der auf 56 Wochenstunden ausging[123]. Auch bei den Löhnen mahnte Zentralsekretär Huggler zur Zurückhaltung: Er erklärte, die Forderungen dürften nicht zu weit gehen, ,,um uns die Sympathie der Bevölkerung zu erhalten und andererseits würden die Unternehmer solche Forderungen rundwegs ablehnen". Schließlich wurden Lohnforderungen beschlossen, die differenzierte Zuschläge zwischen 10 und 18 Prozent, je nach Berufen bzw. Tätigkeiten, verlangten[124]. Sowohl Sekretär Huggler wie die Mehrzahl der Anwesenden vertraten also ein zurückhaltendes Vorgehen mit ,realistischen' Forderungen.

Die Firma bot in ihrer Antwort Lohnerhöhungen von ca. 5 Prozent und die Verkürzung der Arbeitszeit auf 57 Stunden an. Die Verhandlungen erfolgten schriftlich über die Arbeiterkommission, da sich das Unternehmen weigerte, die Gewerkschaft als Verhandlungspartner anzuerkennen[125]. In einer zweiten Verhandlungsrunde reduzierten die Arbeiter ihre Forderungen, doch die Firma beantwortete diese Eingabe nicht einmal mehr, obwohl auch diese von einer Arbeiterversammlung ausging, an der etwa die Hälfte der GF-Arbeiter teilgenommen hatte[126]. Die Arbeiterversammlung vom 15. Februar gab daraufhin die Bewegung kampflos auf: ,,Auf Anraten des Genossen Schneeberger, Sekretär des Metallarbeiterverbandes, Redaktor Schlatter und andern beschloß die Versammlung, die Lohnkommission mit der weiteren Verfolgung der Angelegenheit zu betrauen, dagegen unter dem den obwaltenden Umständen von einem Streik abzusehen"[127]. Wo lagen die Gründe, die auch in dieser zweiten großen Bewegung der GF-Arbeiter schließlich zum folgenschweren Verzicht auf den Kampf führten?

Zu den Ursachen der Niederlage

Wenn man die Bewegungen von 1898/1899 und 1905/1906 vergleicht, so fallen wesentliche Unterschiede ins Auge: An die Stelle der spontanen Organisationsentwicklung, die weitgehend aus dem Betrieb selbst hervorging und kaum Unterstützung von den bestehenden Gewerkschaftsorganisationen erhielt, trat ein mehr oder weniger systematischer Organisationsaufbau, der sich auf die neuen Organisationsstrukturen (Presse, Arbeitersekretariat, Zentralsekretariat des SMV, Streikkasse des SMV, reorganisierte Lokalsektion usw.) abstützte. Waren die Konflikte 1898/1899 heftig aber sehr kurz, die Organisationsbildung äußerst rasch, aber ebenso ihr Zerfall, so erscheinen die Abläufe 1905/1906 langsamer und kontrollierter. Hatte 1898 eine Lohnbewegung mit wenig greifbaren Resultaten die Organisation kaum geschwächt, lag überhaupt das Gewicht viel stärker auf dem Problem der ,anständigen Behandlung' als auf Lohnfragen, so wurde 1906 eine Lohnbewegung, die materiell wahrscheinlich mehr einbrachte als jene von 1898, zu einer tiefwirkenden Niederlage der Gewerkschaft. Die Schlüsselfrage von 1899 dagegen, die Maßregelung von Aktivisten der Gewerkschaft, wurde 1906 gegenüber den materiellen Forderungen heruntergespielt.

Diese Veränderungen des Erscheinungsbildes sind u. a. Folge und Ausdruck einer veränderten Gewerkschaftspolitik und einer erhöhten Zentralisierung der gewerkschaftlichen Entscheidungen, die den Einzelkonflikt in zunehmendem Maße zum Teil einer längerfristigen Politik machte. Diese Politik orientierte sich vor allem am Ziel, möglichst die gesamte Arbeiterschaft zu organisieren und die Organisationsstruktur weiter zu verbessern. Im Zentrum dieser Konzeption stand nicht mehr der Kampf; der Schlüssel zum Erfolg lag vielmehr in der Organisation selbst:

> ,,Aber nicht die plötzlich inszenierten Ausstände", schrieb Arbeitersekretär Emil Meyer, ,,die Veröffentlichung von Mißständen in der Presse allein führen zum Ziele. Aber eine geschulte Organisation, an der Spitze kundige und unabhängige Führer und eine gefüllte Kriegskasse, das sind die Mittel, welche im Stande sind, die Sache der Arbeit zum Siege zu führen"[128].

Die gute Organisation sollte also die offenen Kämpfe ersetzen. Die Gewerkschaftssekretäre traten so meist als Abwiegler in Erscheinung, die versuchten, die Arbeiter von spontanen Kampfaktionen (gestützt auf die Sicherheiten, welche die Organisation bot) abzuhalten, die Verhandlungen und Kompromisse vorschlugen und häufig auch nur geduldiges Abwarten empfahlen. Ihr Hauptargument war das Gesamtinteresse der Organisation, deren Stärkung vordringlich sei und schließlich allen Arbeitern zugute kommen werde. Sie verlangten also gewissermaßen einen Wechsel auf die Zukunft, dessen Einlösung indessen nicht beliebig weit verschoben werden konnte. Als sich jedoch 1906 zeigte, daß der hohe Organisationsstand allein den Unternehmer nicht zum Nachgeben bewegen würde, waren diese Gewerkschafter nicht zur offenen und riskanten Auseinandersetzung bereit.

Wesentlich für die mangelnde Kampfbereitschaft eines großen Teils der Arbeiter war schließlich, daß es nicht gelang, den Gegensatz zwischen gelernten und ungelernten Arbeitern zu überbrücken. Die Interessen der ungelernten Arbeiter waren in der Gewerkschaft weiterhin kaum vertreten. Charakteristisch dafür war, daß für die schon bisher am schlechtesten bezahlten Arbeiter die niedrigsten Lohnerhöhungen gefordert wurden! Die Ungelernten hatten so guten Grund, der Gewerkschaft ein gewisses Mißtrauen entgegenzubringen[129], ganz abgesehen davon, daß es den unqualifizierten Arbeitern überhaupt schwerer fiel, den Sinn und die Chancen langfristiger Kooperation einzusehen und sie bei ihren schlechten Löhnen oft Mühe hatten, die Beiträge aufzubringen. Von der Gewerkschaft aus gesehen war es sicher ein schwerer Fehler, daß die besonderen Interessen der ungelernten Arbeiter, d. h. der Hauptzielgruppe der Organisierungskampagne bei GF, nicht stärker berücksichtigt und hervorgehoben wurden. Es zeigt sich daran, daß das gewerkschaftliche Bewußtsein, trotz anderslautender theoretischer Einsicht, doch noch stark ein Berufsarbeiterbewußtsein war.

Die entscheidenden Gründe für die gewerkschaftliche Niederlage lagen aber nicht im innerbetrieblichen Bereich. Wenn die verbesserte Organisationsstruktur der Gewerkschaften sich nicht in spektakulären Erfolgen niederschlug, so lag das vor allem an der *Gegenorganisation der Unternehmer*, die in Reaktion auf das Aufkommen der Gewerkschaften entstand und immer mehr verstärkt wurde. 1905 gründeten die Großunternehmen der schweizerischen Metall- und Maschinenindustrie den Arbeitgeberverband Schweizerischer Maschinen- und Metallindustrieller (ASM), der über ein zentrales Sekretariat eine Vereinheitlichung der Politik der Unternehmer anstrebte[130]. Die Verbesserung der Organisationsstruktur der Gewerkschaften und vor allem auch ihrer Kassen wurde so wirkungsvoll gekontert. Gegen die verbundene Maschinenindustrie wurde ein Streik finanziell erneut zum unkalkulierbaren Risiko, dem in Großbetrieben wo immer möglich ausgewichen werden mußte. Dennoch mußten auch in den Großfirmen, welche für den SMV als Rekrutierungsfeld von zentraler Bedeutung waren, Bewegungen geführt werden. Während man aber auf der einen Seite die Mobilisierungskampagne mit einiger Aggressivität führte (Akeret) und damit bei der Arbeiterschaft auch Gehör fand, war man anderseits nicht in der Lage, den Worten auch Taten folgen zu lassen. Dem Unternehmer fiel es so nicht schwer, den gewerkschaftlichen Bluff aufzudecken.

Diese Verschiebung der Machtverhältnisse zuungunsten der Arbeiterbewegung war eine allgemeine Erscheinung, die sich nicht auf Schaffhausen oder GF beschränkte. In der ganzen Schweiz war etwa die Niederlage der deutschen Gewerkschaften im Textilarbeiterstreik von Crimmitschau 1903/1904 von beiden Seiten aufmerksam zur Kenntnis genommen worden. Die schweizerischen Gewerkschaften hatten selbst schon Niederlagen im Kampfe gegen die Unternehmerverbände erlitten. In der Art, wie diese Niederlagen aufgenommen und verarbeitet wurden, zeigten sich nun zwischen groß- und kleinstädtischen Verhältnissen, zwischen Zentrum der Bewegung und Provinz, charakteristische Unterschiede, die vielleicht ein Licht auf die Auswirkungen der dezentralisierten Industriestruktur der Schweiz für das Arbeiterbewußtsein werfen. Die Ungleichartigkeit der Entwicklung soll hier im Vergleich der Stadt Zürich mit der Kleinstadt Schaffhausen aufgezeigt werden[131].

In der Großstadt Zürich gewann die lokale Arbeiterbewegung, organisiert in der Arbeiterunion, naturgemäß früher eine Stärke, die ihr die wirkungsvolle Führung und Unterstützung von Kampfaktionen ermöglichte und die es ihr auch erleichterte, Niederlagen zu überwinden. Es fanden daher mehr gewerkschaftliche Kämpfe statt und vor allem wurden die *strategisch* wichtigen Kämpfe sehr häufig in Zürich ausgetragen, da die Gewerkschaften nach Möglichkeit jenes Kampffeld wählten, auf dem sie selbst stark waren. Die organisierten Arbeiter in Zürich waren so aktiver, kampfbereiter und im ganzen auch erfolgreicher als die Arbeiter in Kleinstädten und ländlichen Gebieten. Dafür sahen sie sich aber auch zuerst und am härtesten den Gegenaktionen der Unternehmer ausgesetzt. Die Klassenkämpfe drückten sich hier im allgemeinen am schärfsten aus, und es wurde deutlich, daß es sich nicht einfach um betriebliche Auseinandersetzungen handelte, sondern um gesamtgesellschaftliche Klassenkämpfe, in denen die Arbeiterschaft nicht nur gegen die vereinten Unternehmer, sondern auch gegen den bürgerlichen Staat ankämpfen mußte. Ein erstes Mal brach diese Auseinandersetzung in Zürich Anfang 1904 in ganzer Härte auf, zu einer Zeit also, als die Schaffhauser Metallarbeiter erst vorsichtig daran gingen, ihre Organisation wieder zu stärken. Der Schreinermeisterverband versuchte im Frühjahr 1904 den Streik in einer Eiskastenfabrik durch den systematischen Einsatz auswärtiger Streikbrecher zu unterbinden. Daraufhin kam es zu Zusammenstößen von Streikbrechern und Streikposten, schließlich zu Zwischenfällen zwischen Streikposten und Polizei, die zum Schutz der ‚Arbeitswilligen' aufmarschiert war, und am Ende zu einem stadträtlichen Verbot der Streikposten. Ein Verlauf, der sich in immer ähnlicher Weise in den folgenden Jahren mehrfach wiederholte. Diese Verschärfung der Klassenkämpfe und vor allem die *offene Einmischung des Staates zugunsten der Unternehmer* radikalisierten die Arbeiter. Die syndikalistische Generalstreikpropaganda fand ein zunehmendes Echo in der Arbeiterschaft und die Gewerkschaftsbewegung nahm einen starken Aufschwung. Weitere schwere Klassenkämpfe wurden ausgetragen, in denen auch Militär gegen streikende Arbeiter eingesetzt wurde[132].

Dagegen kontrastieren die Ereignisse in Schaffhausen durch ihre relative Friedfertigkeit. Zwar fanden auch einige Streiks statt, die aber mit der Ausnahme eines Streiks der Holzarbeiter 1906 nur kurz dauerten[133]. Vor allem aber stellten sich die Behörden in Schaffhausen nicht offen gegen die Arbeiter. Es wurde kein Streikpostenverbot wie in Zürich erlassen und es kam auch nicht zu größeren Zusammenstößen, die dazu einen Anlaß geschaffen hätten. Je stärker und radikalisierter die Arbeiterschaft in Zürich war, desto eher trat sie in Kampfaktionen ein, welche die Unternehmer und den Staat zu Gegenaktionen trieben, die wiederum die Arbeiter radikalisierten und die Bewegung im großen ganzen eher stärkten als schwächten, wenn auch die größten Kämpfe schließlich verlorengingen. In Schaffhausen und in anderen peripheren Gebieten verlief die Entwicklung dagegen völlig anders. Die Gewerkschaften führten ihre wichtigsten Kämpfe und Bewegungen in den großen Zentren, teilweise getrieben von der lokalen Arbeiterschaft selbst und machten dort wichtige Erfahrungen, die sie in die Tätigkeit der Gesamtorganisation umzusetzen versuchten[134]. Als es sich zeigte, daß man in den städtischen Zentren zu schwach war, um gegen die Unternehmerallianz bestehen zu können, war klar, daß man sich in ländlichen Gebieten mit einer weniger gut organisierten Arbeiterschaft erst recht nicht auf Großkämpfe einlassen konnte. Ziel konnte hier nur sein, die Organisation möglichst zu stärken. Dadurch blieben den Arbeitern außerhalb der Zentren wichtige Erfahrungen verschlossen. Auch in Zürich bewirkten die Niederlagen momentane Enttäuschung und Resignation. Die Auseinandersetzungen stärkten im ganzen aber das Selbst- und Klassenbewußtsein der Arbeiter, förderten ihr Zusammengehörigkeitsgefühl und schufen wertvolle Kampferfahrungen. Zentrales Erlebnis für die GF-Arbeiter und für die große Mehrzahl der in der ländlichen schweizerischen Industrie Beschäftigten war dagegen der *Verzicht auf den Kampf*. Dies mußte auf ihr Bewußtsein und Verhalten Auswirkungen haben.

Reaktionen auf die Niederlage

Bei den Reaktionen auf den Mißerfolg ist – wie schon 1899 – vor allem zwischen qualifizierteren und unqualifizierten Arbeitern zu unterscheiden. Der überwiegende Teil der ungelernten Arbeiter (abgesehen von den relativ qualifizierten Gewindeschneidern und Maschinenformern) hatte sich erst im akuten Stadium der Bewegung der Gewerkschaft angeschlossen – viele waren ihr überhaupt ferngeblieben. Diese Arbeitergruppen wandten sich nun von der offenkundig erfolglosen Gewerkschaft durchwegs wieder ab. Die Zahl der Organisierten bei GF, die Ende 1904 bei 180 gelegen war, und auf dem Höhepunkt der Bewegung 700 erreicht hatte, fiel bis Mitte 1908 wieder auf 170[135]. Entsprechend sank der Organisationsgrad (vgl. Tab. 34).

Auch die Gesamtsektion mußte Einbußen hinnehmen: Der Mitgliederbestand, der anfangs Januar die Zahl 1000 überschritten hatte, sank bis zum Jahresende auf 643[137]. Außer bei GF hatten die Metallarbeiter in Schaffhausen in diesem Jahr noch weitere Niederlagen hinnehmen müssen: Unter dem Angriff der Unternehmer brach die gewerkschaftliche Organisation auch in der Uhrenfabrik ‚International Watch‘ zusammen[138] und im Herbst des gleichen Jahres mußte der SMV bei der Aluminiumfabrik Neuhausen ebenfalls die Zerstörung der innerbetrieblichen Organisation und die Entlassung der Gewerkschaftsaktivisten hinnehmen[139]. Auch in diesen Fällen wagte es die Gewerkschaft nicht, den Kampf aufzunehmen.

Tab. 34: Entwicklung des Organisationsgrades 1904–1914[136]
(in Prozent)

	Gießer, Kernm.	Übrige	ganzer Betrieb
Dez. 1904	35	19	20
Jan. 1906			65
Dez. 1907	80		
Aug. 1908	73 (Dez.)	10	16
Dez. 1909	85		
Juli 1914			9

Allgemein gilt jedoch, daß die Mitgliederverluste sich im wesentlichen auf die erst kürzlich gewonnenen Mitglieder beschränkten. Die Zahl der Organisierten ging nicht annähernd in dem Maße zurück wie noch in der Krise 1899 bis 1902. Die überwiegend gelernten Arbeiter, die Mitglieder des SMV waren, verließen in der Regel trotz der Niederlage die Gewerkschaft nicht, was ohne Zweifel auf den Ausbau der Versicherungsleistungen des Verbandes zurückzuführen ist, der die Mitglieder auch außerhalb von Bewegungen an der Organisation interessierte. Die nach der Krise um 1900 erfolgten institutionellen Veränderungen, welche die Stabilisierung der organisatorischen Struktur bezweckten, erfüllten also jetzt ihre Aufgabe recht gut. Konnte man aber 1902 bei den in der Gewerkschaft verbleibenden Mitgliedern einen erstaunlichen Opitmismus und einen Willen zum Ausbau der Organisation feststellen, so war das in den Jahren nach 1906 nicht der Fall. Die Arbeiter waren vom Verlauf und vom Abschluß der Bewegung tief enttäuscht. Vor allem der massenhafte Austritt der in der Bewegung neugewonnenen Mitglieder mußte die Gewerkschafter demoralisieren, die von der Verbesserung der Organisation soviel erwartet und dafür auch jahrelang gearbeitet hatten. Als die spontane Organisation sich um die Jahrhundertwende als zu schwach erwies, hatten sie die Organisationsstruktur mit großem Einsatz ausgebaut – die Niederlage auch der neuen Taktik mußte Enttäuschung, Ratlosigkeit und Resignation zur Folge haben. Hatte denn nicht im Grunde das Prinzip der Organisation, der Disziplin und des einheitlichen Vorgehens selbst versagt?

Die Stimmung der gewerkschaftlich organisierten Arbeiter spiegelt sich deutlich in einem Referat des Präsidenten der Gruppe Mühletal:

> Im weitern ermuntert er die Genossen, wenn die Erfolge auch bei der letzten Lohnbewegung so klein waren und teils unbedeutend, ja nicht [zu] glauben, daß da die Organisation schuld sei, sondern da sei der Fehler zu suchen hinter der großen indifferenten Masse von Arbeitern, welche im Mühlenthal arbeiten und welche noch immer nicht begreifen können oder nicht wollen, was für einen großen Vorteil die Organisation für die Arbeiter bedeute. Anschließend ermunterte er die Genossen, welche anwesend waren, in Zukunft treue und fleißige Mitglieder zu sein und nicht etwa denken, es nütze doch nichts, doch er hoffe, daß sie wie bis anhin zur Fahne stehen werden[140].

Appelle konnten aber das Vertrauen in die Gewerkschaft nicht mehr herstellen. Die ganze Organisation verfiel zunehmend in Passivität. Selbst die Maßregelung verschiedener aktiver Gewerkschaftsmitglieder vermochte keine Mobilisierung der Arbeiter zu bewirken. Die öffentlichen Versammlungen vom 9. und 23. Juni für die GF-Arbeiter zeigten so nur die Schwäche der Organisation auf[141]. Auch 1907 vermochte sich die Sektion – trotz weiterhin guter Wirtschaftslage – nicht von den Rückschlägen zu erholen. Nur 50 Mann seien zu einer Versammlung der Gesamtsektion gekommen, schrieb die Metallarbeiter-Zeitung: »Da nützt alle Arbeit des Vorstandes nichts, wenn die Mitglieder zu gleichgültig sind, ihn zu unterstützen. Kommt in die Versammlungen und klagt euer Leid und bringt die Beschwerden vor, und nicht in den Kneipen beim Jaß oder Tingel-Tangel."[142] Eine Versammlung der Gruppe Mühletal wurde sogar von nur 13 Mann besucht[143]. Auch im folgenden Jahr, als die wirtschaftliche Rezession die gewerkschaftliche Arbeit zusätzlich erschwerte, blieb die Sektionstätigkeit minimal und die Mitgliederzahlen stagnierten weiterhin. Die Gewerkschaft erwies sich als zu schwach, um aktiv gegen die Verschlechterung der Arbeitsbedingungen und die Intensivierung der Arbeit anzugehen. Man beschränkte sich darauf, sie zu konstatieren: ,,Klagen wegen zu großen Anforderungen und zu kleinem Lohn sind allgemein", schrieb die Metallarbeiterzeitung, ,,Hasten, Jagen und Drängen in der Arbeit und Entlassungen wegen Arbeitsmangel, alles nebeneinander"[144].

Allerdings gab es neben der allgemeinen Resignation doch auch Versuche zu einer aktiven Verfolgung gewerkschaftlicher Interessen. So lösten sich die Gießer, die durch gewerkschaftliche Passivität am meisten zu verlieren hatten, von der untätigen Gesamtsektion ab, und versuchten selbständig ihre Interessen zu vertreten[145]. Mit diesem Rückzug auf die Berufsorganisation beschritten sie allerdings – wie sich schon in der Krise um 1900 gezeigt hatte – einen wenig erfogversprechenden Weg. Dies bestätigte sich auch jetzt; bereits 1909 schlossen sich die Gießer wieder der Gesamtsektion an, auf die sie – etwa bei der Führung von Bewegungen – doch immer wieder angewiesen waren[146]. In ihrer betrieblichen Aktivität, die sich vor allem gegen Akkordverschlechterungen und die schlechte Behandlung durch die Meister richtete, sammelten sie jedoch wichtige Kampferfahrungen, die ihr Selbstvertrauen stärkten und ein starkes Kollektivbewußtsein schufen. Die im Vergleich auch zu den übrigen gelernten Arbeitern erstaunlich hohe Aktivität der Gießer erklärt sich in erster Linie aus ihrer gefährdeten betrieblichen Stellung. Die Formmaschinen setzten sich immer stärker durch und die Bemühungen des Unternehmens zu einer Verbesserung der Kalkulation und zur Verbesserung der Arbeitsabläufe schränkte den Dispositionsspielraum zunehmend ein. Vor allem die Berufsaussichten der jüngeren Gießer verschlechterten sich[147].

Bedeutungsvoller als die längerfristig zum Scheitern verurteilten Versuche der Gießer waren hingegen die Bestrebungen zu einer weiteren Verstärkung der organisatorischen Struktur. Je stärker mit dem inneren Ausbau die Verwaltungsarbeiten anwuchsen, desto schwerer fiel es den ehrenamtlichen Vorstandsmitgliedern, daneben noch Energie für Agitation und die Durchführung von Bewegungen aufzubringen. Je länger daher die Stagnation der Bewegung andauerte, und je schwerer Mitglieder für die Vorstandsämter zu gewinnen waren, desto attraktiver wurde der Gedanke an die Anstellung eines vollamtlichen Lokalsekretärs. Im Juli 1909 referierte bei den Gießern der Redaktor der Winterthurer AZ, Franz Pechota, über ,Zweck und Nutzen eines Lokalbeamten'. Er führte unter anderem aus:

Durch den unablässigen Wechsel in den Sektionsvorständen konnte nichts Ersprießliches geleistet werden. Erst durch Anstellung von Verwaltungsbeamten kam ein Aufschwung in die Bewegung. Dann zwingt uns die zunehmende Zentralisation der Unternehmerverbände, daß auch wir unsere Organisation ausbauen und da ist es unumgänglich nötig, daß Genossen an die Verwaltungsstellen gestellt werden, die unabhängig vom Unternehmertum sind[148].

Pechota fand in der Versammlung volle Unterstützung der Mitglieder. Nach Mitgliederversammlungen in der allgemeinen und den beiden Gießersektionen wurde dem Zentralvorstand mitgeteilt, „daß die hies. drei Sektionen (welche sich sofort bei Errichtung des Sekretariates zu *einer* verschmelzen) nach reiflicher Überlegung und eingehender Diskussion einstimmig den Beschluß faßten, den Gen. Franz Pechota, Winterthur, auf dem Berufungswege hierher zu bringen"[149].

In der Vermehrung der Zahl der vollamtlichen Funktionärsposten lagen aber für die Organisation auch Gefahren. Eine bestand darin, daß durch die Tätigkeit eines besoldeten Beamten die übrigen Gewerkschaftsmitglieder noch stärker zu einer passiven Haltung neigen würden. Eine andere lag in der Konzentration von Einfluß und Privilegien in diesen Funktionen. Die vollamtlichen Stellen waren für zahlreiche organisierte Arbeiter außerordentlich attraktiv. Für viele stellten sie die einzige Möglichkeit sozialen Aufstiegs und der Befreiung von einer oftmals als äußerst belastend empfundenen körperlichen Arbeit dar. Durch ihre nebenamtliche gewerkschaftliche Tätigkeit hatten sie Fähigkeiten, aber auch Ehrgeiz entwickelt, für die in ihrer Berufsarbeit kein Platz war, es sei denn durch den Aufstieg zum Meister, der aber neben beruflichen (und disziplinarischen) Fähigkeiten auch Wohlverhalten gegenüber dem Unternehmer voraussetzte. Es ist daher nicht erstaunlich, daß um die relativ wenigen verfügbaren Stellen innerhalb der Arbeiterbewegung ein scharfer Konkurrenzkampf einsetzte[150].

Nach einer heftigen Auseinandersetzung wurde nicht Pechota, sondern der bisherige Aktuar der Sektion Schaffhausen, Wagner, als Lokalsekretär gewählt[151]. Es zeigte sich rasch, daß dieser seiner Aufgabe nicht gewachsen war[152]. Die angewandten Selektionskriterien und das Wahlverfahren durch die Sektion vermochte die Wahl eines geeigneten Sekretärs nicht zu sichern. Dies gelang erst im folgenden Jahr, als die Gewerkschaftszentrale ihre Einflußnahme auf die Wahl verstärkte[153]. Die Gewerkschaftsbeamten gewannen durch ihre überlegene Kompetenz und ihren Wissensvorsprung nun sehr rasch eine weitgehende Kontrolle über die Bewegung. Damit stellten sich in der Folge Probleme der verbandsinternen Demokratie und der Form der Austragung ideologischer und politischer Gegensätze im Verband in neuer Schärfe. Entscheidend für den Übergang zu einem Beamtensystem, das für die lokalen Funktionäre doch einen starken Verlust an Einfluß und Entscheidungsspielraum bedeutete, war in Schaffhausen in erster Linie die Unfähigkeit der alten Organisationsform, neue Mitglieder zu gewinnen und der sinkenden Bereitschaft der Gewerkschaftsmitglieder, undankbare Vorstandsaufgaben zu übernehmen. Beides geht letztlich darauf zurück, daß es nicht gelang, im Betriebsbereich gegen die immer besser organisierten Unternehmer auch nur geringfügige Forderungen durchzusetzen.

4. Die Professionalisierung der Gewerkschaftsleitung. 1910 bis 1914

Die Gewerkschaft in der Defensive

Die Konjunkturjahre von 1910 bis 1913 brachten GF eine weitere starke Expansion der Betriebe in Schaffhausen. Gegenüber dem Spitzenjahr des vorangegangenen Konjunkturzyklus (1907) stieg die Beschäftigtenzahl bis 1913 um 52 Prozent, gegenüber dem Krisenjahr 1908 um 93 Prozent[154]. Für die Arbeiter drückte sich die gute wirtschaftliche Lage des Unternehmensr allerdings vor allem in Form von Überstunden, überlasteten Produktionsanlagen, überfüllten Räumen und damit in steigender Unfallgefahr aus. Dazu kam, daß die nominalen Lohnerhöhungen ab 1911 die wachsende Teuerung nicht mehr auszugleichen vermochten. Die Arbeiter partizipierten weder an der verbesserten wirtschaftlichen Lage noch an der steigenden Arbeitsproduktivität, sondern mußten im Gegenteil Reallohnverluste in Kauf nehmen[155]. Wiederum verstärkte also die Konjunktur das Konfliktpotential zwischen Arbeitern und Unternehmen, doch erneut resultierten daraus keine wesentlichen gewerkschaftlichen Erfolge. Trotz der ausgezeichneten wirtschaftlichen Lage von GF, die gute Voraussetzungen für einen Arbeitskampf geschaffen hätte, gelang es in diesem Konjunkturzyklus nicht mehr, die Arbeiterschaft für eine größere Bewegung zu gewinnen. Der Versuch dazu wurde schon gar nicht gemacht.

Die Gründe dafür lassen sich nicht allein im Bereich des Einzelbetriebs ausmachen. Die spezielle Entwicklung bei GF wurde vielmehr vom Verlauf anderer Arbeitskämpfe wesentlich bestimmt. Im Juni 1910 brach bei der Firma ‚AG vormals J. J. Rieter & Co.' in Winterthur ein Streik der Gießer aus, als Mitglieder einer von den Arbeitern gewählten Verhandlungsdelegation, die über eine Verbesserung der Arbeitsbedingungen verhandeln sollte, von der Firma entlassen wurden. Der Konflikt dehnte sich aus, als die Firma Sulzer sich entschloß, die Aufträge von Rieter in den eigenen Betrieben auszuführen[156]. Auf die Weigerung der Gießer, Streikarbeit zu verrichten, antwortete Sulzer mit Aussperrung. Sulzer, Rieter und der ASM, dessen Instrumente zur Bekämpfung der Gewerkschaft (schwarze Liste, Streikversicherung der Mitgliederfirmen usw.) jetzt vollständig funktionierten[157], waren entschlossen, der Gewerkschaft und den Arbeitern eine gründliche Lektion zu erteilen[158]. Da die Arbeiterschaft nicht geschlossen hinter der Gewerkschaft stand, war deren Position von Anfang an schwach und der SMV brach Ende Juli den Streik ab, obwohl die beiden Firmen insgesamt 44 organisierte Arbeiter nicht mehr einstellten und sie zudem auf die schwarze Liste des ASM setzten[159].

Hinter der Härte, mit der die Unternehmer den Konflikt provozierten und führten, stand zweifellos die Überlegung, daß es vorteilhafter sei, der Gewerkschaft am Anfang der konjunkturellen Aufschwungphase eine Niederlage zu bereiten als diese Konflikte in einem späteren Zeitpunkt zu führen, wenn die konjunkturelle Entwicklung der Agitation der Gewerkschaft eine bessere Basis geben und den Arbeitsmarkt verengen würde. Diese Politik, die erst durch die bessere Organisation der Unternehmer möglich geworden war, erwies sich als weitgehend erfolgreich. Sie stürzte die Gewerkschaft und vor allem die Gewerkschaftsführung in eine Krise, die sich auch innerorganisatorisch in Konflikten mit ‚Anarchisten' und ‚Syndikalisten', aber auch etwa mit den Gießern als Berufsgruppe ausdrückte.

Betriebliche Auseinandersetzungen bei GF

Allerdings blieben die Arbeiter bei GF nicht völlig inaktiv. Im Verlaufe des Jahres 1911 ereigneten sich Auseinandersetzungen auf Abteilungsebene, die eine bei GF bisher ungewohnte Schärfe annahmen. Ein Konflikt der Maschinenformer lief zwar noch im bereits erprobten Rahmen ab[160]: Eine Tarifrevision erbitterte die Maschinenformer. Da der neue Lokalsekretär Büchi sich weigerte, unorganisierte Arbeiter zu unterstützen, erklärten sie sich bereit, der Gewerkschaft beizutreten[161]. Büchi formulierte darauf für sie ihre Forderungen (betreffend Reduktion der Überzeit, Bezahlung der Überzeit, Werkzeugentschädigung, Gestaltung der Akkordtarife, Behandlung durch die Meister) in Form eines Briefes an die Arbeiterkommission, die er ersuchte, mit der Direktion Verhandlungen aufzunehmen[162]. Die Angelegenheit wurde in der AK behandelt, doch die GL machte keinerlei Konzessionen[163]. Sie habe die Maschinenformer „jämmerlich eingeseift" schrieb Büchi[164]. Zu Kampfmaßnahmen konnte man sich aber einmal mehr nicht entschließen. Im Gegensatz zu 1905 gelang es den Arbeitern auch nicht, durch informelle Kampfmittel eine Revision des Tarifs zu erzwingen. Die Firma hatte in der Gestaltung der Akkorde nunmehr genügend Erfahrung, um solche Pannen zu vermeiden.

Schärfere Formen nahm eine Lohnbewegung der Stahlgießer an, obwohl die Forderungen der Arbeiter recht bescheiden waren. Im Zentrum stand das Verlangen nach einer zehnprozentigen Lohnerhöhung[165]. Ausdrücklich hieß es diesmal im Gegensatz zu früheren Lohnbewegungen, die Erhöhung betreffe „Gießer, Kernmacher, Gußputzer, Kranier [Kranführer] und Handlanger". Die Hilfsarbeiter wurden also nicht mehr ausgeschlossen. Die Forderungen wurden von einer gewählten ‚Spezialkommission' (d.h. nicht von der Arbeiterkommission) eingebracht. Die Reaktion der Firma bestand vorerst in versteckten Maßregelungen. Heinrich Weber, Gießer und Präsident der Metallarbeitersektion, wurde entlassen, angeblich weil er sich weigerte, ein Urlaubsgesuch aus familiären Gründen genau zu begründen[166]. Kurz darauf wurde auch der Präsident der Gruppe Maschinenformer, der sich in der vorangegangenen Bewegung exponiert hatte, wegen Bedrohung eines Meisters entlassen[167]. Auch im Werk IV kam es zu Entlassungen mit fadenscheinigen Begründungen und ebenso zu Tätlichkeiten zwischen Arbeitern und Meistern[168]. Im ganzen Werk herrschte ein Klima der Erbitterung und der Gewalttätigkeit. Generaldirektor Homberger erklärte in der AK, er bedauere, „daß so viele Leute in letzter Zeit nicht mehr im Frieden, sondern vom Streit leben wollen und er würde bedauern, wenn es nicht mehr anders gehen sollte, obwohl er ein Herz für die Arbeiter habe und es ihm weh tun würde, aber wenn es nicht anders geht, dann soll's durchgeführt werden, lieber den Krach, als die ewigen Nadelstiche erleiden, die Arbeiter mögen sich die Sache überlegen"[169]. Doch die ‚Nadelstiche' gingen in der Regel nicht von den Arbeitern aus. Auch die Gewerkschaftsinstanzen stachelten die Arbeiter keineswegs auf, sondern versuchten immer wieder, die Aufregung zu dämpfen. Das schlechte Betriebsklima war vor allem Folge der rigiden Unternehmenspolitik. Auch in der Lohnfrage wurden keine Konzessionen gemacht. Das Unternehmen konnte sich diese Haltung offenbar leisten, da die Rekrutierung von Arbeitskräften durch die starke Zuwanderung von Ausländern auch in diesen Konjunkturjahren wenig Schwierigkeiten bot. 1911 stieg der Anteil der italienischen Arbeiter auf 25 Prozent, jener der Deutschen betrug 26 Prozent[170]. Die Schwäche der Gewerkschaft und die Resignation der Arbeiterschaft ließ größere Arbeitskonflikte zudem auch bei einer harten Unternehmenspolitik als unwahrscheinlich erscheinen. Steigende Fluktuationsraten[171] und eine gewisse Unruhe in der Arbeiterschaft nahm man offenbar in Kauf.

Die Gewerkschaft verhängte schließlich die Sperre für Former über GF, doch konnte diese nicht vollständig durchgesetzt werden. Die Arbeiter wurden durch verschiedene offene und verdeckte Maßregelungen geschwächt, ohne daß es ihnen gelang, das Unternehmen zum Nachgeben zu zwingen[172]. Nun resignierten die Gießer mehr und mehr. Unter dem sich verstärkenden Druck im Betrieb (teilweise durch technische und organisatorische Veränderungen) vermochten sie keine sinnvolle Taktik zur Verfolgung ihrer Berufsinteressen zu entwickeln. Dazu kamen interne Streitigkeiten und Auseinandersetzungen mit der Gesamtsektion[173]. Das Ergebnis war ein Zerfall ihrer Organisation. Die ‚alten Strategen', wie Sekretär Büchi die Aktivisten der Gießergruppe abschätzig nannte, zogen sich zurück, die Gießergruppe zerfiel und erholte sich nie mehr richtig[174]. Die Gießer hatten während einiger Jahre dem Dequalifizierungsprozeß, der ihre Privilegien bedrohte, heftigen Widerstand geleistet. Dieser Widerstand war aber nicht nur längerfristig chancenlos[175], sondern auch für die Gesamtarbeiterschaft und ihre Organisation von relativ geringem Nutzen, da er nie zum Anstoß für eine Bewegung der gesamten Arbeiterschaft wurde.

Mit dem Erlöschen des Widerstands der Gießer endete praktisch die gesamte aktive Gewerkschaftstätigkeit bei GF vor dem Ersten Weltkrieg. Das Unternehmen hatte sich – wenigstens kurzfristig – vollständig durchgesetzt. Weniger qualifizierte Arbeitergruppen als die Gießer und die Maschinenformer vermochten sich schon gar nicht mehr zu gemeinsamen Aktionen zusammenzufinden. Im August 1911 kam es zwar zu einem spontanen ‚Streik' italienischer Gußputzer: Zwanzig Arbeiter verließen nach einem Streit mit dem Meister über die Berechnung der Akkordlöhne die Arbeit. Sie wurden alle sofort entlassen[176]. Wie schon bei einem Kernmacherstreik in Singen im Jahr 1910[177] und in den Auseinandersetzungen mit den Gießern zögerte die Geschäftsleitung nicht, ihre Machtansprüche im Betrieb mit aller Härte durchzusetzen. Die Gewerkschaftszentrale und auch der Schaffhauser Lokalsekretär nahmen in allen diesen betrieblichen Konflikten eine abwiegelnde Haltung ein. Sie bemühten sich nach Kräften, die Arbeiter von Kampfaktionen mit möglicherweise weitreichenden Konsequenzen abzuhalten[178]. Die daraus entstehenden Spannungen prägten in dieser letzten Vorkriegsphase die innere Entwicklung der Sektion.

‚Konfliktlösung' durch Einschränkung der organisationsinternen Demokratie

Die Niederlage der Gießer in den Winterthurer Streiks von 1910 bewegte auch die Schaffhauser Gießer. Bei ihnen bestand auch durch die eigenen Erfahrungen starke Mißstimmung gegenüber dem ihrer Meinung nach allzu ängstlichen Zentralvorstand, und die Winterthurer Ereignisse waren nur erneuter Anlaß zu einer bereits verbreiteten ‚blödsinnigen Kritik' am Zentralvorstand[179]. Typisch für die Gießer war allerdings, daß sie im Grunde keine Alternative anzubieten wußten. Der Gedanke des Massenstreiks etwa, der zur gleichen Zeit große Teile der Zürcher Arbeiterschaft beschäftigte, lag ihnen völlig fern. Auch jetzt tendierten sie eher zum Rückzug auf ihre Berufsorganisation als zur Ausdehnung der Kampffront, die notwendigerweise den Einbezug der ungelernten Arbeiter erfordert hätte[180]. Dem Zentralvorstand fiel es deshalb nicht schwer, den Angriff der isolierten Gießer zurückzuweisen[181]. Damit durfte sich die Zentrale allerdings nicht zufrieden geben. Der Unzufriedenheit eines großen Teils der Gewerkschafter mit der Gewerkschaftspolitik mußte in gewisser Weise Rechnung getragen und eine aktivere Politik angestrebt werden. Der neue Lokalsekretär Alois Büchi, der im Herbst 1910 den unfähigen Wagner ersetzte, bemühte sich in diesem Sinne um eine Reorganisation und Verbesserung der lokalen Organisation, um die Gewinnung von neuen Mitgliedern und um die Lancierung von Bewegungen. Allerdings versuchte er gleichzeitig, spontane Aktivitäten der Arbeiter möglichst zu unterbinden und seine Kontrolle so weit als möglich auszudehnen.

Kaum in Schaffhausen gewählt, bemühte sich Sekretär Büchi, die vernachlässigte Organisationsstruktur zu komplettieren und wo nötig wieder zu beleben. Gemäß einer neuen Konzeption des SMV versuchte er in den Großbetrieben möglichst in allen Abteilungen Gewerkschaftsgruppen und Vertrauensleute zu installieren[182]. Büchi versuchte auch, die bisherigen Außenseiter der Organisation, die ländlichen Arbeiter und die Italiener zu gewinnen. Dazu führte er in Landgemeinden Agitationsversammlungen durch und gründete eine italienische Gewerkschaftsgruppe[183]. Gleichzeitig bemühte er sich, seine Kontrolle über die Gesamtsektion, die durch die Gründung zahlreicher Betriebsgruppen kompliziert worden war, zu verbessern:

> Wie ihr aus dem Ortsstatut habt ersehen können, habe ich den Nörgeleien dadurch das Wasser abgegraben, daß über Budenverhältnisse gar keine Diskussion gepflogen wird. Die Versammlung befaßt sich einfach mit Rechnungsabnahme, Bericht des Geschäftsführers, Wahlen für Vorstand u.s.w. & dem Referat & wem dies zu wenig ist, der soll auf dem Sch... ßhaus sich jemand zum Rauffen suchen[184].

Die Funktionen der Sektionsversammlung wurden stark beschnitten und die wesentlichen Diskussionen in die einzelnen Gruppen verlegt. Die Kommunikation zwischen den Gruppen lief nun nur noch über die Vertrauensleute, über den Sektionsvorstand, vor allem aber über den Sekretär selbst, dem dadurch eine immer stärkere Stellung zukam. Auch durch die von ihm geförderte Einrichtung der Vertrauensleute wurden die Einflußchancen einfacher Mitglieder oder oppositioneller Gruppen verringert. Vorstandswahlen wurden z. B. praktisch von der Vertrauensleuteversammlung durchgeführt. Die Sektionsversammlung hatte nur noch über eine bereinigte Liste zu entscheiden[185].

Bei einer Sektion von 800 oder mehr Mitgliedern, wo sich die Mitglieder kaum mehr persönlich kennen konnten, ließ sich diesem System nicht jede Berechtigung absprechen. Es konnte aber leicht vom Vorstand und vor allem vom vollamtlichen Sekretär, der über einen großen Informationsvorsprung verfügte, manipuliert werden. Die Chancen für eine erfolgreiche Opposition gegen Vorstand und Sekretär wurden dadurch wesentlich beschnitten. Als die Gießer von sich aus eine Bewegung einleiten wollten, lud beispielsweise Büchi noch vor der Gießerversammlung zu einer Sitzung der Vertrauensleute ein. Er erklärte, eine frühzeitige Information der anderen Gruppen sei notwendig, um die Koordination mit anderen Aktivitäten zu sichern, doch das wirkliche Ziel seiner Intervention war die bessere Kontrolle der Bewegung:

Es ist überhaupt untunlich, daß man alles an einer solchen Versammlung dem bloßen Zufall überlasse, sondern nach meiner Auffassung zweckdienlich, wenn vorgängig der Versammlung eine Sitzung der Vertrauensmänner stattfindet, an welcher die Angelegenheit vorberaten & der Versammlung bereinigte Anträge unterbreitet werden[186].

Seit dem Anfang des Jahrhunderts hatte der Metallarbeiterverband bereits einen weiten Weg zurückgelegt, vom schwach organisierten, fast völlig vom aktiven Einsatz seiner Mitglieder abhängigen Verband, zu einer zentralisierten und zumindest in der Theorie straff und hierarchisch aufgebauten Organisation. Die Befugnisse konzentrierten sich auch in der Praxis bereits stark bei den vollamtlichen Angestellten der Organisation.

Gegen diese Tendenzen entwickelte sich in der Arbeiterschaft auch Widerstand. Die Gießergruppe fand sich zwar mit der organisatorischen Verschmelzung mit der Gesamtsektion noch ab, doch erfolgte die Aufgabe der Unabhängigkeit ohne Begeisterung und erzeugte starke Spannungen. Auch die Metallarbeiterzeitung gab zu, daß ein Teil der Mitglieder unzufrieden sei[187]. Eine ausgeprägtere Form fand dieser Widerstand in einer syndikalistischen Strömung, die sich in den Jahren 1911/1912 entwickelte und die zeitweise ein beträchtliches Gewicht erlangte. Bei der Beratung eines Entwurfs neuer Statuten des SMV wandte sich die Opposition gegen die weitere organisatorische Verfestigung des Verbandes. So wurden u.a. die neuen restriktiveren Austrittsbestimmungen und die Eintragung des SMV ins Handelsregister bekämpft[188]. Die oppositionellen Anträge drangen in der Sektion fast ausnahmslos durch. Die Gruppe verfügte also über einen beträchtlichen Anhang, der aber nur zu Mehrheiten ausreichte, weil der Versammlungsbesuch schwach war. Ein großer Teil der Mitglieder maß der Statutenfrage keine große Bedeutung zu. Als dies nun dazu führte, daß auch als Delegierte für den Verbandskongreß, der über die Statuten beschließen sollte, Mitglieder der syndikalistischen Gruppe gewählt wurden, schritten der neue Sekretär Weber und die Mehrheit des Vorstands zum Gegenangriff[189]. Die Delegiertenwahlen wurden annulliert (angeblich wegen Unregelmäßigkeiten bei der Auszählung der Stimmen) und nicht einer neuen allgemeinen Mitgliederversammlung, sondern Versammlungen der einzelnen Gewerkschaftsgruppen übertragen[190]. Man nahm – wie sich zeigte, zu Recht – an, daß hier der Einfluß der Opposition geringer sein würde[191].

Dabei ließ man es aber nicht bewenden. Bereits an der Vertrauensmännerversammlung vom 19. Juli 1912 wurden Klagen gegen den Wortführer der Oppositionellen, den Dreher Ryborz, wegen verbandsschädigendem Verhalten vorgebracht[192]. Der Gegenangriff auf die Exponenten der Opposition gedieh rasch zu Ausschlußanträgen und Ausschlüssen. Er erachte es als seine Pflicht, schrieb Weber, „mit eisernem Besen einmal auszuräumen". Dabei nahm er es selbst mit den Statuten nicht so genau, mußte er sich doch von der Gießergruppe sagen lassen, daß Ausschlüsse einer Zweidrittelmehrheit einer Sektionsversammlung bedürften[193]. Diese qualifizierte Mehrheit war nicht mehr so leicht zu erreichen. Die Gruppe erwies sich als recht stark und der Versammlungsbesuch der übrigen Mitgliedschaft war schwach. „An einer solchen Versammlung wäre es dann natürlich nicht möglich, ein Mitglied dieser Gruppe auszuschließen, weil, sobald über den Vorstand und Zentralvorstand losgezogen wird, auch ein Teil der andern Mitglieder sich hinreißen lassen."[194] Der Ausschluß erforderte daher umfangreiche propagandistische Vorbereitungen. Die Verbandsfunktionäre besaßen das Vertrauen der Mitglieder selbst nur noch sehr bedingt und mußten daher darauf bedacht sein, die Glaubwürdigkeit ihrer Gegner möglichst zu zerstören. Dies galt vor allem bei Ryborz, dem man keine formalen Verstöße gegen die Statuten nachweisen konnte. Man warf ihm vor[195], er sei „Gegner der Gewerkschaftsorganisation, wie sie jetzt aufgebaut ist und ist nur darum noch nicht ausgetreten, weil er so besser gegen unsere Organisation wühlen kann". Beweise für diese Wühlerei wurden aber nicht erbracht: „Ryborz fand immer Gelegenheit, der Gewerkschaft einen Riegel zu stoßen, hat aber die Sache jeweils so schlau angestellt, daß er niemals gepackt werden konnte, er schob immer andere vor." Positiv konnte man ihm zwar keine Verstöße nachweisen. „Er selber ist aber nicht imstande, Gegenbeweise zu erbringen, daß er an der Unterminierarbeit nicht schuldig sei." Bereits die Gegnerschaft gegenüber der bestehenden Gewerkschaftsorganisation und -politik erschien seinen Gegnern als Unterminierung, ja als buchstäblich nicht ganz normal[196]. Der Verband war weitgehend unfähig, innerer Opposition in rationaler Weise zu begegnen. Die Ablehnung oder Infragestellung der geltenden Anschauungen, vor allem in bezug auf Form und Bedeutung der Organisation, wurden als Sakrileg aufgefaßt. Eine inhaltliche Auseinandersetzung mit der Kritik fand gar nicht statt. Diese wurde vielmehr sofort zerschlagen[197].

Die interne Krise kann zu diesem Zeitpunkt nur als Reflex auf das zunehmend offensichtlich werdende Versagen der gewerkschaftlichen Doktrin, Organisation und Taktik gegenüber der Organisation der Unternehmer betrachtet werden. Führte diese Tendenz in Zürich aber 1912 zu einem Generalstreik, der gegen den Widerstand der Funktionäre von der Masse der Arbeiter getragen wurde, so war sie bei den Arbeitern in Schaffhausen weit weniger gut verankert. Ryborz und Körner fanden zwar ein Stück weit bei den Gießern Unterstützung, doch im Gegensatz zu Zürich fehlten den meisten Arbeitern in Schaffhausen die direkten Erfahrungen in Kämpfen mit übermächtigen Unternehmerverbänden und der Staatsgewalt, die dort der Idee des Generalstreiks und allgemein der Anwendung radikalerer Kampfformen Auftrieb verschafft hatten[198]. Auch in Schaffhausen bestand zwar in der Mitgliedschaft eine latente Unzufriedenheit gegen die Verbandsführung. Sobald sich die Kritik jedoch gegen die bestehende Organisation als solche richtete, konnte sie nicht mehr auf die Unterstützung der treuen Verbandsmitglieder rechnen, sondern sah sich von Anfang an hoffnungslos ins Unrecht versetzt. Solange es der Opposition nicht gelang, ihre Kritik präzise gegen gewisse *Formen* der Organisation zu richten und eine alternative Taktik und Strategie zu entwickeln, war sie ohne Chance. Die alten Mitglieder, die während Jahren und Jahrzehnten am Aufbau dieser organisatorischen Strukturen mitgearbeitet hatten, waren im allgemeinen nicht bereit, diese Errungenschaften in Frage stellen zu lassen[199].

So konnten sich die Verbandsfunktionäre schließlich durchsetzen. Der Erfolg in der internen Auseinandersetzung ließ sich indessen nicht in eine erfolgreiche gewerkschaftliche Tätigkeit umsetzen. Es gelang zwar, und dies ist zweifellos als Verdienst des Lokalsekretariats zu werten, trotz den Niederlagen in den Auseinandersetzungen in der Großindustrie, den Mitgliederstand zumindest bis Ende 1913 zu halten. Doch die Aktivität der Mitglieder sank auf einen absoluten Tiefpunkt. Ende 1913 fanden sich zu einer Versammlung der Gruppe Mühlental, d. h. der gewerkschaftlichen Organisation in einem Betrieb von fast 2000 Arbeitern, noch ganze 15 Mitglieder ein[200]. Auch die Organisation der Gießer war kaum mehr aktiv. Die Tätigkeit der Gewerkschaft beruhte weitgehend auf dem Sekretariat, das vorwiegend mit Verwaltungsarbeit und mit der meist erfolglosen Verteidigung von gemaßregelten Arbeitern beschäftigt war[201]. Organisatorisch war der Verband somit in Schaffhausen zwar äußerlich gefestigt, in der Verfolgung der erklärten Ziele der Besserstellung der Arbeiter aber wenig wirksam. Die interne Auseinandersetzung war nicht gelöst, sondern verdrängt worden. Ihr Gegenstand, die zukünftige Strategie und Taktik der Arbeiter, blieb im Grunde ungeklärt. Bereits vor dem Ausbruch des Weltkrieges befand sich die Gewerkschaft so in einer Krise, die zwar weniger manifest wurde als die vorangegangenen Rückschläge, aber im Grunde tiefer reichte. Hatte man bisher in Krisen mit einer Intensivierung der Organisation reagiert, so war nun nicht mehr ersichtlich, wie man auf diesem Weg noch weitergehen konnte, solange es nicht gelang, den Organisationsgrad wesentlich zu erhöhen. Umgekehrt war es unklar, wie man dies ohne tiefgreifende Veränderung der Organisation und ihrer Politik erreichen sollte. Seit der verlorenen Lohnbewegung von 1906 hatte sich das Machtverhältnis trotz den Bestrebungen zur Stärkung der Organisation, der Schaffung des vollamtlichen Lokalsekretariats usw. ständig zugunsten der Unternehmer verschoben. Die Mitgliederzahlen stagnierten, der Organisationsgrad nahm sogar ab. In allen betrieblichen Konflikten mußte man die Überlegenheit des Unternehmens anerkennen. Mit der Ablehnung syndikalistischer Ideen verbaute man sich auch den Weg zur Entwicklung neuer Kampfformen, die wenigstens die Hoffnung auf künftige Erfolge offengelassen hätten. Resignation und Passivität waren die Folge.

II. Unternehmerpolitik und gewerkschaftliche Organisationsprobleme vor 1914

Die bisherige Darstellung versuchte zu zeigen, wie aus den Bedingungen der Industriearbeit in einer bestimmten Phase der kapitalistischen Entwicklung Spannungen und Konflikte erwuchsen, die ihren Niederschlag in den Formen der beidseitigen Organisation, in Verhaltensmustern und in taktischen Konzepten fanden. Einige Aspekte dieser Auseinandersetzung sollen hier noch systematischer behandelt werden. Dabei geht es einerseits um das *taktische Verhalten* des Unternehmens gegenüber den Arbeitern. Dieses Verhalten konstituierte für die Arbeiter und ihre Organisation eine Anzahl einschränkender Bedingungen, die Form und Erfolg ihrer Aktivität bestimmten. Auf der anderen Seite lagen Hindernisse und Einschränkungen auch in der Organisation selbst. Von besonderem Interesse sind hier die Aktivisten der Organisation, von denen die gewerkschaftliche Tätigkeit vor allem abhing. Von der Anlage dieser Arbeit her ergibt sich, daß dabei weniger von der Biografie einzelner Aktivisten die Rede sein kann als von allgemeineren charakteristischen Merkmalen und Verhaltensweisen. Schließlich soll in diesem Kapitel noch versucht werden, die wesentlichsten Merkmale der Gewerkschaftsbewegung vor 1914 in einigen Punkten zusammenzufassen. Der Weltkrieg stellt eine so tiefgreifende Zäsur dar, daß diese Zwischenbilanz notwendig erscheint.

1. *Die Arbeiterpolitik des Unternehmens*

Entwicklung der Arbeiterkommission

Die Arbeiterkommission wurde vom Unternehmen bereits 1899 wirksam und auf Dauer domestiziert[1]. Sie unterwarf sich in der Folge den vom Unternehmen gesetzten Bedingungen. Abgesehen von den wenigen größeren Konflikten wurden die Anliegen der Arbeiter bescheiden als ‚Wünsche‘ vorgetragen, die von der Geschäftsleitung ‚zur wohlwollenden Prüfung‘ entgegengenommen wurden. Direkte Auswirkungen der Interventionen in der AK waren aber selten, und die Kommissionsmitglieder wagten kaum zu insistieren. Die meisten Kommissionsmitglieder verhielten sich an den Sitzungen passiv. Die an den vorberatenden Sitzungen bereinigten Anträge wurden im allgemeinen vom Kommissionspräsidenten vorgebracht, während die übrigen Mitglieder allenfalls kleinere Klagen aus ihren Abteilungen zur Sprache brachten.

Die Geschäftsleitung benützte die Sitzungen häufig als Gelegenheit zur Selbstdarstellung. Besonders im Zusammenhang mit den ‚Wohlfahrtseinrichtungen‘ pflegte sie ihre Verdienste hervorzuheben, wie etwa an einer Sitzung im Jahr 1906, als Direktor Homberger breit ausführte, daß auch für das Jahr 1905 von der Firma Alterszulagen ausgerichtet würden, „... was Herr Direktor Homberger bei den Herren Aktionären befürwortet habe, denn es gäbe doch eine schöne Summe zusammen und auch auf den einzelnen per Stunde ausgerechnet, lasse sich die Sache gut an. Auch sei immer etwas bei Seite, wenn Arbeiter wirklich bedürftig und arbeitsunfähig werden, werde das Geschäft mit Unterstützung nicht zurückstehen“[2]. Die Wirkung dieser Propaganda auf die Arbeiter ist jedoch zweifelhaft, da sie kaum wesentlich über die Kommissionsmitglieder hinausreichte. Die Mitglieder der AK mochten von Homberger und seinen Ausführungen beeindruckt sein, doch würden sie kaum – im Kontext der Arbeiterschaft, mit einem anderen Wertsystem – versuchen, als Propagandisten dieser Ideen aufzutreten. Wenn sie es doch taten, wie das etwa vorkam, wenn sie als Vertreter der Betriebskrankenkasse für eine schärfere Kontrolle der Kassenmitglieder eintraten, setzten sie sich sofort heftiger Kritik aus[3]. Der Effekt von Hombergers Bemühungen konnte so höchstens eine Verschlechterung der Beziehungen zwischen Kommission und Arbeiterschaft sein.

Dieser Vertrauensverlust ließ sich schon 1899 im Konflikt um Wehrli feststellen und er konnte in der Folge kaum je kompensiert werden. 1905 klagte ein Mitglied der Kommission, die Arbeiter suchten in den meisten Fällen „ihr Recht außerhalb des Betriebes", statt an die Kommission zu gelangen. Auch die aufliegenden Beschwerdebücher würden kaum benützt. Die Kommission habe schon manches erreicht, „aber öfters sind eben auch Fälle vorgekommen, die einfach nicht zugunsten des betreffenden Arbeiters haben entschieden werden können"[4]. Der Metallarbeiterverband lehnte die Kommissionen grundsätzlich ab. Dem einzelnen Mitglied einen Vorwurf zu machen, wäre jedoch ungerecht, schrieb die Metallarbeiterzeitung 1905: „Diese Institutionen sind nun einmal nicht dazu geeignet und nicht dazu geschaffen worden, die Interessen der Arbeiter zu vertreten, sondern haben den Zweck die Arbeiterschaft zu täuschen, ihr vorzumalen, sie habe eine Vertretung."[5]

Auf eine Beteiligung an den Wahlen zur Arbeiterkommission konnte die Gewerkschaft jedoch nicht verzichten, da man die Kommission nicht nur unternehmenstreuen Arbeitern überlassen wollte. Obwohl der Schlosser Leisinger nach zwei Jahren Mitgliedschaft in der Arbeiterkommission seinen Kollegen erklärte, „es sei nicht gut, in der Arbeiterkommission zu sein, denn man sollte immer auf beiden Seiten Wasser tragen"[6], wurde an der gleichen Sitzung ein neuer Kandidat aufgestellt. Allerdings war die Gewerkschaft nicht in allen Abteilungen so gut vertreten wie in der Schlosserei und manchenorts war die Ablehnung der Kommission noch vollständiger und nicht durch taktische Überlegungen überlagert. 1903 mußte Direktor Bachmann nach den Neuwahlen in die Kommission erklären, er habe „mit Küng gesprochen, welcher ihm erklärt, er könne die Wahl nicht annehmen, da er nur aus Schindluderei gewählt worden sei"[7]. Mit der Wahl eines ‚ein wenig beschränkten Mannes' dokumentierten diese Arbeiter ihre Haltung zur AK. Auch 1911 konstatierte Sekretär Büchi, es sei „unter den Arbeitern eine große Abneigung gegen die Beteiligung an dieser Wahl vorhanden", versuchte aber zu erklären, warum man sich dennoch an den Wahlen beteiligen solle[8].

Tab. 35: Dauer der Mitgliedschaft in der Arbeiterkommission 1898–1913[10]

0–2 Jahre	75	89,3%
2–4 Jahre	5	6,0%
4–6 Jahre	3	3,6%
6–8 Jahre	1	1,2%
	84	100,1%

Das Unbehagen gegenüber der AK und ihrer Stellung im Betrieb zeigt sich auch daran, daß sich kein ‚Stamm' von langjährigen Kommissionsmitgliedern bildete. Die Fluktuation war außerordentlich groß. Die meisten Mitglieder blieben nicht länger als eine Amtszeit in der AK (vgl. Tab. 35)[9].

Der Geringschätzung durch die Arbeiter entsprach auch eine Abwertung der Kommission durch das Unternehmen. Grafik 4 zeigt die quantitative Entwicklung: Allgemein wird deutlich, daß die Zahl der Sitzungen in Krisenjahren wesentlich geringer war als in Phasen des wirtschaftlichen Aufschwungs. Daneben zeigt sich, über den ganzen Zeitraum betrachtet, eine längerfristige Tendenz zu einer Verringerung der Zahl der Sitzungen.

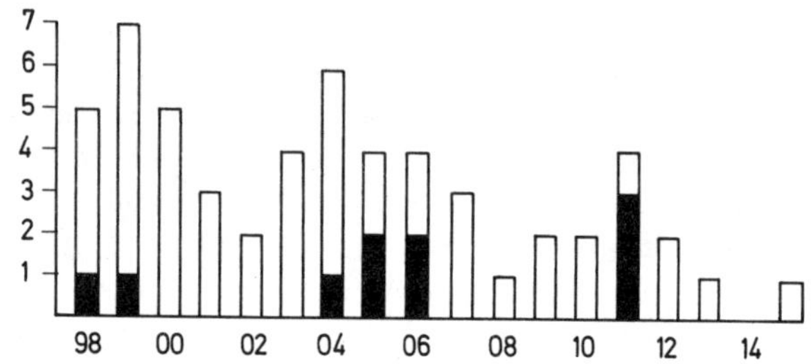

Grafik 4: Die Entwicklung der Zahl der Sitzungen der AK[11]

Neben der Reduktion der Sitzungszahl stellt man einen starken Rückgang in der Behandlung der besonders konfliktintensiven Bereiche fest. Die Zahl der Maßregelungen verringerte sich nicht, doch sie wurden in steigendem Ausmaß aus dem Diskussionsbereich der AK ausgeklammert (vgl. Tab. 36). Allerdings muß man berücksichtigen, daß den AK-Mitgliedern auch außerhalb der Sitzungen, in Verhandlungen und bei der Herstellung von Kontakten eine Funktion zukam, und daß zahlreiche kleinere Klagen im Arbeitsbereich von den entsprechenden Kommissionmitgliedern

Tab. 36: Gegenstände der AK-Verhandlungen[13]

	1898–1902 (22 Sitz.)	1903–1908 (22 Sitz.)	1909–1914 (11 Sitz.)
Lohnfragen	7 (2)	11 (3)	3 (2)
Konflikte mit Vorgesetzten	4	5 (1)	3
Entlassungen/Maßregelungen	2 (1)	6 (2)	1 (1)
Arbeitszeitfragen (inkl. Ferien)	4	5 (1)	5
Sanitäre Verhältnisse	2	4	5
Wohlfahrtseinrichtungen	2	8	6
	21	39	23

direkt mit den Betriebsleitern besprochen werden konnten. Die Reduktion der Zahl und der Inhalte der AK-Sitzungen wurde indessen nicht durch eine Intensivierung der informellen Kontakte kompensiert. Interventionen von Kommissionsmitgliedern stießen bei den Unternehmensvertretern meist auf Ablehnung[12]. Da auch keine anderen Ersatzmechanismen festzustellen sind, welche die Verhandlungs- und Kommunikationsfunktionen der AK übernommen hätten (z. B. direkte Kontakte zwischen Unternehmen und Gewerkschaft), muß man die Abwertung der AK schließlich auf die geschwächte Stellung der Gewerkschaft zurückführen, die das Instrument der AK für die GL während einiger Jahre weitgehend entbehrlich machte[14].

Ernsthafte Versuche zu einem Interessenausgleich mit der Arbeiterschaft im betrieblichen Bereich wurden entbehrlich in dem Maße, wie die Unternehmerverbände die Konfliktfähigkeit der Gewerkschaften einschränkten. Der Spielraum für eine Kommissionstätigkeit, die sich auch gegenüber den Arbeitern vertreten ließ, wurde daher zunehmend enger und aktive Kommissionsmitglieder sahen sich häufig Repressionen der Unternehmer ausgesetzt. Allerdings behielt die AK auch in dieser Phase für das Unternehmen einen gewissen Wert. Die Kommission legitimierte die GL, Verhandlungen mit Gewerkschaftsvertretern mit der Begründung zu verweigern, die gewählte Kommission sei repräsentativer, da sie auch die nichtorganisierten Arbeiter vertrete. Die unvermeidbaren kollektiven Verhandlungen in Konfliktfällen konnten so buchstäblich auf dem eigenen Territorium der Firma durchgeführt werden. Bei GF entwickelte sich dabei ein eigenartiger Mechanismus: Da die Kommission nicht wirklich konfliktfähig war (ihr fehlte vor allem das Vertrauen der Arbeiter), und da die Geschäftsleitung anderseits Verhandlungen außerhalb der AK verweigerte, wurden die Unterhandlungen häufig zwar im Rahmen der AK, jedoch durch spezielle auf den einzelnen Fall hin gewählte Kommissionen der Arbeiterschaft geführt. Die Geschäftsleitung mußte sich so mit den spontan gewählten Vertretern der Arbeiter auseinandersetzen, welche hinter den gestellten Forderungen auch wirklich standen. Dennoch lagen bei diesem Arrangement alle wichtigen Vorteile auf der Seite des Unternehmens. Seine Vertreter bestimmten Zeit und Ort der Verhandlung, stellten den Vorsitz und besaßen alle institutionellen Machtmittel zur Einschüchterung der einzelnen Arbeiter. Den spontan gewählten Kommissionen fehlte es dagegen durchwegs an Erfahrung und Selbstsicherheit im Umgang mit der Unternehmensspitze, welche ihnen an Sachwissen, aber auch an taktischen Verhandlungsfähigkeiten weit überlegen war. Dies hätte am ehesten durch erfahrene, geschickte und mutige Kommissionspräsidenten kompensiert werden können, an denen es bei GF in dieser Zeit weitgehend fehlte. Hätte es sie aber gegeben, so wären sie kaum lange in dieser Position geblieben, wie dies bei GF das Beispiel von Wehrli gezeigt hatte.

Verhandlungstaktik der Geschäftsleitung

Neben der allgemeinen Machtkonstellation, wie sie sich aus den strukturellen Verhältnissen ergab, mag die Bedeutung der Verhandlungstaktik gering eingeschätzt werden. Wenn man aber auch annimmt, daß das Resultat der Konflikte durch diese

Komponente nicht entscheidend beeinflußt wurde, so konnte doch durch die mangelnde Fähigkeit, die eigenen Forderungen richtig zu stellen, die Mobilisierung innerhalb der Arbeiterschaft erschwert und das Vertrauen in die Gewerkschaft untergraben werden. Nicht das schlechte materielle Ergebnis allein (wie es sich aus der strukturell schwachen Position ergeben mochte) wirkte sich für die Gewerkschaften negativ aus, sondern auch, daß es den Arbeitern nicht gelang, ihre Forderungen klar zu umreißen und zu vertreten und die Firma wenigstens zu klaren Stellungnahmen zu zwingen. Gerade die agitatorisch wichtige Auswertung der eigenen Niederlagen (durch Denunzierung der arbeiterfeindlichen Politik des Unternehmens) wurde durch die geschickte Verhandlungstaktik des Unternehmens immer wieder erschwert.

Daß diesem Punkt vom Unternehmen selbst großes Gewicht beigemessen wurde, zeigt sich daran, daß zu den Sitzungen der AK immer die Geschäftsleitung selbst antrat[15]. Für lange Jahre prägte Direktor und Generaldirektor Homberger die Verhandlungen der AK ebenso wie die Gespräche mit Geschäftspartnern und Konkurrenten des Unternehmens, wobei sich die Verkehrsformen allerdings wesentlich unterschieden. Die Art des Vorgehens der GL in der AK zeigt sich exemplarisch an der Behandlung der Maschinenformer im Akkordkonflikt von 1904[16]: Zur Besprechung der schriftlichen Eingabe der Fittingsgießer wurden neben den Kommissionsmitgliedern 12 Arbeiter dieser Abteilung zugezogen und ebenso die beiden Meister[17]. Homberger argumentierte zunächst mit der schwierigen Geschäftslage. Die Geschäftsleitung „biete alles auf, um die Arbeiter zu beschäftigen & um der Concurenz entgegen zu treten brauche es heutzutage eine große Anstrengung, denn die Concurenzgeschäfte schaffen nicht nur mit billigeren Löhnen, sondern haben billigere Kohlen & Eisen etc.“[18]. Nach dieser Einleitung, die um das wenigste zu sagen, die Lage des Unternehmens recht schwarz darstellte[19], kam er auf die Löhne der Maschinenformer zu sprechen. Typischerweise argumentierte er aber nicht mit Durchschnittslöhnen, sondern mit den Löhnen einiger Mitglieder der Lohnkommission der Maschinenformer. Mehrere Arbeiter mußten zugeben, daß sie selbst genügend verdienten. Schließlich sprach Homberger den Maschinenformern noch die Qualifikation ab und erklärte, „wenn das Geschäft Leute nötig hätte, brauchte es nur einer auswärtigen Bekanntmachung“. Als Maschinenformer Fritsch es wagte, die Aussagen Hombergers anzuzweifeln, zog sich dieser von der verbindlichen Argumentation auf seine Machtposition zurück: Fritsch erklärte, „was die Aussage des Hr. Dir. Homberger betreffe, stimme nicht alles mit dem Verdienst & namentlich, daß von heute auf morgen Arbeiter hier wären, würde nicht so schnell gehen. Es antwortet Hr. Dir. Homberger & erklärt Fritsch, daß er sich nicht als Lügner strafen lasse, wenn er überhaupt Charakter habe, verlasse er die Versammlung, worauf Fritsch das Local verließ“[20]. Die übrigen Kommissionsmitglieder setzten die Verhandlungen fort, ohne Konzessionen zu erreichen. Diese Form der offenen Ausübung der Unternehmermacht war in der AK aber die Ausnahme. Die Arbeiter lernten schnell, daß sie ihre Anliegen vorsichtiger formulieren mußten.

Gegenüber den Lohnforderungen der Arbeiter argumentierte die Geschäftsleitung auch häufig mit statistischen Angaben, die für die Arbeiter unkontrollierbar und schwer durchschaubar waren. 1906 machte die Firma bei der Behandlung der Lohnbewegung zum Beispiel bereits ausführliche statistische Angaben zu den Löhnen in den einzelnen Abteilungen[21]. So entstand der Eindruck einer großen Offenheit, doch in Wirklichkeit waren die Angaben fast unbrauchbar. Es wurden nur die Wachstumsraten der Löhne der einzelnen Abteilungen angegeben, nicht aber ihre absolute Höhe. Dasselbe gilt für alle Angaben, welche die Firma in der Zeit bis 1914 gegenüber den Arbeitern machte. Es wurden entweder die Löhne einzelner Arbeiter, Maxima und Minima oder dann prozentuale Veränderungen angegeben. Die Durchschnittslöhne, die allein die Lohnpolitik des Unternehmens längerfristig erfaßbar und kontrollierbar gemacht hätten, wurden nie genannt[22].

Als letztes dieser taktischen Hilfsmittel des Unternehmers sei hier noch das persönliche Verhalten des Unternehmers genannt: Homberger war keineswegs immer der ‚böse Kapitalist', der Arbeiter aus den Kommissionssitzungen warf, Drohungen ausstieß usw. Wenn es ihm ins Konzept paßte, konnte er sich gegenüber den Arbeitern und ihren Vertretern auch höflich und charmant geben. 1906 schrieb das ‚Echo' zum Verhalten der Geschäftsleitung in der Lohnbewegung, es sei anfänglich ‚sehr provokativ' gewesen. Gegen Ende der Verhandlungen indessen, d. h. nachdem die Arbeiter auf die meisten ihrer Forderungen verzichtet hatten, „war die Direktion – Herr Homberger – fast auf dem Standpunkt, mit ihren Arbeitern in urbanen Formen zu verhandeln"[23]. Diese waren gegenüber solchen Formen durchaus nicht unempfänglich. Selbst Gewerkschaftssekretär Büchi, der gegenüber Homberger keine besondere Sympathie hegte, attestierte ihm öffentlich, er sei „ein ganz anständiger Mann im persönlichen Verkehr". Allerdings oder vielleicht gerade deshalb verstehe er es sehr wohl, „sei es durch Schaffung weiterer ‚Wohlfahrtseinrichtungen' oder durch die Arbeiterkommission, die Arbeiter an sich selbst irre zu machen und sich selbst nach außen den Schein der Humanität zu geben"[24]. Diese persönliche Komponente der Auseinandersetzung darf in ihrer Bedeutung nicht unterschätzt werden. Die Bereitschaft der Arbeiter zur Auseinandersetzung hing nicht zuletzt davon ab, ob sie sich in ihrer Position vollständig im Recht fühlten. Wenn es Homberger gelang, diese Sicherheit bei den Mitgliedern der AK und bei Verhandlungskommissionen zu durchbrechen, blieb dies auch auf das Verhandlungsresultat nicht ohne Einfluß.

Entlassungen als Kampfmittel des Unternehmens

Die Entlassung von unbotmäßigen Arbeitern stellt den unmittelbarsten Ausdruck der Machtlosigkeit der Arbeiter gegenüber dem Kapital und auch die stärkste materielle Bedrohung des Lohnarbeiters dar. Die Unterstützung von ‚gemaßregelten' Kollegen war daher für die Gewerkschaften eine der wichtigsten Solidaritätsleistungen, da nur so verhindert werden konnte, daß die Unternehmer jegliche gewerkschaftliche Aktivität in ihrem Betrieb durch willkürliche Entlassungen erstickten. Dennoch blieben die Maßregelungen eines der wichtigsten Kampfmittel der Unternehmer, das durch ihren Zusammenschluß und das System der ‚schwarzen Listen', welche die Wiedereinstellung dieser Arbeiter im Verbandsgebiet verhindern sollten, enorm an Durchschlagskraft gewann[25].

Bei GF zeigte sich eine Zunahme der Maßregelungen ab 1906 (Entlassung Akeret u. a.) und vor allem nach 1910. Die Schwäche der Gewerkschaft, die sich Streiks wegen Maßregelungen nicht leisten konnte, erlaubte den Unternehmern eine zunehmend härtere Politik auch in dieser Hinsicht. So wurden 1911 bei GF die wichtigsten Exponenten der Gießerbewegungen vom Unternehmen entlassen[26]. In den folgenden Jahren bis zum Ersten Weltkrieg wurden die Maßregelungen – nicht nur bei GF – zu einem Hauptproblem des Lokalsekretärs, der im Mai 1913 feststellte, bei den Elektrostahlwerken sei nun innert kurzer Zeit der vierte Vertrauensmann der Gewerkschaft geflogen[27]. Die Demoralisierung der Arbeiter ging soweit, daß bei GF einem Arbeiter, dem vom Geschäft erklärt wurde, er solle sich andere Arbeit suchen, von der AK empfohlen wurde, selbst zu kündigen[28]. Nur in seltenen Fällen gelang es, Kündigungen rückgängig zu machen.

Institutionelle und organisatorische Vorkehrungen für Streiks und Aussperrungen

GF bemühte sich auch mit einigem Aufwand durch eine geeignete Lager- und Produktionspolitik, seine Ausgangsposition bei Auseinandersetzungen mit den Arbeitern zu verbessern. So führte Direktor Homberger Ende 1905 im Verwaltungsrat aus:

> Wie Ihnen allen bekannt, wird auch auf dem Platz Schaffhausen in der Arbeiterschaft gehörig gewühlt und gehetzt und wir haben mehr als ein Anzeichen dafür, daß die Oberleitung dieser Bewegung einen Haupterfolg darin sehen würde, wenn es ihr gelingen sollte, die Arbeiter unserer Fabrik im Mühlenthal zu einer Arbeitseinstellung bewegen zu können. Die Tatsache, daß unsere Arbeiter gut verdienen und allen Anlaß hätten, zufrieden zu sein, ändert daran nichts und es liegt auf der Hand, daß die Führerschaft mit Vorliebe für ihre Forderungen einen Augenblick wählen würde, da ein Streik dem Geschäft bedeutende Verlegenheiten bereiten könnte. Dies würde nun mehr als zutreffen, wenn wir im Frühjahr eine anständige Dividende und gleichzeitig eine Actien-Emission beschließen würden, während anderseits, wie das der Arbeiterschaft nicht unbekannt sein kann, die Warenlager vollständig erschöpft wären.

Dies lasse sich nur vermeiden, wenn sofort eine Kapitalerhöhung vorgenommen werde, damit der Ausbau der Produktionsanlagen in Singen rasch erfolgen könne, damit im Frühjahr die Lagervorräte wieder soweit ergänzt seien, ,,daß wir der Eventualität einer vorübergehenden Arbeitseinstellung ruhiger entgegensehen könnten"[29]. Dafür nahm man auch beträchtliche Kosten in Kauf[30], die durch die Resultate aber gerechtfertigt wurden. Nach dem rasch zusammengebrochenen Streik der Kernmacher in Singen 1910 (20 Prozent der Streikenden wurden nicht wieder eingestellt) erklärte Homberger im Verwaltungsrat: ,,Es war der Direktion möglich, energisch aufzutreten, da die Lagervorräte in Singen nunmehr in roher und fertiger Ware je ca. 40 Prozent des Jahresumsatzes 1910 erreicht haben."[31] Im Bereich der Fittingsproduktion, d. h. eines in Massen hergestellten und gut lagerfähigen Produkts, konnte durch die Lagerhaltung die strukturelle Position des Unternehmens verbessert werden.

In weniger direkter Weise trugen aber auch die Sozialeinrichtungen zur Absicherung des Unternehmens gegen Streiks bei. Durch die materielle Privilegierung des Arbeiterstamms entstand eine Gruppe der Arbeiterschaft, die durch den Verlust des

Arbeitsplatzes besonders getroffen werden konnte und die deshalb in der Tendenz eine zurückhaltende und streikfeindliche Haltung einnahm[32]. Für den Fall, daß dennoch Streiks ausbrachen, besaß GF im Arbeitgeberverband eine weitere institutionelle Absicherung in Form einer teilweisen Erstattung der Streikkosten aus Verbandsgeldern. Auch auf diesem Gebiet hatte die Unternehmerorganisation die Arbeiterschaft also eingeholt[33].

2. *Probleme der gewerkschaftlichen Organisierung*

Berufliche Stellung, Status und Hierarchie der Arbeiter

Ein typisches Kennzeichen der von hochqualifizierten Berufsarbeitern dominierten Gewerkschaften dieser Zeit war die enge Verbindung zwischen den beruflichen Fähigkeiten und der Stellung in der Gewerkschaftsgruppe. Bei GF zeigte sich das am deutlichsten bei den Stahlgießern: Da die beruflichen Qualifikationen der Stahlgießer sehr unterschiedlich waren und auch die Löhne in einem weiten Bereich variierten[34], ergab sich innerhalb des Gießerfachvereins eine durch die Arbeitssituation klar vorgegebene Statuspyramide, die sich auch auf die gewerkschaftliche Tätigkeit auswirkte. So spielten die Kernmacher, obwohl ebenfalls bei den Gießern organisiert, eine relativ geringe Rolle. Soweit sich dies feststellen läßt, wurde der Vorstand fast ausschließlich von den Gießern gebildet. Und auch hier scheinen die wichtigen Positionen den überdurchschnittlich qualifizierten Arbeitern vorbehalten gewesen zu sein[35].

In etwas geringerem Maß war das auch bei den anderen Gruppen der Fall. Die berufliche Qualifikation (bzw. Leistungsfähigkeit) stellte auf Betriebsebene auch innerhalb der Gewerkschaft das wohl wichtigste statusbildende Element dar. Dies zeigt sich etwa daran, daß die Geschäftsleitung in Lohnverhandlungen den Mitgliedern der Verhandlungskommissionen immer wieder die eigenen überdurchschnittlichen Löhne vorhalten konnte. Unqualifizierte Arbeiter hatten so innerhalb der Gewerkschaft schlechtere Entwicklungsmöglichkeiten. Dies trug sicherlich auch dazu bei, daß der große Teil der ungelernten Arbeiter der Gewerkschaft fern blieb. Allerdings zeigen sich nur bei ganz wenigen Gelegenheiten Ansätze zu einer organisatorischen Alternative zur Berufsarbeitergewerkschaft. Sie beschränkten sich zudem auf die italienischen Arbeiter. 1907 hieß es im Versammlungsbericht einer Agitationsversammlung:

> Leider fanden sich im Laufe der Versammlung noch einige italienische Anarchisten ein, welche es verstanden, mit nicht endenwollenden Deklamationen zu langweilen. Es ist sehr zu bedauern, daß die Versammlungsleitung nicht die nötige Routine besaß, den Herren Anarchisten in etwas verbindlicherer Form zu bedeuten, daß wir in Schaffhausen die Einigkeit unter den Sozialisten zu schätzen wissen und keine Sehnsucht nach den zerfahrenen Zuständen in Italien haben[36].

Auch diesen anarchistischen Agitatoren war kein Erfolg beschieden. Erst 1911 tauchte dieses Problem für die Gewerkschaft wieder auf. Lokalsekretär Büchi verlangte vom Zentralvorstand, man solle ihm für die italienische Gruppe Referenten schicken, „das schon deshalb, weil anarchistische Elemente sich hier mit Händen & Füßen gegen all & jeden gewerkschaftlichen Erfolg sperren & diese Querulanten uns leicht Stinkereien in den Werkstätten heraufbeschwören könnten"[37]. Auch diesmal war die Durchschlagskraft der anarchistischen Opposition jedoch gering. Die Schwäche ihrer Position lag darin, daß ohne feste Organisation mit spontanen Aktionen keine Erfolge zu erzielen waren. Die Unternehmensrepression traf diese Gruppen vielmehr noch härter als die Gewerkschaften, die durch ihre Streik- und Maßregelungsunterstützungen ihre Aktivisten doch einigermaßen absichern konnten.

Das Problem der personellen Kontinuität

Bei einer Organisation, die auf der Arbeit von aktiven Mitgliedern in knapper Freizeit beruhte und daher abgesehen von Sitzungsprotokollen nur wenig Schriftlichkeit kannte, kam der persönlichen Erfahrung allergrößte Bedeutung zu. Kollektive Lernprozesse schlugen sich zwar mehrfach in einer Verstärkung der organisatorischen Strukturen nieder, die nicht zuletzt auch auf eine überindividuelle Bewahrung von Lernerfahrungen abzielte (Presse, Arbeitersekretariat, Lokalsekretariat). Bis zur Schaffung des Lokalsekretariats der Metallarbeiter 1910 (und einige Jahre darüber hinaus) blieb die persönliche Erinnerung einzelner Aktivisten jedoch fast die einzige Möglichkeit, diese Erfahrungen in der praktischen Arbeit in den Betrieben wieder nutzbar zu machen. Als Vergleichsmaßstab für die folgenden Ausführungen mag der Vergleich mit den Verhältnissen beim Gegner dienen, dem man immer wieder in größeren und kleineren Auseinandersetzungen gegenüberstand: GF verfügte nicht nur über eine Organisationsstruktur, die Erfahrungen systematisch verarbeiten und sie in überindividuelle Handlungsanweisungen umzusetzen vermochte, sondern wies auch in personeller Hinsicht eine sehr große Kontinuität auf. Direktor Homberger führte beispielsweise 18 Jahre lang, von 1902 bis 1920, selbst die Verhandlungen der Arbeiterkommission, bevor er diese Funktion seinem Assistenten Bührer übertrug[38].

Die Kontinuität auf der Seite der Arbeiter nimmt sich dagegen sehr bescheiden aus, selbst bei den Gießern, die im Vergleich mit der übrigen Arbeiterschaft am besten in

Tab. 37: Personelle Kontinuität im Gießerfachverein[40]

	1899	1906	1908/09	1911	1914
Georg Bryner	Präs.	*	Präs.	*	?
Risacher	*	Vorst.	Vize	*	–
Hch. Neuschwanger	*	Vorst.	*	?	–
Julius Gasser	–	Vorst.	Präs.	*	–
Oswald	–	Vorst.	G.Com.	Präs.	*
Ernst Wagen	–	*	G.Com.	G.Com.	*
Adam Neuschwanger	–	*	*	G.Com.	?

der Lage waren, eine personelle Kontinuität über einige Jahre hinweg zu wahren (vgl. Tab. 37). Die Auswertung der Protokolle ergab, daß von 31 namentlich erfaßten Gießern der Jahre 1899 bis 1901 1906 nur noch drei im GFV waren[39]. Von den Vorstandsmitgliedern des Jahres 1906 hatte kein einziges die Auseinandersetzungen des Jahres 1899 in einer Funktion mitgemacht und der damalige Präsident Bryner bekleidete keine Funktionen mehr. In den folgenden Jahren bis 1911 bildete sich zwar eine etwas breitere Gruppe von aktiven Funktionären, die sich in Vorstand und Spezialkommissionen abwechselte. Diese zerfiel aber bereits in den Konflikten des Jahres 1911 fast vollständig.

Erscheint die personelle Kontinuität bei den Gießern schon als relativ schwach, so ist sie es erst recht bei den übrigen Gruppen der Arbeiterschaft. Beim Dreher- und Schlosserfachverein läßt sich z. B. feststellen, daß 1905 niemand mehr im Vorstand war, der schon 1902 dabei war. Einzig der Schmied Hans Ehrat, 1902 Vizepräsident, tauchte wenigstens noch als Mitglied der AK auf. Beim Arbeiterbund Mühlethal, der wie der Dreher- und Schlosserfachverein 1901 bis 1904 nur sehr wenig aktiv war, stand es kaum besser. Als sich die beiden ‚alten' Mitglieder, Eduard Zollinger und Emil Dudler, die seit 1899 dabei waren, 1904 verfeindeten, zeigte es sich, daß es schwerfiel, Streitpunkte zu klären, die sich auf nur wenige Jahre zurückliegende Gegebenheiten bezogen[41]. Nur die Erinnerung einiger ‚alter Genossen' konnte noch angerufen werden, von den Vorstandsmitgliedern wußte keiner mehr aus eigener Anschauung Bescheid. Dies bedeutet aber, daß auch die Kämpfe des Jahres 1899 innerhalb des ABM nur noch vage Erinnerung waren, die zur Handlungsanleitung oder Reflexion in den aktuellen Organisationsbemühungen nichts beitragen konnte.

Auch im Hauptvorstand der Sektion stand es in dieser Hinsicht kaum besser. Neben einer beträchtlichen und immer mehr zunehmenden Verwaltungsarbeit hätte dieser die Aufgabe gehabt, die Arbeit der einzelnen Gruppen anzuregen und zu überwachen, die Organisation in neue Betriebe hineinzutragen, Agitation zu betreiben, Bewegungen, Kämpfe und Verhandlungen zu führen. Dieser weitgespannte Anspruch konnte vom Vorstand verständlicherweise oft nur ungenügend erfüllt werden. Dazu trug unter anderem bei, daß auch im Hauptvorstand die personelle Kontinuität gering war. Nur drei Mitglieder lassen sich während mehr als drei Jahren im Vorstand feststellen[42]. Der wichtigste von ihnen war Theodor Frey, der die Sektion von 1903 bis 1910 präsidierte. Frey wurde 1904 Magaziner des Konsumvereins[43]. Obwohl er damit aus dem Organisationsbereich des Metallarbeiterverbandes ausschied, blieb er weiterhin Präsident der Sektion. Dies bot den Vorteil, daß der Präsident, der sich in Konflikten häufig exponieren mußte, Unternehmerrepressalien entzogen war. Frey war allerdings mehr Verwalter als Agitator. In den gewerkschaftlichen Kämpfen spielte er keine auffallende Rolle. 1906 wurde denn auch die Funktion des Agitators vom Amt des Präsidenten abgespalten und dem Agitationsobmann Akeret übertragen, der Ende 1905 bei GF entlassen worden war. Dies führte aber zu Kompetenzstreitigkeiten, welche in dieser Zeit ebenfalls zur Schwächung der Sektion beitrugen[44]. Eine interessante Charakterisierung der unterschiedlichen Persönlichkeiten von Akeret und Frey stammt vom damaligen Kassier des Schlosserfachvereins Neuhausen, Kübler. Er verglich die beiden folgendermaßen:

Meiner Meinung nach ist dem Platze Schaffhausen durch den Wegzug des Genossen Akeret ein schwer empfindlicher Schlag angeführt worden, da als Agitator derselbe schwer zu ersetzen ist. Gerade in der Agitation war er auch zu jeder Stunde bereit, wo der Ruf an ihn erging, mit allen seinen Kenntnissen beizustehen und so die Org. zu fördern, wo, wie mich dünkt, Genosse Frey in der Aufklärung zu wenig leistet, nur Versammlung zu leiten, geschwulstig seine Verdienste zu preisen, ist schließlich keine Heldentat. Empfindlichkeit, verletztes Ehrgefühl, sollten doch bei einem Führer der Arbeiterschaft als überlebt in den hintersten Winkel seines Gedankenkreises verbannt sein und als wertloser Ballast über Bord geworden werden[45]

Diese Charakterisierung trifft Frey wahrscheinlich nicht schlecht. Doch ist auf der anderen Seite zu sagen, daß er der Bewegung in Schaffhausen eine minimale Kontinuität gab[46]. Die Verwaltungsfunktionen, die er ausübte, umfaßten zwar nicht den ganzen Bereich gewerkschaftlicher Tätigkeit, jedoch einen, der mit dem Ausbau der Dienstleistungen des Verbandes immer größeres Gewicht bekam. Gerade in Krisenperioden waren es diese Dienstleistungen (Arbeitslosenversicherung, Krankenkasse, Umzugsunterstützung, Notstandsunterstützung usw.), die zahlreiche Mitglieder vom Austritt aus der Gewerkschaft zurückhielten.

Das Zitat weist im übrigen auf die wichtige Funktion hin, die jenen Gewerkschaftern zukam, die nur für kurze Zeit in einzelnen Bewegungen eine Rolle spielten und nachher meist unfreiwillig, durch Entlassung gezwungen, Schaffhausen wieder verließen. Dadurch zerstörten die Unternehmer nicht nur systematisch die personelle Kontinuität der Bewegung, sondern sie stellten auch einen ganz bestimmten Selektionsmechanismus her, der passive, nachgiebige und vorsichtige Funktionäre bevorzugte, Agitatoren und Kämpfer dagegen rasch ausschaltete. Die Bewegung verlor so ständig wichtige Substanz gerade auf ihrem kämpferischen Flügel. Auch wenn vielleicht ebenso viele kämpferische Gewerkschafter in Schaffhausen zuwanderten wie verlorengingen, so trafen diese doch auf eine etablierte Gruppe, die im Normalfall die Ambitionen solcher Zuzüger auffangen konnte.

Die Aktivität der Gewerkschaft und ihrer Mitglieder

Vor der ersten großen Expansionsphase 1898/1899 war die Organisation zwar schwach, jedoch verhältnismäßig aktiv, zumindest was die Zahl der Sitzungen und die Beteiligung der Mitglieder an diesen Sitzungen anging. Mit dem Wachstum der Gewerkschaft und der damit verbundenen Umwandlung ihrer Mitgliederstruktur fand hier eine tiefgreifende Veränderung statt. Die Zahl der Versammlungen nahm rapide ab, ebenso der Versammlungsbesuch. 1895 traf sich die Metallarbeitergewerkschaft Schaffhausen noch an 28 Versammlungen, wobei im Mittel etwa die Hälfte der (wenigen) Mitglieder die Versammlungen besuchte. 1907 hatte die Gruppe Mühletal eine, 1908 drei Sitzungen, der Versammlungsbesuch war in absoluten Zahlen kaum besser als 1895. Ähnliches galt in dieser Zeit für die Gesamtsektion, die offiziell Quartalsversammlungen durchführte, vermutlich aber nicht einmal in jedem Jahr auf vier Versammlungen kam. Bis zum Ersten Weltkrieg verbesserte sich der Versammlungsbesuch einzig während größerer Bewegungen. Selbst der heftige Konflikt um den Ausschluß des Syndikalisten Ryborz mobilisierte an der entscheidenden Versammlung nur 15 Prozent der Mitglieder, obwohl sich beide Seiten um eine möglichst vollständige Präsenz ihres Anhangs bemühten[47].

Im Gegensatz zur Versammlungstätigkeit intensivierte sich der Sitzungsrhythmus des Vorstandes, der ab 1905 vierzehntäglich tagte. Dazu kamen besondere Sitzungen für die Vertrauensleute, d. h. die Vertreter der einzelnen Gewerkschaftsgruppen, für die Gruppenkassiere usw. Der Arbeitseinsatz der Funktionäre auf den verschiedenen Stufen war wohl nicht geringer als jener in den neunziger Jahren. Bei genauer Betrachtung kommt man aber zum Schluß, daß ungeachtet des starken Wachstums der Mitgliederzahlen der Gewerkschaft sich die Zahl der *Aktivisten* (verglichen mit der Gesamtzahl der Arbeiter) kaum wesentlich vermehrte. Innerhalb der Gewerkschaften stand einer kleinen aktiven Minderheit eine weitgehend passive Mehrheit gegenüber. Eine grundlegende Verbesserung hätte sich nur dann ergeben, wenn das angestrebte Gruppen- und Vertrauensleutesystem mit Verzweigungen in alle Betriebe und Abteilungen tatsächlich hätte realisiert werden können. Dies war trotz zeitweise beträchtlichen Anstrengungen nicht gelungen. Zwischen größeren Bewegungen konnte die Mobilisierung der Mitglieder nicht aufrechterhalten werden.

Die Gründe dafür sind in erster Linie in der innerbetrieblichen Situation zu suchen, die eine erfolgreiche Aktivität auf Abteilungsebene (wie auf Betriebsebene) kaum zuließ. Ohne eine erfolgversprechende praktische Tätigkeit auf dieser Stufe konnte aber keine lebendige Gruppenorganisation aufgebaut werden. Auch die fortschreitende Zentralisierung der Organisation, welche die Möglichkeiten zur Eigenaktivität von Einzelnen, Betriebsgruppen und Sektionen zunehmend einschränkte, hatte tendenziell eine entmobilisierende Wirkung, wie sich das bei GF vor allem an den Gießern zeigte. Dazu kam, daß die Gewerkschaft – je schwieriger die betrieblichen Kämpfe zu führen waren, desto mehr – das Gewicht ihrer Agitation und Werbung auf die Versicherungsleistungen der Gewerkschaft legte und die Aspekte des Kampfes in den Hintergrund stellte. Es zeichnete sich (wenigstens im Bereich der Großindustrie) bereits eine gewisse Tendenz von der Bewegungs- zur Dienstleistungsorganisation ab: Ein beträchtlicher Teil der Mitgliedschaft hatte nur eine geringe Bindung an die Organisation (vor allem über den Einzüger der Beiträge und die Metallarbeiterzeitung), besuchte kaum Versammlungen und hatte nicht an größeren Kampfaktionen aktiv teilgenommen.

3. Interessenorganisation, Arbeitskonflikte und Arbeiterbewußtsein in der Vorkriegszeit

Wo liegen nun die wesentlichen Veränderungen in der Beziehung zwischen Kapital und Arbeit in der Zeit vor 1914? Wie läßt sich die Entwicklung bei GF und in Schaffhausen zeitlich strukturieren und wie läßt sie sich in einen größeren Rahmen einordnen? Wie veränderten sich die Konflikte, die Konfliktregelungsmechanismen, die Organisationen der Arbeiter und Arbeitgeber und das Bewußtsein der Arbeiter? Dazu hier einige mehr skizzenhafte Bemerkungen.

Der zeitliche Verlauf der Entwicklung wurde im wesentlichen durch die kurzfristigen Konjunkturzyklen bestimmt, welche Aktivität und Wachstum der Arbeiterbewegung schon im 19. Jahrhundert tiefgreifend beeinflußten. Die Organisationen dehnten sich in Zeiten guter Konjunktur aus und erlitten in den wirtschaftlichen Depressionen wieder Rückschläge. Dieser Zusammenhang behielt bis zum Ersten Weltkrieg Gültigkeit, was bereits in der Gliederung dieser Arbeit zum Ausdruck gekommen ist. Es ist allerdings offensichtlich, daß hier keine zwangsläufige und mechanische Beziehung bestand. Qualitativ läßt sich zwar zwischen wirtschaftlicher Konjunktur, der Zahl der Konflikte und der Entwicklung der Mitgliederzahlen ein eindeutiger Zusammenhang feststellen, doch im quantitativen Ausmaß dieser Entwicklungen bestehen große Unterschiede: Im Aufschwung von 1896 bis 1900 hatte sich die Mitgliederzahl des SGB mindestens verdoppelt, zwischen 1903 und 1907 stieg sie sogar um mehr als das Vierfache. Von 1909 bis 1913 wuchs sie dagegen nur noch um relativ bescheidene 35 Prozent. Bei der Zahl der offenen Konflikte war die Tendenz im letzten Vorkriegszyklus sogar deutlich rückläufig.

Tab. 38: Entwicklung der Mitgliederzahl von SGB und SMV[48]

	SGB	SMV
1896	9203	2353
1899		4774
1903	16593	4468
1907	77619	17824
1909	66174	13110
1913	89398	16338

Tab. 39: Zahl der Streiks und Aussperrungen in der Schweiz[49]

		Jahresdurchschnitt
1885–1891	242	35
1895–1899	182	36
1903–1907	601	120
1909–1914	335	56

Es gilt also, nach den inneren Prozessen und Veränderungen zu fragen, welche dieses unterschiedliche Wachstum bewirkten. Jeder Zyklus unterschied sich offensichtlich in seinem Charakter wesentlich vom Vorangegangenen. Man könnte – um zunächst die äußeren Veränderungen zu beschreiben – etwa sagen, daß die Phase von 1895 bis 1900 durch eine intensivere und systematischere gewerkschaftliche Erfassung von Handwerk und Gewerbe gekennzeichnet war, die organisatorisch auf den im vorangegangenen Zyklus in großer Zahl neugegründeten Berufsgewerkschaften und Dachverbänden beruhte. Dazu kam eine erste Welle gewerkschaftlicher Organisationsgründungen im Bereich der Großindustrie. Diese befand sich in einer starken Wachstumsphase, in deren Verlauf verschiedene Elemente die gewerkschaftliche Organisierung der Arbeiter begünstigten[50]. Die Unternehmer reagierten mit verschärfter innerbetrieblicher Repression vor allem gegen die Aktivisten der Bewegung. Es gelang ihnen dadurch, die Gewerkschaften in den Betrieben zurückzudrängen und sie teilweise in eine Krise zu stürzen. In den meisten Fällen erwies es sich aber als unmöglich, die Gewerkschaften wieder vollständig aus den Betrieben zu verdrängen und sie in den Augen der Arbeiter längerfristig zu diskreditieren. Die Arbeiterbewegung vermochte im Gegenteil auf der verbreiterten Mitgliederbasis eine verstärkte organisatorische Infrastruktur aufzubauen, die ihr im erneuten wirtschaftlichen Aufschwung von 1903 bis 1907 eine größere Kampfkraft und eine umfassendere Agitations- und Mobilisierungsfähigkeit verlieh.

Im Zyklus von 1903 bis 1909 nahmen die Gewerkschaften infolgedessen einen spektakulären Aufschwung, der ihre gesamtgesellschaftliche Bedeutung ganz wesentlich ausdehnte. In Handwerk und Gewerbe konnten in zahlreichen Branchen erstmals Verträge mit den Arbeitgebern abgeschlossen werden. Die Zahl der Tarifverträge stieg rapide an[51]. In der Großindustrie – wobei Großindustrie hier schon eine Betriebsgröße von 50–100 Arbeitern meint – gelang es dagegen nicht, die Anerkennung der Gewerkschaften durchzusetzen. Gestützt auf den 1905 gegründeten Arbeitgeberverband vermochten die Industriellen der Metall- und Maschinenindustrie die meisten Arbeitskämpfe eindeutig für sich zu entscheiden.

Im dritten Zyklus, von 1910 bis 1913, erreichte der Metallarbeiterverband den Mitgliederbestand von 1907 nicht mehr. Auch die Textilarbeitergewerkschaft, die ebenfalls in erster Linie Fabrikarbeiter organisierte, verlor Mitglieder. Sie war von 1903 bis 1908 von 500 auf 10000 Mitglieder angewachsen, zählte aber 1913 nur noch knapp 6000 Organisierte[52]. Im handwerklichen Bereich hielten die Gewerkschaften zwar ihre Positionen und bauten sie in zahlreichen vertraglichen Regelungen aus, doch in der Fabrikindustrie geriet die gewerkschaftliche Politik in eine Krise. Da die wirtschaftliche Entwicklung auf eine Konzentration der Arbeitskräfte in der Industrie tendierte – der Anteil der Beschäftigten in der Fabrikindustrie stieg von 1880 bis 1910 von 27 auf 47 Prozent[53] –, lag darin eine Bedrohung der gewerkschaftlichen Position überhaupt. Es gelang zwar den Unternehmern in der Industrie nur zum kleineren Teil, die Gewerkschaften vollständig aus ihren Betrieben zu verdrängen, doch befanden sich diese eindeutig in der Defensive. Auch bislang erfolgreiche Mittel wie der Ausbau der gewerkschaftlichen Organisationsstruktur, verstärkte Zentralisierung, Ausbau der Leistungen der Verbände und die verstärkte Professionalisierung der gewerkschaftlichen Tätigkeit, verloren gegenüber der organisierten Macht der Unternehmer an Wirksamkeit[54].

Im Verlauf dieser Entwicklung veränderte sich auch der Charakter der Konflikte zwischen Arbeitern und Unternehmern. Die Bewegungen von 1898/1899 bei GF und ähnlich an zahlreichen anderen Orten in der Großindustrie[55] wurden nicht von den gelernten, sondern in erster Linie von den un- und angelernten Arbeitern getragen.

Konflikte entstanden und entwickelten sich weitgehend spontan, die organisatorischen Strukturen waren schwach. Im Zentrum der Forderungen standen nicht die Löhne oder andere materielle Aspekte, sondern die Behandlung der Arbeiter durch die Vorgesetzten und Unternehmer, allgemein die Bedingungen industrieller Lohnarbeit im Großbetrieb. Die Konflikte verliefen sehr rasch, die Mobilisierung der Arbeiter war stark, doch konnte sie nur schwer über längere Zeit aufrecht erhalten werden. Nach der Krise von 1901/1902 dominierten dagegen die Berufsarbeiter in den Gewerkschaften wieder weitgehend. An die Stelle der spontanen, schnellen und dynamischen Aktionen trat der geplante, kontinuierliche, systematische Gewerkschaftsaufbau. Bewegungen wurden langsam entwickelt, die Mobilisierung der Arbeiterschaft erfolgte in längerfristiger Agitation und oft nur recht zähflüssig. Die Attraktivität der Gewerkschaftsverbände wurde durch den Ausbau der Versicherungs- und Dienstleistungen erhöht, dafür verstärkte sich der bürokratische Apparat, der zunehmend sein Interesse an einer möglichst kontinuierlichen, stabilen Entwicklung mit geringen Risiken durchzusetzen begann.

Diese Entwicklung lief nicht zuletzt gegen die Interessen und Möglichkeiten der un- und angelernten Arbeiter. Diesen fehlte das Interesse an einer kontinuierlichen intensiven Organisation und sie bedurften dieser auch weniger unmittelbar als die gelernten Arbeiter, da sie keinerlei (auch relative) Privilegien zu verteidigen hatten. Dazu kam, daß sie mit ihren niedrigen Löhnen die mit dem Ausbau der Organisation steigenden Gewerkschaftsbeiträge oft nur schwer zu erbringen vermochten und daß die von den gelernten Arbeitern dominierten Gewerkschaften die Interessen der ungelernten Arbeiter nur ungenügend vertraten. Diese stammten zudem überproportional aus ländlichen Verhältnissen, oder sie waren fremdsprachige Ausländer und hatten schon von daher Anpassungsprobleme an die industrielle Arbeitswelt. Hatten diese Arbeiter vor der Jahrhundertwende noch spontane Protestformen entwickelt, welche die Gewerkschaftsbewegung vorantrieben, so boten ihnen die entwickelten, durchorganisierten Verbände immer weniger Spielraum zur Artikulation ihrer Interessen. Ein wesentlicher Teil der Arbeiterschaft wurde so in Bewußtsein und Handeln von der organisierten Arbeiterschaft abgeschnitten. Außerhalb der Gewerkschaften aber, in spontanen Streiks und Protestaktionen im Betrieb, hatten die Arbeiter gegen die gestärkte Unternehmermacht keinerlei Chancen.

Einen Hinweis darauf, wie wichtig der Aspekt der Qualifikation nicht nur für die Haltung zur Gewerkschaft, sondern auch für die Chancen zur gewerkschaftlichen Organisierung war, bietet der Vergleich von GF mit der Firma Saurer in Arbon, die Stickereimaschinen und Lastwagen herstellte und, in ausgesprochenem Gegensatz zu GF, eine überdurchnittlich qualifizierte Arbeiterschaft beschäftigte. Lag der Organisationsgrad bei GF 1914 bei neun Prozent, so waren bei Saurer 68 Prozent der Arbeiter organisiert. Der hohe Qualifikationsstand wog hier schwerer als die ungünstige Situation im Großbetrieb. Der Unternehmer war auf die qualifizierten Arbeitskräfte in einem Maße angewiesen, das ihm eine wohlwollende Haltung gegenüber den Arbeitern und ihrer Organisation als vorteilhaft erscheinen ließ[56]. Wie sich aber ebenfalls am Beispiel der Firma Saurer in den zwanziger Jahren zeigen ließe, tendierte die Entwicklung auf einen Ausbau der Bedeutung der beruflichen Qualifikation in der Großindustrie. Auch darin lag längerfristig gesehen eine Gefahr für die Stellung der Gewerkschaften.

Ein anderes hervorstechendes Problem der Arbeiterbewegung vor 1914 wurde in der bisherigen Darstellung bereits angesprochen: Der Gegensatz Stadt – Land, zwischen Zentrum und Peripherie der Bewegung. Wie wir gesehen haben, wirkte er sich um so stärker aus, je weiter die Zentralisierung und Organisierung der beidseitigen Verbände fortschritt, und einzelnen Konflikten eine Schlüsselfunktion in der Auseinandersetzung von Arbeiter- und Arbeitgeberverbänden zukam. Diese Konflikte konzentrierten sich in starkem Maß in einzelnen Zentren der Bewegung, während in den übrigen Gebieten Konflikte, deren Resultat weitgehend von vorneherein klar war, nach Möglichkeit vermieden wurden. Dies hatte Auswirkungen auf das Bewußtsein der Arbeiter, die sich in Zentren der Bewegung radikalisierten, an der Peripherie aber viel eher zu Resignation tendierten[57].

Zusammenfassend lassen sich vor allem folgende für die gewerkschaftliche Organisation nachteiligen Punkte nennen:
- niedrige durchschnittliche Qualifikation der Arbeiter,
- große Qualifikationsunterschiede,
- Verwurzelung der Arbeiterschaft in der Region,
- großer Anteil des Arbeiterstamms,
- großer Anteil fremdsprachiger ausländischer Arbeiter,
- kleine und ländliche Industrieregionen,
- geringe Zahl von Unternehmen, die auf dem lokalen Arbeitsmarkt konkurrierten, bzw.
- große, mächtige Unternehmen,
- gute Organisation der Unternehmer.

Aus dieser Aufzählung geht hervor, daß gegensätzliche Tendenzen im Spiele waren. Das Wachstum und die Konzentrationstendenzen in der Industrie und die damit verbundenen allmählichen Ablösungsprozesse der Arbeiter aus einem ländlichen Kontext, und ihre Gewöhnung an die industriellen Arbeitsbedingungen waren den Organisationsbestrebungen eher förderlich. Doch kurzfristig dominierten die gegenläufigen Tendenzen, die sich aus der steigenden wirtschaftlichen und politischen Macht der Unternehmer ergaben.

Die Schwierigkeiten der gewerkschaftlichen Entwicklung waren nicht primär Folge des Gegensatzes von gelernten und ungelernten Arbeitern, oder der dezentralen Industriestruktur usw. – hier waren vielmehr Ausgleichsprozesse im Gange, die längerfristig die Organisationsbestrebungen förderten –, sondern Resultat der zunehmenden Organisation der Unternehmer, die sich in der Großindustrie nach wie vor gegen die Existenz der Gewerkschaften selbst richtete. Hier wurzelten auch die Tendenzen zu einer Verschärfung der Formen der Klassenauseinandersetzung, vor allem weil die Unternehmer die Staatsmacht für ihre Interessen dienstbar machen konnten. Die gewerkschaftliche Politik geriet zunehmend in einen Widerspruch zwischen dem Bestreben nach einer Sicherung der eigenen Organisation und der Notwendigkeit, neue, härtere und umfassendere Kampfformen zu verwenden, um überhaupt noch gegen die Unternehmerphalanx antreten zu können. Im Bereich des Handwerks und des

Gewerbes fand sich mehr und mehr der Ausweg zu vertraglichen Regelungen, doch gegenüber den ungleich mächtigeren Unternehmern der Großindustrie gelang es nicht, eine erfolgversprechende Politik zu entwickeln. Daß die Arbeiterbewegung trotz imposanten Organisationserfolgen schwächer war als es den Anschein hatte, sollte sich mit dem Ausbruch des Weltkriegs deutlich erweisen. Das bedingungslose Einschwenken auf eine Burgfriedenspolitik war nicht zuletzt Ausdruck der politischen, aber auch gewerkschaftlichen Ohnmacht der Arbeiterbewegung.

III. Gewerkschaftliche Kämpfe, Arbeiterbewußtsein und Organisationsentwicklung. 1914 bis 1930

1. Die Radikalisierung der Arbeiter in der Kriegszeit

Burgfriedenspolitik des SMUV[1]

Bei Kriegsausbruch war die organisierte Arbeiterschaft, durch vorangegangene Niederlagen geschwächt und demoralisiert, nicht in der Lage, gegen Verschlechterungen der Arbeitsbedingungen Widerstand zu leisten. Obwohl sich bei GF bereits wenige Wochen nach Kriegsausbruch direkte und indirekte Rüstungsaufträge mehrten und die Arbeiterzahl rasch anstieg, mußten die Arbeiter wesentliche Lohnverschlechterungen hinnehmen[2]. GF nützte wie die gesamte Metall- und Maschinenindustrie ihre starke Stellung gegenüber den Gewerkschaften und auf dem Arbeitsmarkt voll aus[3]. Zudem wurde die Lage der Arbeiter durch die Verkürzung der Arbeitszeit und durch die militärische Mobilmachung verschärft. Zahlreiche Arbeiterfamilien gerieten unmittelbar in schwere wirtschaftliche Not.

Nicht nur das Verhalten der Unternehmer empörte indessen die Arbeiter. Die Gewerkschafter hatten allen Grund, auch mit der eigenen Organisation unzufrieden zu sein, die kurz nach Kriegsausbruch die statutarischen Unterstützungsleistungen massiv einschränkte[4]. Nachdem der Verband nun während Jahren zunehmend Gewicht gerade auf diese Unterstützungsfunktionen gelegt hatte, ist es verständlich, daß dies bei den langjährigen Mitgliedern Unwillen erregte[5]. Die Beschlüsse wurden zwar schließlich resigniert akzeptiert, doch nahm das Prestige des Verbandes deutlich Schaden. Dies kommt auch in den rückläufigen Mitgliederzahlen zum Ausdruck: 1915 verlor die Sektion noch 14 Prozent ihrer Mitglieder, obwohl in dieser Zeit die Zahl der in der Maschinen- und Metallindustrie beschäftigten Arbeiter in Schaffhausen gewaltig anstieg[6].

Wesentlicher für diese negative Entwicklung war allerdings die andauernde gewerkschaftliche Passivität des Metallarbeiterverbandes. Von der Einschränkung der Leistungen des Verbandes waren auch die Unterstützungen bei Streiks und Maßregelungen betroffen. Zu den Folgen dieser Maßnahme schrieb Lokalsekretär Weber:

> Der Umstand, daß der Zentralvorstand Maßregelungs- u. Streikunterstützung außer Kraft setzte, macht viele Mitglieder glauben, es sei mit Rücksicht auf die Lage in der sich die Schweiz

befindet geschehen, ich habe wenigstens diesem Einwand schon öfter begegnen müssen. Es ist auch die Befürchtung bei den Mitgliedern vorhanden, wenn ihnen durch die Tätigkeit für die Bewegung die Stelle gekündet wird, daß sie von jeder Hilfe entblößt ihrem Schicksal überlassen bleiben; die Vorbedingungen, die der Verband für die Erleichterung der Agitation durch die Unterstützung geschaffen hat, scheinen nun ganz zu fehlen[7].

Wenn die Verschlechterung der Arbeitsbedingungen von der Gewerkschaftsführung fast ohne Widerstand hingenommen wurde, so entsprach diese Politik durchaus dem Bewußtseinsstand eines großen Teils der Mitglieder, die sich nach dem Urteil von Weber in einem ‚patriotischen Taumel' befanden. Die Gewerkschaftsführung tat aber nichts dazu, Zuversicht, Selbstsicherheit und Kampfbereitschaft der Arbeiter wieder zu stärken. Durch die Aufhebung der Streik- und Maßregelungsunterstützungen wurde im Gegenteil die Tendenz zur Passivität bei den Mitgliedern noch unterstützt. In den Betrieben herrschte Ruhe, die Agitationsbemühungen waren schwach und wenig wirksam und auch auf politischem Gebiet hielt man sich an den Burgfrieden. Von der Gewerkschaft wurde nichts getan, das den gewaltigen Aufschwung ab 1916 erklären könnte. Die Gründe dafür liegen vielmehr unmittelbar in der Entwicklung der Arbeits- und Lebenssituation der Arbeiterschaft.

Veränderungen in der Zusammensetzung der Arbeiterschaft und den Arbeitsbedingungen unter dem Einfluß des Krieges[8]

Am direktesten und raschesten wirkten sich die veränderten Verhältnisse auf die Zusammensetzung der Arbeiterschaft aus. Die deutschen und österreichischen Staatsangehörigen, die 25–30 Prozent der Belegschaft ausmachten, wurden im August 1914 in den Kriegsdienst einberufen und auch die italienischen Arbeiter verließen Ende 1915 die Schweiz. In dieser Hinsicht vereinheitlichte sich also die Zusammensetzung der Arbeiterschaft in bedeutsamer Weise. Kulturelle, sprachliche, aber auch rechtliche Ungleichheiten zwischen den Arbeitern wurden eingeebnet. Dieser Entwicklung tat auch die verstärkte innerschweizerische Wanderbewegung keinen wesentlichen Abbruch[9]. Die Beschäftigung von zahlreichen auswärtigen Arbeitern, die häufig aus anderen Branchen stammten, trug sogar eher dazu bei, hierarchische Elemente in der Beziehung der verschiedenen Berufe und Tätigkeiten aufzulösen. Relativ qualifizierte Arbeiter (z. B. Uhrenarbeiter aus dem Jura oder Maschinensticker aus der Ostschweiz) verloren durch die Umstrukturierung der Produktion nach den Bedürfnissen des Krieges ihre Arbeitsplätze. Viele von ihnen erhielten bei GF Stellen als angelernte Maschinenarbeiter (Gewindeschneider, Schmirgler u. ä.)[10]. Die starke Ausdehnung der Produktion und der Belegschaften führte zudem zu einem Mangel an qualifizierten Berufsarbeitern, der es ungelernten Arbeitern ermöglichte, auch in Bereiche einzudringen, die sonst gelernten Arbeitern vorbehalten wurden (z. B. Maschinenformer, Kernmacher). Nach Qualifikation und Ausbildung fand somit innerhalb der Arbeiterschaft ebenfalls ein gewisser Homogenisierungsprozeß statt. Die Bedingungen des Arbeitsmarktes (vor allem das Ausfallen der italienischen Arbeiter) führten zudem dazu, daß sich die relative Lohnsituation der Gießereihandlanger und Gußputzer im Vergleich zu den übrigen Arbeitern etwas verbesserte[11].

Eine gegenläufige Entwicklung ergab sich dort, wo vermehrt weibliche Arbeitskräfte eingesetzt wurden, die sehr viel schlechter als die männlichen Arbeiter bezahlt waren. Hier gelang es kaum, die Interessendivergenz zu überbrücken. Bei den Frauenlöhnen zeigte sich auch keine Tendenz zu einer relativen Verbesserung im Vergleich zu den Durchschnittslöhnen. Bei GF wurden Frauen im Produktionsbereich erstmals Ende 1916 als Gewindeschneiderinnen und Kernmacherinnen beschäftigt, nachdem die Firma im deutschen Zweigwerk Singen mit der Frauenarbeit positive Erfahrungen gemacht hatte[12]. Die Diskussion, welche die Arbeiterbewegung zu diesem Thema führte, zeigt, daß die Frauen von den männlichen Arbeitern nur als lästige Konkurrenz aufgefaßt wurden:

> Innerhalb ganz kurzer Zeit ist in den Abteilungen, wo die Frauen beschäftigt sind, das Lohneinkommen der männlichen Arbeiter im Durchschnitt gesunken. Auch auf die Behandlung der männlichen Arbeiter durch die Betriebsleitung hatte die Einstellung von Frauen einen nachteiligen Einfluß. ... Genosse Stadtrat Schlatter ist der Meinung, daß die Stellung unserer Partei zur Beschäftigung der Frauen in industriellen und andern Betrieben von jeher nicht richtig war. Es kann heute nicht mehr angezweifelt werden, daß beispielsweise die Arbeit der Frau in der Fabrik auf die Löhne der männlichen Arbeiter drückt.

Die Gegenposition, die von einer Frau vertreten wurde, fand an der Delegiertenversammlung der Arbeiterunion, die zur Frauenarbeit Stellung bezog, keinen Anklang[13]. Zumindest theoretisch wurde diese Position schließlich berichtigt. So erklärte Lokalsekretär Weber den Schmirglern, das Interesse der Arbeiter bestehe nicht in der Vertreibung der Frauen, „sondern darin, daß er der Frau hilft, ihrer, nur allzugerechten Forderung ‚für die gleiche Arbeit den gleichen Lohn wie der Mann' Geltung zu verschaffen"[14]. In Lohnbewegungen blieb diese Forderung allerdings ziemlich unberücksichtigt[15]. Da die Frauenarbeit bei GF wie allgemein in der Metall- und Maschinenindustrie kein größeres Gewicht erhielt (1918 betrug der Anteil der Frauen immerhin 8 Prozent), gewannen die Probleme der Frauenarbeit für die Gesamtbewegung auch im folgenden nur wenig Bedeutung.

Den Tendenzen, welche die Lebenssituation und die Interessen der Arbeiterschaft vereinheitlichten, stand als organisations- und aktionshemmendes Element auch die stark gesteigerte Fluktuation entgegen. Zahlreiche Arbeiter leisteten darüber hinaus immer wieder Militärdienst. Dieser rasche und massive Wechsel in der Belegschaft mußte als organisationshemmendes Element wirken, da persönliche Bekanntschaften, ein Zusammengehörigkeitsgefühl und Solidarität in den einzelnen Arbeitsgruppen unter diesen Bedingungen nur schwer entstehen konnten. Trotz der starken Fluktuation kamen aber auch zahlreiche Arbeiter zu GF, die für längere Zeit in der Firma blieben[16]. Hier wurde nun zunehmend bedeutsam, daß es dem Unternehmen nicht mehr so leicht wie vor dem Weltkrieg gelang, gefährliche Aktivisten frühzeitig durch direkte und indirekte Maßregelungen aus dem Betrieb zu drängen. In den ersten beiden Kriegsjahren war die Passivität der Arbeiterschaft so vollständig, daß potentiell gefährliche Elemente gar nicht auszumachen waren. Bereits 1917 war die explosiv angewachsene Mobilisierung der Arbeiterschaft dann so stark, daß Maßregelungen die Gefahr größerer Streiks mit sich brachten und sich zudem die Zahl der Aktivisten so stark vermehrte, daß einzelne Entlassungen weitgehend sinnlos wurden. Die Auswirkungen der Fluktuation wurden auch dadurch abgeschwächt, daß die Empörung und Kampfbereitschaft der Arbeiter nicht auf spezifischen Faktoren des Einzelbetriebs beruhten, sondern in sehr ausgeprägter Weise auf der allgemeinen Verschlechterung der Lebenslage. Mochten auch noch beträchtliche Differenzen zwischen der Bewegung in den größeren Städten und jener auf der Landschaft bestehen, so waren diese doch gegenüber der Vorkriegszeit stark reduziert. Die allgemeinen ökonomischen Bedingungen, vor allem die rapide Verschlechterung der Reallöhne überwogen die spezielle, häufig unterschiedliche Situation. Ein Teil der Arbeiterschaft in ländlichen Gebieten, der noch selbst ein wenig Landwirtschaft betrieb, oder doch mit der bäuerlichen Bevölkerung noch durch familiäre Bande verbunden war, empfand wahrscheinlich die Teuerung etwas weniger hart. Gerade die Verlagerungen in der Produktion führten jedoch auch zu regionalen Verschiebungen der Bevölkerung. Schaffhausen mit seiner starken Maschinen- und Metallindustrie erfuhr in den Kriegsjahren eine starke Zuwanderung aus Gebieten, deren wirtschaftliche Struktur auf Konsumgüter ausgerichtet war, die nicht zum unbedingt notwendigen Bedarf gehörten. Der Krieg verringerte damit das relative Gewicht der in hergebrachten Sozialverbänden verwurzelten ländlichen Arbeiterschaft. Ebenso sank die relative Bedeutung des konservativeren, privilegierten Arbeiterstamms.

Tab. 40: Die Entwicklung der Löhne während des Krieges[17]
(jährliche Veränderung in Prozent)

Jahr	Teuerungsrate	Jahreslöhne nom.	Jahreslöhne real	Stundenlöhne nom.	Stundenlöhne real
1914	–	– 2,4	– 2,4	– 2,4	– 2,4
1915	+ 13	+ 8,5	– 3,9	+ 7,3	– 5,1
1916	+ 16	+ 10,7	– 4,5	+ 10,9	– 4,3
1917	+ 24	+ 11,4	– 10,4	+ 14,6	– 7,9
1918	+ 25	+ 11,8	– 10,7	+ 20,5	– 3,7
1919	+ 9	+ 24,8	+ 14,7	+ 36,6	+ 25,5
1920	+ 1	+ 25,4	+ 24,3	+ 29,4	+ 28,2
1921	– 11	– 15,0	– 4,8	– 5,1	+ 6,3
1922	– 18	– 4,5	+ 16,5	– 15,7	+ 2,7
1923	–	– 2,2	– 2,2	– 2,5	– 2,5

Das Ausmaß der Reallohneinbußen der Arbeiterschaft wurde im ersten Teil (und im Anhang) bereits eingehend dargestellt. Tabelle 40 zeigt noch einmal die Lohnentwicklung von Jahr zu Jahr. Der verstärkte Rückgang der realen Jahreslöhne in den Jahren 1917 und 1918 geht auf Verkürzungen der Arbeitszeit zurück, die nicht durch entsprechende Erhöhungen der Stundenlöhne kompensiert wurden[18]. Auch die realen Stundenlöhne sanken bis 1918 von Jahr zu Jahr. Der Vergleich mit der Reallohnentwicklung im kriegführenden Deutschland zeigt, daß die Lohnverluste bis 1918 bei GF praktisch ebenso groß waren wie in entsprechenden deutschen Unternehmen[19].

Die Löhne entwickelten sich damit in klarem Widerspruch zur wirtschaftlichen Lage des Unternehmens, die hervorragend war[20]. Die Anlagen wurden durch eine Belegschaft, welche 1917 auf das Doppelte des Standes von 1914 anstieg, stark übernutzt. Überzeit, Schichtarbeit usw. waren an der Tagesordnung. Dadurch wurden die Unfallgefahren erhöht, allgemein die Arbeitsbedingungen stark verschlechtert, wie das im ersten Teil an Einzelbeispielen deutlich gemacht wurde. Auch in dieser Hinsicht wurden die Arbeiter bis an die Grenzen des möglichen ausgebeutet, versuchte das Unternehmen, die Gunst der Stunde auf den Märkten wie gegenüber einer Arbeiterschaft, die in den vergangenen Jahren mühelos hatte diszipliniert werden können, zu nützen. Die Folge war ein ungeahnter Aufschwung und eine Radikalisierung der Arbeiterbewegung, die nur mit beträchtlichen Konzessionen wieder unter Kontrolle gebracht werden konnte.

Die Kämpfe an der Gewerkschaftsbasis. 1916 bis 1918

Das Jahr 1916 brachte bei den Metallarbeitern in Schaffhausen eine erhöhte Aktivität, die sich aber noch in einem engen Rahmen hielt. Hinter den Forderungen stand – gerade bei GF – noch wenig Druck von der Basis. Die Geschäftsleitung verharrte denn auch auf ihren bisherigen Positionen. Verhandlungen mit dem Gewerkschaftssekretär wurden generell abgelehnt, Lohnerhöhungen erfolgten weiterhin nur individuell[21]. Ein Anzeichen für die veränderte Situation lag allerdings in der zunehmenden Zahl von Arbeiterkommissionssitzungen. Im Gegensatz zu den vorangegangenen Jahren stellte die Kommission für die Geschäftsleitung wieder ein nützliches Kommunikationsforum dar[22]. Auf ihre Initiative hin wurde das Regulativ der Kommission erneuert und insbesondere die Zahl der Kommissionsmitglieder erhöht, um die Vertretung aller Abteilungen zu gewährleisten. Die Basis der Kommission sollte dadurch verbreitert und ihre angezweifelte Legitimation als Vertreterin der Arbeiterschaft verbessert werden[23]. Vorläufig schien diese Politik recht erfolgreich; bei GF herrschte äußerlich Ruhe, während in anderen Schaffhauser Betrieben bereits vorsichtige erste Kampfmaßnahmen ergriffen wurden[24].

Auch 1917 ging die Verschärfung der Kämpfe in Schaffhausen nicht von GF aus, sondern von der Maschinenfabrik Rauschenbach. Im Mai führte dort die Entlassung eines Vertrauensmannes der organisierten Arbeiter zu einem Teilstreik der Dreher, der sich, als die Forderungen auf Wiedereinstellung des betroffenen Arbeiters und die Entlassung eines Meisters von der Firma nicht akzeptiert wurden, zu einem Streik des gesamten Betriebes auswuchs[25]. Die MRS schob die Schuld am Ausbruch des Streiks in erster Linie auf Sekretär Weber:

> Auf dem Platze Schaffhausen übt der bekannte Arbeiter-Sekretär Weber seinen unheilvollen Einfluß aus, ein Arbeiterhetzer allerschlimmster Sorte. Er fühlt sich berufen, grundsätzliche Begehren (Minimallöhne, Achtstundentag etc.) mit allen Mitteln durchzudrücken. ... Zur Erreichung seines Zieles scheint er sich unsern Betrieb deshalb ausgewählt zu haben, weil wir prozentual sehr viele organisierte Arbeiter haben und weil in unserm Betrieb sehr viele Berufe vertreten sind, wie Gießer, Schlosser, Schmiede, Schreiner, Wagner etc.[26].

Daß Weber mit dem Streik taktische Absichten für die gesamte Schaffhauser Bewegung verband – vor allem im Kampf um die Anerkennung der Gewerkschaften durch die Unternehmer –, scheint offensichtlich[27]. Der Streik wurde jedoch von Weber nicht ‚gemacht'. Er beruhte auf der wachsenden Empörung der Arbeiter über die sich rasch verschlechternden Arbeitsbedingungen. Wie in der Zeit der Formierung der Gewerkschaften in den Großbetrieben (1898/1899) entwickelte sich aus einem geringfügigen Anlaß in kürzester Zeit und weitgehend durch die Aktivität der Arbeiter selbst, ein ausgedehnter Konflikt. Das Neue war, daß Weber nicht versuchte, die Arbeiter abzuwiegeln. Ein erstes Mal wagte es die Metallarbeitergewerkschaft in Schaffhausen, gegen die Großindustrie anzutreten. Wenn man die Räder der traditionsreichen MRS „wohl zum ersten Mal seit Bestehen der Fabrik"[28] stillstehen ließ, so sollte das vor allem auch GF die gewachsene Macht der Arbeiterschaft demonstrieren und die zahlreichen noch nicht organisierten Arbeiter dieser Firma für die Gewerkschaft gewinnen. Dieser propagandistische Zweck wurde weitgehend erreicht[29].

Der Streik bei Rauschenbach, der neben Teuerung und Abbau der Reallöhne noch tieferliegende Gründe hatte, ist hier auch als Kontrast zur Entwicklung bei GF von Interesse[30]: Die MRS hatte 1912 ihren Betrieb aus den alten Gebäulichkeiten in der Stadt Schaffhausen in ein neuerschlossenes, außerhalb der Stadt gelegenes Industriegebiet verlegt. Diese Umstellung beeinflußte auch das Vehältnis der Firma zu den Arbeitern. Die Beziehungen zwischen Unternehmen und Arbeiterschaft wurden stärker versachlicht, was seinen Ausdruck unter anderem in der Ersetzung alter erfahrener Meister durch neue Leute fand, die unter der Arbeiterschaft starke Unruhe erzeugte. Zudem hatte der Umzug in die verhältnismäßig abseits gelegenen Betriebe auf dem ‚Ebnat' den Verlust eines Teils des Arbeiterstamms zur Folge[31]. Im aktuellen wie im längerfristigen Verhalten gegenüber der Arbeiterschaft unterschied sich das MRS-Management deutlich von jenem bei GF: Die Geschäftsleitung von Rauschenbach erwies sich in ihrer Arbeiterpolitik als vergleichsweise ungeschickt und plump. Sie schien die Bedeutung dieses Faktors für die Firma permanent zu unterschätzen[32]. Die negativen Folgen begannen jetzt immer deutlicher zu werden, gerade im Vergleich mit GF, das auch in dieser Situation erfolgreicher taktierte.

Der Unterschied der Arbeiterpolitik von GF und Rauschenbach zeigte sich etwa darin, daß bei der MRS die entscheidenden Auseinandersetzungen vor Streikausbruch vom Werkstättenleiter geführt wurden, während bei GF in solchen Situationen die Geschäftsleitung sofort selbst eingriff. Die Arbeiterkommission fungierte dabei als wichtiges Verhandlungs- und Kommunikationsinstrument. Direktor Homberger nahm bis 1919 fast an jeder Sitzung der Kommission selbst teil und widmete auch geringfügigen Konflikten seine Aufmerksamkeit. Während des Krieges intensivierte er diese Aktivität trotz der zusätzlichen Probleme, die durch das Wachstum des Unternehmens und die besonderen kriegsbedingten Schwierigkeiten auch auf anderen Bereichen erwuchsen.

Damit konnte er allerdings nicht verhindern, daß auch bei GF die Bewegung der Arbeiter ein bisher unbekanntes Ausmaß annahm. Die Schnelligkeit der Entwicklung überraschte selbst Sekretär und Vorstand der Gewerkschaft: „Ganz unerwartet", heißt es z. B. im Vorstandsprotokoll vom 30. April 1917, „ist im Mühlenthal die neue

Gruppe ‚Achsbüchs' aus der Taufe gehoben worden. An ihrer ersten Versammlung wurde beschlossen, es sei eine Eingabe zu machen für Lohnerhöhung je 20% im Akkord & Taglohn."[33] In rascher Folge bildeten oder aktivierten sich teils auf Initiative des Sekretariats, häufig aber völlig selbständig, zahlreiche weitere Arbeitergruppen[34]. Anlaß dazu waren durchwegs Lohnforderungen, die bei steigender Teuerungsrate (1917 24 Prozent) und sinkenden Reallöhnen zunehmend dringlicher wurden.

Der Aufschwung der Bewegung, die steigenden Mitgliederzahlen und die verstärkte Aktivität überlasteten das Sekretariat vollständig. Die Initiative lag daher zu einem beträchtlichen Teil bei den Arbeitern selbst, die versuchten, selbst Eingaben und Akkordtarife auszuarbeiten. Sekretär Weber gelang es zwar, den Überblick und die Kontrolle über die Bewegungen zu behalten und die Forderungen in ihren Grundzügen zu vereinheitlichen. Doch in ihrem Vorgehen gegenüber dem Unternehmen wie in ihrer Gruppenorganisation waren die Arbeiter in starkem Maß auf sich selber angewiesen. Die Teuerung führte nun dazu, daß fast jede dieser Einzelbewegungen zumindest teilweise erfolgreich war, aber dennoch die Verschlechterung der ökonomischen Lage der Arbeiter nicht aufhalten konnte. Zwei Hauptwurzeln erfolgreicher Mobilisierung und Organisierung, die bisher ungleichzeitig aufgetreten waren, verbanden sich jetzt in scheinbar paradoxer Weise: Die Verschlechterung der Lage der Arbeiter und Erfolge gewerkschaftlicher Politik. Die Mitgliederzahlen, die Ende 1916 erstmals den Stand von 1913 überschritten hatten, stiegen explosiv an. Gleichzeitig verschärften sich die Kampfformen. Die Arbeiter erlebten ihre Notlage zunehmend im Kontrast zur Prosperität der Betriebe und dem Wohlergehen ihrer Leiter und Besitzer[35]. Die bereits bisher ungleiche Verteilung von Macht, Status und materiellen Gütern war für viele Arbeiter in gewisser Weise durch die Tradition legitimiert. Jetzt aber wurde Ausbeutung als *Verschärfung von Ausbeutung* für jeden einsichtig und erfahrbar, nicht nur weil die Reichen reicher wurden, sondern auch weil sich die Lage der Arbeiterschaft bis zur unmittelbaren Not verschlechterte.

Jetzt, im dritten Kriegsjahr, verschärften sich die Spannungen zusehends, und die Arbeiter stellten ihre Forderungen mit steigender Erbitterung:

> Samstag morgen 8¹/₄ Uhr stellten die Arbeiter [der Wagenbauabteilung der SIG] ihre Werkzeuge zur Seite u. gingen vor das Büro. Für die Direktoren war dies ein erschreckender Anblick, denn sie wußten nicht, was geschehen könnte. Trotzdem sträubten sich die Gewaltigen, Unterhandlungen aufzunehmen, bevor die Arbeit nicht wieder aufgenommen sei. Die Unterhandlungen führten zu keinem richtigen Ziel[36].

In solchen spontanen und oft wenig zielbewußten Aktionen lernten die in Kämpfen weitgehend unerfahrenen Arbeiter langsam, auf ihre Stärke zu vertrauen, und erfuhren durch eigenes Handeln auch emotional den Gegensatz zu den Kapitalisten und ihren Vertretern. Bei GF begannen die Arbeiter der verschiedenen Abteilungen fast gleichzeitig, ihrem Unwillen über die langsame Behandlung ihrer Lohnforderungen durch kurze Arbeitseinstellungen Ausdruck zu geben. Die Gießer des Werks Birch stellten eine achtundvierzigstündige Frist zur Beantwortung ihrer Eingabe. Als diese nicht eingehalten wurde, traten sie für einen Tag in den Ausstand[37]. Anfang August fanden Arbeitsniederlegungen der Maschinenformer Werk I, der Revolverdreher, der Schmirgler Werk III und der Glühereiarbeiter statt[38]. Direktor Homberger erklärte in der Arbeiterkommission, „man könne fast glauben, die Leute seien nicht mehr bei Verstand“. Er drohte mit Entlassungen und versuchte in erprobter Weise, verschiedene Teile der Arbeiterschaft gegeneinander auszuspielen[39]. Doch auch seine Beredsamkeit und sein taktisches Geschick konnten nicht darüber hinwegtäuschen, daß sich die Lage *aller* Arbeiter ständig verschlechterte. Die Arbeiter hatten mit ihrem Vorgehen auch keineswegs den Verstand verloren, wie Homberger andeutete. Die Arbeitseinstellungen sollten ihren Forderungen vielmehr das nötige Gewicht verleihen. „Die Herren treiben uns immer bis zum letzten Moment, wo sie dann in der Regel doch noch nachgeben“, resümierte Weber die Erfahrungen der Lohnbewegungen des Sommers 1917[40]. Bei weiterhin sinkenden Reallöhnen und bester Auslastung der Anlagen durch gut bezahlte Aufträge war dieses teilweise Nachgeben keineswegs verwunderlich.

Auch in diesen Konflikten stand Metallarbeitersekretär Weber der Verschärfung und Radikalisierung der Bewegungen wie im Rauschenbach-Streik nicht im Wege. Es wäre aber verfehlt, in ihm den großen Beweger und Drahtzieher zu sehen, wie es etwa die Rauschenbach-Geschäftsleitung tat[41]. In seinem ganzen Verhalten folgte er nur der Stimmung der Arbeiterschaft. Daß er dies initiativ und aktiv tat, förderte zwar die Entwicklung – und stärkte seine Stellung innerhalb der Arbeiterschaft –, bestimmte aber nicht die Richtung der Bewegung. Für den Zentralverband der Metallarbeiter wie für die anderen Gewerkschaftsverbände und die Leitung der Sozialdemokratischen Partei galt dies noch in stärkerem Maße. Sie folgten den Bewegungen mehr als daß sie sie anführten[42].

Nach den heftigen Bewegungen des Sommers stoppten die Arbeitskämpfe bei GF wie auch bei den übrigen Schaffhauser Metall- und Maschinenindustriebetrieben über den Winter weitgehend, obwohl die Teuerung weiter anhielt. Die Arbeiter waren ermüdet und wollten nach den erzielten Erfolgen von weiteren Bewegungen vorläufig wenig wissen[43]. Die fortgesetzte Teuerung erlaubte aber den Arbeitern kein längeres Nachgeben in ihren Bemühungen. Im Frühjahr 1918 begannen sich die Spannungen in verstärktem Maß direkt auf die Produktion auszuwirken. Die Leistungsbereitschaft und gewiß in vielen Fällen auch die physische Leistungsfähigkeit gingen zurück, und der verbesserte formelle und informelle Grad der Organisation erlaubte es, den Leistungsdruck in den Betrieben zunehmend zu unterlaufen[44]. Schlechte Ernährung, lange Arbeitszeit und zahlreiche Überstunden, Nachtschichten usw. machten diesen Abbau der Arbeitsintensität ohne Zweifel zunehmend zu einer Existenznotwendigkeit für die Arbeiter. Die tiefe Erschöpfung der Arbeiter zeigte sich etwa im starken Anstieg der Krankenzahlen[45]. Die abnehmende Arbeitsleistung und das zunehmende Versagen der innerbetrieblichen Disziplinierungsinstrumente beunruhigten die Geschäftsleitung, vor allem da damit eine zunehmende politische und gewerkschaftliche Radikalisierung verbunden war. Die Reallöhne waren offenbar an einer unteren Grenze angelangt, und gewisse Konzessionen schienen nun auch den Unternehmern notwendig[46]. Allerdings war man weiterhin außerordentlich zurückhaltend mit materiellen Leistungen. Bereits die lohnmäßige Kompensierung der Arbeitszeitverkürzung von 56 auf 54 Stunden stellte Homberger als große Leistung dar. Die realen Stunden- und Jahreslöhne sanken auch 1918 weiter[47].

Die Unzufriedenheit der Arbeiter kam im Mai 1918 in einem Streik der Gußputzer zum Ausdruck. Die Gußputzer – überwiegend Tessiner[48] – verlangten eine Lohnerhöhung von 30 Prozent und versuchten diese Forderung durch eine Lohnstatistik zu untermauern. Als ihre Forderungen abgelehnt wurden, traten sie in den Streik, ohne sich vorher mit der Gewerkschaft abzusprechen und ohne zu versuchen, durch eine vorhergehende Kollektivkündigung die Verhandlungsmöglichkeiten voll auszuschöpfen. Die Gewerkschaft geriet dadurch in eine unangenehme Lage. Wohl oder übel mußte sie die undisziplinierten Gußputzer unterstützen, wenn sie nicht die Lohnforderungen auch der übrigen Arbeitergruppen gefährden wollte[49].

Entwicklung und Verlauf dieses Gußputzerstreiks – des ersten eigentlichen Streiks bei GF überhaupt – sind im übrigen symptomatisch für die weiterbestehenden Schwierigkeiten bei der Integration der unqualifizierten Arbeiter. Seit der Jahrhundertwende war diese schmutzigste und schwerste Arbeit in der Gießerei fast ausschließlich von Italienern geleistet worden, da sich kaum Schweizer fanden, die längere Zeit bei dieser Arbeit blieben. Diese Unterschichtung durch fremde und fremdsprachige Arbeitskräfte blieb durch die Beschäftigung von Tessinern auch während des Krieges bestehen. Die Kommunikationsschranke zwischen den Gußputzern und den übrigen Arbeitern konnte nicht abgebaut werden. Dies zeigte sich auch jetzt: Den Gußputzern war es nicht gelungen, ihre Interessen in angemessener Weise in die Gesamtbewegung einzubringen. Ihre Lohnstatistik enthielt so schwerwiegende Fehler, daß ein Mitglied der Geschäftsleitung erklären konnte, was die Arbeiter verlangten – d. h. eine Lohnerhöhung von 30 Prozent – hätten sie eigentlich schon erreicht, wenn man ihre wirklichen Löhne betrachte. Die Verhandlungsposition der Arbeiterkommission wie der Arbeitervertreter in der kantonalen Einigungsstelle war deshalb nicht einfach und ihr Engagement für die disziplinlosen Gußputzer nicht besonders groß[50]. Der Kompromiß, den man schließlich erreichte – eine sechsprozentige Erhöhung der Stundenlöhne und Akkordsätze –, war für die Gußputzer nicht befriedigend[51]. Nur unter starkem Druck der Gewerkschaft gaben sie den Streik auf. Erstmals seit Kriegsausbruch war damit die Gewerkschaft wieder gegenüber der Arbeiterschaft in einer disziplinierenden Funktion aufgetreten, und es ist symptomatisch, daß sich diese Intervention gegen eine unqualifizierte und von der übrigen Arbeiterschaft auch noch durch Sprachbarrieren getrennte Gruppe richtete.

Dieser Gegensatz zwischen Teilen der Arbeiterschaft und der lokalen Gewerkschaftsführung blieb indessen vorläufig ein Einzelfall. Die Situation wurde vielmehr durch die wachsenden Klassenspannungen bestimmt, die interne Differenzen zunächst überlagerten. Solange die akute Notlage eines Großteils der Arbeiterschaft andauerte und die Unternehmer nicht zu freiwilligen Konzessionen bereit waren, tendierte die Arbeiterbewegung zu wachsender Geschlossenheit, Einheitlichkeit und Radikalität in ihren Forderungen und Kampfformen. Die Klassenauseinandersetzungen kulminierten im November 1918 in einem Landesgeneralstreik, der in Schaffhausen und bei GF praktisch vollständig befolgt wurde[52]. Der Streik verlief in Schaffhausen trotz Militäreinsatz ruhig. Bei GF genügte ein Streikposten von drei bis vier Mann, um die vollständige Befolgung der Streikparole durch die ca. 3500 Arbeiter zu sichern[53]. Dies zeigt deutlich genug, daß der Streik von einer breiten Mehrheit der

Arbeiter getragen wurde[54]. Im Vergleich zur Vorkriegszeit hatte die Arbeiterbewegung immens an Breite und Kampfkraft gewonnen. Dies fand seinen Ausdruck in einem neuen Selbstbewußtsein der Arbeiter und in einer gestärkten Stellung der Gewerkschaften, der Staat und Unternehmer in der Folge vermehrt Rechnung tragen mußten. Auf der anderen Seite war jedoch für die folgende Entwicklung entscheidend, daß der Generalstreik nach wenigen Tagen verloren ging. Der Elan der Bewegung war dadurch gebrochen und die Widersprüche innerhalb der Arbeiterschaft und in den Arbeiterorganisationen kamen verstärkt zum Ausdruck.

Veränderungen der Unternehmenspolitik, des Arbeiterbewußtseins und der gewerkschaftlichen Organisation

Man kann sich fragen, warum die Unternehmer trotz der ausgezeichneten Geschäftslage durch die Lieferungen an die kriegführenden Länder und trotz der sich offensichtlich ständig verschärfenden Klassenspannungen nicht bereit fanden, 1917/1918 die Löhne tatsächlich der Teuerung anzupassen. Die finanziellen Möglichkeiten dazu wären gerade in der Metall- und Maschinenindustrie zweifellos gegeben gewesen. Der Hauptgrund scheint darin zu liegen, daß unter den Kriegsbedingungen für die Unternehmen eine längerfristige Planung erschwert war. Die Kriegsdauer war unsicher, und damit die Dauer der Konjunktur. Für die Nachkriegsphase rechnete man mit einer schweren Wirtschaftskrise. Die Investitionen blieben deshalb vor allem in den ersten Kriegsjahren sehr niedrig und auch gegenüber der Arbeiterschaft betrieb man eine restriktive Politik, da man damit rechnete, sie in der Nachkriegszeit unter Krisenbedingungen disziplinieren zu können. Möglich wurde diese Politik durch die anfängliche Schwäche der Arbeiterbewegung in den Betrieben wie im politischen Bereich. Die steigenden Klassenspannungen und die wachsende Zahl offener Konflikte, in denen die Arbeiterschaft geschlossen gegen die Unternehmer stand, zwangen aber zunehmend zu einer Überprüfung dieser Politik. Bis 1917 versuchte GF, Bewegungen des Gesamtbetriebes möglichst zu verhindern und die Forderungen der einzelnen Gruppen isoliert zu behandeln, wie das bis 1914 mit Erfolg geschehen war. Die enorme Verbreiterung der Arbeiterbewegung im ganzen Betrieb mit zahlreichen oft parallel und koordiniert ablaufenden Bewegungen überforderte aber die Kapazität der Unternehmensverwaltung und vor allem der Unternehmensspitze bei weitem. Die Firma sah sich gezwungen, wie es den Absichten der Gewerkschaft entsprach, auf Verhandlungen über den Gesamtbetrieb einzutreten[55]. Die Unternehmensleitung versuchte aber weiterhin, auch über die kleineren, auf einzelne Abteilungen, Arbeitsgruppen, oder auch einzelne Arbeiter beschränkten Konflikte einen steten Überblick und in kritischen Fällen Entscheidungsmöglichkeiten zu behalten. Konflikte konnten dadurch in verschiedenen Fällen in einem frühen Stadium geregelt werden. Themen solcher kleiner Konflikte, die auf niedrigster Ebene gelöst wurden, waren beispielsweise Löhne und Akkorde einzelner Arbeiter, die Beschäftigung von Maschinenformern als Handformer, die von den Handformern bekämpft wurde, und die Praxis der Firma bei Versetzungen[56]. Die neue Politik drückte sich auch in der steigenden Zahl der Sitzungen der Arbeiterkommission aus und inhaltlich in der größeren Bereitschaft der Geschäftsleitung, auf kleine Beschwerden der Arbeiter – etwa über sanitäre Einrichtungen, das Essen in der Kantine, das Verhalten der Meister usw. – einzutreten.

Das Kriegsende brachte bei GF mit dem Rückgang der Aufträge der kriegführenden Länder einen Rückgang der Beschäftigung, der allerdings kein krisenhaftes Ausmaß annahm. Die durchschnittliche Zahl der Beschäftigten fiel von 3870 im Jahr 1917 auf 2949 1919. Da ein Teil der GF-Arbeiter mit der Umstellung auf Friedensproduktion in andere Branchen zurückkehren konnte, führte dies aber kaum zu Entlassungen. Das Unternehmen bemühte sich in dieser Phase, seine Fürsorglichkeit gegenüber den Arbeitern hervorzuheben und das gemeinsame Interesse von Unternehmen und Arbeiterschaft zu betonen. Stärker als bisher wurde auch versucht, den Arbeitern ökonomische Zusammenhänge zu erklären und die Lohnpolitik des Unternehmens als Weg zur Vermeidung von Arbeitslosigkeit zu rechtfertigen[57]. Diese Tendenzen verstärkten sich nach dem Generalstreik, der dem Bürgertum den Ernst der Lage klargemacht hatte. In der gesamten Industrie wurde – auch unter dem Eindruck der internationalen revolutionären Situation[58] – einigen wichtigen Forderungen der Arbeiterschaft Rechnung getragen, etwa durch die rasche Realisierung des von der Linken geforderten Proportionalwahlrechts, und die Einführung der Achtundvierzigstundenwoche. Auch der nunmehr rasche Anstieg der Löhne – die Realstundenlöhne stiegen im Jahresmittel von 1918 bis 1920 bei GF um ca. 60 Prozent, die mittleren Realjahreslöhne immerhin um über 40 Prozent – kann nicht allein aus einer günstigen Arbeitsmarktsituation, sondern nur unter Berücksichtigung der veränderten gesellschaftlichen Machtverhältnisse und der Bedrohung der bürgerlichen Gesellschaft verstanden werden[59]. Die Unternehmer standen – auch von der bürgerlichen Öffentlichkeit her – unter einem starken Druck[60]. Der gewerkschaftliche Kampf hatte gesamtgesellschaftliche, politische Dimensionen angenommen, die in kürzester Zeit die Verwirklichung von jahrzehntealten Forderungen der Arbeiter ermöglichten, ohne daß dafür weitere große betriebliche Kämpfe notwendig waren.

Entscheidende Voraussetzung dafür war das gewandelte Bewußtsein eines Großteils der Arbeiter, die im Laufe der Kriegsjahre langsam gelernt hatten, ihre Interessen kämpferisch zu vertreten. Nicht nur durch die äußere Situation, sondern auch durch gemeinsame Kampferfahrungen vereinheitlichte sich das Bewußtsein der Arbeiterschaft, was die Basis für große Aktionen entscheidend verbesserte. Durch die Verstärkung der Bewegung verringerte sich beispielsweise die Distanz der Schaffhauser Arbeiterbewegung zur Zürcherischen. Der Gegensatz zwischen städtischen und ländlichen Gebieten bestand zwar fort, doch gehörte nun Schaffhausen wie zahlreiche weitere kleinere Industriezentren eindeutig zur städtischen Seite. Auch innerhalb der lokalen Arbeiterschaft bestanden allerdings wesentliche Gegensätze fort, die in dem Maße wieder sichtbar und bedeutsam wurden, wie sich die Lebensbedingungen der Arbeiter verbesserten. Es wurde deutlich, daß ein Teil der Arbeiter das Vertrauen in den bürgerlichen Staat vollends verloren hatte und mit Blick auf die Russische Revolution und die revolutionären Ereignisse in Deutschland auf eine allgemeine Umwälzung auch für die Schweiz hoffte. Ein anderer Teil dagegen sah in der laufenden Verbesserung der Lage der Arbeiter ab 1919 Perspektiven zur Befriedigung der Forderungen der Arbeiter im Rahmen des bestehenden Systems. So erklärte ein Mitglied der Arbeiterkommission bei GF:

> Geld sei genug vorhanden und alle Arbeiter verlangen nun heute Löhne, die ihnen gestatten zu leben, ohne hungern zu müssen. In dieser Hinsicht müsse Abhilfe geschaffen werden. Sollte dies unterbleiben, so würden dadurch die Leute dem Bolschewismus in die Arme getrieben[61].

Die Drohung mit dem Bolschewismus wurde nun häufig zum Druckmittel bei der Durchsetzung reformistischer Forderungen.

Bei GF zeigte sich der Gegensatz innerhalb der Arbeiterschaft erstmals im Verlauf einer Lohnbewegung im Sommer 1919 deutlicher. Nach harten Verhandlungen akzeptierten die Arbeiter in einer Urabstimmung einen Kompromißvorschlag der Geschäftsleitung, der anstelle der anfänglich geforderten generellen zwanzigprozentigen Lohnerhöhung gestaffelte Lohnerhöhungen von 4 bis 20 Prozent vorsah, wobei die unteren Lohngruppen bevorzugt wurden[62]. Ein Teil der Arbeiterschaft opponierte dem Kompromiß heftig. Die Arbeiterkommission und die Gewerkschaftssekretäre wurden verdächtigt, sie hätten sich von der Geschäftsleitung kaufen lassen[63]. Das Vertrauensverhältnis innerhalb der Organisation war bereits schwerwiegend gestört.

Dies war nicht nur Folge politischer Gegensätze innerhalb der Gewerkschaft, sondern auch Folge der Organisationsstruktur. In die Bewegungen der einzelnen Gruppen waren alle Arbeiter direkt einbezogen gewesen. Sie wurden rasch über Verhandlungsergebnisse orientiert, die gewählten Vertreter waren Arbeitskollegen, Forderungen und Kompromisse wurden von allen Arbeitern der Gruppe gemeinsam verantwortet. Auch die nichtorganisierten Arbeiter, die bei GF auch in diesen Jahren die klare Mehrheit ausmachten, wurden durch die enge Bindung der Bewegungen an den engeren Arbeitsbereich aktiv einbezogen. Die Zentralisierung der Bewegungen vor allem ab 1918 führte nun zu einer Schwächung dieser Mitverantwortlichkeit und Autonomie der Arbeiter. Die Gewerkschaft ließ sich durch schriftliche ‚Reverse' von den Arbeitern eine Verhandlungskompetenz zuweisen und verpflichtete die Arbeiter gleichzeitig auf die Einhaltung der Beschlüsse. Die direkte Kontrolle der Arbeiter über die Bewegungen ging dadurch verloren. Kompetenz und Macht konzentrierten sich erneut bei der Gewerkschaftsleitung und den professionellen Funktionären. Damit war erneut die Gefahr der Manipulation der Arbeiter durch ihre Vertreter gegeben.

Allerdings ist zu sagen, daß sich nicht nur bei den Arbeitern im Verlaufe des Krieges Bewußtseinsveränderungen abspielten, sondern gleichermaßen auch bei einem Teil der Gewerkschaftsfunktionäre. Beispielhaft dafür ist in Schaffhausen die Karriere von Metallarbeitersekretär Heinrich Weber: Weber, geboren 1873, absolvierte Anfang der neunziger Jahre bei GF, wo schon sein Vater arbeitete, eine Gießerlehre[64]. Darauf verließ er GF und tauchte erst 1908 wieder bei dieser Firma und im Gießerfachverein auf. Bereits im April 1911 wurde er Präsident der Sektion Schaffhausen-Neuhausen, im Juli 1911 aus fadenscheinigen Gründen bei GF entlassen und im Oktober des gleichen Jahres Lokalsekretär. Bis 1914 folgte seine Politik genau der Haltung der Gewerkschaftszentrale, so etwa, als er ‚mit eisernem Besen' die syndikalistische Opposition in Schaffhausen beseitigte. Ab 1914 – und zwar schon bevor sich die Gewerkschaftsbasis radikalisierte – zeigte sich bei ihm jedoch eine kritische Einstellung gegenüber der Burgfriedenspolitik des Verbandes, und ab 1916 förderte er nach Kräften die sich entwickelnde kämpferische Gewerkschaftsbewegung. Hermann Schlatter, früherer Redaktor des ‚Echos vom Rheinfall' und Präsident der Arbeiterunion, zu dieser Zeit Stadtpräsident von Schaffhausen, schrieb 1918 über ihn:

> Wir erlebten ja schon verschiedene Metallarbeitersekretäre in Schaffhausen und die Erfahrung lehrt, daß alles am Sekretär hängt. Nun hat uns der Krieg eine außerordentliche Blüte der Metallarbeitergewerkschaft gebracht, ich fürchte aber, aus diesem Blühen entstehen keine Früchte, wenn in den doch wohl nicht ausbleibenden kritischen Verhältnissen der nächsten Zeit Weber nicht mehr am Steuer steht. Er hat eben eine ausgezeichnete Art, die Arbeiter zu behandeln, so etwas Schneebergerisches[65]. Er ist ruhig, kein Phantast und macht keinerlei Sprüche. Er weckt in der Arbeiterschaft keine Hoffnungen, die sich nicht realisieren lassen, sondern verweist sie stets fort, namentlich bei gewerkschaftlichen Aktionen, auf ihre eigene Verantwortlichkeit. Er schmeichelt weder der Masse oder dem einzelnen Arbeiter, sondern behandelt sie ganz einfach und schwunglos als Kollegen, so daß er absolute Autorität besitzt[66].

Bemerkenswert an dieser Biographie ist sicher die Wandlung vom Kämpfer gegen den Syndikalismus zum Praktiker einer eigentlich syndikalistischen Gewerkschaftspolitik, die stark auf die Eigenaktivität der Arbeiter baute und in den gewerkschaftlichen Kämpfen ein Mittel zur Ausbildung des Klassenbewußtseins der Arbeiter erblickte. Wie weit es sich hier um einen typischen Lernprozeß handelt, und auf welchen Persönlichkeitsmerkmalen er beruhte, müßte eine vergleichende Untersuchung zeigen. Immerhin war Weber nur einer von zahlreichen vollamtlichen Gewerkschaftsfunktionären, die sich mit den Arbeitern radikalisierten[67].

2. *Spaltung der Arbeiterbewegung und Wirtschaftskrise*

Die Parteispaltung in Schaffhausen

Das Vertrauensproblem zwischen Führung und Basis war auch eine Frage der politischen Richtung. Im Verlauf der Jahre 1919 und 1920 verschärften sich auch auf dem politischen Gebiet die Gegensätze zwischen den Anhängern einer revolutionären und einer reformistischen Richtung, die Ende 1920 zur Parteispaltung führten. Abweichend von der ganzen übrigen Schweiz schloß sich im Kanton Schaffhausen die SP in ihrer überwiegenden Mehrheit der kommunistischen Partei an[68]. Die daneben neu gegründete sozialdemokratische Partei sah sich in den ganzen zwanziger Jahren zu einer Statistenrolle verurteilt.

Es fällt schwer, ohne vergleichende Untersuchungen mit anderen Städten für die radikale Haltung der Schaffhauser Partei strukturelle Gründe anzugeben. Die Arbeiterschaft unterschied sich zwar in zwei Merkmalen von jener ähnlicher, von der Metall- und Maschinenindustrie dominierter Gebiete: Ihr Organisationsgrad war trotz der großen Aktivität ungewöhnlich niedrig[69], was vermutlich auf den niedrigen durchschnittlichen Qualifikationsstand in Schaffhausen zurückzuführen ist. Es fällt indessen schwer, aus diesen beiden Punkten weitergehende Hypothesen abzuleiten[70]. In Winterthur beispielsweise, einem anderen kleinstädtischen Zentrum der Maschinenindustrie, war die Arbeiterschaft wohl kaum weniger radikalisiert als in Schaffhausen[71]. Während jedoch in Schaffhausen in den folgenden beiden Jahren die Linke in der Partei und auch in den lokalen Gewerkschaften ständig an Einfluß gewann und auch durch die Diskussion um die 21 Bedingungen für den Beitritt zur III. Internationale kaum erschüttert wurde, vermochte sie in Winterthur nur eine Minderheit der Sozialdemokratie für die Kommunisten zu gewinnen. Auch wurde in der Metallarbeitersektion Winterthur der kommunistische Einfluß schon Ende 1921 gebrochen[72].

Der offensichtliche Unterschied zwischen den beiden Orten lag in der Haltung der wichtigsten Führer der Arbeiterbewegung. Während in Winterthur die prominentesten Vertreter der Partei und der Gewerkschaft (u. a. Friedrich Heeb und Arthur Schmid) zentristische oder rechte Positionen vertraten, standen fast alle wichtigen Figuren der Schaffhauser Arbeiterbewegung, darunter der Gründer der sozialdemokratischen Partei, Hermann Schlatter, der kantonale Parteipräsident Philipp Wildberger, der Partei- und Arbeitersekretär Heinrich Schöttli, der „sich für die Belange der Arbeiterschaft eingesetzt und sich große Popularität" erworben hatte[73], und der Metallarbeitersekretär Heinrich Weber auf dem linken Flügel. Da die Verhältnisse in Schaffhausen doch recht kleinräumig waren, konzentrierten sich die wichtigen Funktionen bei wenigen Personen, die zudem in engem Kontakt zueinander standen. Die Chancen für eine einheitliche Führungsgruppe waren schon von daher recht gut. In Schaffhausen fehlten infolge der geographischen Randlage auch Zentralorganisationen von Gewerkschaften und anderen Institutionen der Arbeiterbewegung, deren Funktionäre in Partei und Gewerkschaften einen konservativen Einfluß hätten entfalten können. Voraussetzung für die Sonderentwicklung war schließlich die ökonomisch-geographische Struktur des Kantons Schaffhausen, die durch die Konzentration der industriellen Arbeitsplätze im Raum Schaffhausen–Neuhausen gekennzeichnet war. Wenn auch ein Teil der Wohnorte der Arbeiter in ländlichen Gebieten lag, so ergab sich daraus doch eine beträchtliche Einheitlichkeit der Arbeiterschaft, die in der Kriegszeit im ganzen sehr ähnliche Erfahrungen gemacht hatte[74]. Nach dieser These lagen also die Ursachen für die Sonderentwicklung in Schaffhausen nicht in einer wesentlich anderen Entwicklung von Bewußtsein und Organisation der Arbeiterschaft, sondern in politisch-geographischen und auch in besonderen, in gewisser Weise zufälligen, personellen Voraussetzungen.

Die weitere Entwicklung in Schaffhausen wurde durch diese Entscheidung für längere Zeit in starkem Maß bestimmt. Bei den Metallarbeitern ergab sich ein Gegensatz zwischen der Mehrheit der lokalen Funktionäre und Gewerkschaftsmitglieder, die mit den Kommunisten zumindest sympathisierten und der Gewerkschaftszentrale, die eine strikte antikommunistische Position einnahm. Da zudem der neue Sekretär in Schaffhausen, Gottlieb Wegmann – Heinrich Weber war 1920 in den Schaffhauser Stadtrat gewählt worden –, am rechten Flügel stand, wurde die Entwicklung der Lokalorganisation vor allem durch interne Auseinandersetzungen bestimmt, denen die Gewerkschaftsarbeit zunehmend untergeordnet wurde.

Die heftigen Kontroversen und gegenseitigen Beschuldigungen erzeugten bei den Arbeitern Unsicherheit, was wesentlich zu den zahlreichen Austritten in den Krisenjahren beitrug. Ein Briefwechsel zwischen Zentralsekretär Konrad Ilg und Mundwiler, einem kommunistischen Vorstandsmitglied der Sektion Schaffhausen-Neuhausen, nach einem gescheiterten Streik bei der SIG in Neuhausen im Jahr 1922 zeigt, daß den Beteiligten diese Problematik durchaus klar war – jeweils für die andere Seite. Ilg schrieb, die Polemik gegen den Streikabbruch verfolge keinen anderen Zweck, als die Mitglieder zu demoralisieren und gegen die Verbandsleitung aufzuhetzen.

Daß dadurch der Verband und nicht zuletzt die Sektion Schaffhausen schwer geschädigt wird, liegt durchaus auf der Hand. ... Ich beharre darauf, daß unsere ganze Abwehrbewegung durchaus richtig und mit Anwendung aller Kräfte, die uns zur Verfügung standen, geführt wurde. ... Anstatt diese Bewegung agitatorisch auszunützen und dadurch den Verband zu stärken und das Zutrauen der Mitglieder zu wecken, blieb es der kommunistischen Presse und ihren Hintermännern vorbehalten, die Bewegung zu verleumden und der Organisation den schwersten Schaden zuzufügen[75].

Mundwiler, der selbst bei der SIG arbeitete, bestritt das:

Ich bin viel zu praktisch veranlagt, um meine Kräfte jahrelang in den Dienst der Sache zu stellen und so nebenbei zum Vergnügen Zeitungsartikel zu schreiben, die dazu angetan sind, meine eigenen Bemühungen illusorisch zu machen. Wenn ich *so* und nicht anders geschrieben habe, so deshalb, weil dies meine Überzeugung war, weil ich den Leuten nicht etwas vordozieren konnte und wollte, das ich selbst nicht glaubte. ... Das gegen gewisse Jemands wachgewordene Mißtrauen wird zweifelsohne auf den Verband etwelche Rückwirkung haben, ich weiß und bedaure dies, konnte aber im vorliegenden Falle dieser Tatsache im Interesse der Wahrheit keine Rechnung tragen. Ich weiß übrigens, daß Du bei deiner Kommunistenfresserei die Interessen des Verbandes schon öfters in noch viel unmotivierterer Weise Deinen Liebhabereien hintangesetzt hast, als dies im vorliegenden Falle war. Du würdest Dir selbst und der Gesamtheit einen großen Gefallen tun, wenn Du die Energie, die Du im Kampf gegen Deine linksstehenden Genossen verpuffst, im Kampfe nach rechts einsetzen würdest. ... Um zur Sache zurückzukommen, ich glaube nicht, daß man die Begebenheiten in Neuhausen agitatorisch hätte ausnützen können. Man muß schon selbst in der Bude drin stecken, um feststellen zu können, was die Leute glauben und was nicht[76].

Die Vorwürfe waren auf beiden Seiten nicht ohne Berechtigung, doch lagen der Spaltung tatsächlich unüberbrückbare politische Gegensätze zugrunde: Während die Kommunisten weiterhin versuchten, das Klassenbewußtsein der Arbeiter durch große Kampfaktionen zu fördern, dabei aber die tatsächlichen Kräfteverhältnisse falsch einschätzten und die Arbeiterschaft der Gefahr großer Niederlagen aussetzten, bemühte sich der SMUV, die bestehenden materiellen Errungenschaften möglichst durch geschicktes Taktieren auf Verbandsebene zu bewahren. Was der SMUV in seiner auf formalen Machtgesichtspunkten basierenden Auffassung zu wenig berücksichtigte, war, daß die noch bestehende Kampfbereitschaft und Radikalität der Arbeiterschaft, welche die Grundlage dieses Erfolges bildete, durch die Art, wie die Zentrale die Bewegung führte, auf längere Sicht gefährdet wurde. Die Verhandlungen auf Verbandsebene, in die einzelne Streiks nur noch als taktische Manöver eingingen, vernachlässigten Bewußtsein und Organisation der Arbeiter in den Betrieben. Damit wurde die Tendenz wieder aufgenommen, welche die Entwicklung des Verbandes vor 1914 bestimmt hatte: hin zur Mitgliederorganisation mit ausgebauten Versicherungs-

und anderen Dienstleistungen, welche vom Einzelmitglied nur geringes Engagement erforderte.

Krise umd Kampf um die Arbeitsbedingungen. 1920 bis 1923

Die inflationäre Entwicklung während des Krieges hatte bewirkt, daß sich die realen Löhne der Arbeiter ständig verschlechterten, obwohl die Kämpfe der Arbeiter dauernd neue nominale Lohnsteigerungen erbrachten. Obwohl also die Gewerkschaften keine echten Erfolge erzielen konnten, begrenzten sie doch den Schaden und konnten ihre Notwendigkeit anschaulich beweisen. Die Krisenjahre 1921 bis 1923 stellten in mancher Hinsicht eine Umkehrung dieses scheinbar paradoxen Zusammenhangs von materiellen Mißerfolgen und Erfolgen der Bewegung dar. Auf die inflationäre Entwicklung der Kriegsjahre folgte 1921/1922 ein beträchtlicher Preisrückgang. Obwohl nun die Unternehmer in mehreren Etappen erfolgreich die Nominallöhne abbauten[77], sanken die Reallöhne nicht, sondern stiegen (für die beschäftigten Arbeiter) sogar leicht an. Der Trend der Preisentwicklung lief also für einmal zugunsten der Arbeiter, nachdem seit der Jahrhundertwende die Teuerung immer wieder die nominalen Lohnerhöhungen zunichte gemacht hatte. Die Auseinandersetzung endete bei GF damit, daß von 1920 bis 1923 die realen Stundenlöhne um 6,5 Prozent, die realen Jahreseinkommen um 8,5 Prozent anstiegen. Wenn man die Schwere der Krise und die Entschlossenheit der Unternehmer berücksichtigt, die Löhne zu senken, so lag darin sicher ein Erfolg der Gewerkschaften. In der betrieblichen Realität stellte sich jedoch die Entwicklung als eine Reihe von Niederlagen dar, in denen man immer weitere Lohnsenkungen hingenommen hatte. Die objektiv recht erfolgreiche Verteidigung errungener Positionen bestand subjektiv – für die Arbeiter in den Betrieben – aus einer Kette von Mißerfolgen, verbunden mit zunehmender Repression der Unternehmer.

Die Unternehmer argumentierten, nur ein Rückgang der Löhne könne die Arbeitsplätze in der Maschinen- und Metallindustrie erhalten[78]. Bei GF wurde auch direkt mit Entlassungen gedroht für den Fall, daß die Lohnkürzungen nicht akzeptiert würden[79]. Schließlich erklärte der Vertreter der Geschäftsleitung Bührer sogar: „Das einfachste wäre, die Betriebe zu schließen und bessere Zeiten abzuwarten." Davon konnte in Wirklichkeit natürlich keine Rede sein, doch auch solche unqualifizierten Drohungen verfehlten ihren Zweck nicht völlig[80]. Entscheidend dafür, daß man die Lohnkürzungen bei GF schließlich kampflos hinnahm, war jedoch die Situation im Gesamtverband. Die Lohnabbaubewegung erfolgte im Arbeitgeberverband der Maschinenindustriellen in allen Betrieben mehr oder weniger einheitlich und der Metallarbeiterverband zog es vor, Widerstandsaktionen in Betrieben zu unterstützen, deren Arbeiterschaft besser organisiert war als die von GF. Der Verzicht auf aktive Kämpfe in der Lohnfrage wirkte sich aber auf die Stellung der Arbeiter im Betrieb insgesamt aus. Das gestärkte Selbstbewußtsein der Arbeiter und ihr besserer organisatorischer und ideologischer Zusammenhalt hatten die Geschäftsleitung gezwungen, die Vorstellungen der Arbeiter von einer ‚anständigen' Behandlung stärker zu berücksichtigen[81]. In der Krise begann nun das Unternehmen den Einfluß der Arbeiter auf die betrieblichen Verhältnisse wieder zurückzudrängen. Vor allem dort, wo Forderungen und Verhalten der Betriebsgruppen die betrieblichen Macht- und Herrschaftsverhältnisse tangierten, verschärfte sich die Haltung der Geschäftsleitung.

So anerkannte die Geschäftsleitung bei einem Konflikt mit den Maschinenformern über das Verhalten eines Meisters zwar die Berechtigung des Protests, weigerte sich aber, auf die Forderung nach Entlassung des Meisters einzutreten[82]. Der Versuch, über solche Konflikte das hierarchische Prinzip der Unterordnung anzutasten, sozusagen von der Basis her die Herrschaftsstrukturen im Betrieb aufzubrechen, war bereits vor dem Ausbruch der Wirtschaftskrise ohne Chancen, nicht zuletzt deshalb, weil ein beträchtlicher Teil der Arbeiterschaft diesen Bestrebungen nicht folgte[83]. Auch durch die Gewerkschaftsleitung fanden Versuche zu einer Veränderung der betrieblichen Herrschaftsverhältnisse auf unterster Ebene keine Unterstützung. Diese setzte vielmehr wie vor dem Krieg auf zentral gesteuerte disziplinierte Gesamtaktionen, durch welche in Verhandlungen ‚von Macht zu Macht' die Forderungen der Arbeiter durchgesetzt werden sollten[84]. Die Möglichkeiten zur Mobilisierung der Arbeiter und zur Entwicklung ihres Klassenbewußtseins durch den Kampf für bessere Arbeitsbedingungen im engsten Betriebsbereich wurden entweder nicht gesehen oder aber negativ eingeschätzt.

Dieser Kampf im Betriebsbereich wurde dafür von der Seite des Unternehmens aus mit dem Einsetzen der Wirtschaftskrise immer aggressiver geführt. Man versuchte der Krise nicht nur mit Lohnkürzungen zu begegnen, sondern bemühte sich auch um die Steigerung der Arbeitsintensität und die Ausnützung aller Rationalisierungsmöglichkeiten im Arbeitsablauf[85]. Dazu mußte aber zuerst der Widerstand der Arbeiter gebrochen werden, die sich gegen Verschlechterungen ihrer Arbeitsbedingungen zur Wehr setzten. Bereits im Dezember 1920 wurde Johann Birnstiehl, Präsident der Gruppe Maschinenformer, der im Sommer die Bewegung der Maschinenformer geführt hatte, entlassen[86]. Die Firma konnte also schon ungestraft daran gehen, die radikalsten Elemente innerhalb der Arbeiterschaft auszuschalten. Die ständige Entlassungsdrohung zermürbte die Solidarität der Arbeiter. Das Unternehmen vermochte zunehmend die Leistungszurückhaltung der Arbeiter im Akkord zu durchbrechen[87] und trotz der andauernden schweren Arbeitslosigkeit zeitweise Überzeitarbeit zu erzwingen[88]. Die innerbetriebliche Gewerkschaftsorganisation mit ihren zahlreichen Abteilungsgruppen – von der Gewerkschaftsleitung kaum gestützt – vermochte diesem Angriff nicht standzuhalten. Als sich die Schmirglergruppe im Frühjahr 1923 noch einmal zu einer geschlossenen Aktion fand und die Leistung von Überzeit verweigerte, reagierte das Unternehmen mit Entlassungen[89]. Die ‚Säuberung' traf die aktivsten Gewerkschafter und führte zum Zusammenbruch der Schmirglergruppe. Die Gewerkschaftssektion war nicht bereit oder nicht fähig, dagegen Kampfmaßnahmen zu ergreifen.

Die Disziplinierungswelle deckte rasch Gegensätze in der Arbeiterschaft selbst auf. Ein Teil der Arbeiter, oder zumindest ein Teil der Arbeiterfunktionäre, unterstützte die Bestrebungen des Unternehmens, im Betrieb wieder ‚Ordnung' herzustellen. So beklagte sich der Schmirgler Theodor Bosshardt, der maßgeblich zum Aufbau der

Schmirglergruppe beigetragen hatte, über den Präsidenten der Arbeiterkommission Heinrich Prader, der gleichzeitig die Metallarbeitersektion präsidierte, dieser habe einen Brief von Bosshardt, der die Zustände bei der Betriebskrankenkasse kritisierte, der Geschäftsleitung zur Kenntnis gebracht und so seinen Arbeitsplatz gefährdet[90]. Prader, der wie der neue Lokalsekretär des SMUV Gottlieb Wegmann auf dem rechten Flügel der Schaffhauser Sektion stand, nahm auch sonst eine zwiespältige Haltung ein. Zur Frage von Entlassungen erklärte er etwa: „... daß die Arbeiterkommission absolut keine Veranlassung habe, sich für Leute ins Zeug zu legen, die ungenügende Leistungen aufweisen und sich trotz Ermahnungen nicht soweit aufraffen können, etwas besseres zu leisten."[91] Damit kam er den Intensivierungsabsichten der Geschäftsleitung voll entgegen. Ebenso war er bereit, auf den Wunsch der Geschäftsleitung einzutreten, Grenzgänger und die ländlichen Arbeiter dahingehend zu beeinflussen, daß sie freiwillig Kurzarbeit leisteten, da es ihnen materiell etwas besser gehe. Kündigungen akzeptierte er ohne weiteres, wenn „hiebei nicht etwa nur persönliche Einflüsse der Meister und Vorarbeiter maßgebend seien"[92].

Während Bosshardt und andere die Stellung gegenüber der Firma verteidigten und dafür auch Risiken auf sich nahmen, versuchte Prader sich mit dem Unternehmen zu arrangieren. Seine Politik vertrat nicht die Interessen der gesamten Arbeiterschaft, sondern in erster Linie jene des Arbeiterstamms. Daß sein Verhalten zur Spaltung der Arbeiterschaft beitrug, schien er nicht zu sehen. Für ihn waren vielmehr die Kommunisten die Spalter, die es auf allen Ebenen zu bekämpfen galt. Nicht zuletzt dieser Einseitigkeit der Interessenvertretung muß es zugeschrieben werden, daß die Gewerkschaft in den Jahren 1920 bis 1923 ca. 60 Prozent ihrer Mitglieder verlor[93]. Schwerer noch als diese quantitativen Verluste wog jedoch der Zerfall der innerbetrieblichen Gewerkschaftsorganisationen, der 1922 einsetzte und bei GF nicht mehr aufgehalten werden konnte, vor allem weil die Gruppen bei Auseinandersetzungen nicht auf die aktive Unterstützung der Gewerkschaft rechnen konnten[94].

Allerdings kann die Verantwortung für den Zerfall der Abteilungsgruppen und den Rückgang der Mitgliederzahlen nicht allein der Verbandspolitik angelastet werden. Die Schwächung der innerbetrieblichen Position war zunächst eine Auswirkung des schlechteren Arbeitsmarktes, der allgemein gewerkschaftliche Erfolge schwieriger machte, vor allem aber dem Unternehmen erlaubte, den Druck an den Arbeitsplätzen zu verstärken. Unter der ständigen Drohung von Entlassungen mußte es auf die Dauer schwer fallen, dagegen wirksamen Widerstand zu leisten. Auch unter den besseren wirtschaftlichen Verhältnissen ab 1924 setzte sich jedoch die Schwächung der betrieblichen Stellung der Arbeiter fort. Die Schwächung der Gewerkschaft im Betrieb erwies sich als permanent.

3. Stabilisierung der Beziehungen zwischen Unternehmen, Arbeiterschaft und Gewerkschaft. 1923 bis 1930

Allgemein wird der Generalstreik von 1918 wenn nicht als singuläres Ereignis, so doch als Höhepunkt der Klassenauseinandersetzungen in der Schweiz betrachtet.

Mindestens seit diesem Zeitpunkt spielt sich nach dieser Sicht ein Prozeß der Integration der Arbeiterschaft in die bürgerliche Gesellschaft und ein Abbau der Klassengegensätze ab. Auch wenn man dieser Konzeption nicht in jeder Hinsicht zu folgen bereit ist, so muß man doch feststellen, daß das Niveau und das Ausmaß betrieblicher Konflikte in der Schweiz seit Mitte der zwanziger Jahre im internationalen Vergleich sehr niedrig lagen[95]. Wie weit läßt sich diese niedrige Konfliktneigung aus der betrieblichen Arbeitssituation erklären, bzw. welche Rolle spielten dabei die Erfahrungen in den Konflikten der frühen zwanziger Jahre und ihre Auswirkungen auf Organisation und Bewußtsein der Arbeiter?

Innerbetrieblich wurde die Entwicklung weniger durch umwälzende technologische Neuerungen als durch die Rationalisierung der Arbeitsorganisation bestimmt[96]. Die Arbeitsplätze wurden systematisch erfaßt und die Funktionen der Arbeiter genauer definiert. Die Dispositionsmöglichkeiten der Arbeiter sanken in beschleunigtem Maß ab. Gleichzeitig intensivierte sich der Arbeitsprozeß. Die Angleichungstendenz in der Arbeitssituation von gelernten und ungelernten Arbeitern und ebenso in ihrer Bezahlung begünstigte im Grunde die gemeinschaftliche Organisation und verbreiterte die gemeinsame Interessenbasis der Arbeiterschaft. Sie wurde so in ihrer Gesamtheit strukturell konfliktfähiger. Bei der ab 1923 guten ökonomischen Lage des Unternehmens[97] war es jedoch möglich, durch eine geschickte Lohnpolitik die Konflikthäufigkeit zu senken. Das Unternehmen versuchte nicht, mittels Akkordveränderungen Lohnsenkungen durchzuführen, wie dies vor 1914 häufig vorgekommen war. Bei Veränderungen des Arbeitsprozesses gingen nun in die Bestimmung des Lohnsatzes auch erhöhte Arbeitsbelastungen ein. Eine Intensivierung der Arbeit führte in der Tendenz auch zu einer Lohnerhöhung, wenn diese in der Regel auch weit hinter dem Produktivitätszuwachs zurückblieb.

Eine Minderung des Konfliktpotentials resultierte auch aus dem starken Wachstum des Arbeiterstamms. Bereits 1926 läßt sich feststellen, daß etwa 30 Prozent der Beschäftigten länger als 11 Jahre bei GF tätig waren, während die entsprechende Zahl für die Jahre vor dem Weltkrieg zwischen 9 und 12 Prozent lag[98]. Ein größerer Teil der Arbeiterschaft als früher konnte sich so vom Wohlverhalten individuelle Vorteile erhoffen und hatte sich in dieser Erwartung mehr oder weniger fest bei GF eingerichtet. Obwohl in einigen Konjunkturjahren Mangel an qualifizierten Arbeitskräften in der Metallbranche herrschte, war der Arbeitsmarkt weniger günstig als vor 1914 und es bestand mehr Anlaß, sich schon aus diesem Grunde in den Arbeiterstamm einzugliedern, wo die Gefahr, die Stelle zu verlieren, geringer war. Auch die Aufspaltung nach Nationalitäten gewann in den zwanziger Jahren wieder an Bedeutung. Durch die international gesehen schlechtere Arbeitsmarktsituation war die Stellung der ausländischen Arbeiter aber viel schwieriger als vor 1914. Viele der deutschen Arbeiter erhielten beispielsweise zwar eine Arbeitserlaubnis, aber keine Aufenthaltsbewilligung, und mußten daher in der deutschen Nachbarschaft Wohnsitz suchen. Ihre Konfliktfähigkeit war so nicht nur eingeschränkt, weil sie mit dem Arbeitsplatz die Arbeitsmöglichkeit in der Schweiz überhaupt aufs Spiel setzten, sondern auch weil die Beziehungen zu den schweizerischen Arbeitern durch die Wohnsituation loser waren und es daher Mühe bereitete, die deutschen Arbeiter gewerkschaftlich zu organisieren[99].

Neben diesen Momenten, welche die *Konfliktfähigkeit* der Arbeiter einschränkten, dürften die seit 1923 steigenden Löhne zu einer Verringerung der *Klassenspannungen* auf betrieblicher Ebene beigetragen haben. Die Arbeiter wurden so wenigstens teilweise an der verbesserten Wirtschaftslage und der gesteigerten Arbeitsproduktivität beteiligt.

Der Kampf um die Achtundvierzigstundenwoche

Die Lohnsteigerungen wirkten sich aber erst in der zweiten Hälfte der zwanziger Jahre richtig aus, als die Folgen von Krieg und Krise einigermaßen überwunden waren. Die letzten großen Arbeitskämpfe in der schweizerischen Maschinen- und Metallindustrie standen noch im Zeichen der Wirtschaftskrise und der scharfen Klassenauseinandersetzungen im Gefolge des Krieges. Diese Auseinandersetzungen und ihre Resultate hatten langfristige Auswirkungen auf das Bewußtsein der Arbeiter, die Gewerkschaft und auf die Beziehungen zwischen Arbeitnehmer- und Arbeitgeberorganisationen. Schlüsselfrage in diesen Kämpfen war auf betrieblicher wie politischer Ebene die Arbeitszeit. Seit dem Einsetzen der Wirtschaftskrise bemühten sich die schweizerischen Unternehmer um eine Verlängerung der Arbeitszeit, die ihrer Auffassung nach zur Aufrechterhaltung der Konkurrenzfähigkeit der schweizerischen Industrie notwendig war. Bundesrat und Parlament stimmten schließlich einer Teilrevision des Fabrikgesetzes zu, die die Grundlage für die Verlängerung der Arbeitszeit auf 54 Wochenstunden – mit befristeter Sonderbewilligung des Bundesrats – schaffen sollte. Gegen die Gesetzesänderung wurde das Referendum ergriffen und am 17. Februar 1924 lehnten die Stimmbürger nach einem beidseits mit größtem Einsatz ausgetragenen Abstimmungskampf die Änderung mit deutlicher Mehrheit ab[100]. Im politischen Bereich gelang es damit, die wichtigste Errungenschaft der Klassenkämpfe der Kriegs- und Nachkriegszeit zu bewahren. Der Angriff erfolgte aber noch auf einer zweiten Kampflinie: Im Rahmen des bestehenden Gesetzes versuchten die Unternehmer, mit bundesrätlichen Bewilligungen die 52stündige Arbeitswoche durchzusetzen. In dieser Auseinandersetzung kam der Arbeiterschaft von GF für einmal eine zentrale Rolle zu.

Im Dezember 1923 erklärte die Geschäftsleitung von GF den Arbeitern der Stahlwerke W I und W IV bzw. deren Vertretern in der Arbeiterkommission, man sehe sich gezwungen, in den Stahlgießereien vorläufig für die Zeit von vier bis fünf Monaten die 52-Stunden-Woche einzuführen. Man habe im Rahmen der Elektrifizierung der Schweizerischen Bundesbahnen große Stahlgußaufträge in Aussicht. Die Preise dafür seien aber so niedrig, daß man sie nur akzeptieren könne, wenn man auf der Grundlage der 52-Stunde-Woche kalkulieren könne:

> Es ergeben sich nun 2 Lösungen. Entweder verzichten wir von vorneherein auf die in Aussicht gestellten Aufträge, was zur Folge hätte, daß die Belegschaften der Stahlgießereien sehr rasch erheblich reduziert werden müßten, oder wir übernehmen die Aufträge unter der Bedingung, daß uns die beteiligte Arbeiterschaft mithilft, die Gestehungskosten herabzumindern[101].

Die Arbeiter erklärten sich grundsätzlich bereit, einer Verlängerung der Arbeitszeit zuzustimmen. Sie wollten sich aber weder mit dem Verlust der Überzeitentschädigung noch mit einem prinzipiellen Verzicht auf das Prinzip der 48-Stunden-Woche abfinden. An einer Besprechung des Büros der Arbeiterkommission erklärte Präsident Rüegg: „Die Arbeiterschaft ist bereit, Überstunden zu machen, sie will aber nicht in die Einführung der 52-Stunden-Woche einwilligen."[102] Eine Betriebsversammlung beschloß gegen die Arbeitszeitverlängerung die ‚direkte Aktion', d. h. die Verweigerung der vier Mehrstunden[103]. Daraufhin erläuterte der Vertreter der GL, Bührer, diesmal an einer Sitzung der gesamten Arbeiterkommission, noch einmal ausführlich die Gründe der Geschäftsleitung und betonte, die Verlängerung der Arbeitszeit liege im Interesse der Arbeiter selbst, die nun lange Zeit immer wieder mit verkürzter Arbeitszeit gearbeitet hätten und die nun Gelegenheit erhielten, den Verdienstausfall teilweise wettzumachen. Zu Konzessionen war das Unternehmen nicht bereit[104]. Bührer erklärte: „Heute ist die Arbeiterschaft der schwächere Partner, und sie darf nicht glauben, daß es dann vorteilhafter ist, nach einem Streik von 4 oder mehr Wochen Dauer wieder zu verhandeln."[105] Die verdeckten und offenen Drohungen des Unternehmens verfehlten ihre Wirkung nicht. Von ca. 600 betroffenen Arbeitern waren schließlich nur 350 bereit, sich auf die Durchführung der Kampfmaßnahmen zu verpflichten. Die Arbeiter akzeptierten die Arbeitszeitverlängerung daher kampflos[106].

Die Arbeiterschaft bei GF schien damit den Kampf um die Verteidigung der 48-Stunden-Woche gleich beim ersten Angriff aufgegeben zu haben. An der Generalversammlung der SMUV-Sektion im Februar 1924 wurde die Schuld dafür Sekretär Wegmann angelastet. Er habe „durch Verschleppung der nötigen Vorkehrungen die Aktivität der Arbeiterschaft" lahmgelegt[107]. Tatsächlich schien Wegmann, wie in seiner bisherigen Tätigkeit, Nachgiebigkeit gegenüber den Unternehmerforderungen für die richtige Politik zu halten, wenn er dies auch nicht offen zugab[108]. Aber auch seine Kritiker mußten zugeben, daß ein großer Teil der Arbeiter sich nicht eben durch große Kampfbereitschaft ausgezeichnet hatte. Als im Februar 1924 die ‚Lex Schulthess' zur Verlängerung der Arbeitszeit abgelehnt wurde, stieg indessen auch die Entschlossenheit der Arbeiter im Kampf gegen die Überzeitregelung in den Betrieben. Am 11. April brach über dieser Frage bei der Firma J. J. Rieter AG in Winterthur ein Streik aus. Am 23. April folgte in Schaffhausen die Maschinenfabrik Rauschenbach. Der Arbeitgeberverband antwortete mit einer generellen Arbeitersperre und der Einreichung eines Kollektivgesuchs auf Bewilligung der 52-Stunden-Woche für die ganze Branche. Der ASM war entschlossen, in dieser Frage nicht nachzugeben, sondern im Gegenteil die Verlängerung der Arbeitszeit möglichst auf Dauer durchzusetzen[109]. Die Arbeiter mußten sich deshalb auf einen schwierigen Kampf einstellen. Gegenüber dem geschlossenen Arbeitgeberverband bestand wenig Chance, die Streiks in diesen beiden Betrieben zu gewinnen und innerhalb des Metallarbeiterverbandes, vor allem aber in der kommunistischen Presse, wurde die Ausdehnung des Kampfes auf die gesamte Maschinenindustrie gefordert, die allein einen Erfolg gegen den Arbeitgeberverband bringen könne.

In Schaffhausen richtete sich diese Forderung vor allem an die Arbeiterschaft von

GF. Die Firma Rauschenbach war seit 1921 vollständig im Besitz von GF und hinter der Streikpolitik von Rauschenbach sah man zu Recht den Einfluß des GF-Managements[110]. Die Mitglieder der Arbeiterkommission erklärten, „daß die Arbeiterschaft der Stahlwerke in ihrem Rufe als Gewerkschaft geschädigt würde, wenn sie der streikenden Arbeiterschaft der MRS in den Rücken fallen würde", indem sie ihrerseits eine Verlängerung der Bewilligung auf 52stündige Arbeitszeit akzeptieren würde[111]. Bei der Arbeiterschaft von GF war aber nach wie vor die Kampfbereitschaft nicht sonderlich groß. Bis Ende April gelang es nicht, die erforderlichen zwei Drittel der Arbeiterschaft für eine Kollektivkündigung zu gewinnen und es sah so aus, als ob ein Streik unterbleiben würde. Die Ereignisse sollten jedoch zeigen, daß trotz allen gegenteiligen Anzeichen in der Arbeiterschaft von GF eine latente Konflikt- und Kampfbereitschaft bestand, die von einem geringfügigen äußeren Anstoß aktiviert werden konnte. Am 21. Mai führte die Arbeiterunion Schaffhausen und die Metallarbeitersektion eine Solidaritätskundgebung für die streikenden Rauschenbacharbeiter durch. Die streikenden Arbeiter stellten am Abend nach Arbeitsschluß einen Kordon auf, der die Arbeiter im Mühletal zu dieser Versammlung leiten sollte[112]. Nach einem Referat des kommunistischen Redaktors und Politikers Walther Bringolf, das sehr überzeugend gewirkt haben muß, erteilte die Versammlung dem Vorstand der Metallarbeitersektion Schaffhausen „die Vollmacht, den Kampf in den Eisen- und Stahlwerken im geeigneten Zeitpunkt auszulösen"[113]. Der Ausstand wurde noch am gleichen Abend beschlossen. Die Arbeiterschaft der Eisen- und Stahlwerke trat geschlossen in den Streik[114]. Zum Vorgehen stellte der SMUV mit Recht fest: „Die Arbeitsniederlegung unterschied sich von einem wilden Streik nur dadurch, indem die Organisation sich als Trägerin der Bewegung ausgab."[115]

Die ganze Auseinandersetzung wurde in starkem Maß von dem Gegensatz zwischen Verbandsleitung und Kommunisten bestimmt. Die KP verlangte eine weitere Ausdehnung der Streikbewegung auf die ganze Branche, da nur so ein Erfolg zu sichern sei. Die Verbandsleitung gab der Bewegung aber keine Erfolgschancen und schloß am 26. Mai unter Vermittlung des Bundesrates mit dem Arbeitgeberverband ein Abkommen, das die 52-Stunden-Woche zugestand, Maßregelungen als Folge des Streiks aber ausschloß[116]. Der SMUV rechtfertigte das Abkommen mit den realen Machtverhältnissen:

> Bei der ganzen Bewegung handelte es sich einfach darum: Ist es in Anbetracht der gegebenen Verhältnisse möglich, durch einen Großkampf eine vorübergehende Verlängerung der Arbeitszeit auf 52 Stunden pro Woche, wie dies das Gesetz vorsieht, dauernd abzulehnen? Nach reiflicher Überlegung waren alle Instanzen fast einstimmig der Ansicht, daß dies nicht erreicht werden kann[117].

Die KP bezichtigte die SMUV-Führung dagegen des „Verrats an der kämpfenden Arbeiterschaft", der Zentralvorstand habe den Achtstundentag „schmählich" preisgegeben[118]. Materiell gesehen kann kein Zweifel daran bestehen, daß die Streikbewegung mit einer Niederlage geendet hatte. In allen Betrieben wurde die Arbeit bis zum 2. Juni wieder aufgenommen, ohne daß Zugeständnisse in der Arbeitszeitfrage erreicht worden wären[119].

Auswirkungen des Streiks auf Unternehmerverhalten, Gewerkschaft und Arbeiterbewußtsein

Eine genaue Ausführung der Streikbewegung in der Maschinenindustrie würde – so lohnend sie wäre[120] – zu weit aus dem betrieblichen Bereich herausführen. Auch bei GF selbst hatte die Streikbewegung jedoch weitreichende Konsequenzen. Dies betraf einmal die Haltung der Geschäftsleitung gegenüber der organisierten Arbeiterschaft und gegenüber den Gewerkschaftsfunktionären. Vor dem Streik hatte das Unternehmen in recht aggressiver Weise versucht, seine Ansprüche gegenüber den Arbeitern durchzusetzen. Nachdem es gelungen war, den Lohnabbau der Jahre 1921/1922 ohne Streik über die Bühne zu bringen und die Verlängerung der Arbeitszeit in den Stahlgießereien Ende 1923 kampflos durchgeführt werden konnte, glaubte man im Frühjahr 1924 bei GF, die Arbeiter durch verstärkte Drohungen einschüchtern zu können[121]. Vom Streikausbruch wurde die Firma völlig überrascht. Bührer, der Vertreter der Geschäftsleitung in der Arbeiterkommission, beklagte sich heftig über den „gewissenlosen Wortbruch der Arbeiterkommission", die versichert habe, bis Anfang Juni werde die Arbeiterschaft keine Kampfmaßnahmen ergreifen[122]. Die Ursachen des Streiks vermochten die Unternehmensvertreter zunächst nur in der kommunistischen Agitation zu sehen. Dem Verwaltungsrat wurde erklärt, der Streik sei eine Solidaritätsaktion für die anderen im Streik befindlichen Arbeiter gewesen, „zu welcher unsere Arbeiterschaft von der kommunistischen Gewerkschaftsleitung durch unwahre und irreführende Angaben ... veranlaßt und gezwungen wurde"[123]. Die Frage, warum die Arbeiter so leicht bereit gewesen waren, der kommunistischen Agitation zu folgen, wurde nicht gestellt, und die Lage der Arbeiter im Betrieb als mögliche Ursache ihrer Unzufriedenheit gar nicht in Erwägung gezogen.

In einer ersten Phase der Unsicherheit reagierte das Unternehmen auf den Streik durch eine Verhärtung der Politik gegenüber den Arbeitern, erkannte aber rasch, daß man dadurch nur die Solidarisierung der Arbeiter gegen die Firma verstärkte[124]. Neben dieser unverzüglich korrigierten Fehlreaktion provozierte die Streikbewegung dauerhafte Veränderungen in der Unternehmenspolitik gegenüber den Arbeitern und den Arbeitgeberorganisationen: In den Streiks von 1924 war die Gewerkschaftsleitung von ihrer ökonomischen und politischen Einschätzung der Lage her gegen den artikulierten Willen des kämpferischsten Teils der Arbeiter aufgetreten. Sie übernahm damit eine Disziplinierungsfunktion gegenüber den Arbeitern, die zumindest teilweise im Interesse der Unternehmer lag. Die Streiks von 1924 hatten auch erneut die Gegensätze zwischen Verbandsleitung und Kommunisten in aller Deutlichkeit aufgezeigt. Dies förderte allgemein auf der Unternehmerseite die Einsicht, daß es in der Politik gegenüber den Arbeitgeberorganisationen zu differenzieren galt[125]. Dieser Wandel fand bei GF seinen deutlichsten Ausdruck darin, daß Geschäftsleitungsmitglied Bührer nun zunehmend den direkten Kontakt zum reformistischen Gewerkschaftssekretär Wegmann suchte. Vorläufig wurden zwar von den Unternehmern direkte Verträge mit der Gewerkschaft noch abgelehnt, doch sie entschlossen sich nun zunehmend, mit der gemäßigten Gewerkschaft das kleinere Übel zu wählen. Diese Politik, die sich mit den reformistischen Gewerkschaften arrangieren wollte, um radikalere Forderungen zu vermeiden, war auch der ökonomischen Lage des Unternehmens angemessen, die trotz unbestreitbar schwieriger internationaler Konkurrenzlage wesentlich günstiger war als das Unternehmen gegen außen zugab[126].

Der Ausgang der Streikbewegung hatte auch schwerwiegende Auswirkungen auf die lokale Gewerkschaft, die nach wie vor vom Gegensatz zwischen der mehrheitlich kommunistisch orientierten Schaffhauser Sektion und der Zentralorganisation bestimmt wurde. Im Gefolge der Vierundzwanziger Streiks verschärften sich diese internen Konflikte noch. In der Sektion Schaffhausen-Neuhausen wurde an einer außerordentlichen Generalversammlung im Juni 1924 dem Lokalsekretär Gottlieb Wegmann gekündigt. ,,Wegmann habe bewußt mit den anderen Sekretären die Arbeiter verlassen und sei zusammengeklappt", lautete im wesentlichen die Anklage. Obwohl der ehemalige Metallarbeitersekretär und kommunistische Stadtrat Heinrich Weber erklärte, er glaube nicht, ,,daß Wegmann sich habe wissentlich Verfehlungen zu Schulden kommen lassen", entschloß sich die Versammlung mit 186:31 Stimmen für die sofortige Entlassung. Wortführer der Kündigung waren Sektionspräsident Schalcher, Otto Meier, Vizepräsident der Arbeiterkommission bei GF, und weitere seit Jahren sehr aktive Gewerkschaftsmitglieder[127]. Auch wenn die Zusammensetzung der Versammlung kaum für die gesamte Mitgliedschaft repräsentativ war, so ist doch auffällig, wie gering der Anhang war, den Wegmann für sich zu mobilisieren vermochte. Die Haltung der organisierten Metallarbeiter zu ihrem Sekretär war eindeutig negativ. Die Zentralisierung der Entscheidungen im Verband war jedoch soweit fortgeschritten, daß die Sektion faktisch nicht mehr bestimmen konnte, wen sie als Sekretär wollte. Da Wegmann vom Zentralvorstand voll unterstützt wurde, verlief die Bewegung schließlich im Sand[128].

Für eine Zusammenarbeit der beiden Fraktionen bestanden je länger je weniger Grundlage und Bereitschaft. Mißtrauen und Intrigen beherrschten die Sektion in den folgenden Jahren. Zwischen dem bis 1929 mehrheitlich kommunistisch besetzten Vorstand und Sekretär Wegmann entwickelte sich ein Kleinkrieg, der die praktische Gewerkschaftsarbeit zeitweise schwer behinderte. Das Mißtrauen ging soweit, daß Vorstand und Sekretär sich gegenseitig wichtige Informationen vorenthielten. Gegen Wegmann wurde offen der Vorwurf erhoben, er arbeite mit der Geschäftsleitung von GF zusammen – eine direkte Folge der neuen Gewerkschaftspolitik von GF:

> Es wird Wegmann unterschoben, daß er zuviel mit Dr. Bührer verkehre. ... Ehrat[129] behauptet, Wegmann sei von Dr. Bührer beauftragt worden, die heutige Vertrauensmänner-Versammlung einzuberufen, das gehe deutlich aus dem von Dr. Bührer gemachten Lob an Wegmann hervor[130].

Während Jahrzehnten hatte das Unternehmen immer wieder heftig abgelehnt, mit betriebsfremden Vertretern der Arbeiterschaft zu verhandeln, und nun begegnete man Sekretär Wegmann plötzlich Seite an Seite mit Geschäftsleitungsmitglied Bührer, ohne daß dies als Resultat von Forderungen und Kämpfen der Arbeiter erscheinen konnte. Bei dem gestörten Verhältnis zwischen Sekretär und Sektion mußte für die ohnehin gegenüber ihren Funktionären mißtrauischen Arbeiter der Verdacht naheliegen, daß sie an die Unternehmer verraten wurden. Wenn dies auch so direkt nicht zutraf, so versuchte der Sekretär in Schaffhausen mit Unterstützung der Gewerkschaftszentrale doch, an den artikulierten Wünschen und Vorstellungen der Mehrheit der organisierten Metallarbeiter in Schaffhausen ‚vorbeizuregieren'. Ihre Auffassungen und Forderungen hatten auf sein Verhalten keinerlei Einfluß.

In einer Organisation mit einer demokratischen Grundstruktur, die auf ein gewisses Maß an Zustimmung aus der Mitgliedschaft immer angewiesen bleibt, ist dies nur zu verstehen, wenn man berücksichtigt, daß die Entwicklung in Schaffhausen im schweizerischen Maßstab eine Anomalie darstellte. Nirgends sonst vermochten sich die Kommunisten in den zwanziger Jahren eine so starke Position zu wahren, auch nicht in den Großstädten Zürich, Genf und Basel. In den Gewerkschaften setzte sich die reformistische Linie schon früh durch, und die Bedeutung des Platzes Schaffhausen war nicht groß genug, um auf diese Auseinandersetzungen einen entscheidenden Einfluß auszuüben. Die SMUV-Führung und der Lokalsekretär sahen ihre Haltung durch Kongreßbeschlüsse auf schweizerischer Ebene, die sich schon früh direkt gegen die Kommunisten wandten, immer wieder bestätigt. Die Entwicklung in Schaffhausen stellte für sie einen allenfalls ärgerlichen Sonderfall dar, der ihre generelle Politik nicht zu beeinflussen brauchte. Die allgemeine Entwicklung der schweizerischen Gewerkschaftsbewegung findet daher am Schaffhauser Beispiel keinen repräsentativen Ausdruck. Während in der schweizerischen Gewerkschaftsbewegung mit dem Jahr 1925 der Tiefpunkt erreicht war und ein neuer Aufschwung einsetzte (vgl. Tab. 41), gingen die Mitgliederzahlen in Schaffhausen weiter zurück, und zwar auf einen Stand, der niedriger lag als 1913[131].

Tab. 41: Veränderung der Zahl der organisierten Arbeiter in der Schweiz[132]
in Prozenten
(bei den Beschäftigten in der Privatindustrie)

	1925 zu 1913	1925 zu 1920	1929 zu 1925
Bau- und Holzarbeiter	+ 26	−24	+ 85
VHTL	+ 76	−40	+ 20
Textilarbeiter	+ 37	−66	+ 9
Typographen	+ 30	− 6	+ 21
SMUV	+ 32	−48	+ 35
SMUV Schaffhausen-Neuhausen	+ 8	−62	− 7

1925 lehnte der Zentralvorstand die Schaffung eines zweiten Sekretariatspostens in Schaffhausen ab, mit dem auch innerhalb des Sekretariats eine Vertretung der Kommunisten angestrebt wurde. Ilg erklärte: „Wenn die Genossen unbelehrbar sind und mit der maßlosen Kritik gegen den Verband weiterfahren, so muß der Zusammenbruch kommen."[133] Der Schluß liegt nahe, daß der Zentrale an einem Aufschwung der Sektion unter kommunistischer Kontrolle keineswegs gelegen war, ja daß man eher bereit war, den vollständigen Zerfall der Sektion hinzunehmen. Dieser beschleunigte sich ab 1925 auch ständig: Vertrauen und Solidarität zwischen den beiden Fraktionen gingen zunehmend verloren, eine realistische Einschätzung der Position des Gegners wurde durch Verdächtigungen und Beschimpfungen ersetzt, gewerkschaftliche Arbeit wurde nur noch in geringem Maß geleistet, Zahl und Engagement der Mitglieder gingen zurück. 1929 spaltete sich schließlich die kommunistische Fraktion in Befolgung der Beschlüsse des 6. Weltkongresses der Komintern freiwillig vom SMUV ab und bildete die Revolutionäre Gewerkschaftsopposition (RGO) Schaffhausen[134]. Es gelang ihr aber nicht, eine Mehrheit der Gewerkschaftsmitglieder auf ihre Seite zu ziehen, und auch unter den unorganisierten Arbeitern blieben die Erfolge gering. Der SMUV mußte durch die Spaltung ebenfalls weitere schwere Mitgliedereinbußen hinnehmen. Ein gewerkschaftlicher Aufschwung wurde erst möglich, als 1935 in Schaffhausen auf der politischen Ebene ein Zusammenschluß der beiden verfeindeten Parteien auf sozialdemokratischer Basis gelang[135].

Die Streikniederlage wie auch die damit verbundenen Konflikte zwischen sozialdemokratischer Gewerkschaft und kommunistischer Partei wirkten sich schließlich auch schwerwiegend auf Bewußtsein und Verhalten der Arbeiterschaft aus. Bereits vor dem Streik war der Organisationsgrad der GF-Arbeiter schlecht (vor Streikausbruch lag er bei 15 bis 20 Prozent)[136] und die Arbeiterschaft zeichnete sich keineswegs durch besondere Kampfbereitschaft aus. Eine gewisse Resignation schien – nach Jahren der Niederlagen, der Arbeitslosigkeit und des Lohnabbaus wohl verständlich – das Bewußtsein der Arbeiter zu bestimmen. Der Streik bewies allerdings, daß bei den Arbeitern latent noch eine große Kampfbereitschaft vorhanden war, die vor allem durch die Solidaritätsforderung der Arbeiter der Maschinenfabrik Rauschenbach aktiviert wurde[137]. Die Arbeiter akzeptierten eine Verpflichtung zur Solidarität mit ihren Arbeitskollegen und die Notwendigkeit des gemeinsamen Kampfes in gewissen Situationen. Hier liegen die wesentlichen Unterschiede zur Vorkriegszeit: Zwar fühlte sich die organisierte Arbeiterschaft vor 1914 ebenfalls zusammengehörig, akzeptierte die Notwendigkeit des gemeinsamen Kampfes gegen den Kapitalismus im Prinzip ebenfalls und auch die unorganisierten Arbeiter sahen in ihrer Mehrheit in der Gewerkschaft ihre Interessenvertreter. Doch vor 1914 spielte diese Solidarität nur im Kampf um das unmittelbare eigene materielle Interesse eine Rolle. Es war oft kaum möglich, die widerstreitenden Sonderinteressen innerhalb eines Betriebes unter einen Hut zu bringen. Die Erfahrungen der Kriegszeit hatten nun ein allgemeineres Arbeiterbewußtsein geschaffen, in dem nicht nur der Sinn solidarischen Handelns, sondern auch eine Verpflichtung zur Solidarität verankert war. Ebenso war in diesen Jahren, als die Arbeiterschaft auf allen betrieblichen Ebenen Kampferfahrung erlangte und sich in der Verelendung der Arbeiter der Klassengegensatz und die Ausbeutung eindrücklich manifestierten, ein radikaleres Gesellschaftsverständnis der Arbeiter entstanden. Die folgenden Krisenjahre mit Lohnabbau, Kurzarbeit und Arbeitslosigkeit waren nicht geeignet, diesen Eindruck zu verändern, wenn die Arbeiter und die Arbeiterbewegung auch ihre eigene relative Schwäche zur Kenntnis nehmen mußten. Zahlreiche Arbeiter verließen in dieser Zeit die Organisation, sei es um die Mitgliederbeiträge zu sparen, sei es weil sie keine zählbaren Resultate von der Gewerkschaftsarbeit erwarteten oder mit der gewerkschaftlichen Politik nicht einverstanden waren. Damit verschwand aber nicht, wie man denken könnte, die Radikalität in der Beurteilung der gesellschaftlichen Lage der Arbeiter und nicht die latente Kampfbereitschaft. Wir haben bereits festgestellt, daß die Lohn- und Akkordkonflikte in dieser Zeit seltener wurden. Mit verbessertem Lohnsystem vermochte das Management zu verhindern, daß die Spannungen so stark wurden, daß Konflikte daraus erwuchsen. Der Druck und die Belastung waren weniger greifbar als früher, aber sie waren nichtsdestoweniger vorhanden. Auch dieses Konfliktpotential konnte im Streik aktiviert werden, wenn es auch allein nicht mehr zu Kampfaktionen führte[138].

Nach der Niederlage im Streik von 1924 und mit der Verschärfung der internen Konflikte begann dieses Kampfbewußtsein der Arbeiter nun zunehmend zu zerfallen[139]. Bei GF regte sich zwar 1925 noch einmal Widerstand gegen die 52-Stunden-Woche, doch zu Kampfmaßnahmen kam es nicht mehr. Das Jahr 1926 brachte eine scharfe Rezession mit einem beträchtlichen Beschäftigungsrückgang, der die gewerkschaftliche Tätigkeit erschwerte. Das Unternehmen verfolgte eine relativ harte Beschäftigungspolitik, die nur in geringem Maß versuchte, durch Kurzarbeit Entlassungen zu vermeiden[140]. Auch dagegen bildete sich kaum Widerstand. In der konjunkturellen Aufschwungsphase ab 1927 wurde vollends deutlich, daß die Arbeiter weitgehend resigniert hatten. Bereits 1925 konstatierte der Chef der Abteilung Lohnwesen und allgemeine Verwaltung, Bosshardt, die Zahl der ‚gemäßigten Elemente' in der Arbeiterkommission habe sich wesentlich vermehrt[141]. 1927 stellte er fest, in Samuel Walter sei „ein sehr ruhiger, vernünftiger Mann" zum neuen Präsidenten gewählt worden[142]. Hinter diesen Veränderungen in der Zusammensetzung der Arbeiterkommission stand aber keine vermehrte Zustimmung der Arbeiter zur Kommission und zum Unternehmen:

> Zum vergangenen Wahlgang der Arbeiterkommission wird von verschiedener Seite die Interesselosigkeit seitens der Arbeiterschaft gerügt. Mitglied Hotz erwähnt, es fehle das Zutrauen zu der Kommission; wenn eine Sitzung stattgefunden habe, so heiße es jeweils, so habt ihr wieder die Hände hochgestreckt. Viele Stimmzettel seien zerrissen worden mit der Bemerkung, man brauche keine Arbeiterkommission mehr.

Mitglied Renggli erklärte, er müsse sich seiner Wahl schämen, er sei mit nur vier Stimmen gewählt worden, und der abtretende AK-Präsident Rüegg erklärte, als er die Stimmenzahlen von der Geschäftsleitung wissen wollte, habe man ihm gesagt, „daß es nicht gerade ermutigend sei für die Kommissionsmitglieder, wenn man die Stimmenzahl bekannt geben würde"[143].

Auch die Konjunkturjahre bis 1929 brachten keine wesentliche Verstärkung der Aktivität der Arbeiter im Betriebsbereich. Selbst die zentral gesteuerte Bewegung des SMUV im Jahr 1929 fand im zerstrittenen Schaffhausen kein Echo[144]. Der Arbeiterschaft habe sich eine schwere Apathie bemächtigt, schreibt auch der spätere Personalchef von GF, Johannes Müller[145]. Ohne Vertrauen zur Gewerkschaft und zur gewählten Arbeiterkommission, aber auch unfähig zu anderer Artikulation ihrer Interessen im Betriebsbereich, verlor die Arbeiterschaft ihren Zusammenhalt, ihr Selbstbewußtsein und ihre Aktionsfähigkeit, die sie während einiger Jahre auch in Zeiten wirtschaftlicher Krise ausgezeichnet hatten. Vom selbst handelnden Subjekt wurde sie wieder zum manipulierten Objekt des Unternehmens. 1931 heißt es im ‚Bericht der Abteilung Lohnwesen und allgemeine Verwaltung' zu den Wahlen in die Arbeiterkommission:

Die Vorbereitung und Durchführung dieser Wahlen bedingten für diesmal ganz besondere Sorgfalt, denn es war unzweifelhaft außerordentlich wichtig, eine Zusammensetzung der Arbeiterkommission zu erreichen, von der man voraussetzen durfte, daß die schon zu Anfang des Jahres 1931 sicher zu erwartenden, wichtigen Verhandlungen über das Arbeits- wie das Lohnproblem mit ihr ruhig und sachlich, leidenschaftslos im Interesse beider Parteien, erörtert werden können. Der Ausgang der Wahlen durfte uns in dieser Hinsicht restlos befriedigen[146].

Was das beiderseitige Interesse war, entschied wiederum die Geschäftsleitung allein, unterstützt von einer willenlosen Arbeiterkommission, die in keiner Weise den Willen der Arbeiter, sondern allenfalls ihre Passivität und Resignation ausdrückte[147].

IV. Unternehmerpolitik, Gewerkschaften und Arbeiterbewußtsein 1914 bis 1930

1. Veränderungen in der Arbeiterpolitik des Unternehmens

Bis 1914 wurde die Politik des Unternehmens gegenüber den Arbeitern stark durch die Ablehnung und Bekämpfung der Gewerkschaften bestimmt. So diente die Arbeiterkommission in starkem Maß zur Einschränkung des gewerkschaftlichen Einflusses im Betrieb, die Repression gegen aktive Gewerkschafter war stark und führte häufig zu Entlassungen. Man bemühte sich, die einzelnen Gruppen der Arbeiterschaft möglichst voneinander zu isolieren, die Lohnfragen einzelner Abteilungen separat zu behandeln und Gesamtbewegungen durch rechtzeitige Konzessionen zu vermeiden. Die Entwicklungen während des Krieges erzwangen in verschiedenen Punkten eine Veränderung dieser Politik. Die Zahl der einzelnen Bewegungen stieg 1917 so stark an, daß sie vom Unternehmen auf die bisherige Art nicht mehr bewältigt werden konnten. GF ging, wie andere Großfirmen, von sich aus dazu über, Gesamtbewegungen zu verlangen, die gesamte Arbeiterschaft somit als Kollektiv zu akzeptieren. Damit wurde die Rolle der Gewerkschaft gestärkt, da sie auch auf Betriebsebene diesen Zusammenhang der Arbeiter einzelner Werke und Abteilungen durch ihre Organisation erst herstellte[1].

Die Geschäftsleitung mußte in ihrem Verhalten auch in steigendem Maß das Selbstvertrauen berücksichtigen, das im Verlauf der gewerkschaftlichen Kämpfe entstand. Die Meister wurden vermehrt zu einer besseren Behandlung der Arbeiter angehalten und die Geschäftsleitung begann ihr Verhalten gegenüber den Arbeitern eingehender zu rechtfertigen. Diese Abwendung von einem offenen ‚Herr im Hause-Standpunkt' wurde auch unter den für die Unternehmer günstigeren Bedingungen der zwanziger Jahre nur teilweise rückgängig gemacht. Die neue Stärke der Gewerkschaften und das neue Bewußtsein der Arbeiter bewirkten auch auf der Unternehmerseite dauernde Verhaltensänderungen und eine Suche nach neuen Formen der Disziplinierung und Kontrolle der Arbeiter.

Besonders deutlich werden die Veränderungen der Unternehmerpolitik in der Arbeiterkommission. Bis 1914 hatte das Unternehmen in der Arbeiterkommission vor allem ein Kommunikationsinstrument gesehen, das die Vorstellungen der Unternehmensleitung über die Gestaltung der Arbeitsbedingungen an die Arbeiter weiterzutragen hatte, und umgekehrt Spannungen und Konfliktpunkte in der Arbeiterschaft frühzeitig nach oben melden sollte. Die Kommission erhielt aber keinen Spielraum, der ihr erlaubt hätte, die Interessen der Arbeiter im Betrieb wirklich zu vertreten und mit der Schwächung der innerbetrieblichen Stellung der Gewerkschaft nach der Gründung des Arbeitgeberverbandes war das Interesse des Unternehmens an der AK zudem stark gesunken. Bei GF kulminierte diese Entwicklung in der fast vollständigen Einstellung der Kommissionsarbeit in den Jahren 1913 bis 1915.

Während des Krieges, in direkter Folge der steigenden Klassenspannungen und der verbesserten Mobilisierung der Arbeiter im Betrieb, gewann die Kommission wieder an Bedeutung, zunächst als Ort, wo Verhandlungen zwischen der Geschäftsleitung und einzelnen Arbeitergruppen stattfanden. Als sich das Unternehmen 1918 gezwungen sah, an die Stelle der Verhandlungen mit einzelnen Arbeitergruppen Verhandlungen mit der ganzen Arbeiterschaft zu setzen, aber dennoch die Gewerkschaften nicht anerkennen wollte, wuchs der Arbeiterkommission erstmals eine eigentliche Funktion als Verhandlungspartner zu. Das Recht der Kommissionsmitglieder auf eine von der Geschäftsleitung abweichende Meinung und Haltung, das eine Voraussetzung für wirkliche Verhandlungen bildete, wurde jetzt erstmals anerkannt. Geschäftsleitungsvertreter Bührer bescheinigte etwa AK-Präsident Wagen und Vizepräsident Prader, sie hätten „hartnäckig ihren Standpunkt und damit den Standpunkt der Arbeiterschaft vertreten", dies jedoch stets in einer würdigen Form[2]. Wurden Zweifel an der Richtigkeit von Aussagen der Geschäftsleitung geäußert – was vor 1914 noch zu sofortigen Repressionsmaßnahmen führte –, antwortete Bührer jetzt damit, daß er erklärte, er wolle Präsident und Vizepräsident der Kommission Einblick in die Bestellbücher verschaffen, damit sie seine Aussagen selbst nachprüfen könnten[3]. Die Gewerkschaft entsandte auch wieder führende Mitglieder in die Arbeiterkommission, die sich mit größerem Selbstvertrauen und mehr taktischem Geschick als früher dagegen wehrten, von der Geschäftsleitung völlig für deren Interessen eingespannt zu werden. Auch quantitativ dehnte sich die Tätigkeit der Kommission stark aus (vgl. Grafik 5).

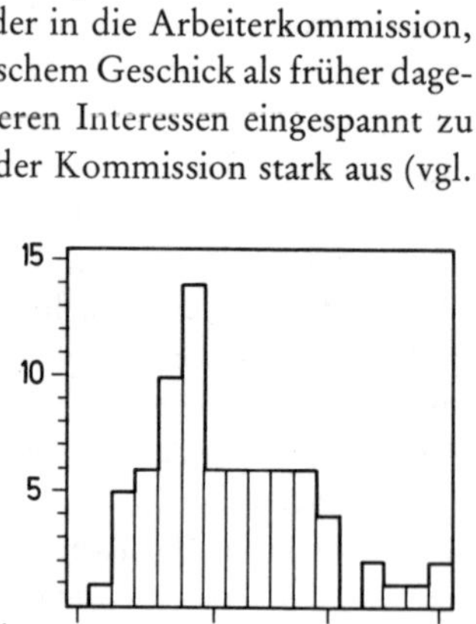

Grafik 5:
Sitzungszahl der Arbeiterkommission 1914 bis 1930[4]

In der Nachkriegszeit gelang es der Kommission jedoch nicht, ihr Gewicht als Vertreterin der Arbeiterinteressen zu bewahren. Mehrfach gezwungen, Lohnabbau usw. gegenüber den Arbeitern zu vertreten, litt der Ruf der Kommission unvermeidlicherweise während der Krise. Dazu kamen aktive Versuche der Geschäftsleitung, die Kommission für ihre Zwecke zu instrumentalisieren. Sie versuchte etwa, der Arbeiterkommission Entscheidungskompetenzen in Verhandlungen als Vertreter der Arbeiterschaft zuzuschreiben, die innerbetriebliche Demokratie also auf ein reines Repräsentativsystem zu beschränken[5]. Zugleich entwickelte sich unter ihrem Einfluß eine zunehmende interne Hierarchisierung der Arbeiterkommission. Ausgangspunkt dafür war die Ausdehnung der Zahl der Kommissionsmitglieder von 14 auf 27, die 1917 erfolgte[6]. Trotz dieser Vergrößerung sank die Zahl der Mitglieder, die aktiv in die Kommissionsarbeit eingriffen und beispielsweise an Sitzungen das Wort ergriffen, in den zwanziger Jahren stark ab. In steigendem Maß wurde die Arbeit vom Büro, bestehend aus Präsident und zwei Vizepräsidenten, erledigt und die Kommissionsmitglieder mehr schlecht als recht wenigstens in ‚vorberatenden Sitzungen' orientiert. Unter Präsident Walter, 1927 gewählt, wurden Klagen über Betriebsverhältnisse, die von Mitgliedern vorgebracht wurden, zum Teil bereits in den vorberatenden Sitzungen abgestoppt. In dem Maße wie die Aktivität und Mobilisierbarkeit der Arbeiter nachließ und die innere Gespaltenheit die Gewerkschaftsarbeit paralysierte, sank auch die Zahl der aktiven Kommissionsmitglieder, die Intensität und Zahl der Sitzungen. Der Arbeiterkommission gelang es bis etwa 1924, ihre Unabhängigkeit gegenüber der Geschäftsleitung einigermaßen zu bewahren und sich auch ein gewisses Vertrauen der Arbeiterschaft zu erhalten. Nach der Streikniederlage mit allen ihren Auswirkungen auf die Organisation und das Bewußtsein der Arbeiter vermochte die Geschäftsleitung aber immer häufiger, die Arbeiterkommission unter Kontrolle zu bekommen. Die Kommission büßte jegliches Vertrauen der Arbeiter ein und wurde fast vollständig zum ausführenden Organ des Unternehmens. Ihren Höhepunkt erreichte diese Entwicklung während der Krise der dreißiger Jahre[7].

Die Veränderung der Funktion der Arbeiterkommission war aber auch eine Auswirkung des veränderten Verhältnisses zwischen Unternehmen und Gewerkschaft. Da die Unternehmer die prinzipielle Bekämpfung der Gewerkschaft zunehmend aufgaben, verlor die Arbeiterkommission für die Firma ihre Funktion als innerbetriebliche Konkurrenz zur gewerkschaftlichen Organisation. Der SMUV seinerseits sah in den Arbeiterkommissionen verstärkt auch Instrumente seiner Politik der Konfliktregelung, die einerseits auf direkten Verbandsverhandlungen, anderseits auf Verhandlungen auf Betriebsebene basieren sollte. In Schaffhausen, wo ein Großteil der Arbeiterschaft auf politischer Ebene die kommunistische Partei wählte und die SMUV-Politik ablehnte, mußte das jedoch die Entfremdung der Kommission von der Arbeiterschaft noch verstärken[8].

Zu den Veränderungen, die während des Krieges erfolgten und in der Nachkriegszeit nicht rückgängig gemacht wurden, gehörte die Tendenz zu einer höflicheren Behandlung der Arbeiter und ihrer Vertreter, und das Verschwinden patriarchalischer Verhaltensreste. Offener Widerspruch aus den Reihen der Kommission und Kritik am Verhalten des Unternehmens – vor dem Weltkrieg noch tabu – wurden jetzt mehr oder weniger akzeptiert. Die Qualität der Informationen der Geschäftsleitung nahm zu. Lohnangaben, mit denen vor 1914 noch in sehr willkürlicher und unklarer Weise argumentiert worden war[9], wurden nun präziser und die Kommissionsmitglieder erhielten zumindest in einigen Fällen auch Einblick in die Unterlagen. Diese Verbesserungen waren für die Arbeitervertreter sicher nicht gering zu schätzen, doch blieben die Grenzen auch jetzt recht eng gesteckt. Als Vizepräsident Meier im Falle eines Konflikts zwischen Arbeitern und Meistern nach dem Wortlaut eines erteilten Verweises fragte und erklärte, er „hätte im übrigen gewünscht, daß diese Verweise vor der Arbeiterkommission erteilt würden", ‚ersuchte' Bührer „speziell Vicepräsident Meier, die Verhandlungen zwischen Direktion und Arbeiterkommission nicht auf ein Gebiet zu ziehen, wohin es nicht gehört. Vorläufig werden alle Instruktionen noch von der Geschäftsleitung gegeben, die praktische Durchführung der kommunistischen Zellenbildung werde bei uns keinen fruchtbaren Boden finden"[10]. Einschränkungen der betrieblichen Hierarchie wurden wie jegliche Ansätze zur Mitentscheidung der Arbeiter sofort zurückgewiesen.

Charakteristisch für das Argumentationsverhalten der Geschäftsleitung waren ausführliche Erläuterungen der (schlechten) wirtschaftlichen Lage. Standardargument war das hohe schweizerische Lohnniveau, das die Konkurrenzfähigkeit auf den Weltmärkten gefährde[11]. 1927 wurde zwar eine Verbesserung der Wirtschaftslage zugegeben, doch dafür wurde der technische Fortschritt als Bedrohung für die Arbeiter dargestellt: In der AK wurde erklärt:

> Unsere Stahlgießereien haben eine gefährliche Periode hinter sich, aber nicht weniger gefährlich muß die Zukunft taxiert werden. Die Technik macht heute die größten Anstrengungen, um den schweren Stahlguß durch Leichtmetall-Legierungen zu ersetzen[12].

Dahinter standen kaum echte Befürchtungen. Es handelte sich vielmehr um eine taktische Argumentation, die an vorhandene Ängste der Arbeiter anknüpfte. Allerdings war es immer nur der technische Fortschritt der anderen, der die Arbeitsplätze bedrohte. Für die Entwicklungen in den eigenen Betrieben galt das Gegenteil:

> Unser Simplexrad setzt seinen Siegeszug fort. ... Für uns gilt es, die Situation auszunützen, solange sie günstig ist. Die Arbeiterschaft einiger Abteilungen unseres Betriebes hat bewiesen, daß sie sich dieser Tatsache nicht verschließt, indem sie sich damit einverstanden erklärte, vorübergehend 52 Stunden zu arbeiten, damit die vorhandenen Bestellungen ungehemmt erledigt werden können[13].

Der eigene produktions- und produkttechnische Fortschritt sicherte – diese Vorstellung versuchte die Geschäftsleitung den Arbeitern zu vermitteln – neben dem Fleiß der Arbeiter die eigenen Arbeitsplätze[14]. Er mußte im beiderseitigen Interesse von Arbeitern und Unternehmen möglichst vollständig ausgenützt werden. Wenn nötig auch auf Kosten gewerkschaftlicher Errungenschaften wie der Achtundvierzigstundenwoche. Der Erfolg dieser betriebsegoistischen Ideologie blieb zumindest vorläufig gering, doch gewann sie in der Weltwirtschaftskrise, als die Abhängigkeit von den Weltmärkten den Arbeitern überdeutlich zum Bewußtsein gebracht wurde, sicherlich an Wirkung.

Die Behandlung der Gewerkschafts- und KP-Aktivisten

In der Politik gegenüber unliebsamen Aktivisten der Gewerkschaft bewahrte das Unternehmen im Verlauf der zwanziger Jahre größere Zurückhaltung und Flexibilität. Versteckte und offene Maßregelungen wurden seltener angewendet als vor 1914. Dies lag einerseits daran, daß die Arbeiterschaft auf Maßregelungen, die durchaus vorkamen, sehr viel empfindlicher und solidarischer reagierte[15]. Zum anderen konnte eine dauernde Verbesserung des Verhältnisses zu den Gewerkschaften nur möglich werden, wenn der permanente Kleinkrieg in den Betrieben auch von seiten der Unternehmer zumindest reduziert wurde. Dieser Faktor wurde relativ wichtiger nach 1924, als die spontane Widerstandskraft der Arbeiter erlahmte, sich dagegen eine Regulierung und Normierung des Verhältnisses der Verbände abzeichnete. GF entwickelte deshalb eine neue ‚sanfte' Methode der Ausschaltung qualifizierter und einflußreicher Gewerkschaftsaktivisten. Waren vor 1914 diverse Arbeiterkommissionspräsidenten, die sich durch Anpassungsfähigkeit gegenüber dem Unternehmen ausgezeichnet hatten, zu Meistern befördert worden, so waren es nun auch ausgeprägt oppositionelle Arbeiterfunktionäre, denen Aufstiegsmöglichkeiten geboten wurden. Mitten im Arbeitszeitkonflikt von 1924 bekam beispielsweise Meier, Vizepräsident der Arbeiterkommission, der im Rahmen dieser Kommission am offensten die Geschäftsleitung zu kritisieren wagte, und der auch in der Streikfrage eine harte Haltung einnahm, ein Aufstiegsangebot, das wohl nur als Bestechungsversuch angesehen werden kann[16]. 1927 ließ sich schließlich der Präsident der Arbeiterkommission, Edwin Rüegg, zum Meister befördern und machte damit den Platz frei für Samuel Walter, der während 12 Jahren recht offen die Interessen des Unternehmens vertrat. Rüegg, Mitglied der KP, hatte in seiner Amtszeit immer versucht, den Kontakt zur Arbeiterschaft nicht vollständig abreißen zu lassen und Entscheide über die Köpfe der Arbeiter hinweg zu vermeiden. Auch wenn er sich in der Kommission recht konziliant verhielt und keinerlei verbale Attacken ritt, stellte er für die Politik der Geschäftsleitung doch ein Hindernis dar, das auf diese Weise ausgeschaltet werden konnte[17].

Auf einer allgemeineren Ebene ist hier noch einmal auf die Lohnpolitik des Unternehmens hinzuweisen, die eine Minimierung kurzfristiger Lohnschwankungen im Akkord anstrebte und dadurch wesentlich zu einer Verminderung größerer Akkordkonflikte beitrug. Mit der Systematisierung und Zentralisierung der Lohnbestimmung sank auch die Bedeutung der Meister in diesem zentralen Bereich. Dadurch wurden die Beziehungen zu den unmittelbaren Vorgesetzten im engsten Arbeitsbereich wesentlich entlastet, was ebenfalls zu dem Sinken des Konfliktpegels beitrug. Im

Bereich der Wohlfahrtseinrichtungen des Unternehmens ließ sich im großen ganzen Kontinuität feststellen. Leitlinie der Sozialpolitik des Unternehmens blieb weiterhin die Privilegierung des Arbeiterstamms.

2. *Veränderungen der gewerkschaftlichen Organisation*

Gewerkschaftsaktivisten

Für die Zeit vor 1914 haben wir festgestellt, daß die Kontinuität in der personellen Besetzung der Gewerkschaftsfunktionen außerordentlich gering war. Bei den Gießern, die in dieser Hinsicht lange Zeit eine Ausnahme darstellten, wurde diese Kontinuität nach 1911 durch interne Auseinandersetzungen und zum Teil auch durch Konflikte mit dem Unternehmen zerstört. Die Zentralisierungstendenz wirkte sich in einer Verringerung des Anteils der aktiven Gewerkschafter aus, da mit der Fusion der verschiedenen Fachvereine zahlreiche Funktionen verloren gingen. Die Gewerkschaft bemühte sich zwar, durch den Aufbau von innerbetrieblichen Gewerkschaftsgruppen einen Ausgleich zu schaffen. Es erwies sich aber als schwierig, dafür geeignete Kader zu finden und sie gegen die Repression der Unternehmer zu verteidigen.

Die Kriegsjahre stellten auch in bezug auf die Zusammensetzung der Mitgliedschaft bzw. der Aktivisten und Funktionäre eine starke Zäsur dar. Nur ein Vorstandsmitglied blieb während der ganzen Kriegszeit aktiv. Außer Sekretär Weber läßt sich kaum ein einziger der vor 1914 aktiven Gewerkschafter während oder nach dem Krieg noch feststellen[18]. Auch die Leute, die während des Krieges im Vorstand auftauchten, verschwinden in den Nachkriegsjahren fast alle wieder. Eine Ausnahme war unter den Vorstandsmitgliedern allein Fritz Messerli, der 1916 in den Vorstand eintrat und zugleich das Präsidium übernahm[19]. In den Jahren von 1919 bis 1921 traten dann im Sektionsvorstand wie auch als Votanten an den Sektionsversammlungen zunehmend Gewerkschafter auf, die erst während des Krieges in den Verband eingetreten waren. Diese Gruppe, deren prägende Erfahrung die Kämpfe auf Abteilungsebene während des Krieges gewesen waren, bestimmte nun in den ganzen zwanziger Jahren das Geschehen in der Sektion. Eine klare Mehrheit dieser Arbeiter neigte der KP zu[20].

Leider lassen sich weder Berufe noch Altersschichtung, Herkunft usw. dieser Aktivistengruppe eindeutig bestimmen. Einige Hinweise zu diesen Fragen müssen genügen. Die meisten dieser neuen Aktivistengeneration waren nicht nur erst relativ kurze Zeit in der Gewerkschaft (d.h. erst während der Kriegsjahre eingetreten), sondern auch jung an Jahren. In gewisser Weise kann man sogar sagen, daß der politische Gegensatz zwischen Kommunisten und Sozialdemokraten in Schaffhausen auch einen Gegensatz zwischen jung und alt darstellte. Hugo Schalcher, der 1923 bis 1925 Präsident der Sektion war und der 1925 von der Kommunistischen Partei als Kandidat für den Nationalrat aufgestellt wurde, erklärte einmal auf interne Angriffe hin:

> In erster Linie muß ich nun zu Kohler sagen, daß ich in einem Teil froh bin, daß ich noch nicht

ein so alter Gewerkschafter bin, ich bin zwar nicht schuld, daß ich noch jung bin, denn, wenn ich alt wäre, wäre ich vielleicht auch so rückständig[21].

Umgekehrt warf die kommunistische Seite den sozialdemokratischen Funktionären ihr hohes Alter vor[22].

Geringer als in der politischen Orientierung und der Altersstruktur war die Einheitlichkeit dieser Aktivistengruppe in beruflicher Hinsicht. Neben Berufsarbeitern, vor allem Schlossern und Drehern, nahmen auch ungelernte Arbeiter wichtige gewerkschaftliche Positionen ein. Durch die Aktivierungs- und Organisierungsphase während des Krieges waren vermehrt ungelernte Arbeiter zur Gewerkschaft gestoßen und hatten sich auch aktiv an den Bewegungen beteiligt. In den zwanziger Jahren gingen zwar der Gewerkschaft erneut überproportional viele Ungelernte verloren, doch einige von ihnen blieben in der Bewegung aktiv. Nichtberufsarbeiter waren etwa *Edwin Rüegg* (Gußputzer), der 1923 bis 1927 Präsident der Arbeiterkommission und 1922 bis 1925 Mitglied des Sektionsvorstands war, oder sein Vorgänger als Präsident der AK, *Heinrich Prader* (Gußrichter)[23], der 1920 bis 1922 auch Präsident der Sektion war, und von der jüngeren Generation *Theophil Schwaller* (Schmirgler), Mitglied der Schmirglergruppe und 1923/1924 im Vorstand der Sektion[24].

Organisationsgrad und Aktivität der Mitglieder

Der Organisationsgrad, der sich bis ungefähr 1920 einigermaßen ermitteln ließ[25], läßt sich in den zwanziger Jahren nur noch schlecht erfassen, was an sich schon ein Anzeichen für eine negative Entwicklung darstellt. Beim Streik von 1924, also in einem Höhepunkt der Aktivität und der Agitation für den Verband, betrug er bei GF noch ca. 15 Prozent[26]. Vorher und nachher lag er wahrscheinlich wie in der Vorkriegszeit unter 10 Prozent. Verglichen mit anderen schweizerischen Großbetrieben der Metall- und Maschinenindustrie lag GF damit auf einem der letzten Plätze. Der Organisationsgrad war wesentlich tiefer als beispielsweise bei der MRS, wo 1924 immerhin ca. 55 Prozent und 1926 ca. 70 Prozent der Arbeiter organisiert waren[27]. Eine eindeutige Erklärung für die schlechte Position der Gewerkschaften bei GF ist schwierig. Das größte Gewicht kam wohl wie in der Vorkriegszeit dem unterdurchschnittlichen Qualifikationsstand der GF-Arbeiter zu. Die ungelernten Arbeiter erwiesen sich auch in den zwanziger Jahren als schwerer organisierbar als die gelernten Arbeiter[28]. Weitere Faktoren kamen dazu. Beispielsweise der hohe Ausländeranteil, der sich vor allem bei den italienischen Arbeitern und den Grenzgängern organisationshemmend auswirkte, und der besondere Charakter der Arbeit bei GF. Diese beruhte vor allem auf physisch sehr anstrengender repetitiver Teilarbeit, die aber für das jeweilige Qualifikationsniveau überdurchschnittlich gut bezahlt wurde. GF bot so dem einzelnen Arbeiter gute Chancen, durch individuelle Leistung die eigene Situation zu verbessern. Es war schwierig, eine andere Stelle zu finden, wo man ebensoviel verdienen konnte wie bei der für GF typischen Serienarbeit[29].

Während des Aufschwungs der Bewegung in den Kriegsjahren, als das System der

Gewerkschaftsgruppen erstmals richtig zum Spielen kam, war auch der Grad der internen Aktivität und der Mitgliederbeteiligung ungleich höher als vorher, aber auch als in den zwanziger Jahren. Noch im Juni 1921 zählten in der Sektion Schaffhausen-Neuhausen 158 Mitglieder zu den Vertrauensleuten, d.h. ca. 6 Prozent der Mitglieder. Von diesen besuchten zu dieser Zeit immerhin noch 45 Prozent die Vertrauensleuteversammlung[30]. In diesen Jahren zerfiel die Organisationsstruktur jedoch fast so schnell wieder, wie sie entstanden war: Nach drei Jahren der inneren und äußeren Krise erschienen an einer Vertrauensleuteversammlung noch ganze acht Mann[31]. 1924 waren an der außerordentlichen Generalversammlung, die Sekretär Wegmann abzusetzen versuchte, noch 230 Mitglieder anwesend; 1927 bei einer Kampfwahl in den Vorstand, zu der sowohl die Sozialdemokraten wie die Kommunisten ihren ganzen Anhang zu mobilisieren versuchten, nur noch 115[32]. Die interne Mobilisierung – wie der äußere Stand der Organisation – waren damit auf einen Stand zusammengeschrumpft, der selbst hinter jenem von 1912 – anläßlich des Ausschlusses des Syndikalisten Ryborz – zurückblieb. Das Stärkeverhältnis zwischen SP und KP veränderte sich kaum, doch beide Seiten wurden ständig schwächer.

Immerhin ist zu beachten, daß der äußere Stand der Organisation und die Fähigkeit der Gewerkschaft, in Konflikten die Gesamtheit der Arbeiterschaft zu mobilisieren, nicht in einem unmittelbaren Zusammenhang standen. Dies beweist gerade der Fall von GF. Ohne genügende Einnahmen mußte zwar – wie der Verband nach den vierundzwanziger Streiks betonte – die Fähigkeit zur Durchführung von Konflikten schließlich verloren gehen[33], doch die gefüllte Streikkasse und die disziplinierte, leicht steuerbare, wohl organisierte Arbeiterschaft waren keine unabdingbaren Voraussetzungen für größere Kampfaktionen, solange sich diese auf ein gemeinsames Bewußtsein und die Solidarität aller beteiligter Arbeiter stützen konnten.

3. Die Arbeiterbewegung in der Kriegs- und Nachkriegszeit

1914 war mit dem Kriegsausbruch deutlich geworden, daß die Arbeiterbewegung trotz äußeren Erfolgen und imponierenden Mitgliederzahlen im Grunde genommen über wenig gesellschaftliche Macht verfügte[34]. Die Bereitwilligkeit, mit der sie auf einen Burgfrieden mit dem Bürgertum einging, war nicht nur die Folge einer reformistischen Grundkonzeption und eines ‚Verrats' am Internationalismus, sondern auch Einsicht der Führung in die Schwäche der eigenen Positionen gegenüber den Unternehmern wie den Machtmitteln des Staates. Die Gewerkschaften hatten sich zwar in Handwerk und Gewerbe im wesentlichen durchgesetzt, doch in den ländlichen Gebieten, in Tieflohnindustrien wie der Textilindustrie, sowie in den rasch expandierenden, an Bedeutung ständig gewinnenden Großunternehmen der Metall- und Maschinenindustrie war ihre Position weiterhin prekär.

Diese Schwäche zu Kriegsbeginn beeinflußte die Entwicklung der folgenden Jahre tiefgreifend. Die Arbeiterbewegung vermochte die Interessen der Arbeiter (und allgemeiner der Lohnabhängigen) gegenüber Bürgertum und Bauern politisch nicht durchzusetzen. Die Folge war eine massive Verschlechterung der Existenzbedingungen der Arbeiter. Obwohl die Schweiz nicht direkt vom Krieg betroffen war, sanken die Löhne kaum weniger als in den kriegführenden Staaten. Doch gerade dadurch wurden wichtige Voraussetzungen für eine Stärkung der Arbeiterbewegung geschaffen: Die nach Herkunft, Nationalität, Qualifikation, Wohnsituation usw. außerordentlich stark differenzierte Arbeiterschaft wurde durch die allgemeine Notsituation und durch kriegsbedingte Veränderungen der Arbeitsplatzstruktur in ihrer Interessenlage und in ihrem Bewußtsein in viel stärkerem Maß vereinheitlicht als durch die vorangegangenen längerfristigen strukturellen Veränderungen.

Die gemeinsame elende Lage der Arbeiter (wie auch der Angestellten) wurde zu Recht als Gegensatz zum relativen Wohlleben des Bürgertums (und der Bauern) empfunden. Die Verschlechterung ihrer Lage, trotz offensichtlicher Prosperität in weiten Bereichen der Industrie, zeigte deutlicher denn je, daß die Interessen von Arbeitern und Industriellen nicht gleichlaufend waren. Der Klassengegensatz und die Notwendigkeit des gemeinsamen Widerstands der Benachteiligten traten verstärkt in das Bewußtsein der Arbeiter. Die Agitation von SP und Gewerkschaften gewann gewaltig an Wirksamkeit. Die Mitgliederzahlen stiegen rasch an. Die Zahl der im Gewerkschaftsbund organisierten Arbeiter erhöhte sich von ca. 65000 Ende 1914 auf 224000 Ende 1919. Die Gewerkschaftsbewegung drang vermehrt in ländliche Gebiete, in Niedriglohnindustrien und in entscheidendem Maß auch in die Großbetriebe der Maschinen- und Metallindustrie ein[35]. Gleichzeitig verschärften sich die Formen der Klassenauseinandersetzung. Die Zahl der Streiks und Bewegungen wuchs stark an. Sehr viel mehr Arbeiter als in der Vorkriegszeit waren selbst an größeren und kleineren Kampfaktionen beteiligt und entwickelten darin Selbst- und Klassenbewußtsein. Je mehr die Verschlechterung der ökonomischen Lage der Arbeiter fortschritt, desto mehr verschärften sich auch die Kampfformen. In den Organisationen der Arbeiterbewegung gewann der linke, revolutionäre Flügel an Einfluß. Unter dem Druck der Basis und eines Teils der Gewerkschaftsfunktionäre verhärtete sich auch die Haltung der Gewerkschaftsführungen.

Diese sich zunehmend radikalisierende Bewegung erlitt indessen bereits Ende 1918 im Landesgeneralstreik eine schwerwiegende Niederlage. Mit massivem Militäreinsatz demonstrierte das Bürgertum erfolgreich seine ungebrochene Übermacht. Die Nationalratswahlen, die im folgenden Jahr erstmals nach dem Proportionalwahlrecht durchgeführt wurden, stärkten zwar die sozialdemokratische Fraktion massiv, doch sie deckten gleichfalls auf, daß diese nach wie vor nur eine Minderheit der Bevölkerung vertrat[36]. Selbst die gescheiterte Machtdemonstration der Arbeiter im Generalstreik brachte jedoch das Bürgertum zur Einsicht, daß gewisse Konzessionen unumgänglich waren, wenn man die Aktivität der Arbeiter innerhalb der Systemgrenzen halten und vermeiden wollte, daß sich weitere Gruppen der Bevölkerung der politischen Linken zuwandten. Zu diesen Konzessionen gehörte vor allem die gesetzliche Einführung der Achtundvierzigstundenwoche in der Fabrikindustrie. Auch die massiv gedrückten Löhne stiegen unter dem gewerkschaftlichen Druck in den Jahren 1919 und 1920 stark an. Beide Faktoren, die Niederlage der Generalstreikbewegung wie ihre indirekten Erfolge, stärkten in diesen Jahren die reformistischen Kräfte innerhalb der Arbeiterbewegung wieder, ohne daß es aber gelungen wäre, die Gegensätze in den Organisationen, die auch gegensätzlichen Tendenzen in der Arbeiterschaft entsprachen, zu überwinden. Die politischen Gegensätze führten Ende 1920 zur Spaltung der Sozialdemokratischen Partei, nachdem die Mehrheit endgültig den Beitritt zur III. Internationale abgelehnt hatte. Außer im Kanton Schaffhausen gelang es der SP durchwegs, eine Mehrheit zu erlangen und den anfänglich noch beträchtlichen Einfluß der KP rasch zurückzudrängen. Tatsächlich setzte die Reaktion nach rechts bereits unmittelbar nach dem verlorenen Generalstreik ein. Bereits Ende 1918 wurde der dem rechten Parteiflügel zugehörende Dr. Gustav Müller Präsident der SPS, und der Parteisitz wurde aus dem revolutionären Zürich ins gemäßigte Bern verlegt[37].

Es gelang den Reformisten auch rasch, die Kontrolle über die Gewerkschaften wieder zu gewinnen. Zunächst waren es die politischen Konzessionen des Bürgertums und die ökonomischen Erfolge bei den Löhnen, welche ihre Position stärkten. Die Strategie des schrittweisen Vorgehens innerhalb des bestehenden Staates gewann dadurch wieder an Glaubwürdigkeit. Umgekehrt sanken im europäischen Rahmen die Chancen für eine revolutionäre Umgestaltung der Gesellschaft im Verlauf der Jahre 1919 und 1920 ständig. Zu diesen äußeren Momenten kamen zusätzlich innerorganisatorische Gegebenheiten, die nach der Spaltung die Ausschaltung der Kommunisten begünstigten. Der Linken, die sich größtenteils erst während des Krieges formiert hatte, gelang es nicht, sich in den Gremien von Partei und Gewerkschaften genügend zu verankern. Zur Parteilinken zählten vor allem junge Leute, die häufig erst während des Krieges zur Bewegung gestoßen waren. Dieser Gruppe fehlte die Zeit, politische Erfahrungen zu sammeln, Parteifunktionen und politische Ämter zu erlangen und dadurch Kontrolle über den Organisationsapparat zu gewinnen. Dies zeigte sich auch in Schaffhausen, wo die Aktivisten der Gewerkschaftsgruppen ebenfalls erst nach 1920 in den Sektionsvorstand gelangten, obwohl sie hier von der Spitze gefördert wurden. Die alten Kader verfügten nach wie vor über entscheidenden institutionellen Einfluß. Die Bedeutung dieses Faktors zeigt – in der Umkehrung – gerade das Beispiel Schaffhausen: Hier, wo sich Partei- und Gewerkschaftsführer der Vorkriegsgeneration auf die Seite der Linken stellten, gelang es dieser ohne Schwierigkeiten, sich gegenüber der reformistischen Position in der Partei, aber auch in der Arbeiterschaft durchzusetzen. Für die Niederlage der Linken auf schweizerischer Ebene war im weiteren von Bedeutung, daß sich ihr Anhang in einigen Zentren konzentrierte, sie sich dagegen in weiten ländlichen Gebieten nicht zu behaupten vermochte. Für die Gewinnung von Mehrheiten innerhalb der Organisationen wäre aber gerade das notwendig gewesen.

Die Wirtschaftskrise, die 1920 einsetzte, brachte der Arbeiterbewegung schwere Rückschläge. Die Mitgliederzahl des SMUV sank beispielsweise um fast die Hälfte[38]. Vor allem in ländlichen Regionen und in Niedriglohnbranchen (d.h. bei den wenig qualifizierten Arbeitern) mußten die Gewerkschaften wieder Terrain preisgeben. Im gewerkschaftlichen wie im politischen Bereich geriet die Arbeiterbewegung in die Defensive und es zeigte sich, daß diese Situation wiederum die reformistischen Gruppierungen bevorzugte. Es gelang ihnen, in verschiedenen wichtigen Punkten einen wenigstens teilweise erfolgreichen Abwehrkampf zu führen. Auf der politischen Ebene konnten ein Staatsschutzgesetz, das sich gegen die organisierte Arbeiterbewegung richtete, und der Versuch zu einer Verlängerung der gesetzlichen Maximalarbeitszeit abgewehrt werden[39]. In der Industrie mußten zwar verschiedene Lohnsenkungen hingenommen werden, doch vermochte man die Reallöhne im großen ganzen zu bewahren, da das Preisniveau ebenfalls rückläufig war. In den gewerkschaftlichen Bewegungen wie in den Referendumsabstimmungen wurde deutlich, daß trotz den Mitgliederverlusten die Arbeiterbewegung ihre während des Krieges errungene Fähigkeit, breite Massen der Bevölkerung für ihre Forderungen zu gewinnen, nicht einbüßte. Die Erfahrungen der Kriegszeit hatten sich in veränderten Haltungen gegenüber der Arbeiterbewegung niedergeschlagen, die von der Aufgabe einer eindeutig negativen Einstellung über die aktive Unterstützung anstelle bloßer Zustimmung bis zum systemfeindlichen, antikapitalistischen Engagement reichten. Die Summe dieser Veränderungen, und nicht die Struktur der Organisation oder die Zahl der Mitglieder machten in erster Linie diese neue relative Stärke der Arbeiterbewegung aus. Zentrales Gewicht kam dabei der Kampf-, Streik- und Solidaritätsbereitschaft der Arbeiter in der Industrie zu, die in erster Linie eine weitergehende Demontage der sozialen Errungenschaften der ersten Nachkriegsjahre verhinderte. Es war aber kaum weniger wichtig, vor allem im politischen Bereich, auch weitere gesellschaftliche Gruppen wenigstens in einzelnen Fragen für die Arbeiterbewegung zu gewinnen[40]. Dazu waren die gemäßigten Gewerkschaften am ehesten in der Lage. Auch in der zweiten Hälfte der zwanziger Jahre, die einen wirtschaftlichen Aufschwung brachten, blieb der ökonomische Spielraum für die gewerkschaftliche Aktivität eng begrenzt[41]. Die verstärkte Schutzzollpolitik der zwanziger Jahre und Verschiebungen der Währungsparitäten, die den Schweizer Franken im Vergleich zu den meisten anderen Währungen aufwerteten, ließen die Abhängigkeit von der internationalen wirtschaftlichen Entwicklung besonders fühlbar werden. Die internationale Konkurrenz war schärfer und das Wachstum des Welthandelsvolumens geringer als vor 1914. Diese ökonomische Lage gewann nun zunehmend Bedeutung für die gewerkschaftliche Aktivität[42].

Die Politik des SMUV in den zwanziger Jahren war auf eine Interessenvertretung der Arbeiter im Rahmen des kapitalistischen Systems ausgerichtet. Die kapitalistische Form der Wirtschaftsorganisation wurde kaum mehr angefochten. Der SMUV versuchte vielmehr – innerhalb der Grenzen dieses Systems – die strukturellen Möglichkeiten der Lohnarbeiter (im Arbeits- und Konsumbereich, wie auch gegenüber dem Staat) durch kollektives Vorgehen möglichst vollständig auszunützen. In dieser Politik ließe sich allerdings für den SMUV kaum ein Unterschied im Vergleich zur Vorkriegszeit aufzeigen. Was die Situation aber grundsätzlich veränderte, war einerseits die wirtschaftliche Lage, die diese strukturellen Grenzen enger steckte, und anderseits die Verstärkung der Gewerkschaften durch die Mobilisierung eines großen Teils der Arbeiterschaft während des Krieges. Vor 1914 war der SMV trotz steigender Mitgliederzahlen kaum in der Lage, Großkämpfe in der Maschinen- und Metallindustrie zu führen. Während des Krieges gewann die Gewerkschaft aber enorm an Potential und erst dadurch wurde der Gegensatz zwischen einer revolutionären und einer reformistischen Konzeption, der sich vor 1914 in den Auseinandersetzungen mit den Syndikalisten erst angedeutet hatte, akut. Die reformistische Richtung sah sich durch ihre gesteigerten Einflußmöglichkeiten gezwungen, ihre Aktivität auf die gesamtwirtschaftlichen Bedingungen – im Rahmen des bestehenden Systems – abzustimmen, und diese Haltung führte im Bereich der extrem exportorientierten Industrie zwangsläufig zu einer gewissen informellen Koalition mit den Unternehmern. Da die Gewerkschaft international gesehen nur über einen sehr geringen Teil der Arbeiterschaft eine gewisse Kontrolle ausübte, vermochte sie nicht, die Konkurrenz zwischen den Arbeitern wirksam einzuschränken. Eine zu aggressive Gewerkschaftspolitik führte so zum Verlust von Arbeitsplätzen, besonders in der Auseinandersetzung mit Firmen, die selbst über Produktionsanlagen im Ausland verfügten.

Die Konsequenz dieser Situation war eine Selbstbeschränkung der Gewerkschaften in ihren Forderungen. In dem Maße, wie die Gewerkschaftsführer ‚Verantwortung für das Ganze' übernahmen und sich der ökonomischen Logik des Kapitalismus unterzogen, schränkte sich ihre Bereitschaft ein, Kampfaktionen nach dem spontanen Willen und dem Bewußtsein der Arbeiter zu führen[43]. Aus der Sicht der reformistischen Gewerkschaftsführung galt es vielmehr, der Mitgliedschaft Einsicht in die ökonomischen Zusammenhänge zu vermitteln, ihnen die ‚unerbittlichen Tatsachen' klarzumachen, notfalls aber auch gegen den erklärten Willen der Arbeiter zu handeln, um Niederlagen der Gewerkschaft zu vermeiden. Daraus entstanden Legitimationsprobleme gegenüber der Mitgliedschaft, die im ungünstigen Fall zu Mitgliederverlusten oder zum Verlust der Kontrolle über die kollektive Aktivität der Arbeiter führen und damit die Machtbasis der Gewerkschaften gefährden konnten. Die kommunistische Agitation traf genau diesen Punkt und die Kommunisten wurden daher von den Gewerkschaftsführern als ‚Gewerkschaftszerstörer' (Friedrich Heeb) und als ‚Helfer der Kapitalisten' (Ilg 1924 gegen Bringolf) angesehen[44]. Folgerichtig bemühte sich die Gewerkschaftsführung um eine institutionelle Abschirmung ihrer Stellung und eine Ausschaltung aller oppositioneller Strömungen, zum Teil auch mit wenig demokratischen Mitteln[45].

Der SMUV bewegte sich (wie der Schweizerische Gewerkschaftsbund, der 1927 den Klassenkampfparagraphen wieder aus seinen Statuten entfernte) in Richtung auf eine institutionalisierte Vertretung der Klasseninteressen, in der sich Unternehmer und Gewerkschaften als Marktparteien gegenübersaßen und den Preis der Arbeitskraft entsprechend den Bedingungen auf dem Arbeitsmarkt aushandelten. Der Gegensatz zwischen Arbeiterschaft und Kapital blieb zwar auch in dieser Konzeption erhalten. Im Einzelfall sollte jedoch grundsätzlich eine Verhandlungslösung immer möglich sein, wenn beide Seiten sich rational verhielten und die tatsächliche ökonomische (und politische) Lage richtig einschätzten. Auf dieser Konzeption, die für die Exponenten des SMUV schon 1924 feststand, welche die Unternehmer aber erst akzeptierten, als sich erwiesen hatte, daß die Gewerkschaften auch durch die Weltwirtschaftskrise nicht wesentlich geschwächt werden konnten, basierte schließlich das ‚Friedensabkommen' von 1937, das für die Vertragsdauer Kampfmaßnahmen der Verbände gegeneinander vollständig ausschloß[46].

Gegenüber diesen Entwicklungen befanden sich die Kommunisten auf verlorenem Posten. Sie hatten eine entscheidende Niederlage bereits erlitten, als es ihnen mit Ausnahme von Schaffhausen nicht gelang, die Mehrheit der Sozialdemokratie und der

Arbeiter in den Gewerkschaften für sich zu gewinnen. In der Folge verloren sie ständig Mitglieder und Wähler. Dies lag teilweise daran, daß ihre Schwäche und die entschlossene Gegnerschaft der großen Gewerkschaften sie an der praktischen Durchführung ihrer Politik hinderten, doch deutet die anhaltende Schwächung auch auf Mängel ihrer politischen Konzeption hin. Es fehlte eine eigentliche Alternative in der Tagespolitik. Diese bestand einzig darin, daß die KP eine schärfere und kompromißlosere Führung der Klassenkämpfe anstrebte, um dadurch das kämpferische Klassenbewußtsein der Arbeiter zu fördern und das bestehende System zu entlarven. Der Spielraum einer solchen Politik war aber sehr eng, wenn man nicht das Risiko schwerer Niederlagen eingehen wollte, die das Vertrauen der Arbeiter in die KP kaum gestärkt hätten. Größere materielle Erfolge waren von einer solchen Politik bei der bestehenden wirtschaftlichen Lage jedenfalls nicht zu erwarten. Dies hatte auch in Schaffhausen zur Folge, daß es der KP zunehmend schwerer fiel, die Arbeiter für Kampfaktionen im Arbeitsbereich zu gewinnen. Auch die den Kommunisten wohlgesinnten Arbeiter kamen zunehmend zum Schluß, daß die KP-Politik ihnen im Arbeitsbereich nur wenig bringen konnte, und daß die reformistische Gewerkschaftspolitik im ganzen den realen Möglichkeiten besser angepaßt war.

Schlußbemerkungen

Es gehört zu den prinzipiellen Beschränkungen einer Fallstudie, daß es nicht möglich ist, in ihrem Rahmen begründete Verallgemeinerungen abzuleiten. Immerhin können am Einzelfall – sofern er im gesellschaftlichen Gesamtzusammenhang betrachtet wird – gewisse Strukturzusammenhänge aufgedeckt werden, die nicht auf die konkret untersuchte Situation beschränkt sind, sondern den Blick für allgemeinere Erscheinungen öffnen. Die Untersuchung des Einzelfalls ermöglicht zwar keine Theoriebildung, vermag aber doch, dazu gewisse Materialien bereitzustellen.

Das Interesse dieser Untersuchung galt einerseits einer bestimmten historischen Periode und der Frage, wie in einem Teilbereich gesellschaftlicher Wandel zustande kam, anderseits aber auch den allgemeinen Bedingungen der Industriearbeit, die in ihren Grundzügen trotz dem vielfachen Formwandel unverändert blieben. Dazu wird hier abschließend versucht, die zentralen betrieblichen Faktoren zusammenzufassen, die das Verhalten der Arbeiter beeinflußten, zu zeigen, in welcher Weise sie wirksam wurden, und wo die Grenzen dieses von den Arbeitsbedingungen ausgehenden Erklärungsansatzes liegen. Insbesondere geht es darum, die wesentlichen Differenzierungsmerkmale innerhalb der Arbeiterschaft zu erfassen und aufzuzeigen, wie daraus gruppenspezifische Interessen und unterschiedliche Bewußtseinsformen erwuchsen. Schließlich ist die Frage zu diskutieren, wie und unter welchen Bedingungen auf der Grundlage dieser Verhaltensdispositionen tatsächlich gewerkschaftliche Organisation und Interessenvertretung entstanden.

Arbeitsbedingungen und Strukturierung der Arbeiterschaft als Erklärungsfaktoren für Bewußtsein und Verhalten

Unter den Faktoren, die die Arbeiterschaft im betrieblichen Bereich differenzieren, kommt dem Aspekt der *Arbeitsqualifikation* eine zentrale Stellung zu. In Qualifikationsniveau und Qualifikationsstruktur des Unternehmens fanden außerbetriebliche Faktoren technischer, ökonomischer und demographischer Art ebenso ihren Niederschlag wie die Art der Produkte und die Formen der Produktionsorganisation. Bei den einzelnen Arbeitern sind wiederum mit der Arbeitsqualifikation zahlreiche weitere Elemente der Arbeitsbedingungen in komplexer Weise eng verbunden. So bedeutet höhere berufliche Qualifikation in der Regel eine bessere und formalisierte Ausbildung, bessere Schulbildung und Herkunft aus einem sozial gehobenen Teil der Arbeiterschaft. Sie war meist auch verbunden mit größeren Dispositionsmöglichkeiten und besseren Kommunikationschancen während der Arbeit sowie im Durchschnitt mit besseren Löhnen und höherem innerbetrieblichem Status. Im ganzen Untersuchungszeitraum bestand ein enger Zusammenhang zwischen Qualifikationsniveau und Organisationsbereitschaft. Bis 1898 waren es bei GF fast ausschließlich gelernte Arbeiter, die sich gewerkschaftlich organisierten. Besonders bei den Gießern schufen die Berufsausbildung, höherer Lohn und höherer Status günstige Voraussetzungen zumindest für eine gewerkschaftliche *Organisation auf Berufsebene*. Bereits die ebenfalls gut qualifizierten Dreher und Schlosser waren aber wesentlich schlechter organisiert.

Dies lag vor allem daran, daß die Arbeitsplätze dieser Berufsgruppen bei GF stärker dezentralisiert waren. Die Bedeutung der *räumlichen Zusammenfassung der Arbeiter* einer Berufskategorie erwies sich auch im weiteren Verlauf des Organisationsprozesses. So waren es bei den angelernten Arbeitern die Gewindeschneider und die Maschinenformer, denen seit der Jahrhundertwende wenigstens zeitweise die Organisierung gelang, also Gruppen, die in eigenen Abteilungen zusammengefaßt waren. Auch während der Expansionsphase der Bewegung von 1914 bis 1920, als sich erstmals in größerer Zahl unqualifizierte Arbeiter organisierten, waren vor allem jene Gruppen erfolgreich, die betrieblich in eigenen Abteilungen organisiert waren (z. B. Gußputzer, Schmirgler), während die im Betrieb verstreuten Handlanger und Magazinarbeiter überwiegend unorganisiert blieben. Die Bedeutung dieses Aspekts blieb allerdings hinter jener der Qualifikation zurück. Von den Arbeitern ähnlichen Qualifikationsniveaus waren indessen immer jene organisationsbereiter, die innerbetrieblich in eigenen Abteilungen organisiert waren. Die Gründe dafür lagen in den besseren Kommunikationschancen, aber auch darin, daß diese Arbeiter in ihrer Abteilung nicht von höherqualifizierten Arbeitern dominiert wurden. Ein Gegenbeispiel bilden etwa die Gießereihandlanger, die innerbetrieblich nicht nur unter dem Druck der Meister und anderer Repräsentanten des Unternehmens standen, sondern sich auch den Ansprüchen der im Akkord arbeitenden Gießer ausgesetzt sahen. Aus ihrer Sicht mußte es fraglich erscheinen, ob es sinnvoll war, sich mit diesen in der gleichen Abteilungsgruppe gewerkschaftlich zu organisieren.

Welcher Art waren nun die Zusammenhänge zwischen Qualifikation und Organisationsbereitschaft im einzelnen? Genauer: Welche mit der Qualifikation zusammenhängenden Faktoren der Arbeitssituation beeinflußten die (objektiven) *Interessen* der Arbeiter an gewerkschaftlicher Organisation, beschränkten die *Möglichkeiten* dazu und wirkten sich auf das *Arbeiterbewußtsein* aus? Den gelernten Arbeitern war es durch ihre *formalisierte Berufsausbildung* möglich, in zahlreichen in vieler Hinsicht unterschiedlichen Betrieben von Gewerbe und Industrie prinzipiell gleichartige Arbeit zu finden. Dadurch waren ihre Mobilitätschancen in der Regel günstiger als jene der ungelernten Arbeiter und es fiel ihnen deshalb leichter, den Repressionsversuchen der Unternehmer auszuweichen. Die gute Arbeitsqualifikation verlieh den gelernten Arbeitern innerhalb der Gesamtarbeiterschaft auch Prestige und förderte das Entstehen eines Selbstbewußtseins, das seinen Ausdruck auch in gegen den Unternehmer gerichteten Organisationsbestrebungen finden konnte. Offen bleiben muß, wie weit ein Zusammenhang bestand zwischen dem *Dispositionsspielraum* der gelernten Arbeiter in der Arbeit und der Fähigkeit, auch im übrigen Leben selbständig komplexe Probleme zu entscheiden, rational die eigenen Interessen zu erkennen und Einsichten in Handlungen umzusetzen. Dies scheint immerhin plausibel. Sicherlich schuf der größere Freiraum im Arbeitsprozeß bessere Möglichkeiten zur Kommunikation mit den Arbeitskollegen und trug damit zum Entstehen eines gemeinsamen Bewußtseins bei.

Für eine bessere Organisation der gelernten bzw. allgemeiner der qualifizierteren Arbeiter sprach vor allem auch ihre spezifische Interessenlage im Lohnbereich: Höhere Qualifikation bedeutete in der Regel (Ausnahme sind v. a. Vorarbeiter, d. h. Aufsichtspositionen) *Arbeit im Akkord*. Charakteristisch für diese Lohnform waren bei steigender Produktivität der Arbeit sich wiederholende Senkungen der Lohnsätze, die den Gegensatz zwischen den Interessen des Unternehmens und jenen der Arbeiter hervorhoben. Besonders auf einem niedrigeren Stand der Produktionstechnik und der Verwissenschaftlichung der Produktionsorganisation waren die Arbeiter zu Recht der Auffassung, daß Produktions- und Produktivitätssteigerungen zu einem wesentlichen Ausmaß auf ihr Konto gingen. Wenn sie – was im Untersuchungszeitraum in der Regel der Fall war – nur in geringem Maße am Ergebnis dieser Produktivitätssteigerung beteiligt wurden, so kam sehr direkt ein Gegensatz zwischen Arbeit und Kapital zum Ausdruck.

Das Unternehmen versuchte mit der Akkordarbeit schließlich nicht nur die Produktivität der Arbeit durch kleine technische Verbesserungen und optimale Arbeitsorganisation zu erhöhen, sondern auch die Arbeiter zu schnellerer, intensiverer Arbeit zu bewegen. Die Betroffenen mußten als Reaktion darauf ihrerseits versuchen, ihre Arbeitskraft nicht vollständig auszugeben, um so Akkordkürzungen zu vermeiden. Da dies nur gemeinsam möglich war, entstand formelle oder informelle Organisation häufig spontan direkt aus der Arbeitssituation. Eine gewisse minimale Organisation, eine Verständigung über gewisse Normen und deren Durchsetzung erwies sich in der alltäglichen Arbeitssituation als äußerst wichtig. Fehlte sie, so wirkte sich das über erhöhten Arbeitsdruck und sinkenden Lohn unmittelbar negativ aus. Solidarität hatte für diese Arbeitergruppen direkte praktische Bedeutung, der Egoismus einzelner schädigte *alle*. Die Meister und andere Vorgesetzte versuchten ihrerseits, an diesen Einzelegoismus zu appellieren, um die Interessengemeinschaft der Arbeiter zu durchbrechen. Häufig gelang dies, doch die resultierende Mißstimmung konnte bei den Arbeitern wiederum das Bewußtsein der Notwendigkeit einer starken und disziplinierten gewerkschaftlichen Organisation fördern. Zwar beschränkte sich das spontan entstehende Organisationsinteresse zunächst auf den engen Arbeitsbereich einer Berufsgruppe, doch lag darin immerhin ein wichtiger Unterschied zu den im Stundenlohn bezahlten Handlangern, denen individuelle Verhaltensweisen von ihrer Arbeitssituation her häufig erfolgversprechender erschienen. Teilweise versuchten sie, sich von der Arbeit möglichst ‚zu drücken', teils durch Anpassung an die Unternehmensnormen Aufstiegsmöglichkeiten in qualifiziertere Tätigkeiten zu erhalten.

Ein weiteres wesentliches Element, das die unterschiedliche Organisationsfähigkeit der Arbeiter verschiedener Qualifikation erklären kann, liegt in der *innerbetrieblichen Lohn- und Statushierarchie*. Die großen Lohndifferenzen zwischen qualifizierten und unqualifizierten Arbeitern schufen unterschiedliche Perspektiven auch in der gewerkschaftlichen Organisation. Für die qualifizierten Berufsarbeiter ging es wesentlich auch darum, Verschlechterungen ihrer Situation durch technische und betriebsorganisatorische Entwicklungen nach Möglichkeit abzuwehren oder zumindest das Eindringen von Ungelernten in den Beruf zu verhindern. Für die Masse der ungelernten Arbeiter gab es dagegen viel weniger zu verlieren. Sie waren in ihren Zielen und Mitteln häufig radikaler, aber auch unüberlegter. Das vorsichtige Vorgehen der gelernten Arbeiter stand mit ihren Erwartungen oftmals in Widerspruch.

Nach diesen mehr statischen Betrachtungen stellt sich die Frage nach den *Veränderungen im Untersuchungszeitraum*. Allgemein kann man sagen, daß im Verlauf der durch zunehmende Maschinisierung und Normierung der Arbeit gekennzeichneten Entwicklung das Qualifikationsniveau der gelernten Arbeiter tendenziell absank, und die Differenz zu den un- und angelernten Arbeitern sich verringerte. Die auffallendsten Entwicklungen bei GF waren in der Vorkriegszeit das Aufkommen der angelernten Maschinenformer und die stufenweise Entwertung der Tätigkeit der Handformer, welche die Grundlagen ihrer Berufsorganisation zunehmend zerstörte. Die generellen Einschränkungen des Qualifikationsniveaus vor allem in der Form einer Verengung, Systematisierung und Normierung der notwendigen Berufsfertigkeiten entsprechend den steigenden Eigenfähigkeiten der Maschinen und einer restriktiveren Arbeitsorganisation beschränkten aber den Dispositionsspielraum aller Arbeiter zunehmend. Diese Tendenzen waren schon in der Vorkriegszeit wirksam, doch gewannen sie in den Rationalisierungsschüben der zwanziger Jahre entscheidend an Gewicht. Die Folge waren sinkende Möglichkeiten – auch für die gelernten Arbeiter –, in der Arbeit intellektuelle Fähigkeiten zum Einsatz zu bringen. Wie sich dies auf ihr Organisationsverhalten und ihr Bewußtsein auswirkte, ist indessen unklar. Wurden solche brachliegende Fähigkeiten vermehrt in die politische und gewerkschaftliche Arbeit eingebracht und lagen in solcher Frustration auch Quellen der Motivation zu solchen Tätigkeiten oder nahm umgekehrt die Fähigkeit zu selbständiger Organisationstätigkeit auch im Bereich außerhalb der Arbeit ab? Die Frage läßt sich nicht eindeutig beantworten; deutlich ist immerhin, daß die gelernten Arbeiter auch jetzt wesentlich organisationsbereiter waren. Der für die Organisationsfrage bedeutsamste Aspekt ist indessen die zunehmende Vereinheitlichung der Interessenlage der Arbeiter, die Ziele, Bewußtseins- und Verhaltensformen der unterschiedlich qualifizierten Gruppen einander annäherte.

Sehr bedeutsam waren hierfür die Veränderungen im Lohnsystem, die wesentlich Ausdruck des Wandels im Bereich von Technik und Unternehmensorganisation sind. Nachdem die Lohnstruktur, d.h. die Relation der Löhne verschiedener Berufe, von der Jahrhundertwende bis 1918 nahezu stabil geblieben war, fand in den Jahren bis 1922 eine wesentliche Angleichung statt, auf die eine erneute Verfestigung folgte. Bedeutsamer noch waren die Veränderungen bei der *Lohnform*. Bis 1918 stieg der Anteil der Akkordarbeit auf über achtzig Prozent; immer weitere Gruppen wenig qualifizierter Arbeiter gelangten so in die typische Interessenlage der Akkordarbeiter. Die Folgezeit brachte allerdings wieder einen Rückgang der Akkordarbeit, der jedoch nicht einfach einen Rückschritt zum früheren Zustand bedeutete, sondern Ausdruck eines tiefgreifenden Funktionswandels des Akkordsystems selbst war. Die Akkordlöhne dienten zwar immer noch als Leistungsanreiz, doch lag ihre Bedeutung immer weniger darin, die Arbeiter zu schnellerer Arbeit anzutreiben – diese Funktion wurde zunehmend durch das Maschinensystem selbst übernommen (Fließarbeit etc.) –. Die Arbeiter sollten interessiert werden an einem reibungslosen Ablauf der Produktion, an der Vermeidung und der raschen Behebung von Störungen. Ebenso konnten über die Akkordzuschläge besonders beanspruchende Arbeitsbedingungen kompensiert werden. Das Unternehmen achtete nun im Unterschied zur Zeit vor 1914 darauf, daß aus Akkordrevisionen keine Lohnverluste der Arbeiter resultierten, wie umgekehrt Akkordsenkungen zur Kompensation von Produktivitätssteigerungen viel rascher vorgenommen wurden. Auch jetzt noch mußten die Arbeiter darauf sehen, daß sich die Akkorde nicht durch übertriebene Akkordleistungen verschlechterten und mußten versuchen, bei den Akkordaufnahmen ihre Leistungsgrenzen zu verschleiern. Dies war aber weniger nötig, um Lohnsenkungen zu vermeiden, als um Intensitätssteigerungen der Arbeit abzuwehren. Weiterhin blieb also eine gewisse Solidarität der Arbeiter im Eigeninteresse jedes einzelnen. Doch aus solchen Fragen resultierten weniger offene Konflikte mit dem Unternehmen, unter anderem deshalb, weil die Intensität der Arbeit viel schwieriger meßbar war als Lohnveränderungen und deshalb einen schwerer definierbaren Konfliktgegenstand bildete. Man kann also sagen, daß auch bei der Lohnform die Tendenz auf eine Vereinheitlichung der Lage der Arbeiterschaft hinauslief, in einer ersten Phase verbunden mit den besonderen das Interesse an Organisation fördernden Aspekten eines relativ primitiven Akkordsystems, in einer zweiten Phase dagegen unter den Bedingungen eines ausgeklügelten, zentral kontrollierten Lohnsystems, dem auch die Akkordarbeiter auf Abteilungsebene nur noch wenig entgegensetzen konnten.

Neben diesen technisch und betriebsorganisatorisch bedingten Einflußfaktoren, die sich um den Aspekt der Qualifikation gruppieren lassen, sind jene Wirkungen zu berücksichtigen, die von den *Rekrutierungsproblemen* und der *Beschäftigungspolitik* des Unternehmens ausgingen. Die wesentlichen Stichworte sind hier Fluktuation, Betriebstreue (Arbeiterstamm) und einige damit zusammenhängende Differenzierungsfaktoren wie Alter, Herkunft (Nationalität), Wohnbereich. Die Untersuchung hat gezeigt, daß die *Fluktuationsraten* bei GF vor allem in der Vorkriegszeit sehr hoch waren. Dies war wesentlich eine Folge der starken Expansion des Unternehmens, die zahlreiche Neueinstellungen zur Belegschaftsvergrößerung nötig machte. Da die Fluktuationsneigung in den ersten Jahren der Beschäftigung sehr viel höher lag als nachher, mußten daraus für lange Zeit hohe Gesamtfluktuationsraten resultieren. In der Nachkriegszeit, bei eher stagnierenden Beschäftigtenzahlen, sank die Fluktuationsrate beträchtlich. Welche Wirkungen hatte diese Entwicklung für Interessenlage, Organisationsmöglichkeiten und Bewußtsein der Arbeiter? Offenkundig müssen bei der Einschätzung der Fluktuation gegensätzliche Tendenzen unterschieden werden: Einerseits lag in der Möglichkeit zur Fluktuation für den einzelnen eine Chance zum *Ausweichen* vor unerträglichen Arbeitsbedingungen und riskanten Konflikten, wenn die Erfahrung auch lehren mußte, daß die Bedingungen in anderen Betrieben kaum besser waren. Das Bewußtsein für die Notwendigkeit der Organisation und des kollektiven Vorgehens konnte so nachhaltig geschwächt werden. Die hohe Fluktuation schwächte auch den inneren Zusammenhalt der Arbeiterschaft und akzentuierte die Interessengegensätze zwischen Längerbeschäftigten und Neueintretenden. Dazu trug die Situation im Wohnbereich bei, die für die zugezogenen Arbeiter materiell wie psychologisch sehr viel schlechter war als für sozial wenigstens im Arbeitermilieu relativ integrierte einheimische Arbeiter. Besonders stark kam dies bei den fremdsprachigen Ausländern zum Ausdruck, die auch innerhalb der Arbeiterschaft weitgehend isoliert blieben. Auf der anderen Seite waren die mobileren, fluktuationsbereiteren Arbeiter der Unternehmerrepression weniger ausgesetzt, da sie durch den Verlust des Arbeitsplatzes nicht so stark zu treffen waren. Die mobileren Arbeiter waren in der Regel die Jungen, Unverheirateten, die ihren Lebensunterhalt relativ leicht sichern konnten. Ihre Organisationschancen und ihre Konfliktfähigkeit waren deshalb unter diesem Aspekt höher als jene der längerbeschäftigten Arbeiter.

Welche Komponente der Fluktuation, die organisationshemmende oder die organisationsfördernde, dominierte nun bei GF? Allgemein kann festgestellt werden, daß weder tiefe noch hohe Fluktuation ein entscheidendes Hindernis für konfliktfähige Organisation der Arbeiterinteressen darstellte. Die stärkste gewerkschaftliche Organisation bildete sich bei GF zu der Zeit mit den höchsten Fluktuationsraten während des Weltkriegs aus. Typisch für diese Zeit war allerdings, daß die allgemeine Verschlechterung der Lebenslage der Arbeiter kein Ausweichen ermöglichte. Unter diesem Druck vereinheitlichte sich das Bewußtsein der Arbeiter in den verschiedenen Betrieben. Dies hatte zur Folge, daß sich auch die fluktuierenden Arbeiter rasch in konkrete Kämpfe einfügen konnten. Ebenso verkleinerte sich durch die Umgestaltung der Arbeitsplatzstruktur während des Krieges der Anteil der stärker an die Unternehmen gebundenen Stammarbeiter; die Arbeiterschaft wurde also auch in dieser Hinsicht in ihrer Interessenlage vereinheitlicht. Der Rückgang der Zahl der Ausländer trug gleichfalls zur Ausebnung von Gegensätzen in der Arbeiterschaft bei. Unter diesen Rahmenbedingungen dominierten die organisationsfördernden Elemente der Fluktuation. In der Vorkriegszeit hingegen, mit ihrer auch im Arbeitsbereich größeren Differenzierung der Arbeit, war ihre Wirkung eher negativ, vor allem weil ein allgemeines, von der Situation am einzelnen Arbeitsplatz relativ unabhängiges Bewußtsein noch fehlte. Nach dem Krieg sank die Fluktuationsrate ab und der Anteil des Arbeiterstamms wuchs stark an. Im Verlaufe der zwanziger Jahre gewannen dadurch vor allem die konfliktverhindernden Folgen niedriger Fluktuationsraten und langer Beschäftigungsdauer an Bedeutung. Die strukturell geringe Konfliktfähigkeit der durch Lebensalter und Familiensituation gebundenen längerbeschäftigten Arbeiter wurde zudem vom Unternehmen noch systematisch geschwächt. Durch *Sozialleistungen*, deren Bezugsberechtigung stark von der Beschäftigungsdauer abhing, wurde das Konfliktrisiko der längerbeschäftigten Arbeiter erhöht. Man riskierte in der Auseinandersetzung mit dem Unternehmen neben dem Arbeitsplatz auch den Verlust gewichtiger Privilegien (Werkwohnung, Pensionen, Alterssparversicherung). Diese Unternehmensstrategie galt zwar im ganzen Untersuchungszeitraum, doch ihr Einfluß auf das Verhalten der Gesamtarbeiterschaft nahm mit dem Anwachsen des Arbeiterstamms in den zwanziger Jahren erheblich zu. Anderseits verringerte sich das Gewicht eines anderen wichtigen Differenzierungsmerkmals: Der Anteil der *ausländischen* und insbesondere der *fremdsprachigen Arbeiter* ging ab 1914 wesentlich zurück. Schließlich läßt sich auch feststellen, daß die Unterschiede zwischen städtischer Arbeiterschaft und den Arbeitern, die in den umliegenden Gemeinden wohnten, geringer wurden. Nach der Kriegszeit dominierten die Erfahrungen am (städtischen) Arbeitsplatz die Einflüsse der Wohnsituation deutlich.

Arbeitskonflikte und institutionelle Bedingungen als Bestimmungselemente des Arbeiterbewußtseins

So wichtig Arbeitsbedingungen und Struktur der Arbeiterschaft zur Erklärung von Organisationsentwicklung und Arbeiterbewußtsein auch sind, so lassen sich doch Organisation und Verhalten der Arbeiter nicht direkt aus ihnen erklären. Sie bestimmen zwar die konkrete Interessenlage der verschiedenen Arbeitergruppen und ihre besonderen Chancen, sich gegen die Unternehmerrepression zu behaupten, doch liegen die allgemeinen Erfolgsbedingungen der Gewerkschaften und die Einflüsse auf das Arbeiterbewußtsein nur zum kleineren Teil in der betrieblichen Arbeitssituation begründet. Ob Organisation zustande kommt und in welchen Formen dies geschieht, bestimmt sich wesentlich erst in den Auseinandersetzungen zwischen Unternehmen und Arbeiterschaft. Erfolg oder Mißerfolg entscheiden sich insbesondere an der Frage, ob es den Arbeitern und den Gewerkschaften wenigstens teilweise gelingt, ihre unmittelbar wichtigen Forderungen gegenüber den Unternehmern durchzusetzen. Diese Konflikte laufen nun, wie schon in der Einleitung ausgeführt wurde, nicht kontinuierlich ab. Bestehende Spannungen kommen in einzelnen Auseinandersetzungen zum Ausbruch, werden darin abgebaut oder aber, wenn die Macht der Arbeiter zu einer Veränderung nicht ausreicht, in neuen institutionellen Formen weiter aufgestaut.

In den verschiedenen Bewegungen der Vorkriegszeit erwies sich bei GF, daß die Gewerkschaft durchwegs zu schwach war, um Forderungen gegenüber der Firma durchzusetzen. Dies lag teilweise an Mängeln der gewerkschaftlichen Organisationsstruktur und war zum Teil auch Folge der im innerbetrieblichen Bereich noch starken Interessengegensätze zwischen verschiedenen Arbeitergruppen, die gemeinsames

Vorgehen erschwerten. Wohl in erster Linie kam darin aber die gesamtgesellschaftliche Schwäche der Arbeiterbewegung zum Ausdruck, die nicht verhindern konnte, daß die Unternehmer in Arbeitskonflikten die Unterstützung der Machtmittel des bürgerlichen Staates fanden. Es gelang der Gewerkschaft zwar, die Arbeiterschaft in einzelnen Bewegungen recht weitgehend zu mobilisieren, doch vermochte sie nach den Niederlagen nicht, die Arbeiter vom Sinn gewerkschaftlicher Organisierung zu überzeugen. Dies galt besonders für die Ungelernten, die der Gewerkschaft weitgehend fern blieben.

In der Folge versuchte der Verband, seine Durchschlagskraft in Arbeitskämpfen durch verbesserte Organisation, verstärkte Finanzen usw. zu verbessern, doch die gleichzeitig erfolgenden Organisationsbestrebungen der Unternehmer gegen die Gewerkschaften erwiesen sich bis 1914 als erfolgreicher. Die innerorganisatorischen Veränderungen wirkten jedoch auf Bewußtsein und Verhalten der Arbeiter zurück: Da die Versuche zur Organisierung der Ungelernten um die Jahrhundertwende gescheitert waren, blieb die Gewerkschaft bis zum Weltkrieg weitgehend eine Berufsarbeiterorganisation, der es schwer fiel, die speziellen Interessen der Ungelernten zu vertreten. Die Verbesserung der Organisationsstruktur und der Ausbau der Dienstleistungen, der teilweise die werbende Funktion gewerkschaftlicher Erfolge im Arbeitsbereich übernehmen sollte, erforderten zunehmend die Einstellung professioneller Funktionäre, die rasch dominierenden Einfluß auf den Verband erlangten. Gleichzeitig zentralisierten sich die Entscheidungen zunehmend, da auch die Gegenpartei nun als geschlossene Organisation auftrat. Die Zahl der offenen Konflikte ging zurück, einzelne Arbeitskämpfe, die meist in Zentren der Bewegung geführt wurden, gewannen dafür strategische Bedeutung. Dagegen versuchten die Funktionäre, Arbeitskämpfe außerhalb der wichtigen Zentren, bei relativ schlechter Organisation der Arbeiterschaft, möglichst zu vermeiden. Sie traten daher zunehmend als Abwiegler in Erscheinung. Kämpferisches Bewußtsein bei den Arbeitern erschien ihnen in den meisten Fällen eher als störendes Element. Wer versuchte, die Disziplin des Verbandes zu durchbrechen und die bestehende vorsichtige Gewerkschaftspolitik angriff, wurde – wie in Schaffhausen der Ausschluß des Syndikalisten Ryborz zeigte – heftig bekämpft. Die Schwäche der Gewerkschaft, teilweise Folge der innerbetrieblichen Situation der Arbeiter, wahrscheinlich in erster Linie aber der politischen Bedingungen, wirkte so auf das Bewußtsein der Arbeiter zurück.

Während des Krieges machte nicht nur die Vereinheitlichung der betrieblichen Arbeitssituation Fortschritte, sondern die gemeinsame Not näherte die Lebenssituation aller Arbeiter einander an. Der spontane Widerstand wuchs auf breiter Ebene und damit gelang es der Arbeiterbewegung aus dem Teufelskreis mangelnder Erfolge und daraus resultierender ungenügender Mobilisierung der Arbeiter auszubrechen. Die gewerkschaftliche Tätigkeit erbrachte unter dem Druck der Arbeiter ab 1916 zunehmend Erfolge, die allerdings von der Teuerung ständig zunichte gemacht wurden. Dies verstärkte aber nur die Erbitterung und die Entschlossenheit der Arbeiter. Auch die Gewerkschaftsfunktionäre schlossen sich dem radikaleren Kurs der Arbeiter zunehmend an, doch blieb die zentralistische und von den beamteten Sekretären beherrschte Organisationsstruktur unverändert. Nach dem Krieg, als die veränderte

Wirtschaftslage und die politischen Rückschläge der internationalen Arbeiterbewegung die Arbeiter wieder in die Defensive drängten, konnte so die vorsichtige Politik der Vorkriegszeit, die sich gegen die Eigenaktivität der Basis nach Möglichkeit absicherte, in den Gewerkschaften relativ leicht wieder aufgenommen werden. Der Unterschied zur Vorkriegszeit bestand allerdings darin, daß die Gewerkschaften in einer wesentlich gestärkten Position von den Unternehmern kaum mehr grundsätzlich bekämpft, sondern zunehmend als Verhandlungspartner anerkannt wurden. Welche Auswirkungen hatten diese Entwicklungen auf das Bewußtsein der Arbeiter?

War das Bewußtsein der ungelernten Arbeiter vor dem Krieg weitgehend von Resignation bestimmt und jenes der Berufsarbeiter von ihren besonderen Interessen als gelernte Arbeiter, so erfolgte auch in diesem Bereich während des Krieges eine starke Annäherung. In dieses neue gemeinsame Bewußtsein ging einerseits die Erfahrung ein, daß die Arbeiter gemeinsam *erfolgreich* für ihre Interessen kämpfen konnten, am Arbeitsplatz, im Betrieb, gegen die Verbände der Unternehmer und auch auf der politischen Ebene. Zweiter entscheidender Faktor war die Erkenntnis, daß es eine Solidarität zwischen den Klassen nicht gab, daß den Unternehmern und dem Bürgertum allgemein nicht zu trauen sei, und daß der einzige Schutz für die Arbeiterschaft und die einzige Möglichkeit zur Verbesserung der eigenen Lage auf dem solidarischen Kampf der Arbeiter selbst beruhten. Diese Solidarität nahm konkrete Formen an: Es war nicht damit getan, die Beiträge pünktlich zu bezahlen oder im äußersten Fall diszipliniert und geschlossen unter zentraler Leitung der Gewerkschaftsführung in den Streik zu treten. Man hatte auch nicht einfach das Resultat von Verhandlungen auf höchster Ebene zur Kenntnis zu nehmen, sondern die Arbeiter waren vielfach gezwungen, ihre Forderungen selbst zu formulieren, selbst vorzubringen, in Verhandlungen zu verteidigen und die Resultate mit den Kollegen zu besprechen. Nicht die großen Streikaktionen allein, sondern in sehr wesentlichem Maße die Bewegungen der einzelnen Arbeitergruppen in den Betrieben – unspektakulär und von außen gesehen kaum sichtbar – waren so, gerade weil sie ein aktives neues Verhalten erforderten, für diese Bewußtseinsveränderungen von außerordentlicher Bedeutung.

Die Erfahrungen der Kriegszeit blieben auch unter den veränderten Bedingungen der zwanziger Jahre für das Bewußtsein der Arbeiter von zentraler Bedeutung. Dazu kam nun aber die Erkenntnis, daß die Macht der Arbeiterbewegung weiterhin eng begrenzt blieb. Weder gegen Militäreinsätze noch gegen Arbeitslosigkeit und Lohnabbau im Gefolge der Krise vermochte die Gewerkschaftsorganisation Entscheidendes zu erreichen. Zur Erfahrung der Klassengegensätze in ihrer ganzen Schärfe kam so die Einsicht, daß diese Verhältnisse zumindest kurzfristig nicht aufhebbar waren. Die prägenden Erfahrungen der Kriegszeit wurden dadurch zwar nicht aufgehoben, jedoch in bestimmter Weise modifiziert. Die unterschiedlichen Reaktionen sollen hier versuchsweise in drei typischen Verhaltensmustern zusammengefaßt werden:

Eine erste Reaktionsweise bestand im Rückzug von der Bewegung, in Resignation unter Bedingungen, die kurzfristig keine Erfolge mehr versprachen, ohne daß damit die bestehenden Zustände unbedingt akzeptiert wurden. Dies ist das gewissermaßen ‚klassische' Reaktionsmuster, das wir vor allem bei den ungelernten Arbeitern schon vor 1914 feststellen konnten. Immer nach (gescheiterten) Bewegungen resignierte ein

Großteil der beteiligten Arbeiter, nicht bereit oder fähig, auf eine längerfristige Perspektive hin in den Gewerkschaften aktiv zu bleiben. Auch jetzt waren es in erster Linie die weniger qualifizierten Arbeiter, die zu diesem Verhalten tendierten.

Eine zweite Gruppe der Arbeiter blieb den Gewerkschaften treu und unterstützte ihre Politik, die im Rahmen des bestehenden Systems versuchte, durch Verhandlungen und taktische Kompromisse die strukturelle Machtposition der organisierten Arbeiter zur Verbesserung ihrer Lage auszunützen. Auf der individuellen Ebene entsprach dieser Einstellung die Erwartung, daß es im Rahmen des Systems möglich sei, gewisse persönliche Lebensziele (z. B. beruflichen Aufstieg, materielle Sicherheit, soziale Anerkennung usw.) zu erreichen. Zu dieser Haltung neigten vor allem Berufsarbeiter, aber auch Arbeiter in ländlicheren Gebieten, die von den Klassenauseinandersetzungen während der Kriegszeit nicht in ganzer Schärfe erfaßt worden waren. Das Beispiel Schaffhausen zeigt allerdings, daß es sich hier nur um einen sehr allgemeinen Zusammenhang handelt, der im Einzelfall durch besondere institutionelle oder personelle Bedingungen überlagert werden konnte.

Eine dritte Position wurde von jenen Arbeitern eingenommen, die aktiv gegen das bestehende Wirtschafts- und Gesellschaftssystem ankämpften und in diesen Kampf auch die gewerkschaftlichen Organisationen einordnen wollten. Für diese Gruppe blieben die Erfahrungen der Kriegs- und unmittelbaren Nachkriegszeit, die sie zu einer generellen Ablehnung des kapitalistischen Systems geführt hatten, auch unter den veränderten Bedingungen der zwanziger Jahre bestimmend. Bei dieser dritten Kategorie handelte es sich innerhalb der Arbeiterschaft um eine kleine, aber dennoch wichtige und in manchen Fällen bestimmende Minderheit, die in Schaffhausen zumindest bis 1924 auf die Arbeiter der ersten Gruppe starken Einfluß ausübte. Ihre aktivsten Vertreter gehörten in den meisten Fällen auch der Kommunistischen Partei an. Diese politisch stark engagierten, radikalen Arbeiter rekrutierten sich überwiegend aus den jungen Aktivisten, die während der Kriegsjahre die Bewegungen in den einzelnen Betrieben autonom entwickelt hatten. Gelernte und Ungelernte waren unter ihnen gleichermaßen vertreten.

Wie verschoben sich nun die Gewichte zwischen diesen Tendenzen im Verlaufe der zwanziger Jahre? In Schaffhausen wurde deutlich, daß die kommunistische Gruppe ab 1925 ihren Einfluß auf die unorganisierten und resignierten Arbeiter zunehmend zu verlieren begann, ohne daß die reformistisch orientierte Gruppe Fortschritte gemacht hätte. In dieser Hinsicht ist die Entwicklung bei GF und in Schaffhausen indessen nicht typisch für schweizerische Verhältnisse. An den meisten Orten setzte sich die reformistische Position rasch durch, wenn auch ein beträchtlicher Teil der Arbeiter unorganisiert blieb.

Veränderungen im Verhältnis von Arbeitssituation und Bewußtsein

Es stellt sich hier zum Schluß die Frage, wie diese Entwicklungen mit längerfristigen Veränderungen der betrieblichen Arbeitsbedingungen in Verbindung gebracht werden können. Die Ausgangsthese dieser Arbeit unterstellte einen relativ engen Zusammenhang zwischen betrieblichen Arbeitsbedingungen, Organisation, Verhalten und Bewußtsein der Arbeiter. Wie verhält es sich damit? Ist dieser noch erkennbar oder verschwindet er zunehmend unter institutionalisierten Formen von Organisation und Verhalten der Klassenparteien? Wurde das gesellschaftliche Bewußtsein der Arbeiter durch die betrieblichen Verhältnisse oder aber durch allgemeinere und teilweise vermittelte gesellschaftliche Erfahrungen bestimmt?

Eine erste negative Antwort auf diese Frage liegt darin, daß es nicht gelungen ist, die im schweizerischen Rahmen abweichende Entwicklung in Schaffhausen und bei GF mit besonderen Entwicklungen der Arbeitssituation in einen engeren Zusammenhang zu bringen. Mit der Verallgemeinerung der Erfahrungen und des Bewußtseins der Arbeiter während des Krieges, welche die Unterschiede zwischen Berufs- und Nichtberufsarbeitern und zahlreiche andere Differenzierungen, die das Verhalten der Arbeiterschaft vor 1914 bestimmt hatten, zurücktreten ließ, verringerte sich offenbar die Bedeutung der speziellen Arbeitssituation für das gewerkschaftliche Verhalten und das gesellschaftspolitische Bewußtsein. Die Besonderheiten der speziellen Arbeitssituation besaßen nun weniger Einfluß auf Einstellungen und Verhalten der Arbeiter als umgekehrt das Gesellschaftsbewußtsein auf ihre Einstellung zur Arbeit. Die Angleichung der Arbeitsbedingungen der Arbeiterschaft und die Verallgemeinerung der Bewegung während des Krieges hatten die Fragen gewerkschaftlicher und politischer Organisation im Bewußtsein der Arbeiter auf eine allgemeinere Stufe gehoben, die nicht mehr so deutlich von der speziellen betrieblichen Situation bestimmt wurde. Die innerbetrieblichen Erfahrungen und die individuelle berufliche Biographie beeinflußten die politischen Grundentscheidungen zwar weiterhin, wie dies vor allem am unterschiedlichen Verhalten gelernter und ungelernter Arbeiter zum Ausdruck kommt, doch gewannen außerbetriebliche Einflüsse stark an Bedeutung.

Dennoch sind die Veränderungen im betrieblichen Bereich für die Durchsetzung der reformistischen Gewerkschaftsposition, mit ihrer Tendenz zur Vermeidung von Konflikten und zur zentralistischen und autoritären Kontrolle der Bewegung, sehr bedeutsam. Die Vereinheitlichung von Technik und betrieblicher Organisation erlaubte Verhandlungen auf höherer Ebene und allgemeinere Regelungen, die in allen Bereichen der Produktion und in verschiedenen Betrieben gleichermaßen zur Anwendung gelangen konnten. Für eine Gewerkschaftsgruppe auf Abteilungsebene blieben so nur minder wichtige Funktionen (von der Gewerkschaft aus gesehen in erster Linie die Agitation für den Verband), die nicht mehr verglichen werden können mit der Bedeutung, die die aktive Tätigkeit im Betrieb etwa für die Gießergruppe, die Maschinenformer oder Gewindeschneider in der Vorkriegszeit bzw. für alle Gruppen der Arbeiterschaft während des Krieges hatte. Erfolgreiche gewerkschaftliche Tätigkeit erforderte so immer weniger eine aktive und mutige Tätigkeit im Betrieb, sondern eine gut funktionierende gewerkschaftliche Bürokratie, die allerdings auf einen hohen Organisationsgrad in den Betrieben angewiesen blieb. Für den Gewerkschaftsaktivisten alten Typs, der Initiative, Selbständigkeit und ein starkes Engagement in die Gewerkschaftsarbeit eingebracht hatte, blieb hier nur noch wenig Raum. Was die Gewerkschaft brauchte, waren fleißige, zuverlässige und für ihre Mitarbeiter überzeugende Vertrauensleute, die die Ideen der Organisation verbreiteten und Mitglieder warben.

Damit soll nicht gesagt werden, daß für eine aktive Gewerkschaftstätigkeit in den einzelnen Abteilungen und Betrieben, in Fragen der Gestaltung der Arbeitsbedingungen – von der Behandlung durch die Vorgesetzten bis hin zu Akkordfragen, die bei allen Verbesserungen der Lohnsysteme doch immer Brisanz behielten – tatsächlich kein Raum mehr bestand. Ebenso stand Bestrebungen zu einer betrieblichen Mitbestimmung, wozu Anfang der zwanziger Jahre durchaus gewisse Ansätze bestanden, prinzipiell ein weiter gewerkschaftlicher Tätigkeitsbereich offen. Dahingefallen war jedoch die *Notwendigkeit* solcher betrieblicher Aktivität für den Erfolg der Gesamtorganisation. Der Gewerkschaftsführung wurde es dadurch mehr und mehr möglich, auf Organisations- und Kampfformen zu verzichten, die sie in frontalen Gegensatz zu den Unternehmern gebracht und in der eigenen Organisation radikale, systemverändernde Kräfte gefördert hätten. Die autonome Aktivität der Basis erschien der Gewerkschaftsführung in erster Linie als Störfaktor, der den Ausbau der geregelten Beziehungen zur Unternehmerseite gefährdete und ihre eigene Stellung im Verband potentiell schwächte. Je weiter umgekehrt die kampflosen Konfliktregelungsinstrumente im Verkehr mit den Unternehmern entwickelt waren, und diese die Ordnungsfunktionen der Gewerkschaft anerkannten, desto eher konnte die Gewerkschaftsführung auf eine aktive, kampfbereite Basisorganisation verzichten. In der schweizerischen Maschinen- und Metallindustrie setzte sich diese Tendenz über das ‚Friedensabkommen' von 1937 zwischen Gewerkschaft und Unternehmerverband bis zur Gegenwart geradlinig fort.

Eine weitere Klärung der Bedingungen dieser Entwicklung und möglicher Gegentendenzen kann auf dem Boden dieser Untersuchung nicht mehr geleistet werden. Dazu wären der Einbezug weiterer Betriebe, anderer Branchen, eine Ausdehnung des Zeitraums und schließlich internationale Vergleiche mit anderen Typen der Gewerkschaftsentwicklung notwendig.

Abkürzungsverzeichnis

A	Anhang
AK	Arbeiterkommission
ABM	Arbeiterbund Mühletal
ASM	Arbeitgeberverband Schweizerischer Maschinen- und Metallindustrieller
AZ	Schaffhauser Arbeiterzeitung
BBC	Brown, Boveri & Cie., Baden
Echo	Echo vom Rheinfall
FO	Fabrikordnung
GF	Eisen- und Stahlwerke von Georg Fischer in Schaffhausen ab 1896: Aktiengesellschaft der Eisen- und Stahlwerke von Georg Fischer in Schaffhausen ab 1903: Aktiengesellschaft der Eisen- und Stahlwerke vormals Georg Fischer in Schaffhausen ab 1947: Georg Fischer Aktiengesellschaft, Schaffhausen
GFV	Gießerfachverein
GV	Grütliverein
Jber.	Jahresbericht
Korr.	Korrespondenz der Sektion Schaffhausen-Neuhausen mit dem Zentralvorstand des SMV/SMUV
KP	Kommunistische Partei
LAV	Abteilung Lohnwesen, Betriebsbuchhaltung und allgemeine Verwaltung
MAG	Metallarbeiter-Gewerkschaft (Schaffhausen)
MAZ	Schweizerische Metallarbeiterzeitung
MFO	Maschinenfabrik Oerlikon
MRS	Maschinenfabrik Rauschenbach Schaffhausen
NZZ	Neue Zürcher Zeitung
OG	Organisationsgrad
SAZ	Schweizerische Arbeitgeber-Zeitung
SDM	Schlosser- und Dreherfachverein Mühletal
SG	Stahlguß
SH	Schaffhausen
SIG	Schweizerische Industrie-Gesellschaft Neuhausen
SMV/SMUV	Schweizerischer Metallarbeiterverband (bis 1915)/ Schweizerischer Metall- und Uhrenarbeiterverband
SP	Sozialdemokratische Partei
SUVA	Schweizerische Unfallversicherungsanstalt
SZG	Schweizerische Zeitschrift für Geschichte
Tageblatt	Tageblatt für den Kanton Schaffhausen
TG	Temperguß
VR	(mit Laufnummer und Datum) Verwaltungsratsprotokoll
VR	Volksrecht, Zürich
VSE	Verband Schweizerischer Eisengießereien
VSM	Verein Schweizerischer Maschinen-Industrieller
ZV	Zentralvorstand

Anmerkungen

Einleitung

[1] A. Knoepfli, Entwicklung zum Großunternehmen, Konzernbildung und Kartellpolitik am Beispiel der Georg Fischer AG, 1890–1930, lic. phil. (Manuskr.) Zürich 1976. H. Siegrist, Industrielle Organisation, Verwaltung und Angestelltenschaft am Beispiel der Georg Fischer AG, 1797–1930, phil. Diss. (Manuskr.), Zürich 1976.

[2] Vgl. dazu die Einleitung zu: J. Kocka, Unternehmensverwaltung und Angestelltenschaft am Beispiel Siemens, 1847–1914, Stuttgart 1969. Diese Studie war uns in mancher Hinsicht Anstoß und Vorbild.

[3] Zum Postulat der Begründung der Geschichte der Arbeiterbewegung nicht auf der Geschichte von Ideen und Ideologien, sondern auf einer Sozialgeschichte, d. h. der Geschichte überhaupt, aber auch auf einer speziellen Sozialgeschichte der Arbeiterschaft und der Arbeiterbewegung, vgl. G. Haupt, Programm und Wirklichkeit, Neuwied 1970, S. 124ff., S. 184ff.

[4] M. Perrot, Les ouvriers en grève. France 1871–1890, Paris 1973, weist zu Recht darauf hin, daß in Streiks zu vielen Fragen überhaupt erst Stellung genommen wird, zu denen im übrigen Quellen fehlen. Diese Informationen können zwar sehr wichtig sein, doch fehlt ihnen gerade die Kontinuität zur Erfassung der zeitlichen Entwicklung (es sei denn, die Zahl ähnlicher Konflikte ist beträchtlich). Zudem ist es häufig schwierig, Wahrheitsgehalt und Vollständigkeit solcher punktueller Quellen zu den sozialen Verhältnissen zu beurteilen.

[5] Zumindest für die Zeit bis 1918 ist das allerdings durchaus nicht so eindeutig. M. Vuilleumier, Quelques jalons pour une historiographie du mouvement ouvrier en Suisse, Cahiers Vilfredo Pareto, Nr. 29, 1973, sieht in der schweizerischen Geschichtsschreibung zu diesem Thema, sei es im universitären Bereich, sei es bei den neueren Selbstdarstellungen der Arbeiterbewegung, eine Tendenz zur Bevorzugung von Vertrag, friedlichen Verhandlungen und zur Abwertung der Kämpfe, welche die tatsächlichen Ereignisse verzerre. Größeres Gewicht auf die konfliktiven Aspekte der Entwicklung von 1900–1920 legt neuerdings Erich Gruner, Die Arbeiterbewegung in der Schweiz vor der Frage: Reform oder Revolution, SZG, Nr. 3, 1975, S. 269–283.

[6] Voraussetzung für die Verallgemeinerung ist eine entsprechende Begriffsbildung: „Allein die Anwendung der typisierend-verallgemeinernden Begriffe und Fragestellungen führt zu Ergebnissen, die begrenzt allgemeinen, Vergleiche ermöglichenden, wenn auch zunächst nur hypothetischen Charakter haben.“ Kocka, Unternehmensverwaltung, S. 31.

[7] Vgl. ebd., S. 32: „Die Untersuchung eines Teilproblems, wie sie eine Fallstudie ... darstellt, setzt, soll sie gelingen, immer einen gewissen Begriff vom Ganzen voraus, wie sie auch umgekehrt zu dessen Erkenntnis beitragen soll.“

[8] Ausführliches Material zu dieser Frage wird sicherlich die Arbeit von Heilwig Schomerus über die Arbeiterschaft der Maschinenfabrik Esslingen bringen. Vgl. H. Schomerus, Ausbildung und Aufstiegsmöglichkeiten württembergischer Metallarbeiter 1850–1914 am Beispiel der Maschinenfabrik Esslingen, in: U. Engelhardt u. a. (Hg.), Industrielle Welt, Stuttgart 1976, S. 372–393.

[9] E. Hobsbawm, Economic Fluctuations and Some Social Movements since 1800, in: Labouring Men, London 1964, S. 142.

[10] In eine ähnliche Richtung gehen – allerdings für die Analyse der Staatsfunktion – die Überlegungen von Heide Gerstenberger: „Vor allem aber sind die Klassenkämpfe nicht mehr nur im Hinblick auf ihren objektiven Begründungszusammenhang, sondern auch auf ihren konkreten Verlauf und ihre Resultate hin im Rahmen der Staatsanalyse zu untersuchen. Hierbei erhalten

dann jene besonderen Bedingungen analytische Bedeutung, die in einer Gesellschaft jeweils das Resultat voraufgegangener Klassenkämpfe sind und die die aktuelle Verfolgung von politischen Strategien mit beeinflussen. Sie sind teilweise verfestigt in den konkreten Verfassungsstrukturen eines Staates (in der aktuellen Staatsform), sie sind aber auch enthalten in bestimmten Traditionen und in typischen Verhaltensweisen. Nicht daß solche Strukturen den Inhalt von Klassenkämpfen determinierten; aber als Bahnen, in denen in einer Gesellschaft ökonomische und politische Strategien in aller Regel verfolgt werden, sind sie für die Staatsanalyse von Belang." H. Gerstenberger, Klassenantagonismus, Konkurrenz und Staatsfunktionen, in: Gesellschaft, Beiträge zur Marxschen Theorie 3, Frankfurt 1975, S. 21f.

[11] Ausgangspunkt dieser Schule sind die berühmten Hawthorne Experimente von Mayo, Roethlisberger, Dickson u. a., welche u. a. das Konzept der informellen Gruppen im Industriebetrieb entwickelten.

[12] Zur Kritik an diesem Ansatz: L. Coser, Theorie sozialer Konflikte, Neuwied und Berlin 1972, S. 19ff.; R. Dahrendorf, Soziale Klassen und Klassenkonflikt, Stuttgart 1957, S. 112ff.; W. Volpert, Die „Humanisierung der Arbeit" und die Arbeitswissenschaft, Blätter für deutsche und internationale Politik, 6/7 1974, S. 614ff.; W. Littek, Industriearbeit und Gesellschaftsstruktur, Frankfurt 1973, S. 23ff.; W. Burisch, Industrie- und Betriebssoziologie, 7. A., Berlin 1973, S. 44ff. Gegen Elton Mayo und seine Schule wird unter anderem der Vorwurf der Gewerkschaftsfeindlichkeit und der Instrumentalisierung ihrer Forschungen im Interesse der Unternehmer erhoben. „Es ist ein ausgesprochenes Charakteristikum der Hawthorne-Experimente, daß neugewonnene Erkenntnisse immer sofort auch in Handlungsanweisungen für die Unternehmensleitung umgesetzt wurden. (...) Mayo und Mitarbeiter erreichten durch ihre unmittelbaren Anweisungen zur Pflege der ‚zwischenmenschlichen Beziehungen'..., daß eine Solidarisierung der Arbeiterschaft als potentieller Machtfaktor verhindert wurde und keinerlei nationale Gewerkschaften sich in den Hawthorne-Werken organisieren konnten." Littek, S. 29.

[13] Vgl. etwa A. Kornhauser u. a. (Hg.), Industrial Conflict, New York, Toronto, London 1954. Zur Kritik vgl. H. J. Krysmanski, Soziologie des Konflikts, Reinbek 1971, S. 190ff.

[14] Dahrendorf, Klassenkonflikt, S. 216ff.

[15] Ebd., v. a. S. 203ff.

[16] Ebd., S. 117f.

[17] Zur Kritik an Dahrendorf vgl. D. Lockwood, Soziale Integration und Systemintegration, in: W. Zapf, Theorien des sozialen Wandels, Köln 1970, S. 124–137; Krysmanski, v. a. S. 137–142; E. Mayer, Theorien zum Funktionswandel der Gewerkschaften, Frankfurt 1973, S. 52f.; U. Schumm-Garling, Herrschaft in der industriellen Arbeitsorganisation, Frankfurt 1972, S. 48ff.

[18] Dahrendorf rechtfertigt den objektivistischen Interesse-Begriff mit seiner analytischen Fruchtbarkeit, unabhängig von seiner Richtigkeit. Klassenkonflikt, S. 166. Die Bestimmung des ‚objektiven' Interesses ist aber nicht ohne gesellschaftspolitische Prämissen möglich. Vgl. auch J. Kocka, Klassengesellschaft im Krieg, Göttingen 1973, S. 149, Anm. 16.

[19] „Die Transformation von Klassengegensätzen in Klassenspannungen bedeutet zumindest für die Angehörigen der abhängigen, beherrschten Klasse, daß in ihrem Bewußtseins-, Erlebnis- und Gefühlshorizont eine Diskrepanz zwischen ihren tatsächlichen Lebenschancen (wie sie sie erleben und verstehen) einerseits und ihren als legitim empfundenen Erwartungen und Ansprüchen anderseits eintritt und diese Diskrepanz mit Hinblick auf die gemeinsame Klassenlage interpretiert wird." Kocka, Klassengesellschaft, S. 4.

[20] Ebd., S. 4ff. Die bereits kurzen Ausführungen von Kocka sind hier noch stark gerafft. Bei der Unterscheidung der drei Ebenen ist zu beachten, daß sie logisch nicht gleichwertig sind. Die zweite Ebene dient, wie ich es sehe, dazu, Spannungssituationen auch dort zu erfassen, wo sie sich (noch) nicht in Organisation oder Aktion niedergeschlagen haben. Zwischen Klassenspannung, -organisation, -konflikt und -bewußtsein besteht zudem ein komplexer Zusammenhang, welcher im vorangegangenen Abschnitt angesprochen wurde (S. 17 f.).

[21] Das Modell ignoriert die zahlreichen weiteren Differenzierungen nicht, welche die gesellschaftliche Wirklichkeit strukturieren. Allerdings geht es von der Erwartung aus, daß das Merkmal der Klassenangehörigkeit an Bedeutung gewann und die anderen Schichtungsmerkmale in den Hintergrund drängte, „daß die Klassen damit homogener wurden; und daß die dichotomische Klassenstruktur somit im Krieg immer klarer und immer dominanter hervortrat". Kocka, Klassengesellschaft, S. 6. Kocka verwendet das Modell nur für die Darstellung der Kriegsjahre 1914–1918, bezieht aber die Vorkriegsentwicklung ein.

[22] Die Organisation kann auch erst spontan im Konflikt selbst entstehen; sie braucht zeitlich dem Konflikt nicht voranzugehen.

[23] Für die Schweiz vgl. E. Gruner, Die Arbeiter in der Schweiz im 19. Jahrhundert, Bern 1968, S. 946ff. Auch: Schweizerische Arbeiterbewegung, Zürich 1975. Für Deutschland etwa: D. Schneider, Der Streik. Begriff und Geschichte, Frankfurt 1971.

[24] Die Übergänge sind hier fließend und eine Einschätzung meist nur ex post möglich. Die Gründe für die Anerkennung der Gewerkschaft sollen hier nicht abstrakt ausdiskutiert werden. Man kann aber vielleicht sagen, daß ein Verhandlungspartner, wie ihn eine Gewerkschaft darstellen konnte, die Beziehungen zur Arbeiterschaft berechenbarer machte und so längerfristige Planung erleichterte, dies natürlich erst dann, wenn sich die Gewerkschaft in der Arbeiterschaft bereits in starkem Maße durchgesetzt hatte. Für Handwerk und Gewerbe, wo die Anerkennung der Gewerkschaften zuerst erfolgte, kam dazu, daß Verträge mit den Gewerkschaften, welche für die gesamte Branche bindend waren, ähnliche Konkurrenzbedingungen zwischen den Betrieben in bezug auf den Arbeitsmarkt schufen. Vgl. etwa K. Saul, Staat, Industrie, Arbeiterbewegung im Kaiserreich, Düsseldorf 1974, S. 61.

[25] Der hier verwendete Begriff des Aktivisten lehnt sich an jenen des ‚militant' im Französischen an. Er umfaßt nicht nur den Funktionär der Arbeiterorganisation, sondern allgemein „celui qui participe aux luttes sociales, qui combat, qui agit". J. Maitron, La personnalité du militant ouvrier français dans la seconde motié du XIXème siècle, Mouvement social, Nr. 33–34, 1960/61, S. 69.

[26] R. Dahrendorf, Industrie- und Betriebssoziologie, Berlin 1962, S. 102f., formuliert zu diesem Begriff, der von Theodor Geiger stammt, einige Bedingungen, welche zu einer Milderung der Konfliktformen im industriellen Bereich erfüllt werden müssen. Dazu gehören die Anerkennung der Legitimität der Konflikte (d. h. Anerkennung ihrer prinzipiellen Unvermeidbarkeit) und die Annahme von verbindlichen ‚Spielregeln'.

[27] Vgl. den Abschnitt über die Sozialeinrichtungen, S. 132 ff.

[28] Die Einschätzung der Bedeutung der Klassenkämpfe und vor allem der Streiks für die Entwicklung des Klassenbewußtseins der Arbeiter bildet einen der Konfliktpunkte zwischen der Linken und der Rechten in der Arbeiterbewegung. Vgl. etwa R. Luxemburg, Massenstreik, Partei und Gewerkschaften, Hamburg 1906; E. Bernstein, Der Streik, sein Wesen und sein Wirken, Frankfurt 1906. A. Jost, Gewerkschaften und Massenaktion, Rosa Luxemburgs Kritik der deutschen Gewerkschaftsbewegung, in: Claudio Pozzoli (Hg.), Jahrbuch Arbeiterbewegung, Bd. 3, Die Linke in der Sozialdemokratie, Frankfurt 1975. I. Fetscher, Proletarisches Klassenbewußtsein nach Marx und Rosa Luxemburg, in: Claudio Pozzoli (Hg.), Rosa Luxemburg oder die Bestimmung des Sozialismus, Frankfurt 1974. W. Müller-Jentsch, Materialien zur Gewerkschaftstheorie, in: Gesellschaft. Beiträge zur Marxschen Theorie, Bd. 3, Frankfurt 1975. Für die Schweiz vgl. H. Greulich, Wo wollen wir hin? Ein ernstes Mahnwort an alle Gewerkschafter der Schweiz, Bern 1903; R. Grimm, Der politische Massenstreik, Basel 1906; K. Lang, Kritiker, Ketzer, Kämpfer, Das Leben des Arbeiterarztes Fritz Brupbacher, Zürich 1975.

[29] Im einzelnen Konflikt gilt es weiter zu unterscheiden zwischen Forderungen, welche die materielle Lebenslage der Arbeiter betreffen und solchen, die Teil der längerfristigen Auseinandersetzung zwischen Gewerkschaft und Unternehmern sind. Dies ist in der Praxis nicht einfach. Hinter materiellen Forderungen können sich Absichten zur Stärkung bzw. Schwächung der Organisation verbergen. Die einzelnen Konflikte sollen im weiteren nach Kriterien wie *Umfang*,

Intensität, Ablauf (bzw. Ablaufmustern) und Regelungsmechanismen untersucht werden. Es wird unterschieden nach dem Grad der Spontaneität des Konflikts, der Kontrolle der Konflikte durch die gewerkschaftliche Organisation (Anlaß der Konflikte, Zentralisierung der Entscheidungen und der Leitung) usw. Ebenso interessieren die Resultate in materieller wie in organisatorischer Hinsicht, Veränderungen der gewerkschaftlichen Struktur wie auch innerbetriebliche Veränderungen als Reaktion auf Arbeitskonflikte und ihnen zugrunde liegende strukturelle Veränderungen. Auf eine genauere Ausführung dieser Begriffe wird hier verzichtet, da ihre Verwendung in der Darstellung selbst deutlich wird. Vgl. Dahrendorf, Industriesoziologie, S. 93 ff.; Burisch, S. 139 ff.

[30] Die meisten Großunternehmen der Maschinenindustrie befanden sich in kleineren Ortschaften, deren lokalen Arbeitsmarkt sie beherrschten oder mit wenigen anderen Firmen teilten. Beispielsweise Brown Boveri in Baden, Sulzer, Lokomotivfabrik, und Rieter in Winterthur, Saurer in Arbon, Bühler in Uzwil, von Roll in Gerlafingen und Klus, die Eidg. Munitionsfabrik und Konstruktionswerkstätte in Thun, die Textilmaschinenfabrik Rüti u. a.

[31] Quelle: Statistische Jahrbücher. Zur Branche gerechnet wurden die Gruppen Maschinen, Eisenwaren, Aluminiumprodukte, Apparate (ohne Uhren!).

[32] Quelle: Schweizerische Fabrikstatistiken.

[33] Vgl. K. Schib, Geschichte der Stadt und Landschaft Schaffhausen, Schaffhausen 1972. Dazu und zum folgenden auch R. Traupel, Die industrielle Entwicklung des Kantons Schaffhausen, Diss. Basel, Thayngen 1942.

[34] Quellen: Schweizerische Statistik, Heft 97, 1894, Heft 151, 1907, Heft 212, 1919; Schweizerische Statistische Mitteilungen, Nr. 1, 1919, Nr. 6, 1924, Nr. 7, 1924, Nr. 1, 1925; Statistische Quellenwerke der Schweiz, Nr. 3, 1930, Nr. 28, 1933.

[35] Ohne Hauswirtschaft und Taglöhner sowie Personen mit unbekanntem Erwerb.

[36] Der Anteil der Urproduktion betrug 1870 51,3%, 1930 noch 23,6%.

[37] Inklusive Uhren und Bijouterie.

[38] Dieser umfaßte neben Schaffhausen und Neuhausen einige kleinere Vorortsgemeinden (1930: Bargen, Beringen, Buchberg, Buchthalen, Hemmenthal, Herblingen, Merishausen, Rüdlingen).

[39] Es ließen sich etwa nennen: die günstige Verkehrslage, v. a. auch im Verkehr mit Deutschland, günstige Energiequellen, sobald es gelang, die Wasserkraft des Rheins nutzbar zu machen, eine handwerkliche und gewerbliche Tradition, das föderalistische politische System, das Schaffhausen die Förderung der lokalen Industrie ermöglichte.

[40] 1910 wurden von 9956 Arbeitsplätzen in der Stadt Schaffhausen 2316 von Zupendlern besetzt (23,3 %). Bei den Industriearbeitern lag der Anteil noch wesentlich höher. Vgl. S. 127 f.

[41] Bei dem herrschenden Mehrheitswahlrecht führte die dezentralisierte Industrie- und Wohnstruktur dazu, daß die Arbeiter keine ihrer zahlenmäßigen Stärke entsprechende politische Vertretung erreichen konnten. Vgl. Gruner, Arbeiterbewegung, S. 278.

[42] Je nach den zur Verfügung stehenden öffentlichen und privaten Verkehrsmitteln verändert sich die Bedeutung solcher Distanz-Hindernisse. Ein reines Distanzmaß ergibt keine brauchbaren Resultate.

[43] Quellen: Vgl. Anm. 34.

[44] Fabrik-Verzeichnisse; Traupel, S. 222 ff.

[45] H. Siegerist-Scheitlin, Enquete über die Wohnverhältnisse der unbemittelten Klassen in der Stadt Schaffhausen, Schaffhausen 1896, S. 13 („laut amtlichen Mitteilungen der Stadtpolizei"). Zur geographischen Mobilität von Arbeitern vgl. D. Crew, Regionale Mobilität und Arbeiterklasse. Das Beispiel Bochum 1880–1901, in: Geschichte und Gesellschaft, Nr. 1, 1975.

[46] Die folgende Darstellung stützt sich v. a. auf die Arbeiten von P. Maag, Die ersten 50 Jahre (1889–1939), in: 75 Jahre Gewerkschaftskartell des Kantons Schaffhausen 1889–1964, Schaffhausen 1964, und E. Joos, Parteien und Presse im Kanton Schaffhausen, Diss. Zürich, Thayngen 1975.

[47] 1850 wurden die Mitglieder des deutschen Arbeitervereins infolge des ‚Murtener Revolutionstages' aus der Schweiz ausgewiesen. Joos, S. 156, Gruner, Arbeiter, S. 327.

[48] Maag, S. 9; Joos, S. 157.

[49] „Die Fabrikleitung setzte plötzlich den Akkordlohn für einzelne Abteilungen herab, um dadurch die Anschaffung von neuen Maschinen bezahlen zu können. Die betroffenen Arbeiter legten die Arbeit nieder, kehrten aber nach einigen Tagen wieder in die Fabrik zurück, weil eine geschlossene Arbeitsniederlegung infolge Fehlens einer Organisation nicht zustande kam." Maag, S. 27.

[50] Zu den Typographen: F. Keller, Typographia Schaffhausen, Schaffhausen 1922, S. 20ff.; E. Illi, 100 Jahre Typographia Schaffhausen, 1872–1972, Schaffhausen 1972, S. 16.

[51] Joos, S. 159f.

[52] Die vorliegenden Statistiken, welche sich auf Stichjahre beschränken, können die kurzfristige Bewegung natürlich nicht darstellen.

[53] Vgl. Maag, S. 11ff.

[54] Ebd., S. 20.

[55] Die Bedeutung des Grütlivereins stellt Joos dar (S. 172): Er schreibt, daß der GV vor allem im rasch wachsenden Industrieort Neuhausen in erster Linie die Neuzuzüger, d.h. die Industriearbeiter organisierte und so ihre Integration in traditionelle Strukturen verhinderte, obwohl sich der GV selbst stark an bürgerliche Formen und Verhaltensweisen anlehnte. Der Grütliverein leistete so einen wichtigen Beitrag zum Entstehen eines Zusammengehörigkeitsgefühls der Arbeiterschaft, das im Verlauf der politischen und gewerkschaftlichen Auseinandersetzungen zu einem kämpferischen Klassenbewußtsein werden konnte.

[56] Maag, S. 10f.

[57] Joos, S. 170ff. Die Entwicklung im vergleichbaren Winterthur bei W. Schneider, Die Geschichte der Winterthurer Arbeiterbewegung, Winterthur 1960.

[58] Symptomatisch für diesen Prozeß ist die Stagnation der Mitgliederzahlen des Grütlivereins ab den neunziger Jahren und die Hinwendung zu sozialdemokratischen Vereinen, wie auch die allmähliche Entwicklung des GV zu sozialdemokratischen Ideen hin.

[59] Zu den Streiks und Bewegungen in Schaffhausen, Maag, S. 26ff. Von 1890 bis 1898 fanden in Schaffhausen nur eine Bewegung der Zimmerleute und ein mißglückter Bierboykott statt.

[60] Quelle: Statistische Jahrbücher.

[61] Die vorhandenen statistischen Unterlagen erlauben keine genauen Aussagen. Eine grobe Abschätzung führt aber zum Schluß, daß von den stimmberechtigten schweizerischen Industriearbeitern im Kanton Schaffhausen in der Zeit von 1900 bis 1914 ca. 50–65% die politische Linke wählten, bei steigender Tendenz. Geschätzt werden mußte vor allem der (überproportionale) Anteil der Ausländer an der Zahl der Arbeiter. In der Altersgruppe von 20 bis 60 Jahren, welche vor allem in der Industrie den weitaus größten Teil der erwerbstätigen erwachsenen Bevölkerung ausmachte, hatten die männlichen Ausländer 1900 einen Anteil von 22,5%, 1910 von 28,2%. Innerhalb der Arbeiterschaft war dieser Anteil aber noch größer. Nach den Fabrikstatistiken von 1895 und 1911 betrug der Anteil der ausländischen Fabrikarbeiter im Kanton Schaffhausen 39,3 und 48,0%. Im Gewerbe war er kaum niedriger. Wenn man weiter davon ausgeht, daß die Stimmbeteiligung der Arbeiter etwa dem Durchschnitt aller Wähler entsprach – plausibler wäre sogar die Annahme einer niedrigeren Stimm- und Wahlbeteiligung entsprechend einer geringeren politischen Integration der Arbeiterschaft –, so wird deutlich, daß die bürgerlichen Kandidaten nur noch in sehr geringem Ausmaß auf Arbeiterstimmen rechnen konnten. Quellen: Schweiz. Statistik, Heft 145, 1905 und Heft 204, 1917. Resultate der Volkszählungen von 1900 und 1910.

[62] Vgl. Siegrist.

[63] Quellen: Vgl. Knoepfli, Anhang; 150 Jahre Georg Fischer Werke, 1802–1952, Schriftenreihe zum hundertfünfzigjährigen Bestehen der Georg Fischer Werke, verfaßt von F. Aschinger, Schaffhausen 1952, S. 169.

Teil I

I.

1 Vgl. dazu Knoepfli.

2 Ausführlichere Informationen zur Gießereitechnik etwa in: 150 Jahre Georg Fischer Werke, 1802–1952, Schaffhausen 1952, S. 97ff.; B. Osann, Lehrbuch der Eisen- und Stahlgießerei, verfaßt für den Gebrauch beim Unterricht, beim Selbststudium und in der Praxis, Leipzig 1922^{5}. Vgl. auch: H. Boesch u. K. Schib (Hg.), Beiträge zur Geschichte der schweizerischen Eisengießereien, Schaffhausen 1960, darin v. a.: K. Schib, Gießereigeschichtliches aus dem Kanton Schaffhausen, S. 162ff. Da die Gießereitechnik in ihren Grundzügen in den letzten 100 Jahren recht stabil gewesen ist, bietet auch ein neueres Lexikon gute Informationen.

3 „Das erste Prospektblatt der Fischer Werke für Fittings aus dem Jahre 1865 war noch ausschließlich auf die Gasbeleuchtung eingestellt. Es enthielt 91 Fittingssorten, nämlich Winkel, T-, Kreuzstücke usw., von $^{1}/_{4}$ Zoll bis 2 Zoll, ohne Randverstärkung." 1878 enthielt der Katalog bereits 387 Sorten, 1892 1055, 1899 1692 Sorten. 1914 enthielt der Katalog 7000, vor dem Zweiten Weltkrieg ca. 9000 Sorten. 150 Jahre GF, S. 98ff.

4 Die höhere Temperatur bewirkt auch einen stärkeren Schwund bei der Abkühlung. Dies stellt eine zusätzliche Schwierigkeit bei der Herstellung geeigneter Formen dar. Zur Beseitigung der beim Abkühlungsprozeß entstandenen Spannungen mußten die Stahlgußstücke zudem geglüht werden.

5 Vgl. Knoepfli; auch: H. Buss, Aus der Entwicklung der Räder für Lastwagen und Omnibusse, Schriftenreihe zum hundertfünfzigjährigen Bestehen der Georg Fischer-Werke, Thayngen-Schaffhausen 1952.

6 Die Kupolöfen, in welchen das Roheisen erschmolzen wurde, wurden nach einem Betriebstag und nach einem Tag Abkühlung repariert. Für einen kontinuierlichen, täglichen Gießbetrieb wurden daher drei Öfen benötigt. Auch bei den Konvertern (Tropénas-Konverter, ‚Bessemer'-Birnen) mußte laufend die hitzefeste Beschichtung ausgebessert werden.

7 Die Bezeichnung bzw. Numerierung der Werke entspricht der Terminologie der Firma. Für die Zeit vor 1911 bezeichne ich damit die entsprechenden Produktionsbereiche, obwohl die räumliche Organisation der Abteilungen zum Teil anders war. Zur organisatorischen Entwicklung vgl. auch Knoepfli und Siegrist.

8 Quelle: 2/P Unfall 1, Unfallstatistik 1910/11.

9 Das Problem der Unterscheidung von ungelernten und gelernten Arbeitern wird im folgenden noch diskutiert.

10 Immerhin wurden bereits 1900 ca. 10% der Produktion auf Maschinen geformt. 7/SG WI No. 2, 5. 3. 01: „Die gegenwärtigen Betriebsverhältnisse der Stahlgießerei". Dieser Anteil stieg in den folgenden Jahren zunächst nur langsam.

11 H. Wäffler, Der Kleinstahlguß +GF+ 1900–1950, S. 37, 39, 42; 7/SG A–Z F.

12 Präziser müßte von Fittings- und übrigem Temperguß gesprochen werden. In Temperguß wurden neben den Fittings auch weitere Arbeiten vor allem als Kundenguß, d. h. als Zwischenprodukte im Auftrag Dritter hergestellt.

13 Auch in der Stahlgießerei bestanden vor allem in der Räderproduktion Ansätze zur Serienfabrikation von Fertigwaren. Die Fertigbearbeitung von Rädern wurde allerdings erst nach und nach (vor allem ab 1914) in eigener Regie übernommen.

14 Quelle: 2/P Unfall 1, Unfallstatistik 1910/11.

15 Ohne Ofenarbeiter und Sandmacher.

16 7/SG WI; Instr. für den Betriebsleiter Stahlguß, Feb. 1902.

17 Vgl. A–1.1.

18 Quelle: 2/P Unfall 1, Unfallstatistik 1910/11.

19 E. Ganz, Aus den Erinnerungen eines alten Betriebsleiters, 1952, S. 10f.

20 Dies gilt vor allem für das räumlich von den übrigen Werken getrennte Werk Birch (IV), in welchem 1911 42 Personen als Platzarbeiter, Betrieb und Diverse aufgeführt werden.

21 Eine detaillierte Berufsstruktur steht nur noch für das Jahr 1918 zur Verfügung. Allerdings handelt es sich dabei um eine Lohnstatistik, die auf anderen Kriterien aufgebaut ist als die Statistik von 1911. Die Statistik von 1918 ist vor allem nicht nach Werken gegliedert, so daß nicht eindeutig zwischen Stahlgießerei und Fittings- und Tempergußproduktion unterschieden werden kann. Zudem ist zu berücksichtigen, daß die Relation zwischen Stahlguß und Fittings- und Temperguß in den beiden Jahren verschieden ist. Da es hier vor allem um die technisch und organisatorisch bedingten Veränderungen der Berufsstruktur geht, sind die folgenden Angaben für das Jahr 1911 so angepaßt, daß sie der Verteilung der Belegschaft auf Stahlguß und Fittings- und Temperguß von 1918 entsprechen. Die in den Tabellen ausgewiesenen Veränderungen der Anteile der einzelnen Tätigkeiten sind damit Ausdruck der technischen und organisatorischen Veränderungen.

22 Quellen: 1911, 2/P Unfall 1; 1918, 2/V2 V1. Die Angaben beziehen sich 1911 auf die Zahl der beschäftigten Arbeiter im Jahresdurchschnitt, 1918 auf die Zahl der geleisteten Arbeitsstunden.

23 Für 1911 geschätzt.

24 Die Zahlen sind verzerrt durch die veränderte Zusammensetzung der Arbeiterschaft während der Kriegskonjunktur. Der Arbeitskräftemangel führte zu einer verstärkten Beschäftigung von Frauen und Jugendlichen auch im Gießereibereich. Diese Arbeitskräfte, die 1918 20,6% aller Arbeitsstunden leisteten, sind in der Statistik nicht auf die einzelnen Tätigkeiten aufgeschlüsselt, sondern nur global angegeben. Für verschiedene Hilfstätigkeiten werden so zu hohe Rückgänge gegenüber 1911 ausgewiesen. Dies gilt gerade für die Kernmacher, wo in starkem Maße Frauen beschäftigt waren. Vgl. etwa die Klagen in Echo, 31. 1. 17.

25 Dies gilt auch für die Kernmacher, wenn auch nicht im durch die Tabelle ausgewiesenen Maß.

26 Mechanische Werkstätte.

27 Tatsächlich ist der Anteil noch stärker gewachsen, da in den Zahlen von 1911 auch Gehilfen enthalten sind. Wenn diese für das Jahr 1918 einbezogen werden, ergibt sich folgendes Bild:

	Anteil an der Arbeiterschaft in % 1911	1918	Veränd. in %
Mechanische Werkstätte	4,2	8,1	+94
Ofenmaurer	2,8	0,8	−71
Modellschlosser	2,4	1,3	−47
Modellschreiner	1,8	0,7	−63
Schweißer	1,0	1,3	+30

Auch hier gilt natürlich, daß durch die außergewöhnliche Struktur der Arbeiterschaft als Folge der Kriegssituation die Ergebnisse mit Vorsicht zu betrachten sind. Der Rückgang bei den Modellschlossern und Modellschreinern steht etwa im Widerspruch zu Daten aus den zwanziger Jahren und kann als vorübergehend angesehen werden.

28 Quellen: 10/C 1.3 für 1911 vgl. Anm. 32.

29 Als Berufsarbeiter wurden dabei gewertet die Angehörigen der Abteilungen Stahlgießer, Maschinenformer, Kernmacher, Elektriker, Mech. Werkstätte, Leitungsmonteure, Modellschlosser, Modellschreiner, Bauleute, Maurer, Achsbüchswerkstätte. Dies ergibt 766 ‚Berufsarbeiter'. Davon abgezählt müssen ca. 75 Lehrlinge werden (2/P L1), welche in diesen Abteilungen ausgebildet wurden. – Nach dieser Rechnung ergibt sich ein Berufsarbeiteranteil von 36,7%. Diese Zahl liegt aber zu hoch, da in den meisten Abteilungen noch Hilfsarbeiter beschäftigt wa-

ren. Deren Zahl läßt sich nicht genauer bestimmen. Wenn wir annehmen, daß 20% der Angehörigen der Berufsarbeiterabteilungen in den Nebenbetrieben Hilfsarbeiter waren und vereinzelte Berufsarbeiter in den übrigen Abteilungen außer acht lassen, so ergibt sich ein Wert von 33,2%. Auch diese Schätzung liegt eher noch etwas zu hoch.

30 Inklusive der 1930 organisatorisch integrierten Maschinenfabrik Rauschenbach. Der Anteil der gelernten Arbeiter wird dadurch verglichen mit den übrigen Daten um einige Prozent zu hoch ausgewiesen.

31 Vgl. Kapitel V./3.

32 Vgl. A-6.2 und auch die folgenden Abschnitte über die einzelnen Berufe und Tätigkeiten. Diese Konstanz kann auch für die dreißiger und vierziger Jahre noch festgestellt werden. Der Anteil der Berufsarbeiter stieg während der Krise der dreißiger Jahre sogar deutlich an (ein Zeichen dafür, daß das Unternehmen sich einen Stamm qualifizierter Fachleute erhalten wollte) und fiel erst gegen Ende der dreißiger Jahre wieder ab.

33 Quellen: H. Lotmar, Die Lohn- und Arbeitsverhältnisse in der Maschinenindustrie zu Winterthur, in: Schweizerische Statistik, Jg. 43, Bd. II, S. 11; C. Brühschweiler, Das Personal unserer Mitgliedfirmen; Ergebnisse der Erhebung vom April 1939 über die soziale und berufliche Gliederung der Angestellten und Arbeiter der Schweiz. Maschinen- und Metallindustrie, in: Jahresbericht des ASM 1941, Zürich 1942, S. 13ff.

34 Das Qualifikationsniveau der Winterthurer Maschinenindustrie (wichtigste Firmen: Gebrüder Sulzer AG, Lokomotivfabrik Winterthur, J. J. Rieter AG) lag vermutlich über dem schweizerischen Mittel, aber kaum in bedeutendem Ausmaß.

35 Die Aufgliederung dieser Arbeitsbedingungen folgt ungefähr jener von K. Krahn, Mobilitätsorientierung und Fluktuationsbereitschaft, Berlin 1971, S. 26; ähnlich auch B. Lutz u. F. Weltz, Der zwischenbetriebliche Arbeitsplatzwechsel, Frankfurt 1966, S. 50.

II.

1 Vgl. zu deren Organisationsentwicklung A. Kamber, Der Schweizerische Metall- und Uhrenarbeiterverband. Geschichte – Tätigkeit – Tarifverträge. Diss. Zürich 1932, S. 15ff.

2 Vor allem bezüglich ihres Einflusses auf die ‚Arbeitseinstellung' bzw. ‚Arbeitszufriedenheit'.

3 H. Kern u. M. Schumann, Industriearbeit und Arbeiterbewußtsein. Eine empirische Untersuchung über den Einfluß der aktuellen technischen Entwicklung auf die industrielle Arbeit und das Arbeiterbewußtsein, 2 Bde., Frankfurt 1970, S. 27ff. Vgl. auch: R. Blauner, Alienation and Freedom, Chicago 1964 und A. Touraine, L'évolution du travail ouvrier aux Usines Renault, Paris 1955.

4 Kern u. Schumann, S. 28.

5 Vgl. ebd.

6 Vgl. ebd. Die Frage nach der industriellen Arbeit im Prozeß der Automatisierung ist meist Ausgangspunkt dieser industriesoziologischen Diskussion, in unserem Zusammenhang aber nicht weiter von Bedeutung.

7 J. H. Goldthorpe u. a., Der ‚wohlhabende Arbeiter' in England, München 1970. Vgl. zu dieser Diskussion auch K. H. Hörning (Hg.), Der „neue" Arbeiter, Frankfurt 1971, darin v. a. H. Hörning, Der „neue" Arbeiter? Eine kritische Diskussion industrie-soziologischer Untersuchungen, S. 9–44, und: J. Goldthorpe u. a., Der gutverdienende Arbeiter und die Verbürgerlichungsthese, S. 99–120.

8 A. Andrieux u. J. Lignon, L' ouvrier d'aujourd'hui, Paris 1960.

9 Kern u. Schumann, S. 34.

10 Kern u. Schumann, S. 55. Die Darstellung ist hier stark verkürzt. Zum methodischen Vorgehen vgl. ebd., S. 54ff. Die Autoren versuchen, industrielle Arbeit allgemein, also unabhängig

von branchenspezifischen Merkmalen zu erfassen, davon ausgehend, daß die Produktionstechnik in allen Bereichen industrieller Tätigkeit ähnliche Merkmale hat. Von meinem beschränkten Interesse her und durch die Einschränkungen, die sich aus der Quellenlage ergeben, läßt sich ihre Typologie hier indessen nur sehr bedingt verwenden.

11 Kern u. Schumann, S. 66.

12 Ebd., S. 66ff. Sie stützen sich dabei auf verschiedene andere Autoren. Vgl. H. Wiedemann, Die Rationalisierung aus der Sicht der Arbeiter, Köln 1967; H. Popitz u. a., Technik und Industriearbeit, Tübingen 1957; Blauner u. a.

13 Die hierarchischen Beziehungen werden von Kern u. Schumann nicht an dieser Stelle, sondern unter dem Aspekt ihres Einflusses auf die Dispositionschancen betrachtet. In dieser Arbeit ist den Beziehungen der Arbeiter zu den Vorgesetzten ein eigener Abschnitt gewidmet. Unter dem Aspekt der sozialen Beziehungen sollen hier kooperative Beziehungen untersucht werden, „wobei unter Kooperation jene sozialen Verhältnisse verstanden werden, in denen Personen zur Förderung eines ihnen allen gemeinsamen Arbeitszieles und in enger zeitlicher Verbindung aufeinander einwirken", S. 69. Kern u. Schumann wenden sich wie Popitz u. a. dagegen, die Analyse der Beziehungen zwischen den Arbeitern auf die informellen Beziehungen einzuschränken. Das Schwergewicht der Analyse müsse auf die Kontakte ausgerichtet sein, „die durch den Arbeitsvollzug selbst herbeigeführt werden", S. 68f. Von der Quellenlage her besteht ohnehin zu ‚informellen Gruppen' kein Zugang (wenn man nicht gewerkschaftliche Gruppen auf Abteilungsebene als solche auffassen will) und man kann daher einzig versuchen, die Kommunikationschancen der Arbeiter während der Arbeitszeit abzuschätzen.

14 Das Herstellen der Gußformen und das Gießen selbst unterlagen lange Zeit nicht der Arbeitsteilung. Gießer waren – im Untersuchungszeitraum – immer auch Former und umgekehrt. Die beiden Begriffe werden im folgenden weitgehend synonym verwendet.

15 Hobsbawm, Labour Aristocracy, S. 272ff., nennt sechs wichtige Merkmale zur Einordnung in die Arbeiteraristokratie: Regelmäßigkeit und Höhe des Einkommens, soziale Sicherheit, Arbeitsbedingungen „... including the way he was treated by foremen and masters", Beziehungen zu höheren und tieferen Schichten, allgemeine Lebensbedingungen und als letztes die Aufstiegsmöglichkeiten für sich selbst und für die Kinder. Davon sei der erste Punkt am wichtigsten „ and also the only one about which we have anything like comprehensive information". Der Begriff wird hier ebenfalls von der Lohnhöhe, aber auch vom Prestige der Gießer innerhalb der Arbeiterschaft her verwendet.

16 A. Schneckenburger, Erinnerungen eines alten Betriebsleiters; 1892–1936, S. 11.

17 A. Stamm, +GF+ Aktiengesellschaft Georg Fischer; Berufliche Weiterbildungskurse 1947, 5 Vorträge von A. Stamm: Vortrag IV.

18 Schneckenburger, S. 11. Zur Organisationsentwicklung im übrigen Teil II.

19 V. a. Deutsche, Italiener, Dänen. Schneckenburger, S. 10.

20 Ebd.

21 Ladung, Beschickung des Ofens.

22 Dies behauptet wenigstens Stamm IV, S. 5f.

23 Stamm IV, S. 3; vgl. auch Schneckenburger, S. 11.

24 Stamm IV, S. 6; Schneckenburger, S. 9.

25 Schneckenburger, S. 11.

26 Im Kupolofen wurde das Roheisen für die Konverter erschmolzen.

27 Stamm IV, S. 10.

28 Auch über Mittag wurde der Gießbetrieb – trotz Mittagspause – fortgesetzt. 12/S/1, Rapport von E. Messner vom 4. 6. 08, S. 3.

29 AK 32, 11. 11. 04.

30 Die Auswirkungen eines sinkenden Qualifikationsniveaus, bzw. der Konkurrenzierung durch angelernte Arbeiter, auf die Löhne sind allerdings nicht so eindeutig und geradlinig, wie das hier Direktor Homberger darstellte. Vgl. dazu die folgenden Ausführungen über die Ma-

schinenformer und die Löhne.

[31] Schneckenburger, S. 6. 1892 wurden viele Fittings aber noch von Hand geformt. Einfache Formmaschinen, ohne Verwendung mechanischer Energie, wurden wahrscheinlich seit den siebziger Jahren verwendet. Vgl. Osann, S. 277f.

[32] Ganz, S. 11.

[33] 2/WG F. III, 11. 1. 95.

[34] 1910 betrug das Durchschnittsgewicht der Stücke 4,3 kg. Wäffler, S. 39.

[35] Ebd.

[36] Ebd., S. 42.

[37] 7/St A–Z F. Bericht Wäffler 1909. Ähnliche Schwierigkeiten gab es in der Fittingsgießerei. Vgl. die Kontroverse zwischen den Technikern Messner und Boller 1906. 7/TG F. No. 1.

[38] Typisch sind die Klagen „über die im Berufe vernachlässigten jüngeren Gießer". GFV-Vers. 26. 5. 06. Bei ihnen zeigte sich die Einbuße an Qualifikation zuerst.

[39] Vgl. Teil II.

[40] AK 39, 14. 3. 06.

[41] Echo, 10. 4. 11. ‚Ein Gießer schreibt uns'.

[42] Ausschließlich bei den Gießerlehrlingen fänden sich zudem solche, denen „jegliches Streben nach Weiterbildung" abgehe. 2/P L1. Bericht über die Gewerbliche Fortbildungsschule der Eisen & Stahlwerke vorm. Georg Fischer Schaffhausen für das Jahr 1911–1912.

[43] 9/SA 2.

[44] 2/P L1. Die Ausbildung der Gießerlehrlinge.

[45] 2/P L1.

[46] Darauf deuten z. B. die stark überhöhten Lohnangaben für die Stahlgießer hin, die sich in den Erinnerungsschriften einzelner Angestellter finden. Diese liegen ca. 50% über den Durchschnittslöhnen und gelten offenbar für die bestbezahlten Arbeiter. Schneckenburger, S. 5.

[47] Kern u. Schumann, S. 70ff.

[48] D. h. in der Terminologie von Kern u. Schumann, daß der Arbeiter direkt, mit einem Mindestmaß an Werkzeugen mit seinem Arbeitsgegenstand umgeht, sei es bei der Bearbeitung, beim Transport, beim Montieren etc. Vgl. Kern u. Schumann, S. 63.

[49] Ebd., S. 70.

[50] Ebd., S. 71f.

[51] Ebd., S. 71.

[52] Grundlage dafür ist die Darstellung von H. Wäffler, Der Kleinstahlguß GF 1900–1950, der als Betriebsleiter mit diesen Problemen unmittelbar konfrontiert war. Sein Interesse gilt dabei allerdings nicht den besonderen Qualifikationen der Arbeiter, sondern ebenso oder stärker den Anforderungen an Meister und Techniker. Die Anforderungen an den Former müssen zum Teil aus seiner Darstellung extrahiert werden. Ebenso wird die Entwicklung im Zeitablauf von ihm nicht dargestellt. Der Einfluß der technischen und organisatorischen Entwicklung und der steigenden Anforderungen an die Qualität der Gußstücke kann ebenfalls nur indirekt abgeleitet werden.

[53] Wäffler, S. 201.

[54] Ebd., S. 203.

[55] Ebd.

[56] 2/P A–L. 9. 8. 20.

[57] Ebd.

[58] Kern u. Schumann, S. 72.

[59] Dies nahmen die Handformer wiederum nicht ohne weiteres hin: „Die Handformer erklären nun, es sei nicht zulässig, solche Leute anzulernen, um sie nachher den gelernten Formern gegenüber zu stellen." 2/P A–L. Rapport über die Konferenz mit den Handformern, 9. 9. 1918.

[60] Vgl. Stamm, IV.

[61] ASM-Jber. 1910, S. 47ff.

62 In die gleiche Richtung weist die Beschäftigung von Frauen in der Kernmacherei während des Krieges. Vgl. Echo, 31. 1. 17. und Berichte der schweizerischen Fabrikinspektoren 1916/17, S. 208: Frauen würden namentlich zur Herstellung von kleinen Kernen bevorzugt, denn „überall da, wo eine Arbeit unausgesetzt gleiche Handgriffe und doch Exaktheit erfordere", seien die Frauen ausdauernder.

63 Vgl. die Ausführungen von Wäffler, zitiert auf S. 53 f., dieser Arbeit.

64 Im Vergleich zu den Gießern war die physische Beanspruchung der Kernmacher geringer, da sie weniger schwere Lasten zu tragen hatten. Seit Anfang des 20. Jahrhunderts begann sich auch hier die Formmaschine (Kernformmaschine) durchzusetzen, wodurch sich der Anteil der Kernmacher an der Belegschaft ähnlich wie jener der Gießer zu reduzieren begann. Vgl. Kapitel I.

65 Zur Arbeiterkommission vgl. S. 144 ff.

66 Vgl. Kern u. Schumann, S. 81ff.

67 Ebd., S. 82.

68 12/S/1. Rapport von E. Messner zur Einrichtung einer continuierlichen Gießerei in Singen, 4. 6. 1908, S. 14 (im folgenden zitiert: Cont. Gießerei).

69 Beilage zu VR 162, 16. 3. 26. Continuierliche Gießerei in Singen, Rapport Leuenberger, 16. 6. 26. – Beide Angaben beziehen sich auf das Werk in Singen. Es bestehen in dieser Hinsicht aber keine wesentlichen Unterschiede zu Schaffhausen.

70 Diese Entwicklung hat allerdings oft verstärkte Arbeitsteilung und eine restriktivere Arbeitsorganisation mit eingeschränktem Dispositionsspielraum und verringerten Kommunikationsmöglichkeiten zur Folge.

71 Vgl. den Abschnitt über die Gießer.

72 Vgl. S. 48.

73 7/TG F. No. 1, Bemerkungen zum technischen Bericht vom 4. 7. 1906 betr. Fittingsgießerei'; 14. 7. 06. Autor Boller.

74 7/TG F. No.1, 4. 7. 06.

75 Kern u. Schumann, S. 83.

76 7/TG F. No. 1, Bemerkungen... Dies wurde offenbar von den Formern zur Beschleunigung der Arbeit häufig unterlassen.

77 7/TG F. No. 1, Bericht Messner, 4. 7. 06.

78 12/S/1., Messner, Cont. Gießerei, S. 14.

79 Zu diesem Projekt und zu den Gründen, weshalb es nicht zur Ausführung gelangte, vgl. auch Siegrist.

80 Das Projekt bezog sich auf die Fittingsfabrik in Singen. Es werden hier jedoch allgemeine Gesichtspunkte berührt, welche sich ohne weiteres auf Schaffhausen übertragen lassen.

81 12/S/1. Protokoll über die erste Sitzung zur Diskussion des Projektes Messner eines continuierlichen Gießereibetriebes für die Fittingsfabrik Singen, 3. 4. 08.

82 Vgl. etwa F. W. Taylor, Die Betriebsleitung, Berlin 1914 (dt. Ausgabe von: ‚Shop Management', New York 1903). Messner fand etwa: „Der Gießerei-Arbeiter von heutzutage will nicht denken; er ist eine Maschine und gerade der continuierliche Betrieb wird ihm gefallen, weil das Denken eben von der Maschine besorgt wird." 12/S/1. Cont. Gießerei, S. 2.

83 Darauf deutet etwa hin, daß 1926 bei der tatsächlich stattfindenden Einrichtung einer kontinuierlichen Gießerei die Leistung der Formmaschinen in die Kostenberechnung mit 19 Kasten pro Stunde eingesetzt war, während Messner schon 1908 bei durchaus vergleichbarer Kastengröße mit 60 Kasten pro Stunde rechnete. Es fällt schwer zu entscheiden, wie weit bei der Ablehnung des Projekts von 1908 sachliche Gesichtspunkte maßgebend waren bzw. wie weit sie einem Konservativismus von technischer Leitung und Verwaltungsrat entsprang. Vgl. Siegrist.

84 Vgl. dazu den Abschnitt über die Produktivitätsentwicklung (auch A–4.3) und die Klagen des Unternehmens über sinkende Leistung der Arbeiter. Z. B. 12/M2/A. Flugblatt an die Arbeiterschaft vom 2. 7. 19.

[85] Beilage zu VR 162, 16. 3. 26.

[86] Vgl. Kern u. Schumann, S. 82; auch Neuloh u. Wiedemann, S. 198ff.

[87] 12/S/1. Cont. Gießerei, S. 14.

[88] 12/M2/A. Flugblatt GF, 2. 7. 19.

[89] Zu den Auseinandersetzungen im technischen Management vgl. Siegrist.

[90] 12/S/1. Cont. Gießerei, S. 1.

[91] Messner dazu 1908: „... dagegen ist gewiß, daß an verschiedenen Stellen, wie gerade an den Formmaschinen, kräftige Leute stehen müssen, um der zwangsweisen Betriebsweise nachkommen zu können." 12/S/1. Cont. Gießerei, S. 2. Leuenberger, 1926: „Es steht außer jedem Zweifel, daß in einer Fließfertigung, also am Band, durch den zwangsläufigen Arbeitsfluß intensiver gearbeitet werden muß ..." Bericht Leuenberger, 16. 6. 26, S. 8. Messner 1908 wie Leuenberger 1926 wollten die Intensivierung durch gewisse Lohnanreize kompensieren; die lohnsenkende Wirkung sinkender Qualifikationsanforderungen wurde also aufgehoben durch den Ausgleich der gestiegenen Arbeitsintensität, der zumindest solange nötig war, als den Maschinenformern auf dem Arbeitsmarkt Alternativen offenstanden.

[92] Vgl. Kern u. Schumann, S. 72.

[93] Hierin liegt auch ihr Dispositionsbereich bezüglich ihrer Arbeit: Sie können sich teilweise, individuell oder kollektiv, dem Arbeitsdruck entziehen, ihre Arbeitsleistung einschränken. Die Kontrolle der Leistung ist relativ schwierig.

[94] Einziges Indiz sind vereinzelte Klagen über die ‚Faulheit' der Hilfsarbeiter. So wurde in der Arbeiterkommission 1899 verlangt, die Handlanger möchten den Gießern mehr behilflich sein, „da sie ja doch nur aus dem Wege gehen, besser gesagt verstecken, nach dem Gießen". AK 9, 21. 7. 99.

[95] VR, 1. 9. 05.

[96] Dazu gehörten etwa die Schmirgler, und Gußputzer, während die Gewindeschneider und Maschinenformer schon wesentlich früher kollektiv ihre Interessen zu vertreten begannen. Unabhängige Bewegungen der Handlanger lassen sich dagegen erst nach dem Ersten Weltkrieg feststellen. SMUV-Vers. 7. 7. 20., AK, vorb. Sitzung, 12. 6. 28 und 23. 10. 28. Auch hier handelte es sich um kleinere und wenig erfolgreiche Auseinandersetzungen.

[97] Ein allerdings untypisches Beispiel stellt der Aufstieg von Alfred Neuweiler dar, der 1896 ungelernt als Kernmacher eingestellt wurde und dem einige Jahre später der Sprung ins ‚Büro' (Modellmagazin, Modellverwalter) gelang. Dabei handelt es sich aber um ein Extrembeispiel. Vgl. A. Neuweiler, Mein Lebenslauf in den Eisen- und Stahlwerken von G. Fischer, Schaffhausen, 15. 12. 1945; zum Aufstiegsproblem vgl. auch den Abschnitt über die Meister.

[98] Dies gilt nach dem Ersten Weltkrieg bei geschwundener Lohndifferenz allerdings nicht mehr im selben Maß.

[99] Zum Problem der ausländischen Arbeiter siehe die Ausführungen im V. Kapitel.

[100] Auch wenn diese Aufstiegschancen wahrscheinlich nur für einen kleinen Teil der Arbeiter tatsächlich bestanden, so handelte es sich dabei um die intelligentesten und initiativsten Leute, welche als Träger einer Organisationsbewegung am ehesten in Frage gekommen wären.

[101] Vgl. S. 35, S. 38.

[102] Schneckenburger, S. 20.

[103] Wäffler, S. 35.

[104] Schneckenburger, S. 20.

[105] Ebd., S. 37.

[106] Vgl. V. Kapitel.

[107] Vgl. S. 56 ff.; Kern u. Schumann, S. 81 ff.

[108] Ganz, S. 8.

[109] Damit nahmen im Prinzip die Anforderungen an die Qualifikation der Arbeiter ab, und es entspricht vielleicht den Erwartungen, wenn wir erfahren, daß in den neunziger Jahren an den Gewindeschneidmaschinen zur Herstellung einfacher Gewinde zahlreiche jugendliche Arbeiter

beschäftigt wurden (Schneckenburger, S. 34). Der Anteil der jugendlichen Arbeiter war jedoch sinkend: Die jugendlichen Arbeiter wurden an den alten, noch handgesteuerten Maschinen beschäftigt, deren niedrige Leistungsfähigkeit zum Teil durch niedrigere Löhne kompensiert werden konnte.

110 Rapport an die Direktion, 20. 8. 1905, ,Über die Ursachen der großen Fabrikationskosten und Unkosten in der Gewindeschneiderei', in: Ganz, S. 26.

111 Ganz, S. 29.

112 7/TG F. No. 1, Rapport über die Fabrikations-Methoden in der Abteilung ,,Fittings-Fabrikation" der Stahlfabrik Schaffhausen', H. Wanner, 20. 7. 1904.

113 Vgl. I. Kapitel, Anm. 3.

114 Die verschiedenen Fittingssorten verkauften sich in sehr unterschiedlicher Anzahl, viele Modelle mußten einfach zur Vollständigkeit des Sortiments an Lager gehalten werden, große Produktionsserien waren also nicht in allen Fällen möglich.

115 Ganz, S. 27.

116 Sie seien ,,nur durch einen günstigen Zufall an die Maschinen gekommen" und könnten schönere Arbeit machen als die Gußputzer und Gießereiarbeiter, erklärte er weiter. AK 14, 7. 3. 00. Sekundär gingen also auch andere Kriterien, wie physische Belastungen und schädliche und unangenehme Umwelteinflüsse in seine Beurteilung ein.

117 Zu den Löhnen vgl. A–2.3. Die Löhne vor 1900 ließen sich nicht eruieren.

118 Ganz, S. 29.

119 Ebd., S. 40f.

120 In einem ,Bericht über die Automatenabteilungen in Schaffhausen und Singen' vom 6. 1. 23. (7/TG F. No. 1) wurden diese Probleme diskutiert: Bis jetzt seien nur Fittings auf den Automaten bearbeitet worden, die einen Jahresumsatz von wenigstens 20000 Stück hatten. Wenn jeweils ein halber Jahresbedarf auf einmal hergestellt werde, könnten die Maschinen während 6 Schichten beschäftigt werden, bei niedrigeren Ansätzen entsprechend kürzer. Für jede neue Sorte müßten jedoch Einrichtungen wie ,,Matritzen, Greifer, Werkzeuge" speziell hergestellt werden. Der Autor kam zum Schluß, ,,daß viel mehr aus den Automaten nicht herauszuholen ist und daß jede weitere Ausnützung mit erheblichen Nachteilen erkauft werden muß".

121 Vgl. Auszug aus dem Maschinen-Inventar Schaffhausen; Ganz, S. 102f.

122 Vgl. A–5.1 zur unterschiedlichen Produktivitätsentwicklung 1902–11 und zwischen 1911 und 1920.

123 Zu den Arbeitsanforderungen an angelernte Arbeiter im Bereich der Metallbearbeitung vgl. auch: K. Thomas, Die betriebliche Situation der Arbeiter, Stuttgart 1964. Seine Untersuchung zeigt, daß auch heute die Anforderungen an angelernte Arbeiter (auch bezüglich der Arbeitsqualifikation) höher sind, als oft angenommen wird. Charakteristisch ist allerdings die Tendenz zur Verengung des Dispositionsbereiches.

124 Vgl. Ganz, S. 10f.

125 Im SMV stellten sie gesamtschweizerisch gesehen auch den größten Mitgliederanteil. GF weist in dieser Hinsicht eine untypische Arbeiterstruktur auf. In der Maschinenindustrie war der Anteil der Berufsarbeiter wesentlich größer.

126 Kern u. Schumann, Bd. II, S. 117ff.; Popitz u. a., S. 47ff.; Wiedemann, Rationalisierung, S. 130ff. Kern u. Schumann fassen die Auswirkungen der technischen Bedingungen und der Arbeitsorganisation zusammen, während Popitz u. a. versuchen, sich auf die technisch vermittelte Zusammenarbeit zu beschränken. Vgl. Kern u. Schumann, S. 68f., Anm. 52, Bd. II, S. 22f.; Popitz u. a., Technik, S. 34, 42, 72. Meine Fragestellung würde sich wie bei Kern u. Schumann auf die Gesamtheit kooperativer Arbeitsformen beziehen, gleichgültig ob sie aus technischen oder organisatorischen Bedingungen abgeleitet sind, doch häufig ist das Wissen um die konkrete Organisation des Arbeitsprozesses so gering, daß sich die Interpretation weitgehend auf die mehr oder weniger bekannten technischen Bedingungen abstützen muß. Die Schwierigkeiten sind auch so beträchtlich. Schilderungen konkreter Arbeitsabläufe sind praktisch nicht vorhanden,

und zeitgenössische Darstellungen von Arbeitern (etwa aus Gewerkschaftsprotokollen u.ä.) setzen das Wissen über Arbeitsabläufe usw. schon voraus. Die folgenden Ausführungen leiden deshalb unter einem Mangel an Präzision und Konkretheit.

[127] Kern u. Schumann, Bd. II, S. 118.

[128] Einzelarbeit: „Das charakteristische Merkmal der Einzelarbeit besteht in ihrer zeitlichen (nicht unbedingt funktionalen) Isolierung von anderen Arbeitsvollzügen. Die Arbeiten in den verschiedenen Bereichen der Fertigungsfolge greifen bei Einzelarbeit nicht direkt ineinander. Die für den reibungslosen Ablauf notwendige Koordination zwischen den einzelnen Arbeitsvollzügen wird nicht im ständigen Kontakt zwischen den Arbeitern, sondern durch eine übergeordnete Arbeitsorganisation hergestellt." Ebd., S. 118.

[129] Ebd., Bd. II, S. 122f.

[130] Ebd.

[131] Dies gab gelegentlich zu Klagen bei den Gießern Anlaß, die Kranführer seien ‚parteiisch'. Z.B. GFV-Vers., 10. 10. 06.

[132] In der Frage der Boykottierung eines ausgeschlossenen Mitglieds verteidigte sich z.B. ein Arbeiter damit, „daß er den Kasten neben Jeismann habe und den Verkehr mit ihm aufs äußerste beschränke. Er rede aber immer auf ihn ein und versuche, ihn ins Gespräch zu ziehen". SMV-Vorst., 26. 6. 14; vgl. auch S. 76.

[133] Vgl. S.

[134] Bei den Automaten, bei denen Zuführung und Abnahme der Stücke mehr oder weniger mechanisiert war, war die Bindung an die Maschine dagegen sicherlich geringer. Die Automatengewindeschneiderei ist aber quantitativ im Untersuchungszeitraum nicht bestimmend.

[135] Z.B. 12/S/1. Rapport Wanner, 29. 1. 10.

[136] Kern u. Schumann, Bd. II, S. 118f.; Popitz u.a., S. 47ff.

[137] Der Begriff der teamartigen Kooperation ist zwar auf Handarbeit beschränkt, doch gerade bei den Maschinenformern haben wir festgestellt, daß in ihrer Maschinenbedienertätigkeit noch wesentliche Elemente der Handarbeit liegen. Für die Kerneinleger trifft dies ohnehin zu.

[138] Vgl. etwa S. 64.

[139] Kern u. Schumann stellen zur Bandarbeit fest: „Die Fließbandfertigung verlangt, soll sie funktionieren, die minuziöse Abstimmung der einzelnen Operationen. Um die Gefahr von Reibungsverlusten erst gar nicht aufkommen zu lassen, wird die Arbeitsverteilung – oft in speziellen Planungsabteilungen – systematisch kalkuliert und den Arbeitern unveränderlich vorgegeben. Das gilt auch für den Arbeitsplatztausch, der im reinen Handbetrieb meist informell möglich ist, bei der Fließbandfertigung aber der hierarchischen Billigung bedarf." Dazu kommt eine „strenge örtliche Bindung" der Arbeiter und die Bindung an die Bewegungsgeschwindigkeit des Bandes, welche den Dispositionsspielraum der Arbeiter weitestgehend beschränken (S. 77). Die Kooperation ist *linienförmig* (vgl. Bd. II, S. 120), d.h. die Abhängigkeit ist stark, dennoch bestehen wenig direkte Kontakte, diese werden über das Band vermittelt, die Chancen zu informellen Beziehungen sind gering, innerhalb des Arbeitszusammenhangs bestehen wenig Möglichkeiten zu gegenseitiger Unterstützung: „Der Arbeiter ist am Band an seine Kollegen gebunden – in Notsituationen bliebt er jedoch, ähnlich wie der Einzelarbeiter, weitgehend auf sich selbst gestellt." (S. 81).

[140] Bericht Leuenberger, 16. 6. 26. Beilage zu VR 162, 16. 3. 26.

[141] Ein Beispiel: „Durch die automatische Sandzufuhr zu jeder Maschine wird die Leistungsfähigkeit der Formmaschinen wesentlich erhöht, da die Presser in der Lage sind, mehr geformte Kasten zu liefern, wodurch die Leistungsfähigkeit der Eindecker voll ausgenützt werden kann." 12/S/1. Rapport Wanner, 29. 1. 10, S. 2.

[142] Bericht Leuenberger, S. 3.

[143] Ebd., S. 8. Leuenberger hielt daher auch höhere Löhne für gerechtfertigt, allerdings nicht annähernd im Ausmaß der erwarteten Produktivitätssteigerung. Im weiteren diskutierte er aber

bereits mögliche Akkordkürzungen, die durch Produktivitätssteigerungen nach einer Einarbeitungszeit möglich wären (S. 13).
[144] Ebd., S. 1.

III.

[1] Vgl. etwa Dahrendorf, Klassenkonflikt, S. 216ff. R. Bendix, Herrschaft und Industriearbeit, Frankfurt 1960.
[2] Vgl. Krahn, S. 32. Zur Angestelltenschaft und zur Organisation des Unternehmens Siegrist, der von seinem Standpunkt her ebenfalls das Verhältnis zwischen Unternehmen und Arbeiterschaft darstellt.
[3] Noch stark im Bewußtsein der Arbeiter war bis nach der Jahrhundertwende der technische Direktor Bachmann, der noch häufig in den Betrieben auftauchte und als ‚Brüller' bekannt war, vor dem sich selbst die Meister fürchteten. Vgl. Siegrist.
[4] L. von Friedeburg, Soziologie des Betriebsklimas, Frankfurt 1963, S. 111, stellt zum Beispiel fest: „Der Kontakt mit den höheren Vorgesetzten ist lose, das Wissen um die Funktionen dieser Personen ist vage und reduziert auf die Vorstellung von Leuten, die befehlen, ganz gleich, ob damit Abteilungsleiter, Ingenieure in Stabsstellen oder Betriebschefs gemeint sind."
[5] Z.B. VR, 9. 1. 00; MAZ, 22. 3. 05.
[6] Vgl. dazu Siegrist.
[7] Dies kommt auch in neueren industriesoziologischen Untersuchungen noch zum Ausdruck, obwohl Einigkeit darüber besteht, daß die Funktions- und Machtfülle der Meister im Laufe der letzten 50 Jahre stark eingeschränkt wurden. Vgl. F. Weltz, Vorgesetzte zwischen Arbeitern und Management, Stuttgart 1964, S. 24ff.; von Friedeburg, S. 115ff.; O. Neuloh, Die Deutsche Betriebsverfassung und ihre Sozialformen bis zur Mitbestimmung, Tübingen 1956, S. 171ff. Krahn findet in seiner Untersuchung, daß nach wie vor die unmittelbaren Vorgesetzten „über (von ihrer Position her gesehen) recht wirksame, (von der Personalpolitik des Unternehmens her gesehen) aber unkontrollierte und ungeplante Machtbefugnisse" verfügen, „die die Einstellung der Arbeiter zum Betrieb ... nachhaltig beeinflussen, wobei insgesamt in besonders starkem Maße die Durchsetzbarkeit eigener Interessen berührt wird" (S. 44).
[8] S. 104 ff.
[9] GFV-werkst.vers., 19. 5. 10.
[10] 7/SG WI No. 2. Bericht über die Unterredung des Herrn Schneckenburger mit Walter Eugen, Gießer, 12. 12. 19. Hervorhebung, rv.
[11] Voraussetzung ist dabei viel weniger eine formelle Organisation, als ein effektiver Zusammenhalt und eine tatsächliche Solidarität der Arbeiter einer Arbeitsgruppe.
[12] Echo, 31. 5. 06.
[13] Echo, 2. 6. 06.
[14] Korr., 27. 3. 11., Büchi an ZV.
[15] SMV-agit.vers., 6. 12. 14.
[16] SMV-vorst., 26. 6. 14.
[17] Zur Entwicklung des Organisationsgrades vgl. A–11.
[18] Schmirgler WIII, 13. 8. 17.
[19] Z.B. Schmirgler WIII, 21. 12. 20.
[20] Zu den Funktionen der Arbeiterkommission gehörte für die Geschäftsleitung auch und wesentlich die Kontrolle der unteren Kader. Vgl. Siegrist.
[21] AK 23, 11. 2. 03.
[22] Echo, 24. 3. 09.
[23] GFV-Commissionssitzung, 20. 5. 10.
[24] Echo, 7. 5. 12.
[25] Echo, 18. 7. 11. Vgl. auch Korr., 24. 7. 11.

[26] Korr., 24. 7. 11.
[27] Wäffler, S. 42.
[28] Wäffler, S. 41.
[29] Dazu mochte beitragen, daß diese erfahrenen Meister meist älter waren und noch eine ältere Generation verkörperten. ,,Meister Heinrich Werner, noch unter dem strengen Regime des alten Herrn Georg Fischer aufgewachsen, war ... sehr auf tüchtige Arbeit und Zucht bedacht und insbesondere für die Lehrlinge ein strenger Lehrmeister, der trotz Verbot noch ab und zu eine Ohrfeige zur Hand hielt ..." Wäffler, S. 41. Die Obermeister Reinsch und Schwalbenbach waren Deutsche, die möglicherweise noch härtere und militaristische Umgangsformen mitbrachten. Vgl. dazu Neuloh, Betriebsverfassung, S. 171 ff., der aus der Befragung alter Arbeiter in der Stahlindustrie ein Bild von den Meistern vor 1914 gewann: ,,Die Obermeister und Meister der Zeit vor 1914 sind überwiegend sehr harte, durch einen sehr schweren Aufstieg und Druck von oben brutal gewordene Vorgesetzte." S. 187f.
[30] Vgl. Siegrist. Es ist interessant, daß die Meister auf diese Entwicklung in erster Linie mit verstärkten Weiterbildungsbemühungen reagierten. Sie versuchten damit ihren Status nicht nur gegenüber dem Unternehmen, sondern sicherlich auch gegenüber den Arbeitern zu rechtfertigen und zu verteidigen.
[31] M. Teschner, Zum Verhältnis von Betriebsklima und Arbeitsorganisation, Frankfurter Beiträge zur Soziologie, Sonderheft 2, Frankfurt 1961, S. 39 ff., zeigt ebenfalls den Zusammenhang zwischen Rationalisierung, Kompetenzbereich der Vorgesetzten und Konflikten: Zuteilung der Arbeit und Lohneinstufung stellen auch hier die entscheidenden Kompetenzen dar (Fehlen einer systematischen Arbeitsplatzbewertung). Ebenso wie bei GF werden von den Arbeitern vor allem persönliche Merkmale der Vorgesetzten kritisiert, doch die Konflikte entstehen ,,aus der geringen Rationalisierung der Arbeitsorganisation; deren Gestalt ist wiederum nicht unabhängig von den sehr differenzierten Arbeitsplatzverhältnissen, die sich nicht leicht unter ein allgemeines Normensystem subsumieren lassen. Deshalb dürften auch Bemühungen, die allein auf eine Verbesserung der human relations abgestellt wären, kaum die Spannungen im Verhältnis zu den Abteilungsleitern beseitigen. Der Zusammenhang, der zwischen Vorgesetztenverhalten, objektiven Vorgesetztenfunktionen und der sozialen Organisation des Betriebs besteht, macht vielmehr deutlich, daß es nicht subjektiv-psychologische Momente, sondern objektive Bedingungen sind, die in erster Linie konstitutiv für das Verhältnis von Arbeitern und Vorgesetzten im Industriebetrieb sind" (S. 45 f.).
[32] Vgl. Siegrist, Anhang.
[33] AK 81, 2. 4. 19. Ähnlich in der Sitzung 84 vom 19. 7. 19.
[34] Betriebstechniker im Werk III.
[35] Schmirgler WIII, 9. 8. 17.
[36] Ein Fall, in welchem ein Arbeiter, der krank gewesen war, keinen Urlaub bewilligt erhielt. AK 27, 30. 4. 25. Klagen der Handlanger über Schikanen und grobe Behandlung durch die Meister. Bei den Handlangern, welche im Stundenlohn bezahlt wurden, hatte die Aufsichtsfunktion der Meister nach wie vor große Bedeutung, so daß sich hier die Konfliktmöglichkeiten nicht verringerten. AK-Vorsitzung, 12. 6. 28. Ebenso Klagen bei den Maschinenformern, es werde ‚Druck à la Rekrutenschule' ausgeübt. AK-Vorsitzung, 23. 10. 28.
[37] Echo, 31. 5. 06.
[38] SMV-vorst., 14. 9. 22.
[39] Bereits 1916 war ein Kernmachermeister Verbandsmitglied und wurde aus diesem Grund – nach Ansicht des Sekretariats – vom Unternehmen entlassen. Korr. 12. 9. 16. 1920 wurde ein Gießermeister entlassen, dem neben schlechtem Betragen und mittelmäßigen Leistungen vorgeworfen wurde, er sei ,,politisch links stehend!" Angestelltenkartei, Weymuth Ernst.
[40] Angestelltenkartei. Rüegg spielte in der Gewerkschaft eine wichtige Rolle und war 1923 bis 1927 Präsident der AK. Der Verdacht liegt nahe, daß man ihn durch die 1927 erfolgte Beförderung zum Meister in der Arbeiterkommission auszuschalten versuchte. 1931 entlassen.

[41] Popitz u. a., Das Gesellschaftsbild des Arbeiters, Tübingen 1957, S. 243, haben allerdings festgestellt, daß Konflikte, die mit den unteren Vorgesetzten (Meister, Vorarbeiter) entstehen, nicht auf die ‚Anderen', die Nichtarbeiter, bzw. die höheren Vorgesetzten übertragen werden. Dennoch bestimmt die Haltung zu den Meistern, „die Einstellung der Arbeiter im Betrieb, die Zufriedenheit oder Unzufriedenheit mit dem Arbeitsplatz, vor allem aber die Mobilitätsorientierung nachhaltig". Krahn, S. 44.

[42] Angestelltenkartei. Schwalbenbach wurde in das Akkordbüro versetzt, zumindest nominell also befördert.

[43] AK, Vorsitzung, 17. 1. 27. Vgl. auch AK-Vorsitzungen vom 12. 6. 28 und 23. 10. 28.

[44] Auch neuere industriesoziologische Arbeiten zu diesem Thema zeigen, daß die hier geschilderte Entwicklung nur einen Trend darstellt, der auch heute keineswegs vollständig realisiert ist. In der Aufsichts- und Disziplinierungsfunktion der Meister bleiben Konfliktmöglichkeiten weiterhin angelegt, doch haben sie im allgemeinen an Schärfe und Heftigkeit verloren (vgl. etwa L. v. Friedeburg, Weltz, Lepsius, Krahn, Popitz u. a., Pirker u. a., Teschner). Krahn verweist hier auf die Unterschiede je nach Produktionszweig. S. 44. Vgl. auch Weltz, S. 45 u. a., zu den Verhältnissen in den Zechen, wo die Anforderungen an die Steiger noch höher, ihre Autorität stärker und der Umgangston härter sind.

[45] In diesen Jahren fiel auf etwa 40 Arbeiter ein Meister (vgl. Siegrist; 2/V2 V1 Unfallstatistik 1910/11), das heißt, daß eine Belegschaftsvergrößerung um 40 Personen auch die Schaffung einer Meisterstelle nötig machte. Dazu wurde angenommen, daß Meister im Mittel 15 Jahre in dieser Stellung blieben. Während des Krieges verbesserten sich mit der explosiven Vergrößerung der Belegschaft auch die Aufstiegschancen, doch mußten zahlreiche dieser ‚Kriegsmeister' in der Krise von 1920–23 ihre Posten wieder verlassen. In den zwanziger Jahren verringerte sich die Zahl der Beförderungen durch den Rückgang des Belegschaftswachstums. Dagegen sank die Zahl der Arbeiter pro Meister, doch die Aufstiegschancen blieben auf jeden Fall sehr niedrig und sanken für ungelernte Arbeiter sogar weiter ab. Vgl. Siegrist, Kapitel über die innerbetriebliche Mobilität.

[46] Vgl. Teil II.

[47] Zu den Meisterlöhnen vgl. Siegrist.

[48] J. Müller, Soziales Wirken, Eine Darstellung der Sorge um den Menschen in den Georg Fischer-Werken, Schriftenreihe zum hundertfünfzigjährigen Bestehen der Georg Fischer-Werke, Thayngen-Schaffhausen 1949, S. 52.

[49] Jahresbericht des VSM 1892, zit. nach R. Scherer, Der Schweizerische Metallarbeiterverband, Diss. Zürich 1906, S. 54.

[50] D. h. der Verband legte eine Minimalarbeitszeit von 57 Stunden pro Woche fest, welche für die Mitglieder bindend war. Zur Entwicklung der Normalarbeitszeit vgl. A–7.1.

[51] SMV-werkst.vers., 20. 1. 06.

[52] AK 22, 10. 7. 02.

[53] Echo, 20. 6. 03.

[54] GFV-gv, 20. 2. 04.

[55] AK 27, 6. 2. 04.

[56] Korr., 10. 3. 08.

[57] Korr., 7. 7. 08.

[58] AK 44, 16. 4. 08.

[59] Korr., 14. 1. 10.

[60] Korr., 6. 2. 11.

[61] AK 49, 22. 2. 11.

[62] Ein gleich gelagerter Fall findet sich auch 1904: „Die Behauptungen der Arbeiter, es sei nach dem neuen Tarif nichts mehr zu verdienen, wollte der Herr Direktor durch eine von ihm geführte Lohnstatistik entkräften. Man hielt ihm entgegen, daß seine Berechnungen schon deshalb nicht stimmen können, weil denselben der Zehnstundentag zugrunde gelegt sei. Es müsse in

Betracht gezogen werden, daß auch sehr viel Überzeitarbeit geleistet worden sei. Der Herr Direktor bestritt das und meinte, in den Büchern sei keine Überzeit eingetragen. ‚Ja' meinte da ein Arbeiter, ‚wir mußten halt auf Befehl des Meisters über den Zaun klettern und als wir uns weigerten, schon morgens 5 Uhr mit der Arbeit zu beginnen, drohte man, daß man uns abends dann einfach vor 8 Uhr nicht fortlasse.' Der betreffende Meister bekam einen Verweis vom Herrn Direktor. Wir waren sonst immer der Meinung, der Befehl zur Überzeitarbeit komme vom Bureau. Es soll scheint's anders sein. Ei! Ei!" Echo, 15. 11. 04.

[63] GFV-gv, 20. 2. 04.

[64] In der Winterthurer Metall- und Maschinenindustrie leisteten z. B. 1903 Gießer im Mittel 24 Überstunden, Kernmacher 44, Gußputzer und Taglöhner 109. Vgl. Lotmar, S. 134f.

[65] Wäffler, S. 82, S. 88.

[66] Ebd., S. 89.

[67] 10/C 1.3 P&S.

[68] 7/TG F. Nol. Bericht über die Automatenabteilung in Schaffhausen und Singen, Sauter, 6. 1. 23.

[69] Vgl. dazu auch die Aussagen von Metallarbeitersekretär Wegmann, welcher den Schmirglern von einer Verweigerung der Überzeitarbeit abriet, da die Firma diese durch Versetzung von Willigen aus anderen Abteilungen erzwingen könnte (Schmirgler WIII, 29. 4. 22), oder von Geschäftsleitungsmitglied Bührer, der in der AK erklärte: „Es kann vorkommen, daß wir trotz allgemeiner Arbeitszeitverkürzung für einzelne Aufträge Überzeit arbeiten lassen müssen" zur Einhaltung von kurzen Lieferfristen. „Leuten, die die Verhältnisse in unserem Betrieb kennen, ist dies verständlich, dagegen können viele Behörden solche Maßnahmen nicht begreifen." AK 2, 25. 2. 21.

[70] Vgl. Teil II.

[71] 1924–29 im Mittel 3,6% der geleisteten Gesamtstundenzahl. Jahresberichte LAV.

[72] Näheres zur Durchsetzung der Arbeitszeit, zu ihrer Einteilung und zu den Ferien findet sich im Anhang 7.2.

[73] Zu diesen Belastungen vgl. auch 50 Jahre Verband Schweizerischer Eisengießereien 1906–1956, Zürich 1956.

[74] VR, 5. 1. 00.

[75] Korr. undatiert (Ende 1905).

[76] Korr., 21. 5. 10.

[77] GFV-Comm.sitzung, 20. 5. 10.

[78] Korr., 6. 2. 11., Lokalsekretär an AK GF.

[79] Wäffler, S. 81f.

[80] 10/C 1.3 P&S. Vorarbeiter Franz Neidhart.

[81] AK 28, 28. 9. 25.

[82] AK 31, 31. 12. 28.

[83] Grütlianer, 21. 9. 99.

[84] VR, 5. 1. 00.

[85] Echo, 13. 3. 06.

[86] Wäffler, S. 75.

[87] Korr., 12. 7. 17.

[88] Wäffler, S. 43.

[89] Quelle: Rechnungen und Jahresberichte der Betriebskrankenkasse. Mitglieder der Kasse waren sämtliche Arbeiter und Wochenlohnangestellte nach der Probezeit. Ab den zwanziger Jahren versicherten sich in zunehmendem Maß auch Angestellte.

[90] Vgl. etwa die steigenden Aufwendungen für Sanatoriumsaufenthalte. Da statistische Unterlagen (oder auch qualitative Aussagen) über die Art der Krankheiten, Alter und Beruf der Betroffenen etc. fehlen, bleiben diese Ausführungen sehr unvollständig. Dies ist bedauerlich, doch

handelt es sich im Rahmen dieser Arbeit um eine Nebenfrage, die keinen weitergehenden Aufwand erlaubte.

[91] Korr. undatiert. SMUV-Flugblatt, Dez. 1917.

[92] 2/P Unfall 1. Unfallstatistik 1910/11; für die zwanziger Jahre, Jahresberichte LAV.

[93] Echo, 1. 8. 06.

[94] Echo, 10. 8. 06.

[95] VR 75, 6. 10. 06.

[96] VR 74, 19. 5. 06.

[97] Korr., 30. 8. 08, J. B. Werny, Obmann der Gruppe Mühlenthal an ZV.

[98] Quellen: 2/P Unfall 1. Unfallstatistik 1910/11. Jahresberichte LAV. Bagatellunfälle, welche in der Unfallstation behandelt wurden, sind nicht gerechnet.

[99] LAV, 1929, S. 65.

[100] 2/P Unfall 1. ‚Unser Unfallwesen', Verfasser Bosshard, 21. 11. 32, S. 4. Ähnlich war schon die Krise von 1921 Anlaß zur Überprüfung des Unfallwesens. 2/P Unfall 1. Bericht über die Unfallstation, 1921.

[101] Unfallwesen, S. 5.

[102] Die Schmirgler wandten sich 1922 gegen die versuchsweise Einführung von Schutzbrillen mit der Überlegung, daß die Unfallversicherung dann in Zukunft Leistungen verweigern würde, wenn man keine Schutzbrille trage. Schmirgler WIII. 22. 2. 22.

[103] Unfallwesen, S. 4.

IV.

[1] W. Fischer, Innerbetrieblicher und sozialer Status der frühen Arbeiterschaft, in: ders., Wirtschaft und Gesellschaft im Zeitalter der Industrialisierung, Göttingen 1972. Zur Entwicklung der Lohndifferenzen und Lohnstruktur vgl. auch Hobsbawm, Labour Aristocracy. Für England konstatiert er im 19. Jh. und bis 1914 bezüglich der Lohndifferenzen keinen eindeutigen Trend zu einer Verringerung der Gegensätze.

[2] Dieser Zusammenhang scheint bei Wolfram Fischer im konkreten weitgehend ungeklärt. Vgl. auch W. Fischer, Ökonomische und soziologische Aspekte der frühen Industrialisierung. Stand und Aufgaben der Forschung, in: ders., Wirtschaft.

[3] Der Erfassung der Arbeiterlöhne stellen sich allerdings im behandelten Zeitraum beträchtliche Schwierigkeiten in den Weg. Die Quellenlage ist vergleichsweise schlecht; die Lohndaten für die einzelnen Berufe müssen aus verstreuten und teilweise zweifelhaften Angaben zusammengesucht werden. Vgl. A–2.

[4] Vgl. dazu das V. Kapitel.

[5] Das Unternehmen nimmt höhere Lagerkosten in Kauf, um die Verhandlungsposition der Arbeiter zu schwächen. VR 70, 4. 11. 05; VR 81, 9. 3. 08; vgl. auch Teil II.

[6] Vgl. dazu Teil II.

[7] Vgl. A–2.

[8] Vgl. A–2.6. Die größte Abweichung beträgt 1918 ca. 4%.

[9] Vgl. A–2, Kommentar zur Berechnung der Durchschnittslöhne. Zu berücksichtigen ist unter anderem, daß in den Durchschnittslöhnen sämtliche Zulagen für Überzeit-, Nacht- und Sonntagsarbeit inbegriffen sind.

[10] Quellen: vgl. A–2.

[11] Vor 1914 laufen die Kurven ziemlich parallel. Genauere Angaben im Anhang; vgl. auch den Abschnitt über die Arbeitszeit.

[12] Dies stimmt nur kurzfristig. Längerfristig müßte der Faktor der Arbeitsintensivierung bei kürzerer Arbeitszeit berücksichtigt werden, welcher die Produktivität steigert und die Lohnkosten senkt.

[13] D.h. die ‚Geldillusion'. Perrot, Ouvriers, v.a. S. 119ff., kommt zum Schluß, daß die Arbeiter keine genaueren Haushaltsbudgets und keine präzisen Vorstellungen vom Reallohn hatten. Nur massive Teuerung werde überhaupt rezipiert und kollektiver Protest gegen diese äußere sich typischerweise nicht in Form von Streiks, d.h. im Bereich der Produktion (S. 130f.). In dem von ihr behandelten Zeitabschnitt besteht aber keine längerfristige Tendenz zu Preissteigerungen wie nach 1900, als zudem die Gewerkschaften und die Arbeiterpresse sich bemühten, bei den Arbeitern auch ein Preisbewußtsein zu schaffen. Vgl. etwa: Teuerung in der Schweiz, Bern 1910 (hg. v. Schweizerischen Gewerkschaftsbund), oder die Preisdiskussionen und Daten in den Jahresberichten der Gewerkschaftsverbände.

[14] Vgl. Teil II, etwa die Lohnbewegung von 1906.

[15] Vgl. die Darstellung im II. Teil.

[16] Vgl. auch A–2.3. – A–2.5.

[17] Quellen: vgl. A–2.3. In die durchschnittlichen Stundenlöhne gehen die Löhne aller Arbeiter inklusive der Lehrlinge ein. Meisterlöhne sind ausgeschlossen. Da die sehr niedrigen Lehrlingslöhne wie die Löhne der übrigen jugendlichen Arbeiter und der Frauen den Durchschnitt stark drücken, liegen die meisten hier angegebenen Löhne über dem Durchschnitt. Da sich die Zusammensetzung der Arbeiterschaft jedoch nur wenig änderte, erfolgen daraus keine wesentlichen Verzerrungen. Eine Ausnahme stellt einzig das Jahr 1918 dar, in welchem der Anteil niedrig bezahlter Arbeiter besonders hoch lag. Dadurch sind die Zahlen im Vergleich mit der übrigen Tabelle ein wenig zu hoch, doch sind auch hier die Auswirkungen geringfügig.

[18] Vgl. A–2.3.

[19] Vgl. S. 62f. Da diese beiden Arbeitergruppen in direktem kooperativem Zusammenhang standen, kam dem Ausgleich der Löhne zudem hier am direktesten Bedeutung für das Verhalten der Arbeiter zueinander zu.

[20] Zu den Quellen vgl. A–2.6.

[21] Schneckenburger, S. 5, Ith, S. 5.

[22] Detaillierte Angaben finden sich bei GF zu dieser Frage nicht, da keine Lohnunterlagen erhalten sind und das Unternehmen auch bei Lohnkonflikten gegen außen jeweils nur sehr unpräzise Angaben über die Löhne machte. Einer anderen Politik folgte offenbar die Eisen- und Metallgießerei Seebach, welche 1906 in einem Konflikt mit den Eisengießern deren Löhne namentlich publizierte. Auch wenn die Durchschnittslöhne ca. 3% höher liegen als bei GF, kann angenommen werden, daß sich die Lohnschichtung bei den beiden Firmen nicht wesentlich unterschied.

[23] Flugblatt, datiert 12. 2. 06; GF-Zeitungsausschnitte. Die Angaben der Firma seien vom Gemeinderat Seebach anhand der Lohnbücher auf Richtigkeit geprüft worden. Es handelt sich um die durchschnittlichen Stundenlöhne in der Zeit vom 6. 8. 05 bis zum 3. 2. 06.

[24] AK 30, 26. 5. 04; Korr. 14. 1. 10.

[25] A. Lotmar, S. 25.

[26] Vgl. dazu die folgenden Ausführungen über das Lohnsystem.

[27] Im Vergleich zu 1924 hatte diese Durchdringung 1929 zugenommen. Für die Zeit vor 1914 ließen sich dazu keine akzeptablen Daten finden.

[28] Quelle: LAV 1929. Berücksichtigt in dieser Darstellung sind alle männlichen, erwachsenen Arbeiter, die während des ganzen Jahres im Unternehmen beschäftigt waren. Ausgeschlossen sind die eigentlichen Tieflohngruppen, d.h. die Frauen und jugendliche Arbeiter, bei denen sich jedoch zeigen würde, daß kaum eine Durchdringung mit den Löhnen erwachsener männlicher Arbeiter bestand. Die Darstellung wird geringfügig auch dadurch verfälscht, daß die Löhne von Neueintretenden, die generell etwas tiefer sind, nicht berücksichtigt werden.

[29] Vgl. Teil II.

[30] A. Schröter u. W. Becker, Die deutsche Maschinenbauindustrie in der industriellen Revolution, Berlin 1962, S. 244ff., gestützt auf J. Fuhlrott, Die wirtschaftliche Entwicklung der Maschinenindustrie in Magdeburg unter besonderer Berücksichtigung der Herkunft der Arbeiter-

schaft, Diss. Leipzig o. J.

31 In den neunziger Jahren gehörte die Abschaffung der Akkordarbeit zu den Forderungen des Metallarbeiterverbandes, doch gewann diese zumindest bei GF nie praktische Bedeutung.

32 Quelle: 2/F 1 A–Z 1, Fabrikationsliste.

33 7/SG W I.

34 7/SG W I. Gutachten vom 3. 12. 01.

35 Ganz, S. 29.

36 7/St A–Z.

37 Lotmar, S. 25.

38 Quelle: Lohnstatistik des ASM für 1918, 2/V2 V1.

39 Ebd.

40 In der Statistik des ASM sind die Sandmischer und Gießereihandlanger nicht getrennt, so daß nur ein Mittelwert angegeben werden kann. Tatsächlich dürften jedoch die Sandmischer praktisch vollständig im Akkord gearbeitet haben, die Handlanger dagegen nur zu einem relativ geringen Teil.

41 LAV 1929, S. 2.

42 Vor allem in den frühen Arbeiterkommissionssitzungen finden sich klare Hinweise auf diesen Zusammenhang. Akkordarbeiter, vor allem Stahlgießer, beklagten sich über Mängel der betrieblichen Organisation, welche sie hinderte, ihre volle Leistung zu erbringen, bzw. maximalen Lohn zu erzielen. Z. B. AK 10, 1. 8. 99 (Einteilung der Schichten, Anordnung der Arbeit); AK 16, 7. 9. 00 (bessere Organisation beim Gießen). Diese Einflußnahme auf die betriebliche Organisation verschwand in der folgenden Rationalisierungsphase fast völlig, dieser Bereich entzog sich dem Blickfeld des einzelnen Arbeiters. Am einzelnen Arbeitsplatz waren Verbesserungen aber noch viel länger möglich.

43 Vgl. G. Friedmann, Der Mensch in der mechanisierten Produktion, Köln 1952, S. 261 ff.; Wiedemann, Rationalisierung, S. 37.

44 Auch technische Verbesserungen durch die Arbeiter wurden mit der Verwissenschaftlichung der Produktion zunehmend schwieriger und eingeschränkter. Mit der Verbesserung der technischen Anlagen verschlechterte sich das Verhältnis von durch den Arbeiter beeinflußbarer ‚Handzeit' zur ‚Maschinenzeit'. (Zu den Begriffen vgl. H. Wiedemann, S. 40 f.; auch M. Regini u. E. Reyneri, Akkord, Lohn, Qualifikation als Kampfinhalte italienischer Arbeiter, München 1973, S. 44 f.). Vgl. auch B. Lutz u. A. Wellener, Mechanisierungsgrad und Entlohnungsform, Luxemburg 1959, S. 70 ff.: der Einfluß der Arbeiter auf das Produktionstempo sei bei teilmechanisierten Anlagen am größten, also bei Anlagen, „an denen zwar noch keine Automatik des Produktionsablaufs besteht, die Bedienungsmannschaften jedoch völlig vom Einsatz ihrer Muskelkraft entlastet sind". S. 116.

45 „Aber auch wenn die Produktion normal verläuft, bringen die Arbeitsvorgänge immer ein Minimum an Autonomie und Entscheidungsfreiheit mit sich", die von den Arbeitern im Sinne der Produktion genützt werden sollen. „Praktisch ist die Akkordzulage in diesem Sinn die Belohnung für die ‚Nichtpassivität' der Arbeiter." Regini u. Reyneri, S. 40 ff.; vgl. auch Thomas, S. 18 ff., 45 ff. Die Arbeiter ermöglichen durch ihre informelle Mitarbeit außerhalb festgesetzter Normen erst die Aufrechterhaltung des Betriebes, dies häufig unter dem Druck des Akkords.

46 Vgl. dazu Siegrist.

47 Kamber, S. 45.

48 Im SMV-Jahresbericht 1910/11 (S. 14) heißt es dazu: „Eine außerordentlich schwierige Frage ist die Regelung der Akkordarbeit. Prinzipiell sind wir ja für die Abschaffung der Akkordarbeit. In der Praxis läßt sich dies heute aber nicht durchführen, und wir begnügen uns daher damit, wenigstens eine Regelung anzustreben, die dahin geht, die Preise zu fixieren und Akkordtarife aufzustellen, die erträgliche Zustände schaffen."

49 Vgl. Teil II.

50 SMV-ao. Mitgliederversammlung 6. 7. 12.

[51] Ganz, S. 21.
[52] Ebd., S. 28.
[53] Umgekehrt konnte es allerdings auch vorkommen, daß eine Verbesserung der Gußqualität eine höhere Leistung ermöglichte. Dies führte im allgemeinen zu Akkordsenkungen, da das Unternehmen mit Recht solche Lohnsteigerungen als Resultat einer technischen Verbesserung erachtete. Da diese Verbesserung jedoch meist nicht so offensichtlich und anschaulich und auch nicht so einfach von einer Erhöhung der Arbeitsintensität abzugrenzen war, konnten daraus leicht Konflikte entstehen.
[54] Korr., 21. 5. 10.
[55] Echo, 7. 10. 11.
[56] Korr., 21. 5. 10.
[57] In der Stahlgießerei wurde erst 1910 eine systematische Kalkulation eingeführt. Damit verbesserten sich allmählich auch die Grundlagen der Akkordbestimmung, doch dauerte es einige Jahre, bis das neue System im Lohnbereich tatsächlich wirksam wurde. 1918 wurde in der Arbeiterkommission erklärt, es seien nun durch einen Techniker ‚nach langer Beobachtung' neue Akkordtarife ausgearbeitet worden; „... durch Einführung der neuen Akkordtarife wolle man ein besseres System schaffen und der Willkür der Meister vorbeugen". AK 76, 15. 8. 18. Vgl. zu diesem Problembereich Siegrist.
[58] Die erfolgreiche Anwendung dieses Kampfmittels war allerdings abhängig von einem gewissen Grad an Solidarität und Geschlossenheit unter den Arbeitern, welche die Meister aus diesem Grund zu durchbrechen versuchten. Vgl. den Abschnitt über die Vorgesetzten.
[59] Schmirgler W III, 24. 11. 17.
[60] Schmirgler W III, 30. 7. 20.
[61] 12/M2/A. Zuschrift der Firma an die Arbeiter, dat. 2. 7. 19.
[62] Vgl. Siegrist. Auch etwa Messner, zur Einführung der continuierlichen Gießerei 12/S/1. Die erste Erwähnung von Zeitmessungen habe ich im Jahr 1914 gefunden, als Zentralsekretär Dürr in einem Referat erklärte, in der Gewindeschneiderei würden die Arbeiter teilweise mit der Uhr kontrolliert. SMUV-Agit.versammlung 6. 12. 1914.
[63] Vgl. LAV Jahresberichte.
[64] Schmirgler W III, 5. 8. 20; 9. 8. 20; 17. 9. 20.
[65] Schmirgler W III, 17. 9. 20.
[66] Beilage zu VR 162, 16. 3. 26.
[67] Im Einzelfall kam es allerdings auch vor, daß Rückschläge in der Produktionstechnik oder erhöhte Qualitätsanforderungen die Löhne der Arbeiter drückten. Dies haben wir bereits S. 105 am Beispiel der Fittingsgießerei gesehen. Über die Verhältnisse im Werk Birch im Jahr 1909 heißt es, daß Mangel an einfachen Modellen und die vermehrten Anforderungen der Kundschaft punkto Sauberkeit dazu geführt hätten, daß „eine große Zahl der Accordarbeiter" die Stundenlöhne (Minimallöhne) nicht mehr erreichten oder nur wenig überschritten (7/St.A–Z Fabrikation, Bericht zur Kalkulation des III. Quartals 1909).
[68] „Doch selbst dann, wenn eine Steigerung der Produktivität nicht durch individuelle Mehrleistung, sondern durch Mechanisierung der Arbeitsmittel und Rationalisierung des Betriebsablaufes erreicht worden ist, glauben viele Arbeiter, einen Anspruch auf Lohnerhöhung zu haben", schreibt L. von Friedeburg, gestützt auf verschiedene Untersuchungen in der deutschen Industrie der fünfziger Jahre (S. 98).
[69] Wiedemann, Rationalisierung, S. 56.
[70] Vgl. unten S. 117.
[71] Dies gilt allerdings nicht mehr für die 2. Hälfte der zwanziger Jahre.
[72] Die Häufung der Konflikte bei den Gewindeschneidern und den Maschinenformern deutet noch auf eine weitere Konfliktursache hin: Der Platz dieser Gruppen in der Lohnhierarchie war vorerst noch relativ unbestimmt. Als Nichtberufsarbeiter sollten ihre Löhne unter jenen der Berufsarbeiter liegen, was jedoch in Widerspruch zu den Anforderungen ihrer Tätigkeit geriet.

[73] Vgl. etwa Lutz u. Wellener, S. 145ff.
[74] J. Siegenthaler, Zur Entwicklung des schweizerischen Lebensstandards im 19. und 20. Jahrhundert, in: Schweizerische Zeitschrift für Volkswirtschaft, Nr. 101, 1965, S. 423–444.
[75] Quellen: Siegenthaler, S. 423ff.; Jber. ASM; für GF vgl. A–2.
[76] Dabei dürfte es sich ebenfalls um Vorkriegslöhne handeln, welche mit Durchschnittslöhnen von 1913 ziemlich gleichgesetzt werden können.
[77] Löhne der Maschinen- und Metallindustrie bezogen auf das Mittel sämtlicher Industrien (Stundenlöhne verunfallter Arbeiter):

	1913	1920	1929
Gelernte und Angelernte	1,00	1,02	1,00
Ungelernte	1,02	1,02	1,03

(Quelle: Statistisches Jahrbuch 1932).

[78] Quellen: Für GF vgl. Anhang 2; die Verbandsdurchschnitte wurden einer Tabelle in 10/C 1.3.P&S entnommen:
Stundenverdienste der erwachsenen männlichen Arbeiter im ASM (in Rappen)

	1914	1918	1922	1929
gelernte Arbeiter	72,4	141,0	144,0	159,0
un- und angelernte Arbeiter	55,6	113,6	116,0	125,8
total	65,8	129,4	132,0	143,6

[79] ASM Zahlen für Juni, GF für Juni aus Jahresmittel geschätzt.
[80] ASM Zahlen für Juni, GF Jahresdurchschnitt.
[81] Zahlen vom Dezember.
[82] 2. Halbjahr.
[83] Erhöhung der Stundenlöhne 1914–1929: Berufsarbeiter bei GF + 50%, im Verband + 36%. Nichtberufsarbeiter bei GF + 57%, im Verband + 41%. (GF-Zahlen: Jahresmittel der Jahre 1914 und 1929, Verbandszahlen für 1914 Juni, für 1929 2. Halbjahr).
[84] Vgl. etwa die hohen Löhne der Maschinenformer und Revolverdrehergehilfen.
[85] Vgl. S. 98 und im folgenden Kapitel V.
[86] Vgl. Jahresberichte LAV, 1922ff.
[87] Vgl. dazu A–3.
[88] Gesamtschweizerisch stiegen nach den Angaben von J. Siegenthaler (S. 426) die Reallöhne von 1895–1914 um ca. 9%. Dagegen stiegen von 1913–1929 die realen Stundenlöhne (verunfallter) erwachsener männlicher Arbeiter um ca. 48%. Vgl. Statistische Jahrbücher.
[89] Quellen: vgl. A–3.
[90] Kocka, Unternehmensverwaltung, S. 208ff.; 335ff.; 490ff.
[91] Diese fand ihren Ausdruck in einer vergleichsweise sehr niedrigen Lohnquote, d. h. einem niedrigen Anteil der produktiven Löhne am Umsatz: Im Mittel der Jahre 1899/1900 und 1913/1914 betrug sie 15,6% bei fallender Tendenz, vgl. Kocka, Unternehmensverwaltung, Anhang I, Tab. 13, S. 570.
[92] Siemens beschäftigte hauptsächlich ungelernte Arbeitskräfte, darunter sehr viele Frauen, vgl. Kocka, Unternehmensverwaltung, S. 337: „Als Konkurrenzfirmen ohne eine starke gelbe Bewegung, wie die AEG, ihren Ausstoß während der Aussperrungen von 1910/11 verkürzen mußten, produzierten S&H/SSW ohne merkliche Einbuße weiter. Die Finanzierung der ‚Gelben' rentierte sich glänzend."

[93] Kocka, Unternehmensverwaltung, S. 361.

[94] Die Löhne beziehen sich auf die Produktion der jeweiligen Jahre, die jedoch mit dem Absatz nicht übereinzustimmen brauchen, da vor allem bei den Fittings mit großen Lagerbeständen gearbeitet wurde. Dies wirkte sich vor allem in Krisenjahren aus, wo die Produktion eine gewisse Zeit wesentlich über dem Absatz liegen konnte, wodurch sich die Lohnquote natürlich erhöhte. Durch die Anwendung eines gleitenden Mittelwertes wird diese Erscheinung jedoch abgeschwächt. Allerdings ist es auch sonst plausibel, daß die Lohnquote in Krisenjahren steigt: Erstens fallen die Absatzpreise im allgemeinen rascher als die Löhne, und zweitens werden nicht mehr alle Beschäftigten unmittelbar produktiv eingesetzt. Da man einen Stamm von Arbeitern auf jeden Fall bewahren wollte, wurden in Krisenjahren z. B. 1919 und 1921 Notstandsarbeiten gemacht, also Erneuerungen und Erweiterungen mit eigenen Mitteln durchgeführt. Besonders deutlich zeigte sich diese Tendenz aber bei den Angestellten, deren Lohnanteil sich in Krisenjahren stark erhöhte, da Entlassungen wesentlich weniger rasch als bei den Arbeitern erfolgten.

[95] Quellen: 10/C 1.3. Kommerzielle Seite, Absatz Schaffhausen; für die Angestelltensaläre: Unterlagen; für die Arbeiterlöhne vgl. A–2.1.

[96] Quellen: vgl. A–4.2.

[97] Für 1895 keine Angaben über den Absatz.

[98] bis 1919 Schätzungen, die von der durchschnittlichen Zahl der Arbeitsstunden im ganzen Betrieb ausgehen (vgl. A–2.2).

[99] 1908/09 keine Angaben für die Zahl der Arbeiter.

[100] Unter Elimination von untypisch billigem Temperguß in den Jahren 1928 und 1929, da dieser sonst die Produktionskonstanz, von der wir die Produktivitätsentwicklung ableiten wollen, gestört hätte. Die effektive Zahl liegt ca. 3% höher (6710 kg).

[101] Vgl. dazu auch die Grafik A–4.3. Die Darstellung ist allerdings mit verschiedenen Fehlerquellen belastet, so vor allem dadurch, daß Produktion und Absatz sich zeitlich bei der Fittingsproduktion durch die große Lagerhaltung stark unterscheiden können. Obwohl hier ein gewisser Ausgleich durch die Verwendung von mehrjährigen Durchschnitten erfolgte, sind gewisse Abweichungen nicht ausgeschlossen. Die Entwicklungstendenzen sind jedoch so deutlich, daß kleinere Fehler nicht ins Gewicht fallen. Im besonderen ist zu berücksichtigen, daß die Perioden 1900/1904 und 1920/1924 von schweren Krisen gekennzeichnet waren. Diese fallen jedoch jeweils an den Anfang der Periode, so daß der Rückgang kaum auf erhöhte Lagerbestände zurückgeführt werden kann, da diese sich bis zum Schluß der Periode wieder ausgeglichen haben dürften.

[102] Vgl. Siegrist.

[103] Durch die hohe Fluktuationsrate entstanden z. B. sehr hohe Einarbeitungsverluste, doch zweifellos noch bedeutsamer war die Übernutzung der Anlagen zur Ausnützung der Kriegskonjunktur.

[104] Vgl. dazu Knoepfli, Anhang.

[105] Im Werk III wurde z. B. die Belegschaft gegenüber dem Stand von 1912 und 1913, der nur wenig unter der optimalen Auslastung lag, bis 1918 um 74% erhöht, vgl. A–1.1.

[106] VR 120, 25. 4. 16.

[107] Vgl. dazu auch Siegrist.

[108] Vgl. A–4.2.

[109] Dazu ist nun allerdings zu sagen, daß dieser Produktivitätszuwachs nicht ausschließlich dem Unternehmen zufiel, sondern teilweise an den Markt weitergegeben werden mußte. Dies trifft jedenfalls für die Vorkriegszeit zu, in welcher die Fittingspreise für die Vergleichsperioden konstant blieben (zwischen 1900 und 1910 lagen sie allerdings nicht unwesentlich höher), die Lebenskosten jedoch um ca. 25% stiegen. Nach dem Krieg stiegen dagegen die Produktepreise in ähnlicher Weise wie die Lebenskosten.

[110] Quellen: vgl. A–2.1 und A–4.2.

[111] Absatzwerte gemessen an den Fittings- und Tempergußpreisen. Die Ergebnisse sind in ih-

rer Tendenz so deutlich, daß die methodischen Unzulänglichkeiten nicht stark ins Gewicht fallen.

112 Es ist allerdings nicht auszuschließen, daß GF vor 1914 überdurchschnittliche Produktivitätssteigerungen erreichte, da es im Bereich der Fittings- und Tempergußproduktion bereits in dieser Zeit zur normierten Fertigung von Massenprodukten übergehen konnte, was vor allem für die Maschinenindustrie, aber auch für die übrigen Bereiche der Gießereiproduktion nicht der Fall war.

V.

1 VR 76, 3. 4. 07.

2 VR 81, 9. 3. 08.

3 9/SA 2.

4 10/C1.3, Bahn- und Wegvergütung.

5 Unter dem Begriff Arbeiterstamm verstehe ich im folgenden Teile der Arbeiterschaft mit langfristig niedriger Fluktuationsneigung, bzw. überdurchschnittlicher Arbeitsplatzsicherheit. Diese wird folgerichtig erfaßt über die Beschäftigungsdauer, d. h. zum Stamm werden Arbeiter gerechnet, die seit einer bestimmten (jedoch nur mit einer gewissen Willkür definierbaren) Zeit im Unternehmen beschäftigt sind.

6 Aus der früher konstatierten tendenziell abnehmenden berufsspezifischen Qualifikation kann nicht abgeleitet werden, daß das Interesse des Unternehmens am Arbeiterstamm unter diesem Aspekt sank: die durchorganisierte Arbeitssituation etwa beim Fließbetrieb verlangt bei hohen Qualitätsanforderungen an das Produkt und zur Vermeidung von Betriebsstörungen ein hohes Maß an Disziplin und Zuverlässigkeit (vgl. etwa Kern u. Schumann, S. 81). Es kann vermutet werden, daß diese Anforderungen von langjährigen, an den Betrieb gebundenen Arbeitern eher aufgebracht wurden als von einer rasch fluktuierenden Arbeiterschaft.

7 Dabei ergeben sich einige methodische, aber auch logische Schwierigkeiten. Ich stütze mich bei der Feststellung der Dauer der Beschäftigung der Arbeiter auf Unterlagen über die Alterssparversicherung, die Ferienentschädigung und ab 1925 auf umfangreiche Tabellen über die Beschäftigungsdauer (vgl. auch A–6). Diese Quellen lassen sich jedoch nicht überall direkt vergleichen, da im allgemeinen die Karenzfristen für die Sparversicherung und die Ferienberechtigung nicht gleich waren. Der Arbeiterstamm kann daher nicht nach freigewählten Kriterien gemessen werden. Dies ist insofern nicht so problematisch, als das Dienstalter ohnehin nur ein ungefähres Maß für den Arbeiterstamm darstellt, also mit diesem nicht völlig gleichgesetzt werden kann. Die niedrige Fluktuationsrate, welche für mich den Arbeiterstamm bestimmt, bzw. das Dienstalter, welches im Falle ökonomischer Krisen eine relative Arbeitsplatzsicherheit garantiert, sind keine Konstanten, können jedenfalls nicht als solche angenommen werden. Die Zuordnung zum Arbeiterstamm aufgrund eines bestimmten Dienstalters hat deshalb ohnehin bis zu einem gewissen Grade willkürlichen Charakter.

8 Quellen: Beilage zu VR 61/104/113; Jahresberichte LAV 1925–29; für die Arbeiterzahlen A–1.1.

Vergleichszahlen zur übrigen schweizerischen Maschinenindustrie können nur für das Jahr 1903 für die Agglomeration Winterthur angegeben werden: *Beschäftigungsdauer*

(in Prozent)	0–5 Jahre	5–11 Jahre	länger als 11 Jahre
gelernte Arbeiter	57,7	16,6	25,6
ungelernte Arbeiter	63,9	15,7	20,2
total	59,2	16,4	24,2

Die Verhältnisse sind also mit jenen bei GF gut vergleichbar. Der auffallende Unterschied besteht darin, daß der Arbeiterstamm in Winterthur wesentlich größer war, was auf das geringere Wachstum der Winterthurer Maschinenindustrie zurückgehen dürfte. Nach Lotmar, S. 83.

[9] Arithmetisches Mittel.

[10] Gerade an diesem Beispiel zeigt sich aber, daß nicht unvermittelt von den strukturellen Bedingungen auf gesellschaftliche Erscheinungen geschlossen werden kann. Veränderungen der Klassenbeziehungen und des Klassenbewußtseins beeinflußten auch das Verhalten der Stammarbeiter, deren Verhalten in der ersten Hälfte der zwanziger Jahre in geringerem Maße durch Sicherheitsstreben bestimmt war (vgl. dazu Teil II).

[11] Vgl. A–6.

[12] Krahn, S. 5.

[13] Z. B. H. Matthöfer, Streiks und streikähnliche Formen des Kampfes der Arbeitnehmer im Kapitalismus, in: Schneider, Theorie, S. 167. ,,Es mag auf den ersten Blick wenig sinnvoll erscheinen, solche Reaktionsweisen als Kampfhandlungen zu bezeichnen. Doch es kommt darauf an, deutlich zu machen, daß ihnen die gleichen allgemeinen Ursachen zugrunde liegen wie kollektiven Streiks."

[14] R. Dahrendorf, Sozialstruktur des Betriebes, Wiesbaden 1959, S. 51. Dahrendorf ordnet in seiner Typologie die Fluktuation der Kategorie der umgeleiteten Konflikte zu. Dazu zählt er neben der Fluktuation Blaumachen, Absentismus, aber auch eine Häufung von Unfällen.

[15] C. Müller, Arbeiterbewegung und Unternehmerpolitik in der aufstrebenden Industriestadt, Baden nach der Gründung der Firma Brown-Boveri 1891–1914, Aarau 1974, S. 120.

[16] Schneider, Theorie, S. 168.

[17] Vgl. vor allem den Abschnitt Sozialeinrichtungen.

[18] Das Problem geht dabei über die allgemeine Gestaltung der Arbeitsbedingungen hinaus: Da gerade Neueingetretene besonders hohe Fluktuationsraten aufweisen, müßte ihre Situation besonders berücksichtigt werden. Dies ist nicht allein eine Kostenfrage. Vgl. dazu Krahn, S. 69ff.; Lutz u. Weltz, Der zwischenbetriebliche Arbeitsplatzwechsel, Frankfurt 1966, S. 167; O. Neuloh, Der neue Betriebsstil – Untersuchungen über Wirklichkeit und Wirkungen der Mitbestimmung, Tübingen 1960, S. 106.

[19] Auch für den Sekretär der Schaffhauser Metallarbeiter, Büchi, der bezogen auf die Maschinenformer 1911 schrieb: ,,Nach und nach wird die Firma wohl oder übel doch ein anderes Akkordsystem schaffen müssen, denn beim heutigen Zustand ist der Wechsel der Arbeiter so enorm, daß es den Herren dabei auf die Dauer nicht mehr wohl sein kann." Korr., 6. 6. 11 Büchi an ZV.

[20] Quellen: vgl. A–6. Die Fluktuationsrate wurde bestimmt als Zahl der Austritte bezogen auf die durchschnittliche Arbeiterzahl während eines Jahres.

[21] 9/SA 2. Jahresbericht über die Wohlfahrtseinrichtungen 1917.

[22] 10/C 1.3, Arbeiterwesen. Zum Jahr 1917.

[23] L. von Friedeburg, S. 71. ,,Schachtanlagen, die viele Arbeiter für den Untertagebetrieb, aus welchen Gründen auch immer anwerben, müssen entsprechend häufig mit Abgängen rechnen. Kaum wäre es sonst verständlich, daß der Belegschaftswechsel drastisch zunimmt, wenn die Untertagebelegschaft aufgestockt wird. So stieg die Fluktuationsrate der Zeche IV in Essen zum Beispiel im Jahre 1953 von 27 auf fast 50 Prozent, als damals die Untertagebelegschaft um zwei Fünftel vergrößert wurde."

[24] Vgl. A–6.6.

[25] 1925 und 1927–29. Das Jahr 1926 ist ein Krisenjahr, in welchem zahlreiche Entlassungen erfolgten. Die Fluktuation, d. h. der freiwillige Arbeitsplatzwechsel ist hier nicht zu erfassen.

[26] Quellen: vgl. A–6.6.

[27] Da die Fluktuation auch im zweiten und dritten Jahr der Beschäftigung noch wesentlich erhöht war, sich also das beschriebene Phänomen auch dort noch auswirkte (vgl. Tab. 30), kann sogar angenommen werden, daß sich das Fluktuationsverhalten der längerbeschäftigten Arbeiter

in den zwei Perioden noch weniger unterschied als es in der Tabelle zum Ausdruck kommt.

28 LAV 1924. Zur Verbreitung psychotechnischer Selektionsverfahren in der Schweiz in diesen Jahren vgl. Siegrist. Hier handelt es sich offenbar um Bestrebungen, die in diese Richtung gingen, doch wurden eigentliche psychotechnische Untersuchungen bei GF zumindest in den zwanziger Jahren nur subsidiär verwendet.

29 Die Arbeitergruppe mit dem höchsten Wechsel waren die Gußputzer, also jene Gruppe, welche die anstrengendste und unangenehmste Arbeit zu machen hatte. 1929 z. B. traten 86 von 259 Gußputzern innert 12 Wochen wieder aus (LAV 1929).

30 Crew, S. 119. „In den Siedlungen der Bergarbeiter herrschte ein Höchstmaß an Identifikation von Beruf und Gemeinschaft, aber auch in den Industriestädten waren die Bergarbeiter genügend von den übrigen Arbeitern isoliert, so daß das Berufszugehörigkeitsbewußtsein einen klaren, räumlich abgestützten Ausdruck finden konnte."

31 Ebd. „Die Vielfalt der Erfahrungen, mit denen die Fabrikarbeiter durch Arbeitsplatzwechsel konfrontiert wurden, stellte ein viel größeres Hindernis für die Entwicklung eines Solidaritätsgefühls in ihrer Berufsgruppe dar, als die Wanderungsbewegung selbst."

32 Vgl. S. 117f.

33 Vgl. Abschnitt Sozialeinrichtungen.

34 10/C 1.3 P&S, Arbeiterwesen.

35 Vgl. R. Schlaepfer, Die Ausländerfrage in der Schweiz vor dem Ersten Weltkrieg, Diss. Zürich 1969.

36 Ebd., S. 73. Die italienischen Arbeiter bei GF zeigten ein spezifisches Gruppen- und Fluktuationsverhalten: „Gefiel es einem in Schaffhausen, so animierte er seine Dorfgenossen, ebenfalls nach Schaffhausen zur Arbeit zu kommen. Ohne Anmeldung oder Arbeitsgesuch standen sie eines Tages vor unsern Schaltern und wünschten in die gleiche Abteilung eingestellt zu werden, wo ihr Kamerad bereits arbeitete. So kam es, daß wir in den Jahren vor dem Ersten Weltkrieg ganze Italiener-Schichtequipen hatten, mit einem Italiener als Schichtvorarbeiter." 10/C 1.3 P&S, Arbeiterwesen, S. 4. Es sei vor dem Weltkrieg ‚Italiener-Tradition' gewesen, nur 9 Monate in der Schweiz zu arbeiten.

37 Quellen: 1895, 1901, 1911, Fabrikverzeichnisse; 1907, VR 13. 4. 07; 1925 folgende, Jahresberichte LAV.

38 Vgl. A–6.10.

39 Vgl. 10/C 1.3 P&S, Arbeiterwesen, S. 10. Es wurden allerdings deutsche Deserteure und Internierte beschäftigt.

40 10/C 1.3 P&S, Arbeiterwesen, S. 3f.

41 1928 wurde im Bericht Lohnwesen und allgemeine Verwaltung festgehalten, „Arbeiter italienischer Nationalität, die sich gemäß der Erfahrungen vieler Jahre für die Tätigkeit in der Guß-Putzerei weitaus am besten eignen", seien nicht mehr „erhältlich", und Schweizer seien nicht bereit, diese Arbeit zu machen: „Unsere Landsleute bleiben meist nur wenige Tage bei dieser Arbeit, einzig die Arbeit suchenden Deutschen aus den benachbarten badischen Gemeinden haben sich bis jetzt noch einigermaßen bewährt, dies zwar ausschließlich deshalb, weil sie in ihrem Wohnort keine Arbeit finden können und in Schaffhausen für eine andere Tätigkeit als Gußputzer oder evtl. noch als Ofenarbeiter die erforderliche behördliche Arbeitsbewilligung nicht erhalten würden." Jahresbericht LAV 1928. Mit staatlicher Hilfe versuchte man also erfolgreich, die Arbeitslosigkeit der benachbarten Länder zu nützen, indem die Mobilität dieser Arbeitskräfte in der Schweiz extrem eingeschränkt wurde.

42 10/C 1.3 P&S, Arbeiterwesen, S. 5.

43 Ebd.

44 Korr., 24. 6. 27.

45 Für Schaffhausen vgl. etwa Schib, Geschichte, S. 511f. Hinter dieser Haltung steht wenigstens zum Teil ein zeitgenössisches bürgerliches Vorurteil, das in Arbeiterbewegung und Sozialismus allgemein etwas ‚Unschweizerisches' zu erkennen glaubte.

[46] E. Gruner, Die Arbeiterbewegung in der Schweiz vor der Frage: Reform oder Revolution, SZG Nr. 3, S. 269ff. 1975, vgl. auch K. Urner, Die Deutschen in der Schweiz, Frauenfeld 1976, S. 337ff.

[47] Es ist sicher nicht zu bestreiten, daß in einzelnen Branchen, v. a. in Gewerbe und Handwerk deutsche Arbeiter eine sehr große Rolle spielten und ihr Organisationsgrad jenen der schweizerischen Arbeiter überstieg. Dies ist aber weniger auf eine generell größere Radikalität deutscher Arbeiter zurückzuführen als auf bestimmte Merkmale dieser Gruppe wie überdurchschnittliche Qualifikation, niedriges Durchschnittsalter und große Mobilität.

[48] Vgl. Teil II.

[49] 10/C 1.3, Arbeiterwesen. Tageblatt, 13. 12. 04: „... bekanntlich rekrutieren sich die Arbeiter dieses Etablissementes ... zu einem großen Teil aus den umliegenden Gemeinden ...".

[50] 2/SA 2, Bericht Wohlfahrtseinrichtungen 1913.

[51] Ebd.

[52] Jahresberichte LAV. Im Mittel der Jahre 1928/29 waren es 54,2%. Davon wohnten im übrigen Kanton Schaffhausen 25,7%, in den benachbarten Kantonen Zürich und Thurgau 9,4% bzw. 7,5%. In deutschen Nachbargemeinden wohnten 11,6% der Arbeiter.

[53] AK 28, 28. 9. 25.

[54] Generaldirektor Homberger selbst erklärte dazu: „Es sprachen verschiedene wichtige Gründe dafür, die Arbeiterschaft nicht vom Lande vollständig abwandern zu lassen. Im Interesse der Arbeiter mußte verhindert werden, daß sich alle am Industrieort akkumulieren und damit oft wider ihren Willen den politischen Strömungen am Sitze des Unternehmens ausgeliefert werden. Dann war es wünschenswert, diesen Leuten die Verbindung mit ihrer Heimat mit ihrem ganzen bisherigen Bekanntenkreis, der ihnen besonders in der Kriegszeit für den Austausch der Lebensmittel nützlich war, zu wahren." Vortrag, gehalten an der Sozialkonferenz vom 17. Oktober 1923, Unterlagen 1926, S. 8. Vgl. auch S. 117f. dieser Arbeit.

[55] Das Ausmaß dieser Erscheinung geht aus den Quellen nirgends genauer hervor. Tatsache ist jedoch, daß diese Wohn- und Existenzform von GF bewußt gefördert wurde. Teilweise Selbstversorgung konnte dazu führen, daß teuerungsbedingte Reallohnverluste weniger zur Auswirkung kamen. Auch auf das Bewußtsein konnte dieser Kleinbesitz Auswirkungen haben.

[56] Wohnungsfürsorge durch die Stadt Schaffhausen. Bericht des Stadtrates an den Großen Stadtrat, 28. Nov. 1910, Schaffhausen 1910, S. 8.

[57] Siegerist-Scheitlin, S. 15ff.

[58] Ebd., S. 12.

[59] Vgl. Wohnungsfürsorge.

[60] Durch die Verwendung von Jahresdurchschnittswerten werden die Entwicklungen sogar untertrieben.

[61] Offiziell erfolgten 543 Entlassungen infolge von Arbeitsmangel. Die Belegschaft verringerte sich jedoch in diesem Jahr um 1146 Personen. Die Differenz läßt sich keinesfalls mit freiwilligem Arbeitsplatzwechsel erklären, da dieser in der Krise geringfügig war. Es erfolgten auch Entlassungen wegen schlechten Leistungen, und eine beträchtliche Anzahl Arbeiter wurde nicht entlassen, sondern auf unbestimmte Zeit ‚beurlaubt'. AK 3, 14. 3. 21.

[62] LAV 1921.

[63] Quelle: Jahresberichte LAV.

[64] Anteil der Dienstaltersgruppe vom 1. 1., der bis zum 31. 12. aus dem Unternehmen ausgetreten ist.

[65] Nach Kalenderjahren. Angaben für das erste Dienstjahr wären sinnlos, da in Krisenjahren nur sehr wenige Einstellungen dringend benötigter Arbeiter mit besonderen Qualifikationen vorgenommen wurden, die dafür auch kaum im gleichen Jahr wieder entlassen wurden.

[66] 1928/29 = arithmetisches Mittel. [67] Vgl. A–7.

[68] Jüngere und unverheiratete Arbeiter waren im Durchschnitt zweifellos auch weniger lang im Unternehmen beschäftigt. Da der Zusammenhang zwischen Alter und Entlassungsquote

schwächer ist als derjenige zwischen Beschäftigungsdauer und Entlassungsquote, kann man annehmen, daß die Beschäftigungsdauer das primäre Kriterium war.

69 Vgl. A–7.1; AK 2, 25. 2. 21. Frauen von Doppelverdienern sollten zuerst entlassen werden, ebenso solche Arbeiter, die einen Landwirtschaftsbetrieb hätten. Geschäftsleitungsmitglied Bührer versprach, dem ‚so weit als möglich' zu entsprechen.

70 Vgl. A–7.1 und 7.3.

71 VR-Protokoll 152, 30. 10. 23.

72 Vgl. A–1.1.

73 Quellen: Zahl der Arbeiter im Jahresdurchschnitt vgl. A–1.1; wertmäßiger Absatz aus 10/C 1.3. Kommerzielle Seite.

74 In der Temperguß- und Fittingsproduktion stieg dagegen trotz einem Absatzrückgang von 6,4% die Belegschaft um 1,3%. D. h. in gewissem Maß wurden Arbeiter aus den Stahlgießereien im Werk III weiterbeschäftigt.

75 MRS, Die Arbeits- und Arbeiterverhältnisse bei der MRS, Sept. 1924, S. 7.

76 Dies zeigte sich etwa in der Frage der Kinderzulagen, welche nach dem Weltkrieg von den Gewerkschaften gefordert wurden. Diese wurden vom Arbeitgeberverband abgelehnt. „Allen Überlegungen voraus ging dabei immer diejenige, daß für die schweizerische Maschinen- und Metallindustrie der Leistungslohn die einzig richtige Grundlage für die Entlöhnung bilde." (10/C 1.3 P&S) Die zahlreichen bestehenden Sozialeinrichtungen zeigen den ideologischen Charakter dieser Begründung. Sie zeigt sich auch darin, daß der Verband 1929 seinen Mitgliedern empfahl, statt Kinderzulagen „möglichst individuell bemessene Familienzulagen in Form von Unterstützungen zu gewähren" (10/C 1.3 P&S). Unter anderen Voraussetzungen wurden Kinderzulagen schließlich während des Zweiten Weltkrieges eingeführt.

77 Kocka, Unternehmensverwaltung, S. 354.

78 Ebd., S. 354ff. Das Beispiel von Siemens kann allerdings nicht ohne weiteres verallgemeinert werden. Besonderheiten der Qualifikationsstruktur (steigender Anteil niedrig qualifizierter Frauenarbeit) und der Produktionsweise (hoher Kapitaleinsatz, verhältnismäßig niedrige und sinkende Lohnquote) stellten für Siemens auch innerhalb der deutschen Maschinenindustrie besondere Bedingungen her. Dies betrifft jedoch vor allem die ökonomischen Möglichkeiten von Siemens, diese Einrichtungen zu echten Anreizen zu gestalten. Die grundsätzliche Wirksamkeit des Instrumentariums, wie sie in diesem Beispiel sichtbar wird, ist jedoch ohne Zweifel auch auf andere Unternehmen übertragbar.

79 Vgl. Teil II, Kapitel II.

80 Müller, Soziales Wirken, S. 58.

81 Ebd., S. 44.

82 Ebd., S. 36.

83 2/W GF I + II, Interview Emma Beugger-Fischer.

84 1906 schrieb z. B. Betriebsleiter H. Boller zur Gußkontrolle in der Fittingsgießerei: „Es befinden sich hier allerdings alte Leute & sind eben die Kontrollen die einzigen Plätze, wo wir unsere alten Arbeiter unterbringen können, so lange sie nicht pensionirt werden ... Eine Verwendung weiblicher Arbeiter in der Kontrolle kann ja ganz gut sein & ist schon zur Genüge davon gesprochen worden. – Nur muß zuerst bestimmt werden, was mit den alten Leuten zu tun ist..." 7/TG F. No. 1. ‚Bemerkung zum technischen Bericht vom 4. Juli 1906 betreff Fittingsgießerei', S. 10. Nach dem Ersten Weltkrieg wurde die Fittingskontrolle verbessert und die Qualität der Kontrolleure durch Überprüfung der Sehschärfe verbessert, doch wurden in anderen Bereichen vereinzelt weiterhin alte und invalide Personen beschäftigt: „Bei den 6 Mann mit Durchschnittsverdiensten bis zu 99 Rp. handelt es sich ausschließlich um invalide, nur stark reduziert arbeitsfähige Leute." LAV 1930, S. 10. Vgl. dazu auch die entsprechende Bemerkung von F. Brühlmann zur Einführung einer Altersversicherung 1929, Anm. 96, S. 271.

85 Tageblatt für den Kanton Schaffhausen, 30. 12. 93. Vgl. auch Siegrist. Die Kinder wurden beschenkt und ein Teil der Arbeiter erhielt Gratifikationen. Die Weihnachtsfeiern wurden in der

Folge zur festen Einrichtung, die von der Gewerkschaft als Instrument zur Manipulation der Arbeiter beargwöhnt wurde. Das Echo vom Rheinfall schrieb 1904: „... Weihnachten steht wieder vor der Tür und mancher von den also Gedrückten schweigt nur deshalb zu dem Schimpf, den man ihm antut, weil er hofft, daß seine Kinder bei der von den profithungrigen Aktionären veranstalteten Weihnachtsfeier auch berücksichtigt werden" (27. 10. 04). Die Gaben wurden aber anscheinend nicht in dieser Weise selektiv, sondern an alle Kinder verteilt. Vgl. Echo 6. 1. 05.

[86] Vgl. Teil II.

[87] Vgl. Müller, S. 66ff.

[88] VR 56, 4. 2. 03.

[89] 9/SA 3. ‚Bericht an den Ausschuß des Verwaltungsrates über Alterszulagen, Kranken- & Unfallversicherung & übrige Wohlfahrtseinrichtungen', Autor Schäfer, 1903/04, S. 4, S. 8.

[91] Ebd.

[92] Vgl. A–9.3 und A–9.4.

[93] Müller, Soziales Wirken, S. 76f.

[94] Jahresberichte LAV. 1921: 40, 1929: 65.

[95] 9/SA 3. Bericht Brühlmann, S. 7.

[96] Ebd., S. 9f.

– Die Versicherung „soll dem Unternehmer einen Vorsprung in der Anwerbung von tüchtigen Arbeitskräften gegenüber der Konkurrenz bringen", ein Argument, das bei der Einrichtung von neuen Sozialeinrichtungen immer eine wesentliche Rolle spielte, sie soll aber auch

– „die notwendige Personalerneuerung erleichtern durch Ermöglichung der Abfindung unbrauchbar gewordener Arbeitskräfte". Rationalisierungsmaßnahmen würden nicht mehr durch soziale Rücksichten behindert werden.

– „Die eigene Personalfürsorge soll derjenigen des Schweiz. Metall- und Uhrenarbeiter-Verbandes derart überlegen sein, daß für den Arbeitnehmer kein Anreiz zum Eintritt in die Gewerkschaft besteht." Dies könne mit der Alters- und Hinterbliebenen-Versicherung erreicht werden.

– Die Fluktuation werde verringert.

– „Der Arbeitnehmer und dessen Angehörige werden durch die mit der Alters- und Hinterbliebenen-Versicherung verbundene Form der Gewinn- und Kapitalbeteiligung am Unternehmen dauernd am Wohlergehen des Unternehmens interessiert, ... die Versicherung fördert so das Zusammenarbeiten von Arbeitgeber und Arbeitnehmer und hilft mit an der Herbeiführung eines Ausgleiches zwischen Kapital und Arbeit."

– „Die Finanzierung der Firma kann immer mehr aus Mitteln erfolgen, welche sie und die Arbeitnehmer gemeinsam als Deckungskapital für die Alters- und Hinterbliebenen-Versicherung ansammeln. ... Auf diese Weise kann die Hereinnahme fremder Kapitalien fortlaufend eingeschränkt werden."

[97] Vgl. Abschnitt über den Arbeiterstamm, S. 117f.

[98] Daneben wurden auch weiterhin Wohnhäuser gekauft. Vgl. A–9.5.

[99] „Bei der Vermietung von Werkswohnungen werden je nach der zu besetzenden Wohnung in erster Linie tüchtige, gut qualifizierte Berufsarbeiter oder, falls es sich um eine Beamtenwohnung handelt, Betriebsangestellte berücksichtigt" (LAV 1926). Um dieser Zielsetzung zu entsprechen, mußten die Wohnungen einem gewissen Standard genügen. In bezug auf Wohnungen im ehemaligen Kloster ‚Paradies' und in Diessenhofen, welche während der Wohnungsnot des Weltkriegs eingerichtet worden waren, wurde geklagt, man müsse „zufolge Mangel an geeigneten Bewerbern auch Werksangehörige berücksichtigen, an denen wir nur ein vermindertes Interesse haben" (LAV 1926, ähnlich LAV 1922).

[100] VR 75, 6. 10. 06.

[101] VR 97, 15. 8. 11.

[102] „Der Konsumverein ist nicht ein rein genossenschaftliches Institut; die Arbeiter sind Mitglieder des Vereines, wählen den Verwaltungsrat u.s.w.; aber es ist ja selbstverständlich, daß der

Fabrikleitung ein gewisser Einfluß auf den Betrieb zukommt", schrieb das ‚Schaffhauser Intelligenzblatt' (23. 5. 08), nachdem der Genossenschaft neue betriebseigene Räume zur Verfügung gestellt worden waren. Das ‚Echo' zum selben Thema: „Der Konsumverein ist ein genossenschaftliches Unternehmen der Arbeiter, das nur den Fehler hat, daß die Fabrikleitung auch daran beteiligt ist und sich infolgedessen die Leitung angemaßt hat." Echo, 9. 6. 08.

103 Diese Gründung stieß auf den heftigen Widerstand der privaten Apotheken. Einen Hinweis dafür, daß sie umgekehrt in den Industriekreisen Unterstützung fand, sehe ich darin, daß das bürgerliche ‚Schaffhauser Intelligenzblatt' sich 1903 weigerte, einer Polemik gegen die Genossenschaftsapotheke Raum zu gewähren. Dazu: Hermann Gamper, Volksapotheke Schaffhausen und Umgebung, in: 75 Jahre Krankenkasse der Aktiengesellschaft der Eisen- und Stahlwerke vormals Georg Fischer Schaffhausen, Schaffhausen 1944, S. 152ff.

104 Echo, 17. 1. 08.

105 Vortrag, gehalten an der Sozialkonferenz vom 17. Oktober 1923, Unterlagen 1926, S. 5f.

106 Vgl. Jahresberichte LAV.

107 Sozialkonferenz, Unterlagen 1926.

108 Vgl. Kapitel V., Anm. 54. Eine ähnliche Funktion kam der 1916–1918 erstellten Siedlung ‚Schweizersbild' im ‚Pandtli' zu, die relativ isoliert gelegen war und mit Land und Anlagen für Kleinlandwirtschaftsbetriebe ausgestattet war. „Der Siedler sollte imstande sein, Kleinvieh zu halten und so mit Bezug auf Milch, Gemüse und Obst aus dem eigenen Anwesen zu leben." Dieser Versuch wurde allerdings nicht wiederholt, „es hatte sich nämlich gezeigt, daß gerade die Eifrigen und Fähigen unter den Siedlern Gefahr liefen, von der Arbeit in Stall und Feld über Gebühr in Anspruch genommen zu werden" (Müller, Soziales Wirken, S. 46). Das Interesse, die Arbeiter möglichst von der städtischen Arbeiterbewegung zu isolieren, zeigt sich auch am ‚Logierhaus Birch', das, außerhalb der Stadt gelegen, zur Unterbringung von alleinstehenden Arbeitern diente (Eröffnung 1917).

109 Sozialkonferenz, Unterlagen 1926, S. 8.

110 Müller, Soziales Wirken, S. 50, schreibt dazu: „Wohl bildet das eigene Heim für die allermeisten eine finanzielle Belastung, die auf die Dauer nur tragbar ist für den, der gesund bleibt, der auf andere Annehmlichkeiten des Lebens bewußt verzichtet und jede freie Stunde der Arbeit am Haus und im Garten widmet. Aber diese Eigenheim-Liebhaber nehmen die nötigen Opfer auf sich, wenn sie in der Beschränkung der Lebensführung überhaupt ein Opfer erblicken. Sie sind von dem Glück des eigenen Daches so erfüllt, daß ihnen manches, was von andern als wichtig und wertvoll betrachtet wird, als nebensächlich erscheint."

111 30 Jahre Aktiengesellschaft der Eisen- und Stahlwerke vormals Georg Fischer Schaffhausen, 1896–1926, verfaßt von E. Ackermann u. W. Meier, Zürich 1926, S. 87.

112 Quellen: vgl. A–9.1. Diese Zahlen verstehen sich ohne die Aufwendungen im Wohnungsbau, die nicht eruiert werden konnten. Dieser gestaltete sich aber wahrscheinlich selbsttragend. Neben der Alterszulage, welche den größten Posten ausmachte, wurden Notlagenunterstützungen, die Weihnachtsfeiern, Beiträge an die Krankenkasse, an die Kantine, Fahrgeldvergütungen, Aufwendungen für die Badeanstalt, Militärdienst- und Ferienentschädigungen gerechnet, sowie 1922 die Pensionen. Eine genauere Aufschlüsselung befindet sich im Anhang. Der Wert für das Jahr 1922 ist überdurchschnittlich hoch, da es sich um ein Krisenjahr handelt, und die Belegschaft auf den Arbeiterstamm reduziert ist. Nach den Unterlagen des Stiftungsfonds für Wohlfahrtszwecke, über welchen vor allem die Pensionen und Notlageunterstützungen ausgerichtet wurden, lag das Jahr bezüglich der Auszahlungen ca. 40% über dem Mittel der Jahre 1921 bis 1929 (9/SA 3, Stiftungsfonds für Wohlfahrtszwecke, Jahresbericht 1936, S. 1).

113 Vgl. ausführlicher in A–9.1.

114 Auch dort, wo das Unternehmen vorübergehend vom Prinzip der Selektivität abwich, geschah dies vorwiegend aus den gleichen Gründen. So mußte die Krankenkasse mit Beiträgen der Firma saniert werden, und in den Jahren 1919 und 1920 wurde ein neugegründeter „Stiftungsfonds für Wohlfahrtszwecke" mit 350000 Fr. alimentiert. Ebenso nahm das Unternehmen in

diesen Jahren stark erhöhte Defizite der Kantinen auf sich: „Trotz den Aufschlägen ... in diesen Artikeln hat die Generaldirektion die bisherigen Verkaufspreise der Essen beibehalten, weil sie sich klugerweise sagte, es sei besser hier draufzulegen, als die steten Aufschläge mitzumachen und dadurch noch mehr Öl ins Feuer zu gießen, das schon genug Beunruhigung in unsere Arbeitermassen gebracht hat." (Bericht über die Wohlfahrtseinrichtungen 1919). Die erhöhten Ausgaben müssen im Zusammenhang mit der Kriegssituation gesehen werden, insbesondere mit den stark gesunkenen Reallöhnen – welche durch diese Mehrausgaben nicht annähernd kompensiert wurden – und die sozialpolitische Spannungssituation, welche die Unternehmer in den Jahren 1919 und 1920 auch auf anderen Gebieten (Löhne, Arbeitszeit) zu Konzessionen veranlaßte.

Teil II

I

[1] Vgl. Maag, S. 111ff. Zur schweizerischen Entwicklung: F. Heeb, Der Schweizerische Gewerkschaftsbund 1880–1930, Bern 1930.

[2] Vgl. Maag, S. 26ff. Zu der Organisationsgeschichte des SMV vgl. O. Schneeberger, Aus der Geschichte des schweizerischen Metallarbeiterverbandes (bis 1898), Metallarbeiterkalender 1907/08; Scherer; Kamber.

[3] Die MAG wird unter den Gründungsmitgliedern noch nicht genannt. In einem Brief an den ZV schrieb jedoch Präsident J. Gg. Bienz, die Metallarbeitergewerkschaft sei „auch seit Gründung der Arbeiter-Union Mitglied in derselben...". Korr., 29. 3. 93.

[4] Korr., 13. 6. 93.

[5] Korr., 13. 6. 93. Die ausländischen, d.h. vorwiegend deutschen Arbeiter gehörten dem deutschen Arbeiterverein an. Korr., 27. 10. 92. Der Grütliverein stand nur Schweizern offen.

[6] Korr., 29. 11. 92.

[7] Vgl. A–10.1.

[8] Tab. 3 und 5, S. 27, 29.

[9] Im Oktober 1892 schrieb Präsident Bienz: „Trotz der kritischen Lage werden wir Alles aufbieten, um den Verband wieder zu heben, sollten unsere Reihen noch mehr decimiert werden, so sind wir entschlossen, mit der noch restirenden alten Garde unter keinen Umständen die Gewerkschaft fallen zu lassen; es werden auch wieder bessere Zeiten kommen, wo nicht hunderte von Arbeitern, wie in Neuhausen, mangels Arbeit entlassen werden." Korr., 27. 10. 92. Die Waffenfabrik der SIG in Neuhausen kannte sehr starke Schwankungen der Beschäftigung. Große (staatliche) Aufträge führten über kürzere Zeit zu starker Ausdehnung der Produktion, nach deren Erledigung erfolgten mehrfach mangels Anschlußaufträgen massive Entlassungen. Vgl. Schweizerische Industriegesellschaft Neuhausen am Rheinfall, 1853–1953, Neuhausen 1953, S. 316.

[10] Vor allem in der SIG. Arbeiter von GF waren in der MAG nur relativ wenige organisiert. Die Gießer hatten ihre eigene Organisation und die Zahl der Berufsarbeiter der Maschinenbranche war bei GF gering. Die Firma wurde immerhin in dem Sinne erwähnt, sie sei von der Krise weniger erfaßt worden. Korr., 29. 11. 92.

[11] Dabei handelte es sich um Maschinen- und nicht um Bauschlosser, wie sich daraus schließen läßt, daß nirgends auf die Konjunktur im Baugewerbe eingegangen wird. Die Berufsangaben treten hauptsächlich im Zusammenhang mit Aufnahmen, Abreisen und Ausschlüssen auf. Sämtliche Angaben aus Korrespondenzen 1892–96.

[12] Jahresbericht 1895, Bericht für das erste Semester 1896. Von den Ausländern, deren Herkunft sich feststellen ließ, stammten 8 aus der näheren deutschen Nachbarschaft (Baden und Württemberg), dazu je einer aus Sachsen, Thüringen, Pommern, dem Elsaß sowie einer aus Dänemark.

[13] Immerhin finden sich unter den Vorstandsmitgliedern auch Namen, die auf eine ausländische Herkunft hindeuten (etwa Wucherer, Eiseli, Neitsch).

[14] Korr., 27. 10. 92.

[15] 1895 z. B. fanden 28 Versammlungen statt. Nach den wenigen Angaben, die dazu zur Verfügung stehen, läßt sich schließen, daß jeweils 40–60% der Mitglieder die Versammlungen besuchten, dies trotz der sehr hohen Fluktuation der Mitgliedschaft. Es muß auch berücksichtigt werden, daß fast alle Mitglieder noch in anderen Organisationen aktiv waren. (Bei der Ansetzung der Versammlungen müsse man sich „nach den Mitgliedern richten, da sämtliche noch anderen Verbänden ... angehören", Korr., 13. 6. 93.) So ergibt sich eine Belastung durch Vereinsversammlungen, die bei einer Arbeitszeit von ca. 60 Stunden in der Woche bemerkenswert erscheint. Korr., 1892–96.

[16] Typisch dafür sind die Bibliotheken der Arbeiterschaft. Vgl. Maag, S. 14, Echo, 4. 6. 07.

[17] Typisch für diese Schwäche im betrieblichen Bereich ist die Gründung einer ‚Fabriküberwachungskommission', zusammengesetzt aus betriebsfremden Personen, welche der innerbetrieblichen Repression nicht ausgesetzt waren. Maag, S. 24. Ähnliche Kommissionen bestanden auch andernorts. Vgl. etwa W. Schneider, Die Geschichte der Winterthurer Arbeiterbewegung, Winterthur 1960, S. 56f.

[18] 1892 waren die Gießer bei Rauschenbach alle organisiert, „Kernmacher sind auch dabei, sowie zwei Hülfsarbeiter". Bei GF waren die Organisationsverhältnisse zu dieser Zeit schlechter. Korr., 20. 6. 92. Für den Organisationsgrad ab 1897 vgl. Tab. 33 und 34.

[19] Von den Gießern bei Fischer heißt es 1892, sie hätten früher einen Minimallohn errungen, „doch wird der Accordlohn dafür tiefer gesetzt...". Korr., 20. 6. 92.

[20] Sitzungen des Gießerfachvereins

1893	7	29 Anwesende im Mittel (ca. 75% des Mitgliederbestandes)
1894	7	28 Anwesende im Mittel
1895	8	21 Anwesende im Mittel
1896	14	
1897	14	
1898	18	

Quellen: Div. Korrespondenzen.

[21] Jahresbericht 1895. Dies in einem (relativen) Krisenjahr, bei schwindender Mitgliederzahl.

[22] Auch andere Beispiele ließen sich nennen. Z. B. der Spenglerstreik in Schaffhausen 1898, oder der Streik bei BBC Baden 1899. GFV, 15. 5. 98, 4. 2. 99.

[23] 1897 wurde das Abonnement der ‚Arbeiterstimme' obligatorisch erklärt. GFV, 17. 7. 97. Auch beim SMV war die Arbeiterstimme obligatorisch, was sich positiv auf die Versammlungen ausgewirkt habe. Bericht für das erste Semester 1896.

[24] GFV-vers., 4. 2. 99.

[25] Dieses Prestige drückte sich etwa darin aus, daß mit Ausnahme des ersten alle Präsidenten der Arbeiterkommission bis 1923 Stahlgießer waren.

[26] Maag, S. 28.

[27] Ähnliche Entwicklungen finden sich etwa bei der Lokomotivfabrik Winterthur, bei BBC Baden, der SIG in Neuhausen u. a. Vgl. dazu die Jahresberichte des Schweizerischen Gewerkschaftsbundes.

[28] Vgl. S. 122. A–6.7. Die Diskussion der Frage der Fluktuation hat gezeigt, daß diese Instabilität, verursacht durch die hohe Fluktuationsrate Neueintretender, noch lange nach dem Belegschaftswachstum nachwirkte. Ein über mehrere Jahre andauerndes Wachstum der Belegschaft (1896–1899 z. B. um 84%) mußte daher kumulative Wirkung haben.

[29] Wie bereits gezeigt wurde, versuchte Fischer mit Weihnachtsfeiern für die Familien und Gratifikationen für die Arbeiter neue Legitimations- und Kontrollmechanismen zu schaffen, die

aber bei rasch steigenden Belegschaftszahlen nur beschränkte Wirkung entfalten konnten. Müller, Soziales Wirken, S. 36; A–9.5; S. 132 ff.

30 Vgl. Siegrist. Schneckenburger, S. 9, nennt ein Beispiel für die Freundlichkeit Fischers mit den Arbeitern, der es den Betriebsleitern überließ, die härtere Seite zu zeigen.

31 Vgl. A–2.1. Für die Jahre vor 1896 fehlen Lohnangaben.

32 „Bei der Hülfsarbeiterangelegenheit verlangt Pfister das Wort und betonte, daß es uns nicht gleichgültig sein sollte, was für Handlanger wir haben und wir ihnen somit besser zur Seite stehen sollen. Fischer stellt den Antrag, den Handlangern nochmals beizustehen." GFV-vers., 15. 5. 98.

33 Die Statuten wurden formell in der Kommission beraten, doch konnten sie von den Arbeitern nicht abgeändert werden. Das Regulativ von 1899 (die zweite Fassung der Kommissionsstatuten) endet bezeichnenderweise mit der Formel: „Beschlossen und mit der Arbeiter-Kommission vereinbart". Formuliert und beschlossen wurde vom Unternehmer. In anderen Firmen war das nicht anders. Müller, Arbeiterbewegung, S. 105f., hat beispielsweise festgestellt, daß auch die Arbeiter bei BBC nichts zum Inhalt der Statuten beitrugen.
Die ersten Statuten wurden von Sulzer übernommen und nur geringfügig abgeändert. Vgl. A. Straessle, Eduard Sulzer-Ziegler. 1854–1913. Von der politischen und sozialpolitischen Tätigkeit eines Winterthurer Industriellen. Diss. Zürich 1968, S. 51; J. Müller, 50 Jahre Arbeiterkommission, Entwurf eines Vortrages, 1948, S. 11. Ähnlich etwa jene von Escher Wyss oder BBC, vgl. Müller, Arbeiterbewegung, S. 106. Die folgenden Ausführungen gelten also mehr oder weniger für die meisten Großunternehmen der Metall- und Maschinenindustrie.

34 Statuten der Arbeiter-Kommission im Etablissement der Aktiengesellschaft der Eisen- und Stahlwerke von Georg Fischer in Schaffhausen, Schaffhausen 1898.

35 „Bei Absatz e spricht sich Herr Bachmann darüber aus, daß die Commissionsmitglieder in den zu ihnen gehörenden Abteilungen auf Ordnung im allgemeinen halten sollten, was auch Herr Fischer wünscht." AK 4, 7. 6. 98.

36 Statuten AK 1898, Art. 3, Art. 7. Autonom war die Kommission nur in den ‚vorberatenden Sitzungen'.

37 Die AK erhielt jetzt auch das Recht, „von der Betriebs-Bussenführung auf dem Bureau Einsicht zu nehmen". Weiter wurde jetzt direkt aufgeführt, daß auch die Kommission selbst Sitzungen einberufen konnte. Das kommunikative Element wurde gestärkt: „In Fällen, die rasch erledigt werden müssen und in solchen, die nur eine einzelne Arbeitsgruppe betreffen, kann auch direkt zwischen dem Vertreter der Gruppe und der Geschäftsleitung verkehrt werden; letztere ist jederzeit zu Auskunft bereit." Regulativ betreffend die Arbeiter-Kommission vom 16. Mai 1899.

38 Regulativ betreffend die Arbeiterkommission. Der Konflikt, der Anstoß zu dieser Änderung gab, spielte sich im März 1899 ab, das Regulativ datiert vom 16. 5. 99.

39 Ebd.

40 Zu anderen AKs vgl. H. Welti, Die Arbeiterkommissionen in den privaten Betrieben, Diss. Affoltern a/A 1942. In einigen Kommissionen wurde ein großer Teil der Mitglieder durch die Firma ernannt. Bei BBC z. B. die Hälfte der Mitglieder, was selbst von Sulzer-Ziegler kritisiert wurde. Der Kommission fehlte so jegliche Legitimation als Vertreter der Arbeiterschaft. Einige Firmen führten, als die Gewerkschaften die Mehrheit in der Arbeiterschaft für sich gewannen, anstelle des Majorzsystems Proporzwahlen ein. Bei GF fand keine solche Wahlmodusänderung statt.

41 „Bald einmal galt er als ein Experte in Arbeiterfragen, dessen Rat in der ganzen Industrie des Landes verlangt wurde." Straessle, S. 19.

42 Straessle, S. 49.

43 Z. B. bei der Schweizerischen Lokomotivfabrik Winterthur. Vgl. NZZ, 26. 2. 65, Nr. 792.

44 Über die Funktion, welche der Arbeiterkommission zugedacht war, besteht kein Zweifel: „Mit ihrer Schaffung sollten die dem privaten Unternehmertum feindlich gesinnten Gewerk-

schaften überflüssig werden. ... Auch der Vorstand des Vereins Schweizerischer Maschinenindustrieller betonte bald einmal, die Ausschüsse seien für den Unternehmer das geeignete Mittel, um die Arbeiter von ihren Organisationen getrennt zu halten." Straessle, S. 50. Ähnlich Müller, 50 Jahre: „... sicherlich war dabei auch die Hoffnung am Werke, auf diese Weise am ehesten sich gegen die Einwirkung der gewerkschaftlich-sozialistischen Ideen auf den eigenen Betrieb erwehren zu können" (S. 6).

45 Vgl. H. J. Teuteberg, Geschichte der industriellen Mitbestimmung in Deutschland, Tübingen 1961. Seit 1891 bestand in Deutschland eine fakultative gesetzliche Regelung der Arbeiterausschüsse, vgl. Teuteberg, S. 376ff. Als Beispiel für die Einführung der Ausschüsse als Folge von Konflikten, Kocka, Unternehmensverwaltung, S. 347ff. Vgl. auch G. Adelmann, Soziale Betriebsverfassung des Ruhrbergbaus vom Ausgang des 19. Jhs. bis zum 1. Weltkrieg, Bonn 1962.

46 Teuteberg, S. 387.

47 E. Sulzer-Ziegler, Das Institut der Fabrikkommission (Heft 29 der Schweizerischen Vereinigung zur Förderung des internationalen Arbeiterschutzes), Zürich 1910. Vgl. Müller, 50 Jahre, S. 6ff.; Straessle, S. 51.

48 AK 3, 1. 6. 98.

49 Ebd. Eigentliche Verhandlungen fanden gar nicht statt. Als ein Kommissionsmitglied zur Frage der Minimallöhne Antrag stellte, „man solle kurzerhand darüber abstimmen", erklärte Fischer, über die Lohnfrage könne nicht abgestimmt werden.

50 Ebd. „... und werde auf nächsten Zahltag für einen jeden Arbeiter der Lohnsatz auf dem Täschchen stehen". In den Durchschnittslöhnen (vgl. A–2.1) zeichnen sich keinerlei Auswirkungen der Lohnbewegung ab.

51 Bezeichnend für die – von der Gewerkschaft natürlich geförderte – positive Rezeption der Bewegung ist die Überlieferung, daß durchschnittliche Lohnerhöhungen von 10–12% erreicht worden seien, was keinesfalls stimmen kann. Vgl. A–2.1; Maag, S. 28f.

52 GF Zeitungsausschnitte. Flugblätter, welche zur Gründung einluden.

53 „Sollten etwa wichtige Geschäftsangelegenheiten zur Erledigung vorkommen, so sollen beide Vereine eine gemeinsame Sitzung miteinander abhalten." GFV-vers., 4. 2. 99.

54 Statuten 1898, Einleitung.

55 GFV-vers., dat. 8. 4. 99. Das Datum bezeichnet offensichtlich den Zeitpunkt der Abfassung des Protokolls. Die entsprechende Sitzung fand am Sonntag, den 19. 3. 99 statt, wie sich aus dem Vergleich mit den übrigen Quellen ergibt.

56 GFV-vers., 8. 4. 99. Der Abzug sei eine „Gemeinheit".

57 Kurz zuvor hatten sich schon die Stahlgießer über die zunehmenden Lohnabzüge beklagt. Sie waren aber von Direktor Bachmann abgewiesen worden. Dieser erklärte, „daß kein Gießer ungerecht bestraft werde und daß bei energischem Fleiße und Aufpassen jedenfalls diese Fälle dann zu den seltenen gehören würden". AK 6, 8. 2. 99.

58 Am Mittwoch, den 15. März, war der Zahltag, an welchem der Abzug erfolgte. Die Intervention der Arbeiterkommission bei Bachmann erfolgte nicht vor Donnerstag. Samstag und Sonntag fanden bereits die Gewerkschaftsversammlungen statt, welche die Unterstützung der Arbeiterkommission beschlossen. Die allgemeine Arbeiterversammlung, welche über einen Streik beschlossen hätte, wurde auf den folgenden Dienstag, den 21. März, eingeladen.

59 Der betroffene Arbeiter hieß Hertenstein (GFV-vers., 8. 4. 99). Ein Hertenstein vertrat zu dieser Zeit die Gußputzer der Stahlgießerei in der AK (8, 8. 6. 99). Lohnhöhe und Lohnart (Akkord, 37 Rp./Std.) des vom Abzug betroffenen Arbeiters machen eine Identität plausibel. Wenn dies zutrifft, mußte sich die AK auch direkt angegriffen fühlen.

60 Arbeiterstimme, 25. 3. 99. Präsident der AK war Johann Wehrli, auch Gründer der Hülfsarbeitergewerkschaft und Präsident des Arbeiterbundes Mühletal. Er war zweifellos die wichtigste Einzelpersönlichkeit in der ganzen Bewegung und wurde auch von Fischer als Hauptgegner betrachtet.

[61] Arbeiterstimme, 25. 3. 99.

[62] Z. B. GFV-vers., 8. 4. 99. „Es erklären sich alle Anwesenden mit der Arbeiterkommission einverstanden. Wehrli teilt der Versammlung mit, daß sämtliche Arbeiter der Gewindeschneiderei ebenfalls mit der Kommission einverstanden sind. Die Versammlung beschließt auf Antrag Roepke, Meier-Lanz [der Vertrauensmann der Arbeiterunion] solle beauftragt werden, das Bundeskomitee sofort zu benachrichtigen."

[63] GFV-vers., 19. 3. 99.

[64] Arbeiterstimme, 25. 3. 99. „Die beleidigenden Ausdrücke gegenüber der Kommission wurden zurückgezogen. Die bis heute abgezogenen Fr. 6 (die Hälfte des Abzuges) werden dem Arbeiter zurückerstattet und Herr Fischer wird persönlich diese Angelegenheit untersuchen. In Zukunft können Arbeiter, welche beim Betriebschef Bachmann nicht zu ihrem Rechte kommen, sich direkt an Herrn Fischer wenden." Bachmann mußte also mehr oder weniger den Sündenbock spielen. In der Versammlung wurde zudem eine Resolution beschlossen, in welcher die Geschäftsleitung ersucht wurde, „den Herrn Betriebschef anzuhalten, in Zukunft die Arbeiter anständiger zu behandeln".

[65] AK 9, 21. 7. 99.

[66] Die folgenden Angaben stammen aus Protokollen der AK, des GFV und aus der Personalkartei GF.

[67] „Präsident Bötsch erstattet Bericht, daß es ihm laut Auftrag des Vereins unmöglich war, den Austritt unseres früheren Präsidenten Schwyn rückgängig zu machen, indem Schwyn darauf beharrt, nicht mehr dem Verein angehören zu wollen." GFV-vers., 26. 5. 06. Schwyn war zu dieser Zeit bereits Vorarbeiter.

[68] Diese Haltung ist zwar eindeutig opportunistisch, doch braucht sie subjektiv nicht unbedingt unaufrichtig zu sein.

[69] Zu den Verhandlungsgegenständen der AK: An der 8. Sitzung (8. 6. 99) wurden Lohnforderungen vorgebracht, in der 9. (21. 7. 99) verlangten die Arbeiter die Entlassung eines Meisters wegen schlechter Behandlung. Dies wurde abgelehnt. Daneben wurden zahlreiche Detailprobleme von den Arbeitern zur Diskussion gestellt. So der Lohnauszahlungstermin (Mittwoch oder Samstag), das Fehlen von Kleiderkästen wurde beanstandet, die Akkordtarife seien nicht überall angeschlagen usw. An der 10. Sitzung machten einige Gießer Vorschläge für eine bessere Organisation der Arbeit, welche ihnen selbst, aber auch dem Geschäft zugute kommen sollte.

[70] So erklärte er, bezüglich Überzeit der Gießer, daß „diese Überstunde nicht aus Übermuth angesetzt worden sei, denn von allen Seiten wurde man zu liefern gedrängt und müßte doch das äußerste thun, um nur einigermaßen nachzukommen, auch seien Gießer ausgeschrieben, aber es gehe eben immer 14 Tage und sei diese Stunde nur für diese Zeit vorgesehen". AK 11, 17. 8. 99.

[71] Es ist anzunehmen, daß sich Fischer von Wehrli auch persönlich stark provoziert fühlte, der es auch am „nötigen Respekt" gegenüber dem „Herrn" fehlen ließ. Wie die Angestellten über Wehrli dachten, geht aus den Erinnerungen von Betriebsleiter Schneckenburger hervor: „Viel zu schaffen machte uns damals ein gefährlicher Aufwiegler, der Gewindeschneider Wehrli, wir nannten ihn den ‚roten Wehrli'. Es ging ziemlich lange, bis wir ihn draußen hatten." Schneckenburger, S. 28.

[72] Tageblatt, 23. 9. 99; vgl. auch Jahresberichte des SGB 1898/99, S. 57f.

[73] „Präsident Schwyn ersucht die Herren freundlichst, daß wenn die Zurücknahme der Kündigung nicht möglich sei, doch wenigstens dafür zu sorgen, daß es nicht an die schwarze Tafel käme." AK 12, 16. 9. 99. Eine Milderung der Form der Entlassung hätte ihm also bereits genügt.

[74] Der AK fehlte bereits das Vertrauen einer Mehrheit der Arbeiter, wie Präsident Schwyn selbst zugab. Die Geschäftsleitung weigerte sich aber, weitere Arbeiter zu den Verhandlungen zuzulassen. AK 12, 16. 9. 99.

[75] Artikel 2 des „Wahlreglements betreffend die Wahlen der Arbeiter-Kommission" lautete: „Stimmberechtigt ist jeder Arbeiter, welcher mindestens 18 Jahre alt und wenigstens 6 Monate im Geschäfte angestellt ist. Wählbar sind alle Arbeiter, welche mindestens 25 Jahre alt und 1 Jahr

ununterbrochen im Geschäfte tätig sind." Dies heißt, daß (ohne die Lehrlinge) etwa ein Viertel der Arbeiterschaft ohne passives Wahlrecht war. Die steigende Belegschaftszahl und die hohen Fluktuationsraten lassen vermuten, daß 1899 etwa 20–25% der Belegschaft zur Zeit der Wahlen unter die „6-Monate-Klausel" fielen, also auch kein aktives Wahlrecht hatten.

76 So benützte AK-Präsident Schwyn die Gelegenheit, einen seiner Gegner in der Organisation indirekt bei der Geschäftsleitung zu denunzieren: „Präsident Schwyn wünscht nun die Zulassung des Gießers Röpke, damit derselbe von der Geschäftsleitung selbst erfahren könne, was vorgegangen, es sei der auch einer der Mißtrauen gegenüber der Commission hege." AK 12, 16. 9. 99.

77 Heeb, Gewerkschaftsbund, S. 59ff.

78 Vgl. Müller, Arbeiterbewegung, S. 52–123. Die Parallelität der Ereignisse ist auffallend: Im Frühjahr 1898 wurde der Arbeiterbund „Dynamo" gegründet, welchem rasch die Organisierung eines beträchtlichen Teils der Arbeiterschaft gelang. Bereits im September 1898 wurde der Präsident des Bundes von der Firma gemaßregelt, der folgende Konflikt wurde nach Verhandlungen mit dem Bundeskomitee des Gewerkschaftsbundes durch einige kleine Konzessionen der Firma beigelegt (u. a. die erklärte Bereitschaft „mit dem Arbeiterbund zu verkehren und zu verhandeln"). Neue Maßregelungen im Januar 1899 führten zum Streik. Dieses Mal hatte die Firma jegliche Verhandlungen verweigert. BBC ist in verschiedener Hinsicht mit GF vergleichbar: Das Unternehmen liegt gleichfalls in einem überwiegend ländlichen Umfeld, ein beträchtlicher Teil der Arbeiterschaft wohnte außerhalb Badens. Auch diese ländliche Arbeiterschaft beteiligte sich weitgehend am Streik; ein Rückschluß auf GF ist wohl zulässig. Allerdings war die Arbeiterschaft bei BBC (1891 gegründet, Anfang 1899 ca. 1100 Arbeiter) noch rasanter angewachsen, ein Arbeiterstamm war kaum vorhanden.

79 Der BBC-Streik hatte bei 8 Tagen Dauer und ca. 1000 Beteiligten ca. 10000 Franken gekostet. Ca. 85% davon wurden durch spontane Spenden aus der ganzen Schweiz (z. T. auch aus Deutschland) aufgebracht. Die Streikentschädigung betrug pro Arbeiter im Mittel Fr. 1.20 im Tag, entsprechend ca. 30% des Durchschnittseinkommens. Es ist offensichtlich, daß unter diesen Bedingungen der Streik nicht sehr lange ausgedehnt werden konnte. Diese Limitierung schwächte die Verhandlungsposition der Gewerkschaften natürlich schwerwiegend. Müller, Arbeiterbewegung, S. 86ff.

80 Jahresbericht des Bundeskomitee des Schweizerischen Gewerkschaftsbundes, 1898/99, S. 47f.: „Der jungen, noch ungeschulten Organisation sollte gerade in diesem Moment, da die Situation in jeder Hinsicht eine ungünstige war, ein Kampf auf Leben und Tod aufgezwungen werden, an dem sie sich für immer verbluten sollte. (...) Das frivole Vorgehen der Geschäftsleitung ist durch die sicheren, sachlichen Beschlüsse der Arbeiterversammlung durchkreuzt worden."

81 Im September oder Oktober 1899 wurde auch dem Präsidenten des „Arbeiterbundes Industrie" in der SIG gekündigt. „Man wollte die erst im April gegründete Organisation lahmlegen." Jahresbericht des SGB, S. 59. Auch hier wurde auf Kampfaktionen der Arbeiter verzichtet. Der Arbeiterbund brach daraufhin zusammen.

82 Tageblatt, 23. 9. 99 für die Angabe der Mitgliederzahl im September, sonst A–10. Die Angaben müssen mit einiger Vorsicht aufgenommen werden, da häufig noch Mitglieder aufgeführt wurden, welche ihre Beiträge bereits nicht mehr bezahlten.

83 VR, 14. 12. 99, 4. 1. 00, 5. 1. 00, 8. 1. 00, 9. 1. 00, 10. 1. 00. Der Artikel vom 14. 12. wurde auch als Flugblatt verteilt, was auf die Schwierigkeiten hinweist, welche aus dem Fehlen einer eigenen lokalen Presse erwuchsen.

84 Die Aktion für den gemaßregelten Arbeiter wurde von den Gießern nicht unterstützt. Handschriftliche Notiz auf dem Flugblatt, das zu einer Versammlung auf den 15. 3. 00 einlud, offenbar von einem Spitzel des Unternehmens: „Bohn [d. h. der gemaßregelte Arbeiter] wurde von [den Gießern] Roepke und Schwyn zurechtgewiesen, die Gewindeschneider vertröstet bis die Accorde geordnet seien." GF Zeitungsausschnitte.

[85] Die Zahl der Arbeiter stieg im Frühjahr 1900 erstmals über 1000.

[86] Zur Erstellung dieser Tabelle wurden sämtliche Angaben bezüglich Zahl und beruflicher Zusammensetzung der Arbeiter verwendet (vgl. Teil I). Darüber hinaus mußten einige Annahmen getroffen werden, welche nicht eindeutig belegbar sind. Die Zahlen können daher nur einen Hinweis auf die tatsächlichen Verhältnisse liefern. Es ist auch zu berücksichtigen, daß die offiziellen Angaben der Gewerkschaft nicht immer zuverlässig sind. Häufig wurden mehr Mitglieder gemeldet als tatsächlich Beiträge bezahlten.

[87] Der Einbruch kann kaum auf das Fehlen geeigneter Funktionäre nach dem Ausscheiden der Schlosser und Dreher zurückgeführt werden. Die Organisationsbewegung war ja ursprünglich von den Hilfsarbeitergruppen selbst ausgegangen und hatte erst später die Schlosser und Dreher angezogen.

[88] Die BBC-Arbeiter erklärten bei ihrem Streik im Februar 1899 ausdrücklich: ,,Um bei der hiesigen Bevölkerung und auswärts keine irrige Meinung aufkommen zu lassen, sei hier festgestellt, daß die Arbeitseinstellung in der Dynamofabrik mit Lohn- und Arbeitszeitverhältnissen nichts zu tun hat. Die Arbeiterschaft ist diesbezüglich zufrieden." Badener Tagblatt, 2. 2. 99, zit. nach Müller, Arbeiterbewegung, S. 83. ‚Eingesandt' der Arbeiterschaft.

[89] 1902 trat zwar auf schweizerischer Ebene noch ein Teil der Gießer aus dem Metallarbeiterverband aus und gründete ein unabhängiges Gießerkartell. Die privilegierten Gießer suchten also ihre Interessen vollständig auf eigene Faust zu vertreten. In Schaffhausen gelang es Zentralsekretär Oskar Schneeberger nur mit Mühe zu verhindern, daß auch hier die Gießer den Verband verließen. GFV-vers., 27. 7. 02.

[90] An der Generalversammlung des Dreher- und Schlosserfachvereins nahmen 1902 ganze 9 Mitglieder teil (SDM, 6. 7. 02), an jener des Gießerfachvereins 16, ,,was für eine Generalvers. wirklich kein erfreuliches Resultat ist", wie der Protokollführer feststellte. GFV-vers., 27. 7. 02.

[91] Maag, S. 24, GFV-vers., 27. 7. 02.

[92] Maag, S. 24. Anfänglich war das Sekretariat mit der Redaktion des ,,Echo" verbunden. Dies erwies sich aber rasch als unpraktikabel. In das Jahr 1902 fiel schließlich auch die Gründung einer Genossenschaftsapotheke. 75 Jahre Krankenkasse, S. 146ff.

[93] Schon seit Anfang der neunziger Jahre wurde der Kauf eines Lokals in der Arbeiterunion ernsthaft diskutiert, bereits 1896 wurde über die Herausgabe eines Arbeiterblattes mit lokalen Druckereien verhandelt, ebenso wurde der Ausbau des Arbeitersekretariats schon längere Zeit angestrebt. Maag, S. 18, 22, 24. Bedürfnis und Pläne waren vorhanden, erst in der Krise gelang aber die Realisation.

[94] Kamber, S. 104ff.

[95] Die kleine Zahl der Arbeiter, denen ein sozialer Aufstieg etwa als Meister gelang, fällt hier nicht ins Gewicht. Vgl. S. 81 f.

[96] Vgl. A–1.1.

[97] Vgl. Siegrist.

[98] Vgl. A–4.3.

[99] Diese Entwicklung hatte sich schon im vorangegangenen Konjunkturzyklus abgezeichnet: 1895 betrug der Anteil der Italiener an der Arbeiterschaft ca. 3%, 1901 8%.

[100] Vgl. S. 127 f.

[101] Vgl. A–10.

[102] 1903 bildeten die Löhne in der Gewindeschneiderei Anlaß zu einer Kontroverse in der Arbeiterpresse und in der Arbeiterkommission. MAZ, 17. 1. 03, 31. 1. 03, AK 23, 11. 2. 03. Im Herbst des gleichen Jahres erregte die Entlassung von zwei italienischen Arbeitern die Gemüter. Die beiden wurden wegen Drohungen gegenüber dem Meister, der sie im Lohne benachteiligt hatte, entlassen. In diesem Konflikt zeigte sich die Spaltung zwischen schweizerischen und italienischen Arbeitern. Die AK-Mitglieder (erst 1907 finden sich italienische Namen) setzten sich für die beiden nur wenig ein. Umgekehrt hatten die beiden auch nicht versucht, ihr Recht über die AK oder die Gewerkschaft zu erlangen. AK 26, 9. 10. 03. 1904 fanden weitere ähnliche Kon-

flikte statt: Die Stahlgießer bemühten sich nach Vereinsbeschluß individuell oder gruppenweise um bessere Akkordpreise (GFV, 20. 2. 04), die Gewindeschneider verlangten bessere Akkordpreise (Brief an die GL, AK 30, 26. 5. 04) und beklagten sich über die intensivere Aufsicht durch die Meister (Echo, 27. 10. 04) u. a.

[103] Die Gewerkschaft bemühte sich auch um die Organisation der Nichtberufsarbeiter. 1904 wurde z. B. eine Agitationsversammlung für die Gußputzer durchgeführt, die aber schlecht besucht war. Echo, 15. 10. 04.

[104] In die gleiche Zeit fällt ein spontan entstandener Abteilungsstreik bei der SIG Neuhausen, der erfolglos verlief. Maag, S. 29.

[105] Der Beitritt erfolgte erst, als man gewisse Dienstleistungen der Organisation in Anspruch nehmen wollte: ,,Da aber Genosse Meyer [Emil Meyer, 1903–1918 Arbeitersekretär in Schaffhausen] erklärte, so lange für die Arbeiter in der Fittingsgießerei keinen Finger rühren, bis selbige sich der Organisation angeschlossen haben, erklärten beinahe sämtliche der Anwesenden ihren Beitritt zum Arbeiterbund Mühlethal.“ Echo, 9. 11. 04.

[106] Ebd.

[107] AK 32, 11. 11. 04; Korr., 1. 12. 04; Echo, 9. 1. 05; AK 33, 11. 2. 05.

[108] VR 69, 4. 10. 05, Bericht des Ausschusses an den Verwaltungsrat vom 29. 9. 05.

[109] AK 32, 11. 11. 04, vgl. auch Teil I, Abschnitte über das Lohnsystem und die Maschinenformer.

[110] Der Konflikt der Maschinenformer wurde in seiner akuten Anfangsphase von der Gewerkschaft auch als Mittel zur Mobilisierung der gesamten Arbeiterschaft verwendet. Anfangs 1905 wurde er zum Anlaß für eine Agitationsversammlung der Mühletaler Arbeiter genommen, an welcher ca. 200 Mann, d. h. 20–25% der Arbeiterschaft teilnahmen (Echo, 9. 1. 05). Die Einladung zu dieser Versammlung (GF Zeitungsausschnitte, Flugblatt, dat. 6. 1. 05) setzte allerdings nicht bei diesem Konflikt an, sondern auf einer wesentlich allgemeineren Ebene: ,,Die planlose Produktionsweise mit den Krisen, welche sie im Gefolge hat, die immer schärfer werdende Konkurrenz, jeder Fortschritt in der Technik macht die Existenz des Arbeiters unsicherer ...“. Neben der abstrakten Darlegung der Notwendigkeit der Organisation für die Besserstellung der Arbeiter legte die Propaganda vor allem Gewicht auf die Versicherungsleistungen des Verbandes (Arbeitslosen- und Maßregelungsunterstützung, Wanderunterstützung, Krankenkasse, Rechtsschutz usw.).

[111] ,,Daß die entstandene Unzufriedenheit gegen das Frühjahr zur Gärung kommen könnte, haben die Herren eingesehen und sahen sich daher genötigt, die alljährlich im April oder Mai vorgenommene Lohnrevision im Februar schon vorzunehmen. ... Ist die durch die Lohnrevision entstandene Lohnerhöhung sonst so engherzig wie möglich durchgeführt worden, so ist sie diesmal nicht weitherziger, wohl aber etwas breitschichtiger durchgeführt worden, wohl nur, um den Leuten Sand in die Augen zu streuen, die schüchternen Elemente noch mehr einzudämmen und den Keim der Mißgunst und des Neides unter ihnen nicht ersticken zu lassen.“ MAZ, 22. 3. 05. Die Löhne, d. h. die Stunden- und Minimallöhne, nicht aber die Akkordsätze, wurden (nach Angabe der AK) im Mittel um 4% erhöht. Echo, 23. 3. 05; MAZ, 22. 3. 05.

[112] SDM, 28. 9. 04, Echo, 3. 2. 05. Ebenso: der Schlosserfachverein Neuhausen und der Schmiedefachverein Neuhausen.

[113] Zu den ökonomischen und produktionstechnischen Vorkehrungen des Unternehmens vgl. S. 180 f.

[114] AK 36, 20. 12. 05.

[115] Echo, 10. 1. 06.

[116] Wie Akeret selbst es ausgedrückt hatte: ,,es sei schon eine Lohnbewegung im Gange und die komme jetzt nur etwas früher als vorgesehen“. AK 36, 20. 12. 05.

[117] Ein negativer Faktor lag für die Gewerkschaft in der Haltung der Arbeiterkommission, welche sich eindeutig gegen Akeret stellte und als Sprachrohr der Geschäftsleitung fungierte. AK 37, 4. 1. 06.

[118] Echo, 10. 1. 06.
[119] Echo, 18. 1. 06.
[120] SMV-Jber. 1906/07, S. 92ff. Die Angaben sind allerdings widersprüchlich und nicht unbedingt zuverlässig. Sie zeigen aber das Ausmaß, in welchem die Arbeiterschaft aktiv in die Bewegung einbezogen werden konnte.
[121] SDM, 17. 1. 06 (Protokoll der Versammlung der „Schlosser, Dreher, Hülfs- & Maschinenarbeiter Gruppe Mühlenth."). Dazu kamen zahlreiche weitere Forderungen, betreffend die Minimallöhne, die Zuschläge für Überzeit, betr. Ferien, die Anerkennung der Gewerkschaft durch das Unternehmen usw.
[122] SDM, 20. 1. 06 (Werkstätte-Versammlung).
[123] Die Eingabe vom 25. 1. 06 forderte dann entgegen diesem Beschluß eine Reduktion der Arbeitszeit auf 55 Std. Echo, 6. 3. 06.
[124] Werkst.-vers., 20. 1. 06. Folgende Lohnforderungen wurden erhoben: Minimallöhne für Berufsarbeiter 50, für Hülfsarbeiter und Maschinenarbeiter 45, für Handlanger und Gußputzer 40 Rp. Lohnerhöhungen: Berufsarbeiter 12% bei Durchschnittslöhnen über 50 Rp., von 18% unter 50 Rp. Hilfs- und Maschinenarbeiter entsprechend bei einer Schwelle von 45 Rp., für Handlanger und Gußputzer generell 10%.
[125] „Wir können grundsätzlich in Sachen, welche unsere sämtlichen Arbeiter angehen, nur mit der Arbeiterkommission als Vertreterin der Gesamtarbeiterschaft verhandeln ... von welcher wir wissen, daß deren Wahl der Gesamtzahl unserer Arbeiterschaft zusteht." Antwort GF vom 3. 2. 06, in: Echo, 6. 3. 06. Die GL benützte die AK während der Lohnbewegung auch aktiv als Instrument zur Spaltung der Arbeiterschaft. Nicht weniger als 100 Arbeiter zusätzlich zu den Kommissionsmitgliedern wurden eingeladen, um sich zur Frage der Arbeitszeitverkürzung zu äußern. Eigentliche Verhandlungen wurden so verunmöglicht, doch Homberger konnte sich von „einer beträchtlichen Anzahl Arbeiter" in seiner Ablehnung unterstützen lassen. AK 37, 3. 2. 06.
[126] Echo, 8. 2. 06 über die Versammlung vom Vortag, Eingabe vom 8. 2. 06, in: Echo, 8. 3. 06. Mündlich wurde von seiten der GL erklärt, der Verwaltungsrat habe weitere Konzessionen abgelehnt.
[127] Echo, 16. 2. 06.
[128] Jahresbericht des Arbeitersekretärs für 1904, Echo, 3. 2. 05.
[129] Der Gegensatz zwischen Berufs- und Nichtberufsarbeitern beruhte auf ihrer Beziehung im Betrieb, die nicht von Spannungen frei war: „Wie werden doch diese Leute [die Hilfsarbeiter] den ganzen lieben Tag gehetzt und gejagt, einer befiehlt dies, der andere wieder das. Ein jeder will zuerst bedient sein, und wenn dann der Arbeiter nach allzulanger Arbeitszeit und allzugroßer Anforderung an seine Arbeitskraft beinahe zusammenzubrechen droht, dann ist er doch noch ein ‚fuler Cheib' (...) Nicht unterlassen wollen wir, auch den Genossen ans Herz zu legen, den Handlanger als das zu behandeln, was er ist. Ein Lohnsklave, wie wir alle, ist auch er berufen, ja verpflichtet, vereint mit uns an seiner und unserer Befreiung aus unwürdiger Lohnsklaverei mitzukämpfen." MAZ, 18. 8. 06.
[130] Deutsche Vorbilder dürften bei dieser Gründung eine wesentliche Rolle gespielt haben. Der Verband errichtete einen Ausgleichsfonds für Streik- bzw. Aussperrungskosten, und baute eine Kartei auf, in welche alle Arbeiter aufgenommen wurden, welche die Stelle wechselten. Mißliebige Arbeiter konnten so boykottiert werden. Der ASM griff bereits in den Jahren 1905/06 in verschiedene Arbeitskämpfe ein (u. a. Streik in der Automobilfabrik Arbenz in Zürich). Auch bestanden bereits Absprachen bezüglich der Arbeitszeitfrage und vermutlich auch über das Ausmaß der Lohnkonzessionen, die man zu machen bereit war.
Vgl. ASM-Jber.; H. Meyer, Die Arbeiterbewegung in der schweiz. Maschinenindustrie im Jahre 1905. Im Auftrage und anhand der Akten des Vereins schweiz. Maschinenindustrieller, Zürich 1906; R. Grimm, Der Kampf der Unternehmerverbände in der Schweiz und die Gewerkschaften, Zürich 1909; H. Gerster, Die Arbeitgeberorganisationen der Schweiz, Basel 1921;

Gruner, Arbeiterbewegung; Straessle.

131 Dieser Vergleich wird mir vor allem ermöglicht durch K. Lang, Kritiker, Ketzer, Kämpfer, Das Leben des Arbeiterarztes Fritz Brupbacher, Zürich 1975. Da Brupbacher in diesen Jahren ein Exponent des syndikalistischen Flügels der zürcherischen Arbeiterbewegung war, hat Lang die Arbeitskämpfe und die ideologischen Auseinandersetzungen ausführlich dargestellt.

132 Lang, S. 95ff. M. Tobler, Aus Zürichs Kosakenzeit, Zürich 1907.

133 1904 fand in der SIG ein Teilstreik statt, der resultatlos nach kurzer Zeit abgebrochen werden mußte, ebenfalls ein spontaner Streik in der Kammgarnspinnerei Schaffhausen, der mit der Entlassung der Streikführer schon nach zwei Tagen endete. Im Sommer 1906 entwickelte sich dann ein Streik der Holzarbeiter, der im Januar 1907 mit einem Erfolg der Streikenden endete. Maag, S. 29ff.

134 Ein Teil der Arbeiterschaft und der lokalen Gewerkschaftsfunktionäre neigte syndikalistischen und allgemein radikaleren Positionen zu. Die Gewerkschaftszentralen schlossen dagegen aus den Niederlagen vor allem auf die Notwendigkeit einer weiteren Verstärkung der organisatorischen Infrastruktur, verstärkter Zentralisierung und Disziplin. Die schweizerischen Gewerkschaften orientierten sich in dieser Hinsicht stark am deutschen Vorbild. Vgl. H. Greulich, Wo wollen wir hin? Bern 1903. Siehe auch unten.

135 Vgl. A–11.1.

136 Quellen: Vgl. A–11.1. Mit der Zentralisierung der Organisation und dem Zusammenschluß der Sektionen wird es zunehmend schwieriger, den Organisationsstand bei GF zu bestimmen. Zusätzliche Quelle, neben den Jahresberichten des SMV, war für 1908 eine Korrespondenz der Gruppe Mühlctal (30. 8. 08).

137 Echo, 18. 1. 06; A–10.1.

138 Echo, 8. 1. 06. GF-Direktor Ernst Homberger war seit 1905 Teilhaber dieser Uhrenfabrik. NZZ, 19. 1. 55, Nr. 162.

139 Echo, 3. 9. 06, 4. 6. 06. MAZ, 22. 9. 06.

140 ABM, 19. 3. 06.

141 GF Zeitungsausschnitte, Flugblätter der Einladungen.

142 MAZ, 23. 2. 07. Mit einer Reihe von Artikeln im ‚Echo' wurde versucht, die Arbeiter wieder zu aktivieren: Echo, 6. 6. 06, ‚Dividendensegen, Lohndrückerei' (Arbeitsbedingungen GF); Echo, 5. 7. 06, ‚Freudentag im Jammertal' (über Tantiemen und Dividenden bei GF, Klage über schlechten Versammlungsbesuch: „Die Versammlungen sind schlecht besucht und vielfach werden die Anstrengungen der eifrigsten und besten Genossen kaum gewürdigt, dagegen läuft man der ersten besten Lumperei nach, schiebt sich an Markttagen zu Hunderten auf die Karussells, in die Kinematographen und andere Weltwunder, aber wenn ein guter Vortrag gehalten wird, sieht man die Leute nicht."); Echo, 1. 8. 06, ‚Das Risiko des Arbeiters' (Unfälle); Echo, 10. 8. 06, ‚Arbeiterrisiko. Aus der Knochenmühle im Mühlental!' (Unfälle).

143 Echo, 9. 8. 07.

144 MAZ, 12. 9. 08. „Den Arbeitern im Mühlenthal scheint es gut zu gehen, daß sie so wenig Interesse für ihre Organisation bekunden."

145 „Wir haben unsere Erfahrungen gemacht", schrieben die Gießer nach ihrem Austritt aus der Gesamtsektion, als sie von den übrigen Metallarbeitern heftig angegriffen wurden: „Vor der Vereinigung waren sämtliche Gießer im Verband und wie sieht es jetzt aus? Was ist für die Gießer schon gemacht worden, wir sind immer auf uns selber angewiesen gewesen. Minder als es uns bei den Metallarbeitern gegangen ist, geht es uns, wenn wie allein sind, auch nicht." Echo, 30. 5. 07.

146 Die Gießer führten im Frühjahr 1907 und 1908 Bewegungen durch. Die erste bemühte sich vor allem um Lohnerhöhungen, die zweite richtete sich gegen die schlechte Behandlung durch die Meister. Wesentliche Erfolge konnten jeweils nicht erzielt werden. Korr., 12. 3. 07., Konrad Ehrensberger an ZV. Korr., 20. 2. 08. GFV, 7. 3. 08, Korr., 10. 3. 08. GFV an ZV, Echo, 14. 3. 08.

147 Von den jüngeren Gießern ging auch der meiste Druck aus: „... wenn nicht die führenden Personen über eine anerkennenswerte Umsicht verfügen würden, um jüngere unbesonnene Elemente in Schach zu halten, die Geschichte hätte einen Fall mehr zu verzeichnen, wo Arbeiter um anständige Behandlung und Beseitigung der Willkürherrschaft im Akkordwesen in den Kampf getrieben wurden." Echo, 14. 3. 08. Schon zu Beginn der Bewegung schrieb Ehrensberger an den ZV: „Die Lage ist ernst, da die Leute sehr empört sind. Sollte es einem der Sekretäre möglich sein, der Versammlung beizuwohnen, so wäre es uns sehr erwünscht." Korr., 20. 2. 08.

148 MAZ, 31. 7. 09.

149 Korr., 26. 8. 09.

150 Wie leicht der Kampf um die Gewerkschaftsstellen zu Korruption führen konnte, zeigt gerade der Fall von Pechota: Ein Gottfried Schwander aus Winterthur erklärte, Pechota habe versucht, bei ihm ein Darlehen aufzunehmen. Unter anderem habe er erklärt, als Schwander zögerte, ihm Geld zu geben, „man kann ja schauen, daß du nach Schaffhausen kommst und sollte das nicht der Fall sein, so gäbe es vielleicht etwa in Bern etwas... Dann sagte er, daß es dann sonst noch Stellen gebe, in der Genossenschaftsapotheke und dann in der Preßunion, wo er mich dann schon unterbringen könnte, wo ich nicht mehr so schmutzige Arbeit verrichten müsse, wie jetzt in der Druckerei". Die Verfügung über Stellen wurde zum Machtmittel, das in den verschiedensten Zusammenhängen eingesetzt werden konnte. Korr., 14. 9. 09. ‚Erklärung' von Gottfried Schwander. Abschrift.

151 Korr., 26. 8. 09, 7. 9. 09, 14. 9. 09, 17. 9. 09, 18. 9. 09, 22. 9. 09, u. a. Echo, 5. 1. 10. Die Vorbehalte gegenüber Pechota waren, wie sich zeigte, nicht unbegründet. Nachdem er von 1907–11 Redaktor der Winterthurer Arbeiterzeitung gewesen war, trat er 1912 in den Dienst des Industriellen Eduard Sulzer-Ziegler, in dessen Auftrag er (weitgehend erfolglos) versuchte, eine ‚gelbe' Arbeiterorganisation aufzubauen. Schneider, Geschichte, S. 116ff., Straessle, S. 205ff., F. Szell-Fröhlich, Die Gelben, Geschichte der gelben Schutztruppe der Arbeitgeberverbände der Schweiz, Bern 1913.

152 SMV-Jber. 1910/11, S. 222.

153 Die Wahlkompetenz ging 1917 von den Sektionen an den Gesamtverband über, der nun auch die Besoldung der Lokalsekretäre übernahm. Kamber, S. 91. Von Anfang an übernahm die Zentralkasse jedoch einen Teil der Besoldung, wodurch der Zentralvorstand auf die Besetzung der Lokalsekretariate Einfluß nehmen konnte. Korr., 26. 9. 09.

154 Vgl. A–1.

155 Dies war nicht nur bei GF der Fall. Die Jahresdurchschnittswerte des ASM zeigen ein ähnliches Bild, allerdings ohne Lohnsteigerung vor 1910: 1905: 103 (1913 = 100), 1910: 103, für GF vgl. A–2.

156 Vorangegangen war ein fast einjähriger Maurerstreik in Winterthur, der sich immer mehr zu einem Konflikt zwischen Sulzer und den organisierten Metallarbeitern, den stärksten Einzelgliedern auf beiden Klassenfronten, entwickelt hatte. Diese Darstellung beruht auf Schneider, Geschichte, S. 103ff., Straessle, S. 190ff., H. Egli, 75 Jahre Arbeiterkommission Gebrüder Sulzer Winterthur, 1890–1965 (Winterthur 1965), und den Jahresberichten von ASM und SMV.

157 Eine zentrale Kartei und Auskunftstelle des ASM registrierte alle Arbeiter der Mitgliedfirmen, welche die Stelle wechselten. 1910 enthielt diese bereits ca. 70000 Karten. Teilnehmer an Streiks und Gewerkschaftsaktivisten konnten auf diese Weise wirkungsvoll boykottiert werden. Jahresberichte ASM, Straessle, S. 189.

158 Zum Verhalten von Eduard Sulzer-Ziegler in diesem Konflikt schreibt sein Biograph: „... die Umstände ließen Sulzer-Ziegler keine Wahl, und sie waren günstig genug, um ihn vor aller Öffentlichkeit mit dem Gegner Abrechnung halten zu lassen und um die Macht des Unternehmertums und die Ohnmacht einer klassenkämpferischen Arbeiterorganisation aufzuweisen". Straessle, S. 196.

159 Unter den Entlassenen befanden sich auch der Präsident der Arbeiterkommission und weitere langjährige Sulzerarbeiter, die teilweise schon über 20 Jahre im Unternehmen beschäftigt

waren. Die schwarze Liste des ASM unterband für die Dauer von 2 Jahren eine Beschäftigung bei Verbandsfirmen. Praktisch blieb diesen Arbeitern häufig nur ein Berufswechsel oder der Weg ins Ausland.

160 VGL. S. 157 F.

161 MAZ, 17. 12. 10. Obwohl sie sonst dazu neigten, ,,sich in aller Gemütsruhe das Fell über die Ohren ziehen zu lassen". Echo, 13. 6. 11.

162 Korr., 6. 2. 11. Büchi an den ,,tit. Vorstand der Arbeiterkommission der Eisen- und Stahlwerke Mühletal".

163 AK 49, 22. 2. 11., AK 50, 22. 5. 11.

164 Korr., 6. 6. 11. Brief an ZV.

165 Korr., 16. 6. 11., SMV-vertr., 16. 6. 11.; GFV, 17. 6. 11., 20. 6. 11. Da den Arbeitern genaue Lohnunterlagen meist fehlten, war ihre Verhandlungstaktik relativ grobschlächtig. Es wurden hohe Forderungen gestellt, auch wenn man bereit war, sich mit wesentlich niedrigeren Ergebnissen zufriedenzugeben. Eine Forderung von 10% ließ hier nur einen sehr geringen Verhandlungsspielraum offen.

166 Korr., 9. 7. 11. Büchi an ZV.

167 Korr., 24. 7. 11.; AK 51, 21. 7. 11. Auch ein zweiter aktiver Maschinenformer wurde entlassen und, wie es scheint, auf die schwarze Liste gesetzt: Lekna habe die Maschinenformer in der AK zu verteidigen versucht, ,,wobei dann Herr Direktor Homberger den Ausspruch tat: Herr Boller notieren sie den Mann . . ." Nach einer Krankheit konnte er nur leichtere Arbeit verrichten und wurde daraufhin entlassen. ,,Von dort an ging die Verfolg(ung) an. Bei Rauschenbach wurde Lekna eingestellt & wieder auf die Straße geworfen & nun sucht der arme Teufel vergebens Arbeit, überall wird er abgewiesen." Korr., 28. 8. 11. Büchi an ZV.

168 Vgl. S. 78, Korr., 24. 7. 11.; Echo, 18. 7. 11.

169 AK 51, 21. 7. 11.

170 Vgl. Tab. 29, S. 125.

171 AK 52, 29. 7. 11, Korr., 30. 8. 11 an ZV.

172 Vgl. S. 179 ff.

173 GFV, 19. 10. 11; Korr., 17. 10. 11. Weber an ZV. Entlassung von Dahinten, welcher als Vorstandsmitglied des GFV versucht hatte, neueintretende Gießer (d. h. Sperrebrecher) wieder zum Austritt zu bewegen. MAZ, 25. 11. 11. Über weitere Entlassungen, z. T. unter dem Vorwand von Arbeitsmangel, Echo, 8. 3. 12.; MAZ, 9. 3. 12. Trotz Beendigung der Sperre seien die Entlassenen nach wie vor auf der schwarzen Liste.

174 SMV-Vorstand, 13. 1. 13. Die Gießergruppe Mühletal sei heruntergekommen. Es sei zwar ein neuer Vorstand gewählt worden, welcher jedoch keine Lust zeige, sich gegenüber dem Unternehmen zu exponieren. 1914 hieß es (Korr., 18. 3. 14, Weber an ZV), die Gießer hätten sich etwas aufgerafft und die Direktion ,,plage nun diejenigen, die sie als die Urheber des neuen Lebens betrachte, soviel als nur möglich"; der Organisationsstand blieb niedrig. Die Aktivität scheint sich weitgehend auf interne Streitigkeiten beschränkt zu haben. SMV-vorst., 30. 12. 12; 26. 6. 14.

175 Es ist bemerkenswert, daß sich die Gießer nie gegen den technischen Fortschritt wandten, sondern nur kompensatorische Forderungen stellten. Auch von anderen Arbeitergruppen oder von der Gewerkschaft wurde nie der Versuch unternommen, technische oder organisatorische Entwicklungen aufzuhalten, wenn sich auch verschiedentlich eine kritische Haltung zu den Auswirkungen dieses Fortschritts für die Arbeiter zeigte.

176 Echo, 11. 8. 11. ,,Organisiert sind die Betreffenden nicht; man sieht hier wieder, daß die Unaufgeklärtheit die Arbeiter viel mehr Opfer kostet, als ihre Zugehörigkeit zur Organisation."

177 Echo, 3. 11. 10; VR 93, 2. 11. 10. Nach einem zweitägigen Streik nahmen 80% der Ausständigen die Arbeit bedingungslos wieder auf, ,,während die übrigen auch Arbeitswilligen 20% ausgesperrt blieben". Die Kernmacher setzten sich ausschließlich aus jugendlichen, ungelernten Arbeitern zusammen. Schaffhauser Zeitung, 30. 10. 10.

[178] Dazu nur ein Beispiel aus der Gießerbewegung von 1911: „Am Donnerstag Nachmittag wurde ich durch einen Velofahrer in den Sternen (Versammlungslokal der Gießer) gerufen mit der Mitteilung, daß die Gießer Versammlung hätten und daß beschlossen worden sei, mittags nicht zu gießen, sondern die Herrn sollen das Eisen einmal leer auslaufen lassen. Selbstverständlich habe ich dagegen Stellung genommen und verlangt, daß die Versammlung abends 6 Uhr sein müsse, was dann auch befolgt wurde." Korr., 24. 7. 11. Lokalsekretär Büchi an ZV.

[179] Korr., 2. 8. 10. „Natürlich war der Abschluß bei Sulzer und Rieter wieder eine gute Gelegenheit, wieder in allen Tonarten über den Zentralvorstand herzufahren. Ich meinerseits habe den Standpunkt des Zentralvorstandes so gut es die Zeit und Ruhe der Mitglieder erlaubten vertreten, da bin ich aber, wie ich zwar schon vorher wußte, schön angekommen."

[180] GFV, 1. 8. 10, Korr., 2. 8. 10. Die Gießer ventilierten die Möglichkeit der Schaffung eines eigenen Unterverbandes innerhalb des SMV.

[181] MAZ, 17. 9. 10.

[182] MAZ, 5. 11. 10. „Wohl stellt das geplante Vorgehen große Anforderungen an die Genossen, doch noch weit mehr Arbeit bürdet sich Schreiber dies auf. Ein anderes Mittel gibt es aber nicht, um vorwärts zu kommen."

[183] MAZ, 5. 11. 10. Ähnliche Versuche wurden schon 1906 unternommen (GF Zeitungsausschnitte, Flugblätter als Einladung zu Versammlungen vom 9. 6. und 23. 6. 06). Die Organisierungsbemühungen blieben indessen weitgehend erfolglos. Nicht nur bei GF: In den Jahren vor 1914 waren von 150–160000 italienischen Arbeitern nur ca. 2% im SGB organisiert. A. Vuattolo, Geschichte des schweizerischen Bau- und Holzarbeiterverbandes 1873–1953, 3 Bde., Zürich 1953/55/56, Bd. 1, S. 16.

[184] Korr., 20. 3. 11. Büchi an ZV.

[185] „Mit diesem System soll verhütet werden, daß Genossen, die nicht geeignet sind, oder keine Lust haben in Vorstand oder Kommission als Mitglied zu funktionieren, gewählt werden." SMV-gv, 7. 4. 11.

[186] Korr., 16. 6. 11. Einladung zu einer Vertrauensleuteversammlung.

[187] MAZ, 22. 7. 11. „Recht lebhaft wird momentan in unserer Sektion über das mutmaßliche Ergebnis der heutigen Organisationsform diskutiert. Freilich, die leitenden Personen bekommen das wenigste von all den schönen Redensarten zu hören, die da und dort verzapft werden, und es ist auch gut so." Büchi schrieb an den Zentralvorstand: „Wir haben eine Anzahl alter Strategen in der Gießergruppe, die sich mit Händen & Füßen gegen den Verlust ihres Einflusses sträuben & erinnere ich nur an die Personen von Gasser, Oswald, Neuschwanger & Briner. Was diese Kollegen vom Aufbau einer Gewerkschaft nicht verstehen, das wollen sie mit dummer Kritik und Nörgeleien verdecken... Wohl werde ich an einer Vorversammlung noch alle Minen springen lassen, aber wer weiß, ob nicht am Samstag wieder alles über den Haufen geworfen wird." Korr., 24. 7. 11.

[188] SMV-ao.vers., 6. 7. 12. Im letzten Punkt sah die Opposition die Aufgabe einer grundsätzlich antikapitalistischen Haltung.

[189] „Es ist bei uns schon soweit, daß wir einige Mitglieder dieser Gruppe im Vorstand haben." Korr., 18. 9. 12. Weber an ZV.

[190] SMV-ao.vertr., 19. 7. 12.

[191] Vgl. Gruppe Mühletal, 25. 7. 12. Auch hier war der Versammlungsbesuch schlecht. Nur 31 Mitglieder gaben ihre Stimme ab.

[192] SMV-ao.vertr., 19. 7. 12. Ein Bericht von seinem vorherigen Arbeitsort Arbon ergab, „daß dem Genossen Ryborz in bezug auf Beitragsleistung u.s.w. nichts nachgesagt werden könne, daß derselbe aber auf Umwegen seine nichts weniger als moralischen Einflüsse geltend machte".

[193] Korr., 18. 9. 12. Betreffend Ausschluß von Gießer Körner, welcher neben Ryborz ebenfalls zu den Aktivisten der Syndikalistengruppe gezählt wurde.

[194] Korr., 18. 9. 12. Weber an ZV.

[195] SMV-ao.vertr., 28. 8. 12. Abschrift eines Briefes der Sektion Arbon vom 18. 7. 12.

[196] SMV-ao.vertr., 28. 8. 12. Dies war nicht nur im übertragenen Sinn gemeint: Ein armer Teufel sei wegen den syndikalistischen Treibereien von Ryborz ,,wenn wir recht berichtet sind", gar ins Irrenhaus gekommen. ,,Ryborz ist es, der mit seinen halbverrückten Ideen diesem Mann die Sinne verwirrt hat."

[197] Der Konflikt zog sich allerdings monatelang hin, ehe Weber und sein Anhang die Auseinandersetzung für sich entscheiden konnten. Vgl. z. B. SMV-vorst., 2. 9. 12 und SMV-ao.vers., 30. 11. 12. An dieser Sitzung wurde der Ausschluß von Ryborz schließlich mit 87 : 40 Stimmen vollzogen. In die Diskussion hatte sich auch Zentralsekretär Dürr eingeschaltet. Die Beschwerde von Ryborz gegen den Ausschluß wurde von der Beschwerdekommission des SMV abgelehnt (SMV-Jber. 1912/1913, S. 282f.). Ryborz erhielt an der Versammlung Gelegenheit zu einer ausführlichen Verteidigung, damit er nachher nicht sagen könne, ,,die Metallarbeiter haben ihn abgemurkst", wie Zentralsekretär Dürr erklärte. Leider beschränkte er sich auf die Verteidigung gegen die oberflächlichen Vorwürfe und verpaßte die Gelegenheit, seine eigenen Ideen darzulegen.

[198] Zum Generalstreik in Zürich vgl. Lang, S. 199ff., Schweizerische Arbeiterbewegung, Dokumente zu Lage, Organisation und Kämpfen der Arbeiter von der Frühindustrialisierung bis zur Gegenwart, hg. von der Arbeitsgruppe für Geschichte der Arbeiterbewegung Zürich, Zürich 1975, S. 152ff. In Schaffhausen setzten sich etwa die prominenten Gießer Bryner und Dahinten, die beide in der Gießergruppe wichtige Funktionen ausgeübt hatten, für die Angegriffenen ein. Korr., 18. 9. 12; SMV-ao.vers., 30. 11. 12.

[199] Diese Grundtendenz zeigte sich trotz größerer Radikalität auch in Zürich und in der SPS, welche sich z. B. 1913 entschloß, den Ausschluß des prominenten Vertreters des Syndikalismus, Fritz Brupbacher, zu betreiben. Lang, S. 210ff.

[200] Gruppe Mühletal, 18. 11. 13. ,,Ergreift Genosse Weber das Wort und legt den Mitgliedern dringend ans Herz, die Agitation in den Werkstätten ein wenig mehr zu entfalten, damit auch im Mühlental die Organisation wieder ein wenig reger werde."

[201] Korr., 6. 5. 13, 17. 5. 13, 2. 9. 13, 4. 2. 14, 18. 3. 14, 15. 4. 14 u. a.

II.

[1] Vgl. S. 147 ff.

[2] AK 40, 20. 3. 06. Ähnlich verhielt er sich z. B. in der Ferienfrage. Vgl. A–8.2c.

[3] Dazu etwa: Grütlianer, 15. 2. 00; MAZ, 22. 3. 05; Echo, 23. 3. 05, 24. 3. 05; MAZ, 12. 4. 05; Echo, 10. 8. 06; SMV-ao.vorst., 26. 6. 14.

[4] Echo, 23. 3. 05. Eduard Zollinger (vgl. auch Anm. 9). Der Einsender habe sich nun einmal ,,öffentlich als das entpuppt . . ., für was wir ihn schon lange hielten, nämlich als Wohldiener und Wassermann, der auf beiden Seiten Wasser trägt", erklärten die organisierten Metallarbeiter daraufhin. Echo, 24. 3. 05.

[5] MAZ, 12. 4. 05.

[6] SDM, 4. 4. 05. ,,Wenn man es den einen recht macht, so müsse man gewärtig sein, auf der andern Seite ausgestoßen zu werden."

[7] AK 25, 20. 4. 03.

[8] ,,Bevor wir diese Institution ganz verwerfen, wollen wir versuchen, sie annehmbar zu machen." Echo, 4. 3. 11. Die Kämpfe des Jahres 1911 zerstörten diese Illusionen: Die Arbeiterkommission habe bei der Revision kein Wort zu sagen (Echo, 13. 6. 11) und werde zudem ,,hochnäsig" behandelt. Echo, 12. 9. 11. Die Gewerkschaften in der Schweiz gelangten bis zum Ersten Weltkrieg nicht zu einer positiven Bewertung der Arbeiterkommissionen. Hatte man sich in den ersten Jahren mit den Kommissionen abgefunden, sogar ihren Ausbau gefordert, so wurde die Ablehnung später explizit. So lehnte der Gewerkschaftsbund 1907/1908 die AKs for-

mell ab (vgl. N. Reichesberg, Hg., Handwörterbuch der Schweizerischen Volkswirtschaft, Socialpolitik und Verwaltung, 4 Bde., Bern 1903–1911, Bd. 3, S. 835), konnte dies praktisch allerdings nicht vollständig durchhalten.

[9] Von den 9 Arbeitern, die länger als eine Amtsdauer in der Kommission verblieben, spielten fünf weder innerhalb der Kommission noch in der Gewerkschaft eine wesentliche Rolle. Unter den übrigen finden wir *Konrad Schwyn*, der 1899–1905 in der Kommission und zugleich deren Präsident war. Seine Persönlichkeit und Funktion wurde bereits kurz charakterisiert (S. 149 f.). Er schied aus der AK aus, als er zum Vorarbeiter ernannt wurde. Auch sein Nachfolger, *Emil Boetsch*, wie Schwyn ein Stahlgießer, trat nach 2½jähriger Tätigkeit aus der Kommission zurück, weil er zum Vorarbeiter ernannt wurde (AK 42, 1. 11. 07. 1909 wurde er Gießermeister im Werk Birch. GF-Personalkartei). *Eduard Zollinger* war 1901–1909 in der AK. Er gehörte zu den Gründungsmitgliedern des Arbeiterbundes Mühletal, verteidigte aber als Vertreter von GF-Krankenkasse und AK diese Gremien auch gegen die Gewerkschaft und rühmte zugleich die Lohnkonzessionen des Unternehmens. 1905 trat er aus dem Metallarbeiterverband aus, offenbar aus finanziellen Gründen, vielleicht auch, weil er um seine Stelle fürchtete (Korr., 23. 8. 04; Echo, 23. 3. 05. Korr., 26. 3. 05. Zollinger an Zentralsekretär Schneeberger). *Hans Ehrat*, 1905–1907 und 1909–1913 in der AK, gehörte zu den Gründern des Dreher- und Schlosserfachvereins Mühletal. Er war von 1901–1906 in dessen Vorstand als Vizepräsident und Präsident. Als Mitglied der AK war er nicht sehr aktiv.
Die Arbeiter, die länger in der AK verblieben, waren entweder weitgehend passiv oder dann in der einen oder anderen Weise auf den Unternehmer bezogen und durch Aufstiegserwartungen, oder aus anderen Gründen, an das Geschäft gebunden.

[10] Die Kommission bestand (seit 1899) aus 16 Mitgliedern, von denen zwei durch die GL bestimmt und 14 durch die Arbeiter gewählt wurden. Die folgenden Angaben beruhen auf den Protokollen der AK. Die Angaben über die Mitglieder sind nicht vollständig, da nicht in jedem Wahljahr die Namen der Gewählten aufgeführt wurden. Da die Protokolle jedoch Votanten immer namentlich aufführten, konnten die Angaben vervollständigt werden, jedenfalls für die Jahre, in welchen Sitzungen stattfanden. Für die einzelnen Wahlperioden bis zum Ersten Weltkrieg verfügte ich über 18/12/9/21/18/16/17/3 Namensangaben. Die letzte Periode von 1913–15, für die nur 3 Angaben vorhanden sind, wurde für die Auswertungen weggelassen.

[11] Quelle: AK-Protokolle. Schraffiert: Sitzungen, b««?– ,,er beim 1. Abzug für Schweißen die Kündigung einreiche, wurde ihm von Herrn Mörsen erklärt, er könne sofort gehen und ... brauche ... nicht einmal zu kündigen". GFV, 29. 8. 11. Ein ,,gegenseitig richtiges Vertrauen", wie es Homberger wünschte, um Geschäft und Arbeiter zu verbinden (AK 45, 4. 5. 09), war offenbar nicht mehr gewährleistet.

[13] Quellen: Protokolle der Arbeiterkommission. Die Zahlen bezeichnen die Anzahl Sitzungen, an welchen entsprechende Themen behandelt wurden. In Klammern steht die Zahl der Gegenstände, welche im Rahmen eines größeren Kollektivkonflikts in der Arbeiterkommission besprochen wurden. Dabei handelt es sich um die Lohnbewegung von 1898, die Auseinandersetzungen von 1899, den Lohnkonflikt der Maschinenformer 1904/05, die Konflikte um Akeret und die Lohnbewegung von 1906 sowie um die Konflikte des Jahres 1911.

[14] Immerhin gibt es vereinzelte Belege für weitere Aktivität der AK, die also nicht vollständig eingestellt wurde. Etwa: Korr., 18. 3. 14. Weber an ZV.

[15] Vgl. Siegrist.

[16] S. 157f.

[17] Es ist dabei nicht klar, ob alle diese Arbeiter der von den Arbeitern gewählten Kommission angehörten, oder ob die GL – wie bei anderen Gelegenheiten – von sich aus noch weitere, ihr genehme Arbeiter einlud.

[18] AK 32, 11. 11. 04.

[19] Vgl. Knoepfli.

[20] AK 32, 11. 11. 04. ,,... eine ausnahmsweise Geschicklichkeit brauche es bei der

Masch'Formerei nicht..."

21 Echo, 7. 3. 06. Abdruck des Briefwechsels mit der GL während der Lohnbewegung.

22 1911 hieß es z. B.: „Herr Dir. Homberger ist auch im Falle an Hand der eingezogenen Lohnstatistik der Schweizerischen Industriellen zu beweisen, daß unser Geschäft 14% höhere Löhne bezahlt." AK 52, 29. 7. 11. Nach den Lohndaten für GF (vgl. A–2.1) und den Durchschnittslöhnen, welche in den Jahresberichten des ASM veröffentlicht sind, ergibt sich, daß die Löhne bei GF 1910 2,5% über dem Verbandsmittel lagen und 1911 um 1,2%. Worauf sich Homberger bei seiner Angabe bezog, ist unerfindlich. Vgl. auch AK 23, 11. 2. 03; AK 30, 26. 5. 04.

23 Echo, 13. 3. 06.

24 Echo, 12. 9. 11.

25 Vgl. S. 167ff.

26 Heinrich *Weber*, Stahlgießer, Präsident der Sektion Schaffhausen-Neuhausen (wegen Nichtbegründens eines Urlaubsgesuches), *Menzer*, Präsident der Gruppe Maschinenformer, die in einer Auseinandersetzung mit der Firma standen (wegen Drohungen gegen einen Vorgesetzten), Maschinenformer *Lekna*, der sich als Mitglied der Kommission der Maschinenformer in der AK exponiert hatte (wegen Krankheit) und der Stahlgießer *Dahinten*, der „eifrigste und vernünftigste Gießer-Genosse, den wir im Mühlenthal haben" (H. Weber), Vizepräsident der Gießergruppe (wegen Bedrohung eines Sperrebrechers) (Korr., 9. 7. 11; AK 51, 21. 7. 11; Korr., 28. 8. 11, 17. 10. 11. Weber an ZV). Dadurch wurden die wichtigsten Einzelpersönlichkeiten der Bewegungen des Jahres 1911 ausgeschaltet. Diese Aufzählung bezeichnet nur die Spitze des Eisbergs von Entlassungen aus politischen Gründen. Zahlreiche weitere Beispiele ließen sich nennen.

27 Korr., 6. 5. 13.

28 Korr., 18. 3. 14. Maßregelungen seien an der Tagesordnung, schrieb Weber.

29 VR 70, 4. 11. 05. Bericht der Direktion an den Verwaltungsrat.

30 „... außerdem wird die vom Ausschuß im Hinblick auf eventuelle Arbeiterschwierigkeiten bewilligte Erhöhung der Fittingsbestände von 30% bis auf 40% des 1907er Versandts eine weitere Festlegung an Kapital bedingen." VR 81, 9. 3. 08. Bericht des Ausschusses.

31 VR 93, 2. 11. 10.

32 Vgl. Teil I, Kapitel V.

33 Jahresberichte ASM, Gerster, S. 42ff.

34 Die Relation zwischen den höchsten und tiefsten Handformerlöhnen betrug fast 2 : 1, die Kernmacherlöhne waren zudem im Durchschnitt tiefer.

35 Ein genauer Nachweis ist allerdings nicht möglich. Als Hinweis kann etwa dienen, daß drei der Präsidenten (Schwyn, Boetsch, Rüesch) zu Meistern aufstiegen. Wenn sie dies auch teilweise ihrer Funktion als Arbeiterkommissionspräsidenten verdankten, so ist doch unwahrscheinlich, daß diese Beförderungen vorgenommen worden wären, wenn es sich nicht um überdurchschnittliche Arbeiter gehandelt hätte.

36 Echo, 3. 12. 07.

37 Korr., 20. 1. 11. Büchi an ZV.

38 Vgl. Siegrist. Auch Meister und Betriebsleiter, mit denen sich die Arbeiter im Betrieb auseinandersetzen mußten, waren allgemein sehr lange bei GF beschäftigt.

39 Namensnennungen, die nach 1906 erfolgten, wurden als Beweis für die Mitgliedschaft im Stichjahr gewertet.

40 Quelle für diese Darstellung sind Gewerkschaftskorrespondenzen, Gewerkschaftsprotokolle und Protokolle der Arbeiterkommission. Die erhobenen Daten sind zwar lückenhaft bezüglich der Erfassung der Mitgliedschaft, jedoch recht vollständig in der Erfassung der Aktivität. In die Tabelle wurden alle Arbeiter aufgenommen, die wenigstens in zwei Stichjahren Funktionen im Verein ausübten. Verwendete Abkürzungen und Symbole: Praes. = Präsident der Gießergruppe; Vize = Vizepräsident; Vorst. = Funktion im Vorstand; G.Com. = Mitglied einer

Verhandlungskommission der Gießer im Verlauf einer Bewegung; – = wahrscheinlich nicht Mitglied des Verbandes bzw. nicht bei GF (hier sind am ehesten Fehler möglich); * = im Stichjahr ohne Funktion.

[41] Korr., 24. 7. 04. Dudler an ZV; Korr., 23. 8. 04. Hengstler an Schneeberger.

[42] Theodor Emil Frey, 1901–1910 (1903–10 Obmann bzw. Präsident, Feilenhauer); Fritz Methua, 1901–1904 (SDM, später Schlosser SIG, Schlosser); Jakob Werner, 1902–1907 (SDM, Dreher).

[43] Korr., 3. 2. 04.

[44] Nach der gescheiterten Bewegung im Mühletal mußte ein Sündenbock gefunden werden. Kübler, der der Schlossergruppe Neuhausen angehörte, also nicht direkt betroffen war, schrieb dazu an Schneeberger (Korr., 28. 4. 07): „Ob allein Genosse Ackeret schuld an der verfehlten Bewegung war, entzieht sich meiner Kenntnisnahme, aber nach den Diskussionen, wie sie von den Gießern & Genosse Frey geführt wurden, muß geglaubt werden, daß das so sei."

[45] Korr., 28. 4. 07. Kübler an Schneeberger.

[46] Die beiden anderen Vorstandsmitglieder, die einige Jahre im Amt verblieben, spielten neben ihm eine relativ geringe Rolle. *Methua* arbeitete bei GF, danach bei der SIG, wo er 1904 als Präsident des Schlosser- und Dreherfachvereins gemaßregelt wurde. Korr., 19. 1. 04. *Werner* war mehrere Jahre auch im Vorstand des Dreher- und Schlosserfachvereins Mühletal, spielte aber keine bemerkenswerte Rolle.

[47] SMV-ao.vers., 30. 11. 12. In der entscheidenden (schriftlichen) Abstimmung wurden 135 Stimmen abgegeben.

[48] Quellen: Heeb, S. 102, Jahresberichte SMV; vgl. auch A–10.2.

[49] Quellen: Bericht des schweizerischen Arbeitersekretariates an das schweizerische Industriedepartement über seine Beteiligung an der Landesausstellung Zürich 1914, S. 19. A. Schaffner, Wirtschaftslage, Gewerkschaftliche Organisation, Streikhäufigkeit und ihre Beziehung zueinander. Eine Untersuchung am Beispiel der Stadt Zürich 1900–1910, Lizentiatsarbeit (Vervielfältigung), Zürich 1973, S. 115. Im Organisationsbereich des SMV wurden 1905–07 345 Bewegungen und 80 Streiks durchgeführt. 1910–13 waren es 378 kampflose Bewegungen und 44 Streiks (SMV-Jber.). 1903–07 kam es im Raum Schaffhausen zu sieben Streiks (bzw. Aussperrungen), 1909–14 fand nur ein Streik statt. Die Maschinen- und Metallindustrie war mit einem Teilstreik bei der SIG (Maler) und einem Streik bei der Polsternägelfabrik Bürgin betroffen. Die meisten und intensivsten Streiks fanden im Gewerbe (v. a. Zimmerleute, Schreiner) statt (Maag, S. 29ff.). Zum Wandel der Konfliktformen in dieser Zeit vgl. auch H. Kaelble u. H. Volkmann, Konjunktur und Streik während des Übergangs zum organisierten Kapitalismus in Deutschland, in: Zeitschrift für Wirtschafts- und Sozialwissenschaften 1972, S. 530ff.

[50] Vgl. S. 143f.

[51] In Handwerk und Gewerbe der Metallbranche konnten 1905–07 erstmals in größerem Ausmaß Tarifverträge abgeschlossen werden. Vgl. Kamber, Anhang. Für das Baugewerbe: Vuattolo, Bd. 2, S. 105, S. 284ff.

[52] Quellen: Bis 1905 Grütlikalender, 1906–13 Gewerkschaftliche Rundschau.

[53] Der Anteil der Erwerbstätigen in Fabrikunternehmungen, gemessen an der Zahl der Beschäftigten in der Industrie, betrug (in Prozent): 1880 27, 1888 33, 1900 40, 1910 47. F. Kneschaurek, Wandlungen der schweizerischen Industriestruktur seit 1800, in: Ein Jahrhundert Schweizerischer Wirtschaftsentwicklung, Bern 1964, S. 139.

[54] Zu ähnlichen Schlüssen kommt Klaus Saul für Deutschland: „... insgesamt erschien mit dem Aufschwung der Werkvereinbewegung den freien Gewerkschaften, die 1913/14 wie 1908/09 die Konjunkturkrise ohne größeren Mitgliederverlust überstanden, jeder entscheidende Durchbruch auf dem Arbeitsmarkt verbaut. Sie wurden stärker in Bereichen, in denen ihr Übergewicht im Arbeitskampf seit der Jahrhundertwende unbestritten war, im Handwerk und in den Mittelbetrieben der Fertigindustrie. Dagegen stagnierten sie in den eigentlichen Kernbezirken der deutschen Industrie ..." (Saul, S. 187). Der politische Einfluß war nicht groß genug, um

staatliche Einschränkungen der Unternehmermacht zu erreichen. In der Schweiz gelang der Aufbau von ‚gelben' Organisationen nicht wie in Deutschland, doch wurden nach 1910 vor allem von Sulzer-Ziegler Anstrengungen in dieser Richtung unternommen, die nicht ungefährlich waren. Vgl. Straessle, S. 203ff.

55 Vgl. S. 151f. Ähnliche Konflikte finden sich auch in der Textilindustrie. Kolloquium Georges Haupt, Soziale Basis und Organisationsentwicklung der Arbeiterbewegung 1880–1900, Historisches Seminar der Universität Zürich, Wintersemester 1973/74, Arbeitspapiere; Arbeitspapier der Gruppe ‚Streik'.

56 Vgl. A–11.3. Der Anteil der Berufsarbeiter betrug bei Saurer 1920 ca. 70%, bei GF ca. 28% (SMUV-Jber. 1921, S. 46f.), ähnlich dürften die Verhältnisse auch in der Vorkriegszeit gelegen sein. Das Unternehmen zahlte auch überdurchschnittliche Löhne. Der SMUV schrieb dazu im Rückblick auf die Vorkriegszeit: „Die Firma hatte schnell erkannt, daß die besten Arbeiter auch zugleich die billigsten Arbeitskräfte sind, und so suchte sie durch bessere Löhne möglichst hochqualifizierte Arbeiter heranzuziehen." SMUV-Jber. 1923, S. 50f. Das Beispiel von Saurer ist auch interessant bezüglich der Differenz Stadt–Land. Hier scheint sich entgegen dem Normalfall die ländliche Lage des Unternehmens zugunsten der Arbeiterorganisation ausgewirkt zu haben, da sich daraus für das Unternehmen zusätzliche Rekrutierungsschwierigkeiten für hochqualifizierte Arbeitskräfte ergaben.

57 Zur syndikalistischen Tendenz in Zürich vgl. Lang. Vgl. auch Jost; H. M. Bock, Anton Pannekoek in der Vorkriegs-Sozialdemokratie, in: Jahrbuch 3, Die Linke in der Sozialdemokratie, Frankfurt 1975.

III.

1 Der SMV vereinigte sich 1915 mit dem Uhrenarbeiterverband zum Schweizerischen Metall- und Uhrenarbeiterverband (SMUV). Kamber, S. 70ff.

2 Die Firma gab selbst zu, daß ca. ein Viertel der Arbeiter, die bereits vor Kriegsausbruch beschäftigt waren, niedrigere Stundenlöhne erhielt als in der Vorkriegszeit. Die Kürzungen seien überwiegend darauf zurückzuführen, daß Arbeiter wegen Produktionsumstellungen auf weniger qualifizierte Tätigkeiten versetzt werden mußten. Die Arbeiterpresse wies dagegen darauf hin, daß seit Kriegsbeginn ca. 700 Neueinstellungen vorgenommen worden seien, daß also für die meisten der versetzten Arbeiter ihrer Qualifikation entsprechende Stellen wieder frei geworden seien. Die Firma habe die Versetzungen nicht rückgängig gemacht, da sie lieber neue Leute zu tieferen Löhnen einstelle. Allgemein werde zudem versucht, die Akkordpreise zu drücken. Echo, 23. 11. 14; 28. 11. 14.

3 Vgl. etwa Schweizerische Arbeiterbewegung, S. 165: VSM, Protokoll einer 3. Konferenz zur Beratung von Kriegsmaßnahmen…, Freitag, den 21. August 1914.

4 Kamber, S. 111, SMUV-Jber. 1914/15, S. 258ff. Beschluß des erweiterten ZV vom 4. 8. 14. Ab dem 8. 11. 14 wurden die Unterstützungen in reduziertem Ausmaß wieder aufgenommen. Erst ab 1. 5. 17 wurde die Arbeitslosenunterstützung wieder nach den Statuten von 1913 ausbezahlt – wenn man die starke Teuerung in diesem Zeitraum berücksichtigt, bedeutete dies immer noch eine starke Einschränkung der Leistungen.

5 Weber schrieb an den Zentralvorstand über die Diskussion im Sektionsvorstand: „…es waren keine schmeichelhaften Worte, die ich in diesem engeren Kreise über die Mitglieder des Zentralvorstandes und des erweiterten Zentralvorstandes zu hören bekam." Korr., 14. 9. 14. Charakteristisch dafür, wie die Gewerkschaft von vielen Mitgliedern als Unterstützungsinstitution betrachtet wurde, ist folgendes Votum: „Die Beschlüsse des erweiterten Z.V. können die alten Mitglieder nicht befriedigen. Man hätte früher schon sparen können. Gemaßregelte Mit-

glieder sind vielleicht zu lange unterstützt worden. Es waren auch Streiks nicht ganz berechtigt, weil die Forderungen zu wenig geprüft wurden. Sek. Weber soll vom Z.V. verlangen, daß die Forderungen bei Streiks besser untersucht werden." SMV-ao.mitgl.vers., 8. 9. 14.

[6] Bereits unmittelbar nach Kriegsausbruch sank die Mitgliederzahl vor allem durch die Abreise zahlreicher ausländischer Mitglieder um ca. 30%. Angaben für den 30. 8. 14 in: SMV-ao.mitgl., 8. 9. 14, im übrigen vgl. A–1.

[7] Korr., 2. 9. 15. Weber an Dürr. Es ist bemerkenswert, daß diese Kritik von Lokalsekretär Weber vorgebracht wurde, und zwar bevor sich in Schaffhausen innerhalb der Arbeiterschaft eine Opposition gegen die Politik der Zentrale formierte. Bis 1914 hatte Weber immer die Position des Zentralvorstandes eingenommen; jetzt schien es ihm offensichtlich so, daß gute Agitationsmöglichkeiten wegen der ängstlichen und unsicheren Politik der Zentrale ungenützt blieben. Es ist möglich, daß seine Einstellung für die Stimmung der mittleren Gewerkschaftskader allgemein bezeichnend war. Diese standen in direkterem Kontakt mit der Arbeiterschaft und begriffen rascher, daß die zunehmende Notlage, in welche die Arbeiterschaft geriet, eine Situation erzeugte, in welcher scheinbar festgefügte Machtverhältnisse zwischen Arbeitgebern und Gewerkschaften in Bewegung gerieten.

[8] Zu diesem Thema vgl. auch Teil I.

[9] Es wurden allerdings vermehrt Tessiner vor allem als Gußputzer beschäftigt. Sprachunterschiede bestanden also nach wie vor. 10/C 1.3 P&S.

[10] Z. B. Brief GF an Paul Leuthold in La Chaux-de-Fonds: „Wir könnten Ihnen Arbeit als Hülfsarbeiter in die Gießerei, eventuell an eine Formmaschine geben und hätten auch gleiche Arbeit für Ihre Kameraden, falls diese gesund und kräftig sind und deutsch sprechen." Dat., 29. 12. 14, bestätigt durch Brief vom 31. 12. 14. SMUV-Archiv, bei Korrespondenz Schaffhausen.

[11] Vgl. A–2.5. Auch die Teuerungszulagen hatten eine gewisse ausgleichende Wirkung.

[12] Für das Werk in Singen wurden schon Ende 1915 Einrichtungen bewilligt, um den „Gießereibetrieb auch mit Frauen und jüngeren Leuten durchzuführen". VR 116, o.D.

[13] Echo, 13. 1. 17. Bericht über die Delegiertenversammlung der Arbeiterunion Schaffhausen. „Genossin Hamburger appelliert an die Genossen, durch die Organisation dafür zu wirken, daß die Frauen nicht geringere Löhne erhalten, wie die Männer." Die Versammlung stimmte jedoch „jenen Ausführungen einstimmig zu, wonach die Frauenarbeit nicht erleichtert, sondern eingeschränkt werden sollte".

[14] Schmirgler W III, 9. 8. 17.

[15] Z. B. Schmirgler W III, 13. 9. 17.

[16] Dies zeigt die Untersuchung des Arbeiterstammes in den zwanziger Jahren deutlich. Vgl. S. 117 f.

[17] Quellenangaben und Basiszahlen vgl. A–2.

[18] Die geringere durchschnittliche Arbeitszeit ging nicht nur auf die Verkürzung der Normalarbeitszeit zurück, die nur sehr langsam erfolgte (vgl. A–8), sondern auch auf vermehrte Absenzen durch Krankheit usw.

[19] Vgl. Kocka, Klassengesellschaft, S. 14ff. Dieser folgt G. Bry, Real Wages in Germany, 1871–1945, Princeton 1960. Der Vergleich bezieht sich auf die durchschnittlichen Jahresverdienste der Männer. Bei den Frauen war der Lohnverlust deutlich stärker als in Deutschland.

[20] Vgl. Knoepfli.

[21] AK 57, 6. 1. 16; AK 58, 22. 4. 16; AK 59, 13. 7. 16. „Die Geschäftsleitung wird wie in bisheriger Weise und aus eigenem Antrieb Lohnerhöhungen vornehmen." Die geforderte Einführung des freien Samstagnachmittags wurde ebenfalls zurückgewiesen.

[22] Eine Eingabe der Gewerkschaft forderte die Einsetzung einer Zusatzkommission für Verhandlungen, da die bestehende Kommission ihre Aufgabe nicht erfülle. Homberger dagegen fand, die Kommission habe im „Interesse des Geschäftes gehandelt". AK 59, 13. 7. 16.

[23] AK 60, 11. 8. 16; AK 61, 26. 9. 16. Symptomatisch für diesen Versuch, die Stellung der AK aufzuwerten, ist etwa auch, daß ab 1916 in den Protokollen der Kommission auch die Arbeiter

eine Anrede erhielten. Den „Herren" von der Geschäftsleitung standen nun wenigstens „Mitglieder" der Kommission gegenüber.

[24] Einer Lohnforderung bei der MRS sollte durch Verweigerung von Überzeitarbeit Nachdruck verschafft werden (Korr., 8. 2. 16) und die Kastenschlichter bei der SIG beschlossen – ebenfalls, um eine Lohnforderung zu unterstützen –, „nur noch so viele Kasten anzufertigen, daß mit dieser Leistung der Stundenlohn verdient wird, die Mehrleistung zur Erzielung eines höheren Akkordlohnes soll bis auf weiteres eingestellt werden. Dieser Beschluß ist letzten Samstag entgegen eines Streikbeschlusses mit allen gegen drei Stimmen in geheimer Abstimmung gefaßt worden". Korr., 30. 8. 16. Weber an ZV.

[25] „Die Rauschenbacharbeiter haben an der Betriebsversammlung vom 10. Mai beschlossen, es sei die Arbeit, sofern der Streik der Dreher nicht beendigt, am Montag ebenfalls niederzulegen. Ein Mißgeschick fiel aber dazwischen. Am Donnerstag morgen nach 9 Uhr wollten die Gießer dem immer noch im Betriebe sich befindenden Drehermeister Spillmann in seiner Werkstatt einen Besuch abstatten. Spillmann konnte sich aber glücklicherweise von einer sonst vielleicht nicht gerade liebenswürdigen Behandlung zum Dachfenster hinaus flüchten. Nach diesem Falle wurde nun die Arbeit statt am Montag am Donnerstag schon niedergelegt. Jetzt muß man damit rechnen, daß der Streik längere Zeit dauert, es ist für den Platz Schaffhausen eine Kraftprobe, der man unbedingt standhalten muß." SMUV-vorst., 14. 5. 17. Bericht des Geschäftsführers Weber.

[26] 2/WR 1. Brief MRS an ASM, dat. 15. 5. 17.

[27] „In den Arbeitern ist nun einmal der Wille rege, ihre Lage aus eigener Kraft zu verbessern. Das wird vielleicht Herr Generaldirektor Homberger noch gewahr werden und sich sogar dazu verstehen, eines Tages mit einem Sekretär des Metallarbeiterverbandes zu verkehren, den er heute noch ignorieren zu können glaubt." Echo, 15. 5. 17.

[28] Echo, 11. 5. 17.

[29] Nach mehrwöchigem Streik gestand die Firma zu, die Teuerungszulage auch für die Dauer des Streiks zu zahlen. Der angefeindete Drehermeister hatte selbst gekündigt. Der entlassene Arbeiter wurde nicht wieder eingestellt. 2/WR 1. „Bericht der Maschinenfabrik Rauschenbach A.-G. Schaffhausen über den bei ihr durchgeführten Streik im Mai 1917", dat. 28. 6. 17.

[30] Zwischen den beiden Firmen bestanden zudem enge Beziehungen. Die MRS wurde 1921 von GF übernommen und bereits 1917 waren die Kontakte sehr intensiv. Homberger war mit einer Rauschenbach-Erbin verheiratet und saß im Verwaltungsrat der MRS. Auch sonst waren die beiden Unternehmen personell eng verflochten. Vgl. Knoepfli.

[31] „Im alten Betrieb herrschte seinerzeit ein patriarchalisches Verhältnis und niemals wäre es der Gewerkschaft gelungen, diese Arbeiter sich anzugliedern. Mit dem Umzug auf den Ebnat kam für die Arbeiter dieses Betriebes zugleich ein anderes Regiment." Ein neuer Betriebsleiter versuchte neue Lohnbestimmungssysteme einzuführen „und bald erkannte die Arbeiterschaft, daß hinter der freundlichen Miene dieses Herrn ein Arbeiterfeind und Fabriktyrann sondergleichen steckte. Von diesem Zeitpunkt an datiert die Organisation eines Teils der Arbeiter der Maschinenfabrik Rauschenbach". Echo, 11. 5. 17. Der Einsender war vermutlich Metallarbeitersekretär Heinrich Weber.

[32] Vgl. 2/MRS 2. Die Arbeits- und Arbeiterverhältnisse bei der M.R.S., 1924. Der Bericht schildert die konzeptionslose Unternehmenspolitik und deren Auswirkungen auf die Arbeiterschaft; diese waren um so schwerwiegender, als die MRS einen hohen Anteil qualifizierter Berufsarbeiter hatte.

[33] SMUV-vorst., 30. 4. 17.

[34] Das Vorstandsprotokoll vom 18. Juni hielt fest: „Lohnerhöhungen sind eingereicht und zum Teil durchgeführt von den Abteilungen Achsbüchs, Apretur, Krahnenführer u. Former Mühlenthal." SMUV-vorst., 18. 6. 17. Ebenfalls aktiv war die Gruppe des Werks Birch, die Maschinenformer W III und die Schmirgler W III.

[35] Generaldirektor Homberger bezog – um ein Beispiel zu nennen – 1913 83 000 Franken und

1918 174000 Franken. Dies entsprach 1913 52,8 durchschnittlichen Arbeiterlöhnen und 1918 75,8 Arbeiterlöhnen. Vgl. Siegrist, Anhang.

36 SMUV-vorst., 23. 7. 17.

37 AK 65, 31. 7. 17. „Auf Befragen, was sie eigentlich wollten, haben sie zur Antwort gegeben, sie müßten Versammlung halten. Abteilungen, welche keinerlei Lohnforderungen oder andere Wünsche bei der tit. Direktion pendent hatten, äfften dieses Weglaufen nach."

38 AK 66, 11. 8. 17. Ausführungen von Homberger.

39 „Ca. 80% unserer Arbeiterschaft hat das Bestreben im Frieden mit der Geschäftsleitung auszukommen, während 20% zugereiste Leute, deren Qualität der Arbeiterschaft selbst bekannt ist, darauf hinausgeht, durch Wühlereien das Verhältnis zwischen Arbeitgeber und Arbeitnehmer zu trüben. Es wird den Arbeitern anheim gestellt, ob sie mit der Geschäftsleitung oder mit den 20% minderwertigen Leuten marschieren wollen." AK 65, 31. 7. 17.

40 Korr., 17. 9. 17. Weber an ZV.

41 Vgl. S. 194.

42 Zur nationalen Teuerungsdemonstration vom 30. August 1917 schrieb etwa das ‚Echo': „Noch am Montag wurde in der Delegierten- und Vorständekonferenz allerlei Bedenken laut, ob der Zeitpunkt nicht verfrüht sei. Der gewaltige Aufmarsch der Arbeiterschaft hat aber schlagend bewiesen, daß diesmal die Stimme des Volkes sich Geltung verschaffen wollte." Echo, 31. 8. 17. Mitgetragen wurden Sprüche wie: „Nieder mit den Wucherern, Spekulanten, Schiebern und Schmugglern", oder einfach: „Schlagt die Wucherer tot! Hängt die Hamster auf!".

43 Die Schmirglergruppe beschloß beispielsweise im November 1917 die Einführung einer Bußenkasse, um den Versammlungsbesuch zu verbessern. Diese erwies sich aber als wenig wirksames Mittel, um das Interesse an der Organisation zu heben. Schmirgler W III, 24. 11. 17. Andere Gruppen stellten ihre Tätigkeit sogar über längere Zeit ein. Von den Platzarbeitern hieß es z. B. im Juli 1919, sie hätten die erste Sitzung seit einem Jahr abgehalten. SMUV-vorst., 16. 7. 19. Vor allem bei den unqualifizierten Arbeitern stieß die Organisation nach wie vor auf große Schwierigkeiten.

44 „Herr Dir. Homberger betont noch, wie eine derartige Agitation, wie sie in letzter Zeit vorgekommen ist, mißbilligt werden muß und wie schädlich ein künstliches Zurückhalten der Arbeit ist." AK 69, 12. 2. 18. 45 Vgl. S. 90.

46 Arbeitszeitverkürzungen auf 56 Stunden im August 1917 mit Einführung des freien Samstagnachmittags und auf 54 Stunden im April 1918 als Resultat von Verhandlungen auf Verbandsebene (vgl. A–8.1). Erhöhung der Teuerungszulage im März 1918, da „eine weitere Verteuerung der Lebensmittel eingetreten ist" (AK 69, 12. 2. 18), als Folge eines entsprechenden ASM-Beschlusses. Das Absinken der Reallöhne wurde dadurch nicht aufgehalten.

47 Dies wurde von den Arbeitgebern allerdings bestritten. Dazu mußten aber vor allem bezüglich der Preisentwicklung unrealistische Annahmen getroffen werden, was von einer ungenügenden öffentlichen Preisstatistik auch ermöglicht wurde (vgl. Jber. ASM, Stat. Jahrbücher). Der Lebenskostenindex mit Basis 1914 wurde erst in den zwanziger Jahren rückwirkend errechnet.

48 Vgl. z. B. AK 73, 8. 5. 18 (Namen der Gußputzerkommission, Eingabe der Gußputzer in italienischer Sprache vom 29. 4. 18 [12/M2/A]). 10/C 1.3 Soziales, Arbeiterwesen, spricht von den Werbeaktionen im Tessin als Ersatz für die 1915/16 abgereisten italienischen Arbeiter, welche ebenfalls vorwiegend in der Gußputzerei gearbeitet hatten.

49 SMUV-vorst., 10. 5. 18. Gleichzeitig fanden Lohnbewegungen der Gußrichter, Hilfsarbeiter und Maschinenformer, evtl. auch weitere statt. SMUV-vorst., 15. 5. 18.

50 AK 73, 8. 5. 18. Mehrere Kommissionsmitglieder unterstützten die Geschäftsleitung gegen die Gußputzer.

51 Sekretär Weber referierte die Problematik aus seiner Sicht so: „Er bemerkt die schwierige Lage und gibt bekannt, daß wenn ihm die Bremsung nicht gelungen wäre, es zu Mißständen gekommen wäre gegenüber den anderen Gruppen. Die Verhandlungen vor dem Einigungsamt wä-

ren sehr schwierig gewesen, besonders der Statistik wegen, die die Gußputzer aufstellten, da sie nicht auf Wahrheit ruhte. Die 6% Stundenlohn und Akkordzulage, die die Direktion offerierte, wurden von dieser Vers. mit reger Diskussion angenommen mit 148 gegen 78 Stimmen." SMUV-vorst., 24. 5. 18.

52 T. Rohr, Schaffhausen und der Generalstreik von 1918, Schaffhausen 1972; Joos, S. 264 ff.; W. Gautschi, Der Landesstreik 1918, Zürich 1968.

53 2/P 2. ‚Betrifft: Streik vom 9.–16. November 1918', 20. 11. 18.

54 Verschiedene Angestellte der Firma sind da allerdings anderer Auffassung. Der Verfasser des Rapports über den Streik (vgl. Anm. 53) glaubte „aus Äußerungen einzelner Arbeiter" schließen zu können, daß „mindestens 2/3 gearbeitet hätten, d. h. mit dem Streik nicht einverstanden waren; sie fügten sich aber, wenn auch unwillig, weil sie spätere Belästigungen durch die streng an die Organisation haltenden Arbeiter befürchteten". Ähnlich Wäffler, S. 89 ff. Ihre Gesprächspartner waren jedoch für die Arbeiterschaft im ganzen kaum repräsentativ.

55 AK 70, 21. 2. 18; AK 74, 17. 5. 18. Die AK wurde für die GL dadurch weiter aufgewertet.

56 Z. B. 2/P A–L 1, ‚Rapport über die Konferenz mit den Handformern', 9. 9. 18; 2/P A–L 1, ‚Bericht über die Angelegenheit Anton Müller Ktr.No. 1319', 28. 10. 18; 2/P A–L 1, Protokoll einer Sitzung mit den Gießern Werk I, 9. 1. 19.

57 Z.B. 12/M2/A. ‚An die Arbeiter der Aktiengesellschaft der Eisen- und Stahlwerke vorm. Georg Fischer', dat. 2. 7. 19. Vgl. auch Siegrist.

58 Die Stimmung in der Schaffhauser Arbeiterschaft schildert ein vertraulicher Bericht für das GF-Management. Anläßlich einer Trauerfeier für Rosa Luxemburg habe Stadtpräsident Schlatter erklärt, „daß in England, Frankreich und Italien gegenwärtig riesig an der Herbeiführung der Revolution gearbeitet werde. Man hoffe bestimmt, daß sie in den nächsten Wochen zum Ausbruch komme. Dann werde man auch in der Schweiz losschlagen, alles sei bereit. Die Bourgeois bekämpfen die soziale Revolution mit Waffen, also müsse sich auch das Proletariat bewaffnen. Es müsse Blut fließen, wenn die Zustände geändert werden sollen, aber das dürfe die Arbeiter nicht abschrecken, in den letzten 5 Jahren seien Ströme von Blut geflossen und niemand rege sich deswegen auf." Schlatter verurteilte allerdings übereilte Aktionen, es gelte ruhig Blut zu bewahren, „damit nicht dem Großen durch kleine Nebenhandlungen geschadet werde". Der Bericht kam zum Schluß, die Stimmung in der Arbeiterschaft „sei gegenwärtig stark erregt, speziell hervorgerufen durch die Brandreden Schlatters". 2/P A–L 1. ‚Situationsbericht', dat. 17. 6. 19.

59 1919 war der Arbeitsmarkt in Schaffhausen vor allem für wenig qualifizierte Arbeiter aus der Kriegsproduktion schlecht. Der Jahresbericht des Arbeitsamtes sprach allgemein von einer flauen Beschäftigungslage. Stadtarchiv SH, 11.2/20/1.

60 Zur Frage der Arbeitszeitverkürzung schrieb z. B. der Sekretär des Arbeitgeberverbandes in einem internen Rundschreiben: „Unsere Vertreter hielten mit Rücksicht auf die jetzt überall einsetzenden Massendemonstrationen und den kommenden Gewerkschaftskongreß eine mit Genehmigungsvorbehalt zu treffende aber sofortige Verständigung für geboten." 2/V2 V1. Dat. 3. 4. 19. Abschrift.

61 AK 83, 16. 7. 19.

62 Die Urabstimmung ergab folgendes Resultat: Ca. 48% der Arbeiter stimmten der Regelung zu, 21% stimmten dagegen und ca. 30% blieben der Abstimmung fern oder legten leere und ungültige Stimmzettel ein. Protokoll über das Abstimmungsresultat, bei den AK-Protokollen, undat., Juli 1919. Zur Lohnbewegung: AK, vorb. Sitzung, 9. 7. 19; AK 83, 16. 7. 19; AK 84, 19. 7. 19; SMUV-vorst., 25. 6. 19; SMUV-vorst., 16. 7. 19.

63 AK 85, 25. 7. 19.

64 Dazu überlieferte Betriebsleiter Schneckenburger eine Anekdote, die vielleicht ein Licht auf die spätere Entwicklung Webers wirft: „Unter Gallmann ist es einmal passiert, daß er einem Lehrbuben namens Weber ein paar Ohrfeigen herunterhieb. Der Vater des Lehrlings Weber war im Werk III als Gußputzer beschäftigt und damals ein führender Roter. Er hat natürlich Krach geschlagen und ich mußte die Sache schlichten. Meister Gallmann mußte Vorwürfe einstecken.

Später dachte ich manchmal, wenn Gallmann dem Weber nur mehr an die Ohren gegeben hätte, als Weber schließlich Arbeitersekretär wurde." Schneckenburger, S. 36. Wie weit Vater Weber in der Arbeiterbewegung engagiert war, ist unklar. Er gehörte jedenfalls nicht, wie Schneckenburger meint, zu den führenden Leuten des GFV. Sein Name taucht nirgends unter den Funktionsträgern auf.

[65] Dies bezieht sich auf Oskar Schneeberger, den ersten beamteten Zentralsekretär des Metallarbeiterverbandes.

[66] Korr., 3. 5. 18. Schlatter an Ilg. Für Schlatters Hochschätzung von Weber waren weitere Faktoren wichtig: „Dabei hat er den großen Vorzug, daß er sich beschränken kann und nicht ein ‚Hansdampf in allen Gassen' sein will, vielmehr konzentrierte er sich auf die Metallarbeiterbewegung, wodurch er eine unbedingte Sicherheit erlangte." Zu Webers politischer Biographie vgl. auch Joos.

[67] Z. B. der Basler Arbeitersekretär Friedrich Schneider oder der Holzarbeitersekretär Franz Reichmann, um nur zwei prominente Beispiele zu nennen. Zu Schneider vgl. M. Bolliger, Die Basler Arbeiterbewegung im Zeitalter des Ersten Weltkrieges und der Spaltung der Sozialdemokratischen Partei, Basel und Stuttgart 1970, S. 46ff.

[68] Vgl. die ausführliche Darstellung von Joos, S. 339ff.

[69] Vgl. A–11.3.

[70] Für eine radikalere Haltung der ungelernten Arbeiter bestehen z. B. keine Anzeichen. Die größte Aktivität und Radikalität entwickelte die im Durchschnitt hoch qualifizierte Arbeiterschaft der MRS.

[71] „Die nach dem Streikabbruch ungewöhnlich erregte Winterthurer Arbeiterbewegung betrachtete den Generalstreik als Markstein einer beginnenden Neuorientierung der Arbeiterschaft, einer Radikalisierung, die immer weitere Kreise ziehen und schließlich zum Einsturz des bestehenden Gesellschafts- und Staatsgebäudes führen werde." Schneider, Geschichte, S. 153.

[72] Ebd., S. 160ff.

[73] Joos, S. 345.

[74] Es ist bemerkenswert, daß auch die sozialdemokratischen Sektionen auf der Landschaft ausnahmslos und mit klaren Mehrheiten für den Beitritt zur dritten Internationale votierten. Vgl. Joos, S. 347, 352.

[75] Korr., 22. 8. 22.

[76] Korr., 7. 9. 22. Mundwiler an Ilg. Mundwiler wurde bei der SIG 1923 angeblich wegen Arbeitsmangels entlassen. Die Arbeiterschaft faßte dies als „offensichtliche Maßregelung" auf. Als er längere Zeit keine Arbeit mehr fand, entschloß er sich zur Auswanderung in die Sowjetunion und ersuchte den Verband um einen Beitrag an die Reisekosten. Sekretär Wegmann, dem an der Abreise von Mundwiler offenbar recht gelegen war, schrieb: „Der Betrag wird nur ausbezahlt, wenn er tatsächlich abreist, sonst nicht." Korr., 14. 9. 23. Wegmann an ZV.

[77] Reduktion der Teuerungszulage um 50% auf den 1. 5. 21, zehnprozentiger Lohnabbau auf den 1. 12. 21, Einstellung der Teuerungszulage ab dem 13. 3. 22, ca. siebenprozentiger Lohnabbau Juli 1922. Der ASM hatte einen Lohnabbau von 10% beschlossen, doch die einzelnen Firmen hielten sich in diesem Fall nicht strikt an diese Weisung, sondern bewahrten sich einen gewissen Verhandlungsspielraum.

[78] „Entweder müssen die Löhne zurückgehen, dann ist die Möglichkeit vorhanden, daß die Schweizer Industrie wieder Beschäftigung finden wird, oder aber die gegenwärtigen Löhne bleiben und dabei geht unsere Maschinen-Industrie zugrunde." AK 4, 14. 4. 21.

[79] AK 7, 28. 11. 21. „Es kann aber kein Mensch einem Unternehmen verbieten, Entlassungen von Arbeitern vorzunehmen, wenn Arbeitsmangel herrscht."

[80] AK 9, 4. 3. 22. Das Unternehmen konnte auch in den Krisenjahren 1921–23 Gewinne ausweisen und Abschreibungen vornehmen. Vgl. Knoepfli, Anhang.

[81] Vgl. etwa Schmirgler W III, 9. 8. 17: Einige „abschätzige Bemerkungen" des Meisters genügten, daß die Arbeiter geschlossen die Arbeit verließen. Zur Behandlung von Klagen in der

Arbeiterkommission z. B. AK 78, 3. 1. 19 bezüglich der Behandlung der Lehrlinge. Die betreffenden Meister seien darauf aufmerksam gemacht worden, „den Lehrlingen gegenüber Schimpfwörter und Handgreiflichkeiten zu unterlassen ... Es ist der Wille der Geschäftsleitung, daß die Lehrlinge anständig behandelt werden; es wird dann aber von denselben auch verlangt, daß sie sich anständig aufführen". In einem anderen Fall forderte Homberger die Mitglieder der AK dazu auf, „Unkorrektheiten der Meister und Vorarbeiter sofort bei der Betriebsleitung zu melden, damit der Fall untersucht werden könne, solange er noch neu sei". AK 81, 2. 4. 19.

82 „Die Absicht der Maschinenformer, speziell ihres Führers Birnstiehl tritt klar zu Tage, es handelt sich hier um politische Machenschaften und aus solchen Gründen wird bei uns kein Meister entlassen." AK 95, 14. 7. 20.

83 So zahlreiche AK-Mitglieder: „Vogelsanger erklärt, wenn man wegen so geringfügigen Differenzen überall verfahren wollte, wie man dies in der Maschinenformerei soeben getan habe, so wären speziell auch im Werk I schon lange keine Meister mehr vorhanden." Ebd.

84 Die Sektion Schaffhausen wollte die Stellung der Arbeiter durch eine Neuordnung der Fabrikordnungen im Sinne einer betrieblichen Mitbestimmung verbessern, fand damit bei der Zentrale aber keine Gegenliebe. Die Antwort von Zentralsekretär Konrad Ilg war vollständig ablehnend: „Die Abänderung der Fabrikreglemente, die Wahl von Arbeiterkommissionen und deren Kompetenzen sind alles Fragen, die mit dem Programm der Gesamtaktionen zusammenhängen. Alle diese Fragen sowie das ganze Programm kann nur auf dem Wege von Macht zu Macht erreicht werden und eben erst dann, wenn wir in der Lage sind, solche Aktionen nicht nur einzuleiten, sondern auch durchzuführen." Korr., 5. 3. 20.

85 Vgl. S. 71f. Die Bestrebungen zur Steigerung der Arbeitsintensität und der Produktivität waren auch erfolgreich. Vgl. A–4.4. Auch GL-Mitglied Bührer erklärte, der zehnprozentige Lohnabbau Ende 1921 habe zu intensiverer Arbeit geführt und die Stundenverdienste seien daher eher höher als vorher. Auch ein erneuter Lohnabbau um 7 Prozent könne ebenfalls so zum großen Teil wieder eingeholt werden. AK 9, 4. 3. 22.

86 „Die Veranlassung zur Maßregelung des genannten Genossen war die Aufforderung an einige Arbeiter zur Verweigerung von Überzeitarbeit. Die betreffenden Genossen haben die Überzeit verweigert, die Firma erhielt aber davon Kenntnis und kündigte dem Genossen Birnstiehl. ... Es entstand für uns dann natürlich die Frage der weiteren Maßnahmen, wir fanden es aber für besser, den Kollegen zu empfehlen, auf eine Gegenaktion zu verzichten und Ihnen die Genehmigung von Maßregelungsunterstützung zu empfehlen, womit die Kollegen sich schließlich auch einverstanden erklärten." Korr., 16. 12. 20. Weber an ZV.

87 Ein gutes Beispiel dafür ist die Schmirglergruppe. In dieser entstanden Auseinandersetzungen, als das zum Vorarbeiter ernannte Mitglied Gasser im Auftrag des Unternehmens betrügerische Praktiken der Arbeiter bei der Leistungsbemessung zu unterbinden begann: „Der ganze Vorwurf ist nun der, gegen Gasser, daß er den Schwindel bei der Gewichtsabnahme nicht mehr duldet. (Zwischenbemerkung von Bossert: Er hat es ja auch gemacht und dem Meister ist ja auch bekannt!) Weber: eben darum hat man nun Gasser als Vorarbeiter ernannt, damit er die Sache aufdeckt, und weil er eine führende Rolle einnahm in der Gruppe, da traf die Leitung zwei Fliegen auf einen Schlag." SMUV-vorst., 14. 9. 22.

88 Vgl. S. 86.

89 Anfänglich wollten sich die Arbeiter ihre Bereitschaft zur Leistung von Überzeitarbeit mit einigen Verbesserungen des Tarifs abkaufen lassen, doch Theophil Schwaller, linkes AK-Mitglied und Präsident der Vertrauensleute bei GF, überzeugte die Versammlung davon, daß man die Überzeit verweigern müsse: „Anbetracht der noch großen Zahl von Arbeitslosen wäre es direkt ein Verrat an denselben", erklärte er und die Versammlung folgte ihm schließlich einstimmig (Schmirgler WIII, 8. 3. 23). Die Firma stellte daraufhin mehr Arbeiter in der Schmirglerei ein, benützte jedoch einen kurzfristigen Rückgang der Aufträge im Zusammenhang mit der Ruhrkrise dazu, Kündigungen vorzunehmen und die Abteilung zu säubern. AK 15, 13. 7. 23; AK 16, 3. 9. 23.

[90] Korr., 10. 9. 21. Theodor Bosshardt an ZV.
[91] AK 96, 29. 9. 20.
[92] AK 97, 9. 11. 20.
[93] A–10.
[94] Dieser Zerfall setzte schon 1922 ein. So löste sich die Gruppe Schlosser und Installateure infolge innerer Streitigkeiten auf (SMUV-vorst., 14. 9. 22). Ende 1922 zerfiel auch die Elektrikergruppe und die Gruppe Gewindeschneider und Revolverdreher war in einer Krise. In beiden Fällen – soweit dies in den Protokollen sichtbar wird – auch als Folge von politischen Auseinandersetzungen. SMUV-vorst., 9. 11. 22; SMUV-vorst., 30. 11. 22.
[95] F. Höpflinger, Industriegewerkschaften in der Schweiz, Zürich 1976, S. 58.
[96] Vgl. Teil I.
[97] Dazu Knoepfli.
[98] S. 117ff., A–6.
[99] Vgl. S. 126.
[100] Zur Lex Schulthess vgl. Schweizerische Arbeiterbewegung, S. 219ff.; Heeb, Gewerkschaftsbund, S. 181ff.
[101] AK, Vertreter WI und WIV und weitere Arbeiter dieser Werke, 11. 12. 23.
[102] AK, Protokoll über die Besprechung der Direktion mit dem Büro der Arbeiterkommission, 19. 12. 23.
[103] SMUV-vertr., 18. 1. 24. Bericht über das 4. Quartal 1923.
[104] „Die verlängerte Arbeitszeit wird am 3. Januar auf Grund des bereits bekanntgegebenen Stundenplanes beginnen. Es wird sich dann zeigen, wer sich der Anordnung fügt und wer gewillt ist, dem Rate zur Durchführung passiver Resistenz zu folgen." AK 17, 22. 12. 23.
[105] AK 18, 29. 12. 23.
[106] SMUV-vertr., 18. 1. 24. „Mit der angedrohten Kündigung für alle diejenigen, die mit der verlängerten Arbeitszeit nicht einverstanden sind, wurde dieselbe dann angenommen."
[107] SMUV-gv, 3. 2. 24, auch SMUV-vertr., 18. 1. 24.
[108] Bührer erklärte in der Arbeiterkommission: „Arbeitersekretär Wegmann hat in seinem Schreiben an das Volkswirtschafts-Departement in Bern durchblicken lassen, daß eine Arbeitszeitverlängerung schließlich akzeptiert werde. Er bekämpfte lediglich die Dauer von 6 Monaten." AK 18, 29. 12. 23.
[109] Die Entschlossenheit des Arbeitgeberverbandes dokumentiert folgender Ausschnitt aus der Arbeitgeberzeitung: „Der Arbeitgeberverband schweizerischer Maschinen- und Metall-Industrieller hat beschlossen, eine allgemeine *Arbeitersperre* zu verhängen, in der Meinung, daß es bis auf weiteres jeder Mitgliederfirma verboten ist, irgend einen Arbeiter einzustellen bzw. die Arbeit neu aufnehmen zu lassen. ... Die Maschinenindustrie ... nimmt die ihr vom Metallarbeiterverband einem Dogma zuliebe aufgezwungene Fehde an und ist entschlossen, nötigenfalls weitere, viel schärfere Kampfmittel zur Anwendung zu bringen, mit denen sie bisher immer noch zurückgehalten hat." SAZ, 10. 5. 24. Vgl. auch: Kollektivgesuch vom 25. 4. 24, in: ASM-Jber. 1924, S. 36ff.
[110] Zur Übernahme vgl. Knoepfli. 1924 wurde die schlecht laufende Firma saniert und das Management ausgewechselt. Vgl. Siegrist. Bührer erklärte in der AK: „Ich betone hier ausdrücklich, daß die Geschäftsleitung der MRS selbständig ist." AK 21, 29. 5. 24. Mit dieser Selbständigkeit war es jedoch nicht weit her. So hatte Bührer an der vorangegangenen Sitzung selbst erklärt, „daß es in vorliegender Frage keine Konzessionen, sondern nur ein entweder – oder gebe. Die Direktion der MRS wird auf keinen Fall nachgeben und das Ende des Streikes kann nur die 52stündige Arbeitszeit sein." AK 20, 30. 4. 24.
[111] AK 20, 30. 4. 24.
[112] SAZ, 31. 5. 24, Schaffhauser Intelligenzblatt, 22. 5. 24.
[113] AZ, 22. 5. 24.
[114] Außer den Meistern und Lehrlingen hätten nur 16 Arbeiter die Arbeit aufgenommen. AZ,

23. 5. 24. Auch die (wenigen) in den katholischen und evangelischen Gewerkschaften organisierten Arbeiter nahmen am Streik teil. AZ, 30. 5. 24.

[115] SMUV-Jber. 1924, S. 13.

[116] Das sogenannte ‚Berner Abkommen', das unter Vermittlung von Bundesrat Schulthess zustande kam. Die Folge war eine starke Vermehrung der Bewilligungen auf 52stündige Arbeitszeit. Hatten Ende 1923 13,9% der Arbeiter länger als 48 Stunden gearbeitet, so waren es Ende 1925 39,6%. A. Vogler, Die tatsächliche Arbeitszeit in der schweizerischen Industrie, Diss. Zürich 1929, S. 53ff. Der Erfolg im Kampf um die „Lex Schulthess" wurde in der betrieblichen Praxis dadurch erheblich relativiert.

[117] MAZ, 7. 6. 24, SMUV-Jber. 1924, S. 15. Gemäß der Darstellung der Schaffhauser AZ wurde intern folgendermaßen argumentiert: „Ilg sprach in einem anderthalbstündigen Votum von der Not der Unternehmer. Dürr von der Not der deutschen Industrie, der Arbeiter, dem Verlust des 8-Stunden-Tages und erklärte, daß die schweizerische Arbeiterschaft sich an den Gedanken gewöhnen müsse, daß die Anpassung an die internationalen Verhältnisse nicht aufzuhalten sei. ‚Wir dürfen noch zufrieden sein, den deutschen Arbeitern geht es weitaus schlechter als uns. Kämpfe gegen die Verlängerung der Arbeitszeit sind zwecklos, wir sind heute den Unternehmern gegenüber zu schwach.'" AZ, 30. 5. 24.

[118] AZ, 30. 5. 24. „Nicht geschlagen im Kampfe sind die Schaffhauser Metallarbeiter, sondern verraten und verschachert durch die Reformisten. Ungeheure Erbitterung herrscht bis weit über die Reihen der Metallarbeiter hinaus in der gesamten Arbeiterschaft über den reformistischen Verrat und Verleumdungsfeldzug." AZ, 30. 5. 24. Vgl. auch: Erklärung der Zentrale der KPS, 13. 6. 24, AZ, 14. 6. 24.

[119] Der Arbeitgeberverband zog zwar sein Kollektivgesuch zurück, doch wurden die Gesuche der einzelnen Firmen vom Bundesrat ohne weiteres bewilligt.

[120] Von Interesse wären insbesondere die neuen Tendenzen in den Mechanismen zur Konfliktregelung, wie sie sich unter anderem in den Schlichtungsbemühungen des Bundesrates zeigten. Von diesen Entwicklungen führt – wenigstens auf der gewerkschaftlichen Seite – eine direkte Linie zum Friedensabkommen in der Metall- und Maschinenindustrie im Jahr 1937. Ausführlich dargestellt wurde die Streikbewegung in den Jahresberichten für 1924 des ASM (S. 28–51) und des SMUV (S. 10–17) und in der Verbandspresse. Vgl. auch W. Bringolf, Mein Leben, Bern 1965, S. 114ff.; Joos, S. 393ff.; Schweizerische Arbeiterbewegung, S. 219ff.

[121] Die Mitglieder der Arbeiterkommission erklärten, Angestellte der Firma hätten versucht, die Arbeiter von der Unterzeichnung der Kollektivkündigung abzuhalten. „Bei Anlaß der Betriebsversammlung [des Werks Birch] im Schützenhaus hätten sich die Herren Wäffler und Freyhofen an den Weg gestellt, um zu kontrollieren, wer die Versammlung besuche. Diese Kontrolle habe die meisten Arbeiter davon abgehalten, in die Versammlung zu gehen. Während der Arbeitspause um 9 Uhr seien die Meister und Vorarbeiter des Werkes Birch in den letzten 2 Tagen ständig im Betrieb gewesen, um die Unterschriftensammlung zu kontrollieren, während dies sonst nicht der Fall sei." AK 20, 30. 4. 24.

[122] AK 21, 29. 5. 24.

[123] VR 155, 17. 7. 24.

[124] Das Unternehmen strich nach dem Streik die vertraglichen Ferienentschädigungen. „Ein Bedürfnis für Ferien kann nach diesem Streik auch kaum mehr geltend gemacht werden." AK 22, 20. 6. 24. Dieser Angriff auf erworbene Rechte empörte die Arbeiter außerordentlich. Präsident Rüegg erklärte, die Arbeiterschaft verzichte nötigenfalls auf Ferien, nicht jedoch auf das Feriengeld, und Vizepräsident Meier fügte bei: „Eher würde sie es auf einen neuen Streik abkommen lassen." AK 22, 20. 6. 24. Damit übertrieb er nur wenig. Auf jeden Fall wurde offenkundig, daß das Unternehmen das angestrebte Ziel mit seiner Maßnahme nicht erreichte. Die Arbeiter wandten sich nicht gegen Gewerkschaft und Kommunistische Partei, die sie nach der Vorstellung des GF-Managements zum Streik getrieben hatten. Es verstärkte sich einzig ihre Verbitterung gegenüber dem übermächtigen Kapital, das sich auch an feste Abmachungen nicht gebun-

den fühlte. Die Verweigerung der Ferien wirkte sich um so negativer aus, als durch sie vor allem der Arbeiterstamm getroffen wurde. Gerade die tendenziell anpassungsbereiteren Arbeiter waren so in ihren Interessen verletzt. Das GF-Management erkannte seinen Fehler schnell und korrigierte seinen Entscheid. Vgl. auch: AK, Besprechung des Büros mit der Geschäftsleitung, 1. 7. 24; AK 23, 3. 7. 24; AK, vorb. Sitzung, 10. 7. 24; AK 24, 19. 11. 24; Korr., 3. 12. 24, Wegmann an Ilg.

125 Die Arbeitgeberzeitung kommentierte etwa: „Die Kommunisten, die mit dem Großkampf liebäugeln, in der Absicht, in großem Stil Sabotage zu treiben und jede Gelegenheit herbeisehnen, um die ganze Arbeiterschaft ‚wieder einmal auf die Straße' zu bringen, hatten zweifellos die Hand im Spiele. Gegenüber dem Treiben dieser Leute und ihrer Mitläufer in den eigenen Reihen ließen es die maßgebenden Gewerkschaftsführer offenbar am nötigen Mute fehlen. Sie ließen den Dingen den Lauf, statt von allem Anfang an ihrer – wie man annehmen muß – besseren Einsicht Geltung zu verschaffen." SAZ, 7. 6. 24.

126 Die Wirtschaftskrise war schon Anfang 1924 praktisch überwunden. Die Stahlformgießerei konnte bereits im 3. Quartal 1923 – also vor der Verlängerung der Arbeitszeit – erstmals seit 1920 wieder einen „bescheidenen finanziellen Überschuß" erbringen. VR 152, 30. 10. 23. Die beschleunigte Elektrifizierung der Bundesbahnen sowie die Einführung des ‚Simplex' Lastwagenrades ließen zudem die Perspektiven nicht ungünstig erscheinen, auch wenn die Wechselkursverhältnisse mit einem überbewerteten Schweizer Franken zweifellos Schwierigkeiten auf den internationalen Märkten schufen. Im Fittingsbereich war es GF nach dem Krieg trotz verstärkter Konkurrenz gelungen, seine internationale Position weiter auszubauen. Auch hier setzte bereits 1923 ein Aufschwung ein, der 1924 andauerte. Vgl. Knoepfli.

127 SMUV-ao.gv, 21. 6. 24.

128 Die Statutenrevision von 1917 übertrug die Bezahlung der Lokalbeamten der Zentralkasse. Der Zentralvorstand erhielt damit ein Genehmigungsrecht bei Wahl und Entlassung von Lokalbeamten. Kamber, S. 91. Auch innerhalb der kommunistischen Fraktion bestanden Widerstände gegen eine Entlassung. SMUV-ao.vers., 1. 10. 24, ‚Bericht des Schiedsgerichtes betr. Kündigung des Sekr. Wegmann', Fortsetzung am 3. 10. 24; Korr., 5. 9. 24, ‚Gegenbemerkung zu der Anklageschrift...'

129 Hans Ehrat, Vertrauensmann der MRS-Arbeiter, Mitglied der AK, 1926 Vizepräsident der Sektion Schaffhausen-Neuhausen, 1927–29 Präsident. 1929 Präsident der RGO Schaffhausen, die sich vom SMUV abspaltete.

130 SMUV-ao.vertr., 14. 8. 25.

131 Dies, obwohl sich die Zahl der Arbeiter stark vermehrt hatte (Fabrikarbeiter der Metallbranche in Schaffhausen + 35–40%). Vgl. Tab. 5.

132 Quelle: Heeb, Gewerkschaftsbund, S. 102; Schweizerische Arbeiterbewegung, S. 398ff.

133 SMUV-ao.vertr., 21. 10. 25. Formal wurde die Ablehnung korrekt mit der zu geringen Zahl der Mitglieder begründet.

134 Die kommunistisch beherrschte Arbeiterunion wurde 1929/30 vom SGB aufgelöst. Die dem SGB angehörenden Gewerkschaften bildeten an ihrer Stelle ein Gewerkschaftskartell, dem die politischen Parteien und die kommunistischen Gewerkschaften nicht angehörten. Dies vor allem auf Druck des SMUV hin, der seit 1929 die Arbeiterunion boykottierte. Die Abspaltung der Kommunisten erleichterte dem SMUV und den übrigen Gewerkschaften die ‚Säuberung' der Schaffhauser Gewerkschaftsorganisationen wesentlich. Maag, S. 42ff. Nicht zuletzt wegen der Gewerkschaftspolitik der KP traten 1929 Hermann Schlatter und Heinrich Weber aus der KP aus. Dazu und allgemein zur Entwicklung der KP Schaffhausen vgl. Joos, S. 385ff.

135 Der überwiegende Teil der Kommunistischen Partei Schaffhausen schloß sich 1930 der ‚Kommunistischen Partei Opposition' an. 1935 erfolgte auf lokaler Ebene der Zusammenschluß mit der Sozialdemokratischen Partei zur ‚Sozialistischen Arbeiterpartei' (SAP) und der Anschluß an die SPS. Vgl. Illi, S. 53f.; Joos, S. 415ff.; Bringolf, S. 145ff.; P. Thalmann, Wo die Freiheit stirbt. Stationen eines politischen Kampfes, Olten 1974, S. 100ff.

[136] MAZ, 7. 6. 24; SMUV-Jber. 1924, S. 13.

[137] Franz Geiger, von Anfang an ein Gegner des Streiks, erklärte nachher: „Ich glaube, es wäre der Geschäftsleitung der Stahlwerke möglich gewesen, in den Konflikt der MRS derart einzugreifen, daß der Streik vermieden oder abgekürzt worden wäre. Wenn die Arbeiter der MRS nicht gestreikt hätten, wäre ein Streik bei den Stahlwerken niemals ausgebrochen. Wir glaubten, den kämpfenden Mitarbeitern durch einen Sympathiestreik unter die Arme greifen zu müssen. Das Manöver ist aber gänzlich fallit gegangen." Und ähnlich Mitglied Lang: „Der Streik war ein Solidaritätsstreik mit den Arbeitern der MRS. Der Streik der Stahlwerke kann nur abgebrochen werden, wenn auch alle Arbeiter der MRS wieder zur Arbeit kommen." AK 21, 29. 5. 24.

[138] Dies wurde etwa von Heinrich Prader ausgedrückt: „Es war nicht nur Solidarität mit der Arbeiterschaft der MRS, die den Kampf brachte. Die Erbitterung der Arbeiter in den verschiedenen Betrieben war groß. Hier muß etwas faul sein. Die Behandlung der Arbeiterschaft vom untersten Meister bis zum Betriebschef hat die Leute zum äußersten getrieben." AK 21, 29. 5. 24. Prader zog sich als Präsident der AK wie als Präsident der Sektion verschiedentlich wegen seiner reformistischen Haltung das Mißtrauen eines Teils der Arbeiter zu. Seine Kritik erfolgte also von einer gemäßigten Position aus.

[139] Die Niederlage im Streik wurde von der großen Mehrheit der Arbeiter nicht der Kommunistischen Partei und ihrem Exponenten Bringolf angelastet, wie die Wahlresultate von 1924 und 1925 in Schaffhausen deutlich zeigten. Vgl. Joos, S. 182, 429f.

[140] Vgl. S. 129ff., A–7. Vgl. auch AK, vorb. Sitzung, 27. 9. 26. Präsident Rüegg erklärte, man habe ihm gesagt, es würden keine Massenentlassungen vorgenommen. „Wenn nun aber jeden Samstag 10–12 Mann entlassen werden, gibt das mit der Zeit doch eine große Zahl. Wahrscheinlich will die GL die Arbeiterzahl so reduzieren, daß nicht mehr verkürzt gearbeitet werden muß."

[141] LAV 1925.

[142] LAV 1927.

[143] AK, vorb. Sitzung, 12. 3. 27.

[144] Einzig die Handlanger wehrten sich 1928 gegen übermäßige Überzeit, die teilweise verweigert wurde. Sie hätten oft nur eine halbe Stunde Mittagszeit. AK, vorb. Sitzung, 12. 6. 28. Die Klagen wurden von der Geschäftsleitung zurückgewiesen. Kommissionsmitglied Bühler, das sie vorgebracht hatte, verließ die Firma. Präsident Walter versicherte allerdings, es „sei dies kein Grund, warum Bühler ausgetreten sei. Die Begründung war: er müsse einmal andere Luft haben". AK, vorb. Sitzung, 23. 10. 28.

[145] Müller, 50 Jahre, S. 28.

[146] LAV 1931, S. 76.

[147] Bei den Nationalratswahlen von 1931 erreichte die Linke im Kanton Schaffhausen ihr bestes Resultat seit 1917. Die KPO (mit Bringolf) erreichte 28,0% (1928 25,7%), die SP 15,2, die KP 1,1%. Bei den Wählern hatte die Schaffhauser KP den Austritt wichtiger Führerfiguren (Schlatter, Weber) ebenso unbeschadet überstanden wie die Gewerkschaftsspaltung und die inneren Parteistreitigkeiten des Jahres 1930, die zum Entstehen der KPO führten. Dies zeigt, daß die Passivität der Arbeiter nicht die Folge eines gestiegenen Vertrauens in den Kapitalismus und seine Vertreter war.

IV.

[1] Die Verstärkung, Vermehrung und Gleichzeitigkeit der Bewegungen stärkte die Gewerkschaften natürlich gleichermaßen bei Verhandlungen auf Verbandsebene.

[2] AK 85, 25. 7. 19.

[3] AK 3, 14. 3. 21.

[4] Quelle: AK-Protokolle, Jahresberichte LAV. Ab 1926 fanden mehr vorberatende Sitzun-

gen als Kommissionssitzungen statt, während bisher die Geschäfte einer offiziellen Sitzung jeweils in einer vorberatenden Sitzung behandelt worden waren. Zahl der vorberatenden Sitzungen: 1926 3, 1927 4, 1928 2, 1929 5, 1930 4.

5 Im Zusammenhang mit dem zweiten Lohnabbau 1922, der in der Arbeiterschaft auf stärkeren Widerstand gestoßen war, erklärte beispielsweise Bührer: „Wenn die Wähler mit ihrer Vertretung nicht mehr einverstanden sind, so haben sie ja Gelegenheit, dieser Auffassung bei der nächstfolgenden Neuwahl durch den Stimmzettel Ausdruck zu geben. ... Er erachtet das bisherige Vorgehen der Arbeiterkommission als richtig und vertritt die Auffassung, daß sie kompetent sei, die Frage des Lohnabbaues heute definitiv zu erledigen." AK 13, 12. 7. 22. Ähnlich in der Frage der Arbeitszeit (AK 26, 26. 3. 25). In diesen Schlüsselfragen lehnte die AK vorläufig noch eine endgültige Entscheidung ab, die unweigerlich das ohnehin fragile Vertrauensverhältnis zwischen Kommission und Arbeiterschaft zerstört und diese zum bloßen Vollzugsorgan der Geschäftsleitung degradiert hätte.

6 75 Jahre Betriebskommission Georg Fischer Aktiengesellschaft Schaffhausen, 1898–1973, verfaßt von Fritz Jacob, o. O., o. J., S. 10.

7 Johannes Müller schildert diese Zeit folgendermaßen: „Die Kommission machte in dieser Zeit ihre schwerste Krise durch. Die Ermahnungen des Präsidenten zur vertrauensvollen Zusammenarbeit erfuhren nicht einmal mehr Widerspruch, die Mitglieder hüllten sich einfach in ein eisiges Schweigen. Der passive Widerstand richtete sich – das muß noch konstatiert werden – nicht so sehr gegen die Geschäftsleitung als vielmehr gegen den Präsidenten." Müller, 50 Jahre, S. 31.

8 Für die Zeit nach 1914 ist eine quantitative Erfassung der Amtsdauer der Mitglieder nicht mehr wie in der Vorkriegszeit möglich, da die Zahl der Angaben über die Kommissionsmitglieder zu gering ist. Soweit solche Angaben vorliegen, deutet sich eine Tendenz zu einer längeren Amtsdauer wenigstens bei einem Teil der Mitglieder an.

9 Vgl. S. 178 f.

10 AK 25, 22. 1. 25. „Vicepräsident Meier frägt hierauf, ob er nicht mehr das Recht habe, Aufklärung zu verlangen, wenn Unzukömmlichkeiten vorgekommen seien." Die Arbeiterschaft werfe ihm vor, er sei von der Geschäftsleitung geschmiert, anderseits die Geschäftsleitung, er „sei zu schroff".

11 Wie auch beim ASM, vgl. ASM-Jber.

12 AK 29, 2. 11. 27.

13 AK 29, 2. 11. 27.

14 1928 erklärte Bührer zum positiven Geschäftsresultat: „Wir verdanken dies unserem tüchtigen Verkaufspersonal in allen Abnehmerstaaten und nicht zuletzt auch der Arbeiterschaft selbst, welche mit großer Zuverlässigkeit und Pflichttreue dieses Produkt [Fittings] hergestellt hat, mit welchem wir die Konkurrenz erfolgreich bekämpfen konnten. ... Um diesen Lauf nach Vorwärts auch in Zukunft erfolgreich mitmachen zu können, ist es nötig, daß wir mit den maschinellen Einrichtungen auf der Höhe bleiben und auch in Bezug auf die Vervollkommnung der Fabrikate nur Bestes leisten." AK 31, 31. 12. 28.

15 Zweifellos erfolgten 1921–23 zahlreiche Entlassungen wegen Arbeitsmangel auch unter politischen Gesichtspunkten. Von den prominenteren Gewerkschaftern wurden jedoch nur einzelne entlassen, die sich innerbetrieblich stark exponiert hatten (Birnstiehl, Schwaller). Nachweisbar sind solche Kriterien bei Entlassungen jedoch nur für das Zweigwerk Singen (vgl. S. 130).

16 „Auf die Anfrage Bosshard contra Meier erklärt letzterer, daß er auf die Direktion gerufen wurde, wo man ihm einen Meisterposten angetragen habe, was er aber abgelehnt habe." SMUV-ao.gv, 21. 6. 24. Es besteht kaum ein Grund, an der Aussage Meiers zu zweifeln. Diese hatte keinerlei Funktion im Rahmen der internen Auseinandersetzung und führte auch zu keinerlei weitergehenden Diskussionen oder Argumentationen.

17 Rüegg wurde 1931 schließlich doch entlassen, und zwar hauptsächlich aus politischen Gründen. Auf seiner Personalkarte ist vermerkt: „Fachkenntnisse u. Intelligenz gut. Nur flei-

ßig, wenn er sich beobachtet glaubt. Tritt für die Interessen d. Firma nicht ein. In seinen Angaben unzuverlässig. Beschützt & bevorzugt in vorsichtiger Weise die Kommunisten. Stiller Agitator. Als Meister ungeeignet." Rüegg war Gußputzermeister im Werk Birch. Die Bewertung stammt von Betriebsleiter Wäffler.

18 Eine Ausnahme stellt der Gießer Ernst Wagen dar. Er war schon 1909–11 Präsident der AK und erneut 1916/17 und 1919/20. In der Gewerkschaft spielte er aber keine aktive Rolle.

19 Messerli blieb bis 1926 im Vorstand. Er machte vorerst die Radikalisierung mit, trat aber schon Ende 1921, ungefähr gleichzeitig wie der Metallarbeitersekretär Wegmann, aus der KP aus. Als 1927 um die Vorstandsposten zwischen der sozialdemokratischen und der kommunistischen Fraktion Kampfwahlen stattfanden, wurde er nicht wiedergewählt. SMUV-gv, 13. 2. 27.

20 Eine quantitative Auswertung erwies sich als unzureichend, da das Quellenmaterial ungenügend und ungleichmäßig über den Zeitraum verteilt war. Joos, S. 383 f., kommt zum Schluß, die Sozialdemokratische Partei sei in den zwanziger Jahren in Schaffhausen ,,nie richtig in der Schaffhauser Arbeiterschaft verankert" gewesen. ,,Alle politisch aktiven Arbeiter machten 1920 die Schwenkung der alten Partei zur Kommunistischen Partei mit." Die Partei sei schließlich gescheitert, weil ,,sie kein tragfähiges Kader aufwies, das eine echte Verbindung zur Arbeiterschaft herstellen und der Kommunistischen Partei die Stirne bieten konnte".

21 SMUV-vers., 15. 2. 22.

22 ,,In der Vertrauensmännersitzung wurde von K. [Kollege] Schilling erklärt, daß K. Gehring zu alt sei. K. Ehrat entwickle mehr Initiative, es sei deshalb am Platze ihn zum Präsidenten zu wählen. Wir finden, daß diese Begründung unschön ist, mit 48 Jahren ist man nicht zu alt..." SMUV-gv, 13. 2. 27.

23 Allerdings war er ursprünglich gelernter Zimmermann. Personalkartei GF.

24 Da Rüegg und Prader zu Meistern aufstiegen, ließ sich ihr Alter ermitteln. Prader wurde 1881 geboren, Rüegg 1884. Prader trat 1915 bei GF ein, kam 1919 in den Vorstand und übernahm ein Jahr später bereits das Präsidium der Sektion und der Arbeiterkommission GF. Rüegg war sogar erst 1917 bei GF eingetreten.

25 Vgl. A–11.1, A–11.3.

26 SMUV-Jber. 1924, S. 38, für die Zahl der Organisierten. A–1 für die Zahl der Beschäftigten.

27 Vgl. A–11.3. Es handelt sich hier um den Organisationsgrad während Bewegungen.

28 Genaue Vergleichszahlen für die schweizerische Metall- und Maschinenindustrie stehen nicht zur Verfügung. Als Hinweis kann ein Vergleich von GF und von Saurer, Arbon, dienen: 1920 betrug der Anteil der Berufsarbeiter bei GF 29,5%, bei Saurer 72,2%. Der Organisationsgrad bei GF ca. 25%, bei Saurer 85%. Während bei GF der OG in den zwanziger Jahren stark zurückging, sank er bei Saurer kaum unter 80%. Im Jahresbericht 1925 der Sektion Arbon heißt es, bei Saurer seien die ungelernten Arbeiter nur schwach organisiert, die Berufsarbeiter dagegen lückenlos. Vgl. Teil I, Kapitel I, A–11. SMUV-Jber. 1920, S. 46 ff., SMUV-Jber. 1925, S. 136.

29 Die Löhne stiegen bei GF in den zwanziger Jahren wesentlich stärker als im Branchendurchschnitt. Vgl. S. 111.

30 SMUV-vertr., 19. 7. 21.

31 SMUV-vertr., 12. 10. 23.

32 SMUV-ao.gv, 21. 6. 24, SMUV-gv, 13. 2. 27. Ca. 40 der Anwesenden standen auf der Seite der SP, 60 stimmten eindeutig mit den Kommunisten, 15 waren eher unentschlossen, standen jedoch dem KP-Flügel näher.

33 SMUV-Jber. 1924, S. 13.

34 Vgl. S. 185 ff.

35 Heeb, Gewerkschaftsbund, S. 102. Besonders stark war der Mitgliederanstieg bei den Textilarbeitern, die von 5600 Mitglieder 1913 auf 24 000 1919 anwuchsen. Vgl. auch A–10.2.

36 Die SPS erreichte nur einen Wahlstimmanteil von 23,5%. Stat. Jahrbücher. Im Vergleich zu den Wahlen von 1917 gewann sie keine zusätzlichen Wähler. Gautschi, S. 341 ff.

37 Gautschi, S. 349.
38 Vgl. A–10.2.
39 ‚Lex Häberlin' 1922. ‚Lex Schulthess' 1924. Zur Bedeutung dieser Erfolge für das Gewicht der organisierten Arbeiterbewegung im politischen System, L. Neidhart, Plebiszit und pluralitäre Demokratie, Bern 1970, S. 190ff.
40 Vgl. ebd.
41 Die Zahl der stellensuchenden, bei den Arbeitsämtern eingeschriebenen Ganzarbeitslosen betrug z. B. im Jahresdurchschnitt 1921 ca. 58500, 1922 67000. Sie sank bis 1924 auf 14700 und erreichte ihren Tiefstand 1928 und 1929 mit 8400 und 8100. Stat. Jahrbücher. Die Zahl der Arbeitsplätze in der Industrie, die von 1900 bis 1910 um 16,2% gewachsen war und von 1910 bis 1920 praktisch stagniert hatte (+ 1,1%), stieg von 1920 bis 1930 um 4,8%. In der Fabrikindustrie betragen die entsprechenden Raten: + 37%, + 3%, + 23%. Kneschaurek, S. 139f.
42 Anregungen zum folgenden Abschnitt verdanke ich einer Seminararbeit von F. Müller, Gewerkschafts- und Unternehmerpolitik in der schweizerischen Metall- und Maschinenindustrie während der zwanziger Jahre, Seminar Professor Rudolf Braun, Die Schweiz in der Zwischenkriegszeit, Historisches Seminar der Universität Zürich 1974/75.
43 „Die Behauptung, daß in vielen Fällen die ausländische Konkurrenz um 40 Prozent billigere Offerten machen könne als die inländische, kann ohne Gegenbeweise nicht bestritten werden. Wenn wir dies feststellen, so geschieht dies durchaus nicht aus Rücksicht auf das Unternehmertum, sondern daraus ergibt sich einfach die unerbittliche Tatsache, daß ein Erfolg bei einem Großkampf zum voraus in Frage gestellt ist." MAZ, 7. 6. 24.
44 F. Heeb, Gegen die Gewerkschafts-Zerstörer, Zürich 1922; z. B. MAZ, 7. 6. 24.
45 Vgl. etwa: ‚An die Metallarbeiter von Schaffhausen und Neuhausen', Korr., 16. Juni 1929.
46 Bereits 1929 strebte der SMUV einen Gesamtarbeitsvertrag mit den Maschinenindustriellen an, der vom ASM aber zurückgewiesen wurde: „Unser Vorstand hält die kollektive Ordnung des Arbeitsverhältnisses nicht für ein geeignetes Mittel zur Förderung des Arbeitsfriedens." Zit. nach SMUV-Jber. 1929, S. 57.
Vor 1914 und auch noch 1920–23 hatten Wirtschaftskrisen für die Gewerkschaften stets Mitgliederverluste zur Folge, die allerdings, vor allem dank dem Ausbau der gewerkschaftlichen Unterstützungsinstitutionen, immer geringeres Ausmaß annahmen. In der Weltwirtschaftskrise der dreißiger Jahre zeigte sich eine Umkehrung dieser Tendenz. Der SGB erhöhte seine Mitgliederzahl von 1929–33 um 23 Prozent, obwohl gerade die Maschinen- und Metallindustrie von der Krise äußerst hart betroffen wurde. In den folgenden Jahren stagnierten zwar die Mitgliederzahlen, doch im großen ganzen erwies sich die Gewerkschaftsbewegung – von der Zahl der Mitglieder her gesehen – als weitgehend krisenresistent.

Anhang

Die Entwicklung der Arbeiterzahlen

Tab. 1.1: Arbeiterzahlen im Jahresdurchschnitt nach Werken[1]

Jahr	total	W I	W IV	W III	Neben-betr.	Modell-fabr.[6]	St. Werk Ebnat[7]
1896	482	93		284	105		
1897	519	104		305	110		
1898	601	141		323	137		
1899	774	221		368	185		
1900	940	358		383	199		
1901	752	218		338	196		
1902	550	157		266	127[2,3]		
1903	629	189		302	138		
1904	845	304		355	186		
1905	1019	386		411	224		
1906	1205	468		467	270		
1907	1392	470	173	464	285		
1908	1099						
1909	1167						
1910	1478	389	272	482	335[4]		
1911	1728	474	276	525	453		
1912	2038	553	296	785	404		
1913	2119	592	326	785	416		
1914	1802	585	331	585	301		
1915	2985	980	563	981	461		
1916	3537	1113	689	1129	606		
1917	3870	1290	682	1150	748		
1918	3637	963	568	1363	743[5]		
1919	2949	634	389	1150	776		
1920	3075	611	390	1225	849		
1921	2144	362	220	846	716		
1922	1787	282	141	926	438		
1923	2008	379	193	984	452		
1924	2156	463	319	930	444		
1925	2536	489	564	985	412	86	
1926	2114	397	275	998	357	87	
1927	2095	543	304	869	263	97	
1928	2286	589	290	986	272	114	
1929	2574	668	263	1230	294	119	
1930	2588	644	228	1124	305	100	187[8]

[1] Quellen: Für das Total aller Arbeiter: 1896–1901, 2/F 1 A–Z 1, Fabrikationsliste; 1903–1911, VR 104, 11.3.13., Alterszulagen im Verhältnis zur Arbeiterzahl; 1896–1911, Durchschnittlicher Personalbestand 2/P 2, zur Elimination der Wochenlohnangestellten aus den übrigen Quellen und zur Schätzung des Jahres 1902; 1912–1930, Jahresberichte LAV.

Für die Arbeiterzahl einzelner Werke: 1896–1901, 2/F 1 A–Z 1, Fabrikationsliste; 1902–1906, 7/SG WI No 2 (für das Werk I); 1905–1907, Monatsrapporte; 1910, Monatsrapport vom 13. 3. 10.; 1911, Unfallstatistik 1910/11, 2/P Unfall 1; 1912–1930, Jahresberichte LAV.

[2] Die Schätzung für das Jahr 1902 ist unsicher.

[3] Für die Jahre 1902–06 ist die Verteilung auf Werk III und Nebenbetriebe geschätzt.

[4] Die Angaben über die Verteilung auf die einzelnen Werke beruhen auf nur einem Monatsrapport.

[5] Ohne die Arbeiter bei der Torfgewinnung in Ossingen, in der Gärtnerei und in der Abteilung ‚Wohlfahrt'. Der Vergleich mit 2/P 2 erlaubt die Feststellung der Zahl dieser Arbeiter. Sie betrug 1918 85, 1919 158, 1920, 158, 1921 18. In den zwanziger Jahren lag sie nicht über 10. Diese Arbeiter gehen im folgenden nicht in die Lohnberechnung ein.

[6] Die Modellfabrikation Gaisberg wurde 1925 vom Nebenbetrieb abgelöst.

[7] Das Stahlwerk Ebnat bestand seit 1927, war jedoch in den Jahren 1927–29 organisatorisch der Maschinenfabrik Rauschenbach angegliedert. Die Belegschaft in diesen Jahren betrug (geschätzt nach der bekannten Zahl der geleisteten Arbeitsstunden, 10/C.1.3. P & S) 1927 118, 1928 182 und 1929 ebenfalls 182.

[8] Ohne Maschinenfabrik und Graugießerei Rauschenbach, die in diesem Jahr auch organisatorisch bei GF integriert wurden.

Tab. 1.2: Arbeiterzahlen 1863–1895[1]

Jahr	Arbeiterzahl	Jahr	Arbeiterzahl
1863	35		
1864	29		
1865	25		
1866	31	1881	141
1867	34	1882	131
1868	31	1883	124
1869	51	1884	132
1870	70	1885	100
1871	55	1886	111
1872	123	1887	162
1873	188	1888	170
1874	134	1889	185
1875	153	1890	212
1876	110	1891	324
1877	91	1892	334
1878	104	1893	403
1879	98	1894	439
1880	118	1895	477

[1] Quelle: 2/P 2, »Durchschnittlicher Personalbestand der Werke Schaffhausen« (in Wahrheit: Zahlen am Jahresende).

Tab. 1.3: Kaufmännische und technische Angestellte in Prozent der Arbeiterzahl[1]

Jahr	Anteil	Jahr	Anteil
1865	20,0	1900	12,9
1870	15,7	1905	10,9
1875	12,4	1910	13,8
1880	15,2	1915	9,3
1885	16,0	1920	16,5
1890	14,1	1925	17,3
1895	11,5	1929	18,3

[1] Quelle: vgl. Tab. 1.2.

2. *Die Entwicklung der Arbeiterlöhne*

Tab. 2.1: Durchschnittliche Jahreslöhne[1]

Jahr	durchschn. Jahreslohn (in Fr.)	Nominallohnindex (1913 = 100)	Reallohnindex (1913 = 100)
1896	1100	70,0	89
1897	1095	69,7	89
1898	1126	71,6	92
1899	1114	70,9	92
1900	1113	70,8	92
1901	1027	65,3	84
1902	1195	76,0	96
1903	1215	77,3	96
1904	1234	78,5	97
1905	1279	81,4	100
1906	1334	84,9	99
1907	1432	91,1	101
1908	1458	92,7	103
1909	1474	93,8	104
1910	1541	98,0	108
1911	1545	98,3	103
1912	1570	99,9	100
1913	1572	100	100
1914	1534	97,6	98
1915	1665	105,9	94
1916	1843	117,2	90
1917	2054	130,7	80
1918	2296	146,1	72
1919	2866	182,3	82
1920	3595	228,7	102
1921	3056	194,4	97
1922	2920	185,8	113
1923	2856	181,7	111
1924	3033	192,9	114
1925	3261	207,4	123
1926	3202	203,7	126
1927	3235	205,8	129
1928	3269	208,0	129
1929	3263	207,6	129
1930[2]	3208	204,1	129

[1] Die Jahreslöhne wurden berechnet als Quotient der jährlichen Lohnsumme und der durchschnittlichen Arbeiterzahl. In der Arbeiterzahl inbegriffen sind Lehrlinge, jugendliche Arbeiter und Frauen, nicht jedoch Meister und andere Wochenlohnangestellte. Folgende Quellen wurden verwendet: Für die Lohnsumme, 1896–1901, 2/F 1 A–Z 1, Fabrikationsliste; 1902–1907, Unterlagen 1926; 1908–1911, 10/C 1.3 P & S; 1912–1930, Jahresberichte LAV. Für die Preisentwicklung bis 1914 vgl. A–2.7. Danach wurde der Landesindex der Konsumentenpreise verwendet (nach Stat. Jahrbüchern). Für die Arbeiterzahlen vgl. A–1.1.

[2] Inklusive Stahlwerk Ebnat, ohne Maschinenfabrik Rauschenbach.

Tab. 2.2: Durchschnittliche Stundenlöhne[1]

Jahr	Arb.-Std. pro Jahr und Arb.	durchschn. Std.-Lohn (in Rp.)	Nominal-lohnindex (1913 = 100)	Reallohn-index (1913 = 100)
1896	2890	38,1	66,0	84
1897		37,9	65,7	84
1898		39,0	67,6	87
1899		38,5	66,7	86
1900	2790	39,9	69,2	90
1901	2560	40,1	69,5	89
1902	2850	41,9	72,6	92
1903	2890	42,0	72,8	91
1904		42,7	74,0	92
1905		44,3	76,8	95
1906	2810	47,5	82,3	96
1907	2770	51,7	89,6	100
1908		52,6	91,1	101
1909		53,2	92,2	102
1910		55,6	96,3	106
1911		55,8	96,7	101
1912		57,0	98,8	99
1913	2725	57,7	100	100
1914	2723	56,4	97,6	98
1915	2753	60,5	104,9	93
1916	2746	67,1	116,2	89
1917	2672	76,9	133,3	82
1918	2478	92,7	160,6	79
1919	2264	126,6	219,4	99
1920	2195	163,8	283,8	127
1921	1967	155,4	269,3	135
1922	2230	130,9	226,8	138
1923	2236	127,6	221,1	135
1924	2282	132,3	229,2	136
1925	2396	135,8	235,3	140
1926	2321	138,3	239,6	148
1927	2317	139,7	242,1	151
1928	2327	140,5	243,5	151
1929	2285	142,8	247,4	154
1930[2]	2222	144,4	250,1	158

[1] Die Stundenlöhne wurden berechnet als Quotient der durchschnittlichen Jahreslohnsumme und der durchschnittlichen Zahl der Arbeitsstunden. Die Zahl der Arbeitsstunden stammt für das Jahr 1901 aus 2/F 1 A–Z 1 und ab 1913 aus 10/C. 1.3 P & S. Für die übrigen Jahre mußten Schätzungen verwendet werden, die im folgenden genauer erläutert werden.

[2] Inklusive Stahlwerk Ebnat, ohne Maschinenfabrik Rauschenbach.

Kommentar zur Berechnung der Durchschnittslöhne

Das Ziel war die Bestimmung der Entwicklung der Löhne von Jahr zu Jahr durch Erstellung einer Reihe von vergleichbaren Lohndaten. Die Quellen zwangen dabei in einzelnen Jahren zu Annahmen, die nicht vollständig gesichert sind. Diese Fehlerquellen müssen kurz dargestellt werden.

Vor 1908 sind die Arbeiterlöhne in den Quellen nicht getrennt von den Salären der Angestellten. Diese Separierung wurde vorgenommen durch Annahme eines konstanten Verhältnisses der Arbeiter- zu den Angestelltenlöhnen von 1,75. Der Vergleich mit den Jahren 1908–14 zeigt jedoch, daß dieses Verhältnis nicht konstant ist. Für 1910 ergibt sich bei dieser Annahme ein Fehler von 3 %, 1908 ein solcher von ca. 1 %. In den übrigen Vergleichsjahren liegt die Fehlerquote jedoch durchweg unter 0,5 %. Für die Jahre 1896–1901 kann auf einer anderen Zahlengrundlage (Fabrikationsliste 2/F 1 A–Z 1) unter ähnlichen Annahmen (Löhne von Wochenlohnangestellten zu Arbeiterlöhnen = 1,6 : 1) eine Vergleichsreihe errechnet werden, die zwar in den einzelnen Jahren gewisse Abweichungen ergibt, jedoch im Mittel nur um 0,5 % von der ersten Reihe abweicht. Dies läßt darauf schließen, daß Veränderungen in der Relation der Arbeiter- und Angestelltenlöhne in der fraglichen Zeit jedenfalls kein großes Ausmaß annahmen und daß somit die getroffenen Annahmen im ganzen Zeitraum der Realität nahekommen. Da die Zahl der Arbeiter jene der Angestellten weit übertrifft, werden Fehler bei der Schätzung der Angestelltensaläre ohnehin in ihrem Einfluß auf die Arbeiterlöhne stark gemildert.

Den Erwartungen widersprechend ist vor allem der Lohnzuwachs in den Krisenjahren 1901/02, doch ist zu berücksichtigen, daß die massiven Entlassungen vor allem die schwächsten Arbeiter betrafen. Der Lohnanstieg in der Krise ist so – vom einzelnen Arbeiter aus gesehen – ein scheinbarer[1]. Das gleiche gilt für die anderen Krisenjahre, in welchen größere Entlassungen vorgenommen wurden (1908, 1919, 1921/22 und 1926).

[1] Zu diesem Aspekt fehlen genaue Angaben. Im Sinne eines Gedankenexperiments lassen sich jedoch die Auswirkungen dieser Erscheinungen auf die Löhne abklären: Wenn man annimmt, daß die ersten 10 % der Belegschaft, die entlassen wurden, mittlere Löhne hatten, die 20 % unter dem Durchschnitt lagen, die nächsten 10 % noch 10 % unter dem Durchschnitt, sowie die folgenden 20 % noch 5 % unter den mittleren Löhnen zu Anfang der Krise lagen, ergeben sich folgende Resultate:

Die Verzerrung der Durchschnittslöhne durch Veränderungen der mittleren Qualifikation in Krisenjahren:

Jahr	gemessener Std.-Lohn (nach 2.2) Rp.	1913 = 100	Std.-Lohn bei Annahme konstanter Qualifikation Rp.	1913 = 100
1900	39,9	90		90
1901	40,1	89	38,9	86
1902	41,9	92	40,2	88
1903	42,0	91	40,7	88
1904	42,7	92	41,8	90
1905	44,3	95		95
1907	51,7	100		100
1908	52,6	101	51,0	98
1909	53,2	102	51,9	99
1910	55,6	106		106

Ab 1908 sind die Arbeiterlöhne in den Quellen separat aufgeführt und damit nimmt die Sicherheit der Aussage beträchtlich zu, da die Gesamtlohnsumme mit hoher Wahrscheinlichkeit als richtig angenommen werden kann. Da die Arbeiterzahlen ab 1903 ebenfalls weitgehend gesichert sind, dürfte ab 1908 den angegebenen Jahresdurchschnittslöhnen eine hohe Genauigkeit zukommen. Dagegen ergeben sich bei der Berechnung der Stundenlöhne bis 1913 erhebliche Schwierigkeiten. Die Zahl der jährlichen Arbeitsstunden kann mit Ausnahme der Jahre 1900 und 1901 nur aus der Normalarbeitszeit abgeleitet werden, was bedeutet, daß Arbeitszeitveränderungen als Folge der Konjunkturlage – Kurzarbeit vor allem – nicht berücksichtigt werden können. Die Schätzungen für die tatsächliche Arbeitszeit in Normaljahren beruhen auf einer schmalen, aber qualitativ guten Basis: Heinrich Lotmar[2] hat bei einer genauen Untersuchung der Arbeitsverhältnisse in der Winterthurer Maschinen- und Metallindustrie (beruhend auf Unterlagen der Großfirmen) auch die Arbeitszeit untersucht. Aus seinen Angaben[3] errechnet sich eine durchschnittliche jährliche Arbeitszeit für das Jahr 1903 von 2828 Stunden, zu denen im Mittel 63 Überstunden kamen. Somit ergibt sich eine jährliche Gesamtstundenzahl von 2 891 Stunden bei einer wöchentlichen Normalarbeitszeit von 58,5 Stunden. Dies stimmt mit unserer Annahme ausgezeichnet überein (Abweichung kleiner als 1 %). Einen zweiten Hinweis haben wir aus dem Bericht von Messner zur kontinuierlichen Gießerei[4], wonach in Singen 1907 bei 10stündiger Arbeitszeit (also 59 Stunden pro Woche, da am Samstag die Arbeit früher eingestellt wurde) die Zahl der jährlichen Arbeitsstunden im Mittel 2880 betragen habe (auch hier ist die Abweichung kleiner als 1 %).

Fortsetzung Fußnote 1

Wie weit die getroffenen Annahmen realistisch sind, läßt sich quantitativ nicht überprüfen, doch treffen sie in der Tendenz ohne Zweifel zu. Ähnliche Auswirkungen auf die Durchschnittslöhne ergaben sich auch in den Jahren 1919, 1921/22 und 1926/27.

[2] Heinrich Lotmar, Die Lohn- und Arbeitsverhältnisse in der Maschinenindustrie zu Winterthur, Bern 1907.

[3] S. 134f.

[4] 12/S/1. Messner, Cont. Gießerei, S. 20f.

Tab. 2.3: Durchschnittliche Stundenlöhne nach Berufsgruppen[1]

	1900	1905	1910	1914	1918	1929
Stahlgiesser	58	63	81	80	136	172
Maschinenformer	–	51	67	65	109	180[3]
Schlosser/Dreher	44	52	–	73	124	165
Gewindeschneider[2]	46	53	–	–	116	174[3]
Gussputzer	38	42	53	53	97	144
Giessereihandlanger	34	38	47	48	88	136
Frauen und Jugendliche	–	–	–	36[3]	57	88[3]
alle Arbeiter	40	44	56	56	93	143

[1] Quellen: Die Lohnangaben für die vorliegende Tabelle stammen aus sehr verschiedenen Quellen. Ihre Zuverlässigkeit ist im einzelnen kaum zu überprüfen und bei widersprüchlichen Angaben war eine gewisse Willkür nicht zu vermeiden. Für die Jahre 1900, 1914 und 1929 stammen die meisten Angaben aus den Unterlagen für die Festschrift von 1952 (10/C 1.3). Für die Jahre 1905 und 1910 aus verschiedenen Quellen, so aus Protokollen der AK, aus Erinnerungsschriften, aus VR-Protokollen und aus technischen Berichten (7/SG WI No 2; 7/St A–Z F.). Die Angaben für das Jahr 1918 stammen aus einer Lohnstatistik des ASM (2/V2 V1).

[2] 1918 und 1929 Revolverdrehergehilfen.

[3] Angaben per Jahresende aus LAV 1922 und 1929.

Tab. 2.4: Durchschnittliche Stundenlöhne auf der Preisbasis von 1914[1]

	1900	1905	1910	1914	1918	1929
Stahlgiesser	75	78	89	80	67	107
Maschinenformer	–	63	74	65	53	111
Schlosser/Dreher	57	64	–	73	61	102
Gewindeschneider	60	65	–	–	57	108
Gussputzer	49	52	58	53	47	89
Giessereihandlanger	44	47	52	48	43	84
Frauen und Jugendliche	–	–	–	36	28	55
alle Arbeiter	52	55	61	56	45	88

[1] Quellen: Nominallöhne aus Tab. 2.3, Preisindex bis 1914 von Siegenthaler, ab 1914 Index der Konsumentenpreise, Stat. Jahrb.

Tab. 2.5: Veränderung der Realstundenlöhne[1]
(in Prozent)

	1914/ 1900	1918/ 1914	1929/ 1914	1929/ 1900
Stahlgiesser	+ 7	– 17	+ 34	+ 54
Maschinenformer		– 18	+ 72	
Schlosser/Dreher	+ 28	– 17	+ 40	+ 84
Gewindeschneider				+ 85
Gussputzer	+ 8	– 10	+ 69	+ 86
Giessereihandlanger	+ 9	– 10	+ 75	+ 97
Frauen und Jugendliche		– 24	+ 52	

[1] Quellen: vgl. Tab. 2.3 und 2.4.

Tab. 2.6: Durchschnittliche Stundenlöhne[1]
(in Rappen)

	1914	1918	1923	1929
gelernte Arbeiter	68,5	118,2	151	168,0
ungelernte Arbeiter	55,5	95,4	128	143,5
Frauen und Jugendliche	36,4	56,8	79	88,0
alle Arbeiter	56,4	92,7	127,6	142,8

[1] Quellen: Jahresberichte LAV; 10/C 1.3 P & S; 2/V2 V1, Landesindex der Konsumentenpreise.

Tab. 2.7: Die Preisentwicklung bis 1914[1]

Da der Preisindex von Jürg Siegenthaler nur alle fünf Jahre vorliegt, habe ich versucht, die Lücken mit einigen anderen Preisangaben notdürftig zu schließen. Überall, wo in dieser Arbeit vor 1914 Reallohnangaben gemacht werden, beruhen sie auf der untenstehenden Skala. Da stark unterschiedliche Daten verwendet wurden, ist das Vorgehen methodisch mangelhaft, ein größerer Aufwand lohnte sich aber nicht, da kleinere Abweichungen ohne wesentliche Bedeutung für die Resultate sind.

1895	79	1900	77	1905	81	1910	91
1896	79	1901	78	1906	85	1911	96
1897	78	1902	79	1907	90	1912	100
1898	78	1903	80	1908	90	1913	100
1899	77	1904	81	1909	91	1914	100

[1] Siegenthaler; Angaben des Verbandes schweizerischer Konsumvereine (VSK), des Typographenbundes und des Bauernverbandes, zit. nach Teuerung in der Schweiz, Hg. Schweizeri-
graphenbundes und des Bauernverbandes, zit. nach: Teuerung in der Schweiz, Hg. Schweizerischer Gewerkschaftsbund, Bern 1908; Stat. Jahrbücher.

3. Konjunkturentwicklung, Löhne und Beschäftigungspolitik[1] *(Veränderung in Prozent)*

Jahre	Exporte Maschinen- und Metallindustrie[2]	Umsatz GF	Arbeiter GF	Nom.-Std.-löhne GF	Realstd.-löhne GF
1896–1900	+ 50	+ 68	+ 92	+ 5	+ 7
1900–1902	− 2	− 30	− 42	+ 5	+ 2
1902–1907	+ 75	+ 292	+ 153	+ 23	+ 9
1907–1909	− 7	+ 6	− 16	+ 3	+ 2
1909–1913	+ 56	+ 67	+ 82	+ 9	− 2
1913–1914	− 19	− 13	− 15	− 2	− 2
1914–1917	+ 139	+ 218	+ 115	+ 37	− 16
1917–1918[3]	− 5	+ 16	− 6	+ 21	− 4
1918–1920[3]	+ 47	+ 3	− 16	+ 77	+ 61
1920–1923	− 46	− 46	− 35	− 22	+ 6
1923–1925	+ 25	+ 37	+ 26	+ 6	+ 4
1925–1926	− 11	− 22	− 17	+ 2	+ 6
1926–1929	+ 51	+ 73	+ 22	+ 3	+ 4

[1] Quellen: Außenhandelsstatistik; vgl. A–1, A–2 und A–4.1.
[2] Maschinen inkl. Fahrzeuge, Apparate und Eisenwaren.
[3] In diesen Jahren ergibt sich eine Differenz zwischen der gesamtschweizerischen und der GF-Entwicklung. Vgl. A–4.1.

4. Produktion und Arbeitsproduktivität

Tab. 4.1: Umsatz von GF in den Schaffhauser Werken[1] (in 1000 Franken)

1896	1404,6	1906	5122,9	1916	24262,1
1897	1647,7	1907	6448,4	1917	31493,9
1898	1752,4	1908	6389,3	1918	36361,8
1899	2008,6	1909	6800,3	1919	26793,8
1900	2359,2	1910	7707,8	1920	37586,9
1901	1464,3	1911	9304,3	1921	16498,1
1902	1647,0	1912	10577,1	1922	15676,3
1903	1898,2	1913	11360,6	1923	20250,5
1904	2893,6	1914	9911,9	1924	22767,1
1905	3971,1	1915	17475,6	1925	27791,3
				1926	21731,9
				1927	23737,1
				1928	33625,5
				1929	37572,6

[1] Quelle: 10/C 1.3 Kommerzielle Seite. Inklusive Stahlwerk Ebnat, ohne Maschinenfabrik und Graugießerei Rauschenbach. Umsätze inklusive: 1929 43213,8; 1930 39950,0.

Tab. 4.2: Produktivitätszuwachs Fittings und Temperguss nach Abteilungen und Arbeitsbereichen[1] (in Prozent)

	1902–1911	1911–1920
Giesserei	58	
Glüherei	96	24
Gussputzerei	63	
Gewindeschneiderei	106	3
Maschinenfórmer		72
Kernmacher		47
Ofenarbeiter		– 2
Sandaufbereitung/Giesserei Controlle/ Gussputzerei/Sandwerfer/Hilfsarbeiter/ Gussrichter/Rohmagazin		6
Verzinkerei		94
Fertigkontrolle, Druckprobe		– 19
Glüherei		24

[1] Quellen: 1902–1911, Angabe in VR 98, 14. 11. 11.; 1911–1920, Berechnung der durchschnittlichen Produktionsleistung pro Arbeitsstunde nach 2/P Unfall 1, Unfallstatistik 1910/11 und 7/TG F Nol.; 10/C 1.3 P & S für die Zahl der Arbeitsstunden.

Tab. 4.3: Absatz pro Arbeiter in Franken und Kilogramm[1]

	Stahlguss			Fittings- und TG:		
	kg	Fr.	Ind.[2] (1910–14 = 100)	kg	Fr.	Ind.[2] 1910–14 = 100)
1896–1900	7054	4354	72	2079	3248	44
1903–1907	6396	4627	76	3108	4971	67
1910–1914	7035	6055	100	4885	7396	100
1915–1919	5401	10835	179	3105	9092	123
1920–1924	6569	12207	202	3672	14033	190
1925–1929	7239	12601	208	6510[3]	16242	220

[1] Quellen: Vgl. A–1.1; 10/C 1.3 Warenausgang Schaffhausen. Die Arbeiter der Nebenbetriebe, die den einzelnen Produktionszweigen nicht eindeutig zugeordnet werden können, gehen in diese Berechnung nicht ein. Die Umsätze pro Arbeiter sind in Wirklichkeit niedriger, als sie hier erscheinen. In dieser Tabelle läßt sich aber die Relation zwischen den beiden Produktionsbereichen und die Entwicklung der Produktivität ablesen.

[2] Index für den wertmäßigen Absatz pro Arbeiter.

[3] Vgl. S. 115, Anm. 100.

5. Veränderungen der Arbeitsplatz- und Qualifikationsstruktur

Tab. 5.1: Anteil der Former und Kernmacher an der Arbeiterschaft der Stahlgiesserei[1]

	in %	Anzahl
1902	31,9	53
1903	29,5	59
1904	28,0	90
1905	27,1	111
1906	25,0	124
1907	20,6	99[2]
1911	28,2	219[3]

[1] Quellen: 7/SG W1 No 2; 2/P Unfall 1.
[2] 1. Semester 1907. Der starke Abfall rührt von der Eröffnung des Werks IV her, die im Werk I, aus dem diese Zahlen stammen, vorübergehend zu einem Mangel an Gießern führte.
[3] Werk I und IV.

Die Tabelle illustriert, daß die Tätigkeitsstruktur von Jahr zu Jahr beträchtlichen Veränderungen unterlag. Längerfristig deutet sich dagegen eine beträchtliche Konstanz an.

Das Absinken des Anteils der Berufsarbeiter in den Jahren nach 1903 ist vor allem auf einen Mangel an Gießern zurückzuführen.

Tab. 5.2: Zusammensetzung der Arbeiterschaft nach Qualifikation, Geschlecht und Alter[1]

	1911[2]	1918	1919	1923	1929[3]
gelernte Arbeiter	33	24,1	28,2	32,1	31,3
erwachsene, männliche ungelernte Arbeiter	53	55,3	50,0	52,0	53,6
erwachsene Arbeiterinnen	–	5,7	6,2	4,9	4,5
jugendliche Arbeiter[4]	10	8,6	8,3	6,9	7,3
jugendliche Arbeiterinnen[4]	–	2,2	2,1	1,2	1,0
Lehrlinge	4	4,1	5,3	2,9	2,3
	100	100,0	100,1	100,0	100,0

[1] Quellen: 10/C 1.3 P & S; 2/P Unfall 1; 2/V2 V1.
[2] Die Angaben für 1911 sind geschätzt.
[3] Ohne MRS und Stahlwerk Ebnat.
[4] Unter 20 Jahren.

6. *Beschäftigungsdauer, Fluktuation, Altersstruktur und Nationalität*

Tab. 6.1: Beschäftigungsdauer[1]

Belegschaft des Jahres:	Konjunktur-lage:[2]	nach 5 Jahren noch im Betrieb (in Prozent)	nach 11 Jahren noch im Betrieb (in Prozent)
1892	+		24,3 (1903)
1898	+	42,4 (1903)	
1901	−		25,7 (1912)
1903	−		35,1 (1914)
1907	+	34,3 (1912)	
1909	−	40,4 (1914)	
1914	−		25,7 (1925)
1916	+		18,8 (1927)
1918	+		20,0 (1929)
1920	+	42,6 (1925)	
1922	−	60,0 (1927)	
1924	+	52,9 (1929)	

[1] Quellen: Vgl. A–6.2 und A–6.3. In Betracht kommt nur ununterbrochene Beschäftigung im Betrieb.

[2] + = Jahr mit Belegschaftszuwachs, — = Jahr mit Belegschaftsrückgang.

Kommentar: Bei der Interpretation muß berücksichtigt werden, daß in Krisenjahren der Anteil der bereits zum Stamm gehörenden Arbeiter erhöht ist, von denen also auch angenommen werden kann, daß sie in den folgenden Jahren im Betrieb bleiben. In der ersten Kolonne ist deshalb ein Konjunkturanzeiger, der es ermöglicht, jeweils entsprechende Jahre zu vergleichen. Es zeigt sich, daß die Resultate recht stark divergieren, daß also Interpretationen, die auf einzelnen Jahresangaben aufbauen, fragwürdig bleiben müssen. Unter Berücksichtigung der genauen Belegschaftsentwicklung kann man eigentlich nur feststellen, daß der Anteil der Belegschaft, der in den Stamm überging, ziemlich konstant blieb. Das Absinken der Werte in der zweiten Kolonne während des Weltkrieges ist Resultat der starken Ausdehnung der Belegschaft, welche nach dem Krieg zum großen Teil wieder rückgängig gemacht wurde. Für die zwanziger Jahre, wo uns die Daten fehlen, würden sich sicherlich höhere Werte ergeben. In der ersten Kolonne, die den Anteil der Arbeiter zeigt, die mindestens fünf Jahre im Unternehmen blieben, zeigt sich bei Verwendung der Daten für Konjunktur- wie für Krisenjahre von der Vorkriegs- zur Nachkriegszeit eine deutlich steigende Tendenz, die allerdings zur Erklärung der Vergrößerung des Arbeiterstamms in den zwanziger Jahren nicht ausreicht.

Tab. 6.2: Beschäftigungsdauer vor 1914[1]

Jahr	0–6 J.	6–11 J.	12–21 J.	22–31 J.	32 J. +	tot.
1903	379	170	65	12	3	685
1912	1685	286	152	32	8	2163
1914	1330	251	165	48	8	1802

[1] Quellen: Beilagen zu VR 61, 26. 3. 04, VR 104, 11. 3. 13., VR 113, 1. 4. 15.

Tab. 6.3: Beschäftigungsdauer 1921 bis 1925[1]

Jahr[2]	0–3 J.	3–8 J.	8–15 J.	15–25 J.	25 J. +	tot.[4]
1921	371	1169	385	179	58	2162

Jahr[3]	0–4 J.	4–9 J.	9–15 J.	15–25 J.	25 J. +	tot.
1922	699	698	235	128	34	1794
1923	772	806	256	142	34	2010
1924	946	736	306	143	37	2168
1925	1273	649	426	148	47	2543

[1] Quellen: Jahresberichte LAV. Angaben über die Ferienberechtigung.
[2] Auch Beschäftigung mit Unterbrüchen angerechnet.
[3] Nur ununterbrochene Beschäftigung angerechnet.
[4] Per 30. 6.

Tab. 6.4: Beschäftigungsdauer 1925 und 1929[1]
(in Prozent der Arbeiterzahl)

Beschäftigungsdauer	1925	1929
länger als 30 Jahre	0,5	1,2
25 bis 30 Jahre	1,4	1,4
20 bis 25 Jahre	2,4	3,2
15 bis 20 Jahre	5,7	7,0
10 bis 15 Jahre	15,5	18,8
5 bis 10 Jahre	24,8	17,6
2 bis 5 Jahre	12,4	17,3
0 bis 2 Jahre	37,2	33,6
	99,9	100,1

[1] Jahresberichte LAV 1925 und 1929. Ununterbrochene Beschäftigung.

Tab. 6.5: Beschäftigungsdauer 1895 bis 1929[1]

Beschäftigungs-dauer	in % der Beschäftigten		in % der Beschäftigten im Stichjahr[2]	
	1925	1929	1925	1929
länger als 30 Jahre	0,5	1,2	1,2 (1895)	3,4 (1899)
länger als 25 Jahre	1,9	2,5	5,4 (1900)	7,5 (1904)
länger als 20 Jahre	4,2	5,8	9,4 (1905)	11,6 (1909)
länger als 15 Jahre	10,2	12,7	15,3 (1910)	18,3 (1914)
länger als 10 Jahre	25,6	31,5	21,2 (1915)	26,2 (1919)
länger als 5 Jahre	50,5	49,2	38,9 (1920)	58,7 (1924)

[1] Quelle: Jahresberichte LAV. Ununterbrochene Beschäftigung.
[2] D. h. Prozentsatz der Arbeiter des Stichjahres, die nach x-Jahren noch im Betrieb waren.

Tab. 6.6: Quote der Austritte (bzw. Entlassungen) 1924 bis 1929[1]

Jahr	Austritte innert 12 Wochen	in %[2]	Austritte im Jahr des Eintritts[3]	in %[2]	Austritte in der übrigen Belegschaft	in %[4]
1924	205	19,1				
1925	205	24,2	397	46,8	404	16,7
1926	8	7,5	52	48,6	628	25,5
1927	140	17,2	300	36,9	207	11,0
1928	152	19,6	258	33,2	312	14,2
1929	198	22,3	363	40,8	331	13,8

[1] Quelle: Jahresberichte LAV.
[2] In Prozent der Eintritte während des Jahres.
[3] Im Kalenderjahr des Eintrittes.
[4] In Prozent der Belegschaft am 1. 1.

6.7 Versuch zur Berechnung der unterschiedlichen Fluktuationsraten von Neueintretenden und Längerbeschäftigten vor 1914

Zur Abschätzung der unterschiedlichen Fluktuationsraten von neueingetretenen Arbeitern und länger beschäftigten Arbeitern lassen sich die möglichen Lösungen als Funktion darstellen. Die effektiven Raten müssen daraus aufgrund qualitativer Hinweise geschätzt werden.

Symbole: $F = \frac{E}{B} = \frac{\text{Eintritte während des Jahres}}{\text{Belegschaft am 1.1.}}$ = Gesamtfluktuationsrate

ΔB = Veränderung der Belegschaft vom 1. 1. bis zum 31. 12
y = Fluktuationsrate (Austritte aus der Belegschaft bezogen auf die Belegschaftsgröße am 1.1.) der länger als ein Jahr im Unternehmen Beschäftigten (genauer: jener, die zu Jahresanfang bereits im Unternehmen beschäftigt sind)
x = Fluktuationsrate der im Stichjahr Eingetretenen (Austritte bis zum 31. 12.)

Es gilt: $E = (\Delta B + y.B)\,\frac{1}{1-x}$

Das heißt: Eintritte sind notwendig, um Abgänge aus der alten Belegschaft zu ersetzen (y.B) und um die Belegschaft zu vergrößern (ΔB). Je größer nun die Fluktuationsrate der Neueintretenden ist, desto mehr Eintritte sind notwendig. Beträgt diese Rate z. B. 0,5, so bedeutet das, daß für jeden Abgang aus der alten Belegschaft und für jede Vergrößerung der Belegschaft um eine Person zwei neue Arbeiter eingestellt werden müssen.

Diese Gleichung läßt sich als Funktion darstellen:

$$y = f(x) = \frac{E}{B}(1-x) - \frac{\Delta B}{B}$$

Diese Annäherungsformel läßt sich für die Jahre 1925 und 1927–29 mit den richtigen Raten überprüfen, wobei sich vollständige Übereinstimmung ergibt.

Mögliche Fehlerquelle wäre vor allem die Veränderung in der Belegschaft (Δ B), dies dann, wenn die Belegschaftsentwicklung im Laufe des Jahres stark ungleich erfolgte.

Das Verfahren, das von den möglichen Lösungen zu den wahrscheinlichen führt, ist wesentlich weniger gut fundiert. Es handelt sich praktisch um eine Übertragung der Verhältnisse in den zwanziger Jahren mit einigen Modifikationen. Ich versuche, jeweils ähnlich gelagerte Fälle einander zuzuordnen (vgl. Graphik): Das Jahr 1905 entspricht dabei am ehesten dem Jahr 1928.

Darstellung der möglichen und wahrscheinlichen Fluktuationsraten[1]

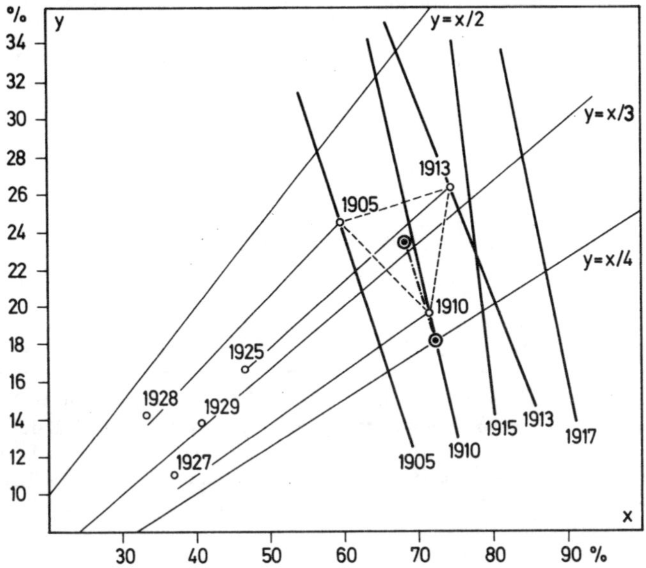

[1] Die Überlegungen gelten nur bei positiver Belegschaftsentwicklung.

Beiden geht ein Jahr mit starker Belegschaftsentwicklung voraus, wodurch die Fluktuation der Längerbeschäftigten erhöht war (auch im zweiten und dritten Jahr der Beschäftigung war die Fluktuation noch deutlich erhöht). 1910 läßt sich 1927 zuordnen; beide Jahre folgen auf ein Rezessionsjahr. 1913 kann auf 1925 bezogen werden, hier erfolgte jeweils gegen Jahresende eine Wende in der Beschäftigungsentwicklung. Die so erhaltenen Resultate bzw. deren Mittelwert dürften die Obergrenze bezüglich der Fluktuation der Längerbeschäftigten darstellen. Einige Hinweise deuten nämlich darauf hin, daß sich die Fluktuationsrate der Neueingetretenen bis in die zwanziger Jahre stärker vermindert hat, als jene der Längerbeschäftigten. Zu diesem Schluß führt vor allem die wesentlich höhere Zahl von Austritten in der Probezeit vor 1914.

Das Ausmaß dieser Verschiebung läßt sich nicht genauer bestimmen, ich nehme aber an, daß das Verhältnis y/x nicht kleiner als 1 : 4 gewesen sein kann. Damit ergibt sich folgende Schwankungsbreite: (in Prozent)

y = 18,5 – 23
x = 68,5 – 72,5

Als plausibler Mittelwert ergibt sich: y = 20,5   x = 70

Für die Verhältnisse während des Krieges lassen sich nicht so leicht Analogien finden und eine Übertragung von Verhältnissen der zwanziger Jahre ist nicht möglich. Es läßt sich vermuten, daß die Fluktuationsrate der Längerbeschäftigten 1915 niedrig war, da zwei Rezessionsjahre vorangegangen waren (Entlassungen, wenig Neueinstellungen). 1917 nach zwei Jahren mit sehr starkem Belegschaftswachstum mit zahlreichen eigentlich branchenfremden Arbeitskräften lag sie dagegen zweifellos sehr hoch, möglicherweise deutlich über 30 Prozent.

Tab. 6.8: Entwicklung der Fluktuation[1]

Jahr	ΔB[2]	E tot.[3]	E ohne Probezeit[4]	E in % B am 1.1.	E o. Probezeit in % B am 1.1.
1905	26,6	1100	700	126,4	80,5
1910	29,2	(2210)[6]	1406	172,3	109,6
1913	neg.[5]	2177		102,5	
1915	56,1	7561	4778	352,8	223,0
1917	3,9	7500		198,7	
1924	27,3	1076	948	56,6	49,9
1925	1,9	848	643	35,1	30,5
1927	15,9	814	743	43,0	39,2
1928	9,4	776	710	35,4	32,4
1929	8,1	889	800	37,0	33,3

[1] Quellen: Zu den Arbeiterzahlen vgl. A–1; die Zahl der Eintritte stammt aus MAZ, 14. 7. 06., Echo, 12. 9.11, Bericht über die Wohlfahrtseinrichtungen für 1913 (9/SA 2), für 1915, 2/P 2 P., für 1917, 10/C 1.3, Arbeiterwesen, für 1924 und folgende, Jahresberichte LAV.

[2] Δ B heißt: Veränderung der Belegschaft vom 1.1. bis zum 31.12. in % der Belegschaft am 1.1.

[3] E = Neueintritte.

[4] Neueintritte nach Abzug der Austritte in der Probezeit.

[5] 1913 ist die Belegschaft am Jahresende kleiner als zu Jahresbeginn, da in der zweiten Jahreshälfte eine Rezession einsetzte. Da es sich aber nicht um einen scharfen Kriseneinbruch handelte, habe ich das Jahr dennoch zur Berechnung der Fluktuationsrate beigezogen unter der Annahme ΔB = 0.

[6] Geschätzt nach den Verhältnissen im Jahr 1905.

Tab. 6.9: Die Altersstruktur der GF-Arbeiter[1]
(in Prozent)

Jahr	14–18 J.	18–50 J.	über 50 J.
1882	16,3	83,7	
1888	16,0	84,0	
1895	13,8	77,7	8,5
1901	8,2	81,6	10,2
1911	10,2	81,8	8,0
1925	5,6	81,5	12,9
1929	6,7	77,1	16,3

[1] Quellen: 1882–1911 Fabrik-Verzeichnisse. 1925, 1929, Jahresberichte LAV.

Tab. 6.10: Nationalität der Fabrikarbeiter in der schweizerischen Metall- und Maschinenindustrie[1] (in Prozent)

	Deutschland	Italien	Frankreich	Österreich-Ungarn	Andere	Schweiz
1895	9,3	2,8	1,8	1,0	0,2	84,9
1901	8,9	5,1	1,8	1,0	0,3	82,9
1911	9,3	6,9	1,9	0,7	0,2	79,8
1923	3,9	2,7	0,9	–	0,7	91,9

[1] Quellen: Schweizerische Fabrikstatistiken, herausgegeben vom Schweiz. Industriedepartement, Bern 1883, 1896, 1902, 1912; Statistische Mitteilungen Nr. 6/1924, Statistische Quellenwerke Nr. 3, 1930.

7. Beschäftigungspolitik des Unternehmens

Tab. 7.1: Entlassungen nach Qualifikation[1]

	1920–1922	1925–1927
gelernte Arbeiter	– 35,8 %	– 15,0 %
ungelernte Arbeiter	– 39,7 %	– 18,7 %
Frauen und Jugendliche (ohne Lehrlinge)	– 48,6 %	– 21,8 %

[1] Quelle: 10/C 1.3 P & S. Jahresdurchschnittswerte.

Tab. 7.2: Altersstruktur und Entlassungen nach Alter[1]

Alter	1925	in %	1926	in %	Beschäftigungsrückgang 1926 zu 1925
14–19	187	7,6	105	5,6	– 43,9 %
Lehrlinge	53	2,2	56	3,0	+ 5,7 %
20–29	734	29,8	512	27,1	– 30,2 %
30–39	673	27,3	542	28,7	– 19,5 %
40–49	498	20,2	402	21,3	– 19,3 %
50–59	259	10,5	219	11,6	– 15,4 %
über 59	60	2,4	52	2,8	– 13,3 %
	2464	100,0	1888	100,0	– 23,4 %

[1] Quelle: Jahresberichte LAV.

Tab. 7.3: Entlassungen nach Nationalität[1]

	1926 zu 1925
Schweizer	– 22,8 %
Deutsche	– 22,9 %
Italiener	– 32,4 %

[1] Quelle: Jahresberichte LAV.

Tab. 7.4: Entlassungen nach Zivilstand[1]

Rückgang der Zahl der Ledigen im Jahre 1926:	36,3 %
Rückgang der Zahl der Verheirateten i.J. 1926:	15,8 %

[1] Quelle: 10/C 1.3 P & S. Der Anteil der Ledigen an der Belegschaft betrug Ende 1925 37,1 %, Ende 1926 30,9 %. Er stieg 1928 auf 41,1 % und erreichte 1932 mit 25,7 % einen Tiefstand.

8. Entwicklung der Arbeitszeit

Tab. 8.1: Normalarbeitszeit bei GF[1]
(Stunden pro Woche)

1873	67
1877–1891	65
1892–1895	60,5
1895–21.3.1906	59
22. 3.1906–30. 9.1916	57
1.10.1916– 8. 8.1917	56,5
9. 8.1917–30. 3.1918	56
2. 4.1918– 3. 5.1919	54
5. 5.1919– 1.10.1919	50
ab 2.10.1919	48

[1] Quelle: 10/C 1.3 P & S. Fabrikordnung 1873.

8.2: Zur Entwicklung der Arbeitszeit

a) Durchsetzung der Arbeitszeit

Schon 1873 bestand eine Ein- und Ausgangskontrolle, der sich alle Arbeiter zu fügen hatten (Fabrikordnung 1873). Verspätungen oder unerlaubtes Wegbleiben wurden ,,nach Maßgabe der Versäumnis und dem daraus entstehenden Schaden für das Geschäft" gebüßt oder mit Entlassung bestraft. Die Fabrikordnung von 1899 enthielt ein kompliziertes System von Bußen und Sanktionen, welche zum Beispiel bei wiederholten Verspätungen Aussperrung aus dem Betrieb für die Dauer von einer Stunde bis zu einem halben Tag vorsahen. ,,Unerlaubtes Wegbleiben von der Arbeit oder unerlaubtes Verlassen derselben kann mit der Hälfte des Lohnes, welche in der versäumten Zeit hätte verdient werden können, gebüßt werden. In Wiederholungsfällen kann Entlassung ohne Kündigung stattfinden." (FO 1899) Die „kann"-Formulierung beim unerlaubten Wegbleiben ist aufschlußreich. Gegenüber den Gießern traute sich das Unternehmen zu dieser Zeit noch kaum, größere Sanktionen zu ergreifen. Mit der Einführung des Konverterverfahrens um die Jahrhundertwende gewannen jedoch Pünktlichkeit und Zuverlässigkeit der Gießer an Bedeutung für den Produktionsablauf. Der Druck auf die Gießer wurde verstärkt, was auch in der Fabrikordnung von 1906 zum Ausdruck kam. In dieser hieß es nun direkt: „Wiederholtes Blaumachen zieht sofortige Kündigung nach sich." (FO 1906) In den folgenden Jahren konnte das Blaumachen weitgehend unterbunden werden, so daß die Fabrikordnung von 1920 in diesem Punkt wieder etwas gelockert werden konnte.

Abgesehen vom Blaumachen bei den Gießern ließ sich nirgends feststellen, daß wegen der Durchsetzung der Arbeitszeit Konflikte entstanden wären. Die Forderung auf Pünktlichkeit wurde schon lange vor der Jahrhundertwende von den Arbeitern weitgehend akzeptiert.

b) Die Einteilung der Arbeitszeit

Zur Veranschaulichung der Arbeitssituation wird hier die Verteilung der Arbeitszeit innerhalb der Woche angegeben:

1906, vor der Verkürzung der Arbeitszeit, wurde von 6 Uhr 15 bis 12 Uhr und von 13 Uhr 15 bis 18 Uhr gearbeitet. An Samstagen wurde die Arbeit eine Stunde früher beendet. Am Morgen und am Nachmittag bestand je eine viertelstündige Pause, die nicht zur Arbeitszeit zählte. Wesentliche Veränderungen dieser Einteilung brachte die Arbeitszeitverkürzung 1917–20. Im Jahr 1927 verteilten sich beispielsweise die 48 Stunden der Normalarbeitszeit folgendermaßen: 6 Uhr 45 bis 12 Uhr und 13 Uhr 30 bis 17 Uhr 15. Am Samstag wurde nur noch von 6 Uhr 45 bis 11 Uhr 15 gearbeitet. Die Nachmittagspause war weggefallen.

Schon 1906 wurde die Einführung des freien Samstagnachmittag gefordert, worauf „die Direktion aber nicht eingeht und auch von Seiten einer beträchtlichen Anzahl Arbeiter unterstützt wird" (AK 38, 3. 2. 06.). Die Forderung ging von der Lohnkommission aus, welche vor allem die organisierte Arbeiterschaft vertrat. Diese war unter anderem am freien Samstagnachmittag interessiert, um Gewerkschaftsversammlungen besser durchführen zu können. Vor allem zur Erfassung der auswärtigen Arbeiterschaft war dies wichtig, da oft die Fahrpläne der Eisenbahn die Teilnahme an Abendveranstaltungen verunmöglichten und die Arbeiter mit entfernterem Wohnort an sonntäglichen Anlässen kaum teilnahmen. Die Ablehnung der Firma dürfte von den gleichen Erwägungen bestimmt gewesen sein, wobei allerdings zu sagen ist, daß die Firma Sulzer sich 1906 zur Einführung des freien Samstagnachmittags bereitfand. Bei GF wurde dieser erst 1917 eingeführt.

1918 wurde in der Arbeiterkommission ein Vorschlag auf Einführung der „englischen Arbeitszeit" besprochen, der ebenfalls von der Gewerkschaft ausging. Danach sollte die Mittagszeit auf eine halbe Stunde verkürzt werden. Der Beschluß zu dieser Forderung war an einer Versammlung mit 1200 Teilnehmern zustande gekommen, allerdings nicht mit großer Mehrheit. Die Geschäftsleitung war gegen den Vorschlag, wobei vor allem folgende Gründe genannt wurden: Viele Arbeiter verlören die Gelegenheit, über Mittag zu Hause zu essen, die Arbeitszeiten würden nicht mehr mit den Schulzeiten zusammenpassen und im übrigen seien die Kantinen zu klein, um die zusätzliche Belastung zu bewältigen. Die Mehrheit der AK-Mitglieder war ebenfalls gegen die Veränderung eingestellt. (AK 69, 12. 2. 18.). Es ist anzunehmen, daß vor allem die auswärtigen Arbeiter, welche von der Mittagspause wenig Gebrauch machen konnten, an der neuen Regelung interessiert waren.

Interessieren mag in diesem Zusammenhang der Vergleich mit den Siemens-Werken in Berlin: Schon 1881 sprach sich dort die Mehrheit der Arbeiter und Angestellten für die „englische Arbeitszeit" aus, die dann 1891 eingeführt wurde. „Immer mehr Arbeiter wohnten in größerer Entfernung von ihrer Arbeitsstelle, so daß es ihnen schwerfallen mußte, innerhalb der zweistündigen Mittagspause nach Hause zu gehen, zu essen und zurückzukehren." (Kocka, Unternehmensverwaltung, S. 209) Bei GF dürfte dies um 1930 noch etwa der Hälfte der Arbeiterschaft möglich gewesen sein, allerdings zum Teil ebenfalls mit beträchtlichem Aufwand.

c) Ferien

1907 wurde in der AK zum ersten Mal der Wunsch nach Ferien erhoben. Generaldirektor Homberger erklärte sich bereit, „das Problem im Auge zu behalten", wenn auch der Einführung von Ferien viele Schwierigkeiten entgegenstünden (AK 41, 3. 6. 07.). 1909 kam das Thema erneut zur Sprache. Homberger verwies diesmal auf Diskussionen zwischen den Maschinenindustriellen, wo „über die Ferien schon viel gesprochen worden und immer wieder auf Schwierigkeiten gestoßen sei, denn die Ferien würden die Leute im Sommer haben wollen und so könnte es doch für den Betrieb störend werden." (AK 46, 22. 6. 09.). Die Kommissionsmitglieder verwiesen dagegen auf die Meister, bei denen es schließlich auch gehe und im übrigen seien etwa bei den Firmen Sulzer, Rieter und der Kammgarnspinnerei Schaffhausen Ferien bereits eingeführt worden. Homberger vertröstete jedoch erneut, er werde „die Sache im Auge behalten und bei Gelegenheit zugunsten der Arbeiter vertreten".

1911 wurden ohne besonderen Druck der Arbeiter Ferien eingeführt. Die Bestimmungen waren allerdings sehr restriktiv. Nur Arbeiter, die länger als 10 Jahre im Unternehmen beschäftigt waren, d. h. ca. 10 % der Belegschaft, hatten Anspruch auf Ferien. Während des Krieges wurde auch diesen Arbeitern aber nicht gestattet, tatsächlich Ferien zu beziehen. 1917 hieß es beispielsweise, „da sich die Aufträge eher vermehrt hätten", würden Ferien nur auf besonderen Antrag gewährt, das Feriengeld werde jedoch ausbezahlt (AK 63, 14. 5. 17.). Bei Militärdienstleistenden wurden die Ferien gar mit der Dienstzeit verrechnet.

Durch Verhandlungen auf Verbandsebene konnten 1918 und 1920 die Ferienregelungen verbessert werden (vgl. Jb. von ASM und SMUV). Nach dem Abkommen von 1920 bestand nun nach 3 Dienstjahren ein Anspruch auf 3 Tage Ferien. Die Unternehmer benützten die Wirtschaftskrise anfangs der zwanziger Jahre zwar zu einer Verschlechterung des Ferienreglementes, doch im ganzen kann festgestellt werden, daß die Ferien nun von der Sache einer kleinen Minderheit zum Interesse der überwiegenden Mehrheit der Belegschaft wurde. 1925 waren 50,4 % der Arbeiter ferienberechtigt, 1930 (incl. MRS) 85,6 % (Jahresberichte LAV). Forderungen nach vermehrten Ferien gewannen so einen verstärkten Rückhalt in der Arbeiterschaft. In der SMUV-Bewegung von 1929 kam der Ferienfrage erstmals größeres Gewicht zu.

Dennoch ist die Bedeutung der Arbeiterferien auch für die zwanziger Jahre zu relativieren: Nach wie vor wurde die tatsächliche Realisierung des Ferienanspruchs von der Firma in verschiedener Hinsicht behindert. So wurde 1921 in der Krise der Ferienanspruch ausgeschlossen. Die Ferien mußten mit der Kurzarbeit verrechnet werden. 1924 nahm die Firma den Streik zum Anlaß, keine Ferien zu gewähren und während des ganzen Zeitraums wurde der Ferienanspruch mit Militärdienst verrechnet, so daß in der Praxis weiterhin nur die älteren Arbeiter tatsächlich zu Ferien kamen. Immerhin nahm die Belastung der Firma durch die Ferienentschädigung beträchtlich zu. Sie betrug 1920 0,8 % der Lohnsumme, 1930 bereits 2,3 % (Jahresberichte LAV). Da die Staffelung des Ferienanspruchs nach Dienstalter weiterhin stark blieb, dienten die Ferien auch nach wie vor als wirkungsvolles Instrument der Arbeiterstammpolitik.

9. Entwicklung der Sozialleistungen

Tab. 9.1: Umfang und Verteilung der Sozialleistungen 1912/13 und 1922

1912/13 teilten sich die Leistungen des Unternehmens folgendermaßen auf:[1]

	in Franken	in % der Lohnsumme
Alterszulage	35350	1,08
Notlageunterstützungen	1862	0,06
Weihnachtsfeier	8320	0,25
Ferien	4449	0,14
Krankenkasse	3375	0,10
Militärdienstentschädigung	1656	0,05
Badeanstalt	3840	0,12
Kantine	11138	0,34
Fahrgeldvergütungen	10584	0,32
Total	80574	2,46

[1] Quellen: 9/SA 2, Jahresbericht über die Wohlfahrtseinrichtungen 1912/13. 10/C 1.3 P & S. VR 117, 6. 1. 16. (Weihnachtsfeiern).

Wenn man die Leistungen aufgliedert, in solche, die allen Arbeitern zugutekamen und solche, die dem Arbeiterstamm zugedacht waren, ergibt sich folgendes Bild:

Durchschnittliche Sozialleistungen pro Arbeiter und Jahr nach der Dauer der Beschäftigung[1]:

Jahre im Unternehmen	in Franken	in % des mittleren Jahreslohnes
0– 5	10.30	0,61
5–10	80.50	5,26
10–11	114.50	7,48
11–21	164.50	10,75
21–31	214.50	14,02
über 31	264.50	17,28

[1] Bei der Abgrenzung war eine gewisse Willkür unvermeidlich. Als allen Arbeitern gleichermaßen zukommend wurden betrachtet: Krankenkasse, Militärdienstentschädigung, Badeanstalt, Kantine. Teilweise die Weihnachtsfeier. Nicht berücksichtigt wurden die Fahrgeldentschädigungen, die nur für auswärtige Arbeiter bestimmt waren.

Auch wenn in dieser Darstellung einige Fehler stecken mögen, so ist doch offensichtlich, daß die betrieblichen Sozialleistungen in erster Linie zur Sicherung des Arbeiterstammes dienten. Die zweite wichtige Aufgabe bestand darin, durch die Gewinnung von ländlichen Arbeitskräften den städtischen Arbeits- und Wohnungsmarkt zu entlasten und die gewerkschaftliche Agitation zu erschweren.

Eine ähnliche, wenn auch weniger detaillierte Abschätzung ließ sich für das Jahr 1922 vornehmen. Folgende Entwicklung läßt sich feststellen[1]:

	1912/13	1922	reale Veränderung in %
länger als 5 Jahre Beschäftigte	110.60	198.–	+ 10,6
übrige Arbeiter	10.30	27.–	+ 62,1
alle Arbeiter	37.70	93.–	+ 52,4

Gegenüber 1912/13 als das Verhältnis von Stammarbeitern und Übrigen 10,7 betrug, zeigt sich für das Jahr 1922 eine gewisse Verflachung. 1922 betrug diese Relation noch 7,3. Diese Ausgleichstendenzen gingen vor allem auf die Teuerung zurück, welche vor allem die Alterszulagen zunehmend entwertete. Die Aushöhlung der Alterszulagen wurde aber durch die Auszahlung von freiwilligen Pensionen, welche nur Stammarbeitern zugute kamen, wieder ziemlich genau ausgeglichen.

[1] Weitere Quellen: Jahresbericht der Stiftung für Wohlfahrtszwecke für 1922, 9/SA 3. Jahresberichte LAV.

9.2: Die Ausgestaltung der Alterszulagen

GF war mit seiner Sparversicherung in der Metall- und Maschinenindustrie nicht führend. Sulzer, Winterthur, kannte schon seit 1871 eine Altersversicherung für Arbeiter (9/SA 3, Bericht Schäfer; Straessle, S. 46)[1]. Bei GF kam man zum Schluß, daß eine Lebensversicherung zu große organisatorische Probleme schaffe, vor allem beim Austritt von Arbeitern aus dem Geschäft und sah vor allem einen wesentlichen Nachteil darin, daß bei dieser Lösung das Unternehmen eine gebundene jährliche Leistung erbringen müsse, die auch bei schlechten Betriebsresultaten nicht eingestellt werden könne. Ein Vorteil der Sparversicherung liege auch darin, daß eine Auszahlung vor dem Austritt des Arbeiters möglich sei, ,,wenn eine solche seitens der Geschäftsleitung als in seinem wohlverstandenen Interesse liegend oder zur Beseitigung dringender Bedürfnisse als geboten erachtet wird." Die Altersversicherung stellte also auch eine Notlageunterstützung dar, welche ungenügende Leistungen anderer Sozialeinrichtungen, etwa der Krankenkasse, in gewisser Weise ausgleichen konnte. Schäfer kam zum Schluß, daß die Alterszulage ,,dem in anderen Etablissementen üblichen System der jährlich auszuzahlenden Gratifikationen bei weitem vorzuziehen [sei]". Man verzichtete also auf den kurzfristig größeren Effekt der direkt sichtbaren Gratifikationen zugunsten einer wenn auch rudimentären Alters- und Notlageunterstützung der (Stamm-)Arbeiter, durch welche vermieden werden konnte, daß alte, arbeitsunfähige Arbeiter unmittelbar in Not gerieten.

[1] Vgl. auch Kocka, Unternehmensverwaltung, S. 127ff. Siemens unterhielt eine Pensionskasse für Arbeiter, an der man bei Entlassung jeden Anspruch verlor.

Tab. 9.3: Beiträge des Unternehmens an die Alterszulagen[1]

Anzahl Dienstjahre	Regelung von 1899[2] Fr.	Regelung von 1903[3] Fr.
5–11	100.–	50.–
11–21	150.–	100.–
21–31	200.–	150.–
über 31	250.–	200.–

[1] Quelle: 10/C 1.3 P & S, Alterszulagen.
[2] Gültig von 1899–1901.
[3] Gültig von 1903–1931.
Die Arbeiter selbst leisteten keine Beiträge. Die Guthaben gelangten zur Auszahlung bei Austritt, Entlassungen oder Tod, oder in „außerordentlichen Fällen" auch während der Dienstzeit.

Tab. 9.4: Die Leistungen der Alterssparversicherung[1]
Guthaben der Arbeiter in Prozent des mittleren Jahresverdienstes
(nach der Regelung von 1903):

Anzahl Dienstjahre	1903[2]	1913	1929
10	25,3	17,9	8,0
15	75,9	53,6	24,2
20	142,9	100,9	45,5
25	244,2	172,6	77,7
30	373,0	263,6	118,7

[1] Quelle: 10/C 1.3 P & S, Alterszulagen. Eigene Berechnungen.
[2] Die Angaben für dieses Jahr sind rein hypothetisch, da die Einzahlungen erst ab 1899 erfolgten.

Tab. 9.5: Werkwohnungen bezogen auf die Arbeiterzahl[1]
(Wohnungen pro 100 Arbeiter)

1880	9,3	1907	6,1
1886	28,8	1911	6,7
1890	16,0	1916	3,6
1895	10,2	1920	8,8
1900	6,0	1925	11,0
1905	4,8	1929	10,6

[1] Quelle: 9/SW 5.

10. Mitgliederzahl der Gewerkschaften

Tab. 10.1: Mitgliederzahl und Organisationsentwicklung der Metallarbeitergewerkschaft in Schaffhausen und Neuhausen[1]

per 31.12.	total	MAG/ SMV	ABM	GFV		SDM	
1890							
1891				ca. 60			
1892		18		ca. 40			
1893							
1894	79	55		24			
1895	70	38		32			
1896							
1897	114	71		43			
1898	130?	72	?	58			
1899	342	64	198	80			
1900	250	55	86	78		31	
1901	171	65	40	46		20	
1902	102	37	36	16		13	S-NH
1903	211	43	54	32		32	50
1904	356	204	107	45			
1905	746	746					
1906	643	643		GF	MRS		
1907	640	500		102	38		
1908	634	495		86	53		
1909	568	390		126	52		
1910	651						
1911	833						
1912	912	im Jahres-					
1913	981	durchschnitt					
1914	680	765					
1915	595	638					
1916	1005	824					
1917	2986	1993					
1918	3025	3000					
1919	2574	2500					
1920	2778	2473					
1921	2367	1769					
1922	1503	1221					
1923	1084						
1924	936	937					
1925	1062	882					
1926	850	774					
1927	854	713					
1928	806	707					
1929	985	760					
1930	980	757					

[1] Quellen: Jahresberichte SMV/SMUV. Dazu: Korr., 20. 1. 93.; Jb. MAG–SH 1895; Jb. GFV 1895 (beide Korr.). Liste der Sektionen des SMV 1892 (Archiv der SP des Kantons Zürich).

MAG/SMV = Metallarbeiter Gewerkschaft Schaffhausen
ABM = Arbeiterbund Mühletal
GFV = Gießerfachverein
GF = E. & Stahlwerke
MRS = Maschinenfabrik Rauschenbach
SDM = Schlosser/Dreherfachverein Mühletal
S-NH = Schlosserfachverein Neuhausen (SIG)

10.2: Mitgliederentwicklung von SGB, SMV/SMUV und der Sektion Schaffhausen-Neuhausen im Vergleich[1]

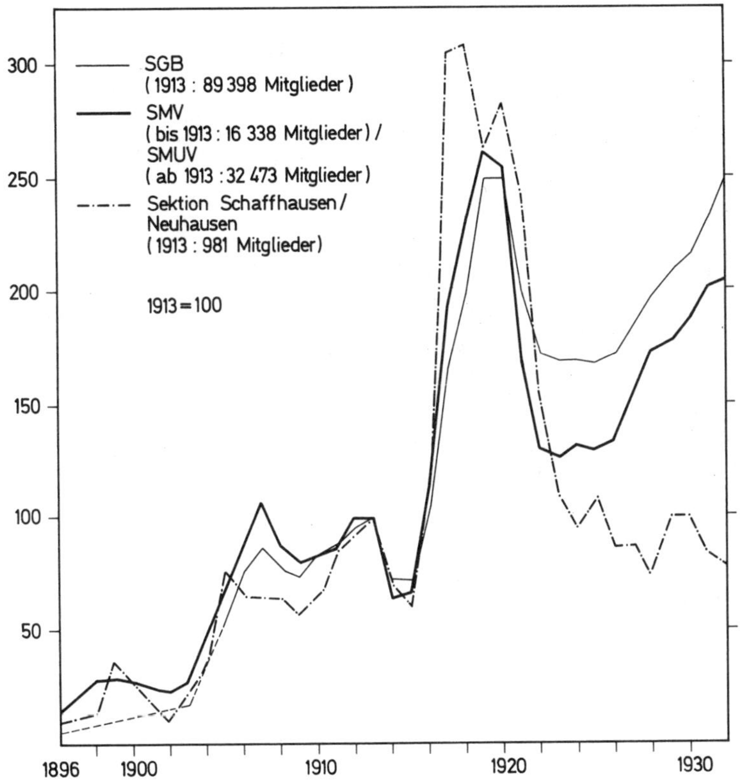

[1] Quellen: Heeb, S. 102, Jahresberichte SMV (bis 1913). Der Schweizerische Metallarbeiterverband fusionierte 1915 mit dem Uhrenarbeiterverband zum Schweizerischen Metall- und Uhrenarbeiterverband (SMUV).

11. Organisationsgrad

Tab. 11.1: Organisationsgrad (OG) und Anzahl Organisierte bei GF[1]

Datum	OG in %	Anzahl Org.	Datum	OG in %	Anzahl Org.
Dezember 1897	8	42	Januar 1906	65	700
Dezember 1898	29	190	August 1908	16	170
September 1899	48	360	Juli 1914	9	173
Dezember 1899	29	260	September 1916	11	400
Dezember 1900	21	180	Mai 1918	20	800
Dezember 1901	17	95	April 1919	50	1500?
Dezember 1902	12	60	Juli 1919	28	800
Dezember 1903	14	108	Mai 1924	15	300
Dezember 1904	20	178			

[1] Quellen: Jahresberichte SMV/SMUV. Vgl. auch S. 153, 164. Die Angaben stellen nur Ungefährwerte dar, und ab 1906 handelte es sich um Spitzenwerte während größerer Bewegungen.

Tab. 11.2: Organisationsgrad (OG), Beschäftigung und Anzahl Organisierte in der Schaffhauser Metall- und Maschinenindustrie, Juli 1914[1]

Firma	Besch.	Org.	OG in %
Eisen- & Stahlwerke (GF)	1850	173	9
Schweiz. Industrieges. (SIG)	935	165	18[2]
Masch.-Fab. Rauschenbach (MRS)	525	99	19[3]
International Watch Company (IWC)	280	2	1
Elektrostahlwerk Georg Fischer	189	91	48
Aluminium Neuhausen AG	180	2	1
Gebrüder Amsler[4]	105	42	40
Jezler, Silberwaren	90	82	91
Carl Maier & Co.[5]	82	6	7
Tague & Bucher[6]	34	3	9
Strickmaschinenfabrik	25	10	40
diverse	33	8	24
total	4328	683	16

[1] SMUV-Jber. 1914/15, S. 40f.
[2] Der OG in der Waffenfabrik betrug 9, derjenige in der Waggonfabrik 23 %.
[3] In der Gießerei betrug der OG 49 %, in der mech. Werkstätte 12 %.
[4] Herstellung von optischen Präzisionsinstrumenten und Materialprüfungsmaschinen.
[5] Produktion elektrischer Apparate.
[6] Baubeschlägefabrik.

Tab. 11.3: Organisationsgrad in der schweizerischen Maschinen- und Metallindustrie 1914–1930[1]

Firma	1914	1915	1916	1917	1918	1919	1920	1921	1922	1923	1924	1925	1926	1927	1928	1929	1930
GF	9		11		20	28					15						
SIG	18		25	62	67	33	36		48					25			
MRS	19		46	57	99	87	85				55	80	70				
Alu Neuhausen	1					18	42		29			17	67				
SH-Grossind.	14				40												
Sulzer	11		24	22		58						30					30
Rieter	30		40	39		62				33	43				57	58	
Lok.-Fabrik	23		66	60		72				30	32		59				55
Winterthurer Grossind.	16				58		65	50	52			36			36	44	
Escher-Wyss	72		58	73	80	96	86				60		68			88	
MFO	58		69	84	87	81	86		71			54					64
BBC Baden	0			52	62	53	55					35				45	
BBC Münchenstein	3					67	67				65						
von Roll Klus	8		6	66	77		95										14
von Roll Gerlafingen	6		18	75	92	89	97										49
Saurer Arbon	68		78	82	79	86	85			89		90				79	
Bühler Uzwil	30		31	47	61	56	53		63			28				44	56
Landis & Gyr Zug	2		9		70		35										
Maschinenfabrik Rüti	6			34	77	84	80									16	

[1] Quelle: Jahresberichte SMUV. Die Angaben erfolgen mit Ausnahme von 1914 immer während Bewegungen. Sie liegen im allgemeinen eher zu hoch und entsprechen jedenfalls nicht der Zahl der zahlenden Mitglieder. Die Zahl der Angaben für die einzelnen Firmen läßt auch einen ungefähren Schluß auf die gewerkschaftliche Aktivität zu. Wenn mehrere Angaben in einem Jahr vorlagen, wurde ein Mittelwert verwendet.

Quellen- und Literaturverzeichnis

Ungedruckte Quellen

Werkarchiv GF

Angestelltenkartei.
Arbeiterkommissions-Protokolle (1898–1928).
Felix, Jules, Erinnerungen. +GF+ Stahlgußkalkulation 1908–1941, 18. 12. 1945.
Ganz, Emil, Aus den Erinnerungen eines alten Betriebsleiters, 1952.
Ith, Jakob, 49 Jahre Angestellter der Georg Fischer Aktiengesellschaft, ihrer Niederlassung in Paris und der übernommenen Werke Geissberg und Giubiasco, 31. 12. 1956.
Jahresberichte der Abteilung Lohnwesen, Betriebsbuchhaltung und Allgemeine Verwaltung des Werkes Schaffhausen, 1922–1931.
Liechti, Walter, Kurzbericht und Belege unserer Nachforschungen über den Beginn der Temperguß- und Fittingsfabrikation bei Georg Fischer I und II im Mühlental, Januar 1959.
Maier, August, Ein Beitrag zur Entwicklungsgeschichte des Kleinstahlgusses bei der Georg Fischer Aktiengesellschaft Schaffhausen 1900–1950, Mai 1950.
Meier, Jakob, Lebenslauf, 31. 1. 1952.
Meister, Jakob, 100 Jahre Rauschenbach, 18. 8. 1949.
Müller, Johannes, 50 Jahre Arbeiterkommission, Entwurf eines Vortrages, 1948.
Neuweiler, Alfred, Mein Lebenslauf in den Eisen- und Stahlwerken von G. Fischer, Schaffhausen, 15. 12. 1945.
Schneckenburger, Alfred, Erinnerungen eines alten Betriebsleiters 1892–1936, Dezember 1944.
Sieber, E., Zum Jubiläum 1802–1952, Erinnerungsschrift, 31. 3. 1950.
Stämpfli, Fritz, Tätigkeitsbericht, Abschnitt 1909–1918, und: Zeitgemäße Betriebsbuchhaltung hält Einzug im Mühlental, 10. 9. 1950.
Stamm, A., +GF+ Aktiengesellschaft Georg Fischer; Berufliche Weiterbildungskurse 1947, 5 Vorträge von A. Stamm.
Unterlagen, Sammlung einiger Akten, die anläßlich der Redaktion unserer Jubiläumsschrift 1926 als Unterlagen gedient haben, 1926.
Verwaltungsrats-Protokolle, 1896–1926, Nr. 1–165.
Wäffler, Heinrich, Der Kleinstahlguß +GF+ 1900–1950.
Zeitungs-Ausschnitte, 1896–1914, +GF+ und andere Werke, 3 Bde., 1/P GF & andere.

Die übrigen, hier nicht speziell aufgeführten Materialien aus dem Werkarchiv wurden unter Angabe des Standorts (Schachtel) und, sofern möglich, des genauen Titels des Dokumentes zitiert.

Archiv des SMUV

Protokolle der Metallarbeitersektion Schaffhausen-Neuhausen, 1894–1928.
Vorstandsprotokolle der Metallarbeitersektion Schaffhausen-Neuhausen, 1910–1921, 1925–1927.
Protokolle des Gießerfachvereins, 1887–1913.
Protokolle des Schlosser- und Dreherfachvereins Mühletal, 1902–1905.
Protokolle der Gruppe Mühletal, 1906–1913.
Protokolle der Gruppe Schmirgler, 1917–1923.

Korrespondenz der Sektion Schaffhausen-Neuhausen (und ihrer Teile) mit der Gewerkschaftszentrale, 1890–1930.

Bundesarchiv Bern

Fabriken Verzeichnisse, zusammengestellt nach den eidgen. Fabrikinspektionen (1882–1911), Bestand 7171, 2; 7172 (A) 1 und 2.

Stadtarchiv Schaffhausen

Arbeitsamt der Stadt Schaffhausen, Jahresberichte, 11.2/20/1.

Archiv der Betriebskrankenkasse GF

Jahresrechnungen (ab 1868).

Gedruckte Quellen

Jahresberichte, Jahrbücher, statistische Publikationen

Bericht des schweizerischen Arbeitersekretariates an das schweizerische Industriedepartement über seine Beteiligung an der Landesausstellung, Zürich 1914.
Berichte der eidgenössischen Fabrikinspektoren über ihre Amtstätigkeit, veröffentlicht vom eidgenössischen Volkswirtschaftsdepartement.
Georg Fischer, Geschäftsberichte der Aktiengesellschaft der Eisen- und Stahlwerke, 1896–1930.
Jahresberichte des Arbeitgeberverbandes Schweizerischer Maschinen- und Metallindustrieller (ASM), 1906–1930.
Jahresberichte der Betriebskrankenkasse GF, 1917–1930 (Archiv der Betriebskrankenkasse GF).
Jahresberichte des Bundeskomitees des Schweizerischen Gewerkschaftsbundes, 1892–1901.
Jahresberichte des Schweizerischen Metallarbeiterverbandes, 1894–1913, des Schweizerischen Metall- und Uhrenarbeiterverbandes, 1914–1930.
Jahresberichte des Vereins Schweizerischer Maschinen-Industrieller, 1885–1914.
Sozialstatistische Mitteilungen, hg. v. Eidg. Arbeitsamt, Bern 1923 ff.
Schweizerische Fabrikstatistiken, hg. v. Schweiz. Industriedepartement, Bern 1883, 1896, 1902, 1912.
Schweizerische Statistik, hg. v. Statistischen Bureau des eidg. Departements des Innern, Bern 1860–1919.
Schweizerische statistische Mitteilungen, hg. v. Eidg. statistischen Bureau, Bern 1919–1929.
Statistische Quellenwerke der Schweiz, hg. v. Eidg. Statistischen Amt, Bern 1930 ff.
Statistisches Jahrbuch der Schweiz, hg. v. Eidg. statistischen Amt, Bern 1891 ff.
Wohnungsfürsorge durch die Stadt Schaffhausen. Bericht des Stadtrates an den großen Stadtrat, 28. Nov. 1910, Schaffhausen 1910.

Zeitungen, Zeitschriften

Arbeiterstimme, Zürich.
Echo vom Rheinfall (Echo).
Gewerkschaftliche Rundschau.
Der Grütlianer.
Der Kämpfer, Zürich.
Neue Zürcher Zeitung (NZZ).
Schaffhauser Arbeiterzeitung (AZ).
Schaffhauser Intelligenzblatt.
Schaffhauser Tagwacht.

Schaffhauser Zeitung.
Schweizerische Arbeitgeberzeitung (SAZ).
Schweizerische Metallarbeiterzeitung (MAZ).
Tageblatt für den Kanton Schaffhausen.
Volksrecht, Zürich (VR).

Firmen-, Fest- und Verbandsschriften

Arbeiterkommission, 75 Jahre, Gebrüder Sulzer Winterthur 1890–1965 (Verfasser Hans Egli) (Winterthur 1965).
Arbeiterzeitung, 50 Jahre, im Dienste des Fortschritts, 1918–1968. Ernst Illi, Paul Harnisch u. a., Schaffhausen 1968.
Georg Fischer, 30 Jahre Aktiengesellschaft der Eisen- und Stahlwerke vormals Georg Fischer Schaffhausen, 1896–1926, verfaßt von Ernst Ackermann und Walther Meier, Zürich 1926.
Georg Fischer, 150 Jahre Georg Fischer Werke, 1802–1952, Schriftenreihe zum hundertfünfzigjährigen Bestehen der Georg Fischer Werke, verfaßt von F. Aschinger, Schaffhausen 1952.
Gewerkschaftskartell, 75 Jahre, des Kantons Schaffhausen, 1889–1964, Schaffhausen 1964.
Ilg, Konrad, zu Ehren, hg. v. SMUV, Bern 1954.
Betriebskommission, 75 Jahre, Georg Fischer Aktiengesellschaft Schaffhausen, 1898–1973, verfaßt von Fritz Jacob, o. O., o. J.
Krankenkasse, 75 Jahre, der Aktiengesellschaft der Eisen- und Stahlwerke, vormals Georg Fischer Schaffhausen (1867–1942) (Schaffhausen 1944).
Leu, Hugo, Festschrift zum fünfzigjährigen Bestehen des Textil- und Fabrikarbeiter-Verbandes Schaffhausen 1904–1954, Schaffhausen 1954.
Maschinenfabrik Oerlikon 1876–1926, Zürich 1926.
Joh. Jac. *Rieter* & Cie., 150 Jahre, 1795–1945, Winterthur 1947.
Schweizerische Industrie-Gesellschaft, Neuhausen am Rheinfall, 1853–1953, Neuhausen 1953.
Gebrüder *Sulzer*, 100 Jahre, 1834–1934, verfaßt von F. Heerwagen, Winterthur/Zürich 1934.
Verband Schweizerischer Eisengießereien, 50 Jahre, 1906–1956, Zürich 1956.
Gesellschaft der L. *von Rollschen Eisenwerke* Gerlafingen, 1823–1923, hg. zum 100jährigen Bestehen der Firma, Gerlafingen 1923.

Literatur

Adelmann, Gerhard, Soziale Betriebsverfassung des Ruhrbergbaus vom Ausgang des 19. Jhs. bis zum 1. Weltkrieg, Bonn 1962.
Altmann, Norbert, *Bechtle*, Günther, Betriebliche Herrschaftsstruktur und industrielle Gesellschaft, München 1971.
Andrieux, Andrée, *Lignon*, Jean, L'ouvrier d'aujourd' hui, Paris 1960.
Anliker, Paul, Die Personalausschüsse unter besonderer Berücksichtigung der eidgenössischen Verwaltung, Diss. Bern, Burgdorf 1924.
Atteslander, Peter, Konflikt und Kooperation im Industriebetrieb, Köln 1959.
Baldamus, Wilhelm, Der gerechte Lohn, Berlin 1960.
Baritz, Lauren, The Servants of Power. A History of the Use of Social Science in American Industry, Middleton/Conn. 1960.
Barth, Ernst, Entwicklungslinien der deutschen Maschinenbauindustrie von 1870 bis 1914, Berlin 1973.
Beiträge zur Geschichte der schweizerischen Eisengießereien, hg. von der Eisenbibliothek, Stiftung der Georg Fischer Aktiengesellschaft, Schaffhausen, und dem Verband Schweiz. Eisengießereien, Zürich, red. von Hans Boesch und Karl Schib, Thayngen/Schaffhausen 1960.
Bendix, Reinhard, Herrschaft und Industriearbeit – Untersuchungen über Liberalismus und

Autokratie in der Geschichte der Industrialisierung, Frankfurt 1960.
Berghoff-Ising, Franz, Die sozialistische Arbeiterbewegung in der Schweiz, Leipzig 1895.
Bernheim, Ernst, Auslese und Anpassung der Arbeiterschaft in der Heizungsfabrik von Gebrüder Sulzer AG in Oberwinterthur, Bern 1916.
Bernsdorf, Wilhelm (Hg.), Wörterbuch der Soziologie, Stuttgart 1969[2].
Bernstein, Eduard, Der Streik. Sein Wesen und sein Wirken, Frankfurt a. M. 1906.
Blauner, Robert, Alienation and Freedom, Chicago/London 1964.
Böhi, Hans, Hauptzüge einer schweizerischen Konjunkturgeschichte, in: Ein Jahrhundert Schweizerischer Wirtschaftsentwicklung, Schweizerische Zeitschrift für Volkswirtschaft und Statistik, 100. Jg., Bern 1964.
Bolliger, Markus, Die Basler Arbeiterbewegung im Zeitalter des Ersten Weltkrieges und der Spaltung der Sozialdemokratischen Partei, Basel 1970.
Braun, Rudolf, Sozialer und kultureller Wandel in einem ländlichen Industriegebiet, Erlenbach/Stuttgart 1965.
Bringolf, Walther, Mein Leben, Weg und Umweg eines Schweizer Sozialdemokraten, Bern 1965.
Bürgin, Alfred, Geschichte des Geigy-Unternehmens von 1758 bis 1939, Basel 1958.
Burisch, Wolfram, Industrie- und Betriebssoziologie, Berlin/New York 1973[7].
Buss, Hans, Aus der Entwicklung der Räder für Lastwagen und Omnibusse, hg. von der Georg Fischer Aktiengesellschaft, Thayngen/Schaffhausen 1952.
Casanova, Emilio, Die Entwicklung der schweizerischen Maschinenindustrie während des Weltkrieges und in der Nachkriegszeit 1914–1931, Lugano 1936.
Coser, Lewis A., Theorie sozialer Konflikte, Neuwied/Berlin 1972.
Crew, David, Regionale Mobilität und Arbeiterklasse. Das Beispiel Bochum 1880–1901, in: Geschichte und Gesellschaft Nr. 1, 1975, Göttingen 1975.
Dahrendorf, Ralf, Soziale Klasse und Klassenkonflikt in der industriellen Gesellschaft, Stuttgart 1957.
Dahrendorf, Ralf, Sozialstruktur des Betriebs, Wiesbaden 1959.
Dahrendorf, Ralf, Industrie- und Betriebssoziologie, Berlin/New York 1962[4].
Dahrendorf, Ralf, Industrielle Tätigkeiten und soziale Schichtung, in: Kölner Zeitschrift für Soziologie und Sozialpsychologie, Bd. 8, 1966, S. 540–568.
Davies, J. C., Eine Theorie der Revolution, in: W. Zapf, Theorien des sozialen Wandels, Köln/Berlin 1970.
Deppe, Frank, Das Bewußtsein der Arbeiter. Studien zur politischen Soziologie des Arbeiterbewußtseins, Köln 1971.
Desai, Ashak V., Real Wages in Germany 1871–1913, Oxford 1968.
Engelhardt, Ulrich, *Sellin*, Volker, *Stuke*, Horst (Hg.), Industrielle Welt. Soziale Bewegung und politische Verfassung, Stuttgart 1976.
Ermatinger, Gerold, Kapital und Ethos; die sozialen und kulturellen Taten des schweiz. Privatkapitals im 19. und 20. Jahrhundert, Erlenbach 1936.
Fehr, Hans, Die Wirtschaftsstruktur des Kantons Schaffhausen, Diss. Zürich 1951.
Fetscher, Iring, Proletarisches Klassenbewußtsein nach Marx und Rosa Luxemburg, in: C. Pozzoli (Hg.), Rosa Luxemburg oder die Bestimmung des Sozialismus, Frankfurt 1974.
Fischer, Wolfram, Wirtschaft und Gesellschaft im Zeitalter der Industrialisierung. Aufsätze, Studien, Vorträge, Göttingen 1972.
v. Friedeburg, Ludwig, Soziologie des Betriebsklimas, Frankfurt 1966.
Friedmann, Georges, Der Mensch in der mechanisierten Produktion, Köln 1952.
Früh, Hans, Beiträge zur Stadtgeographie Schaffhausens, Diss. Zürich, Thayngen 1950.
Fürstenberg, Friedrich (Hg.), Industriesoziologie. Vorläufer und Frühzeit 1835–1914, Neuwied 1959.
Gautschi, Willi, Der Landesstreik 1918, Zürich 1968.
Geiger, Theodor, Die Klassengesellschaft im Schmelztiegel, Köln/Hagen 1949.
Gerstenberger, Heide, Klassenantagonismus, Konkurrenz und Staatsfunktionen, in: Gesellschaft, Beiträge zur Marxschen Theorie Nr. 3, Frankfurt 1975.

Gerster, Hans, Die Arbeitgeberorganisationen der Schweiz, Diss. Zürich, Basel 1921.
Geschichte der Kommunistischen Partei der Schweiz (1921–1931), Zürich 1972.
Geschwender, James A., Überlegungen zur Theorie sozialer Bewegungen und Revolutionen, in: W. Heinz u. R. Schöber, Theorien kollektiven Verhaltens, Bd. 2, Darmstadt/Neuwied 1973.
Goldthorpe, John H., *Lockwood*, David, *Blechhofer*, David, *Platt*, Jennifer, The Affluent Worker, 3 Bde., Cambridge 1968, 1969 (dt. Der wohlhabende Arbeiter in England, München 1970, 1971).
Greulich, Hermann, Arbeitslosenunterstützung und Arbeitsnachweis. Bericht an das Schweizerische Industriedepartement vom Schweizerischen Arbeitersekretariat, Zürich 1901.
Greulich, Hermann, Wo wollen wir hin? Ein ernstes Mahnwort an alle Gewerkschaftler der Schweiz, Bern 1903.
Greulich, Hermann, Die Lebenshaltung schweizerischer Arbeiter und Angestellten vor dem Kriege. Ergebnisse der Haushaltstatistik des Schweizerischen Arbeitersekretariats, Olten 1922.
Grimm, Robert, Der politische Massenstreik, Basel 1906.
Grimm, Robert, Die wirtschaftlichen Krisen und die Arbeiterklasse, Basel 1908.
Grimm, Robert, Der Kampf der Unternehmerverbände in der Schweiz und die Gewerkschaften, Zürich 1909.
Groh, Dieter, Negative Integration und revolutionärer Attentismus. Die deutsche Sozialdemokratie am Vorabend des Ersten Weltkrieges, Frankfurt/Berlin/Wien 1974.
Gruner, Erich, Die Wirtschaftsverbände in der Demokratie, Erlenbach 1956.
Gruner, Erich, Die Arbeiter in der Schweiz im 19. Jahrhundert, Bern 1968.
Gruner, Erich, Wirtschaftspolitik und Arbeitsmarkt in der Schweiz im 19. Jahrhundert, in: Hermann Kellenbenz (Hg.), Wirtschaftspolitik und Arbeitsmarkt, München 1974.
Gruner, Erich, Die Arbeiterbewegung in der Schweiz vor der Frage: Reform oder Revolution, in: SZG, Nr. 3 1975, S. 269–283.
Gubler, Eduard, Schaffhauser Tagesfragen. Eine Sammlung von Leitartikeln aus dem ‚Schaffhauser Intelligenzblatt', Schaffhausen 1924.
Hardach, Gerd H., Der soziale Status des Arbeiters in der Frühindustrialisierung, Berlin 1969.
Harder, Robert, Die Bekämpfung der Mietnot in Schaffhausen, Schaffhausen 1914.
Hardmeier, Benno, Geschichte der sozialdemokratischen Ideen in der Schweiz (1920–1945), Winterthur 1958.
Hardmeier, Benno, Aus der Geschichte der Schweizerischen Arbeiterbewegung, Bern 1970.
Haupt, Georges, Programm und Wirklichkeit, Neuwied 1970.
Kolloquium Georges *Haupt*, Soziale Basis und Organisationsentwicklung der Arbeiterbewegung 1880–1900, Historisches Seminar der Universität Zürich, Wintersemester 1973/74, Arbeitspapiere.
Heeb, Friedrich, Gegen die Gewerkschafts-Zerstörer, Zürich 1922.
Heeb, Friedrich, Der Schweizerische Gewerkschaftsbund 1880–1930, Bern 1930.
Heinz, Walter R., *Schöber*, Peter, Theorien kollektiven Verhaltens, Beiträge zur Analyse sozialer Protestaktionen und Bewegungen, 2 Bde., Darmstadt/Neuwied 1973.
Hobsbawm, Eric, Labouring Men. Studies in the History of Labour, London 1964.
Höpflinger, François, Gewerkschaften und Konfliktregelung in der Schweiz. Eine explorative Studie, Zürich 1974.
Höpflinger, François, Industriegewerkschaften in der Schweiz. Eine soziologische Untersuchung, Zürich 1976.
Hörning, Karl H., Der „neue" Arbeiter? Eine kritische Diskussion industriesoziologischer Untersuchungen, in: ders. (Hg.), Der „neue" Arbeiter. Zum Wandel sozialer Schichtstrukturen, Frankfurt 1971.
Hoffmann, Reinhard, Streik als gesellschaftsverändernde Praxis, in: D. Schneider (Hg.), Zur Theorie und Praxis des Streiks, Frankfurt 1971.
Hoffmann, R. W., Die systematischen und historischen Voraussetzungen der Arbeitswissenschaften, in: Konrad Thomas, Analyse der Arbeit, Stuttgart 1969.

Hondrich, Karl Otto, Theorie der Herrschaft, Frankfurt 1973.
Hossli, Ulrich J., Die Beziehungen der Sozialparteien in der schweizerischen Maschinen- und Metallindustrie, mit besonderer Berücksichtigung der Friedensvereinbarung von 1937/1954, Diss. Zürich 1958.
Hottinger, M., Geschichtliches aus der schweizerischen Metall- und Maschinenindustrie, Frauenfeld 1921.
Hüppy, J., Die Geschichte des schweizerischen Gewerkschaftsbundes, Zürich 1910.
Huggler, August, Teuerung in der Schweiz, Bern 1910.
Illi, Ernst, Ereignisreiche Jahrzehnte, in: 75 Jahre Gewerkschaftskartell des Kantons Schaffhausen, Schaffhausen 1964.
Joos, Eduard, Parteien und Presse im Kanton Schaffhausen, Diss. Zürich, Thayngen 1975.
Jost, Annette, Gewerkschaften und Massenaktion. Rosa Luxemburgs Kritik der deutschen Gewerkschaftsbewegung, in: C. Pozzoli (Hg.), Jahrbuch Arbeiterbewegung, Bd. 3, Frankfurt 1975.
Jost, Hans-Ulrich, Linksradikalismus in der deutschen Schweiz, 1914–1918, Bern 1973.
Kaelble, Hartmut, *Volkmann*, Heinrich, Konjunktur und Streik während des Übergangs zum organisierten Kapitalismus in Deutschland, in: Zeitschrift für Wirtschaft und Sozialwissenschaft 1972, S. 513–544.
Kamber, Arnold, Der Schweizerische Metall- und Uhrenarbeiterverband. Geschichte – Tätigkeit – Tarifverträge. Diss. Zürich 1932.
Kellerhals, Werner, Arbeiterkommissionen, ihre Entwicklung und Bedeutung unter besonderer Berücksichtigung der schweizerischen Verhältnisse, Diss. Basel 1949.
Kern, Horst, *Schumann*, Michael, Industriearbeit und Arbeiterbewußtsein. Eine empirische Untersuchung über den Einfluß der aktuellen technischen Entwicklung auf die industrielle Arbeit und das Arbeiterbewußtsein, 2 Bde., Frankfurt 1970.
Kluth, Heinz, Soziologie der Großbetriebe, Stuttgart 1968.
Kneschaurek, Francesco, Wandlungen der schweizerischen Industriestruktur seit 1800, in: Ein Jahrhundert schweizerischer Wirtschaftsentwicklung, Bern 1964.
Knoepfli, Adrian, Entwicklung zum Großunternehmen, Konzernbildung und Kartellpolitik am Beispiel der Georg Fischer AG, 1890–1930, Lizentiatsarbeit an der Universität Zürich 1975 (Manuskript).
Kocka, Jürgen, Unternehmensverwaltung und Angestelltenschaft am Beispiel Siemens 1847–1914, Stuttgart 1969.
Kocka, Jürgen, Klassengesellschaft im Krieg 1914–1918, Göttingen 1973.
Kocka, Jürgen, Soziale Schichtung und Mobilität in Deutschland im 19. und 20. Jahrhundert, in: Geschichte und Gesellschaft, Nr. 1, 1975.
Kocka, Jürgen, Theorien in der Sozial- und Gesellschaftsgeschichte. Vorschläge zur historischen Schichtungsanalyse, in: Geschichte und Gesellschaft, Nr. 1, 1975.
Kocka, Jürgen, Unternehmer in der deutschen Industrialisierung, Göttingen 1975.
Kornhauser, A., *Dubin*, R., *Ross*, A. M. (Hg.), Industrial Conflict, New York 1954.
Krahn, Karl, Mobilitätsorientierung und Fluktuationsbereitschaft, Berlin 1971.
Krysmanski, Hans Jürgen, Soziologie des Konflikts, Materialien und Modelle, Reinbek 1971.
Lang, Karl, Kritiker, Ketzer, Kämpfer, Das Leben des Arbeiterarztes Fritz Brupbacher, Zürich 1975.
Leckebusch, Roswitha, Entstehung und Wandlungen der Zielsetzungen, der Struktur und der Wirkungen von Arbeitgeberverbänden, Berlin 1966.
Lepsius, Rainer M., Die soziale Stellung des Meisters im Industriebetrieb, München 1954.
Lepsius, Rainer M., Strukturen und Wandlungen im Industriebetrieb. Industriesoziologische Forschung in Deutschland, München 1960.
Leutwiler, Fritz, Lohnunterschiede in der Schweiz, Diss. Zürich, Baden 1948.
Lincke, Bruno, Die schweizerische Maschinenindustrie und ihre Entwicklung in wirtschaftlicher Beziehung, Diss. Zürich, Frauenfeld 1911.
Littek, Wolfgang, Industriearbeit und Gesellschaftsstruktur, Frankfurt 1973.

Lockwood, David, Soziale Integration und Systemintegration, in: W. Zapf, Theorien des sozialen Wandels, Köln/Berlin 1970.
Lotmar, Heinrich, Die Lohn- und Arbeitsverhältnisse in der Maschinenindustrie zu Winterthur, Bern 1907.
Lutz, Burkart, *Wellener*, Alfred, Mechanisierungsgrad und Entlohnungsform, Luxemburg 1959.
Lutz, Burkart, *Weltz*, Friedrich, Der zwischenbetriebliche Arbeitsplatzwechsel, Frankfurt 1966.
Luxemburg, Rosa, Organisationsfragen der russischen Sozialdemokratie (1904), Massenstreik, Partei und Gewerkschaften (1906), in: Rosa Luxemburg, Schriften zur Theorie der Spontaneität, hg. v. Susanne Hillmann, Reinbek 1970.
Maag, Paul, Die ersten 50 Jahre (1889–1939), in: 75 Jahre Gewerkschaftskartell des Kantons Schaffhausen, Schaffhausen 1964.
Maitron, Jean, La personnalité du militant ouvrier français dans la seconde moitié du XIXème siècle, Mouvement sociale, Nr. 33–34, 1960/61.
Mägli, Ulrich, Entwicklung der Berufsausbildung in der schweizerischen Maschinen- und Metallindustrie 1918–1939, Lizentiatsarbeit an der Universität Zürich, 1975 (Manuskript).
Mandel, Ernst, Der Spätkapitalismus, Frankfurt 1972.
Marbach, Fritz, Gewerkschaft und gewerkschaftliches Werden, in: Konrad Ilg zu Ehren, Bern 1954.
Marx, Karl, Das Kapital, Bd. 1 (MEW, Bd. 23). Berlin 1962.
Matthöfer, Hans, Streiks und streikähnliche Formen des Kampfes der Arbeitnehmer im Kapitalismus, in: D. Schneider (Hg.), Zur Theorie und Praxis des Streiks, Frankfurt 1971.
Mayer, Evelies, Theorien zum Funktionswandel der Gewerkschaften, Frankfurt 1973.
Mayntz, Renate, Soziologie der Organisation, Reinbek 1963.
Mayntz, Renate (Hg.), Bürokratische Organisation, Köln/Berlin 1968.
Mendner, Jürgen H., Technologische Entwicklung und Arbeitsprozeß, Frankfurt 1975.
Meyer, H., Die Arbeiterbewegung in der schweiz. Maschinenindustrie im Jahre 1905. Im Auftrage und anhand der Akten des Vereins schweiz. Maschinenindustrieller, Zürich 1906.
Michel, Ernst, Sozialgeschichte der industriellen Arbeitswelt, Frankfurt 1960[4].
Mommsen, Hans, Arbeiterbewegung, in: Sowjetsystem und demokratische Gesellschaft, Bd. 1, Begriff Arbeiterbewegung, Freiburg i. Br. 1966.
Moore, W. E., Industrial Relations and the Social Order, New York 1946.
Mottek, Hans, *Becker*, Walter, *Schröter*, Alfred, Wirtschaftsgeschichte Deutschlands, Ein Grundriß, Bd. III: Von der Zeit der Bismarckschen Reichsgründung 1871 bis zur Niederlage des faschistischen deutschen Imperialismus 1945, Berlin 1974.
Müller, Christian, Arbeiterbewegung und Unternehmerpolitik in der aufstrebenden Industriestadt Baden nach der Gründung der Firma Brown Boveri, 1891–1914, Aarau 1974.
Müller, Felix, Gewerkschafts- und Unternehmerpolitik in der schweizerischen Metall- und Maschinenindustrie während der zwanziger Jahre, Historisches Seminar der Universität Zürich, Seminar Prof. Rudof Braun, Die Schweiz in der Zwischenkriegszeit, Wintersemester 1974/75, Manuskr.
Müller, Johannes, Soziales Wirken, Eine Darstellung der Sorge um den Menschen in den Georg Fischer-Werken, Schriftenreihe zum hundertfünfzigjährigen Bestehen der Georg Fischer-Werke, Thayngen-Schaffhausen 1949.
Müller-Jentsch, Walther, Materialien zur Gewerkschaftstheorie, in: Gesellschaft. Beiträge zur Marxschen Theorie Nr. 3, Frankfurt 1975.
Neidhart, Leonhard, Plebiszit und pluralitäre Demokratie. Eine Analyse der Funktion des schweizerischen Gesetzesreferendums, Bern 1970.
Neuloh, Otto, Die deutsche Betriebsverfassung und ihre Sozialformen bis zur Mitbestimmung, Tübingen 1956.
Neuloh, Otto, Der neue Betriebsstil – Untersuchungen über Wirklichkeit und Wirkungen der Mitbestimmung, Tübingen 1960.

Neuloh, Otto, *Wiedemann*, Herbert, Arbeiter und technischer Fortschritt, Köln/Opladen 1960.
de Nicolo, Marco, Die Sozialpolitik des Schweizerischen Gewerkschaftsbundes, 1880–1960, Winterthur 1962.
Osann, Bernhard, Lehrbuch der Eisen- und Stahlgießerei, verfaßt für den Gebrauch beim Unterricht, beim Selbststudium und in der Praxis, Leipzig 1922[5].
Perrot, Michelle, Le problème des sources pour l'étude du militant ouvrier au XIXème siècle, Mouvement sociale, Nr. 33–34, 1960–61.
Perrot, Michelle, Les ouvriers en grève. France 1871–1890, 2 Bde., Paris 1973.
Popitz, Heinrich, *Bahrd*, Hans Paul, *Jüres*, Ernst August, *Kesting*, Hanno, Das Gesellschaftsbild des Arbeiters, Tübingen 1957.
Popitz, Heinrich, *Bahrd*, Hans Paul, *Jüres*, Ernst August, *Kesting*, Hanno, Technik und Industriearbeit, Tübingen 1957.
Pozzoli, Claudio (Hg.), Rosa Luxemburg oder die Bestimmung des Sozialismus, Frankfurt 1974.
Pozzoli, Claudio (Hg.), Jahrbuch Arbeiterbewegung, Bd. 3, Die Linke in der Sozialdemokratie, Frankfurt 1975.
Regini, M., *Reyneri*, E., Akkord, Lohn, Qualifikation als Kampfinhalte italienischer Arbeiter, München 1973 (im Original: Lotte operaie e organizzazione del lavoro, Padova 1971).
Reichelt, Heinrich, Die Arbeitsverhältnisse in einem Berliner Großbetrieb der Maschinenindustrie, Berlin 1906.
Reichesberg, Naum (Hg.), Handwörterbuch der Schweizerischen Volkswirtschaft, Socialpolitik und Verwaltung, 4 Bde., Bern 1903–1911.
Reinacher, Rudolf, Die Unterstützungsinstitutionen im schweizerischen Gewerkschaftsbund und in den ihm angeschlossenen Verbänden, Diss. Zürich 1929.
Reinhart, Albert, Die Lohn- und Arbeitsverhältnisse in der Winterthurer Metall- und Maschinenindustrie 1914–1918, Diss. Zürich 1922.
Ritter, Gerhard A., *Kocka*, Jürgen, Deutsche Sozialgeschichte. Dokumente und Skizzen, Bd. II, 1870–1914, München 1974.
Rohr, Thomas, Schaffhausen und der Landesstreik von 1918, Schaffhausen 1972.
Ruffieux, Roland, La Suisse de l'entre-deux-guerres, Lausanne 1974.
Saul, Klaus, Staat, Industrie, Arbeiterbewegung im Kaiserreich. Zur Innen- und Außenpolitik des Wilhelminischen Deutschland 1903–1914, Düsseldorf 1974.
Schaffner, Alfred, Wirtschaftslage, Gewerkschaftliche Organisation, Streikhäufigkeit und ihre Beziehung zueinander. Eine Untersuchung am Beispiel der Stadt Zürich 1900–1910, Lizentiatsarbeit (Vervielfältigung), Zürich 1973.
Schaffner, Martin, Die Basler Arbeiterbevölkerung im 19. Jahrhundert, Basel/Stuttgart 1972.
Scherer, R., Der Schweizerische Metallarbeiterverband, Diss. Zürich 1906.
Schib, Karl, Geschichte der Stadt und Landschaft Schaffhausen, Schaffhausen 1972.
Schib, Karl, Geschichte der Stadt Schaffhausen 1045–1945, mit Anhang: Aus der Entwicklung der Stahlwerke Georg Fischer, von der Leitung dargestellt, Thayngen/Schaffhausen 1946.
Schlaepfer, Rudolf, Die Ausländerfrage in der Schweiz vor dem Ersten Weltkrieg, Diss. Zürich 1968.
Schneeberger, Oskar, Aus der Geschichte des schweizerischen Metallarbeiterverbandes, Metallarbeiterkalender 1907/08.
Schneider, Dieter, Der Streik. Begriff und Geschichte, in: ders. (Hg.), Zur Theorie und Praxis des Streiks, Frankfurt 1971.
Schneider, Lothar, Der Arbeiterhaushalt im 18. u. 19. Jahrhundert, Berlin 1967.
Schneider, Willi, Die Geschichte der Winterthurer Arbeiterbewegung, Winterthur 1960.
Schofer, Lawrence, Modernization, Bureaucratization, and the Study of Labor History: Lessons from Upper Silesia, 1865–1914, in: H. U. Wehler, Sozialgeschichte Heute, Göttingen 1974.

Schofer, Lawrence, The Formation of a Modern Labor Force, Upper Silesia 1865–1914, Berkeley/Los Angeles/London 1975.
Schomerus, Heilwig, Ausbildung und Aufstiegsmöglichkeiten württembergischer Metallarbeiter 1850–1914 am Beispiel der Maschinenfabrik Esslingen, in: U. Engelhardt u. a., Industrielle Welt, Stuttgart 1976.
Schroeter, Alfred, *Becker*, Walter, Die deutsche Maschinenbauindustrie in der industriellen Revolution, Berlin (DDR) 1962.
Schuler, Fridolin, *Wegmann*, Heinrich, Die Arbeitslöhne in den industriellen Betrieben des ersten Fabrikinspektionskreises, in: Zeitschrift für Schweizerische Statistik, 1. Quartalheft 1895.
Schuler, Fridolin, Die Arbeitslöhne in den industriellen Betrieben des ersten schweizerischen Fabrikinspektionskreises, Bern 1911.
Schumm-Garling, Ursula, Herrschaft in der industriellen Arbeitsorganisation, Frankfurt 1972.
Schwarb, Ernst, Gewerkschaftliche Lohnpolitik im Rahmen der schweizerischen Wirtschaftspolitik von 1918–39, Diss. Basel 1948.
Schweizerische Arbeiterbewegung, Dokumente zu Lage, Organisation und Kämpfen der Arbeiter von der Frühindustrialisierung bis zur Gegenwart, hg. von der Arbeitsgruppe für Geschichte der Arbeiterbewegung Zürich, Zürich 1975.
Scott, Joan W., The Glassworkers of Carmaux, Cambridge/Mass. 1974.
Siegenthaler, Jürg, Zum Lebensstandard schweizerischer Arbeiter im 19. Jahrhundert, in: Schweizerische Zeitschrift für Volkswirtschaft, Nr. 101, 1965, S. 423–444.
Siegerist-Scheitlin, Heinrich, Enquete über Wohnungsverhältnisse der unbemittelten Klassen in der Stadt Schaffhausen, Schaffhausen 1896.
Siegrist, Hannes, Industrielle Organisation, Verwaltung und Angestelltenschaft am Beispiel der Georg Fischer AG. 1797–1930, Diss. Zürich 1976 (Manuskript).
Smelser, Neil, Soziologie der Wirtschaft, München 1968.
Steinberg, Hans Josef, Sozialismus und deutsche Sozialdemokratie. Zur Ideologie der Partei vor dem Ersten Weltkrieg, Hannover 1967.
Straessle, Arthur, Eduard Sulzer-Ziegler. 1854–1913. Von der politischen und sozialpolitischen Tätigkeit eines Winterthurer Industriellen, Diss. Zürich/Winterthur 1968.
Stucki, Walter, Der schweizerische Gewerkschaftsbund in der Kriegszeit (1914–1920) Bern 1928.
Sulzer-Ziegler, Eduard, Das Institut der Fabrikkommission (Heft 29 der Schweizerischen Vereinigung zur Förderung des internationalen Arbeiterschutzes), Zürich 1910.
Sulzer-Steiner, Heinrich, Schweizerische Industrie und Sozialismus, Winterthur 1906.
Szell-Fröhlich, Franz, Die Gelben, Geschichte der gelben Schutztruppe der Arbeitgeberverbände in der Schweiz, Bern 1913.
Taylor, Frederick W., Die Betriebsleitung, insbesondere der Werkstätten, Berlin 1914.
Teschner, Manfred, Zum Verhältnis von Betriebsklima und Arbeitsorganisation, in: Frankfurter Beiträge zur Soziologie, Sonderheft 2, Frankfurt 1961.
Teuteberg, Hans Jürgen, Geschichte der industriellen Mitbestimmung in Deutschland, Tübingen 1961.
Thalmann, Paul, Wo die Freiheit stirbt. Stationen eines politischen Kampfes, Olten/Freiburg i. Br. 1974.
Thomas, Konrad, Die betriebliche Situation der Arbeiter, Stuttgart 1964.
Tobler, Max, Aus Zürichs Kosakenzeit, Zürich (1907).
Touraine, Alain, L' évolution du travail ouvrier aux usines Renault, Paris 1955.
Traupel, Richard, Die industrielle Entwicklung des Kantons Schaffhausen, Diss. Basel, Thayngen 1942.
Uhen, Leo, Gruppenbewußtsein und informelle Gruppenbildung bei deutschen Arbeitern im Jahrhundert der Industrialisierung, Berlin 1964.
Urner, Klaus, Die Deutschen in der Schweiz, Frauenfeld 1976.
Vahrenkamp, Richard (Hg.), Technologie und Kapital, Frankfurt 1973.

Vieth, Ad., Die Formerei, Bremen 1906.
Vilmar, Fritz, Industrielle Arbeitswelt, Grundriß einer kritischen Betriebssoziologie unter Mitarbeit von Klaus Gülden, Stein/Nürnberg 1974.
Vogler, Armand, Die tatsächliche Arbeitszeit in der schweizerischen Industrie, Diss. Zürich, Brugg 1929.
Volpert, Walter, Die „Humanisierung der Arbeit" und die Arbeitswissenschaft, in: Blätter für deutsche und internationale Politik, Nr. 6/7, 1974.
Vuattolo, August, Geschichte des schweizerischen Holz- und Bauarbeiterverbandes 1873–1953, 3 Bde., 1953, 1955, 1956.
Vuilleumier, Marc, Quelques jalons pour une historiographie du mouvement ouvrier en Suisse, in: Revue Européenne des sciences sociales (Cahiers Vilfredo Pareto), Bd. XI, 1973, Nr. 29.
Wachenheim, Hedwig, Die deutsche Arbeiterbewegung 1844–1914, Köln/Opladen 1967.
Weber, Alois, Verlängerung der Arbeitszeit, Lohnabbau und Arbeitslosigkeit mit ihren Ursachen und Folgen, Basel 1922.
Weber, Max, Wirtschaft und Gesellschaft, fünfte revidierte Auflage besorgt von Johannes Winckelmann, Tübingen 1972.
Wehler, Hans-Ulrich, Sozialgeschichte Heute, in: Festschrift für Hans Rosenberg zum 70. Geburtstag, Göttingen 1974.
Weick, Edgar, Theorien des Streiks, in: D. Schneider, Zur Theorie und Praxis des Streiks, Frankfurt 1971.
Welti, Heinrich, Die Arbeiterkommissionen in den privaten Betrieben, Diss. Zürich, Affoltern a. A. 1942.
Weltz, Friedrich, Vorgesetzte zwischen Management und Arbeitern, Stuttgart 1964.
Wiedemann, Herbert, Die Rationalisierung aus der Sicht des Arbeiters, Köln/Opladen 1967.
Wiedemann, Klaus, Streik und Streikdrohung. Darstellung und Kritik der theoretischen Beiträge zur Streikproblematik, Herford 1971.
Winkler, Heinrich August (Hg.), Organisierter Kapitalismus, Göttingen 1974.
Zapf, Wolfgang, Theorien des sozialen Wandels, Köln 1970[2].

Sachregister